Amsterdamer Beiträge zur neueren Germanistik

herausgegeben von

Gerd Labroisse
Gerhard P. Knapp
Anthonya Visser

Wissenschaftlicher Beirat:

Lutz Danneberg (Humboldt-Universität zu Berlin) —Martha B. Helfer (University of Utah) — Dieter Hensing (Universiteit van Amsterdam) — Lothar Köhn (Westf. Wilhelms-Universität Münster) — Walter Schönau (Rijksuniversiteit Groningen) — Ian Wallace (University of Bath)

Amsterdamer Beiträge
zur neueren Germanistik
Band 49 — 2000

Postmoderne Literatur
in deutscher Sprache:
Eine Ästhetik des Widerstands?

herausgegeben von

Henk Harbers

Amsterdam — Atlanta, GA 2000

Die 1972 gegründete Reihe erscheint seit 1977 in zwangloser Folge in der Form von Thema-Bänden mit jeweils verantwortlichem Herausgeber.

Reihen-Herausgeber:

Prof. Dr. Gerd Labroisse, Sylter Str. 13A, D – 14199 Berlin
Tel./Fax: (49)30 89724235
E-Mail: Gerd.Labroisse@t-online.de

Prof. Dr. Gerhard P. Knapp, University of Utah, Dept. of Languages and Literature, 255 S. Central Campus Dr. Rm. 1400, USA – Salt Lake City, UT 84112
Tel.: (1)801 581 7561, Fax (1)801 581 7581 (dienstl.)
bzw. Tel./Fax: (1)801 474 0869 (privat)
E-Mail: gerhard.knapp@m.cc.utah.edu

Prof. Dr. Anthonya Visser, Universiteit Leiden, Duitse taal en cultuur, Postbus 9515, NL – 2300 RA Leiden
Tel.: (31)71 5272071, Fax: (31)71 5273309 (dienstl.)
bzw. Tel.: (31)71 565 2156 (privat)
E-Mail: a.visser@let.leidenuniv.nl

Redaktion: Prof. Dr. Anthonya Visser

All titles in the Amsterdamer Beiträge zur neueren Germanistik (from 1999 onwards) are available to download and read from the CatchWord website:
http://www.catchword.co.uk

☯ The paper on which this book is printed meets the requirements of "ISO 9706:1994, Information and documentation - Paper for documents - Requirements for permanence".

ISBN: 90-420-1541-1 (bound)
©Editions Rodopi B.V., Amsterdam-Atlanta, GA 2000
Printed in The Netherlands

Inhalt

Henk Harbers: Vorwort   9
Thomas Anz: Das Spiel ist aus? Zur Konjunktur und Verabschiedung des "postmodernen" Spielbegriffs   15
Gerda Elisabeth Moser: Das postmoderne ästhetische Tableau und seine Beziehungen zu Leben und Denken   35
Luc Lamberechts: Von der Spätmoderne zu einer resistenten Postmoderne. Über die Dynamik eines Literatur- und Kulturwandels   59
Benjamin Biebuyck: Gewalt und Ethik im postmodernen Erzählen. Zur Darstellung von Viktimisierung in der Prosa P. Handkes, E. Jelineks, F. Mayröckers, B. Strauß' und G. Wohmanns   79
Christine Kanz: Postmoderne Inszenierungen von Authentizität? Zur geschlechtsspezifischen Körperrhetorik der Gefühle in der Gegenwartsliteratur   123
Manfred Mittermayer: Theater der Zersplitterung. Zu den Dramen von Marlene Streeruwitz   155
Bożena Chołuj: Christa Reinigs Spiel mit Leseerwartungen in ihrem Roman *Entmannung. Die Geschichte Ottos und seiner vier Frauen*   187
Henk Harbers: Kann es postmoderne Liebesgeschichten geben? Die Erzählungen von Günter Ohnemus   199
Gerrit-Jan Berendse: Karneval in der DDR. Ansätze postmodernen Schreibens 1960-1990   233
Alison Lewis: Die neue Unübersichtlichkeit. Die Lyrik des Prenzlauer Bergs: Zwischen Avantgarde, Ästhetizismus und Postmoderne   257
Marc Aeschbacher: Postmoderne Schweizer Literatur oder Vom Gegenstand der Theoriedebatte zum prägenden Element des Alltags   287
Andrea Kunne: Heimat und Holocaust. Aspekte österreichischer Identität aus postmoderner Sicht. Christoph Ransmayrs Roman *Morbus Kitahara*   311
Margret Brügmann: Jeder Text hat weiße Ränder. Interkulturalität als literarische Herausforderung   335
Gisela Brude-Firnau: Die Theorie als Muse. Levinas, Derrida und das Konzept "Spur" in den Romanen von Klaas Huizing   353
Alexander Honold: Das Weite suchen. Abenteuerliche Reisen im postmodernen Roman   371

Anschriften der Autorinnen und Autoren:

Dr. Marc Aeschbacher
Institut für deutsche Sprache und Kommunikation
Technische Fachhochschule Solothurn
Bittertenstr. 15
CH – 4702 Oensingen

Prof. Dr. Thomas Anz
Philipps-Universität Marburg
Institut für neuere deutsche Literatur und Medien
Postfach
D – 35032 Marburg

Dr. Gerrit-Jan Berendse
University of Canterbury
Dept. of German
Private Bag 4800
Christchurch
New Zealand

Dr. Benjamin Biebuyck
Universiteit Gent
Vakgroep Duits
Blandijnberg 2
B – 9000 Gent

Prof. Dr. Gisela Brude-Firnau
University of Waterloo
Dept. of Germanic and Slavic
Languages and Literatures
N2L 3G1 Waterloo
Ontario
Canada

Dr. Margret Brügmann
Joh. Verhulststr. 123bv
NL – 1071 MZ Amsterdam

Dr. Bożena Chołuj
ul. Wolinska 6 m. 8
PL – 03-699 Warszawa

Dr. Henk Harbers
Rijksuniversiteit Groningen

Afdeling Duitse Taal- en Letterkunde
P.O. Box 716
NL – 9700 AS Groningen

Dr. Alexander Honold
Kurhausstr. 41
D –13467 Berlin

Dr. Christine Kanz
Philipps-Universität Marburg
Institut für neuere deutsche Literatur und Medien
Postfach
D – 35032 Marburg

Dr. Andrea Kunne
Vrije Universiteit
Faculteit der Letteren
Vakgroep Duits
De Boelelaan 1105
NL – 1081 HV Amsterdam

Prof. Dr. Luc Lamberechts
E. Vermeulenstr. 41
B – 8510 Marke

Dr. Alison Lewis
The University of Melbourne
School of Languages
Babel Building, ground floor
Parkville
Victoria 3052
Australia

Dr. Manfred Mittermayer
Universität Salzburg
Institut für Germanistik
Akademiestr. 20
A – 5020 Salzburg

Dr. Gerda Elisabeth Moser
Universität Klagenfurt
Institut für Germanistik
Universitätsstr. 65-67
A – 9020 Klagenfurt

Vorwort

Der vorliegende Band enthält – neben einigen eher theoretischen Verhandlungen – vor allem konkrete Analysen von solchen deutschsprachigen literarischen Texten, die postmodern genannt werden müssen oder können. Damit soll dieser Band ein Beitrag dazu sein, in Sachen postmoderner Literatur (in deutscher Sprache) das Übergewicht der theoretischen Überlegungen etwas zu verringern zugunsten der praktischen Textanalyse. In der konkreten Arbeit am Text wird sich schließlich am ehesten zeigen, ob und inwiefern der Begriff der 'Postmoderne' für die deutschsprachige Literatur tauglich ist. Eine Sammlung von solchen Analysen hat natürlich immer auch etwas Zufälliges, kann nicht beanspruchen, eine flächendeckende oder auch nur repräsentative Anzahl von Texten zu untersuchen. Aber sie kann dazu beitragen, daß allmählich ein inhaltsreicheres und damit auch differenzierteres Bild des allgemeinen Begriffs 'postmoderne deutschsprachige Literatur' entsteht. Und wenn es gut geht, läßt sich auch noch so etwas wie eine allgemeine Tendenz feststellen.

Tatsächlich gibt es eine solche Tendenz in den meisten Beiträgen dieses Bandes. Sie kommt zum Ausdruck in der Frage im Titel: "Eine Ästhetik des Widerstands?". Die große Mehrzahl der Beiträge in diesem Band thematisiert das Verhältnis von Postmoderne und gesellschaftskritischem Engagement und kommt zu dem Schluß, daß postmoderne Schreibweisen ein solches Engagement nicht ausschließen, ja sogar der angemessene Ausdruck davon sein können. Das ist keine Selbstverständlichkeit. Postmoderne Kultur und Literatur stehen oft im Verdacht, den ethischen, gesellschaftskritischen und utopischen Impuls der Moderne für ein zwar amüsantes und intellektuelles, aber letzten Endes systemkonformes oder gar affirmatives Spiel eingetauscht zu haben. Ein solcher Verdacht wird unter anderem genährt durch theoretische Überlegungen, die von der Postmoderne als einer 'Moderne ohne Trauer' (Wellmer) sprechen und betonen, daß der von der Moderne noch als schmerzlich empfundene Verlust von Einheit, Identität und Sinn nun eher als Gewinn, als Möglichkeit einer neuen Pluralität gesehen wird (Lyotard, Welsch).

Sicherlich gibt es innerhalb der Postmoderne Tendenzen und Äußerungsformen, die als unverbindlich oder systemkonform angesehen werden können: Viele Videoclips, die Versuche, Kommerz und Kunst ineinszudenken, all die modisch-unverständlichen Texte, die Welsch als "diffusen Postmodernismus"[1] bezeichnet hat, gehören dazu. Um postmoderne Texte, die den kritischen Impuls der Moderne nicht aufgeben wollen, davon abzugrenzen, schlagen einige Autoren des vorliegenden Bandes vor, in der

---

[1] Wolfgang Welsch: *Unsere postmoderne Moderne*. Weinheim 1991. S. 2.

Literatur auch terminologisch eine kritische Postmoderne von einer unkritischen zu unterscheiden: Luc Lamberechts und Alison Lewis schließen sich mit den Begriffen einer 'resistenten Postmoderne' oder einer 'Postmoderne des Widerstands' diesbezüglichen Vorschlägen von Hal Foster an.

Solche terminologischen Vorschläge hängen eng mit der Schwierigkeit zusammen, 'postmoderne' von 'moderner' Literatur zu unterscheiden. Wenn postmodern genannte Themenbereiche wie radikale Erkenntniskritik oder Verlust des Ich oder postmodern genannte Schreibweisen wie der Gebrauch von selbstreflexiven Techniken wie Intertextualität oder Metafiktionalität auch schon in romantischen bis avantgardistischen Texten vorkommen, wie kann man dann noch von postmoderner Literatur als einer eigenen Kategorie sprechen? In der Beantwortung dieser Frage sind verschiedene Strategien möglich. Man kann auf einer einigermaßen stringenten Unterscheidung bestehen und deswegen die Bezeichnung 'postmodern' auf solche Texte einschränken, die wirklich einen Bruch bedeuten mit der Tradition der literarischen Moderne – einer Literatur, die aus der als schmerzlich empfundenen Erfahrung des Verlusts an Einheit und Sinn lebt. An anderer Stelle habe ich eine solche stringente Unterscheidung verteidigt und das spezifisch Postmoderne als "fröhlichen Skeptizismus" bezeichnet.[2] Übrigens braucht ein solches unverkrampftes, heiteres Umgehen mit den skeptischen Einsichten des 20. Jahrhunderts noch längst nicht eine unkritische Haltung oder ein unverbindliches Schreiben zu bedeuten. Da würde man das, was Karl Heinz Bohrer die "strukturelle Eigentümlichkeit der Ironie" genannt hat, nämlich ihre "oppositionelle Haltung"[3] sehr unterschätzen. Die in diesem Band analysierten Werke von Klaas Huizing und Günter Ohnemus sind dafür Beispiele. Allerdings müßten bei einer solchen stringenten Unterscheidung tatsächlich die Werke von Heiner Müller oder Botho Strauß eher der literarischen Moderne als der Postmoderne zugerechnet werden – auch wenn sie ganz deutlich mit postmodernen Techniken arbeiten.

Man kann aber auch, wie die meisten Autoren in diesem Band, eine andere Strategie wählen und postmoderne Literatur eher betrachten als eine Fortsetzung der literarischen Moderne – mit Mitteln, die die sprachliche und mediale Bedingtheit der eigenen Produkte ins Bewußtsein heben. Diese Strategie ist momentan wohl die international dominante: Wolfgang Welschs erfolgreiche Formel von der 'postmodernen Moderne' zeugt da-

---

[2] Henk Harbers: Gibt es eine 'postmoderne' deutsche Literatur? Überlegungen zur Nützlichkeit eines Begriffs. In: *literatur für leser* 97/1 (1997), S. 52-69, hier S. 57.
[3] Karl Heinz Bohrer: Hat die Postmoderne den historischen Ironieverlust der Moderne aufgeholt? In: *Merkur* 494/95 (1998). S. 794-807, hier S. 800.

von ebensosehr wie die Diskussionen über die ethische Wendung in der englischsprachigen postmodernen Literatur. Viele Autoren im Band *Ethics and Aesthetics: The Moral Turn of Postmodernism*[4] stellen die Rückehr ethischer Fragestellungen in der amerikanischen Literatur der achtziger Jahre fest – nach der Periode der sechziger und siebziger Jahre, in denen eher ein experimenteller und verspielter Postmodernismus die literarische Szene beherrscht habe. Das bedeutet für sie aber nicht das Ende der postmodernen Literatur, im Gegenteil, man stellt fest, daß gerade postmoderne Techniken angewandt werden, um moralische Probleme darzustellen.[5] Genau das ist auch der Befund vieler Autoren in diesem Band. Allerdings muß die Einteilung der postmodernen Literatur in eine experimentell-verspielte Periode der sechziger und siebziger Jahre und eine wieder gesellschaftskritisch engagiertere in den achtziger und neunziger Jahren wohl der amerikanischen Literatur vorbehalten bleiben. Die deutschsprachige Literatur hat eben einen anderen historisch-kulturellen Kontext,[6] wodurch die postmodernen Elemente erst in den achtziger Jahren einigermaßen dominant werden konnten. Daß eine Periodisierung wie die der amerikanischen Literatur für den deutschsprachigen Bereich ziemlich grundlos wäre, zeigen auch die hier veröffentlichten Beiträge.

Der Band fängt mit einer Analyse des literarischen Spielbegriffs an. Thomas Anz stellt fest, daß der Begriff des Spiels zwar eine zentrale Kategorie der postmodernen Ästhetik ist, in den meisten Fällen aber kaum systematisch analysiert wird. Mit der Unterscheidung von sechs Aspekten versucht er hier Klarheit zu schaffen. Der Begriff des Spiels verbindet sich meistens mit einer gewissen Leichtigkeit, die sogar zur Unverbindlichkeit werden kann. Anz stellt denn auch fest, daß in der zweiten Hälfte der neunziger Jahre die Stimmen sich mehren, die gerade deswegen die postmoderne Spielkultur verabschieden wollen. Aber aus seinen Analysen des postmodernen Spielbegriffs geht auch klar hervor, daß mit ihm oft doch ein gewisses Engagement verbunden ist: die Lust am Subversiven, an der Befreiung von autoritativen Zwängen.

Der zweite Beitrag in diesem Band ist zugleich die wichtigste Gegenstimme zum Hauptchor, in dem versucht wird, gesellschaftskritisches Engagement und Postmoderne zu verbinden. Gerda Elisabeth Moser nimmt in ihrem Beitrag die heutige Konsum- und Freizeitindustrie als Ausgangspunkt – und zwar ohne das übliche Verdammungsurteil. Sie wehrt sich

---

[4] Gerhard Hoffmann und Alfred Hornung: *Ethics and Aesthetics: The Moral Turn of Postmodernism*. Heidelberg 1996.
[5] Ebd. S. 211/12.
[6] Siehe auch Ingeborg Hoesterey: *Verschlungene Schriftzeichen. Intertextualität von Literatur und Kunst in der Moderne/Postmoderne*. Frankfurt a.M. 1988. S. 130ff.

gegen Versuche, in der postmodernen Kultur eine Art von Widerstandsethik entdecken zu wollen, und hält das subversive Befreiungsethos – vor allem in postmodern genannter Philosophie – eher für späte Nachwirkungen einer kritisch-*modernen* Geisteshaltung. Die wahre Postmoderne sieht sie im Konsumverhalten in der westlichen Überflußgesellschaft, in der man sich die durch eine allgemeine Wohlfahrt gegebenen Freiheiten ohne viel Aufhebens einfach nehme. Das postmoderne Spiel in der Literatur sei mit diesem Verhalten vergleichbar.

Luc Lamberechts skizziert dagegen in seinem Beitrag anhand von Analysen dreier Werke – von Peter Weiss, Peter Handke und Heiner Müller – das Entstehen einer gesellschaftskritischen, engagierten Postmoderne, die er "resistente Postmoderne" nennt und ausdrücklich von einer nur verspielten und eher affirmativen Variante der Postmoderne abgrenzt. Das die postmodernen Texte unterscheidende Merkmal ist auch hier die Metafiktionalität, das Verschwinden der Repräsentanzfunktion des Textes zugunsten einer Selbstreferentialität der ästhetischen Mittel. Aber dieses ästhetische Verfahren hat hier die Funktion einer kritisch-subversiven Durchleuchtung unserer – wie Lamberechts in Anlehnung an die Theorien Baudrillards sagt – 'Simulationsgesellschaft'.

Benjamin Biebuyck thematisiert in seinem Beitrag über Gewalt und Ethik im postmodernen Erzählen die aktuelle Diskussion über Ethik und Postmoderne. Er geht dabei der Frage nach, inwieweit literarische Erzähltechniken, die eindeutig postmodern sind oder postmodernen Schreibweisen nahestehen, die dargestellte Gewalt unkritisch noch verstärken oder aber ihr entgegenwirken und so einen ethischen Impuls auslösen. Letzteres scheint vor allem in solchen Texten zu gelingen, die mit formalen Experimenten das einfache Erzählen aufbrechen.

Christine Kanz wirft die interessante und schon vielfach diskutierte Frage auf, ob Feminismus und Postmoderne überhaupt zusammengedacht werden können. Ist das Projekt weiblicher Emanzipation und die damit verbundene Forderung nach Authentizität mit der Verabschiedung des autonomen Subjekts vereinbar? Textuelle Lösungsmöglichkeiten für dieses Problem – die nicht in die Annahme einer 'natürlichen' Geschlechterdifferenz zurückfallen – sieht sie wenigstens in Ansätzen in Texten von Anne Duden, Monika Maron, Christa Wolf und ganz besonders Ingeborg Bachmann realisiert. Etwa dieselbe Frage stellt Manfred Mittermayer sich in seinem Beitrag über die Dramen von Marlene Streeruwitz. Und in einer detaillierten Analyse zeigt er, daß die Darstellungstechnik dieser Dramen durchaus vom postmodernen Repertoire beherrscht wird – ohne daß deswegen die Idee des 'Subjekts' und des 'Subjektiven' fallengelassen wird. Auch in Bożena Chołujs Analyse von Christa Reinigs Roman *Entmannung* geht es um die kulturelle Bedingtheit von Geschlechterrollen. Sie untersucht das verwirrende Spiel mit Lesererwartungen in diesem Roman und kommt zum Schluß, daß die Leser mittels postmoderner Fragmentierungstechniken zu Korrekturen ihrer bisherigen Vorstellungen aufgefordert werden.

Das Problem der Subjektivität und Authentizität kehrt zurück in meinem eigenen Beitrag über postmoderne Liebesgeschichten. Ist das romantische Liebeskonzept, das so stark mit Vorstellungen von subjektiver Autonomie verbunden ist, mit postmodernen Mitteln überhaupt darstellbar? Die Antwort lautet tendenziell: ja – was aber zugleich eine prinzipielle Zugehörigkeit solcher Texte zur literarischen Tradition der Moderne bedeutet.

Lamberechts These von einer 'resistenten Postmoderne' bekommt weitere Unterstützung durch zwei Beiträge zur DDR-Literatur. Gerrit-Jan Berendse zeigt an verschiedenen Beispielen, wie im DDR-Kontext postmodernes Schreiben notwendigerweise subversiven Charakter hat. Er analysiert unter anderem den Eulenspiegel-Komplex in der DDR-Literatur und referiert auch die Postmodernismus-Diskussion in der DDR-Literaturwissenschaft. Zu ähnlichen Schlußfolgerungen kommt Alison Lewis, die die Lyrik der Prenzlauer-Berg-Gruppe analysiert. Sie stellt explizit die Frage, ob der Begriff 'Postmoderne' überhaupt auf die Literatur in der DDR angewandt werden kann. Die Gedichte der Prenzlauer stehen, so ihr Befund, zwar überdeutlich in der Tradition der Avantgarde, machen aber in ihrem Spielcharakter einen Schritt darüber hinaus und entwickeln so eine 'Postmoderne des Widerstands'.

Marc Aeschbacher skizziert die Entwicklung der (deutschsprachigen) Schweizer Literatur in den letzten Jahrzehnten und kommt dabei zu einem Befund, der in mancherlei Hinsicht den Thesen von Gerda Elisabeth Moser nicht unähnlich ist. Aeschbacher sieht in der Schweizer Literatur der 80er und 90er Jahre viele postmoderne Elemente, insbesondere die Aufspaltung der Identität der Romanpersonen und die Relativierung der Rolle des Autors. Aber auch er kommt zu dem Schluß, daß Ende der neunziger Jahre die Postmoderne als der bevorzugte Gegenstand der philosophisch-intellektuellen Debatte ausgedient habe, dafür aber – fast unbemerkt – eine breite gesellschaftliche Kultur bestimme.

In Andrea Kunnes Beitrag ist die österreichische Literatur und Kultur der Bezugsrahmen. Sie beschreibt, wie Christoph Ransmayr in seinem Roman *Morbus Kitahara* österreichische Geschichte in einem fiktionalisierenden Spiel neu schreibt und dabei Elemente aus der Tradition des Heimatromans in ihr kritisches Gegenteil verkehrt. Eine postmoderne Schreibweise, die die 'Wirklichkeit' von Geschichte in Frage stellt, wird damit zu einer Möglichkeit, das traditionelle Geschichtsbild in Österreich, wobei dem Land in bezug auf die Nazi-Zeit nur eine Opferrolle zugedacht war, kritisch zu unterwandern.

Die 'Wirklichkeit' von kultureller Identität ist das Thema des Beitrags von Margret Brügmann. Sie analysiert Werke von Emine Sevgi Özdamar,

Renan Demirkan und Yoko Tawada, Autorinnen, die in deutscher Sprache schreiben, aber einen zweifachen kulturellen Hintergrund haben. Das postmoderne Konzept des Palimpsests erweist sich als geeignete Beschreibungskategorie für die Analyse der Art und Weise, wie hier kulturelle Identität dekonstruiert wird.

Gisela Brude-Firnau macht in einer sehr inhaltsreichen Interpretation zweier Werke von Klaas Huizing deutlich, wie hier in durchaus postmoderner Form Konzepte der Postmoderne, insbesondere Auffassungen von Derrida, in Frage gestellt werden. Hier scheint sich Linda Hutcheons Konzept von einer subversiven, von innen unterminierenden Postmoderne in dem Sinne zu bestätigen, daß nun die Postmoderne selber mit ihren eigenen Mitteln untergraben wird.

Alexander Honold schließlich analysiert Werke von Christoph Ransmayr, Sten Nadolny und Klaus Modick als postmoderne Varianten der literarischen Reisebeschreibung. In solchen Werken werden die in der Moderne positiv besetzten Topoi von Reise und Entdeckung kritisch hinterfragt.

Henk Harbers
Groningen, im Dezember 1999

Thomas Anz

Das Spiel ist aus?
Zur Konjunktur und Verabschiedung des
"postmodernen" Spielbegriffs

For a long time the concept of "play" flourished in postmodern philosophy, aesthetics, art, and literature. This led to inflated use. The literary critics, who said good-bye to postmodernism in the nineties considered this movement synonymous with a playful lack of seriousness. This article tries to investigate some aspects of the phenomenon "play" which explain its universal appeal: plurality, openness, interactivity, simulation, allusion and desire.

Das Wort "Spiel" hat die bemerkenswerte, doch für den wissenschaftlichen Sprachgebrauch problematische Eigenschaft, sich mehr oder weniger metaphorisch zur Bezeichnung von allen möglichen Vorgängen zu eignen. Dem kommt seine sehr allgemeine Grundbedeutung entgegen, die nach dem Grimmschen Wörterbuch "die einer lebhaften, munteren hin- und herbewegung" ist.

In alltags- wie in wissenschaftssprachlichen Diskursen findet der Spiel-Begriff eine beinahe universale Verwendung. Allgemeinplätze wie "Das Leben ist ein Spiel" zeugen davon ebenso wie beispielsweise der deutsche Titel eines schon klassisch gewordenen Buches des Soziologen Erving Goffman: *Wir alle spielen Theater*.[1] Neben soziologischen und psychologischen gibt es mathematische, wirtschaftswissenschaftliche, pädagogische, sprachphilosophische oder auch ästhetische Spieltheorien – und kaum einen sozialen oder natürlichen Vorgang, der sich nicht mit ihren Kategorien beschreiben ließe. So auch der Umgang mit Literatur.

Literatur ein "Spiel" zu nennen ist nichts Ungewöhnliches. Schon Begriffe wie "Schauspiel", "Lust-" oder "Trauerspiel" legen dies nahe. Zum Handwerk des "Spilmans" gehörten im Mittelalter auch die Vers- und Reimkunst sowie der musikalische Vortrag. Was Johan Huizinga über den Spielcharakter der Dichtkunst in archaischen Kulturen ausführt, hat sich noch heute in Rudimenten erhalten: "Jede alte Dichtkunst ist gleichzeitig und in einem: Kult, Festbelustigung, Gesellschaftsspiel, Kunstfertigkeit, Probestück- oder Rätselaufgabe, weise Belehrung, Überredung, Bezaube-

---

[1] Erving Goffman: *Wir alle spielen Theater. Die Selbstdarstellung im Alltag*. München 1973.

rung, Wahrsagen, Prophetie und Wettkampf."² Ganz ohne historische und kulturelle Begrenzung plädiert Huizinga für eine generelle Übertragbarkeit des Spiel-Begriffs auf Literatur:

> Es ist kaum zu verkennen, daß alle Aktivitäten der poetischen Formgebung: das symmetrische oder rhythmische Einteilen der gesprochenen oder gesungenen Rede, das Treffen mit Reim oder Assonanz, das Verhüllen des Sinns, der künstliche Aufbau der Phrase, in diese Sphäre des Spiels von Natur gehören. Wer Dichtung ein Spiel mit Worten und Sprache nennt, wie es in neuerer Zeit besonders Paul Valéry getan hat, bedient sich keiner Bedeutungsübertragung, sondern trifft den Wortsinn selbst.³

Ein jüngerer Beitrag zum amerikanischen Roman der Postmoderne versucht die Entgegensetzung von wörtlicher und metaphorischer Wortbedeutung in dekonstruktivistischer Manier sogar umzukehren. Die literarische Fiktionsbildung sei "das wichtigste Spiel, für das alle andern Spiele nur Metaphern sind".⁴

In welchem Sinn genau Literatur als "Spiel" bezeichnet wird, bleibt in solchen Ausführungen freilich unklar. Huizinga hatte zumindest versucht, den Spiel-Begriff zu definieren. Solche Definitionen, so unzulänglich sie auch sind, ermöglichen es immerhin, genauer zu bestimmen, was denn alles gemeint ist, wenn man von Literatur als einem "Spiel" spricht. "Spiel ist", so Huizinga, "eine freiwillige Handlung oder Beschäftigung, die innerhalb gewisser festgesetzter Grenzen von Raum und Zeit nach freiwillig angenommenen, aber unbedingt bindenden Regeln verrichtet wird, ihr Ziel in sich selber hat und begleitet wird von einem Gefühl der Spannung und Freude und einem Bewußtsein des 'Andersseins' als das 'gewöhnliche Leben'."⁵ Nach Roger Caillois, der diese Begriffsexplikation zu modifizieren versuchte, doch sich im Ergebnis von Huizinga nicht sehr weit unterscheidet, ist das Spiel eine Betätigung mit folgenden Merkmalen: 1. freiwillig, 2. abgetrennt in festgelegten Grenzen von Raum und Zeit, 3. ungewiß in Ablauf und Ergebnis, 4. unproduktiv, 5. geregelt, 6. fiktiv.⁶

---

² Johan Huizinga: *Homo ludens. Vom Ursprung der Kultur im Spiel*. Mit einem Nachwort von Andreas Flitner. Hamburg 1987. S. 134.
³ Ebd. S. 146.
⁴ Regis Durand, zit. nach: Heinz Ickstadt: Fiktion, Geschichte und die Spiele Robert Coovers. In: *Der zeitgenössische amerikanische Roman: Von der Moderne zur Postmoderne*. Bd. 3. Hg. von Gerhard Hoffmann. München 1988. S. 94-114, hier S. 99.
⁵ Huizinga: *Homo ludens*. S. 37.
⁶ Roger Caillois: *Die Spiele und die Menschen. Maske und Rausch*. Frankfurt a.M., Berlin, Wien 1982. S. 16.

Literatur entspricht solchen Bestimmungen gewiß nur zum Teil. Sie im Sinne dieser Definitionen als spielerische "Beschäftigung", "Betätigung" oder "Handlung" zu begreifen hat allerdings den Vorzug, daß mit Literatur nicht nur Texte, sondern die mit ihnen verbundenen sozialen Aktivitäten in den Blick geraten, vor allem das Schreiben und das Lesen. Bei Huizinga bleibt allerdings die Perspektive weitgehend auf den Autor beschränkt. Welchen Status der Leser oder Zuhörer hat, ist unklar. Den eines aktiven Mitspielers? Oder sieht er dem Spiel anderer bloß zu? Daß das Spiel eine "freiwillige Handlung oder Beschäftigung" ist, kennzeichnet, übertragen auf Literatur, die Tätigkeit professioneller Autoren oder Berufsleser nur begrenzt,[7] in der Regel jedoch die Aktivität der Lektüre von literarischen Texten durchaus. Daß Literatur oft, aber nicht durchgehend fiktional ist, wissen wir. Und auch, daß sie spätestens seit der Genieästhetik des 18. Jahrhunderts keinen "unbedingt bindenden Regeln" mehr folgt. Gattungsregeln als "Spielregeln" aufzufassen erscheint zwar plausibel, doch so bindend wie etwa die Regeln eines Schachspiels sind sie nicht. Daß sich das "Genie" seine Regeln selbst gibt, mag eine Selbsttäuschung sein,[8] doch gehört die ständige Regelabweichung oder -modifikation nicht erst seit dem 18. Jahrhundert zu den Freiheiten des Dichtens. Der amerikanische Literaturwissenschaftler Robert R. Wilson, der sich eingehender mit der "Spiel/Text-Analogie" auseinandergesetzt hat, gibt zu bedenken, daß Literatur meist eher flexiblen und relativ unverbindlichen Konventionen unterworfen ist als strikten Regeln.[9]

Ist also Literatur kein Spiel? Oder sind nur die Definitionen des Spiels, wie sie Huizinga oder Caillois gegeben haben, unzulänglich? Oder steht einer plausiblen Gleichsetzung von Literatur und Spiel die Mannigfaltigkeit sowohl der spielerischen als auch der literarischen Tätigkeiten entgegen?

---

[7] Für den Spieltheoretiker Karl Groos ist dies ein Grund, sie nicht dem Spiel zuzurechnen. Vgl. Karl Groos: *Die Spiele der Menschen*. Jena 1899. (Nachdruck: Hildesheim, New York 1973.) S. 508. Für Caillois sind professionelle Spieler ein Widerspruch in sich. Sie sind "keine Spieler im eigentlichen Sinne, sondern vielmehr Berufstätige." Caillois: *Die Spiele und die Menschen*. S. 12.
[8] Vgl. Thomas Anz: Literarische Normen und Autonomie. Individualitätsspielräume in der modernisierten Literaturgesellschaft des 18. Jahrhunderts. In: *Tradition, Norm, Innovation. Soziales und literarisches Traditionsverhalten in der Frühzeit der deutschen Aufklärung*. Hg. von Wilfried Barner. München 1989. S. 71-91, hier S. 77.
[9] Robert Rawdon Wilson: Rules/Conventions: Three Paradoxes in the Game/Text Analogy. In: *South Central Review* 3 (1986). H.4. S. 15-27.

Ludwig Wittgenstein, dessen Begriff der "Sprachspiele"[10] die Philosophie der Postmoderne, insbesondere die Jean-Francois Lyotards und Richard Rortys, maßgeblich inspirierte, hat nachdrücklich vor Begriffsfestlegungen gewarnt, die vorschnell von der Vielfalt konkreter Spiele abstrahieren. Das Begehren nach einem eindeutigen Begriff des Spiels verfalle den Verführungen unserer Sprache. Allen Spielen gemeinsame Merkmale gebe es nicht, allenfalls Ähnlichkeiten zwischen einzelnen Gruppen von Spielen. "Es ist, als erklärte jemand: 'Spielen besteht darin, daß man Dinge, gewissen Regeln gemäß, auf einer Fläche verschiebt ...' – und wir ihm antworten: Du scheinst an die Brettspiele zu denken; aber das sind nicht alle Spiele. Du kannst deine Erklärung richtigstellen, indem du sie ausdrücklich auf diese Spiele einschränkst."[11] Wittgenstein hat eine so plausible wie praktikable Anweisung zur Begriffsexplikation gegeben. Sie läßt sich in einem Satz zusammenfassen: 'Betrachte und vergleiche eine Vielzahl konkreter Spielpraktiken auf Gemeinsamkeiten und Differenzen hin!' In Wittgensteins Worten:

Betrachte z.B. einmal die Vorgänge, die wir 'Spiele' nennen. Ich meine Brettspiele, Kartenspiele, Ballspiele, Kampfspiele, usw. Was ist allen diesen gemeinsam? – Sag nicht: 'Es *muß* ihnen etwas gemeinsam sein, sonst hießen sie nicht 'Spiele'' – sondern *schau,* ob ihnen allen etwas gemeinsam ist. – Denn wenn du sie anschaust, wirst du zwar nicht etwas sehen, was *allen* gemeinsam wäre, aber du wirst Ähnlichkeiten, Verwandtschaften, sehen, und zwar eine ganze Reihe. Wie gesagt: denk nicht, sondern schau! – Schau z.B. die Brettspiele an, mit ihren mannigfachen Verwandtschaften. Nun geh zu den Kartenspielen über: hier findest du viele Entsprechungen mit jener ersten Klasse, aber viele gemeinsame Züge verschwinden, andere treten auf. Wenn wir nun zu den Ballspielen übergehen, so bleibt manches Gemeinsame erhalten, aber vieles geht verloren. – Sind sie alle *'unterhaltend'*? Vergleiche Schach mit dem Mühlfahren. Oder gibt es überall ein Gewinnen und Verlieren, oder eine Konkurrenz der Spielenden? Denk an die Patiencen. In den Ballspielen gibt es Gewinnen und Verlieren; aber wenn ein Kind den Ball an die Wand wirft und wieder auffängt, so ist dieser Zug verschwunden. Schau, welche Rolle Geschick und Glück spielen. Und wie verschieden ist Geschick im Schachspiel und Geschick im Tennisspiel. Denk nun an die Reigenspiele: Hier ist das Element der Unterhaltung, aber wie viele der anderen Charakterzüge sind verschwunden! Und so können wir durch die

---

[10] "Wir können uns auch denken, daß der ganze Vorgang des Gebrauchs der Worte [...] eines jener Spiele ist, mittels welcher Kinder ihre Muttersprache erlernen. Ich will diese Spiele '*Sprachspiele*' nennen [...]". Ludwig Wittgenstein: Philosophische Untersuchungen. In: Ders.: *Werkausgabe*. Bd. 1. Frankfurt a.M. 1984. S. 225-580, hier S. 241. Mit dem Begriff Spiel soll dabei hervorgehoben werden, "daß das Sprechen der Sprache ein Teil ist einer Tätigkeit, oder eine Lebensform." Ebd. S. 250.
[11] Ebd. S. 239.

vielen, vielen anderen Gruppen von Spielen gehen. Ähnlichkeiten auftauchen und verschwinden sehen.
Und das Ergebnis dieser Betrachtung lautet nun: Wir sehen ein kompliziertes Netz von Ähnlichkeiten, die einander übergreifen und kreuzen. Ähnlichkeiten im Großen und Kleinen.[12]

Wo Literatur nicht nur beiläufig oder selbstverständlich, sondern programmatisch ein "Spiel" genannt wird, und das ist in der deutschen Literaturgeschichte seit Schiller immer wieder und im Umkreis der "Postmoderne" in geradezu inflationärem Ausmaß der Fall, wäre im Sinne Wittgensteins zu fragen, welche Art von Literatur mit welcher Art von Spielen verglichen oder gleichgesetzt wird, welche der zahlreichen Bedeutungskomponenten des Wortes "Spiel" hervorgehoben werden und was mit solchen Bedeutungsfestlegungen jeweils beabsichtigt ist.

Klassische Dignität hat Schillers ästhetische Spiel-Theorie erlangt, die das Spiel zum Paradigma unentfremdeter, den Rationalisierungs- und Ausdifferenzierungsprozessen gesellschaftlicher Modernisierung entgegengesetzter Tätigkeit erklärte und in dem Satz kulminiert, der Mensch sei *"nur da ganz Mensch, wo er spielt."*[13] Der modernisierungskritischen Stroßrichtung ästhetischer Spieltheorien im Umkreis des deutschen Idealismus, die im "postmodernen" Unbehagen an der gesellschaftlichen Moderne heute noch zum Teil fortlebt, entspricht es, wenn Jean Paul im Blick auf die Spiele der Kinder erklärte, das Spiel bilde "alle Kräfte, ohne *einer* eine siegende Richtung anzuweisen."[14]

Analog zur ambivalenten Reaktion der ästhetischen Moderne auf die gesellschaftlichen Modernisierungsprozesse[15] stehen sich um 1900 modernisierungsfreundliche und modernisierungskritische Spieltheorien der Ästhetik gegenüber. Im Umfeld des Darwinismus etwa begreifen Spieltheoretiker und Ästhetiker wie Karl Groos das Spiel wie auch die Kunst und Literatur als experimentierendes, explanatorisches Einüben von überlebensnotwendigen Fähigkeiten und erklären es zum Motor evolutionären Fortschritts. Doch auch einer sich innerhalb der literarischen Moderne arti-

---

[12] Ebd. S. 277f.
[13] Friedrich Schiller: Über die ästhetische Erziehung des Menschen in einer Reihe von Briefen. In: Ders.: *Werke und Briefe in zwölf Bänden*. Bd. 8. Hg. von Rolf-Peter Janz unter Mitarbeit von Hans Richard Brittmacher, Gerd Kleiner und Fabian Störmer. Frankfurt a.M. 1992. S. 556-676, hier S. 614.
[14] Jean Paul: Levana oder Erziehlehre. In: Ders.: *Sämtliche Werke*. Hg. von Norbert Miller. Abteilung I. Bd. 5. München 1963. S. 515-874, hier S. 603.
[15] Vgl. Thomas Anz: Gesellschaftliche Modernisierung, literarische Moderne und philosophische Postmoderne. Fünf Thesen. In: *Die Modernität des Expressionismus*. Hg. von Thomas Anz und Michael Stark. Stuttgart, Weimar 1994. S. 1-8.

kulierenden Kritik am Zivilisations- bzw. Modernisierungsprozeß, die vielfach auf archaische, onto- und phylogenetisch vorzivilisierte Lebens- und Ausdrucksformen rekurriert, kommt die Gleichsetzung von Spiel und Literatur entgegen. So hält sich Huizingas Begriff "Homo ludens" zumindest partiell vom fortschrittsgläubigen Optimismus frei, der dem Begriff "Homo sapiens" inhärent ist. Als Spielender nämlich unterscheidet sich der Mensch nicht grundsätzlich vom Tier. Das Spiel und die Lust an ihm gibt es schon vor der Entstehung der menschlichen Kultur. Die Schrift Huizingas beginnt mit den Sätzen:

> Spiel ist älter als Kultur; denn so ungenügend der Begriff Kultur begrenzt sein mag, er setzt doch auf jeden Fall eine menschliche Gesellschaft voraus, und die Tiere haben nicht auf die Menschen gewartet, daß diese sie erst das Spielen lehrten. Ja, man kann ruhig sagen, daß die menschliche Gesittung dem allgemeinen Begriff des Spiels kein wesentliches Kennzeichen hinzugefügt hat. Tiere spielen genauso wie Menschen. Alle Grundzüge des Spiels sind schon im Spiel der Tiere verwirklicht.[16]

Im Kapitel "Spiel und Dichtung" wird noch deutlicher, daß diesen Ausführungen keine Apologie des zivilisatorischen Fortschritts zugrundeliegt. Die Dichtung steht "auf jener ursprünglichen Seite, wo das Kind, das Tier, der Wilde und der Seher hingehören, im Felde des Traums, des Bedrücktseins, der Berauschtheit und des Lachens. Um Dichtung zu verstehen, muß man fähig sein, die Seele des Kindes anzuziehen wie ein Zauberhemd, und die Weisheit des Kindes der des Mannes vorzuziehen."[17] Des "Mannes" wohlgemerkt, also des erwachsenen, zivilisierten, männlichen Subjekts, das nicht erst der Postmoderne suspekt geworden ist! Zu Lebzeiten Huizingas erschien ein Großteil jener spielerischen "Unsinnspoesie", der Alfred Liede unter dem Titel *Dichtung als Spiel* 1963 seine monumentale Untersuchung widmete. Mit Hinweisen auf Freuds Überlegungen zu den Wortspielen im Witz rückt auch Liede diese Dichtung in die Nähe des kindlichen Spiels und schreibt ihr einen zivilisationskritischen Impuls zu:

> In der Zeit, wo das Kind die Sprache erlernt, spielt es mit Worten, wie es mit Holzstückchen spielt. Später bekommt dieses Spiel den Reiz des von der Vernunft Verbotenen und wird schließlich dazu benützt, sich dem Druck der kritischen Vernunft zu entziehen. Der Unsinn bedeutet dann eine Auflehnung gegen den Denk- und Realitätszwang, gegen logische, praktische und ideelle Normen. Die Freiheit des Denkens soll in der Lust am Unsinn gerettet werden [...]. Der Dichter einer spielerischen Unsinnspoesie – denn nur im Spiel ist diese Art

---

[16] Huizinga: *Homo ludens*. S. 9.
[17] Ebd. S. 133.

möglich – hat sich diese Freiheit bewahrt, er ist noch jenes Kind, das mit Worten wie mit Bauklötzchen spielt.[18]

Freuds Vergleiche von Literatur und Kinderspiel hatten freilich weit mehr als den wortspielerischen Unsinn im Blick. Wie der Tagtraum sei die Dichtung generell "Fortsetzung und Ersatz des einstigen kindlichen Spielens".[19] Der Erwachsene wolle nicht auf den Lustgewinn verzichten, den er als Kind aus dem Spielen und aus den dabei erfüllten, in der Wirklichkeit unbefriedigten Wünschen bezogen hat. Im literarischen Spiel der Phantasie artikuliert sich verdeckt das im Prozeß der Zivilisation disziplinierte Lustprinzip. Weit radikaler als Huizinga und Freud hatte vorher schon Nietzsche die behauptete Affinität von Dichtung und naturwüchsigem Kinderspiel in sein zivilisationskritisches Programm integriert, indem er das Spiel zum Ausdruck einer mächtigen Lebenskraft jenseits von Gut und Böse verklärte. Heraklit interpretierend, setzte Nietzsche das anarchische, amoralische, vitale Treiben der Natur mit dem Spiel des Kindes und des Künstlers gleich:

> Ein Werden und Vergehen, ein Bauen und Zerstören, ohne jede moralische Zurechnung, in ewig gleicher Unschuld, hat in dieser Welt allein das Spiel des Künstlers und des Kindes. Und so, wie das Kind und der Künstler spielt, spielt das ewig lebendige Feuer, baut auf und zerstört, in Unschuld – und dieses Spiel spielt der Aeon mit sich. Sich verwandelnd in Wasser und Erde, thürmt er, wie ein Kind, Sandhaufen am Meere, thürmt auf und zertrümmert; von Zeit zu Zeit fängt er das Spiel von Neuem an. Ein Augenblick der Sättigung: dann ergreift ihn von Neuem das Bedürfniß, wie den Künstler zum Schaffen das Bedürfniß zwingt. Nicht Frevelmuth, sondern der immer neu erwachende Spieltrieb ruft andre Welten ins Leben. Das Kind wirft einmal das Spielzeug weg: bald aber fängt es wieder an, in unschuldiger Laune. Sobald es aber baut, knüpft und fügt und formt es gesetzmäßig und nach inneren Ordnungen.[20]

Wie überhaupt die Philosophie der Postmoderne aus dem Geist der ästhetischen Moderne geboren ist, so knüpfte an Nietzsches vitalistischen Spiel-Begriff in den siebziger Jahren Jacques Derrida mit einem den Poststruktu-

---

[18] Alfred Liede: *Dichtung als Spiel. Studien zur Unsinnspoesie an den Grenzen der Sprache*. Neuausgabe. Berlin u. a. 1992. S. 15. Das Buch wurde nicht zufällig 1992 neu aufgelegt. Der Herausgeber konstatiert mit Recht, daß es vor dem Hintergrund jüngerer Debatten zur Postmoderne auf "erneutes Interesse" stoßen kann.
[19] Sigmund Freud: Der Dichter und das Phantasieren. In: Ders.: *Studienausgabe*. Bd. 10. Frankfurt a.M. 1969. S. 169-179, hier S. 178.
[20] Friedrich Nietzsche: Die Philosophie im tragischen Zeitalter der Griechen. In: Ders.: *Sämtliche Werke. Kritische Studienausgabe in 15 Einzelbänden*. Hg. von Giorgio Colli und Mazzino Montinari. Bd. 1. S. 799-872, hier S. 830f.

ralismus und die Postmoderne stark inspirierenden Aufsatz an, der "Spiel" schon im Titel führt: *Die Struktur, das Zeichen und das Spiel im Diskurs der Wissenschaft vom Menschen*. Nietzsche ist hier Vorbild für "die fröhliche Bejahung des Spiels der Welt",[21] eines Spiels ohne Ursprung, Ziel und Wahrheit.[22]

In Philosophie, Ästhetik, Kunst und Literatur aus dem Umkreis der Postmoderne hatte der Spiel-Begriff Hochkonjunktur. Er wurde in geradezu inflationärer Häufigkeit verwendet, und zwar sowohl in programmatischen Texten der Postmoderne als auch in Versuchen zu beschreiben oder zu definieren, was denn der ebenfalls inflationär gebrauchte Begriff "Postmoderne" besage.[23] In einem Gespräch, dessen Abdruck der ersten deutschen Ausgabe von Jean-Francois Lyotards Schrift *Das postmoderne Wissen* beigefügt ist, postulierte dieser die Regel: "laßt spielen ... und laßt uns in Ruhe spielen".[24] Lyotards 1978 in Frankreich vorgelegter "Bericht" bezieht sich ausdrücklich auf Wittgensteins Begriff des "Sprachspiels"; der Begriff und diverse Metaphern des Spiels durchziehen die ganze Schrift. Und sie fordert an einer Stelle ausdrücklich eine "Theorie der Spiele".[25]

Auch die Literaturwissenschaft hat in letzter Zeit zunehmend Interesse am Spielbegriff gezeigt.[26] Was mit "Spiel" hier wie im gesamten Umkreis

---

[21] Jacques Derrida: Die Struktur, das Zeichen und das Spiel im Diskurs der Wissenschaften vom Menschen. In: Ders.: *Die Schrift und die Differenz*. Frankfurt a.M. 1975. S. 422-442, hier S. 441; vgl. auch S. 437 u. 438.

[22] Vgl. auch Derridas spätere Auseinandersetzung mit Platons Spiel-Verständnis in: Jacques Derrida: *Die Dissemination*. Wien 1995. S. 174 ff. Zu Derridas vagem Konzept des "freien Spiels" s. Robert Rawdon Wilson: Play, Transgression and Carnival. Bakhtin and Derrida on Scriptor Ludens. In: *Mosaic* 19 (1986). S. 73-89.

[23] So betont z.B. Paul Michael Lützeler im Vorwort zu dem Band *Spätmoderne und Postmoderne* "das Spielerische" der Postmoderne; Paul Michael Lützeler (Hg.): *Spätmoderne und Postmoderne. Beiträge zur deutschsprachigen Gegenwartsliteratur*. Frankfurt a.M. 1991. S. 13. Im Vorwort zu einer Sammlung von Texten zur Poetik der achtziger Jahre schreiben die Herausgeber Ulrich Janetzki und Wolfgang Rath von der "Spielmanier der Achtziger"; Ulrich Janetzki und Wolfgang Rath (Hg.): *Tendenz Freisprache. Texte zu einer Poetik der 80er Jahre*. Frankfurt a.M. 1992. S. 9.

[24] Lyotard im Gespräch mit Jean-Pierre Dubost. In: Jean-Francois Lyotard: *Das postmoderne Wissen*. Bremen 1982. S. 127-150, hier S. 131.

[25] Jean-Francois Lyotard: *Das postmoderne Wissen. Ein Bericht*. Graz, Wien 1986. S. 59.

[26] Siehe u. a. Pierre Bertaux: *Gar schöne Spiele spiel' ich mit dir! Zu Goethes Spieltrieb*. Frankfurt a.M. 1986; Volker Bohn: Lektüre als Spiel. In: *Neue Rundschau* 95 (1984). H. 3. S. 20-34; Gundel Mattenklott: Spielregeln in der Literatur. In: *Diskussion Deutsch* 16 (1985). S. 419-435; und insbesondere Hans-Jost Frey: *Der unendliche Text*. Frankfurt a.M. 1990; Hans-Georg Gadamer: *Die Aktualität*

der Postmoderne jeweils gemeint ist, bleibt indes vielfach im dunkeln. Es scheint, als habe sich die Attraktivität eines Signifikanten gegenüber allen genauer bestimmbaren Bedeutungsmerkmalen verselbständigt. Der Spielbegriff fungiert als universelle Metapher für ganz unterschiedliche Phänomene. Klärende Präzisierungen für seine Verwendung sind selten. Und sie sind auch nicht gerade einfach. Was machte den Spielbegriff für Philosophie, Ästhetik, Literatur und Literaturwissenschaft im Umkreis der Postmoderne so attraktiv? Ich glaube, hier sind vor allem folgende sechs Aspekte anzuführen:

1. Die Pluralität der Spiele

Die Befreiung vom Zwang, der das wissenschaftliche oder auch literarische Sprechen und Schreiben der Autorität eines einheitlichen, in sich konsistenten und verbindlichen Regelsystems unterwirft, ist ein zentraler Aspekt postmoderner Lust am Spiel. *Wider den Methodenzwang* heißt der deutsche Titel jener wissenschaftskritischen Schrift, in der der erkenntnistheoretische Anarchist und Dadasoph Paul Feyerabend sein berühmt gewordenes Postulat "Anything goes" aufstellte. Sein "heiterer Anarchismus" ging mit der Befreiung von einförmigen "Gesetz- und Ordnungskonzeptionen"[27] und einem Plädoyer für "Theorienvielfalt"[28] einher. In einem weiteren Buch mit dem bezeichnenden Titel *Wissenschaft als Kunst* imaginierte er das Wunschbild einer Zeit, in der "man die Wissenschaften für Sammlungen von Spielereien hält, aus denen sich die Spielenden bald das eine, bald das andere Spiel auswählen".[29] Daß der Spielende die Möglichkeit zur Wahl zwischen vielen Spielangeboten hat, ist einer der Befreiungsaspekte, die wenig später Lyotard dem Spiel zuschrieb. Zum grundlegenden Schritt in das postmoderne Wissen erklärt er, im Rückgriff auf Wittgenstein, das "Erkennen der Heteromorphie der Sprachspiele". Es "impliziert offenkundig den Verzicht auf den Terror, der ihre Isomorphie

---

des Schönen. Kunst als Spiel, Symbol und Fest. Stuttgart 1977; Wolfgang Iser: *Das Fiktive und das Imaginäre. Perspektiven literarischer Anthropologie.* Frankfurt a.M. 1991. S. 426-480; Wolfgang Braungart: *Literatur und Ritual.* Tübingen 1996. Hier das Kapitel "Spiel", S. 216-233. Vgl. weiterhin die aufgrund ihrer ausführlichen Annotationen ungemein hilfreiche Bibliographie von James A.G. Marino: An Annotated Bibliography of Play and Literature. In: *Canadian Review of Comparative Literature* 12 (1985). S. 306-358.; Dietmar Claas: Entgrenztes Spiel: Zum Spielbegriff in der postmodernen amerikanischen Literatur. In: *Der zeitgenössische amerikanische Roman: Von der Moderne zur Postmoderne.* Bd. 1. Hg. von Gerhard Hoffmann. München 1988. S. 364-378.
[27] Paul Feyerabend: *Wider den Methodenzwang.* Frankfurt a.M. 1983. S. 13.
[28] Ebd. S. 39.
[29] Feyerabend: *Wissenschaft als Kunst.* Frankfurt a.M. 1984. S. 78.

annimmt und zu realisieren trachtet."[30] Das Bewußtsein von der Vielgestaltigkeit bestehender und zukünftiger Sprachspiele widersetze sich dem Dominanzanspruch bestimmter Sprachspiele und seinem totalitären Potential.

Auf dem pluralen Nebeneinander ganz unterschiedlicher und gleichwertiger Spielarten zu bestehen gilt als Merkmal der Postmoderne auch im Bereich der Ästhetik und der Poetik. Ganz in Übereinstimmung mit ihr stellte Enzensberger (unter dem Pseudonym Andreas Thalmayr) in *Das Wasserzeichen der Poesie* "hundertvierundsechzig Spielarten" literarischen Schreibens vor. Es sei, so heißt es im Vorwort, "nie ein simples, es ist schon immer ein höchst verwickeltes Spiel gewesen, das die Dichter und ihre Leser trieben. War das alles ernst gemeint? Oder war es nur eine Parade von Kunststücken, eine Vorstellung von glänzenden Tricks, sonderbaren Gemütsbewegungen, atemberaubenden Fertigkeiten? Und wenn es ein Spiel war, nach welchen Regeln wurde es gespielt?"[31] Der Vielzahl der Regeln, nach denen literarisch gespielt wird, entspreche die Pluralität der möglichen Lesarten eines Textes. "Die einzig richtige Art, ein Gedicht zu lesen, gibt es nicht. Sie ist nur ein pädagogisches Phantom. Soviele Köpfe, soviele Lesarten, eine richtiger als die andere."[32] In diesem Zusammenhang steht auch die Titelmetapher des "Wasserzeichens": "Wer Lust hat – ohne Lust geht es nicht –, der braucht die Wörter nur gegen das Licht zu halten. Unter jedem Text findet sich ein anderer, finden sich viele andere".[33]

Das biblische Babel ist zur Metapher der postmodern bejahten Pluralität von Sprachspielen geworden. Den lustvollen Leser eines Textes stellt Roland Barthes sich vor als "einen Menschen, der alle Sprachen miteinander vermengt, mögen sie auch als unvereinbar gelten". Das Gewirr der verschiedenen Sprachen beim Turmbau zu Babel steht dafür als Modell. Es ist weder Strafe noch Unglück, sondern eine Verheißung des Glücks: "Der alte biblische Mythos kehrt sich um, die Verwirrung der Sprachen ist keine Strafe mehr, das Subjekt gelangt zur Wollust durch die Kohabitation der Sprachen, *die nebeneinander arbeiten*: Der Text der Lust, das ist das glückliche Babel."[34]

---

[30] Lyotard: *Das postmoderne Wissen. Ein Bericht.* S. 191. Zur Pluralität der Sprachspiele bei Wittgenstein vgl. auch Wolfgang Welsch: *Vernunft. Die zeitgenössische Vernunftkritik und das Konzept der transversalen Vernunft.* Frankfurt a.M. 1995. S. 401ff.
[31] Andreas Thalmayr (= Hans Magnus Enzensberger): *Das Wasserzeichen der Poesie oder die Kunst und das Vergnügen, Gedichte zu lesen.* Nördlingen 1990. S. VI.
[32] Ebd. S. VII.
[33] Ebd. S. VIII.
[34] Roland Barthes: *Die Lust am Text.* Frankfurt a.M. 1974. S. 8.

Dem programmatischen Pluralismus der Postmoderne entsprechen denn auch die vielen in ihr zirkulierenden Komposita, in denen das erste Morphem den Singular negiert: "Mehrdeutigkeit", "Mehrfach-Codierung", "Polysemie" oder "Polyphonie". Wenn in solchen Kontexten der Spiel-Begriff verwendet wird, dann wird auch hier das mit ihm eng assoziierte Merkmal der "Freiheit", die es dem Spieler bietet, des bei aller Geregeltheit "Offenen" und "Ungewissen" hervorgehoben, der "Spielraum", die Durchlässigkeit für Zufälle oder Handlungsalternativen, Eigeninitiativen und selbstbestimmte Aktivität.

2. Offene Spiele

Das Merkmal der "Offenheit" hat den Spielbegriff attraktiv gemacht für "postmoderne" Vorstellungen vom offenen Kunstwerk. Im letzten Kapitel seines Buches *Der unendliche Text* räsonniert der Schweizer Literaturwissenschaftler Hans-Jost Frey "Über das Spiel" und stellt in diesem Zusammenhang die grundsätzliche Frage: "Was ist der spielerische Text?" Die Antwort ist typisch für postmoderne Literaturtheorien. Sie lautet: "Zum Spiel gehört ein gewisses Maß von Offenheit. Es gibt kein Spiel, dessen Ausgang gewiß ist. Wie weitgehend auch ein Spiel durch seine Regeln bestimmt sein mag, der spielerische Vollzug wäre kein Spiel mehr, wenn er vollständig determiniert wäre."[35] In dem Befreiungspathos knüpft der postmoderne Spiel-Begriff an den der Schillerschen Ästhetik an. Hatte Schiller jedoch die Befreiung von Dominanzansprüchen einerseits der Vernunft, andererseits der Sinnlichkeit postuliert, so widersetzt sich der programmatische Pluralismus der Postmoderne dem Dominanzanspruch *eines* Sprachspiels gegenüber vielen gleichwertigen anderen. Das einheitsstiftende, integrative Potential, das Schiller dem ästhetischen Spiel zuschrieb, ist im postmodernen Spiel-Begriff verabschiedet zugunsten von Differenzen zwischen heterogenen Spielen und der Offenheit für Handlungsalternativen. "Das Spielerische eines bestimmten Spiels", schreibt Frey weiter, bestehe gerade darin, "daß es jedesmal anders verläuft. Es gibt beim Spiel immer mehrere Möglichkeiten. In jeder Phase des Spiels sind zwar gewisse Dinge durch die Spielregeln vorgeschrieben oder ausgeschaltet, aber die Regeln können auf vielerlei Art erfüllt werden, so daß die Entwicklung unvorhersehbar bleibt. Man kann diese Offenheit so ausdrükken, daß zum Spiel immer Spielraum gehört."[36] Der spielerische Text sei "nicht eindeutig, sondern mehrdeutig. Er ist nicht abgeschlossen, sondern

---

[35] Frey: *Der unendliche Text*. S. 281.
[36] Ebd.

offen. Er hat Spiel."[37] Er läßt damit den Lesenden Freiräume für eigene Aktivitäten.

3. Interaktives Spiel: Leser als Mitspieler

Daß viele Spiele nicht allein, sondern mit gleichen Aktivitätsanteilen zu zweit oder zu mehreren gespielt werden, ließ den Begriff im Rahmen einer Literaturprogrammatik wertvoll erscheinen, die die Lesenden aus einer bloß passiven Rolle befreit wissen will. Sie bekommen den Status von Mitspielern zuerkannt, von Interaktionspartnern, die auf den Text nicht nur zu reagieren, sondern auf eine Weise mitzuagieren angehalten sind, wie sie Lyotard als charakteristisch für interaktive und instabile Sprachspiele beschrieben hat:

> Jeder Sprachpartner unterliegt also während der ihn betreffenden 'Spielzüge' einer 'Umstellung', einer Anderswerdung – welcher Art diese auch immer sein mögen – nicht nur in seiner Eigenschaft als Empfänger und Referent, sondern auch als Sender. Diese 'Spielzüge' rufen unfehlbar 'Gegenzüge' hervor, doch jeder weiß aus Erfahrung, daß diese letzteren nicht 'gut' sind, solange sie nur reaktiv sind. Denn sie sind so nur programmierte Wirkungen in der Strategie des Gegners. Sie vollenden diese und stehen also im Gegensatz zu einer Veränderung des beiderseitigen Kräfteverhältnisses. Daher ist es wichtig, die Umstellung zu verschärfen und sie sogar zu verwirren, um einen 'Spielzug' – eine neue Aussage – zu setzen, der unerwartet wäre.[38]

Der Instabilität der Positionen, in denen sprachlich Handelnde in ununterbrochenen Bewegungen interagieren, entspreche in der gegenwärtigen, der "postmodernen" Wissenschaft die Pragmatik einer Forschung, die die "Erfindung neuer 'Spielzüge' und selbst neuer Regeln von Sprachspielen in den Vordergrund gerückt hat."[39] In einem 1987 erschienenen Artikel mit dem Titel *Was ist postmoderne Literatur?* beruft sich Hanns-Josef Ortheil auf Italo Calvino. Nach dessem Programm folgt der postmoderne Roman den Regeln eines romanhaften Spiels. Er sei künstlich und konstruiert wie im Labor: "Wir werden den Roman spielen können, wie man Schach spielt, mit absoluter Fairneß, und wieder eine Beziehung herstellen zwischen dem Schriftsteller, der sich der Mechanismen, die er verwendet, voll bewußt ist, und dem Leser, der das Spiel mitspielt, weil er dessen Regeln

---

[37] Ebd. Das Buch, das übrigens auch auf Huizinga zurückgreift, endet bezeichnenderweise mit einer dekonstruktiven Analyse eines Hebel-Textes, die zu zeigen versucht, daß dieser jede eindeutige Bedeutungsfestlegung selbst zu unterlaufen vermag.
[38] Lyotard: *Das postmoderne Wissen. Ein Bericht.* S. 58f.
[39] Ebd. S. 157.

kennt und weiß, daß man ihn nicht mehr an der Nase herumführen kann."[40] Frei von manipulativen Zwängen genießen Autoren und Leser ihre souveräne Bewußtheit und aktive Kennerschaft im Umgang mit den Mechanismen und Regeln des literarischen Spiels. In der Entwicklung interaktiver Medienkunst hat dieses Spiel-Programm inzwischen neue technische Möglichkeiten entdeckt.

4. Simulationsspiele

Bekanntlich spielt der Begriff der "Simulation" in postmodernen Theorien eine bedeutende Rolle. Verwendung in seinem noch gebräuchlichen Sinn fand er bereits in den sechziger Jahren, und zwar im Rahmen der Flug- und Raumfahrttechnik. Die Flugsimulatoren gelten heute als technikgeschichtlicher Anfang des interaktiven Mediums Cyberspace, das seinen Benutzern das Agieren in optisch, akustisch *und* taktil wahrgenommenen virtuellen Welten ermöglicht. Schon Ende der sechziger Jahre verglich denn auch Dieter Wellershoff die Literatur mit spielerischen Simulationstechniken in der Weltraumfahrt:

> Literatur ist in meinem Verständnis eine Simulationstechnik. Der Begriff ist in letzter Zeit populär geworden durch die Raumfahrt, deren vollkommen neuartige Situationen, der praktischen Erfahrung vorauslaufend, zunächst künstlich erzeugt und durchgespielt werden. Die Astronauten lernen im Übungsraum sich den Bedingungen der Schwerelosigkeit anzupassen, sie trainieren die Steuerungsvorgänge, das Verändern und Verlassen einer Umlaufbahn, die weiche Mondlandung, den Wiedereintritt in die Erdatmosphäre, überhaupt alle kritischen Phasen des späteren Ernstfalles zunächst an Geräten, die die realen Bedingungen fingieren, das heißt ohne um den Preis von Leben oder Tod schon zum Erfolg genötigt zu sein. Das ist, wie mir scheint, eine einleuchtende Analogie zur Literatur. Auch sie ist ein der Lebenspraxis beigeordneter Simulationsraum, Spielfeld für ein fiktives Handeln, in dem man als Autor und als Leser die Grenzen seiner praktischen Erfahrungen und Routinen überschreitet, ohne ein wirkliches Risiko dabei einzugehen.[41]

Ist der von Wellershoff in diesem Zusammenhang verwendete Spielbegriff noch (wie um 1900 bei Karl Groos) eng mit Training, Übung, Erfahrungsgewinn gekoppelt, so gewinnt der Zusammenhang von Spiel und Simulation in der postmodernen Medienästhetik eine andere Bedeutung. Mit ihm

---

[40] Italo Calvino, zit. nach: Hanns-Josef Ortheil: *Schauprozesse.* München 1990. S. 110f.
[41] Dieter Wellershoff: Fiktion und Praxis. In: Ders.: *Literatur und Veränderung.* S. 9-32, hier S. 21f.

ist die Abkehr von der Vorstellung verbunden, daß es so etwas wie verbindliche Wahrheit oder einen Zugriff auf authentische Realität gibt.

Im Umkreis postmoderner Theorien und Programme steht "Spiel" weiterhin für die lustvolle Befreiung von Realitätszwängen. Es verschafft jenes Lustgefühl, das Jean Baudrillard eine "Euphorie der Simulation"[42] genannt hat. Zwar sind längst nicht alle Spiele Nachahmungs-, Illusions- oder Verkleidungsspiele, aber "Spielen" bedeutet nicht zuletzt auch: 'so tun als ob'. Ein Kind, das Indianer oder Räuber spielt, tut so, als ob es ein Indianer oder Räuber wäre. Und es simuliert dabei selten reale Indianer oder Räuber, sondern meist solche Imitate, die es aus Romanen oder Filmen kennt und die ihrerseits vorgängige Medienfiguren nachahmen. "Spielen" kann also auch "simulieren" heißen, eine Simulation von Wirklichkeit sein. Und wenn die medial vermittelte, reproduzierte und inszenierte Wirklichkeit von der Avantgarde der Medienästhetik nur als eine Kette von Simulationen begriffen wird, dann kann auch sie als ein Spiel bezeichnet werden. Damit wird die herkömmliche, hierarchisch geordnete Opposition von "Spiel" und "Wirklichkeit" wie die von "simuliert" und "echt", "fiktiv" und "real", "falsch" und "wahr", "Schein" und "Sein" im Spiel der Dekonstruktionen aufgelöst. So auch durch Jean Baudrillard, dem die postmoderne Karriere des Begriffs "Simulation" maßgeblich zu verdanken ist. Hatte Walter Benjamin vor über sechzig Jahren noch die Entauratisierung des Kunstwerks im Zeitalter seiner technischen Reproduzierbarkeit im Blick, so ging es im Umkreis der Postmoderne um die Derealisierung der Wirklichkeit im Zeitalter ihrer digitalen Reproduzierbarkeit. Die "gesamte Realität ist zum Spiel der Realität übergegangen", konstatiert Baudrillard.[43] Sie sei damit zu einem ästhetischen Phänomen geworden. "Das Simulationsprinzip überwindet das Realitätsprinzip [...]".[44] Habe früher das Vergnügen an Literatur und Kunst darin bestanden, etwas Reales in dem wiederzuerkennen, was künstlich und imitiert war, so herrsche jetzt überall da ästhetische Faszination, "wo das Reale und das Imaginäre zu einer gemeinsamen operationalen Totalität verschmolzen sind [...]".[45] Der unterschwellig wahrgenommene Trick, die Montage, das Szenario der medial konstruierten Wirklichkeit präsentiere sich als "ein unentwirrbares Spiel, mit dem sich ein ästhetischer Genuß verbindet, der Genuß an der Lektüre und den Spielregeln".[46] Die Ersetzung des Realen durch Simulation befreit nach

---

[42] Jean Baudrillard: *Der symbolische Tausch und der Tod.* München 1982. S. 117.
[43] Ebd.
[44] Ebd. S. 119. Daß das "Simulationsprinzip" auch das "Lustprinzip" überwinde, wie der Satz in seiner Fortführung behauptet, ist nur auf libidinöse Lust im Sinne Freuds, nicht auf ästhetische Lust zu beziehen.
[45] Ebd. S. 118.
[46] Ebd.

Baudrillard von der Furcht vor dem Realen. Die "Euphorie der Simulation" beruht darauf, daß "Schuld, Angst und Tod durch den vollkommenen Genuß der Zeichen für Schuld, Angst, Verzweiflung, Gewalt und Tod ersetzt werden" können.[47]

Von den Schwierigkeiten, zwischen Sein und Schein, zwischen Wirklichkeit und Fiktion zu unterscheiden, hat Literatur schon lange gehandelt, ja sie hat damit vielfach komplexe, oft komische Verwirrspiele inszeniert. Seit den achtziger Jahren treten solche Spiele zunehmend in den Kontext einer neuen Medienästhetik, die ihrerseits bereits literarisch reflektiert wird.[48] Die avancierte Medienästhetik ist freilich nur Teil einer prinzipielleren Dekonstruktion des Gegensatzes von Wirklichkeit und Fiktion, die im mehr oder weniger radikalen Konstruktivismus und nach jener linguistischen Wende der Philosophie vollzogen wurde, die die sogenannte Wirklichkeit zum sprachlichen bzw. diskursiven Konstrukt erklärt. Im Vorwort des 1993 erschienenen Katalogs *Künstliche Spiele* zu einer Ausstellung von "Interaktiven Installationen" formuliert der Medienästhetiker Florian Rötzer das Spielprogramm einer jungen Künstlergeneration mit den Sätzen: "Wir wollen nicht mehr akzeptieren, daß Kunst, Information, Bildung, Wissenschaft oder Arbeit ein Gegensatz zum Spielerischen sein sollen. [...] Wir glauben nicht mehr daran, daß eine Ordnung die einzigartige und unverbrüchliche ist. Wir befinden uns im Zeitalter des Konstruktivismus und des Experiments, nicht mehr in dem der Realität, der Objektivität und der Wahrheit."[49] Die Ordnung der realen Dinge sei eine konstruierte und daher eine sich ständig verändernde und spielerisch veränderbare. Heinz von Foerster faßte die Essenz des Konstruktivismus in dem Satz zusammen: "Die Umwelt, so wie wir sie wahrnehmen, ist unsere Erfin-

---

[47] Ebd. S. 117.

[48] Jochen Hörisch hat unlängst auf etliche Texte der deutschsprachigen Gegenwartsliteratur hingewiesen, in denen das medienbedingte Verschwinden der klaren Differenzen zwischen Wirklichkeit und Fiktion zum Thema geworden ist, u.a. auf Nicolas Borns Roman mit dem dafür bezeichnenden Titel *Die Fälschung*, auf Friedrich Dürrenmatts späte Kriminalnovelle von 1986 *Der Auftrag oder Vom Beobachten des Beobachters der Beobachter* und auf Bodo Morshäusers Erzählung *Berliner Simulation*. Vgl. Jochen Hörisch: Die Wirklichkeit der Medien und die medialisierte Wirklichkeit. Optionen der Gegenwartsliteratur. In: *Literarische Moderne. Europäische Literatur im 19. und 20. Jahrhundert*. Hg. von Rolf Grimminger u.a. Hamburg 1995. S. 770-799.

[49] Florian Rötzer: Kunst Spiel Zeug. Einige unsystematische Anmerkungen. In: *Künstliche Spiele*. Hg. von Georg Hartwanger, Stefan Iglhaut und Florian Rötzer. München 1993. S. 15-38, hier S. 27.

dung."[50] Dem entspricht es, wenn Raymond Federman unter dem Begriff "Surfiction" eine Form von Literatur beschreibt, die das Leben als eine Fiktion bewußt macht, "weil die Wirklichkeit als solche eigentlich nur in ihrer fiktionalisierten Form existiert, also in der Sprache, die sie zum Ausdruck bringt."[51]

5. Anspielungen

Federman hatte schon lange vorher mit einem bezeichnenden Wortspiel, einer Mischwortbildung aus "play" und "plagiarism", ein weiteres Spielphänomen postmoderner Literatur und Kunst gekennzeichnet: "playgiarism".[52] Die spielerische Anlehnung an andere Texte tangiert einen der zentralen Begriffe postmoderner Literaturtheorie, den der "Intertextualität". Er meint das Phänomen, daß sich literarische Texte mehr oder weniger exzessiv auf andere, ihnen vorangegangene "Prätexte" beziehen, sie zitieren, imitieren, plagiieren, ironisieren oder mit ihnen in einen Dialog treten. Das Wort "Anspielung" bzw. "Allusion" verweist wohl am deutlichsten auf den Spielcharakter solcher Intertextualitätsphänomene. Für den Autor kann das intertextuelle Spiel eine lustvolle Befreiung sowohl von den übermächtigen Zwängen einzelner literarischer Traditionen als auch von dem Innovationsdruck der Moderne sein. Wo tradierte Texte respektlos zum Spielmaterial gemacht werden, sieht sich der Autor von seiner Angst vor ihrem übermächtigen, autoritativen Einfluß befreit, und wo er auf Traditionen in Form eines ironischen Spiels mit ihnen zurückgreift, kann er sich vom Vorwurf bloßer Epigonalität oder des Plagiats entlastet sehen. Für den Leser wiederum kann das Entdecken solcher Anspielungen zu einem lustvollen Spiel werden, bei dem er seine Wissenskompetenz auf die Probe stellt und im Falle des Erfolgs genießt.[53]

Patrick Süskinds Roman *Das Parfum* ist ein Beispiel dafür. Und er hat sein eigenes literarisches Verfahren zudem inhaltlich dargestellt. Das Geruchsgenie Grenouille, der aus den Düften von fünfundzwanzig ermordeten Jungfrauen ein vollendetes Kunstwerk komponiert, gleicht dem Autor,

---

[50] Heinz von Foerster: Das Konstruieren einer Wirklichkeit. In: *Die erfundene Wirklichkeit. Wie wissen wir, was wir zu wissen glauben? Beiträge zum Konstruktivismus.* Hg. von Paul Watzlawick. München, Zürich 1985. S. 39-60, hier S. 40.
[51] Raymond Federman: *Surfiction: Der Weg der Literatur. Hamburger Poetik-Lektionen.* Frankfurt a.M. 1992. S. 62.
[52] Raymond Federman: Imagination as Plagiarism (an unfinished paper...). In: *New Literary History* 7 (1975/76). S. 563-578.
[53] Daß die Konjunktur der literaturwissenschaftlichen Intertextualitätsforschung wie vormals die positivistische Einflußforschung sich solchen Lustquellen verdankt, liegt nahe.

der aus den Ingredienzien von mindestens ebenso vielen kanonischen Texten der (vorwiegend deutschen) Literatur seinen Text zusammengefügt hat. Der Roman ist ein Spiel mit den Gattungstraditionen von Kriminal-, Schauer- und Bildungsroman sowie mit Topoi der Genieästhetik, ein Nachahmungsspiel und zugleich ein Spiel jener Art, das vorgefundene Bestandteile der Umwelt, hier der literarischen, zu einer neuen Welt zusammensetzt. Und wer das erkennt, bezieht aus der Lektüre einen zusätzlichen Lustgewinn.

6. Die Lust am Spiel

Wo das Bedürfnis nach Literatur auf jenen Spieltrieb zurückgeführt wird, der nach Johan Huizinga Grundlage aller menschlichen Kultur ist, da lassen sich die Lust, das Vergnügen, die Freude an ihr kaum noch ignorieren. "Zugegeben, es ist nie ein simples, es ist schon immer ein höchst verwikkeltes Spiel gewesen, das Dichter und Leser trieben", erklärte Hans Magnus Enzensberger 1984 im Vorwort zu den von ihm vorgestellten hundertvierundsechzig "Spielarten" der Poesie. Daß es trotz hoher Ansprüche ein vergnügliches Spiel ist, bekannte er schon mit dem Titel des Buches: *Das Wasserzeichen der Poesie oder Die Kunst und das Vergnügen, Gedichte zu lesen.*

Während der von Wellershoff verwendete Spielbegriff, wie bereits erwähnt, noch eng mit Übung und Erfahrungsgewinn verknüpft war, so wird er im Umkreis der Postmoderne vor allem mit Lust assoziiert. Nicht das Dozierende, sondern das Delektierende des Spiels wird für dominant erklärt. Es ist nicht zuletzt das in fast allen Definitionen des Begriffs "Spiel" angesprochene Vergnügen, das ihn für eine lustbetonte postmoderne Literatur so anziehend macht. Roland Barthes' Fragmente *Die Lust am Text* sind dafür ein prominentes Beispiel.[54] Umberto Eco charakterisierte den "Postmodernismus" als ein "bewußt und mit Vergnügen" betriebenes "Spiel der Ironie".[55] Auch im schon zitierten Vorwort von Enzensbergers *Wasserzeichen der Poesie* bekommt die Assoziation von Spiel und Lust programmatischen Charakter:

---

[54] Auf die Spielmetapher greift Roland Barthes zurück, wenn er etwa von der "Möglichkeit einer Dialektik der Begierde" spricht, "eines Nichtvoraussehens der Wollust; daß das Spiel noch nicht aus ist, daß es zu einem Spiel kommt". Barthes: *Die Lust am Text.* S. 10.
[55] Umberto Eco: Postmodernismus, Ironie und Vergnügen. In: Ders.: *Nachschrift zum 'Namen der Rose'.* München 1984. S. 79.

> Die Lust, Gedichte zu lesen, ist uns einfach abhanden gekommen. Vielleicht sind die Dichter schuld? Vielleicht haben wir sie satt, mit ihren Tiraden, ihrem Grimm, ihrem Ekel, ihrer Emphase, ihrem ewigen Narzißmus?
> Oder liegt es an uns?
> Warum kommt es uns manchmal so vor, als haftete der ganzen Sache, der 'Lyrik', etwas Trübes, Zähes, Dumpfes, Muffiges an?
> Aber war da nicht irgendwann, irgendwo was Anderes? Ein Lufthauch? Eine Verführung? Ein Versprechen? Ein freies Feld?
> Ein Spiel?[56]

Die Attraktivität des Spiel-Begriffs im Umkreis postmoderner Literatur und Ästhetik ist mittlerweile Gegenstand distanzierter Stellungnahmen geworden. Eine stammt von dem Medientheoretiker Vilém Flusser:

> Die Stimmung in der Kulturlandschaft scheint sich ändern zu wollen. Es gibt Leute, die diese Änderung auf Ideologieverlust und/oder auf Entpolitisierung zurückführen wollen. So eine Ansicht läßt sich lapidar folgendermaßen formulieren: Soziale Theorien beginnen Spieltheorien zu weichen. Spiele werden nicht mehr als soziale Phänomene verstanden, sondern umgekehrt werden Gesellschaften als Spielarten angesehen. Das wäre (falls zutreffend) allerdings eine radikale Veränderung der kulturellen Stimmung. Zum Beispiel würde dies den Niedergang des Marxismus und die Vorliebe für den freien Markt als Spiel von Angebot und Nachfrage erklären. Es wäre voreilig, aus einem etwaigen Verdrängen des soziologischen durch ein ludisches Denken und Handeln auf eine fröhlicher werdende kulturelle Stimmung schließen zu wollen: Spieltheorien sind mathematisch exakter formulierbar als soziologische, sie sind 'härter'. Und Spieler sind nicht notwendigerweise heitere Menschen. Und auch die Vorstellung, die Kulturlandschaft sei daran, sich in eine Kinderstube zu verwandeln, ist nicht unbedingt erfreulich.[57]

Unter dem Titel *Der Achtzigerjahresspaß und der Ernst der Neunziger* distanzierte sich 1993 der Berliner Schriftsteller Bodo Morshäuser, Autor der zehn Jahre vorher erschienenen Erzählung *Die Berliner Simulation*, von der Kultur der Simulationen und des Spiels. Der im Kursbuch erschienene Aufsatz ist zwar vor allem auf Veränderungen der subkulturellen Jugendszene bezogen, seine Thesen lassen sich jedoch auch mit einigen Gewinnen auf literarische Entwicklungen übertragen. Nach der "neuen Subjektivität" und der Selbstverwirklichungskultur der 70er Jahre waren nach Morshäuser die 80er Jahre durch eine Kultur der Simulationen und des Spiels gekennzeichnet.:

---

[56] Thalmayr (= Enzensberger): *Das Wasserzeichen der Poesie.* S. VI.
[57] Vilém Flusser: Gesellschaftsspiele. In: *Künstliche Spiele.* Hg. von Georg Hartwanger, Stefan Iglhaut und Florian Rötzer. München 1993. S. 111-117, hier S. 111.

Inhaltliche Diskussionen galten als abstoßend, Meinungen galten als austauschbare Selbstdarstellungen. Sinnfragen verbreiteten einen Mief, den man nur mit Lustigkeit vertreiben konnte. Mit Spiel. Mit Simulation. Mit So-tun-als-ob. Mal sehen, was geschieht, wenn ich *das* jetzt sage. Ich bins nicht. Ich sage es nur. Undsoweiter. Die achtziger Jahre waren das Jahrzehnt der Spieler.[58]

Mit dem Fall der Mauer, mit dem Wegfall der stabilisierenden Grenzen zwischen Westen und Osten, mit der Destabilisierung der erstarrten Nachkriegsordnung sind, so Morshäuser, in den 90er Jahren Probleme und Konflikte in Europa angewachsen, angesichts derer die spielerische Leichtigkeit der 80er Jahre einem bitteren Ernst gewichen ist. Unter dem bezeichnenden Titel *Die Spaß-Generation hat sich müde gespielt* erschien im November 1996 in der Wochenzeitung *Die Zeit* ein programmatischer Artikel, in dem die neue Leiterin des Feuilletons Sigrid Löffler konstatierte: "Spiel und Spaß, Erleben und Genießen waren die Zentralbegriffe jeder Kultursoziologie der achtziger Jahre." Inzwischen gebe es allerdings Indizien für einen kollektiven Stimmungswandel. Autoren wie W.G. Sebald, Christoph Ransmayr oder Raoul Schrott kündeten, "müde gespielt, vom "Ende der Spiel-Zeit, vom Ende der "Spaß-Ideologie". In dem Reisebericht des Ethnologen und Spieleforschers Michael Roes mit dem Untertitel "Invention über das Spiel"[59] gingen die fragmentarischen Anmerkungen und Brüchstücke von spieltheoretischen Reflexionen in die "Melancholie einer wüsten Sinnleere" über.[60] Unter der Kopfzeile "Das Spiel ist aus: Die Krisen des Kapitalismus treiben das postmoderne Denken in die Defensive" setzte *Die Zeit* am 13. August 1998 eine Artikelserie zur Debatte über die Postmoderne fort.

Über die postmoderne Spielkultur beginnt man mittlerweile in der grammatischen Form der Vergangenheit zu sprechen; sie ist zu einem in historische Distanz gerückten Phänomen geworden. Die Vergleiche und Gleichsetzungen von Literatur und Spiel sind freilich älter als sie und werden sie überdauern. Zu einer Literaturtheorie des Spiels haben postmoderne Programme und Theorien vielfältige Anregungen gegeben – auch wenn sie hinter dem, was bereits Ende des vorigen Jahrhunderts von Spieltheo-

---

[58] Bodo Morshäuser: Neulich, als das Hakenkreuz keine Bedeutung hatte. Der Achtzigerjahrespaß und der Ernst der Neunziger. In: *Kursbuch* 113 (1993). H. 3. S. 41-53, hier S. 45.
[59] Michael Roes: *Rub' al-Khali. Leeres Viertel. Invention über das Spiel.* Roman. Frankfurt a.M 1996.
[60] Sigrid Löffler: Die Spaß-Generation hat sich müde gespielt. In: *Die Zeit* vom 29.11.1996.

retikern und Ästhetikern wie vor allem Karl Groos geleistet worden ist, weit zurückgeblieben sind. Die kulturelle Karriere der Postmoderne mag m Ende entgegengehen, doch das Spiel mit Literatur geht weiter.

Gerda Elisabeth Moser

Das postmoderne ästhetische Tableau und seine Beziehungen zu Leben und Denken

Albert Berger zum Dank

Und für Waltraud Krainz, Germanistin und Sportkletterin (Schwierigkeitsgrad 9) und für Wilhelm Kuehs, Germanist und Autor eines – postmodernen – Horrorromans

Usually the debate on postmodernism concentrates on poststructuralist and deconstructionist theories within literature and philosophy. The essay argues that new forms of consumption and spare time-activities are to be seen to be at the center of postmodernism. With them the concepts of the self or of history also change. Some literary and aesthetic concepts try to follow this trend, whereas poststructuralist and deconstructionist theories fail to act out or to understand this form of postmodernism at all.

Beginnen wir mit dem – vermeintlichen – Ende: Mit Bezug auf einen Sonderband der Zeitschrift *Merkur* – Titel *Postmoderne. Eine Bilanz*[1] – sieht ein Kulturredakteur der *Zeit*[2] die Postmoderne im Zustand ihrer Grablegung. Nun mag ein Phänomen, das bereits seit den 60er Jahren in den USA und spätestens ab Mitte der 80er Jahre in der Bundesrepublik und auch in Österreich immer wieder als ein Phänomen der Gegenwart diskutiert wird, gegen Ende der 90er Jahre in der Tat seine Aktualität verlieren, ja vielleicht sogar – in Ehren – wieder zu Ende gehen dürfen, wäre da nicht dieser spezielle Ton, der die Ausführungen des Kulturredakteurs begleitet. Es ist Schadenfreude vermischt mit Hohn, es ist Unwille vermischt mit Aggressivität, es ist eine breite Tonleiter von Gehässigkeiten, die den Leichnam (scheintot) noch bis an das Grab verfolgen. De mortuis nihil nisi bene? Im Umgang mit der Postmoderne – und selbst anläßlich ihres (vermeintlichen) Begräbnisses – verliert der Feuilletonist seine Contenance.

---

[1] 52 (1998). H. 594/595.
[2] Thomas Assheuer: In der Hölle der Wirklichkeit. Nach dem Ende: Ein Sonderheft des "Merkurs" rechnet mit dem postmodernen Denken ab. In: *Die Zeit* vom 24. September 1998. S. 55.

Das Spiel sei aus. Sätze wie diese sind kein Fazit und auch kein Nachruf, sie markieren das Geschrei oder das Gelächter eines Triumphes.

Was die Ursachen dafür betrifft, so ist der Kulturredakteur der *Zeit* gerne dazu bereit, ein paar von ihnen zu nennen: Bei ihm heißen sie "größte Verfehlungen". Die Postmoderne habe die Geschichte und das Subjekt totgesagt, sie sei vergleichgültigend, relativierend und frivol gewesen, entpolitisierend habe sie gewirkt. Nach Meinung des Feuilletonisten aus der Bundesrepublik, der besonders stolz darauf zu sein scheint, daß sich sein Land mit der DDR 'wiedervereinigt' hat, muß das Wort 'Geschichte' wohl wieder besonders hervorgehoben und mit Geschichte auf durchgehend 'ernsthafte' oder 'ernsthaftere' Weise umgegangen werden. Und von woher der Vorwurf des Frivolen stammt oder von woher er auch heute immer noch stammen kann, das liegt – der Feuilletonist lebt schließlich in einem 'deutschsprachigen Land' – auf der Hand. Sogenannte postmoderne Philosophie (das wird selbst in einem Beitrag des Sonderheftes der Zeitschrift *Merkur* – in einer Zeitschrift, die sich *Deutsche Zeitschrift für europäisches Denken* nennt – auf problematische Weise betont) sei "jenseits des Rheins"[3] beheimatet. Sie ist also französisch, was – wie es scheint – den Vorwurf mangelnder Sittlichkeit impliziert. Das paßt zu dem betulichen Schlußwort des Kulturredakteurs, der aus einem Beitrag des *Merkur* wörtlich zitiert: "Sofern die Postmoderne der Versuch ist, noch einmal über die Liebe zu reden, ist nicht alles verloren."[4] Das – vermeintliche – Ende der Postmoderne scheint eine neue Welle 'deutscher Romantik' einzuleiten.

Im folgenden wird von einer Postmoderne die Rede sein, die nur wenigen bekannt ist. An den Phänomenen selbst – sie sind alles andere als unscheinbar – liegt es nicht. Es fehlt an Beobachtern und Beobachterinnen, die gewillt sind, sich auf diese Spielart der Postmoderne einzulassen. Allerdings wäre in den Augen der Verfasserin das Wort 'Spielart' noch bei weitem untertrieben. Die Verfasserin schlägt vor, für die Postmoderne einen neuen Mittel- und Ausgangspunkt zu finden. In Zusammenhang mit ihren Thesen erweisen sich sogenannte postmoderne Literatur und sogenannte postmoderne Philosophie als Randphänomene. Im Zentrum ihres Beitrags und auch – ihrer Ansicht nach – im Zentrum der Postmoderne stehen neue Entwicklungen (die Ausweitung des Angebots) der modernen Konsum- und Freizeitindustrie.

Für die Staaten West-, Nord- und Mitteleuropas sind die späten 70er, die 80er und die frühen 90er Jahre Zeiten des Wohlstands. Dieser Wohlstand

---

[3] Hans-Peter Müller: Das stille Ende der Postmoderne. Ein Nachruf. In: *Merkur* (Anm. 1). S. 975–981, hier S. 975.
[4] Andrea Köhler: Kilroy was here. Das Phantom des Buches – Literatur der Postmoderne. In: *Merkur* (Anm. 1). S. 840–851, hier S. 850.

ist relativ. Ein Großteil der Bevölkerung lebt im Überfluß, aber er lebt nicht in Reichtum. Ein Großteil der Bevölkerung kann sich nicht alles leisten, aber er ist auch nicht arm. Hunger und andere radikale Einschränkungen im Lebensnotwendigen (Wohnungsnot, Mängel in der Krankenversorgung etc.) sind kein Thema mehr. Die grundlegende Dichotomie moderner Gesellschaften, der ökonomisch-rechtliche Gegensatz zwischen jenen (privat-rechtliche und öffentlich-rechtliche Institutionen und Einzelpersonen), die viel (die Produktionsmittel in Form von Kapital, Kapitalanleihen, Werkzeug oder Maschinen) besitzen und die die Arbeit vergeben und jenen, die wenig besitzen (ihre Arbeitskraft, für die sie je nach Konjunkturlage bezahlt werden) und die sich an die erste Gruppe als Arbeitskräfte verkaufen, ist nicht aufgehoben. Die Konzepte 'Wirtschaftswachstum' und 'Profitmaximierung' sind geblieben. Das prinzipielle soziale Ungleichgewicht, das dieses System trägt und das ihm inhärent ist, wird allerdings durch staatliche Wohlfahrtsleistungen gedämpft und verdeckt. Die ökonomisch-rechtlichen Unterschiede, die Unterschiede in den Einkommen und Löhnen und sozio-kulturelle Hierarchien, die sich davon ableiten, sind keineswegs verschwunden, doch es kommt immer wieder zu Grenzüberschreitungen und zu 'Vermischungen'. Diesbezüglicher Mittelpunkt ist die postmoderne Konsum- und Freizeitindustrie. Ihr und ihren Kunden und Kundinnen kommt es zugute, daß das allgemeine Lohnniveau gestiegen ist und daß breite Teile der Bevölkerung daran partizipieren.

Postmodernen Kunden und Kundinnen geht es nicht mehr darum, Produkte und Dienstleistungen primär zur Befriedigung von lebensnotwendigen Bedürfnissen zu konsumieren. Auf diese Weise weisen sie dem Kauf und der Konsumtion von Gütern neue Akzente des 'Luxuriösen', des 'Ästhetischen' und des 'Symbolischen' zu. 'Luxuriös' bedeutet, daß Wünsche erfüllt werden, die über das Lebensnotwendige hinausgehen. 'Ästhetisch' bedeutet, daß Fragen des Geschmacks in den Vordergrund treten. 'Symbolisch' bedeutet, daß über den Kauf und die Konsumtion eines Produkts oder einer Dienstleistung 'Zeichen' gesetzt werden. Bleibt die Wahl aus dem Angebot auch nach wie vor daran gebunden, daß die Produkte und Dienstleistungen eine gute 'Leistung' erbringen, perfekt 'funktionieren' und 'keine Fehler' aufweisen (nichts im Prinzip Nutzloses oder Schadhaftes wird – wie man etwa in der Konsumkritik der 70er Jahre noch geglaubt hat und oft auch glauben mußte – in diesem Zusammenhang erworben), so hängen sich an die Entscheidungen der Konsumenten und Konsumentinnen doch auch Vorstellungen an, die über die Aspekte 'Leistung', 'Nutzen' und 'Funktionalität' hinausgreifen. Spezifische Konzepte von 'Lebenskunst', 'Lebensstil' und 'Persönlichkeit' sind damit verbunden. Der 'kulturelle' Wert eines Produkts oder einer Dienstleistung, das 'Surplus' (man leistet sich mehr als das Lebensnotwendige, man entwickelt und pflegt seinen Geschmack, und man demonstriert, welche spezifischen Vorlieben man diesbezüglich hat) spielt eine große oder eine zunehmend größere Rolle. Weniger denn je erfolgt die Wahl eines Produkts oder einer Dienstleistung 'kopflos' oder nur 'aus dem Bauch heraus', eher ist das Gegenteil der Fall: Kauf und Konsumtion und die Aktivitäten der Freizeit sind integrativer, wenn nicht in zunehmendem Maße zentraler Bestandteil der Konzeptualisierung des Ichs, der eigenen mehr oder weniger individuellen Persönlichkeit. Man entwickelt, pflegt und inszeniert – ob als Gruppe oder als Einzelgänger/Einzelgängerin ausgerichtet – in erster Linie sich selbst, seine über die Bedürfnisse des Lebensnotwendigen hinausgehende Genußfähigkeit, seinen persönlichen Stil und sein persönliches 'Image'.

Ist moderne Konsum- und Freizeitindustrie primär daran interessiert, quantitativ zu produzieren und eine Serie von Produkten und Dienstleistungen möglichst rasch, möglichst billig und in möglichst großen Mengen herzustellen und auf den Markt zu bringen, so bringt die postmoderne Konsum- und Freizeitindustrie größere Diversifikation und Pluralität. Möglichst rasch und möglichst billig zu produzieren, das ist nach wie vor das Ziel der Produktion, doch die Produktpalette muß – gerade auch im eigenen Interesse und im Dienste des Profits – ausgeweitet werden.[5] Eine gewisse Basis- oder Standardausstattung der Haushalte und des persönlichen Besitzes (Kleidung, Schmuck, Hobbygeräte) kann und muß vorausgesetzt werden. Bereits erreichte Marktanteile zu behalten oder größere Marktanteile zu gewinnen, gelingt in diesem Zusammenhang somit nur jenen Angeboten, die den potentiellen Abnehmern und Abnehmerinnen den größeren Komfort, die bessere Ästhetik, das bessere Image oder – wie in jüngster Zeit – das größere 'Einkaufserlebnis' bieten.[6] Das Surplus ist entscheidend: Lebensnotwendiges wurde bereits gekauft oder es werden zunehmend geringere Prozentsätze des Einkommens oder des Lohnes dafür benötigt. Der Rest des Geldes ist für Produkte und Dienstleistungen mit

---

[5] "Economics of scope" anstelle von "economics of scale". – Heinz-Günter Vester: *Soziologie der Postmoderne*. München 1993 (Quintessenz Fachbuch Soziologie). S. 117.

[6] Die diesbezügliche 'Konsum- und Freizeitforschung' 'boomt'. Für kulturtheoretische Überlegungen relevant sind insbesondere die Arbeiten und Analysen von Hans Hartmann, Rolf Haubl, Horst W. Opaschowski und Gerhard Schulze. Panajotis Kondylis hat des Stichwort vom 'Ende der Knappheit der Güter' in die kulturphilosophische Diskussion gebracht. – Hans Hartmann/ Rolf Haubl (Hg.): *Freizeit in der Erlebnisgesellschaft. Amüsement zwischen Selbstverwirklichung und Kommerz*. Opladen 1996; Horst W. Opaschowski: *Freizeitökonomie – Marketing von Erlebniswelten*. Opladen ²1995; Gerhard Schulze: *Die Erlebnisgesellschaft. Kultursoziologie der Gegenwart*. Frankfurt a.M, New York 1992; Panajotis Kondylis: *Der Niedergang der bürgerlichen Denk- und Lebensform. Die liberale Moderne und die massendemokratische Postmoderne*. Weinheim 1991.

Akzentsetzungen aus den Bereichen des 'Luxuriösen', des 'Ästhetischen' und des 'Symbolischen' bestimmt.

Postmoderne Kaufentscheidungen und postmoderne Konsumtion stehen nicht im Zeichen jener Gratwanderung der Moderne, die gekennzeichnet ist durch die Anfechtungen zweier Extreme: auf der einen Seite das 'Verbot' und auf der anderen Seite sein Kontrahent und Herausforderer, der 'Exzess'. Wo – relativ gesehen – Überfluß herrscht und keine 'Knappheit der Güter' mehr existiert, da besteht auch keine Notwendigkeit, Zugriffe zu behindern oder zu verhindern. Auch das Pathos derjenigen, die es wagen, diesbezügliche Gebote und Verbote außer Kraft zu setzen, sie zu überschreiten oder gar aufzuheben, erscheint obsolet. Die postmoderne Konsum- und Freizeitindustrie bietet die Möglichkeit, Konzepte des Lebens und des Genusses am Leben zu entwickeln, die den Mangelgesellschaften vor ihr – aus gutem Grund – verachtenswert oder fremd gewesen sind. In einem gewissen Sinn ist mit der Postmoderne (zum Teil wenigstens) eingelöst, was man sich dort immer wieder erträumt hat: ein Leben im – zumindest relativen – Überfluß und ein Leben, das nicht mehr ausschließlich oder primär von der Frage und der Problematik des Lebensnotwendigen geprägt ist.

Im Rahmen der postmodernen Konsum- und Freizeitindustrie kommt es zu einer Änderung von Konzepten, die spätestens seit den kulturphilophischen Überlegungen der Moderne – relativ – eindeutig besetzt sind. Der Gegensatz von Kunst und Leben gehört dazu, der Begriff von 'Geschichte' und von 'Subjekt' und 'Identität'. Keine Kulturphilosophie der Moderne (weder eine progressive noch eine konservative) würde es wagen, dem 'Leben' und dem Genuß des Lebens gegenüber der Kunst und gegenüber dem Genuß an der Kunst den Vorzug zu geben. Im Gegenteil: Die Fiktionen und Bilder der Künste bieten die Möglichkeit (wie in Mangelgesellschaften üblich), dem 'beschädigten Leben' – wenigstens für kurze Zeit und im Rahmen des Ausnahmezustands eines Theater- oder Galeriebesuchs – zu entfliehen (so das konservative Modell) oder ihm mit offener Kritik (Kunst als ein entlarvendes Spiegelbild) und mit experimentellutopischen Konzepten (Kunst als ein didaktisches Gegenbild) zu begegnen (so das progressive Modell). Maßgeblich ist dabei der modern-konservative und der modern-progressive Begriff von Geschichte. Er schließt die unmittelbare Gegenwart von einer positiven Beurteilung aus. In der Vergangenheit – so die damit verbundenen konservativen Philosophien – sei das Leben besser gewesen, und es bestehe daher die Sehnsucht, zu diesem Ursprung zurückzukehren. In der Zukunft – so die damit verbundenen progressiven Philosophien – werde und solle es besser sein. Diesbezügliche Programme und Pläne werden erstellt, und auch die Kunst wird aufgefordert oder sie fordert sich selbst dazu auf, daran mitzuwirken. Im Kontrast zu den konservativen Philosophien wird in der Vorstellung der progressiven Philosophien den Konzepten der Vergangenheit nur mehr zum Teil zugetraut, an einer Neu-Gestaltung der Zukunft konstruktiv mitarbeiten zu können. Noch öfter ist man diesbezüglich skeptisch und kritisch eingestellt. Man geht nicht mehr davon aus, daß sich eine Fortsetzung oder eine Wiederholung der alten Konzepte bewähren könnte. Die Beschränkungen der Gegenwart werden in ihrer Abhängigkeit von Konventionen, die bis zu diesem Zeitpunkt noch nie dermaßen radikal oder absolut in Frage gestellt oder verworfen worden sind, diskutiert. Das gewünschte Ende der Konventionen verknüpft sich mit dem Wunsch nach einem Ende der geschlossenen Identität des Subjekts. Auch der Begriff des 'Ichs', der Begriff des 'Selbst' soll die Möglichkeit zu einem Wandel beinhalten und denkmöglich machen. Das Ich soll nicht mehr geprägt werden können von dem, was 'gewesen ist' oder dem, was 'ist', es soll statt dessen die Möglichkeit haben, die Grenzen des Bekannten zu überschreiten und sich weiter oder ganz zu öffnen. Ziel ist es, der glücklosen Gegenwart, ihren Beschränkungen, Normen und Autoritäten mit kritischer Reflexion, Verweigerung, Protest oder auch mit offenem politischen Kampf entgegenzutreten. Selbst daß dabei das Konzept des 'Ichs' verlorenginge oder daß sich dieses auf 'unrettbare' Weise auflösen und verlieren würde, scheint unter diesen Verhältnissen (und trotz aller damit verbundenen Unsicherheiten, Zweifel und Ängste) eine brauchbare Option zu sein.

Dem modernen Konzept einer Dichotomie von Kunst und Leben, dem modernen Begriff von Geschichte und von Subjekt und Identität stehen die postmodernen Kunden und Kundinnen – berechtigterweise (und die Verfasserin meint dieses Zugeständnis keineswegs ironisch oder zynisch) – mit Gleichgültigkeit gegenüber. Vor ihnen hat sich das Füllhorn des Lebens und des Genusses am Leben weit oder weiter geöffnet. Was sie und viele ihrer Beobachter und Beobachterinnen nach wie vor daran hindern kann, die neuen Möglichkeiten mit etwas mehr Überlegung oder Verstand wahrzunehmen, das ist eine Vorstellung von Lebenshaltung und von Lebenssinn, die nach wie vor und primär auf die Bewältigung von Mangel (und nicht auf die Bewältigung von Überfluß) ausgerichtet ist. Es ist aus diesem Grund keineswegs verwunderlich, daß postmoderne Phänomene des Überflusses immer wieder auch wie eine säkulare Form der 'Versuchung' oder 'Heimsuchung' angesehen werden.[7] Im Anschluß an die Positionen konservativer Morallehre (Zurückhaltung, Askese, Verzicht) sowie in der popularisierten Nachfolge der progressiven Konsumkritik der Frankfurter Schule (wer konsumiert, ist ein Verräter/eine Verräterin an sich

---

[7] Diesen Aspekt bearbeitet Peter Gross, der sich auch seinerseits auf den 'Überfluß' nicht ohne prinzipielle Abwertung einlassen kann: *Die Multioptionsgesellschaft*. Frankfurt a.M. 1994 (Edition Suhrkamp. Neue Folge 917).

selbst und auch an den anderen, auf deren Kosten er/sie konsumiert) – werden sie als ein 'falsches Leben' oder als eine Entscheidung für ein Leben im Falschen a priori und auf prinzipielle Weise abgelehnt oder verurteilt. In der Tat: Es gibt Konsumenten und Konsumentinnen, die den Überblick verlieren. Unter einem neuen Zwang, dem Zwang nämlich, nichts zu versäumen und so viel wie möglich auszukosten, übernehmen sie sich finanziell oder sie hetzen von Termin zu Termin. Ein anderes Segment der Klientel jedoch versteht sich sehr gut darauf, die neuen Möglichkeiten zu nutzen. Der Besuch eines Restaurants oder der Kauf eines Kleidungs- oder Möbelstücks sind für sie 'Kunst', Teil ihrer persönlichen Lebenskunst und Teil von deren Inszenierung. Ihr positiver historischer Bezugspunkt sind weder die Vergangenheit (ihrer Beurteilung nach war diese schlecht) noch die Zukunft (ihrer Beurteilung nach könnte diese wieder schlechter werden), sondern die unmittelbare Gegenwart. Eklektizismus, Freude am Kombinieren, unverbindlich-distanziertes Rollenspiel und Selbstinszenierung sind die prägenden Verhaltensweisen und Verhaltensmuster. Mit Einstellungen dieser Art werden die Archive der Geschichte geplündert, und es wird ein multiples 'Ich' konstruiert. Das daraus sich ableitende Konzept von 'Identität' ist spannungsreich-widersprüchlich und vielfältig-bunt. Es ist es auch deshalb, weil das Geld für den großen Luxus und für die große Ausschweifung fehlt.

Postmoderne Konsumenten und Konsumentinnen generieren eine neue Form des Konsums. Stilformen des 'Legeren' und des 'Eleganten', Genüsse des 'Deftigen' und des 'Raffinierten', Haltungen der 'Sparsamkeit 'und der 'Verschwendung' setzen sich – so ein internes Papier eines deutschen Medienkonzerns[8] – zu einem multiplen, 'mehrdimensionalen', und zu einem in konträre Richtungen sich ausbreitenden Geflecht von Verhaltensweisen und Einstellungen zusammen:

> Aus neueren Untersuchungen weiß man inzwischen, daß klar abgegrenzte Klassifizierungen der Verbraucher nach Einkommen und sozialem Status als Zielgruppenbeschreibung längst nicht mehr funktionieren. Konnte man früher eindeutig unterscheiden zwischen dem gutverdienenden, qualitäts- und markenbewußten, großzügigen Konsumenten auf der einen und dem sparsamen Konsumenten mit geringem Einkommen auf der anderen Seite, der bevorzugt auf Billigprodukte und Sonderangebote zurückgriff, so stehen wir heute vor einem anderen, dem 'postmodernen' Konsumenten. [...]

---

[8] *Multioptionales Verhalten der Leserinnen von Tina, Bella, Maxi und Brigitte. Eine qualitative Studie.* Verlagsgruppe Bauer. Markt- und Medienforschung. Januar 1993.

Der neue Konsument zeichnet sich u. a. durch Vielfältigkeit und Widersprüchlichkeit im Verhalten aus, zumal sich ihm auch durch seine finanziellen Spielräume Optionen aller Art eröffnen, die er zu nutzen versteht.
Dieses neue Verhaltensmuster wurde von der empirischen Sozialforschung als multioptionales oder mehrdimensionales Verhalten beschrieben. Wir haben es heute mit einem Verbraucher zu tun, der zum Leidwesen von Marketing-Experten schwer einzuschätzen ist.
Was ist eigentlich gemeint, wenn man von multioptionalem Verhalten spricht? Multioptionalität setzt sich aus verschiedenen Einstellungen und Verhaltensweisen eines Menschen zusammen, die zum Teil widersprüchlich sind, trotzdem jedoch in sein Wertesystem und sein Selbstkonzept ohne Brüche integriert werden.
Der Begriff der Multioptionalität ist so komplex, daß häufig statt einer Definition Verhaltens-Beispiele zur Erklärung herangezogen werden. So läßt sich multioptionales Verhalten kurz wie folgt skizzieren:
Mal Jeans, mal Gala tragen.
Heute Bier, morgen Champagner.
Mal sparsam, mal verschwenderisch. [...]
In den Auswirkungen für das Marketing bedeutet multioptionales Kaufverhalten, daß auch mittlere Bevölkerungsgruppen zunehmend am Luxus-Konsum, der früher allein höheren Schichten vorbehalten war, partizipieren. So wenden sich immer mehr Menschen dem gehobenen Konsum zu, die meisten davon jedoch nur partiell – bezogen auf die für sie besonders interessanten Produktbereiche. Ohne dieses Potential könnten hochpreisige Produkte nicht so große Marktanteile erreichen.[9]

Die neue Entwicklung der Konsum- und Freizeitindustrie zieht auch für die soziologische, kultursoziologische und kulturtheoretische Forschung einen Wertewandel nach sich. Gerhard Schulzes Bestseller *Die Erlebnisgesellschaft*,[10] ein Standardwerk der neuen Marketing-Forschung, schlägt neue Töne an. Ohne die spezifischen Probleme postmoderner Konsum- und Freizeitindustrie herunterzuspielen, ist der Autor explizit darum bemüht, Konsum und Vergnügen gegen ausschließlich oder primär pejorativ besetzte Konnotationen zu verteidigen und ihnen einen neuen, weitaus positiver bewerteten Stellenwert als 'kulturelle Praxen' einzuräumen:

Oft sind ästhetische Theorien darum bemüht, den Menschen eines Besseren zu belehren und ihm auszureden, daß sein Vergnügen viel mit Kultur zu tun habe. Was der Erlebende selbst als Hauptsache empfindet, seinen Genuß nämlich, wird zum Nebeneffekt verkleinert oder als Illusion enttarnt. Viel zu profan erscheint den meisten klassischen Theoretikern der Ästhetik die schlichte Lust der

---

[9] Ebd. S. 5.
[10] Siehe Anm. 6.

Konsumenten, als daß sie etwa als Kriterium des Schönen, Wahren und Guten dienen dürfte.[11]

Mit Schulzes Ausführungen wird noch eine weitere Trendwende markiert. Genuß und Vergnügen sind autonom geworden, und sie sind auch im Rahmen von ästhetischen Überlegungen eigenständige Kategorien. Was von den Kunstwerken seit der Postmoderne verlangt werden kann, ist, daß sie unterhaltsam sind und daß sie – und auch das ist vergnüglich – ein Kunst*erlebnis* um des Kunst*erlebnisses* willen und einen Kunst*effekt* um des Kunst*effekts* willen bieten. Diesbezügliche Perfektion an sich ist ein Wert. Das Schöne, Wahre und Gute (selbst in seinen neueren, spezifischen Formen moderner 'Destruktion') ist nebensächlich geworden. Eine Wiederkehr und eine Neuauflage des modernen Begriffs von 'l'art pour l'art' (inklusive einer elitären Abwendung und Abwertung von der beschränkten Welt des Realen) ist dies freilich nicht. Postmoderne Künstler und Künstlerinnen (aus Literatur und aus bildender Kunst etwa) sind alles andere als desinteressiert oder 'unbedarft', was ihren Marktwert und was das Marketing betrifft, und Sparten, denen bislang der Anspruch auf den Stellenwert des 'Künstlerischen' verwehrt geblieben ist, sind Kunst. Die (Kleider)- Mode und hier insbesondere die eklektizistischen, auf Kombinatorik und auf unverbindlich-distanzierte Rollenspiele abzielenden, inszenatorischen Entwürfe von Gianni Versace, Vivienne Westwood oder Jean-Paul Gaultier sind anschauliche Beispiele dafür.

Seit es die Debatte über die Postmoderne gibt, wird – auch – im Rahmen der germanistischen Literaturwissenschaft versucht, zu einer diesbezüglichen Begriffsbestimmung zu kommen. Dieses Unternehmen ist schwierig. Die Germanistik hat theoretische Traditionen, die es ihr nicht leicht machen, sich auf eine Postmoderne, speziell in Form der postmodernen Konsum- und Freizeitindustrie, einzulassen. Ist auch immer wieder davon die Rede, daß sich mit der Postmoderne der Stellenwert des Trivialen geändert habe und daß das 'Triviale' nun gleich viel wert sei wie das 'Hohe', so verknüpfen sich derartige Neubewertungen und Umwertungen nach wie vor mit dem Anspruch oder mit der Erwartung, daß das Triviale subversiv sei oder daß es ein Akt der Subversion wäre, derartige Neubewertungen und Umwertungen vorzunehmen.[12] Noch immer ist das Triviale nicht eigentlich 'trivial'. Einem bloßen Genuß oder einem bloßen Vergnügen darf es nicht dienen. Es wird nach wie vor instrumentalisiert in einem Kampf

---

[11] Ebd. S. 105.
[12] ["...] diebisches Vergnügen [...] subversive Anspielungen [...] Verstörung des kanonisch Überlieferten [...]". – Paul Michael Lützeler: Von der Präsenz der Geschichte. Postmoderne Konstellationen in der Erzählliteratur der Gegenwart. In: *Neue Rundschau* 104 (1993). H. 1. S. 91–106, hier S. 98 und S. 104.

gegen das 'Hohe'. Literaturwissenschaftler und -wissenschaftlerinnen lesen und deuten Triviales im philosophischen Sinn. Ihre These ist, daß es keinerlei Unterschied mache, ob man 'trivial' sei oder ein Teil der Hochkultur. Und sie erwarten, daß durch dieses Eingeständnis und daß durch diese Volte ihres Denkens ein 'Kanon' geöffnet werde. Sie nehmen für sich in Anspruch, 'fortschrittlich' und 'unkonventionell' zu sein. Instrumentalisierungen dieser Art sind möglich, und sie haben ihre Vorzüge, doch sie sind – modern.

In einem kurzen thesenhaften Forschungsbericht, der sich mit den germanistischen Forschungsergebnissen und Haltungen zur Frage der Postmoderne beschäftigt, zeichnet der niederländische Literaturwissenschaftler Henk Harbers[13] ein nüchternes und ernüchterndes Bild. Wäre – so die These von Harbers – sogenannte postmoderne Literatur in der Tat eine Literatur, die den Konzepten 'Fragmentarisierung', 'Pluralisierung' oder 'Dezentrierung' folgt oder ginge sogenannte postmoderne Literatur in der Tat von einer "Sprach- oder Diskurs-Bestimmtheit aller Erkenntnis"[14] aus, so wäre die kritische Frage zu stellen, warum es so nützlich sein soll, dafür einen neuen Begriffsnamen – eben 'Postmoderne' – zu verwenden. Harbers folgt nicht jener Sorte von Aufregungen und Aufgeregtheiten, wie sie im bundesdeutschen Feuilleton des öfteren vorkommen, doch er stellt fest – und dies mit Recht –, daß ihn die meisten der germanistischen Begriffsbestimmungen zur Postmoderne an germanistische Begriffsbestimmungen zur Moderne erinnern würden. Mit – berechtigter – Verwunderung nimmt er zur Kenntnis, daß der kleine und feine Unterschied – so die Einschätzung des Großteils der Arbeiten, die ihm vorliegen – daran festzumachen sei, daß die Postmoderne belache, was die Moderne betrauert habe. Mit Recht wendet Harbers ein, daß mit den Anliegen der Moderne wohl nicht auf 'vergnügliche' Art und Weise umzugehen sei. Und auch 'Langeweile' überkommt ihn.

Die Problematik germanistischer Forschung zur Postmoderne ist, daß sie postmoderner Literatur unterstellt, in ihrer philosophischen Wert- und Willensbildung nach wie vor und auf grundsätzliche Art und Weise mit moderner Literatur und mit deren spezifischen Interessenslagen und Zielsetzungen übereinzustimmen. Immer noch beispielsweise wird postmoderne Literatur auf Positionen einer Gesellschafts- und Metaphysikkritik hin befragt und untersucht. Die Ergebnisse sind alles andere als erhellend, und sie werden von Skeptikern und Skeptikerinnen – zurecht – nicht verstanden oder in Frage gestellt. Die moderne Literatur hat die Beschränkungen des

---

[13] Gibt es eine 'postmoderne' deutsche Literatur? Überlegungen zur Nützlichkeit eines Begriffs. In: *literatur für leser* (1997). H. 1. S. 52–69.
[14] Ebd. S. 53.

Lebens analysiert, kritisch reflektiert, dagegen protestiert und dagegen – mit der bescheidenen Waffe des Wortes – gekämpft. Im Gegensatz dazu kann die postmoderne Literatur – angeblich – darüber lachen? Zumindest wird das über sie behauptet. Was bleibt, das sind ein gewisses Unbehagen, das bekannte Unbehagen an und in der Kultur, und die verwunderte Frage, zu welch seltsamen Kapriolen diese heute fähig sei. Was bleibt, das ist die Langeweile.

Postmoderne Literatur, die diesen Namen verdient, operiert – so die These der Verfasserin – vor dem Hintergrund und mit Unterstützung und in Konfrontation mit postmoderner Konsum- und Freizeitindustrie. Ihre vordergründige Frage scheint es zu sein, wie sie auf sich 'als Literatur', 'als Text' und 'als Arbeit an und mit Sprache' noch (mit Erfolg) aufmerksam machen kann. Die Verhaltensweisen und Einstellungen, die im Rahmen der postmodernen Konsum- und Freizeitindustrie herausgebildet worden sind, zeigen eine Tendenz zur Präferenz des Visuellen. Das ist nicht verwunderlich: Postmoderne Grenzüberschreitungen und Mischformen sind in diesem Bereich besonders anschaulich und effektvoll. Nichtsdestotrotz besitzt die Literatur ein Äquivalent: das 'sprachliche Bild' mit dessen Aushängeschildern bildhafter Vergleich und Metapher. In der postmodernen Literatur kommen beide Formen nicht nur vereinzelt oder in kleinen und bescheidenen Gruppen vor, sondern sie werden auch mit größter Intensität und Massivität gebündelt. Im folgenden der Beginn von Christoph Ransmayrs Roman *Die letzte Welt*[15] (es geht hier – wie des öfteren in postmoderner Literatur – um ein Manuskript, das verlorengegangen ist):

> Ein Orkan, das war ein Vogelschwarm hoch oben in der Nacht; ein weißer Schwarm, der rauschend näher kam und plötzlich nur noch die Krone einer ungeheuren Welle war, die auf das Schiff zusprang. Ein Orkan, das war das Schreien und das Weinen im Dunkel unter Deck und der saure Gestank des Erbrochenen. Das war ein Hund, der in den Sturzseen toll wurde und einem Matrosen die Sehnen zerriß. Über der Wunde schloß sich die Gischt. Ein Orkan, das war die Reise nach Tomi.

Ein Bündel von bildhaften Vergleichen soll eine stürmische Seereise illustrieren oder besser ausgedrückt und auf postmoderne Art und Weise interpretiert: Eine Seereise ist der Vorwand, um diesbezügliche Bilder zu bündeln und herbeizuzitieren. Moderne Literatur hatte sich den bildhaften Vergleich oder die Metapher immer öfter versagt, weil sie an die Abbildbarkeit der Wirklichkeit immer weniger glaubte und weil sie diese für klischeehaft hielt. Die Postmoderne holt die Klischees als Klischees wieder hervor, doch ihr Zugriff steht nicht im Zeichen des Renegatentums. Die

---

[15] Frankfurt a.M. 1991 (Fischer Taschenbuch 9538).

Postmoderne hält sich nicht an die Klischees, weil sie an deren Aussagekraft – noch oder schon wieder – glaubt. In der Postmoderne wird das Klischeehafte wiederbelebt vor dem Hintergrund eines modernen Erfolges, der durchschlagend gewesen ist oder der für durchschlagend gehalten wird. Die Klischees sind tot. Endgültig. Mit den 'entseelten' Bildern (gewissermaßen das Zombiehafte der postmodernen Literatur) wird jedoch wieder gearbeitet. Postmodernen Texten mangelt es an Psychologie, an echtem Pathos und an Mitleid. Auch der Schrecken, der Horror, wird prunkvoll arrangiert. Ein moderner Faschist wie Ernst Jünger hatte sich selbst und den Schrecken noch ernst genommen oder ernst nehmen können, als er das Rot des Rotweins in einem Weinglas mit dem Rot der real existierenden Feuersbrunst von Paris verglich. Ein Herrenmensch kennt den Horror deshalb nicht, weil er sich auf ihn nicht einlassen möchte, weil es unter seiner Würde wäre, dies zu tun, oder weil er den Schrecken – in einem zynischen Kraftakt – ignoriert. Der postmoderne Text kennt den Horror deshalb nicht, weil der Horror in der Welt um ihn herum nicht (oder zum Teil nicht) mehr existiert. Es ist den sozial-, kranken- und unfallversicherten Fernsehzuschauern und -zuschauerinnen Nord-, West- und Mitteleuropas nicht vorzuhalten, daß sie die Nachrichten aus aller Welt, schrecklich wie diese auch sind, primär als Nachrichten (im Sinne von Neuigkeiten) und als Bilder sehen. Die Aufklärung der Moderne hat gegriffen. Bilder sind eben nur Bilder und nichts als Bilder, solange sie in der eigenen Welt nicht mehr oder nicht schon wieder der Realität entsprechen (müssen) und auch, solange sie als Zeichen nur sich selbst und nichts Wirkliches (mehr) repräsentieren. Man hat sich 'emanzipiert', man vertritt die eigenen Interessen und nicht die Interessen anderer. (Auch diese These der Verfasserin ist weder als Ironie noch als Zynismus zu verstehen. Sie soll dazu beitragen, daß den neuen Entwicklungen der Postmoderne ohne Heuchelei und mit Nüchternheit und Realitätssinn begegnet wird.)

Der Schrecken in der Postmoderne ist ein Zitat, und er wird als ein solches perfektioniert. Der Autor hält sich an diverse Vorlagen, doch er ist noch weitaus raffinierter als sie, denn er kombiniert und verschachtelt sie mit- und ineinander. Zudem hat er die – freie – Wahl. Die Archive der Literatur, auch die Archive der bildenden Kunst und die Archive des Films sind prall gefüllt mit Bildern, die eine stürmische Seereise beschreiben können. Der Autor kann nehmen, was er will. Er fügt Bild an Bild. Effektvoll wird Augenreiz mit Augenreiz kombiniert. Die Seefahrt erscheint nicht mehr als ein Ganzes. Die unspektakulären Längen werden gekürzt. Bildlicher Höhepunkt fügt sich an bildlichen Höhepunkt: Orkan, Vogelschwarm, Welle, Schreien und Weinen, Dunkel unter Deck, toll gewordener Hund, Biß, ein verletzter Matrose, Gischt. Die Bilder sind alles andere als 'natürlich' oder 'realistisch'. Sie sind 'künstlich', 'manieristisch', und sie verraten ihre eigene Künstlichkeit und Manier. Sie bringen die Inszenierung deutlich zur Schau. So gibt und gäbe es eine Vielzahl von fiktiven Möglichkeiten, um anläßlich einer stürmischen Seefahrt einem Matrosen eine Verletzung zuzufügen. Er könnte auf dem Deck sein, dort etwas absichern und gerade wegen der Welle, von der vorher die Rede gewesen ist, den Stand verlieren und gegen die Bordwand geschleudert werden. Er könnte gerade mit der Welle von Bord gespült werden und über ihn könnte sich die Gischt dann schließen (denn hinterher wird von einer Gischt, die sich schließt, die Rede sein). Das alles wäre naheliegend, das alles wäre logisch, und das alles wäre wahrscheinlicher, doch um das Naheliegende, das Logische und das Wahrscheinlichere geht es gerade nicht. Das Luxuriöse eines Bildes und das Luxuriöse in der Wahl eines Bildes scheint darin zu bestehen, daß auf etwas Abweichendes, auf des Entferntere oder auf das Entlegenste zurückgegriffen wird. Der fiktive Matrose auf dem Deck übersteht die Welle, aber sein fiktiver Kollege unter Deck wird von einem Hund gebissen. Die Gischt (als Sturzsee) schließt sich über dieser Wunde. Das Bild des Hundebisses steht für sich. Das Bild der Welle steht für sich. Das Bild der Gischt steht für sich. Außen- und Innenperspektive wechseln schnell. (Die Welle draußen, der verletzte Matrose unter Deck.) Die Bilder 'Welle' und 'Gischt' sind nicht die logische Vorbereitung und auch nicht die logische Nachbearbeitung des Bildes 'Biß'. Dennoch gibt es eine Verbindung. Sie ist primär 'syntaktisch' organisiert, und sie ist somit von der Perspektive der Sprachlogik her oder von der Perspektive des 'Realismus' her gesehen ein 'Willkürakt' bzw. eine 'Allüre' des Autors (die Anapher "ein Orkan" – "ein Orkan" – "ein Orkan").

In der Situation der Postmoderne, in einer Situation des Überflusses an literarischen Bildern, und in einer Situation, in der der Horror seinen Schrecken verliert, gibt es für die Literatur verschiedene Möglichkeiten: Sie kann Althergebrachtes (auf ihre spezifische Art des 'Recyclings') wiederholen (ein paar der Bilder sind zudem in Vergessenheit geraten, und sie wirken daher fast wie neu) oder sie kann versuchen, in die entlegensten Regionen und Dimensionen des Schreckens weiter vorzudringen. Ein Mittel dazu wäre es, den Schrecken so lange, so oft und so häufig herbeizuzitieren und herbeizureden, daß eine Form von 'Overkill' entsteht. Dieser Kunstgriff oder Kunsteffekt ist es, der die Arbeiten von Werner Schwab trotz ihrer immerwährenden Thematisierungen der Beschränkungen des Lebens (typisch modern) zu Arbeiten der Postmoderne macht. Der Schrekken wird zwar nicht – wie bei Ransmayr – zu schön-schaurigen Mustern zusammengelegt und auf prunkvolle Weise arrangiert, aber er wird so sehr 'beansprucht', daß er immer wieder ins Komische kippt. Da wird zu oft und zu ausdauernd gequält, gelitten, gemordet und gestorben. Da zeigt der Autor überhaupt keine Distanz mehr zu seinen Figuren und quält, leidet, mordet und stirbt sich gleich selber mit (nicht nur verbal, sondern – wie sich 1994 herausstellt – auch real). Da werden – in einer Zeit der Tabulosigkeit – 'allerletzte' Tabus aufgefunden und gebrochen. Das Wort 'Pogrom' wird nobilitiert.[16] Die Biographie eines Faschistensohnes wird konstruiert. Beschreibungen von sexuellen Praktiken erreichen Variationen, die die bekannten österreichischen – gesellschaftskritischen – Autoren und Autorinnen der 70er Jahre, Peter Turrini, Thomas Bernhard und Elfriede Jelinek etwa, als 'Bürgerschrecke' erblassen und verblassen lassen. Brav und bieder mühen sich diese an den Problemen – und Problemchen – des Heterosexuellen ab. Schwab kennt und inszeniert 'härtere' Konstellationen: u. a. Kannibalismus,[17] Bauer und Ziege.[18] Obwohl Schwab selbst ein Opfer seiner eigenen Inszenierungen geworden zu sein scheint, und obwohl – wie sein Biograph Schödel zeigt[19] – sein eigenes 'beschädigtes Leben' keinesfalls nur ein inszeniertes war, gibt es ebenso vielerlei Töne einer postmodernen Kraftmeierei oder einer postmodernen Unbekümmertheit: "Mir ist lieber, ich krieg einen Scheck übergeben, als daß mir irgend jemand vorschwafelt, was ich alles revolutioniert habe, das ist nicht meßbar."[20] So Schwab in einem Interview. Und bezüglich Marktwert und Marketing: "Text + Legende + Management = Sieg und Spaß".[21] Die eigene Sprache, ein wucherndes, sich krebsartig ausbreitendes Gewebe (über weite Strecken nicht verständlich) wird als 'Schwabisch' bezeichnet. Das ist ein offensichtliches Markenzeichen.

Unter postmodernen Bedingungen gelingt es dem Autor Robert Schneider seinen zweiten Roman *Die Luftgängerin*[22] gegen eine Vorabzahlung von umgerechnet sieben Millionen Schilling an einen Verlag zu verkaufen. Robert Schneider freilich ist kein Bestsellerautor à la John Grisham oder Rosamunde Pilcher. Er schreibt keine 'echte' spannende oder 'echte' gefühlsselig-kitschige Literatur. Obwohl er nach wie vor unter dem Aspekt des 'Hochliterarischen' gehandelt wird, erreicht er niemals die Qualitäten eines John Updike. Hier findet sich keine ironische Intellektualität, die sich mit der Perfektion und mit der Stilsicherheit einer pointierten Erzählkunst verknüpft, die in der Nachfolge amerikanischer realistischer Erzähltraditionen steht. Auch das Thema des Romans ist mediokre: Es geht um eine

---

[16] "ANALOGIEZAUBER kommt tosend auf uns zu [...] oraler pogrom." – Werner Schwab: *Abfall, Bergland Cäsar. Eine Menschensammlung.* Salzburg, Wien 1992. S. 5.
[17] ÜBERGEWICHT, unwichtig: UNFORM. Ein europäisches Abendmahl. In: Werner Schwab: *Fäkaliendramen.* Graz, Wien 1991. S. 59–120.
[18] Schwab (Anm 16). S. 98ff.
[19] Helmut Schödel: *Seele brennt. Der Dichter Werner Schwab.* Wien 1995.
[20] Koberg am Apparat. Herr Schwab, was ist eine Karriere? In: *Falter* vom 3. April 1992. S. 28.
[21] Ebd.
[22] München 1998.

junge Frau, deren romantisch-altruistische Anwandlungen in der provinziellen Welt, in der sie lebt (des Autors Heimat Vorarlberg, der Roman spielt also in der Gegenwart) ein bürgerkriegsähnliches Chaos auslösen. Nachfolgend ein Ausschnitt:

> Harald weht mit offenem Lederparka an den Tisch und zürnt, daß die Parkplätze immer weniger und die Autos immer mehr werden. Guerri [der Besitzer des italienischen Restaurants, G.E.M.] steht bei Fuß, nickt und hilft ihm aus der Jacke. Harald läßt es geschehen. Doch ehe er sich setzt, kommt ihm eine Bosheit. Er beugt sich über den Tisch und verschiebt Gioia. Jetzt hängt sie schief. Er grinst Guerri mit rosigem Milchbartgesicht an. Dann setzt er sich und reibt sich die klammen Hände. Der Sizilianer ist baff und hat plötzlich rehbraune Kindsaugen. Maudi [die Hauptfigur, G.E.M.] sieht es, und etwas tut ihr weh. Guerri faßt sich, lächelt und hängt die *mamma* wieder grade.
> Wer ist dieser Harald, der sich als Ines' Halbbruder bislang nur schattenhaft durch die Geschichte zieht?
> Er stammt wie sie aus der Textilfabrikanten-Dynastie Rhombach, die, nach dem Untergang des Hauses Latuhr, zur Nummer eins in Jakobsroth aufsteigt. Adoptiert an Kindes Statt, da kein männlicher Ankömmling mehr zu erwarten, soll er dereinst die Rhombach-Geschicke leiten. Aber Harald studiert *nicht* Betriebswirtschaft, sondern Theologie. Er tritt bei den Jesuiten in Innsbruck ein und bald auch wieder aus. Er ist Müßiggänger, fährt einen weißen 1955er Ford Thunderbird und nimmt Wohnung in der väterlichen Villa, Im Ölrain Nr. 4. Religiöse Fragen erörtern die Freunde lieber nicht mit diesem hochgewachsenen, an sich gutaussehenden und sympathisch wirkenden Mann. Dann nämlich erhalten seine hellgrauen Mandelaugen plötzlich einen fanatischen Glanz. Harald ist ein mysteriöser Mann. Er hat sich insgeheim zum Ziel gesetzt, keusch zu bleiben, das Leben lang. Und er sucht etwas. Etwas, das er irgendwann auf seinem Lebensweg verloren hat. Er sucht sein Herzklopfen.[23]

Es scheint, als hätte Robert Schneider den Roman geschrieben, um die sieben Millionen Schilling Vorschuß an den Verlag nicht wieder zurückzahlen zu müssen. Da ist ein unverhohlenes Desinteresse des Autors am eigenen Roman und am Schreiben. Dennoch kann dem Buch ein Können nicht abgesprochen werden. Dieses Können liegt nicht im Sprachlichen und auch nicht im Literarischen oder Ästhetischen. Das Können liegt im – Marketing bzw. in den Werbegesten für sich selbst. Die Botschaft des Romans – gut ablesbar an dieser beispielhaften Textpassage – ist multioptional. Wer unter den – geneigten – Lesern und Leserinnen einen Ausstieg aus der postmodernen Konsum- und Freizeitindustrie präferiert, der/die kann und darf sich an die diesbezüglichen brauchbaren Merkmale Haralds halten und mit Freuden lesen, daß dieser theologisch interessiert, ja fanatisch sei, daß

---

[23] Ebd. S. 85f.

dieser keusch bleiben wolle und nach seinem Herzklopfen suche. Für die Kunden und Kundinnen der postmodernen Konsum- und Freizeitindustrie – an theologischen Fragen und an Keuschheit sind sie weniger interessiert – bleiben die Merkmale Lederparka, italienisches Restaurant, weißer 1955er Ford Thunderbird und die Wohnung in der väterlichen Villa. Befürworter und Befürworterinnen der multikulturellen Gesellschaft (im politischen und nicht im kulinarischen Sinn) dürfen Robert Schneider für seinen 'kritischen Blick' dankbar sein: Denn zeigt sich in der Szene mit dem Bild der Mamma nicht auf anschauliche Weise die grundlegende Abschätzigkeit, mit der in Österreich italienische Restaurantbesitzer behandelt werden? Ginge es nun wirklich darum, postmoderner Literatur so etwas wie eine frivole Haltung zu unterstellen, so wäre Robert Schneider an einer der ersten Stellen zu nennen. Er erweist sich als 'durchtriebener' und auch als ideologisch gefährlicher als die postmoderne Konsum- und Freizeitindustrie. Diese handelt nur mit 'Geschmäckern' und mit stilistischen Kopien, und sie kombiniert unterschiedliche Menüs und Menüfolgen, Kleidungs- und Möbelstücke – auf mitunter widersprüchliche Weise – miteinander, Robert Schneider aber handelt kombinatorisch mit Meinungen.

Postmoderne Leser und Leserinnen postmoderner Literatur haben immer wieder das Gefühl, daß es wesentlich vergnüglicher wäre, nicht von italienischen Restaurants zu lesen, sondern diese gleich selber zu besuchen. (Die Bücher werden in der Tat immer wieder weggelegt, oder sie werden eigentlich nicht zum Vergnügen gelesen, sondern u. a. deshalb, weil ein Beitrag zur literarischen Postmoderne geschrieben werden muß.) Am nächsten Tag stehen dann vielleicht wieder ein einfaches Jausenbrot oder ein Besuch beim 'Griechen', beim 'Inder' oder beim 'Vietnamesen' auf dem Programm. Die postmodernen literarischen Beschreibungen postmoderner sinnlicher Genüsse laufen der Realität hinterher oder sie hinken ihr nach. Die neuen ambitionierten Kulturgeschichten (ihr Begriff von Kultur hat sich auf erfreuliche Weise ausgeweitet) sind weitaus ansprechender und reflektierter: Sie erweisen sich als metaphernreich und als pointiert geschrieben und als sehr informativ, und mit einer Handlung und mit Figuren, die prinzipiell uninteressant sind (weil es keine wesentlichen oder möglicherweise sogar die falschen politischen Aussagen gibt oder weil das psychologische Profil fehlt), wird man auch nicht belästigt. Zwei Beispiele seien hier genannt: Wolfgang Schivelbuschs *Geschichte der Genußmittel*[24] und Massimo Montanaris Buch *Der Hunger und der Überfluß. Kulturgeschichte der Ernährung in Europa.*[25]

---

[24] *Das Paradies, der Geschmack und die Vernunft. Eine Geschichte der Genußmittel*. Frankfurt a.M. [4]1997 (Fischer Taschenbuch 4413).
[25] München 1993 (Europa Bauen. Hrsg. v. Jacques Le Goff).

Auch die sogenannte postmoderne Philosophie kommt an die Möglichkeiten postmoderner Konsum- und Freizeitindustrie nicht heran. Wie es scheint, weigert sie sich, diese zu leben, und wie es scheint, weigert sie sich, diese zu denken. Verständnislos, mißbilligend und pessimistisch schreibt Jean-François Lyotard:

> Man hört Reggae, schaut Western an, ißt mittags bei McDonald [sic!] und kostet zu Abend die heimische Küche, trägt französisches Parfum in Tokyo, kleidet sich nostalgisch in Hongkong, und als Erkenntnis tritt auf, wonach das Fernsehquiz fragt. Es ist leicht, für eklektische Werke ein Publikum zu finden. Indem die Kunst zum Kitsch wird, schmeichelt sie dem Durcheinander, das den »Geschmack« des Liebhabers beherrscht. Künstler, Galerist, Kritiker und Publikum gefallen sich in schierer Beliebigkeit; es ist die Zeit der Erschlaffung.[26]

Die Parallelen zu bundesdeutscher kritischer Theorie (Frankfurter Schule) und zu deren popularisierter kulturpessimistischer Nachfolge (insbesondere im Feuilleton) sind frappierend. In der Bundesrepublik (siehe die Einleitung dieses Beitrags) sieht man sich von den Frivolitäten 'französischer Kultur' unterminiert. Lyotard steht, das zeigt sich durch seine Klage, einem noch westlicheren und noch verrufeneren Gegner gegenüber: 'oberflächliche' amerikanische Popkultur und deren Ikone 'McDonald's'. Und so stellt sich die Frage: Wie postmodern sind – beispielsweise – Jacques Derrida, Michel Foucault und Jean-François Lyotard? Vertreten sie eine andere Postmoderne, etwa die intelligentere?

Es ist darauf hinzuweisen, daß die 'historischen Daten' und die 'soziokulturellen Hintergründe' nicht zusammenpassen. Postmoderne Konsum- und Freizeitindustrie ist ein Produkt der Wohlstands- und Überflußgesellschaft der späten 70er, der 80er und der frühen 90er Jahre, sogenannte postmoderne Philosophie ist ein Produkt des Kalten Krieges und der studentischen Revolutionen gegen Ende der 60er Jahre. Zu diesem Zeitpunkt befindet sich die radikal-kritische, progressive Intelligenz Westeuropas in einem Zustand der Krise. Die Revolution des 'Proletariats' (des 'Volkes', der 'Masse') – das zeigt sich ihr anhand des zunehmenden Konsums und anhand der zunehmenden Gier nach Konsum (noch ausgerichtet nach den Standards des modernen 'Fordismus': viele billige gleiche Produkte) sowie anhand der erdrückenden Verhältnisse im kommunistischen Osten – entwickelt sich nicht mehr weiter und ist zum Stillstand gekommen (das Stichwort vom 'Ende der Geschichte'). Das revolutionäre Subjekt (das

---

[26] Jean-François Lyotard: Beantwortung der Frage: Was ist postmodern? In: Peter Engelmann (Hrsg.): *Postmoderne und Dekonstruktion. Texte französischer Philosophen der Gegenwart.* Stuttgart 1990 (Reclam Universal-Bibliothek 8668). S. 33–48, hier S. 40.

'Proletariat'/ das 'Volk'/ die 'Masse' als Träger der Revolution) ist verschwunden (das Stichwort vom 'Tod des Subjekts'). Im Westen entwickelt sich aus ihm die 'Masse' der Konsumenten und Konsumentinnen, im Osten erweist es sich als die 'Masse' der Zwangsarbeiter und Zwangsarbeiterinnen, die in den Gulags zugrunde gerichtet werden. Gemäßigtere soziale Reformen (etwa jene, die von der Sozialdemokratie diskutiert und projektiert werden) werden nicht als eine mögliche politische Option oder als ein neues politisches Ziel akzeptiert. Die Philosophen geben sich radikaler. Die soziale Umwälzung soll nach wie vor umfassend sein, und sie soll als eine 'Umwälzung' verstanden werden können, oder sie hat keine Gültigkeit. Mögliche Teilerfolge werden nicht akzeptiert. Da keine radikale Opposition im Sinne des alten revolutionären Stils und Ziels mehr möglich ist, wird eine andere Form der radikalen Opposition gesucht und entwickelt, und sie wird im Rahmen von dekonstruktivistischen und poststrukturalistischen Theorien auch gefunden. Es geht um die totale Zerstreuung des Sinns (Derrida: 'Dissemination'), es geht um die absolute Subversion. Alles sei aufzulösen und an allen möglichen Punkten müsse und solle angesetzt werden. Die neuen philosophischen Programme richten sich freilich nicht mehr an den breiten Teil der Bevölkerung, sondern an die neuen – kritischen – Eliten an den gesellschaftlichen und kulturellen Rändern: Studenten und Studentinnen, Wissenschaftler und Wissenschaftlerinnen, Wissenschaftshistoriker und -historikerinnen, Homo- und Transsexuelle (also keineswegs alle Männer und Frauen, sondern vorwiegend jene, die es 'wagen', bis an die Extreme eines absoluten Geschlechterrollentausches zu gehen), Insassen und Insassinnen der psychiatrischen Kliniken, surrealistische Dichter und Dichterinnen als 'poètes maudits'. Im Gegensatz zu den Positionen der kritischen Theorie (in der Nachfolge der Frankfurter Schule) erhält die Subversion ein neues, breitgestreutes Ziel. (Deshalb wird sie auch zu Beginn der 80er Jahre in der Bundesrepublik als die 'Nachmoderne' der Frankfurter Schule rezipiert und begriffen und als solche u. a. von Jürgen Habermas sofort angegriffen.[27]) Adornos Haltung (auch er hadert – auf seine Weise – mit dem Stillstand der Geschichte und mit dem Verschwinden des Subjekts) ist der Verzweiflung nahe, abwartend und zögerlich. Mit Adorno, der dieselben Probleme kennt und der auf dieselben Probleme reagiert, befindet sich die kritische Theorie auf dem Rückzug. Mit Dekonstruktion und Poststrukturalismus setzt sie sich erneut in Bewegung, und sie versteht sich als die Spätmoderne oder als die Post-Avantgarde im Sinne eines neuen nomadisierenden Partisanentums. (Man

---

[27] Jürgen Habermas: Der Eintritt in die Postmoderne. In: *Merkur* 45 (1981). H. 421. S. 752–761.

ist überall rasch und flexibel einsetzbar, und man ist deshalb nirgendwo konkret oder auf Dauer nützlich und brauchbar.)·

Liest man die Schriften von Derrida, von Foucault oder von Lyotard, so wird – nach einigem Studieren und Probieren – deutlich, daß es hier nicht (mehr) um das bessere Leben geht oder um die Verbesserung von Lebensmöglichkeiten. Es geht um das bessere Denken.[28] Wie sonst können Theorien davon ausgehen wollen, daß die 'Wirklichkeit' virtuell sei und daß es nicht mehr darum gehe, daß die Zeichen 'repräsentieren'. (Derrida: "Ein Text-Äußeres gibt es nicht."[29] – Das Zeichen darf nicht mehr als ein 'Zeichen' gedacht werden, und es muß seine 'Zeichenhaftigkeit' verlieren, und das bedeutet: Es verweist nur mehr auf andere Zeichen, und in der Realität verweist es auf ein Nichts.) Natürlich sind die Zeichen nicht die Welt, und selbst mit den Bezügen zur Welt hapert es. Auch die Antike kennt bereits derartige Einschätzungen, und in der Moderne werden Vorstellungen dieser Art – zurecht – perfektioniert. Doch davon auszugehen, daß die Zeichen die Welt ersetzen können oder daß dies – 'insgeheim' und 'von Anfang an' – längst schon geschehen wäre, das ist – in der Tat – unerhört (im doppelten Sinn des Wortes: 'noch nie gehört' und 'subversiv') und das ist neu. Das ist radikaler als der Skeptizismus der Moderne. Und das fällt hinter den Skeptizismus der Moderne zurück. Denn im Mittelpunkt der Überlegungen Derridas, Foucaults und Lyotards steht eine Sprachtheorie, die das Verhältnis der Wörter und der Dinge von den Beinen auf den Kopf stellt. Es geht ihr nicht (mehr) nur darum, daß festgestellt wird, daß das Band, das die Wörter und die Dinge zusammenhält, ein fragiles und ein wenig zuverlässiges ist und daß die Kraft dieser Bindung keineswegs auf einer gottgewollten Ordnung, sondern auf menschlichen Konventionen und Übereinkünften (die sich ändern können und die auch geändert werden), beruht. Es geht ihr vielmehr auch darum, zu zeigen und 'denken zu können', daß die sprachliche Ordnung stets schon vor den Dingen und der Welt oder daß die sprachliche Ordnung an Stelle der Dinge und der Welt existiere. Zuerst komme die Sprache und dann erst komme durch sie und mit ihr die Realität. Sprache bilde Realität nicht nur mangelhaft ab (diese Meinung teilen Dekonstruktion und Poststrukturalismus mit den skeptischen Positionen der Moderne), sie generiere diese erst eigentlich oder sie SEI die Realität. Sprache wird in einer Form der Wirkungs- und Wirklichkeitsmächtigkeit gedacht, wie es schon einmal – im magischen Denken –

---

[28] Das konstatiert auch – als eine von wenigen (Mutigen) – Mariam Lau: "Aber um das gute Leben geht es nicht." – Das Unbehagen im Postfeminismus. In: *Merkur* (Anm. 1). S. 919–928, hier S. 928.
[29] Jacques Derrida: *Grammatologie*. Frankfurt a.M. ³1990 (Suhrkamp Taschenbuch Wissenschaft 417). S. 274.

zu denken versucht worden ist. Etwas werde ausgesprochen oder besser: etwas werde geschrieben und es entstehe und es existiere. Dekonstruktion und Poststrukturalismus sind freilich klug (oder auch modern) genug, um das Suggestive ihrer Sprachtheorie und um ihre Sprachtheorie, die ihre Grundlegungen in Formen des Suggestiven hat, in Bahnen zu lenken, die im Gegensatz zu den traditionellen Praktiken des Magischen nicht mehr die absolute Beherrschung, sondern die totale Befreiung ermöglichen sollen oder versprechen. (Lyotard: "Das soziale Band ist sprachlich, aber es ist nicht aus einer einzigen Faser gemacht."[30]) Man ist insofern modern, als das Ziel nicht die Vereinheitlichung, sondern die Vervielfältigung ist. Man ist insofern nicht modern, sondern – so scheint es – zutiefst antimodern und traditionalistisch, als man glaubt, den Stellenwert der Wörter höher bewerten zu müssen als den Stellenwert der Dinge und Taten. Es ist – wie gesagt – zentral, dies vor dem sozio-kulturellen Hintergrund, von dem aus Dekonstruktion und Poststrukturalismus operieren, zu lesen und zu deuten. Wo es keine real existierenden Betreiber und Betreiberinnen der 'Revolution' mehr gibt, muß diese, sofern man an ihr nach wie vor festhalten möchte, von einem anderen Faktor/Subjekt getragen werden. Dekonstruktion und Poststrukturalismus entwickeln die Idee, daß dieser Faktor oder daß dieses Subjekt die Sprache sei. Für Foucault ist der 'Diskurs' einerseits die einzige Ursache für die Unterdrückung, andererseits ist er die einzige Möglichkeit, dieser Unterdrückung wieder zu entkommen. Foucault sehnt sich danach, auf den Kämmen der verschiedenartigen Wellen, die der Diskurs – seiner Meinung nach – verursacht oder die er schlägt, 'surfen' zu können: "Ich hätte gewünscht, während meines Sprechens eine Stimme ohne Namen zu vernehmen, die mir immer schon voraus war: ich wäre es dann zufrieden gewesen, an ihre Worte anzuschließen, sie fortzusetzen, mich in ihre Fugen unbemerkt einzunisten, gleichsam, als hätte sie mir ein Zeichen gegeben, indem sie für einen Augenblick aussetzte. Dann gäbe es kein Anfangen. Anstatt der Urheber des Diskurses zu sein, wäre ich im Zufall seines Ablaufs nur eine winzige Lücke und vielleicht sein Ende."[31]

Es ist müßig zu betonen, daß Dekonstruktion und Poststrukturalismus auf diese Weise (und auf eine durchaus problematische Weise, wie es scheint) an den philosophischen Werthaltungen der Moderne festhalten wollen: 'Fortschrittlich' und 'unkonventionell' möchte man sein, einen 'Kanon' will man aufbrechen. In der Konfrontation mit der postmodernen

---

[30] Jean-François Lyotard: *Das postmoderne Wissen. Ein Bericht.* Wien 1986 (Passagen). S. 119.
[31] Michel Foucault: Die Ordnung des Diskurses. In: M.F.: *Die Ordnung des Diskurses.* Erweiterte Ausgabe. Frankfurt a.M. 1993 (Fischer Wissenschaft 10083). S. 7–49, hier S. 9.

Konsum- und Freizeitindustrie zeigt sich dann, daß das sozial-politische Ziel der Moderne, nämlich eine Verbesserung des Lebens zu erreichen und dessen Beschränkungen so weit wie möglich aufzuheben oder einzudämmen, der philosophischen Werthaltung an sich untergeordnet wird. Der breiten Masse der Bevölkerung geht es gut oder besser gesagt: es geht ihr besser, und es sind inzwischen Geschmacksformen und 'Liebhabereien' entwickelt worden, die sich bislang nur die gesellschaftlichen und kulturellen Eliten leisten konnten. Eine bunte und widersprüchliche Fülle des Lebens und der Genüsse am Leben hat sich (partiell zumindest) ausgebreitet. Das könnte – zum Teil wenigstens – anerkannt oder lobend festgehalten werden. Der Philosoph jedoch fühlt sich schrecklich. Das liegt auch daran, daß er den Quizsendungen im Fernsehen unterstellt, daß sie seine philosophischen Seminare ersetzen oder ihnen Konkurrenz machen könnten.

Werden die Konzepte der dekonstruktivistischen und poststrukturalistischen Theorien mit den Verhaltens- und Stilmustern der postmodernen Konsum- und Freizeitindustrie verglichen, so fällt auch auf, daß in den Theorien eine zentrale Dichotomie der Moderne, nämlich jene von Askese und Exzess, eine problematische Neuauflage und eine von pathetischem Schuldbewußtsein und von pathetischem Trotz geprägte Verlängerung oder Fortsetzung erfährt. Diskurse, die von einem permanenten 'Aufschub' sprechen ('not now') und die diesen in Form einer Endlosschleife propagieren (das Wort 'Aufschub' führt eine interessante und – auf deutliche Weise – entlarvende sexuell-erotische Konnotation mit sich), stehen im Vordergrund. Selbst das Körperliche ist – selbstredend – ein auf radikale Weise verbotener oder auf radikale Weise enthemmender und enthemmter 'Diskurs'. Immer wieder schreibt sich ein Sinn oder ein 'Zeichen' in die Sinne ein. Ein Phallus (als 'Superzeichen') türmt sich auf. Er sei allgegenwärtig und bedrohlich ('phallozentrisch'). Er – oder besser: der 'Diskurs' über ihn oder der Diskurs, der von ihm ge(kenn)zeichnet sei – bedeute alles andere als Vergnügen und Genuß. Zu fragen ist aber, was es nützen soll, daß davon ausgegangen wird, daß die 'bedrohlichen' Einschreibungen des Geschlechts (das 'Geschlechtliche' als Bedrohung!) 'Fiktionen' und 'Konstruktionen' und nichts als 'Fiktionen' und 'Konstruktionen' sind, wenn damit nach wie vor ein Begriff von Sprache gemeint ist, der der Sprache die Wirkungs- und Wirklichkeitsmächtigkeit eines magischen Banns unterstellt. Damit ist es egal, ob man – wie einst – im Banne eines Biologischen oder ob man – ab nun und ab heute – im Banne eines Diskursiven steht. Es ist die Vorstellung des 'Gebanntseins' und es ist die Vorstellung von 'Übermächtigkeit', die hier stören oder die hier stören sollten. Es fehlen die Taten, es fehlen die Gesten, ja es fehlen – selbstredend – die Wörter und die Gedanken, die sich – als Wörter und Gedanken wenigstens – geändert haben oder geändert haben könnten, und es fehlt auch das Wissen um die Dialektik von Herr und Knecht. Wenn die Frauen immer wieder und nach wie vor davon ausgehen sollen (sei es im biologischen oder im diskurstheoretischen Sinn), daß sie ausschließlich und primär unter dem 'Zeichen' der 'Knechtschaft' stünden und daß sie selbst niemals Anteil an der 'Herrschaft' hätten, so fehlt ihnen – spätestens nach dem wiederholten Lesen von derartigen Theorien – in der Tat der Wille und die Energie, aktiv zu werden und aktiv über ihr Leben zu bestimmen. Sie haben nicht die Möglichkeit (nicht einmal mehr in der Fiktion oder in der Theorie), sich gleichfalls als 'Herrinnen' (als Täterinnen im schlechten wie im guten Sinn) zu verstehen und sich als solche selber zu kritisieren und auch zu feiern. Wenn die Männer davon ausgehen dürfen/müssen und wenn ihnen immer wieder nur versichert wird, daß sie ausschließlich und primär die 'Herren' (und somit die Täter und die Gewinner) sind, so werden sie die eigene 'Knechtschaft' nicht erkennen können und noch weniger werden sie etwas dagegen unternehmen. (Bekanntlich wird durch die traditionelle und ebenso durch die moderne Geschlechtermetaphysik den Frauen ein positiver Zugang zum Geist und zum Wissen und den Männern ein positiver Zugang zum Körper und zu den Emotionen verwehrt. Von den Männern wird somit – auch zu ihrem eigenen Nachteil – verlangt, die Belange des Körpers und der Emotionen aus dem Persönlichkeitsprofil auszuschließen, diese abzuwerten bzw. ausschließlich oder primär den Frauen zu überlassen und auf einen diesbezüglichen Genuß – und damit auf einen Genuß in Form eines Genusses ohne 'Abwertung' und ohne 'Reue' – zu verzichten.)

Dem subversiven Pessimismus oder der pessimistischen Subversion der dekonstruktivistischen und poststrukturalistischen Theorien stehen im Rahmen der – bevorzugt mit Geringschätzigkeit bedachten – postmodernen Konsum- und Freizeitindustrie längst schon einige Frauen- und Männerbilder gegenüber, die den gängigen Klischees widersprechen. In einem Werbespot, der während der Fußballweltmeisterschaft 1998 ausgestrahlt wurde (auch sie selbst brachte ein neues Phänomen: immer mehr Frauen schauen dem – vermeintlichen – Männersport mit großem Vergnügen und auch mit großer oder größerer Kenntnis zu), pilotiert eine Frau (schön und erotisch und dennoch mehr als nur 'Beifahrerin') einen Mittelklassewagen – und auch das ist bemerkenswert: kein kleines Auto –: den neuen 'Audi A4'. (Frauen, Autos und Fußball, so geht eine dreiköpfige ältere Herrenrunde die drei Themen durch, seien heute nicht mehr das, was sie früher einmal gewesen wären. Die Frau fährt mit dem Auto vor. Bewunderndes Schweigen. Bewunderndes Schweigen. Nur der, der den Fußball kritisiert hat, bleibt bei seiner kritischen Position: "Aber Fußball ist heute wirklich nicht mehr das, was er früher einmal war.") In einer Werbeeinschaltung, die in Zeitschriften eingesetzt wird, wird der neue 'VW Golf' von einem smarten jungen Mann gelenkt. Mit dem neuen Auto und mit dessen neuen Sicherheitstechniken scheint er sehr zufrieden zu sein, und ihm wird, so scheint es, während der Autofahrt auch kaum etwas passieren, doch ihn quält eine ganz andere Frage. Er denkt an Zuhause zurück: "Aber hab ich das Bügeleisen ausgemacht?" Natürlich werden auf diese – neue vergnügliche – Art und Weise Produkte oder Dienstleistungen beworben, und es wird damit nach wie vor dem Profit gedient, doch die Bilder – so darf vermutet werden – erweisen sich ebenso als befreiend bzw. als – auf eine neue und unbekümmerte Weise – befreit, und sie erweisen sich damit als realer, als wirkungsvoller und als nützlicher (und das heißt auch: als emanzipatorischer und als emanzipierter) als manches philosophische Seminar zu Derrida, Foucault und Lyotard.

Schließen wir mit dem – vermeintlichen – Ende der Postmoderne: Was der Kulturredakteur der *Zeit* in seiner geflissentlichen Rezension über den Sonderband der Zeitschrift *Merkur* auf ebenso geflissentliche Weise übersieht bzw. was er seinen Lesern und Leserinnen nicht zur Kenntnis bringt, ist, daß die – vermeintliche – Grablegung der Postmoderne in erster Linie eine Grablegung sogenannter postmoderner Philosophie ist. Mit Derrida, Foucault und Lyotard ist, so scheint es, kein 'Staat' (mehr) zu machen. Nicht daß diese Philosophen jemals derartiges vorgehabt hätten (ganz im Gegenteil, wie die obigen Ausführungen zeigen), von Bedeutung ist, daß es neue Lösungen gibt oder daß die Probleme der Gegenwart inzwischen andere Probleme sind. Es geht nicht mehr darum, einen totalitären Übergriff des Kapitalismus oder des Staates abzuwehren, es geht vielmehr darum, die neu entstandenen Möglichkeiten zu nutzen, und es geht auch darum, der in letzter Zeit wieder zunehmend aggressiver agierenden 'ökosozialen' Marktwirtschaft (sie beginnt, so scheint es, die Konzepte 'Wohlfahrtsstaat' und 'Vollbeschäftigung' wieder zu untergraben) neue und neu entwickelte Konzepte von (verstärkter) Solidarität entgegenzustellen. Konzepte einer radikalen Subversion werden eine konstruktive Arbeit dieser Art wohl nicht leisten können. Sind die Kunden und Kundinnen der postmodernen Konsum- und Freizeitindustrie nach wie vor unselbständige Arbeiter und Arbeiterinnen und in dieser Eigenschaft von den Besitzern der Produktionsmittel und von staatlicher Unterstützung abhängig, so zeigt sich, daß die Unglücklichsten unter ihnen (und das sind jene, die keine Arbeit finden können) längst schon in eine neue Form 'absoluter' Freiheit entlassen worden sind: Niemand schreibt ihnen (mehr) etwas vor, niemand schreibt ihnen (mehr) etwas ein. Kaum jemand kümmert sich (noch) um sie. Die postmoderne Konsum- und Freizeitindustrie (als der Kern der Postmoderne) wird freilich erst dann wieder größere Einbußen verzeichnen müssen und diese Form der Postmoderne wird freilich erst dann zu Grabe gelegt werden können (und müssen), wenn ihre Probleme und Nebenwirkungen (neuer und weiterer Anstieg von Arbeitslosigkeit, Umweltverschmutzung, Energieverschwendung etc.) erneut zu Mangelerscheinungen führen, wie sie noch aus der Moderne bekannt sind. Im Sonderheft der

Zeitschrift *Merkur* sind indessen – auch – drei Aufsätze zu finden, die erkennen lassen, daß die Geistes- und Kulturwissenschaften – in ersten Ansätzen zumindest – nicht mehr gewillt sind, die neuen und relevanten Begriffsbildungen ausschließlich oder primär den Marketingexperten und -expertinnen oder der neuen Konsum- und Freizeitforschung (meistens in direkter Abhängigkeit zu den Firmen) zu überlassen. Rainer Rother bringt eine erhellende Theorie zum neuen amerikanischen Actionfilm (leider noch durchwegs abwertend bespricht er dessen Konzepte von 'Recycling' und von 'kalter Perfektion').[32] Mariam Lau[33] und Jörg Lau[34] weisen – auf pointierte Weise – darauf hin, daß Dekonstruktion und Poststrukturalismus (beide Philosophien werden von ihnen freilich noch als postmoderne Philosophien und daher auch noch als das Zentrum der Postmoderne verstanden) den Puls einer neuen freieren Ära nicht (mehr) messen können. Die Zeiten sind liberaler, als es uns Theorien, die nach wie vor auf eine absolute Verschwörung und auf eine absolute Opposition eingestellt sind, glauben machen wollen:

> Als Judith Butler in Berlin von den Ausgrenzungsmanövern gegen Homosexuelle sprach, hatte Innensenator Schönbohm, dem man gewiß keine Anbiederungsversuche unterstellen kann, schwule Lebensgemeinschaften gerade als akzeptablen Grund für den Zuzug von Ausländern anerkannt. Kein Wunder, daß Butler schon den Papst bemühen mußte, um überhaupt noch von Feindseligkeiten in großem Stil reden zu können. Nein, das Unbehagen im Postfeminismus – das unerfüllt kreisende Begehren, die zerstückelten Körper, die Verrückten in den Turmverliesen, der Horror, der Horror in den Gender Studies – sind keine Zeugnisse von Unterdrückung. Man hat es wohl eher mit einem hartnäckigen Schuldgefühl zu tun, mit dem Wunsch nach Bestrafung für das eigene Schwulsein, dem eine liberale Gesellschaft beim besten Willen nicht nachkommen kann.[35]

---

[32] Mit Verlusten ist zu rechnen. Notizen zum amerikanischen Actionfilm. In: *Merkur* (Anm. 1). S. 852–863.
[33] Siehe Anm. 28.
[34] Der Jargon der Uneigentlichkeit. In: *Merkur* (Anm. 1). S. 944–955.
[35] Mariam Lau (Anm. 28). S. 928.

Luc Lamberechts

Von der Spätmoderne zu einer resistenten Postmoderne
Über die Dynamik eines Literatur- und Kulturwandels

The processes of change in dramatic texts by Peter Weiss (Marat-Sade), Peter Handke (Kaspar) and Heiner Müller (Die Hamletmaschine) that lead to a resistant postmodernism are discussed by means of a double system reference. Theatricality of the text appears to be the most appropriate category for its own medium as well as for a positioning in function of the reception of social reality. Through a relative incorporation of avant-garde characteristics the socially relevant literary wave movement leads to the dismantling of representation and referential illusion in favour of the external communication system and the dialogicality with the recipient. This procedure takes place first of all through the materiality of language as a process, which takes the place of action and characters. This way, an aesthetics of resistance arises that distinguishes resistant postmodernism from other movements considered postmodern.

Die Frage, ob auf sinnvolle Weise überhaupt von einer postmodernen deutschsprachigen Literatur die Rede sein kann, lässt sich hier in Anbetracht jenes Wandels, der an einer Dramenproduktion seismographischen Charakters ablesbar geworden ist, positiv beantworten: Peter Weiss' *Marat-Sade* (1964), Peter Handkes *Kaspar* (1967) und Heiner Müllers *Die Hamletmaschine* (1977).[1] Als Dramen- und Theatertexte belegen sie die fundamentalen Verschiebungen im theatralen Potential, die jene Texte von Autoren und Autorinnen ankündigen, in denen die Repräsentanzfunktion von Sprache und (Bühnen-)Gestalt durch die betonte Materialität ästhetischer Mittel ersetzt und die polyvalente Bedeutungskonstitution entschieden in Richtung des Rezipienten als Mit-Produzenten verlagert wird. Gemeint sind an erster Stelle *Das Ganze ein Stück* (1986) und *Erben und Sterben* (1992) von Friederike Roth, *Begierde & Fahrerlaubnis* (1986) und

---

[1] Peter Weiss: *Die Verfolgung und Ermordung Jean Paul Marats dargestellt durch die Schauspielgruppe des Hospizes zu Charenton unter Anleitung des Herrn de Sade* wird zitiert nach: Peter Weiss: *Dramen I* (*Werke in sechs Bänden*. Bd. 4). Frankfurt a.M. 1991. S. 155-255 (besonders berücksichtigt wird die Textgestalt 1964, die jener der Uraufführung entspricht); Peter Handke: *Kaspar* nach Peter Handke: *Stücke 1*. Frankfurt a.M. 1972. S. 99-197 und Heiner Müller: *Die Hamletmaschine* nach Heiner Müller: *Revolutionsstücke*. Hg. von Uwe Wittstock. Stuttgart 1995. S. 38-46. Seitenangaben jeweils im Text. Wenn nicht anders vermerkt, entspricht die grafische Wiedergabe der Zitate der Textgestalt in den erwähnten Ausgaben.

Wolken. Heim (1990) von Elfriede Jelinek, schließlich *Schauspieler Tänzer Sängerin* (1988) von Gisela von Wysocki. Dennoch gilt die Aufmerksamkeit im Rahmen vorliegenden Beitrags nicht jenen, in jüngster Zeit übrigens innovativ untersuchten Texten.[2] Vielmehr sollen mit dem Blick auf eine doppelte Systemreferenz und in differenzierender Bezugnahme auf avantgardistische Strömungen, besonders den Surrealismus, die literarischen, kulturellen und gesellschaftlichen Wandelprozesse beleuchtet werden, welche diese zeitgenössische Dramenproduktion erst geprägt und ermöglicht haben. Eine solche Annäherungsweise impliziert den Verzicht auf einen präskriptiven Dramenbegriff.

Vor dem Hintergrund fortschreitender Medialisierung der Wahrnehmung unter Einfluss der Bildmedien kann theatrales Potential als Paradigma einer spät- bzw. postmodernen Gesellschaft betrachtet werden. Dies trifft um so mehr zu, indem Rollendramaturgie wie sonstige Schauspielmetaphern aus dem Theater der Repräsentanz in den Sozialwissenschaften, deren Entstehung und Entwicklung aufs engste mit einer Gesellschaft der Moderne zusammenhängt, als heuristisches Modell auf betonte Weise eingesetzt wurden. Somit grenzen beide Betrachtungsweisen genau jenen vorästhetischen Erfahrungsmodus der Theatralität als "eigentliche Triebfeder der kulturellen Weiterentwicklung des Menschen" ab, wobei ständig "Prozesse der Präsentation, Repräsentation und Interpretation"[3] geleistet werden. Als ästhetische Konkretisierung von Theatralität im Dramentext bieten sich theatrales Potential und die damit verbundene Repräsentation einer wahrgenommenen und modellartig dargebotenen (interpretierten) Wirklichkeitspräsentation als besonders geeignet an, den Weg von einer auf Repräsentanz zielenden Dramenausprägung bis zu jenen Theatertexten darzustellen, denen jede nachzuahmende Präsentation und Bedeutung in der Simulationsgesellschaft abhanden gekommen ist. Dabei gilt es jedoch, die ideologische Valenz traditioneller Repräsentanz als "set of coherent and totally assumed positions" zu bedenken, die sich in einer referentiellen Illusion bestätigt und somit in der symbolischen Ordnung des Ästhetischen als Indoktrinationsinstrument die Beziehung der Subjekte zu den realen

---

[2] Vgl. z.B. Lisa Hottong: *Die Sprache ist ein Labyrinth von Wegen. Studien zur Dramen- und Theaterästhetik von Friederike Roth*. Tübingen 1994; Maja Sybille Pflüger: *Vom Dialog zur Dialogizität: die Theaterästhetik von Elfriede Jelinek*. Tübingen 1996; Gerda Poschmann: *Der nicht mehr dramatische Theatertext. Aktuelle Bühnenstücke und ihre dramaturgische Analyse*. Tübingen 1997, besonders S. 245-254 und S. 261-287.

[3] Harald Xander: Theatralität im vorrevolutionären russischen Theater. Evreinovs Entgrenzung des Theaterbegriffs. In: *Arbeitsfelder der Theaterwissenschaft*. Hg. von Erika Fischer-Lichte u.a. Tübingen 1994. S. 111-124, hier S. 113. Vgl. auch Katherina Keim: *Theatralität in den späten Dramen Heiner Müllers*. Tübingen 1998. S. 7-38.

Lebensbedingungen festzulegen versucht[4] – eine Problematik, die am unten dargelegten Wandel besonders deutlich ablesbar wird. Ausgegrenzt allerdings wird jene Literaturproduktion, die herkömmlicherweise als Paradebeispiel für Postmodernität herangezogen wird und als unverbindliches Spiel mit ausgehöhlten Wirkungsmöglichkeiten einer erschöpften Moderne den heutigen Zeitgeist widerspiegeln soll. Vielmehr gilt die Aufmerksamkeit jener als "resistent" apostrophierten, betont innovativen Spät- und Postmoderne,[5] die in ihrer Ausgangssituation die Institutionalisierung des Repräsentanzdramas einer innermedialen Zergliederung aussetzt (Weiss), nachher in einem verbindlichen und konkret-medialen Spiel die sinnentleerten Darstellungsmöglichkeiten der vorfabrizierten Repräsentanz einer prä-diskursiven Authentizität entgegensetzt (Handke) und schließlich in die Materialität einer Bilddramaturgie mündet, die als Gegendiskurs zu einer als artifiziell und bedeutungslos rezipierten Hyperrealität ikonische Valenz gewinnt (Müller). In diesem Sinn erscheint die resistente Postmoderne auch in ihrer Gesellschaftsbezogenheit als Ergebnis eines Wandelprozesses subversiv-ästhetischer Kräfte, die in der Selbstpositionierung gegenüber der Medialität von Wirklichkeit eine offene Dialogizität nicht nur mit dem Sprachmaterial, sondern auch – sogar in erster

---

[4] Stephen Heath: Lessons from Brecht. In: *Contemporary Marxist Literary Criticism*. Hg. von Francis Mulhern. London, New York 1992. S. 230-257, hier S. 241. Vgl. auch Louis Althusser: *For Marx*. London 1977. S. 150.

[5] Hal Forster: *The Anti-Aesthetic: Essays on Postmodern Culture*. Port Townsend 1985. S. IX f.: "resistant postmodernism seeks to question rather than exploit cultural codes, to explore rather than conceal social and political affiliations." Keineswegs wertneutral bezeichnet Jean Baudrillard die resistente Postmoderne als "progressive" Postmoderne: Jean Baudrillard: The End of the Millenium or the Countdown. In: *Theory Culture & Society* 15 (1998). H 1. S. 1-9, hier S. 8f. Erhellend sind die Parallelen zum "ubuesquen" und "Pataphysischen" (Alfred Jarry). Arlene Akiko Teraoka: *The Silence of Entropy or Universal Discourse: The Postmodern Poetics of Heiner Müller* (New York 1985) spricht im gleichen Zusammenhang vom "revolutionary postmodernism" während Werner Wolf: *Ästhetische Illusion und Illusionsdurchbrechung in der Erzählkunst. Theorie und Geschichte mit Schwerpunkt auf englischem illusionsstörenden Erzählen* (Tübingen 1993) eine "radikale" von einer "gemäßigten", anti-illusionistische Impulse der Avantgarde weiterführenden Postmoderne unterscheidet. Zu den Merkmalen der "resistenten" Postmoderne gehören auch jene, die unter anderer Bezeichnung einem "postmodernist classicism" zugeteilt wurden: Barnard Turner: Müller and Postmodernist Classicism: "Construction" and "Theatre". In: *Heiner Müller. ConTEXTS and HISTORY*. Hg. von Gerhard Fischer. Tübingen 1995. S. 189-200, hier S. 190: "postmodernist classicism" als "dialectical open-endedness of form and content."

Instanz – mit dem Rezipienten bewirkt,[6] der aus einer (ästhetischen) Konsumhaltung herausgerissen wird.

In diesem Zusammenhang besitzt das Auffinden "postmoderner" Elemente und ihrer Vorprägung in der historischen Avantgarde an sich kaum Erkenntniswert,[7] wenn auf die Analyse der gesellschaftlichen und medialen Interrelation verzichtet wird. Vielmehr soll der doppelten Bezüglichkeit einer Umweltreferenz und einer eigenen Mediumreferenz Rechnung getragen werden:[8] erneut erweist sich das theatrale Potential in der Konfrontation mit einer zunehmenden Spektakelkultur und Simulationsgesellschaft als geeignete Kategorie. Auf diese Weise findet jedoch eine weitere Ausgrenzung statt, indem eine skalenweise konzipierte Charakteristik zeitgenössischer Dramaturgie noch ein Übermaß an Dramen zu verzeichnen hat, die entweder durch eine problemlose Nutzung der dramatischen Form oder einen kritischen Gebrauch im Zeichen einer relativ unkomplizierten Übernahme epischer und absurder Techniken gekennzeichnet werden.[9]

Somit entfällt die Brauchbarkeit des Postmoderne-Begriffs als genau umrissene Epochenbezeichnung: eher nützlich scheint er, in den erwähnten essentiellen Varianten, als Standortbestimmung einer spezifischen Ästhetik in Konfrontation mit der Wirklichkeitsbeschaffenheit und deren Erfahrung. Jenen Texten der resistenten Postmoderne ist der zugespitzte soziale Gestus gemeinsam: auch wenn die direkte politische Bezogenheit, wie sie von Brecht programmatisch entwickelt wurde, fehlt, setzt sich eine andere, ebenso gesellschaftlich engagierte Ästhetik durch, die dem Schwund der utopischen Implikationen des Moderne-Projekts Rechnung trägt.

---

[6] Vgl. die kultursoziologischen Analysen in Zygmunt Baumann: *Postmodernity and its Discontents.* Cambridge 1997, hier S. 111.

[7] Erika Fischer-Lichte und Klaus Schwind: Vorwort. In: *Avantgarde und Postmoderne. Prozesse struktureller und funktioneller Veränderungen.* Hg. von Erika Fischer-Lichte und Klaus Schwind. Tübingen 1991. S. 7-12, hier S. 12. Vgl. Gerda Poschmann. A.a.O. S. 52.

[8] Bettina Clausen und Karsten Singelmann: Avantgarde heute? In: *Gegenwartsliteratur seit 1968.* Hg. von Klaus Briegleb und Sigrid Weigel (= Hansers Sozialgeschichte der deutschen Literatur vom 16. Jahrhundert bis zur Gegenwart. Hg. von Rolf Grimminger. Bd. 12). München 1992. S. 445-487, hier S. 463. Vgl. auch Martine Antle: Le surréalisme des années vingt devant la critique postmoderne. In: *Oeuvres et Critiques* XVIII (1993). H. 1-2. S. 197-199, hier S. 199: " Il ressort donc de ces analyses que la distinction entre la première avant-garde et le postmoderne ne prend sa portée qu'a partir du moment où l'on considère le contexte socio-politique dans lequel une esthétique et une pensée se développent. "

[9] Vgl. Gerda Poschmann. A.a.O. S. 55-106. Hinzu kommt, dass Dramen heutzutage in den meisten Fällen ungedruckt bleiben und nur als vervielfältigte Manuskripte von den Verlagen an die Dramaturgien verschickt werden. Vgl. Helmut Kreuzer: Zur Situation in der Mitte der 90er Jahre. In: *Pluralismus und Postmodernismus.* Hg. von Helmut Kreuzer. Frankfurt/M. 1996. S. 417-427, hier S. 425.

Wurde im Rahmen eines umfassenden Desillusionierungserlebnisses und einer als zerstörerisch charakterisierten Ästhetik die Grunderfahrung der ästhetischen Moderne als "tragisches Scheitern", jene der Postmoderne im Gegenteil als "fröhliches Scheitern" charakterisiert,[10] so dürfte diese Abgrenzung zwar auf eine systemkonforme gemäßigte Postmoderne[11] zutreffen, keineswegs jedoch auf ihre resistente Ausprägung. *Marat-Sade* endet als Drama fundamentaler medialer Gegenständlichkeit mit dem Triumph prä-diskursiver und chaotischer Anarchie ("Revolution Revolution/ Kopulation Kopulation", S. 255), die trotz des Pyrrhussieges der Institution ("Verzweifelt gibt Coulmier das Signal zum Zuziehen des Vorhangs", ebenda) die beiden Wirkungsabsichten des institutionalisierten Repräsentanztheaters (eine Aufführung "zu Ihrer [der Zuschauer, LL] Unterhaltung und zur Erbauung der Kranken", S. 159) völlig pervertiert und als Instrumente von Herrschaftsgewalt vorzeigt. Ähnliches trifft auf *Kaspar* zu: der Ausgang im Kampf des Vorhangs als Indiz institutionalisierten Repräsentanztheaters mit Kaspar und den Nebenkaspars, die ihren Sieg über die auf Einordnung zielende Maschinensprache mit einem Zitat des Wahnsinns aus der Schlussszene von Shakespeares *Othello* feiern: "Ziegen und Affen" (S. 197).[12] Solche Ästhetik der Zerstörung zielt als Zuspitzung avantgardistischer "Anti-Kunst"[13] in der Opposition zur Institution nicht auf einen Triumph des Scheiterns, sondern auf Befreiung und Innovation. Angeprangert wird das Prinzip des "fröhlichen Scheiterns" als Symptom des heutigen Intellektuellen, der ohne referentielle Illusion auszukommen hat, indem die metanarrative Voraussetzung der Emanzipation verloren gegangen ist, im *Scherzo* aus Müllers *Die Hamletmaschine*. In einem karnevaleskpromiscuen Tanz feiern die beiden ausgehöhlten Intellektuellenvertreter – Hamlet und der Mitwisser seiner Gedanken (vgl. S. 39), Horatio – die Verweigerung ihrer Einsicht in die unaufhaltsame Katastrophe einer terroristischen Geschichte. In ihrer Selbstverliebtheit versuchen sich beide – zu Harlekingestalten degradiert – mit einem Regenschirm abzudecken gegen die zerstörerischen Strahlungen der Madonna mit dem Brustkrebs (S. 41), unter deren Schirmherrschaft Ophelias anarchistische, jedoch entmächtigte Revolte am Ausgang steht.

Im Sinne einer Wellenbewegung markiert *Marat-Sade* in der grundlegenden ästhetischen Struktur, die Innovation mit Repräsentanz konfron-

---

[10] Henk Harbers: Gibt es eine 'postmoderne' deutsche Literatur? Überlegungen zur Nützlichkeit eines Begriffs. In: *literatur für leser* 1997. H. 1. S. 52-69, hier S. 58.
[11] Vgl. Anm. 5.
[12] Vgl. weiter unten.
[13] Vgl. Anm. 5 und David Graver: *The Aesthetics of Disturbance. Anti-Art in Avant-Garde Drama*. Michigan 1995. S. 13: "Anti-art: artists whose works attack the notion of art in general, or, at least, some of the basic presuppositions of art [...], first attempted by dada and surrealism."

tiert, eine spätmoderne Ausgangssituation für den Wandelprozess zur resistenten Postmoderne.[14] Als Schnittpunkt entgegengesetzter Literaturauffassungen stellt Weiss, unmittelbar vor seiner marxistischen Periode, nicht nur die Gesinnungs- und figurale Repräsentanzästhetik der Gruppe 47 sowie die das deutschsprachige Drama bestimmende Schweizer Dramatik von Max Frisch und Friedrich Dürrenmatt in Frage, sondern lässt er sich durch das konsequent gehandhabte Spiel im Spiel als innermedial vorgeführte Inszenierung auf die Konfrontation mit der Institution Theater und deren ästhetischem Funktionsverlust ein. Beide Angriffsmomente – sie beziehen sich sowohl auf die deutschsprachige Nachkriegsliteratur wie auf eine Grundproblematik der Moderne – gipfeln in einer frühen Ästhetik des Widerstands, die nicht nur auf eine binnentextliche "Überführung der Kunst ins Leben" zielt, sondern – in Erweiterung avantgardistischer Verfahren – die Kunstwirkung auf entscheidende Weise in Richtung des Rezipienten als Co-Produzenten verlagert.[15]

---

[14] Sowohl in der kreativen Verarbeitung avantgardistischer, vor allem dem Surrealismus verwandter Merkmale wie in der Kombination von Repräsentanz und den in Richtung einer nicht-figuralen Dramaturgie weisenden Innovationen verdeutlicht bereits *Marat-Sade* auf doppelte Weise das diesem Aufsatz zugrundeliegende Modell von Kultur- und Gesellschaftswandel als Wellenbewegung. Es wird bestätigt, dass in Wirklichkeit niemals das ganze sozio-kulturelle System umgebaut wird: der Wandel vollzieht sich zu einem erheblichen Teil akkumulativ als "stets problematische und veränderliche Integration eines großenteils lose gekoppelten Mehrschleifen-Systems (multiloop system)". Vgl. Walter L. Bühl: *Kulturwandel. Für eine dynamische Kultursoziologie.* Darmstadt 1987. S. 98 und S. 61 (Zitat). Damit wird einer Auffassung, welche die "Postmoderne" als Bruch mit der (übrigens eminent pluralistisch orientierten) Moderne darzustellen versucht, die schließende Argumentation entzogen. Zu bedenken wäre eher die kultursoziologische Positionsbestimmung der avantgardistischen Moderne als *"modern in their intention, yet postmodern in their consequences"* (Zygmunt Baumann: *Postmodernity and its Discontents*. Cambridge 1997. S. 100 – Hervorhebung im Original) oder aber die (resistente) Postmoderne als qualitative Weiterentwicklung der Moderne (Bettina Clausen und Karsten Singelmann. A.a.O. S. 472). Vor diesem Hintergrund erscheint die resistente Postmoderne als radikalisierte Moderne: vgl. Albrecht Wellmer: *Zur Dialektik von Moderne und Postmoderne. Vernunftkritik nach Adorno.* Frankfurt a.M. 1985, Wolfgang Welsch: *Unsere postmoderne Moderne:* Weinheim 1988² und Dieter Borchmeyer: Postmoderne. In: *Moderne Literatur in Grundbegriffen*. Hg. von Dieter Borchmeyer und Victor Zmegac. Frankfurt a.M. 1987. S. 308.

[15] Zum Problemkreis "Überführung von Kunst in Leben" in der Avantgarde vgl. Peter Bürger: *Theorie der Avantgarde.* Frankfurt a.M. 1980 und die kritische Bewertung in: Petra Stuber: Von der Differenz zur Indifferenz. In: *Arbeitsfelder der Theaterwissenschaft.* A.a.O. S. 221-229, hier S. 224 und S. 227 sowie in: Joseph Jurt: *Das literarische Feld. Das Konzept Pierre Bourdieus in Theorie und Praxis.* Darmstadt 1995. S. 236.

Mit der Retheatralisierung orientierte sich die Dramenproduktion der Avantgarde, in der deutschsprachigen Literatur exemplarisch vertreten von Iwan Goll, Gottfried Benn und Oskar Kokoschka, nach innovativen Möglichkeiten szenischer Realisierung, auch wenn – ähnlich wie öfters bei den zeitgenössischen Texten der resistenten Postmoderne – gerade die Darstellung der erlebten Wirklichkeitszerbröckelung, vor allem im Fall des jungen Benn, eine reale Aufführung erschwerte. Werden die Voraussetzungen für Repräsentanz, jene Prinzipien von Wahrscheinlichkeit und Nachahmung aristotelischer Prägung, ersetzt von einer eigenschöpferischen Ästhetik, wobei der Text eigenen Prinzipien folgt, so bleibt die Retheatralisierung vorwiegend auf das interne Kommunikationssystem beschränkt, auch wenn außertextliche Kontextbezüge (Collage) das binnentextliche Kommunikationssystem in erhöhtem Maße mitbestimmen (Dadaismus, Surrealismus). Erst mit den unterschiedlichen publikumsbezogenen Zielsetzungen, wie sie sowohl Antonin Artaud in der Peripherie des Surrealismus vorschwebten wie Bertolt Brecht sie dann in völlig verschiedener Absicht und mit diametral entgegengesetzten Mitteln verwirklichte, wird auf mehr als destabilisierende Schockwirkungen und Überraschungseffekte gezielt und verlagert sich die Dominanzrelation zwischen interner und externer Kommunikation auf entscheidende Weise zugunsten des Rezipienten.[16] Die entsprechende Neubestimmung des Verhältnisses zwischen Text-Schauspieler und Leser-Zuschauer ermöglicht somit den Wandel von der Spätmoderne zu einer resistenten Postmoderne, wobei der Rezipient durch eine Entautomatisierung ästhetischer Wahrnehmungsprozesse gezielt aus der Konsumhaltung herausgerissen wird. Referentielle Illusion wird immer mehr von "Denkbildern"[17] und deren multireferentieller Intensität ersetzt, letztere bewirkt

> the appearance in writing and historical praxis of a purely imaginal space [...] which convulses established frontiers and forces people to think together a number of apparent opposites.[18]

---

[16] Vgl. David Graver. A.a.O. S. 213 und Katherina Keim. A.a.O. S. 30 und S. 38. Zu der Komplexität der Kommunikationssysteme im Drama: Sophia Totzeva: *Das theatrale Potential des dramatischen Textes. Ein Beitrag zur Theorie von Drama und Dramenübersetzung*. Tübingen 1995. S. 96-106 und S. 119-152. Wichtig ist dabei der Unterschied zwischen binnentextlichen und außertextlichen Kontextbezügen sowie jener zwischen interner und externer Kommunikation: letzterer soll als dynamische Semiose mit wechselnder Dominanzrelation aufgefasst werden.
[17] Vgl. *Denkbilder. Wandlungen literarischen und ästhetischen Sprechens in der Moderne*. Hg. von Ralf Köhnen. Frankfurt a.M. 1996.
[18] Christine Buci-Glucksmann: *Baroque Reason. The Aesthetics of Modernity*. London 1994. S. 94.

Ähnlich wie in der frühen Prosa bezieht sich Weiss in *Marat-Sade* auf den Surrealismus. Wurde Sade erst vom Surrealismus wieder entdeckt, als Antipode eines modernen Vernunftdenkens gewürdigt und als Vertreter einer ungebändigten Körperlichkeit hochgespielt, so erteilt Weiss ihm die Rolle jener Inszenierungsinstanz, die das Theater der Grausamkeit im Sinne Antonin Artauds ästhetisch legitimiert. Ebenso begründet Sades Gestalt die Wahl der Irrenanstalt Charenton als Schauplatz der Bühnenhandlung und die entsprechende Rollenspaltung repräsentanzzerstörender Darsteller, die in der Irrendimension auf prä-diskursive Weise den Vernunftglauben der Moderne an den Pranger stellen. Sades Inszenierungsverfahren bewirkt eine Angleichung von Aufführungszeit und aufgeführter Zeit: Auf diese Weise wird der Ereignischarakter von Text und Aufführung in seiner Materialität betont. In der ironischen Bezugnahme auf die Institution Theater und dessen konventionalisierte Pause wird der Rezipient abermals mit einer Konsumhaltung konfrontiert, die er abzulegen hat. Auch die Wirkung der Knittelverse bewirkt Gleiches:

> Erfreun wir jetzt unsrer gegenwärtigen Tage
> und erwägen wir in der Pause dessen Lage [...]
> den Sie bald wieder nach Kaffee und Bier
> sehen werden in der Wanne hier (S. 224)

Auf programmatische Weise vertritt die innermediale Thematisierung des Einsagers, des Souffleurs, die Absage an das Drama der Repräsentanz. In einer Charakteristik des prä-diskursiven Theaters Antonin Artauds betont Jacques Derrida die Funktion des Souffleurs als Symptom für das Repräsentanzdrama, die in der referentiellen Illusion als sufflierter Rede die Wirkung eines Einsagers in Richtung des Rezipienten übernimmt: "Artaud wollte die Maschinerie des Souffleurs hinwegblasen."[19] Mittels einer antiillusionistisch konzipierten Rollengestaltung wird die Darstellung des Revolutionsführers Marat von einem durch Paranoia gezeichneten Kranken übernommen, der wie der historische Marat an einer Hautkrankheit leidet und wegen Hydrotherapie in der Badewanne immobilisiert ist. Keineswegs wird jedoch auf einen Rollenausgleich angezielt, im Gegenteil: die Diskrepanz zwischen historischer Rolle und Darsteller verlagert sich in einer Verdoppelung auf die Irrenrolle selber, die ihrerseits jeder Repräsentanzmöglichkeit entleert wird. Was bleibt, ist das Signifikantenmaterial als innermedial vorgeführter Prozess. Denn in der Konfrontation mit Sade ("Ich bin fähig zu allem und alles füllt mich mit Schrecken", S. 184) sucht der Patient, der Marat zu spielen hat, vergeblich nach dem Einsatz, bis der Ausrufer als Hilfsinstanz des Regisseurs Sade ihm suffliert: "O dieses

---

[19] Jacques Derrida: Die soufflierte Rede. In: Jacques Derrida: *Die Schrift und die Differenz*. Frankfurt a.M. 1976. S. 259-301, hier S. 268.

Jucken" (S. 186). Dankbar wiederholt der Kranke das Eingesagte: "O dieses Jucken dieses Jucken", worauf er erneut zögert. Gerade diese Stelle, wo dem Kranken dasjenige soufliert wird, was er in prä-diskursiver Ungebundenheit ohnehin artikulieren würde, belegt, wie Weiss die referentielle Illusion auf beiden Rollen-Ebenen als konditionierende soufflierte Rede explizite vorführt.

Solche auf Bewusstseinsbefreiung des Rezipienten zielende Innermedialität spitzt sich, wie später ausführlich erörtert wird, in Handkes *Kaspar* zu: als Instrumente der Repräsentanz behaupten die Einsager zeitweilig ihre Machtposition gegenüber der Kunstfigur Kaspar, bis das Verhältnis umschlägt und sie eben gegen Ende nachsingen, was Kaspar spricht (S. 186). Noch radikaler gedenkt Müller in der *Hamletmaschine* – um eine Anspielung auf die eigene DDR-Realität erweitert – den Einsagern nur noch mit einer Grabschrift: "In seinem Kasten verfault der Souffleur" (S. 44). Somit erscheint die innermediale Thematisierung des Einsagers bis zu dessen Austreibung als Zeichen jenes Wandelprozesses, der schließlich zum völligen Schwund der Repräsentanz führt und die Möglichkeit neuer Bedeutungskonstitutionen freigibt.

In *Marat-Sade* entfernt sich die innermediale Rollengestaltung von der politischen Funktion, die dem brechtschen Deixis-Verfahren anhaftete. Nicht länger die Vernunft eines wissenschaftlichen Zeitalters (Brecht) bildet der Antrieb, vielmehr eine die Moderne-Kritik vorwegnehmende Desillusionierung, welche die anderen Folgen des Vernunftdenkens zur Rechenschaft zieht:

Du sprichst von Marat
Doch wer ist Marat
irgendein hergelaufener Corsikaner Verzeihung Sardinier
oder gar Jude (S. 191)

oder – in einer Anspielung sowohl auf das Terrorregime wie auf die nazistische Judenverfolgung:

Es ist jetzt die Rede von Backofenschüben
und sie werden abgeholt nach Listen
die im gleichen Maß in dem sie sich verkürzen
verlängert werden von der Handschrift der Fänger (S. 240)

Diese illusionsdurchbrechenden Anspielungen auf die jüngste Vergangenheitsgeschichte schließen sich zu einer gegenwartsbezogenen Handlungsebene zusammen. In der Rollenspaltung als Vorzeige-Material dehnt sich die Kritik außerdem bildlich aus auf jene Differenzierung der Lebensbereiche, die nach Max Weber und Georg Simmmel – beide werden heute begrüßt als frühe Theoretiker einer postmodernen Gesellschaft – als Folge entzaubernder Rationalität zu den fundamentalen pluralisierenden Merkmalen der Moderne gehört.[20] Demzufolge gewinnt Weiss' Konzeption der Rollengestaltung bereits die Valenz einer gesellschaftlichen Gegenposition, die Jean Baudrillard später im Hinblick auf die Hyperrealität einer postmodernen Gesellschaft als einzig mögliche Widerstandsleistung bewertete und die von Jean-François Lyotard als "politics of resistance" bezeichnet wurde: "then the only solution is to turn the principle of its power against the system itself."[21]

Als weitere Schlüsselstelle für dieses ästhetische Verfahren sei auf die Darstellung der Hinrichtung des Damiens hingewiesen. In auffallender Anlehnung an Weiss' historische Quelle[22] werden die grausamen Folterungen textlich dargeboten (S. 178f.), während die Konsumhaltung des damaligen Publikums jener Hinrichtung besonders betont wird: "ein Volksfest" (S. 179), woran die Zuschauer sich "ergötzten,[...] während Casanova oben hinter dem Fenster/ seiner zuschauenden Dame unter die Röcke griff" (S. 178). Bewirkt die Diskrepanz zwischen evozierter Grausamkeit und deren Konsum zunächst einen avantgardistischen Schockeffekt, so erweitert sich die Wirkung jedoch auf eine Selbstpositionierung des Rezipienten: das Homologie-Verhältnis zwischen der Hinrichtung des Damiens und jener Handlung, die sowohl Coulmiers selbstgefälligem wie dem heutigen Publikum dargeboten wird, gewinnt metadramatische Valenz, macht die (Konsum-) Haltung des Rezipienten zum Inhalt der dramatischen Aussage und verlagert somit das Schwergewicht auf die externe Kommunikation. Gerade in bezug auf die Rezeptionshaltung wäre Artauds Projekt zu verwirklichen: "L'art n'est pas l'imitation de la vie".[23]

Bezeichnenderweise erreicht die Unterminierung der Institution Theater ihre letztendliche Valenz in der Konfrontation zweier Repräsentanzgestalten: Sade und Coulmier. Auf diese Weise situiert Weiss die gesellschaftlich geprägte Neubelebung einer avantgardistischen Ästhetik als spätmoderne "Neo-Avantgarde"[24] innerhalb des vorhandenen Rahmens einer Dra-

---

[20] Vgl. Mike Featherstone: In Pursuit of the Postmodern: An Introduction. In: *Postmodernism. Theory Culture & Society* 5 (1988). H. 2-3. S. 195-215, hier S. 197f. und Bryan S. Turner: Periodization and Politics in the Postmodern. In: *Theories of Modernity and Postmodernity*. Hg. von Bryan S. Turner. London 1990. S. 1-13, hier S. 6-10.

[21] Jean Baudrillard: *Symbolic Exchange and Death*. London 1993. S. 36f. (Originalausgabe: *L'échange symbolique et la mort*. Paris 1976). – Wilhelm van Reijen und Dick Veerman: An Interview with Jean-François Lyotard. In: *Theory Culture & Society* 5 (1988). H. 2-3. S. 277-310, hier S. 302.

[22] Eugen Dühren: *Der Marquis de Sade und seine Zeit*. Berlin 1917. S. 250-253.

[23] Antonin Artaud: *Oeuvres complètes*. Bd. IV. Paris 1964. S. 310.

[24] Zu diesem Begriff: vgl. Siegfried J. Schmidt: *FUSZSTAPFEN DES KOPFES – Friederike Mayröckers Prosa aus konstruktivistischer Sicht*. Münster 1989. S. 63.

menproduktion, die – teilweise in Entsprechung zu der Ästhetik der Gruppe 47 – sowohl (ästhetisch) auf Repräsentanz zielte wie (gesellschaftlich) Repräsentanz beanspruchte.

Die avantgardistische Moderne verschwand in Europa nicht so sehr, weil sie sich ästhetisch erschöpft hätte: Vielmehr wurde sie in Deutschland und in der Sowjet-Union politisch erledigt, in Frankreich durch eine populistische Allianz unter Druck des drohenden Faschismus in einer abgeschwächten Wirtschaftslage der sozio-ästhetischen Wirkung beraubt.[25] Die Neubelebung nicht-faschistischer Nachkriegsliteratur stand in der Bundesrepublik bekanntlich im Zeichen der keineswegs einheitlichen Gruppe 47 als meinungsführenden Organs. Hier prägte sich erneut das Bild des Schriftstellers als Intellektuellen aus, der sich in der Restaurationszeit als Gewissen der Nation aufwarf, somit jedoch Repräsentanz- und Abbildungsanspruch – sei es auch manchmal aus grotesk-verzerrender Perspektive – voraussetzte. Indem diese "zweite deutsche Moderne" auf Wirklichkeitsmodellen beharrte, trat sie, bedingt durch die Zäsur des Faschismus, hinter die historische Avantgarde zurück. In einer zunehmend simulationshinfälligen Öffentlichkeit wird Repräsentanzanspruch sowohl in der ästhetischen Gestaltung wie in der gesellschaftlichen Repräsentativität jedoch immer mehr diskutabel: was stattfindet ist "the shift from intellectuals as legislators [...] to intellectuals as interpreters"[26] – somit wird der Intellektuelle allmählich zum Symptom.[27]

Vor dem Hintergrund dieser sozio-ästhetischen Lage erscheint Weiss' Doppelstrategie – Zerstörung der referentiellen Illusion innerhalb eines Rahmens der Repräsentanz – als erneuter Beleg für den dynamischen Prozess von Kulturwandel als Wellenbewegung. Dass die Erneuerungsvalenz von *Marat-Sade* das vorhandene literarische Feld und dessen Gesetzmäßigkeiten sprengte, geht auch aus den abwertend-defensiven Reaktionen des damals unumstrittenen Inhabers literarisch-symbolischen Kapitals,[28] Günter Grass, hervor. In Weiss' Tagebuchnotizen aus *Rekonvaleszenz* findet sich folgende Stelle:

– Vgl. auch: *Theater seit den 60er Jahren. Grenzgänge der Neo-Avantgarde.* Hg. von Erika Fischer-Lichte, Friedemann Kreuder, Isabel Pflug. Tübingen 1998.

[25] David Graver. A.a.O. S. 12.

[26] Douglas Kellner: Zygmunt Baumann's Postmodern Turn. In: *Theory Culture & Society* 15 (1998). H. 1. S. 73-86, hier S. 73f. Vgl.: Zygmunt Baumann: *Legislators and Interpreters: On Modernity, Post-modernity and Intellectuals.* Cambridge 1987.

[27] Vgl. Jean-François Lyotard: *Tombeau de l'intellectuel.* Paris 1984 und Heiner Müller: *Rotwelsch.* Berlin 1982. S. 176.

[28] Zu diesen Begriffen: vgl. Pierre Bourdieu: *Les règles de l'art. Genèse et structure du champ littéraire.* Paris 1992.

> Die Attacken des Grass gegen mich begannen mit meinem offiziellen Eintritt in den westdeutschen Kulturbetrieb 1962, als ich zum ersten Mal an der Zusammenkunft der Gruppe 47 teilnahm [...] Als sich die Gruppe im folgenden Jahr [...] wiedertraf, [...] sammelte Grass seine Verbündeten zu einem Frontalangriff gegen meinen eben abgeschlossenen Marat. Als das Stück dann 1964 in Berlin uraufgeführt wurde, war zu beobachten, mit welch verbissener Abscheu mein Kollege diese Premiere über sich ergehen ließ, wie er in der Pause noch einmal versuchte, Stimmen für eine Ablehnung des Stücks zu gewinnen.[29]

Entspricht Weiss' kreative Umfunktionierung avantgardistischer Merkmale seiner Außenseiterposition und der entsprechenden Abweisung der damaligen Institution Kunst, so intensiviert sich eine ähnliche Haltung 1966 in Peter Handkes notorischem Princeton-Auftritt anlässlich der dortigen Tagung der Gruppe 47. Beide befinden sich dabei in der sozio-ästhetischen Lage des Avantgardekünstlers, der noch gegen eine institutionalisierte Kunst protestieren kann (die Gruppe 47 wurde erst 1977 aufgelöst). Mit dem funktionalen Vor-Zeigen der Sprachindoktrination als Instrument von Repräsentanz und einer ausgehöhlten moralisch-politischen Verbindlichkeit innerhalb einer frühen Simulationsgesellschaft setzt *Kaspar* 1967 der "wert-schaffenden" Funktion von Literatur ein Ende. Die explizite Innermedialität von Sprache, Theater und referentieller Illusion wie die Konfrontation eines prä-repräsentativen Textkonzepts mit den ideologischen Implikationen des Repräsentanzaufbaus markieren, nach dem Schwund modernistischer Utopien, eine weitere innovative Phase im Wandel zur resistenten Postmoderne.

An der Kunstfigur Kaspar als Objekt von Einsagern lässt sich der Übergang einer produktiven zu einer reproduktiven Gesellschaft ablesen, in der Simulationen und Modelle (als Einsager) die Welt bilden, so dass der Unterschied zwischen Realität als demjenigen was im Medium der Sprache repräsentiert werden kann und der sprachlichen Simulation selber zu verschwinden droht[30]: "Du kannst dir nichts mehr vorstellen ohne den Satz"(S.115) – "Jeder Gegenstand muß ein Bild von einem Gegenstand sein"(S.129). *Kaspar* führt in dem Aufbau von Repräsentanzbedeutung ihre Zerstörung vor. Angesichts der eingesagten Medialisierung von

---

[29] Peter Weiss: Rekonvaleszenz. In: Peter Weiss: *Werke in sechs Bänden*. Bd. 2. Frankfurt a.M. 1991. S. 415f. Somit wird bestätigt, dass das literarische Feld eben nicht als Institution funktioniert, sondern als konfliktuelles Feld: Pierre Bourdieu. A.a.O. S. 321. Gerade die Berücksichtigung dieses Aspekts sowie die konsequente Bezugnahme auf Kulturwandel als Wellenbewegung und auf eine doppelte Systemreferenz unterscheiden vorliegenden Beitrag grundsätzlich von: David Roberts: Marat/Sade oder die Geburt der Postmoderne aus dem Geist der Avantgarde. In: *Postmoderne: Alltag, Allegorie und Avantgarde*. Hg. von Christa und Peter Bürger. Frankfurt/M. 1987. S. 170-195.

[30] Jean Baudrillard: *Simulations*. New York 1983.

Wahrnehmungsmöglichkeiten entsteht eine Gegenbewegung, die einen passiven Konsum durchbricht und zu jener Wirkung der "Aisthetik" vorstößt, die als Einlösung des unabgegoltenen Projekts der Avantgarde bezeichnet wurde.[31] Die Präsentation von Textmaterial, dessen Körperlichkeit und akustischer Valenz, bewirkt in der die Repräsentanz unterminierenden Rezeption mittels einer unmittelbaren Autosemiose jene wirkliche Transposition von Kunst in Leben, worauf Antonin Artaud zielte.[32] Indem überdies die Leitdiskurse der Gesellschaft gegen das Gesellschaftssystem selber eingesetzt werden, zielt das neu abgewonnene theatrale Potential auf Überwindung einer Simulationsgesellschaft und ihrer Mechanismen.

In diesem Sinn zeigt die Kunstfigur Kaspar auf doppelte Weise tatsächlich, was auf der Bühne "MÖGLICH IST mit jemandem" (S. 103). Wie aus dem Benehmen Kaspars und dessen Theatergeburt hervorgeht, beansprucht Kaspars erster Satz ("Ich möchte ein solcher werden wie einmal ein anderer gewesen ist", S. 109ff.) zunächst nicht eine Repräsentanzvalenz, sondern eben jenen Wert eines iconischen Zeichens,[33] das mit dem Bezeichneten identisch ist. Nicht nur eine phonetische Selbstvergewisserung findet statt: im Gegensatz zum Drama der Repräsentanz erscheint Kaspar hier im Sinne Artauds als Inkarnation einer "originären Repräsentation".[34]

Als die "*verkörperte Verwunderung*" (S. 108) inkarniert Kaspar jenes Theater, das nach Baudrillard jeder referentiellen Illusion, Mimesis oder Simulation vorangeht.[35] In der vorbegrifflichen, noch nicht von diskursiven Gesellschaftsdiskursen vereinnahmten Ausdrucksart wird der Anfangssatz mit allen möglichen Intonationen und para-linguistischen Nuancierungen als Sprachmaterial abgetastet. Wie sehr diese ursprüngliche Abwesenheit von Repräsentanz mit einer Retheatralisierung zusammenhängt, belegt die aus der Sicht des Repräsentanzdramas als gestört erscheinende Motorik so wie Kaspars Verhältnis zu der Räumlichkeit der Bühne und zu den Gegenständen: die Kunstfigur als Gegenstand inmitten anderer Theatergegenstände.

---

[31] Wolfgang Welsch. A.a.O. S. 72 und S. 77. Vgl. Wolfgang Welsch: *Ästhetisches Denken*. Stuttgart 1990.

[32] Vgl. auch Joseph Jurt. A.a.O. S. 251.

[33] Vgl. Doris Kolesch: Der magische Atem des Theaters. Ritual und Theater bei Antonin Artaud. In: *Drama und Theater der europäischen Avantgarde*. Hg. von Franz Norbert Mennemeier und Erika Fischer-Lichte. Tübingen 1994. S. 231-254. In ihrer Charakteristik von Artauds Theater bestimmt Kolesch ein Icon als Zeichen, das "seinen Repräsentationscharakter verloren hat, da es mit dem Bezeichneten deckungsgleich zusammenfällt." (S. 243)

[34] So Derridas Charakteristik von Artauds Theater der Grausamkeit. Vgl. Jacques Derrida: Das Theater der Grausamkeit und die Geschlossenheit der Repräsentation. In: Jacques Derrida: *Die Schrift und die Differenz*. A.a.O. S. 351-379, hier S. 360.

[35] Jean Baudrillard: *Les stratégies fatales*. Paris 1983. S. 86-88.

Wird der Rezipient auf diese Weise ästhetisch aktiviert, so thematisiert Kaspars erster Satz inhaltlich zugleich jenes Verfahren der Repräsentanz, wie es dem bürgerlichen Drama und Theater zugrundeliegt: jene Künstlichkeit der referentiellen Illusion, die mit artifiziellen Mitteln Natürlichkeit zu erzeugen versucht. Vor diesem Hintergrund erscheinen die Wirkung der Einsager, die Austreibung des ursprünglichen Satzes sowie die auf Vernunft und Ordnung zielende Sprachindoktrination als Aspekte eines innermedialen Prozesses, die gerade Artifizialität und Simulation des Repräsentanzdramas vorzeigen. So dass auch der "ordentliche" Kaspar dem Rezipienten als Kunstfigur dargeboten wird: erneut steht die reine Materialität des Sprech-, Bewegungs- und Beleuchtungsakts zentral.

Der ästhetische Gestus führt also den Weg vor von einer futuristisch und surrealistisch anmutenden *parole in libertà* zu einer gesellschaftliche Indoktrination zeitigenden Vernunftsprache der modernen Gesellschaft. Auf paradoxe Weise entspricht die schwindende Verfügungsgewalt des Ichs über sein authentisches Sprechen dem Prozess, bei dem er nur als bloßer Träger ihm fremder Diskurse auftreten kann. In Konfrontation mit dem geschichtlichen Wandel der Gesellschaft wird das Konzept menschlichen Handelns und dessen Darstellung im Dramentext aus der Moderne bei Handke umgemünzt: nicht länger die Verarbeitung wissenschaftlicher Ergebnisse über den Abhängigkeitscharakter des Subjekts tritt als Antrieb auf, sondern die Gegenposition als Enthüllung simulierter Realität.

Binnentextlich zielt die Sprache der Einsager auf Einübung in Schein-Kommunikation. Verbunden damit wird ein vernünftig orientiertes Ordnungsprinzip, das Gewalt als rationale Maßnahme einschließt, rassistische Weltbilder vermittelt und autoritäre Ideologien befürwortet. Intensiviert wird die Macht dieser Maschinensprache als Ausdruck der Simulationsgesellschaft dadurch, dass – Handkes Konzeption gemäß – die Einsager unsichtbar bleiben sollten. In ihrer Wirkung gleichen sie also den verborgenen Verführern und "hidden persuaders" einer sich ankündigenden postindustriellen Konsumgesellschaft. Sollte Kaspar zur Registriermaschine degradiert werden, so wird der Rezipient den gleichen Folterungen unterworfen: sobald die Einsager zu sprechen anfangen, hören die Zuschauer die Sätze von allen Seiten (S.112). Antonin Artauds Vorstellungen entsprechend, werden die Rezipienten völlig von theatralen Zeichen eingeschlossen. Demzufolge vermittelt die Wirkung des Textes nicht länger ein Wirklichkeitsmodell, sondern präsentiert sich selbst: erneut werden die Machtinstrumente der Gesellschaft in der ästhetischen Gestaltung gegen das System eingesetzt.

Handke inszeniert die Aushöhlung des Subjekts zur Subjektlosigkeit. Vorgeführt wird nicht eine surrealistische Registriermaschine, die in der Freisetzung von Phantasie und psychisch Unbewusstem durch eine *écriture automatique* binnentextlich die befreiende Entfesselung des Subjekts bewirken könnte. Im Gegenteil: indem die Autoritätssprache der Einsager auf Introvertierung sozialer Kontrolle und Selbstdisziplinierung zielt, nimmt Handkes *Kaspar* jene Kritik an der Moderne vorweg, die in den Schriften von Lyotard, Foucault und Derrida später als Geschichte des Terrors bezeichnet wurde. Die Befreiung kann nur in der "Aisthetik" des Rezipienten stattfinden.

Versuchen die Einsager Kaspar zu einer Repräsentanzgestalt umzufunktionieren, so behauptet die Kunstfigur unter Einfluss des szenischen Benehmens der gegenständlich konzipierten Nebenkaspars schließlich ihre prä-diskursive Valenz. Die strukturelle Umrahmung zeigt abermals den meta-dramatischen Charakter des Repräsentanzaufbaus: referentielle Illusion weicht der expliziten Inszenierung eines Signifikantenmaterials. Gleiches – eben aus der Gegenposition zur Indoktrinationssprache – bringt die blitzartige intertextuelle Montage von Literaturstellen zum Ausdruck. Die Zitate aus Horvàth, Büchner und Shakespeare[36] rücken jeweils jenen rational unkontrollierten Bereich des Wahnsinns ins Blickfeld, der sich als Ausbruch aus dem modernen Vernunftdenken aufwirft. Prä-Texte als reines Signifikantenmaterial, als Befreiung aus Wittgensteins "Fliegenglas":[37] die Zerstörung von Repräsentanz als Domestizierung zielt in der externen Kommunikation auf eine Re-Aktivierung des Rezipienten. Intertextualität wird zur Transtextualität, der ästhetische Gestus zum sozialen Gestus.

Unterstützt wird die externe Kommunikationsbezogenheit der gezeigten Innermedialität durch die explizite Darstellung der institutionalisierten Vorbedingungen des Repräsentanzdramas und seiner Aufführung: das Spiel mit dem Vorhang, das Kaspars Geburt und Tod als Kunstfigur ermöglicht, die Einsager als unsichtbare Souffleurs, die Pause als Folterung kasparähnlicher Rezipienten. Außerdem bewirken diese Thematisierungen, ähnlich wie in *Marat-Sade*, eine vollkommene Angleichung von Aufführungszeit und aufgeführter Zeit, so dass die textliche Inszenierung den Rezipienten nicht mit referentieller Illusion, sondern mit Materialität konfrontiert. Im Text selber zeitigt die typographische Gestaltung eine ähnliche Wirkung: was dargeboten wird, ist Sprachmaterial, das auf Dialogizität und nicht auf Konsum zielt. Entautomatisiert werden Prozesse und Mechanismen, die früher Repräsentanz bewirken könnten. Die neue Aufbewertung des Rezipienten bezieht sich antithetisch auf die binnentextlich inszenierte Zerstörung des Subjekts: auf diese Weise wird das dramatische Selbstbewusstsein der Bühnenfigur aus dem Repräsentanzdrama von jenem des Rezipienten ersetzt und verlagert sich das Schwergewicht im

---

[36] Zu den Literaturstellen vgl. u.a. Renate Voris: *Peter Handke: Kaspar*. Frankfurt/M. 1984. S. 21f.
[37] Walter Hinderer: Wittgenstein für Anfänger? Anmerkungen zu Peter Handkes linguistischem Theater. In: *Jahrbuch der deutschen Schillergesellschaft* 26 (1982). S. 467-488, hier S. 488.

Wandelprozess zur resistenten Postmoderne auf das externe Kommunikationssystem. Somit entsteht eine gesellschaftliche Gegenposition zu jener massenmedial erzeugten "Narcotisierung", die das Abgleiten von Wirklichkeit in simulierte Realitäten bewirkt.[38] Gerade diese literarische Selbstpositionierung Handkes widerspricht – im Gegensatz zu seiner späteren Prosa – völlig jenen geläufigen Charakteristiken postmoderner Kunst als "selbstsuffizient" und "folgelos".[39]

Radikalisiert wird der Wandel zur resistenten Postmoderne in Heiner Müllers *Die Hamletmaschine*: zugleich einem radikalen Gegenentwurf zu der Erfahrung einer Hyperrealität und einer Mediengesellschaft, wo gesteuerte Simulacra und deren Vervielfältigungen sich nur noch wechselseitig fiktionalisieren können. Theatrales Potential entsteht zunächst durch die Konfrontation mit den Prä-Texten und deren ausgehöhlten, weil medialisierten Rezeption: eine nachahmbare Realität ist längst verschwunden.[40] Der innermediale Abbau von Authentizität, Repräsentanz und referentieller Illusion gehört ebenso bereits zu den Voraussetzungen jenes Textes, der in den Entgrenzungen von Raum- und Zeitlichkeiten auf iconische Verkörperung zielt und auf diese Weise eine zukunftsträchtige ästhetische Authentizität zu begründen weiß.

An anderer Stelle wurde dargelegt[41], wie *Die Hamletmaschine* anhand einer multipolaren Bilddramaturgie als Gegendiskurs zur Hyperrealität und zu den geschichtlich vorangehenden Simulationsphasen eine gesellschaftliche Brisanz gewinnt. Die intertextuelle Zerlegung zielt nicht nur auf die Vergangenheit des Repräsentanzdramas, sondern verwirklicht in zeitgemäßer Zuspitzung jenes für die drei hier untersuchten Texte maßgebliche Prinzip Baudrillards "to turn the principle of its power against the system itself." Es entstehen erneut Denkbilder, die jede – auch ästhetische – Konsumhaltung verhindern. Verbunden werden sie mit internen Schockwirkungen, die als zeitgenössische Intensivierung des Surrealismus noch an Prägnanz gewinnen: Beides konstituiert ein theatrales Potential postmoderner Resistenz. Fast programmatisch wird Artauds Identifizierung seines körperlichen prä-diskursiven Theaters mit der Pest[42] bei Müller erfasst in der sprachlichen Materialität jener "*Madonna mit dem Brustkrebs*", der

---

[38] Vgl. die parallelen Befunde für zeitgenössische Dramentexte in: Lisa Hottong. A.a.O. S. 176-182 und Gerda Poschmann. A.a.O. S. 93.
[39] So in Erika Fischer-Lichte und Klaus Schwind. A.a.O. S. 7.
[40] Jean Baudrillard: *Simulations*. A.a.O. S. 146.
[41] Luc Lamberechts: Vom Aufstand der postmodernen Bilder. Bilddramaturgie als ästhetische Überwindung der Hyperrealität in Heiner Müllers "Die Hamletmaschine". In: *Das Sprach-Bild als textuelle Interaktion*. Hg. von Gerd Labroisse und Dick van Stekelenburg. *Amsterdamer Beiträge zur neueren Germanistik* 45 (1998). S. 327-346.
[42] Antonin Artaud: *Le théâtre et la peste*. A.a.O. S. 19-39.

"*strahlt wie eine Sonne*" (S. 41): Bild der Folter, das sowohl binnentextlich wie in Bezug auf die externe Wirkung dem ganzen theatralen Konzept angemessen ist.

In der Widerstandsleistung gegenüber als verbraucht empfundenen dramatischen Formen werden dadaistische Strukturelemente eingesetzt und umfunktioniert. Die Negation der im Überzeugungspotential ausgehöhlten Institution der Repräsentanz äußert sich nicht als beliebiges Spiel der Provokation, sondern führt zu einer neuen, eben postmodernen Ästhetik der Reduktion. Indem Mikro- und Makrostruktur des Textes durch eine Bildmontage bestimmt werden, die im vorgeführten Stillstand des dialektischen Wechselbezugs nur vom Rezipienten als Resistenzäußerung gegenüber der die beiden Meta-Rollen (Hamlet, Ophelia) vereinnahmenden Hyperrealität entziffert werden kann, gewinnt das externe Kommunikationssystem entscheidende ästhetische Bedeutung. Derartig wachsen die dadaistischen Elemente – Negation, Provokation, Reduktion – tatsächlich zu jenen kontradiktorisch angelegten "petits récits" (Lyotard) heran, die in polyzentrischen Strukturen die Geschichte der früheren Repräsentanzgestalten Hamlet und Ophelia nicht nur als erledigt vorführen, sondern an erster Stelle ihre Alibifunktion für mediale und soziale Unterdrückungsmechanismen und Abhängigkeitsverhältnisse demonstrieren. Auf diese Weise positionieren sich Text und Rezeption jedoch nicht innerhalb einer vermeintlichen Posthistoire, sondern erscheinen beide tatsächlich als eminent gesellschaftsbezogen.

Die fortschreitende Auflösung von Subjekt und Identität, von Weiss über Handke bis Müller, entspricht dem Wandel von einer als explizite vorgeführten Rollengestaltung über das Konzept einer Kunstfigur bis zu dem theatralen Potential der Meta-Rollen. Mit der zunehmenden Entwirklichung des Wirklichen verlagert sich der Anspruch von Authentizität betonterweise auf die ästhetische Gestaltung selber. Als Icon schizophrener postmoderner Hyperrealität tritt Müllers Hamlet auf, kontrapunktisch bezogen auf Ophelias Aufbewertung in der Iconizität verhinderter Revolte. Iconizität statt Repräsentanz: der ästhetische Gegendiskurs zu der medial entleerten Realität verkörpert sich in der binnentextlichen Sprachgestaltung und verwirklicht den Anspruch jener "signes spirituels", die im Sinne Antonin Artauds die externe Kommunikation bestimmen.[43] Vor dem Hintergrund der Hyperrealitätsruine prägt die dialektisch unlösbare Spannung – eine Versteinerung zweier Hoffnungen (vgl. S. 42) – Müllers Theatertext, der somit ästhetisch die "condition postmoderne" (Lyotard) festhält: das Ende der modernen Utopien als eine neue resistente Freiheit, die nicht

---

[43]Ebd. S. 65f.: "ces signes spirituels ont un sens précis, qui ne nous frappe plus qu'intuitivement [....]".

länger durch Hoffnungen und ihre pervertierten Verwirklichungen getrübt werden kann.[44]

Müllers Meta-Rollen sind nicht-figurale Diskursträger: in einer Einheit von Rede- und Nebentext stellen sie nicht nur Sprache als Handlungsträger zentral, sondern werden sie selber kontrastiert zu der grafischen und phonetischen Materialität von sprachlichen Zeichen. Daraus ergibt sich erneut eine Deixis-Wirkung, die als Gestus den Rezipienten zu der Konfrontation mit einer intertextuellen Anhäufung von Fremd- und Eigenzitaten nicht nur einlädt, sondern geradezu zwingt. Diese Inszenierung von Worten, Zeichen und demjenigen was sie bewirken können, zielt also auf eine doppelte Dialogizität: nicht nur mit der Welt der Prä-Texte, sondern ebenso mit dem Rezipienten. Wo die sprachliche Gestaltung der Meta-Rolle Hamlet in der Intertextualitätsmontage tatsächlich jenen Logozentrismus vorführt, der als Verdikt über den Avantgardismus oft formuliert wurde[45], so überwindet die Deixis-Funktion der resistenten Postmoderne – ganz im Sinne einer Bewertung von Umberto Eco[46] – dieses Dilemma.

Hamlet als Sprechmaschine, Schreibmaschine und Datenbank (vgl. S. 44f.) wird der kritischen Konfrontation mit der Hyperrealität ausgesetzt: Blieb in Bezug auf die historische Avantgarde die Frage noch ungelöst, ob es sich hier handelte "um den Ausdruck der Technisierung des Humanen oder den Ausdruck der Humanisierung des Technoiden",[47] so könnte sie auch bei Müller als offene Frage erscheinen, wäre es nicht, dass gerade die Dominanzverlagerung zu Gunsten der externen Kommunikation auf jene Bewusstseinsräume des Menschlichen zielt, welche die Eingeschlossenheit in der Medialität der Simulationsgesellschaft zu sprengen im Stande sind. Gerade darauf zielt auch der Kontrastbezug Hamlet-Ophelia. Tritt Hamlet in der Materialität seiner Meta-Sprache als kritisierbares Symptom des Intellektuellen auf, der ohne referentielle Illusion auskommen soll und dementsprechend jede Repräsentanzfunktion einbüßt, dann zeigt Ophelia den entgegengesetzten, eben körperinduzierten Sinn von Textualität. Somit wächst sie auch aus dieser Sicht zum Gegenbild einer paternalistischen Schreibtradition und ihrer Unterdrückungsmechanismen heran. Paradoxerweise vertritt die weibliche Meta-Rolle des männlichen Schriftstellers Müller also jene "écriture feminine", die als "den Körper schreiben" be-

---

[44] Jean-François Lyotard: *The Postmodern Condition*. Manchester 1984.

[45] Bekanntlich an erster Stelle in der Kunstkritik Carl Einsteins wie in seiner "kubistischen Prosa" *Bebuquin*, deren progressives theatrales Potential geradezu zu postmodern gefärbten Theaterinszenierungen einlädt. – Zum Logozentrismus der Avantgarde vgl.: Bettina Clausen und Karsten Singelmann. A.a.O. S. 459.

[46] Umberto Eco: *Nachschrift zum "Namen der Rose"*. München 1984. S. 78.

[47] Marianne Kesting: Das Theater der Maler. Avantgardistische Szenerien von der Jahrhundertwende bis zu den zwanziger Jahren. In: *Drama und Theater der europäischen Avantgarde*. A.a.O. S. 365-386, hier S. 382.

zeichnet wurde.[48] Gerade die Inszenierung der Kontraste bestimmt den auf den Rezipienten bezogenen Gestus des Gesamttextes.

Als Inszenierungsinstanz tritt das historische Subjekt Müller betont auf, um sich selber ostentativ verschwinden zu lassen: die Projektion der Fotografie des Autors, die kurz nachher zerrissen wird (S. 45). Wird auf diese Weise eine postmoderne Literaturauffassung binnentextlich thematisiert,[49] so bezieht sich die Relevanz jedoch auch auf die externe Wirkung eines Textes, der den Schwund jenes Epikers proklamiert, der seit Ende des 19. Jahrhunderts das theatrale Potential des Dramas mitbestimmte.

Die Verschiebung der Dialogstruktur, im Repräsentanzdrama Ausdruck absoluter und immanenter zwischenmenschlicher Verhältnisse, in Richtung einer vielseitigen Episierung mündet in *Marat-Sade* in eine Epik für zwei Stimmen[50] und in eine innermediale Zergliederung der Voraussetzungen referentieller Illusion. Abgelöst wird dieses ästhetische Verfahren in *Kaspar* durch die Konfrontation von Sprachmaterial, eine innermediale Sinnentleerung vorfabrizierter Repräsentanz und die betonte Valenz prädiskursiver Authentizität. Gleichzeitig lässt sich in beiden Dramen schrittweise die entscheidende Aufbewertung der externen Kommunikation feststellen. Der endgültige Wandel zu einer resistenten Postmoderne vollzieht *Die Hamletmaschine*, die in der betonten Materialität von Bilddramaturgie und entsprechender Montage ein theatrales Potential festigt, das – ganz im Sinne zeitgenössischer Theatertexte der resistenten Postmoderne – zielt auf eine neue "Aisthetik" des Rezipienten als Widerstandsleistung der Hyperrealität gegenüber.

Bewirkt die binnentextliche Aufbewertung von Dialogizität einen neuen absoluten Verlauf – nicht länger einer "dramatischen Handlung", sondern einer sprachlichen Textur –, so verlagert die Inszenierungsinstanz, die den Epiker ersetzt hat, die Dominanzrelation entschieden in Richtung der externen Kommunikation. Auf diese Weise behaupten sich in der resistenten Postmoderne sowohl schreibendes Subjekt wie Rezipient in ihrer Gegenposition zur klebrigen Masse einer Konsum- und Simulationsgesellschaft.

---

[48] Vgl. Hélène Cixous: The newly born woman. In: *The Hélène Cixous Reader*. Hg. von Susan Sellers. London 1994. S. 35-46, hier S. 42 und Ingeborg Weber: Den Körper schreiben, die Orange leben: Hélène Cixous und das Konzept der *écriture féminine*. In: *Weiblichkeit und weibliches Schreiben. Poststrukturalismus, weibliche Ästhetik, kulturelles Selbstverständnis*. Hg. von Ingeborg Weber. Darmstadt 1994. S. 21-33, hier S. 23.

[49] Vgl. Michel Foucault: Qu'est-ce qu'un auteur? In: *Bulletin de la Société française de Philosophie* 1969. H. 3. S. 75-95 und Luc Lamberechts. A.a.O.

[50] Luc Lamberechts: Peter Weiss' Marat-Drama. Eine strukturelle Betrachtung. In: *Studia Germanica Gandensia* X (1968). S. 133-151, hier S. 147 f.

Benjamin Biebuyck

Gewalt und Ethik im postmodernen Erzählen
Zur Darstellung von Viktimisierung in der Prosa P. Handkes, E. Jelineks, F. Mayröckers, B. Strauß' und G. Wohmanns

> "[B]in ich denn ein Buch?" (MS 28)
> "[H]ätte ich dieses mein Schreiben nicht, diese meine pausenlose lebenserhaltende *Schreibarbeit*, ich hätte längst aufgegeben." (RN 131)

It is an often heard verdict that postmodern literature does not take ethical standpoints with respect to the various forms of (physical, communicative, social) violence it represents. This article treats five prose texts written by contemporary German authors as 'postmodern moralities'. It analyses how the narratives of these texts deal with the displayed processes of victimisation in order to find out if they disclose a postmodern ethics of literary action, which narrative, stylistic, typographic and figurative devices they use to do so, and how these affect the power structures described.

Einführung

Vor fast einem halben Jahrhundert schon hat Theodor Adorno in der Glut einer tiefen intellektuellen Empörung das nahende Ende der Literatur prophezeit und kulturhistorisch begründet:

> Kulturkritik findet sich der letzten Stufe der Dialektik von Kultur und Barbarei gegenüber: nach Auschwitz ein Gedicht zu schreiben, ist barbarisch, und das frißt auch die Erkenntnis an, die ausspricht, warum es unmöglich ward, heute noch Gedichte zu schreiben.[1]

Angesichts der massiven Literaturproduktion, die weltweit wie auch im deutschsprachigen Kulturgebiet seit dem Zweiten Weltkrieg erfolgt, läuft Adornos Mahnung Gefahr, zu einer zwar zitierfähigen, aber bedeutungsleeren Floskel zu entarten. Doch lassen sich seine Worte auch anders interpretieren, wodurch sie den Kern der literarischen Produktivität treffen: nicht in dem Sinne, daß Adornos Charakterisierung derselben als "selbst-

---

[1] Theodor W. Adorno: *Gesammelte Werke*. Bd. 10:1. Frankfurt a.M. 1977. S. 30.

genügsamer Kontemplation"[2] auch wirklich gilt (eine Charakterisierung, die der Frankfurter Philosoph bekanntlich später selber widerrufen hat[3]), sondern in dem Sinne, daß jene Worte die Bewußtwerdung dessen markieren, daß herkömmliche Kulturformen nicht nur unfähig sind, die Barbarei zurückzudrängen, sondern auch *selber im wesentlichen Extrapolationen der Barbarei sind.* Hierbei wäre das "Gedicht" in Adornos Warnung als ein Sprachgebilde zu verstehen, das überlieferte Umgangsformen und Kulturmomente, die auf barbarische Gewalt zurückgehen, in metamorphosierter oder sublimierter Gestalt in Gang bringt.

Adornos Urteil über die Kommunikationsform "Gedicht" setzt also nicht zwangsläufig der literarischen Kreativität schlechthin ein Ende. Vielmehr kann es diese dazu anstacheln, ihre eigenen Grundsätze kritisch zu hinterfragen und aufzuheben, um hierdurch neu werden zu können. Und es ist wohl kaum zu leugnen, daß die Nachkriegsliteratur bewußt den Weg der Selbsterneuerung gegangen ist. Mehr als jemals zuvor haben literarische Texte bei der Darstellung der (narrativen) Handlung die Nuancen der Macht so ausdrücklich und beharrlich problematisiert. Mehr als jemals zuvor haben sich literarische Texte für die Marginalien und Verwandlungen der Gewaltausübung sensibel erwiesen, hierin ermutigt durch ein sich ausbreitendes und immer fundamentaler werdendes feministisches Bewußtsein. Mehr als jemals zuvor auch haben literarische Texte ihren Lesern erlaubt, sogar diese dazu eingeladen, als aktiv Mitdenkende an der Gestaltung der fiktionalen Wirklichkeit teilzunehmen, anstatt als passive Zuhörer dem Diktat der Erzählstimme unterworfen zu sein. Musterbeispiele solcher *kongenialer* literarischer Interaktionsformen sind die Dichtung der Wiener Gruppe und die konkrete Lyrik, die dem Leser das Zusammenspiel der Worte nackt und unvermittelt darbieten wollten, so daß dieser sich interpretierend der literarischen Expressivität gegenüber behaupten könnte. Es versteht sich, daß nicht alle Werke aus der Nachkriegszeit dem Verlangen nach eher dialogisch veranlagter Literatur entgegenkommen und daß auf der Ebene der Darstellung (d.h. inhaltlich) Gewaltsamkeit keineswegs ferngehalten wird (vgl. Anthony Burgess' *A Clockwork Orange*). Doch gibt die neuere Dichtung mehr als die ältere dem Leser den Freiraum, sich ästhetisch produktiv zu erheben. Daß dies von seiten der literarischen Texte mehr als eine marktpsychologische Strategie ist, beweist unter anderem die Tatsache, daß Anfang der sechziger Jahre Susan Sontag, Prophetin

---

[2] Adorno: *Gesammelte Werke.* Bd. 10:1. S. 31.
[3] Adorno: *Gesammelte Werke.* Bd. 6. S. 355. Zur Dialektik zwischen 'Darstellungsverbot' und 'Erinnerungsgebot' in Adornos Denken: vgl. Jürgen Nieraad: *Die Spur der Gewalt. Zur Geschichte des Schrecklichen in der Literatur und ihrer Theorie.* Lüneburg 1994. S. 176-194.

der Avantgarde und eine der prominentesten Vorläuferinnen des Postmodernismus, sich genötigt sah, die Kunst gerade vor ihrem interpretierenden Publikum in Schutz zu nehmen.[4]

Im Gegensatz zu der unaufhaltsamen Suche nach neuen Interaktionsformen in der literarischen Produktion hat die Literaturwissenschaft bisher der Machtdimension und deren allfälligen ethischen Implikationen viel weniger Rechnung getragen.[5] Sie ist sich unzureichend dessen bewußt geworden, daß der literarische Diskurs ein beschreibbares Instrumentarium von rhetorischen und pragmatischen Gewaltmechanismen entfaltet, mit dem der Leser während der Lektüre zwangsläufig konfrontiert wird. Die Erforschung der überlieferten und der neueren literarischen Interaktionsformen und die Untersuchung der Frage nach deren Vermögen, die Anwendung von kommunikativer Gewalt auszulösen bzw. zu verhindern, bilden jedoch eine notwendige Ergänzung für die Analyse der Darstellungen von Gewalt und Gewaltlosigkeit in literarischen Texten. Insofern als die Interaktionsformen von der Textgestalt selbst bedingt werden, können sie beispielsweise im Gebrauch der direkten und indirekten Rede zum Ausdruck kommen, in der Charakterisierung der Figuren, in den verschiedenen Ausprägungen des Stils und in der Bildersprache. Die Totalität solcher formaler Anzeichen kann womöglich dem Forscher einen Einblick in die Prozesse der Machtausübung und Viktimisierung gewähren, die sich zwischen dem Erzähler, der in der Fabel entfalteten Wirklichkeit und dem von dem Text implizierten Leser ablaufen. Es versteht sich, daß die Problematisierung der literarischen Kommunikation auf ethischer Ebene auf keinerlei Weise dem Hersteller eines Textes gilt.

Der Aufstieg der Postmoderne bedeutete im Lichte der skizzierten literaturhistorischen Veränderungen keinen wesentlichen Umbruch. Angesichts der Unmöglichkeit, den Postmodernismus definitorisch zu bestimmen, ist dies nicht erstaunlich. Sofern die 'Vielfalt' selber zu den postmodernistischen Grundintuitionen gehört, ist eine scharfe Grenze nicht zu ziehen. Tatsächlich scheint Lyotard mit seiner These über das "Ende der großen Meta-Erzählungen" den Kern des postmodernen Selbstverständnisses gestreift zu haben. In der neueren Publikation *Moralités postmodernes* (Paris 1993) lenkt der Pariser Poststrukturalist implizite die Aufmerksamkeit auf die zeitgenössische epistemologische Tendenz, die Interaktion zwischen Menschen und Welt als eine narrative zu konzipieren. Es heißt,

---

[4] Susan Sontag: *Against Interpretation and Other Essays*. London 1967. S. 3-13.
[5] 'Ethisch' setzt im vorliegenden Beitrag das Suchen nach Möglichkeiten voraus, um (sprachliche, soziale, körperliche, usw.) Gewalt zu beherrschen, einzudämmen oder zu unterdrücken, und ist daher nicht unbedingt im Lichte einer philosophischen Diskussion zur Bestimmung von Gut und Böse zu verstehen.

an die Stelle der großen Meta-Erzählungen seien "first-order narratives"[6] getreten, die stark an die konkrete Lebenssituation gebunden sind und zu einer ästhetischen Erfahrung derselben aufrufen. Die partikularisierenden Implikationen dieser Tendenz sind auch im Bereich der Ethik offenkundig. Die Postmoderne verfügt nicht mehr über die Sprache, den Diskurs der 'Moral'; sie spricht jetzt in 'Moralitäten', deren Gestalten zwar als allegorisch erkennbar sind (vgl. Jelineks *Liebhaberinnen*), sich allerdings nicht ins 'Eigentliche' übertragen lassen. 'Postmoderne Moralitäten' inszenieren bestenfalls die konkreten Auswirkungen einer Situationsethik innerhalb eines kontingenten Gebrauchskontextes. Öfters lassen sie aber auf der Ebene der Darstellung den Klang eines fröhlichen Skeptizismus widerhallen, der jedes ausgesprochenen kategorischen ethischen Anspruches ledig zu sein scheint.[7]

Hier stellt sich denn auch die Frage, ob und in welchem Maße literarische Texte, die für postmodern gelten können, sich auf die historische Problematik der gesellschaftlichen Verantwortung von Kulturformen einlassen und hierbei die Fähigkeit aufweisen, neue Interaktionsstrukturen auszubauen und in die Praxis umzusetzen. Wenn die Antwort auf diese Frage negativ ist, dann wäre zu untersuchen, ob sich in der postmodernen Prosa Form und Inhalt in entgegengesetzte Richtungen entwickeln, was – wie Peter Szondi im Hinblick auf das moderne Drama dargelegt hat[8] – zur kollektiven Erarbeitung neuer Kulturformen Anlaß geben kann.

Im folgenden werde ich insgesamt fünf Prosatexte, die während der letzten drei Jahrzehnte veröffentlicht wurden, als Konkretisierung 'postmoderner Moralitäten' analysieren.[9] Die Auswahl der Texte ist nicht beliebig. Diese werden unter anderem durch die Zeitspanne, in der sie entstan-

---

[6] Brian McHale: Some Postmodernist Stories. In: *Postmodern Fiction in Europe and the Americas*. Hg. von T. D'haen und H. Bertens. Amsterdam/Antwerpen 1988. S. 13-25, hier: S. 14.

[7] Vgl. P.M. Lützeler: *Spätmoderne und Postmoderne. Beiträge zur deutschen Gegenwartsliteratur*. Frankfurt a.M. 1991. S. 20: "Skepsis gegenüber utopischen Konzeptionen".

[8] Siehe hierzu: Peter Szondi: *Schriften I*. Frankfurt a.M. 1978. S. 69-76: Theorie des Stilwandels.

[9] Für eine ausführliche Erörterung der Funktion einer (narrativen) Ethik in der aktuellen literaturtheoretischen Debatte: siehe Thomas Wägenbaur: Narrative Ethik. Das Paradox der Ethik als *KybernEthik* der Literatur. In: *Im Bann der Zeichen. Die Angst vor Verantwortung in Literatur und Literaturwissenschaft*. Hg. von M. Heilmann und T. Wägenbaur. Würzburg 1998. S. 229-256. Wägenbaur zufolge ist der Aufstieg der sogenannten 'postkolonialen' Literaturwissenschaft als die moralische Wende ("moral turn", S. 237) eines extrem ästhetisierenden, amoralischen Poststrukturalismus zu verstehen; vgl. hierzu auch: Lyotard: *Moralités Postmodernes*. Paris 1993. S. 11, 93 und 201 ("le poison de l'esthétique").

den sind, verbunden. Das Maß, in dem sich literarische Werke peripher oder fundamental in ein umfassendes intertextuelles Gewebe einflechten, macht aber eine literaturhistorische Periodisierung sinnleer. Doch werden bei der Lektüre der Texte manche Indizien ersichtlich, die deren gemeinsame Kategorisierung als 'postmodern' untermauern. Zunächst haftet den Texten eine auffällige *Selbstreflexivität* an – sowohl auf der Ebene des Sprachgebrauchs als auch auf der Ebene des Erzählens. Die Selbstreflexivität zieht die Konsequenz nach sich, daß die Konfrontation des Erzählers mit der fiktionalen Wirklichkeit zwangsläufig aus der Sicht einer strikten Subjektivität geschieht – auch an den Stellen, wo der Erzähler mit der Vielfältigkeit der Perspektivik experimentiert. Das Kriterium der *Mehrfachkodierung*, das die diskursive Offenheit und Unbestimmtheit der Postmoderne signalisiert, ist in allen zu untersuchenden Texten vorhanden. Darüber hinaus werden die Protagonisten in diesen Texten jeweils mit harter, körperlicher oder 'sanfter', kommunikativer Gewalt konfrontiert – zwei Gewaltformen, die jedoch gleich wirklich sind (vgl. die "umstürzende Nachricht" bei Handke). Die Gewaltrepräsentationen bringen indirekt auch Beschreibungen von Opferverhalten und Viktimisierungsprozessen mit sich. Zum Schluß tragen die Protagonisten der Werke ein *Krisenbewußtsein* zur Schau, das ihre existentielle und epistemologische Unsicherheit verrät.

Doch bin ich mir dessen bewußt, daß die Kategorisierung der Texte als postmodern nicht evident ist. Bekanntlich ist die Beziehung zwischen dem zeitgenössischen Feminismus und dem Poststrukturalismus, der als philosophisches Pendant der Postmoderne gilt, nicht so gut;[10] trotzdem sind die feministischen Problemstellungen für alle zu untersuchenden Texte relevant. Diese porträtieren Protagonistinnen, die der "waltenden Gewalt" (W. Benjamin) der Existenz zum Opfer fallen, was auf jeweils andere Weise literarisch verarbeitet wird. Außerdem lehnen sich einige der Autoren (Jelinek, Mayröcker, Wohmann) stark an die Dichtung der literarischen Avantgarde bzw. der neuen Subjektivität an, was eine eindeutige Etikettierung als 'postmodern' fragwürdig macht. Daß dies insbesondere für die Schriftstellerinnen der Fall ist, gibt an und für sich schon zu denken: Gesellschaftliche Machtverhältnisse beeinflussen auch zutiefst die Kanonbildung. Doch bestimmen nicht die konkreten Produktionshintergründe den postmodernen Gehalt eines Textes, sondern vielmehr die Form, in der sich ein Text dem Leser zeigt. Deswegen halte ich es für angemessen, die fünf

---

[10] Vgl. Katherine Goodman: *Dis/Closures. Women's Autobiography in Germany between 1790 and 1914.* New York/Bern/Frankfurt a.M. 1986 und Teresa De Lauretis: *Technologies of Gender. Essays on Theory, Film, and Fiction.* Bloomington/Indianapolis 1987. S. 23f.

Prosawerke auf das Vorhandensein einer 'embryonalen' postmodernen literarischen Ethik hin zu überprüfen, nicht um Tendenzen in der Entwicklung des postmodernen Schaffens ausmachen zu können, sondern um das zeitgenössische Areal der möglichen literarischen Interaktionsformen zu erkunden.

Die Verinnerlichung der Schuld (Botho Strauß)

1975 erschien zuerst Botho Strauß' *Marlenes Schwester*, eine Erzählung in sechs Teilen, in der die Erlebnisse einer achtunddreißigjährigen blutkranken ehemaligen Deutschlehrerin beschrieben werden.[11] Der innovative Charakter dieser Erzählung zeigt sich insbesondere auf erzähltechnischer Ebene. Die repetitive Struktur des Werkes erlaubt dem Erzähler, unerwartet Fetzen aus dem linearen Zeitablauf herauszuheben und diese eigenständig darzubieten, ohne daß sie ihren Anteil am Sinnzusammenhang des Ganzen verlieren. Das Durchbrechen der kausalen und chronologischen Abfolge verleiht der Erzählung Komplexität und Rätselhaftigkeit.

An zahlreichen Stellen und auf mehrfache Weise zeigt die Erzählung ihre repetitive Grundstruktur. Die Anfangssätze, zum Beispiel, registrieren die sich wiederholenden Denkinhalte der Protagonistin und deuten mit der Adverbialgruppe "noch einmal" darauf hin, daß eine Verbindung von Herausforderung und Anstrengung, die analog zu der zu beschreibenden ist, der Erzählung vorausgeht: "Das gütige Leben, dachte sie, das gütige Leben. Sie versuchte es noch einmal" (MS 9). Auch die Schlußsätze signalisieren eine unaufhaltsame Wiederholung über die Grenzen der Erzählung hinaus und flechten hiermit explizite deren Ansatz ('Beginn') und Ablauf ('Ende') ineinander: "Das ist also das Ende, dachte sie, das Ende beginnt. Sie versuchte es noch einmal" (MS 42).[12] Die Rahmenstruktur bestätigt diejenige, was im Verb 'versuchen' vorweggenommen ist: Die Anstrengungen der Protagonistin sind umsonst, im Versuchen selbst ist das Scheitern schon mitgedacht. Innerhalb des sich wiederholenden Intentions- und Handlungsrasters spielen sich relativ lockere, doch zu einem übergreifenden Zusammenhang neigende Einzelereignisse ab. Diese Ereignisse schildern die Machtverhältnisse zwischen der Protagonistin, aus deren Perspektive die epische Handlung betrachtet wird, und den verschiedenen anderen Figuren, die meistens die Handlung selber vorantreiben.

---

[11] Im folgenden wird nach der dtv-Taschenbuchausgabe zitiert (Botho Strauß: *Marlenes Schwester. Zwei Erzählungen*. München 1977). Die Seitenangaben folgen dem Sigel 'MS'.
[12] Der repetitive Charakter der Schlußszene wird dadurch noch verstärkt, daß sie im ersten Teil der Erzählung wortwörtlich vorweggenommen wird (MS 13-14).

Aus der Konfrontation mit der Außenwelt geht hervor, daß das Selbstverständnis der Protagonistin wesentlich heteronom ist, was mit der repetitiven Zwangsläufigkeit der Form übereinstimmt. Sie modelliert ihr Verhalten nach dem Vorbild von Marlene[13] und wird ausschließlich als deren ältere Schwester charakterisiert. Auffällig hierbei ist, daß die Protagonistin die wenigen, kaum interaktiven Begegnungen mit der Außenwelt – wie beispielsweise die Gespräche mit Julien – nicht sich selbst, sondern der gelungenen Sozialisation ihrer Schwester verdankt. Das Verlangen der Protagonistin, Marlene nachzuahmen und ihre Rolle zu übernehmen, erfährt die jüngere Schwester jedoch als eine Last: Sie betrachtet die Zuneigung der Protagonistin nicht als den Ausgangspunkt eines unzertrennlichen Freundschaftsbandes, sondern bezeichnet sie abschätzig als "übergroß" (MS 41). Gerade die Abweisung der schwesterlichen Liebe nötigt die Protagonistin zu weiterer Hingabe und markiert die grelle Unausgeglichenheit in der Machthierarchie zwischen den Geschwistern.

Dieses Muster von Zurückweisung und einer hiermit einhergehenden Aufforderung zum Nachahmen[14] erscheint als eine Konstante in der Erzählung. Es taucht ebenfalls im Verhältnis zu den Eltern auf. Die Mutter, zum Beispiel, von der es heißt, sie sei "bis zur Unansprechbarkeit indolent geworden" (MS 27), drängt ihre Tochter dazu, die eigenen Brüste anzufassen (MS 14).[15] Der Vater dagegen belehrt seine Tochter über die existentielle Notwendigkeit des Leidens und die "Unpünktlichkeit des Glückes" (MS 18f.), während er sie im elterlichen Garten *herumführt* – eine bedeutungsvolle Übertragung der genannten Aufforderung zum Nachahmen in die für das Werk als Ganzes relevante Körpersprache.[16] Julien, "Puppendirektor" (MS 29) und gemeinsamer Freund der zwei Schwestern, die er mit seinen phantastischen "Geschichten" (MS 24) unterhält, reagiert wütend, als er die Trennung der Schwestern vernimmt. Es ist klar, daß die Protagonistin seinen an ihr ausgelassenen Ärger nicht nur begrüßt, weil sie den Abschied von der Schwester bedauert: "Juliens flammende Vorwürfe waren ein überwältigender Trost" (MS 22). Ohne Ausnahme erleidet sie mit

---

[13] Vgl. hierzu MS 18: "Während Marlene sich auf der Bahnhofstoilette zurechtmachte, riß ihre Schwester ihre beiden Koffer auf und vertauschte den Inhalt. So trug sie nun alle Kleidungsstücke und Gebrauchsartikel von Marlene bei sich".

[14] Vgl. auch MS 12: "Sie lockt mich".

[15] Vgl. MS 14: "Sie umfaßte mit beiden Händen ihre Brüste. [...] Eine Frau, die nicht gern mal ihre Brüste anfaßt, ist nicht gesund, so hatte ihre eitle Mutter sie belehrt".

[16] Vgl. MS 18: "Der Vater nahm sie bei der Hand und ging mit ihr in den Garten hinunter". Siehe zur Körpersprache: "das von ihr verfluchte Gehen, das, wie eine Schrift, sich in die Räume, Straßen, und Landschaften zeichnet, für jeden Lümmel aufschlußreich, so unleserlich sie auch zu gehen versucht" (MS 13).

einer stillschweigenden Gelassenheit die aggressiven Verstimmungen ihrer Umgebung. Ein weiteres vielsagendes Beispiel gibt das Mädchen Max, das zeitweilig bei Julien wohnt: Indirekt stachelt es die Protagonistin, "in der es den Störenfried erkannte" (MS 23), dazu an, Juliens Wohnung zu verlassen ("Wenn Sie das Wetter noch fotografieren wollen, müssen Sie jetzt gehen"); hierbei nimmt Max die Protagonistin "bei der Hand und führt[..] sie noch einmal ans Fenster" (MS 23). Herr und Frau Holzer scheinen eine Ausnahme von der Regel zu bilden. Sie treten zuerst der Protagonistin in warmer Gastfreundschaft entgegen, treffen sie jedoch bald mit frontaler Gewalt, indem sie ihr durch Adoption die verehrte Schwester entfremden: "Ihre [Marlenes] Schwester konnte nichts mehr sehen und sank bewußtlos zu Boden" (MS 41).

Insgesamt ist festzuhalten, daß die Protagonistin sich in einer Lebenswelt bewegt, die ihr feindlich gesinnt ist und sie zu Unterwürfigkeit anregt – einer Lebenswelt, in der sie nicht zuhause ist. Diese Situation verführt die Protagonistin aber nicht zu einer arroganten Selbstisolierung (wie die im dunklen Dorfgasthaus getragene Sonnenbrille zu Unrecht suggerieren könnte; MS 10), sondern zu einer konsequenten und rücksichtslosen Selbsterniedrigung, die sogar in das Verlangen mündet, gänzlich zu verschwinden.[17] Sie hat den Eindruck, von der Außenwelt dissoziiert zu sein, und nimmt die Schuld hieran auf sich, insofern sie sich die Fähigkeit abspricht, den semiotischen Kode der Außenwelt zu verstehen: "Sie [Marlene] sprach märchenhaft klar, aber ich verstand sie nicht. Je angestrengter ich ihr zuhörte, umso beunruhigender und doppelsinniger wurde alles, was sie sagte" (MS 21). Hier nimmt die strukturelle Logik der Erzählung eine interessante Wendung. Aus der Stilisierung der Protagonistin ergibt sich, daß ihre Sicht auf die Außenwelt von einer Poetik des Sehens[18] bestimmt wird: Die Umwelt wird nicht als eine registrierbare Gegebenheit erfahren, sondern als eine von der Produktivität der visuellen Perzeption hergestellte Tatsache. Die postmoderne Variante von Berkeleys *esse percipi* räumt der Einbildung, der Phantasie und der Traumwelt der Protagonistin eine große Bedeutung ein (vgl. MS 9, 12 und 37). So sehr sich Marlenes Schwester aber dieser Situation bewußt ist,[19] hält diese sie dennoch nicht davon ab,

---

[17] Vgl. MS 18: "Marlenes Schwester sehnte sich nach dem großen Schlaf, der unsichtbar macht".

[18] Diese Poetik ist auch für andere Werke von Botho Strauß charakteristisch; vgl. u.a. den ersten Akt seines 1991 veröffentlichten Stückes *Schlußchor* (München/Wien).

[19] Vgl. MS 22: "Ich lebe für eine Abwesende. Mein Gedächtnistheater gibt eine Vorstellung für eine abwesende Zuschauerin. Ich ziere mich, so allein ich auch bin". Ein weiteres Indiz ist in der Antwort vorfindlich, wenn Julien zweifelt, ob er die Geschichte, die er für Marlene ausgedacht hat, erzählen wird, ohne daß diese

die an ihr verübte soziale und kommunikative Gewalt in erster Linie auf sich selber zu beziehen und die Verantwortung für sie zu verinnerlichen. Die Internalisierung der Schuld zieht die Konsequenz nach sich, daß die ausgeübte Gewalt sich potenziert gegen sie richtet, daß sie legitim erscheint und hierdurch den Status der Protagonistin als Opfer bekräftigt. Dies belegt folgendes Zitat:

> War es nun ihre Schuld, reizte ihre Art des Hörens dazu, daß diesmal in der anfangs wunderbar ausgeglichenen Geschichte allmählich eine schauderhafte Vision ihr drohendes Haupt erhob und ihr zuwandte, so daß sie sich, in geistesgestörter Erheiterung, abkehren mußte? (MS 31)

Interessanterweise *materialisiert* die Erzählung die Verinnerlichung der Gewalt. Der Erzähler lenkt die Aufmerksamkeit des Lesers wiederholt auf die körperliche Defizienz, die Blutkrankheit der Protagonistin sowie auf die anscheinend aus der Krankheit resultierende Bewußtseinsstörung, die die formale Darstellung der Erzählung – fragmentarisch und repetitiv – mit begründet. Man könnte sogar behaupten, daß die Erzählung eine mimetische Repräsentation eines verzerrten Wirklichkeitserlebnisses aus der Perspektive eines verzerrten Geistes ist, in der das repetitive Wiederholen von Anfällen der graduellen gesundheitlichen Verschlimmerung der Protagonistin entspricht. Für diese stammt alles Übel denn auch aus dem Innern[20]; metaphorisch umschreibt sie sich als einen "Madensack" (MS 21). Es wundert daher nicht, daß sie, um das Böse in sich zu beschwören, nach dem Vorbild eines krebskranken Mannes (MS 15) eine Pistole in den eigenen Mund richten will (MS 39) – ohne Erfolg allerdings, denn ihr Körper wehrt mit einem lauten Niesen den Selbstmordversuch ab.

Die inhaltliche Begründung der Erzählform läßt vermuten, daß sich der Erzähler nicht mit dem Opfer solidarisiert, sondern vielmehr die von diesem erlittene Gewalt auf narrativer Ebene weiterführt. Auch andere Indizien weisen in diese Richtung. In einem literarischen Werk, das die Sprache

---

dabei ist; die Protagonistin gibt zu erkennen, daß ein visueller Hinweis auf Marlene ausreiche, um diese geistig heraufzubeschwören: "Du brauchst beim Erzählen ja immer nur auf dieses Kleid zu schauen. Es gehört nämlich ihr" (MS 26). Julien lehnt ihren Vorschlag aber uninteressiert ab.

[20] Dies schlägt sich auch in ihrer Traumwelt nieder: "Im Halbtraum zog sie lange weiße Würmer wie Fäden aus dem Mund. Sie rissen ab und sie erbrach ein paar Pilze, ohne Qual. Auch hatte sie einmal beim Reden das Gefühl, als kehre das unzerkaute Essen langsam in den Mund zurück, schöbe sich zwischen die Zähne. Sie hustete. Erbrechen, erbrechen, wie ein kleines Kind, ohne Qual und mit staunenden Augen. Das Böse fließt aus. Den Tod wie ein Kind im Leibe nähren, großziehen, aber niemals herauslassen." (MS 12)

selbst, das Zu-Wort-Kommen für so wichtig hält, leuchtet der Einsatz von inneren Monologen, von direkter und indirekter Rede und von Erzählkommentaren ein. Zunächst fällt auf, daß die Worte und Gedanken der Protagonistin eher selten in direkter Rede (d.h. mit Anführungsstrichen) wiedergegeben werden. Die seltenen Male, in denen dies doch der Fall ist, erkennt die Protagonistin explizite ihre eigene Opferrolle an (z.B. MS 13, 16, 23, 26, 42). Sonst werden ihre Gedanken und Äußerungen indirekt dargeboten, ohne daß Satzzeichen deren kommunikative Integrität schützen. Hierbei sind die Grenzen zwischen der indirekten Rede und dem Erzählkommentar oft fließend, was eine narrative Inbesitznahme der Protagonistin durch den Erzähler suggeriert.[21] Die Antagonisten dagegen ergreifen wiederholt direkt und für längere Zeit das Wort. Daß der Unterschied zwischen Marlenes Schwester und ihrer Umgebung in dieser Hinsicht nicht nur gattungsbedingt ist, sondern auch aus dem Machtverhältnis zwischen den Figuren und dem Erzähler selbst hervorgeht, belegt die charakterliche Veranlagung der verschiedenen Personen. Bei allen strukturell im Werk vorhandenen Figuren stellt sich heraus, daß sie über keine festen Identitäten verfügen. Die Adoption verwandelt das familiäre Bezugsfeld von Marlene. Das kleine Mädchen will während seines Aufenthalts bei Julien den männlichen Vornamen 'Max' tragen. Die Protagonistin neidet Julien seine "ordentliche Doppel-Existenz" (MS 29). Darüber hinaus wird das Phänomen der mobilen Identitäten in den intertextuellen Rahmen "der alten Vampirgeschichten" (MS 34) eingebettet, wobei das Blutsaugen nicht nur als Meta-Reflexion zur literarischen Intertextualität gelten kann, sondern auch als Anzeichen für die zielgerichtete Beweglichkeit des Identitätswechsels. Die charakterliche Veranlagung der unterschiedlichen Figuren ist mit anderen Worten als *zentripetal* zu kennzeichnen; in ihr vereinigen sich dynamische und statische Züge (vgl. vor allem: MS 33). Und gerade in dieser Hinsicht versagt die Protagonistin: Auch sie unterliegt dem unendlichen Strudel der Existenz.[22] Die allegorische (auf die eigene, konkrete Lebenssituation übertragbare) Dimension der Vampirgeschichte entgeht ihr aber bis zum Ende, was darauf hindeutet, daß ihr der zentripetale Charakter fehlt, daß sie – im Gegensatz zu den anderen Figuren – den Schlüssel zu einer neuen Existenzform nicht kennt.[23] Die kulturelle Semio-

---

[21] Siehe beispielsweise die Selbstmordszene im ersten Teil der Erzählung (MS 15).
[22] Vgl. MS 11: "wenn ihr das Leben in tausend Fetzen um die Ohren flog"; siehe auch MS 17: "begannen die Gedanken in ihren Köpfen zu rasen"; vgl. daneben: das Verlangen der Protagonistin, ihre Schwester nachzuahmen.
[23] Vgl. MS 13f.: "Das Stimmenmeer im Kopf, die Summe der mich bevölkernden fremden Stimmen – das bin ich, obwohl ich mich nicht mehr darin erkenne. Ich, das Einzelwesen, vermehre mich, im Verlaufe meiner Auflösung, in grenzenloser

tik ihrer Umwelt und der phantastischen Geschichten ist für sie uninterpretierbar: Die kommunikative Gewalt gibt also keinen Anlaß zu einer entsprechenden Gegengewalt und verläuft daher nur in eine Richtung.

Die Protagonistin wird mithin auf ein reines Erzählobjekt reduziert, ein Buch (MS 28), das ängstlich und unruhig seiner "Leserschar" gegenübersteht (MS 15). Der Erzähler entlarvt sich hier als Komplize im Viktimisierungsprozeß, der nach dem Vorbild der "altmodische[n] Unglücksfälle" "im Innern der Nachtzeitung" (MS 37) in der Erzählung repetitiv das Leiden des Opfers festschreibt, ohne eine Hoffnung auf Besserung anzudeuten. Er gewährt ihr – in der Gestalt einer Liebe zu Marlene – einen entlegenen "Ort der Sprache, der Verständigungs- und Gefühlsarbeit", der sich zuletzt aber als ein "Höhenweg" erweist, "auf dem meine [i.e. der Protagonistin] Spur sich verliert" (MS 20f.). Aus Botho Strauß' Text ergibt sich, daß die Darstellung eines Opfers geradezu die Bestätigung der Viktimisierung selber beinhalten kann. Derjenige Text, der dem Profil der Postmoderne am meisten entspricht, hat uns also keine Spur einer 'embryonalen' Ethik des literarischen Handelns gezeigt.

Literatur als Ritual (Peter Handke)

In Botho Strauß' Erzählung *Marlenes Schwester* hat sich der Erzähler im Viktimisierungsvorgang als Komplize erwiesen, obgleich er nicht an der darzustellenden Wirklichkeit (als Gegenstand) teilhat und auch nicht in diese eingreift. Vielmehr perpetuiert er als anonymer, nicht personalisierbarer Aktant die Sachlage des Opfers auf der Ebene des Darstellungsprozesses (als Tätigkeit). Peter Handkes 1972 verfaßte Erzählung *Wunschloses Unglück* dagegen identifiziert sich selber unzweideutig als eine literarische Biographie, in der der Sohn einer durch Selbsttötung verstorbenen Frau den Lebenslauf seiner Mutter zu rekonstruieren versucht. Dieser Text zeigt mehrere Merkmale auf, die für postmodern gehalten werden können. Sein Erzählinteresse gilt insbesondere dem Privaten, dem radikal Persönlichen, dem Intimen sogar und lehnt wiederholt und ausdrücklich jegliche Verallgemeinerung ab.[24] Das situationsbedingte und partikularistische Anliegen des Erzählens bestimmt ebenfalls den Briefwechsel zwischen Mutter und Sohn: "Es ist am besten, Du liest diese Scheiße und vergißt sie dann schnell wieder" (WU 87). Da sich der Erzähler als Schriftsteller kenn-

Zellteilung. Ich werde eine Menschenansammlung, eine Gesellschaft, ich werde alle anderen."
[24] Vgl. die explizite anekdotische Einmaligkeit, von der im Motto (aus Patricia Highsmiths *A Dog's Ransom*) die Rede ist: "Dusk was falling quickly. It was just after 7 p.m., and the month was October." Zitiert wird nach: Peter Handke: *Wunschloses Unglück. Erzählung*. Frankfurt a.M. 1975^4 (Sigel: WU).

zeichnet (was der Erzählung eine autobiographische Aura verleiht), sind Sprach- und Erzählbewußtheit auch motivisch in der Erzählung verankert. Darüber hinaus signalisieren die zerstreuten Hinweise auf nicht-literarische Diskursformen (z.B. aus der populären Kultur; vgl. WU 9, 21, 29, 62, 86f., 103) die typische postmoderne Mehrfachkodierung. Die Vermischung mehrerer Kodes wird durch die verschiedenartigen intertextuellen Anspielungen bekräftigt.[25] Für eine Erkundung möglicher Ansätze zu einer postmodernen Ethik des literarischen Handelns eignet sich Handkes Text denn auch besonders gut, zumal er die freudenarme Existenz der Protagonistin auf sensible Weise beschreibt.

Daß sich der Erzähler als eine zwar anonyme, aber eindeutig identifizierbare Gestalt darbietet, zieht nicht die Konsequenz nach sich, daß er in der Erzählung an erster Stelle eine allwissende Machtposition einnehmen will. Der Anfang des Textes, zum Beispiel, gibt an, daß er einer äußeren Erzählstimme– "der Rubrik VERMISCHTES [...] in der Sonntagsausgabe der Kärtner 'Volkszeitung'" (WU 7) – den initiellen Erzählimpetus zuschiebt. Der Zeitungsausschnitt berichtet knapp über den durch eine Überdosis von Schlaftabletten herbeigeführten Tod und zeigt hiermit, daß Gewalt und Viktimisierung – oft sehr konkret und manifest – im Mittelpunkt der Erzählung stehen. In allen Stadien ihres Lebens begegnet die Protagonistin den vernichtenden Folgen von körperlicher, sozialer oder kommunikativer Gewaltsamkeit, vor allem, wenn auch nicht ausschließlich, aufgrund ihrer Weiblichkeit. Als Kind aus einer generationenlangen "Serie von Mittellosen und so auch Machtlosen" (WU 14) stammend, wird sie mit der unterdrückenden Schicksalhaftigkeit der Existenz konfrontiert.[26] Als verheiratete Frau muß sie sowohl die Trunksucht und die Mißhandlung ihres Mannes (vgl. WU 35) wie auch die soziale Autorität des "Pflichtprinzip[s]" (WU 34) ertragen. Darüber hinaus verübt sie durch eigenhändig ausgeführte Abtreibungen (WU 35) Gewalt an ihrem Körper und ist umgekehrt auch selbst immer mehr der Gewalt des eigenen Körpers ausgesetzt – einer Gewalt, die in der geistigen und körperlichen Einsamkeit des Alters bis zur Unerträglichkeit eskaliert.[27] Die Diversität der Gewalttaten entspringt im-

---

[25] Siehe: WU 26, 58, 77 und 91; vgl. die vielversprechende Vagheit im folgenden intertextuellen Hinweis: "wie sonst in der Regel passiert" (WU 46).

[26] Siehe hierzu WU 17: "Als Frau in diese Umstände geboren zu werden, ist von vornherein schon tödlich gewesen"; vgl. das hauptsächlich von den Mädchen gespielte Kinderspiel "Müde/Matt/Krank/Schwerkrank/Tot" (WU 17), die "vollendeten Tatsachen" (WU 20); siehe zur Benachteiligung von Mädchen auch: "Meine Mutter erzählte, sie habe den Großvater 'gebettelt', etwas lernen zu dürfen. Aber das kam nicht in Frage" (WU 20).

[27] Zur Gewalt des Körpers: "Der Kopf dröhnte so, daß sie ihn nur noch ganz sanft mit den Fingerspitzen berührte" (WU 76); zur Unerträglichkeit dieser Gewalt im

mer wieder derselben Fatalität, unter deren Druck die Individualität der Protagonistin verschwindet und diese einen stereotypen, gefühllosen Charakter erhält: "Sie wurde ein neutrales Wesen" (WU 38); "Ein Naturschauspiel mit einem menschlichen Requisit, das dabei systematisch entmenscht wurde" (WU 62).

Außerdem trifft die vielgestaltige Gewalt die Protagonistin über einen ironischen Umweg unter gerade denjenigen Umständen, die der Leser intuitiv für gewaltfrei halten könnte. Die erste romantische Liebesbeziehung wird beispielsweise unterschwellig von derselben Machthierarchie geprägt, die ihr das ganze Leben verleidet: "Er bestimmte, und sie ging darauf ein" (WU 27); und die Beichte dient anscheinend nur dazu, "den zu Hause Bleibenden an seine Sünden zu erinnern" (WU 33). Auch körperliche Qualitäten deuten nicht darauf hin, daß der Protagonistin wenigstens zum Teil die verheerenden Einflüsse der Gewalt erspart bleiben, sondern sind bloß als Strategien der Selbsterhaltung zu entlarven: "In diesem Elend verlor meine Mutter die ländlichen Pausbacken und wurde eine recht elegante Frau" (WU 34); "Aus Hilfslosigkeit nahm sie Haltung an und wurde sich dabei selbst über. Sie wurde verletzlich und versteckte das mit ängstlicher, überanstrengter Würde" (WU 37); "Sie gewöhnte sich außer Haus eine würdige Miene an" (WU 72). Im Bereich der für diesen Aufsatz relevanten Fragestellung nach einer Ethik des literarischen Handelns erreichen die Fatalität und die Ironie der Gewalt ihren Höhepunkt. Zeitweilig bereitet der Protagonistin das Sprechen viel Vergnügen, weil es eine bislang unbefriedigte Kommunikationsnot einlöst (WU 38). Alsbald wird ihr Mund jedoch "übertrieben fest geschlossen" (WU 40) und gegen Ende des Buches ist ihr jedes einzelne Wort zu einer peinlichen Waffe geworden: "jedes Wort erinnert sie wieder an etwas Schreckliches, und sie verlor sofort die Fassung. 'Ich kann nicht reden. Quäl mich doch nicht'" (WU 81). Dieselbe Entwicklung zeigt sich in bezug auf Literatur. Anfänglich liest die Protagonistin begeistert den Fortsetzungsroman im 'Sonntagsblatt der Diözese' (WU 18), und auch später lehrt das Lesen sie, "von sich zu reden" (WU 67). Ironischerweise verschafft die Lektüre ihr keine Einsicht in die vorhandenen Möglichkeiten der Existenz, sondern betont umso mehr, daß alle diese Möglichkeiten definitiv dahin sind: "Die Literatur brachte ihr nicht bei, von jetzt an an sich selber zu denken, sondern beschrieb ihr, daß es dafür inzwischen zu spät war" (WU 68).

Alter: "gar kein Mensch mehr" (WU 77); "fleischgewordene, animalische Verlassenheit" (WU 77); "Lesen konnte sie nichts, weil die eigenen Gedanken sofort dazwischen kamen" (WU 84); "Das bloße Existieren wurde zu einer Tortur" (WU 90); siehe auch: WU 86f.

Das Ausstrecken der Gewalt über den Bereich der (literarischen) Kommunikation legt nahe, daß sie sich auch auf poetologische und narrative Ebene übertragen läßt. Daß dies auch der Fall ist, wird auf vielerlei Weisen sichtbar. Der narrative Ausgangspunkt der Erzählung liegt in der dominanten Ansicht, daß die darzustellende Wirklichkeit schon vor der Darstellung vorhanden ist und daß gerade der erschütternde Gehalt dieser Wirklichkeit den Erzähler gewaltsam zur Darstellung *und* zur expliziten Problematisierung derselben zwingt. An vereinzelten Stellen wird auch der Leser mit dem abrupten Einbrechen der apriorischen Wirklichkeit in die Erzählung konfrontiert. Wenn der Erzähler eine Verabredung zwischen seiner Mutter und ihrem ersten Geliebten, einem Sparkassenangestellten, schildert, die fast zwei Jahrzehnte nach dem Abbruch ihrer Liebesbeziehung stattfindet, ist plötzlich von "de[m] Ehemann" die Rede (WU 29), obschon erst später (ab WU 30) die Figur des Gatten narrativ eingeführt wird. Im Hinblick auf die zahlreichen Erzählkommentare und die Selbstreflexionen läßt sich diese Umkehrung inhaltlich relativ einfach begründen. Von großer Bedeutung hierfür sind die acht Parenthesen, die auch formal den Erzählstrom unterbrechen. Die Länge und die stilistische Gewichtung dieser Parenthesen sind sehr verschieden. Was ihre Funktion betrifft, fällt auf, daß sie alle auf die für den Darstellungsvorgang relevante Tätigkeit zurückgeführt werden können. Hierbei können wir im wesentlichen von zwei Kategorien ausgehen: der Erinnerung und der Beschreibung.

Vier parenthetische Exkurse gehören zum Erinnerungstypus, dessen Schwerpunkt in der ersten Hälfte der Erzählung liegt.[28] Aus den Belegen geht hervor, daß ein konkreter Erzählgegenstand (eine Uhr, ein Kinderwagen, das Geräusch des Lachens) eine kleine, melancholische Meditation in die Wege leitet, die dem Leser zwischen Klammern vorgeführt wird – wodurch sich die Erinnerung nicht als Vorbedingung für die Abfassung des Textes erweist, sondern gleichzeitig mit dieser vonstatten geht. Dies bekräftigt hinwiederum den apriorischen (d.h. nicht konstruierten) Charakter der darzustellenden Wirklichkeit. Eine Mischform bildet die etwas längere erste Parenthese (WU 25f.); Ausgangspunkt ist die Erinnerung an das Fotografieren, aber fast unmittelbar leitet die Meditation über in ein Gedankenspiel über die Unmöglichkeit einer (fotografisch) genauen mimetischen Wiedergabe – deren Implikationen nicht den Gedächtnisgegenstand selber treffen, sondern vielmehr die Tätigkeit des (literarischen, biographischen) Beschreibens. Parenthesen, die sich hauptsächlich mit der zuletzt genannten Tätigkeit befassen, rechnen zum Beschreibungs- oder metaliterarischen Typus.[29] Bei der Schilderung der darzustellenden Wirklichkeit wird sich

---

[28] Vgl. WU 37, 42, 49, 61 und 73.
[29] Vgl. WU 44-48, 58, 91 und 102.

der Erzähler dessen bewußt, daß seine Mitteilung kommunikativ erst erfolgreich sein kann, wenn sie fingiert ist (WU 26). In der Mitte der Erzählung erreicht die Dissonanz zwischen dem biographischen Anliegen und dem Zwang der Fiktivität einen Höhepunkt: Der Erzähler reflektiert in verschiedenen Phasen die verhängnisvolle Diskrepanz zwischen dem "bloße[n] Nacherzählen" und der poetischen Formgebung (WU 44) und verzeichnet hierbei die unterschiedlichen Gewaltformen der Sprache. Es wurde schon gezeigt, welche Macht die Sprache über die Zuhörenden ausüben will[30]; jetzt stellt sich heraus, daß das Dargestellte gerade unter dem Druck der Darstellung verschwindet, daß die partikulare außertextliche Wirklichkeit sich in "Verallgemeinerungen", "Abstraktionen" (WU 44) auflöst, so daß ihre Darstellung sich nicht mehr auf ihr ursprüngliches Objekt (die apriorische Wirklichkeit) bezieht, sondern auf die aus der Darstellung hervorgehende konstruierte Wirklichkeit, ohne jedoch die ontologische Priorität der ersten in Frage zu stellen.[31] Die verfügbaren Sprachmittel erlegen dem Ich-Erzähler ein Repertoire von "Lebensdaten" (WU 45) auf, die schon in den Sprachmitteln selber enthalten sind. Im Gegensatz zu früheren Schreiberfahrungen gelingt es dem Erzähler aber nicht, das Objekt seines Erzählens auch als Objekt festzugreifen, um dieses in seine Gewalt zu bringen ("als endlich eingekapselte Insekten", WU 46) und sich derart von ihm zu befreien. Hier, so fährt die metaliterarische Parenthese fort, hat der Erzähler mit "Namenlosem zu tun" (WU 47), mit Erlebnissen, die sich erst dann als eine Wirklichkeit für Anschauung eignen, wenn sie sich in einer Gestalt darbieten, die selber als der Gipfel der Unwirklichkeit erscheint: "Zustände aus einer Gespenstergeschichte" (WU 47), "im Traumleben" (WU 48), "wo das äußerste Mitteilungsbedürfnis mit der äußersten Sprachlosigkeit zusammentrifft" (WU 48). Mit dieser Parenthese will der Erzähler die Gefahr bannen, daß er gerade dasjenige tun wird, was er zu vermeiden versucht hat: mit der Darstellung Gewalt über die Dargestellte ausüben, das Opfer sowohl der beschriebenen als auch der beschreibenden Gewalt *funktionalisieren im Dienste seines eigenen Erzählverlangens* und so sich selbst zum Protagonisten aufwerten – umsonst jedoch. Wenn auch er *ex negativo* angibt, die Geschichte sei nicht seine eigene (WU 56), fallen die Klammern der Parenthese am Ende der Erzählung weg und nisten sich die

---

[30] Vgl. WU 12: "man würde den Zuhörer oder den Leser nicht zu einer privaten Teilnahme erpressen"; siehe auch: WU 74 und 81.
[31] Siehe WU 45: "Anfangs ging ich deswegen auch noch von den Tatsachen aus und suchte nach Formulierungen für sie. Dann merkte ich, daß ich mich auf der Suche nach Formulierungen schon von den Tatsachen entfernte. Nun ging ich von den bereits verfügbaren Formulierungen, dem gesamtgesellschaftlichen Sprachfundus aus statt von den Tatsachen und sortierte dazu aus dem Leben meiner Mutter die Vorkommnisse, die in diesen Formeln schon vorgesehen waren".

Meditationen in den Erzählstrom selber ein: Subjekt und Objekt des Erzählens verschmelzen. Hierdurch wird auch die vorletzte Parenthese verständlicher: "(Ab jetzt muß ich aufpassen, daß die Geschichte nicht zu sehr sich selber erzählt.)" (WU 91) Hier ist die Erzählung in der Praxis zu einem "Literatur-Ritual" entartet, "in dem ein individuelles Leben nur noch als Anlaß funktioniert" (WU 44). Schon am Anfang der Erzählung hatte jedoch der Erzähler die Unausweichlichkeit dieser Entwicklung gezeigt: "Ich beschäftige mich literarisch, wie auch sonst, veräußerlicht und versachlicht zu einer Erinnerungs- und Formuliermaschine" (WU 10). Mit dieser Selbstcharakterisierung führt er in den scheinbar autobiographischen Diskurs eine Metaphorik ein, die die Gewalt der Darstellung treffend faßt: die Syllepsis der "Schreibmaschine" (vgl. WU 88), die gewaltsam "auf das Papier klopf[t]" (WU 7) und bildhaft erweitert mit der Bildersprache des "Anschlags" (vgl. WU 100 und 104) das gesamte literarische Unterfangen umrahmt. Sofern (Be-)Schreiben mit "Anschlagen" gleichzustellen ist, ist es dem Erzähler unmöglich, von der literarischen 'Vergewaltigung' abzusehen und sich selbst nicht (als Gewalttäter) in den Vordergrund zu schieben. Hier wird ersichtlich, daß gerade das Anzeichen, das für die autobiographische Aura dieser Erzählung verantwortlich ist – die intimsten Selbstreflexionen des Erzählers –, dieselbe Aura unter dem Druck der literarischen Formgebung wieder aufgibt.

Angesichts der Unausweichlichkeit der Gewalt in *Wunschloses Unglück* erhebt sich die grundsätzliche Frage, ob hier eigentlich nach einer ethischen Korrektur des literarischen Handelns gesucht wird. Interessant hierfür ist, daß die Erzählung sowohl auf der Ebene des Dargestellten als auch auf der Ebene der Darstellung die Gewaltausübung motiviert (jedoch nicht legitimiert), was ein einschlägiges Ansetzen verrät. Im Bereich der formalen Innovationen fällt lediglich die Großschreibung einzelner Wörter oder Wortgruppen auf. Manchmal handelt es sich offensichtlich um ein Zitat[32]; manchmal dient die Großschreibung der Hervorhebung gewisser Satzteile (z.B. WU 23 und 68), was sie in ein Konkurrenzverhältnis zur Kursivierung setzt; nicht selten unterstreicht sie die färbende Wirkung von Adjektiven (vgl. WU 24, 35 und 64). Das Fehlen eines festen, linearen Symbolwerts deutet zweifelsohne daraufhin, daß die narrative Gewaltsamkeit in der Erzählung selbst problematisiert wird.

Daneben stellt sich heraus, daß eine andere, neue Art des Sprechens vonnöten ist, weil die herkömmliche Sprache einfach nicht gilt (WU 74), fehlt (WU 86) oder "zu spät kommt" (WU 47). In bezug auf diese Not wagt sich der Erzähler an ein verschweigendes Sprechen heran, analog zu demjenigen, das in apophatischen Theographien üblich ist: *die negative*

---

[32] Siehe z.B. WU 14, 54 und 62.

Metaphorik. An verschiedenen Stellen spricht der Erzähler die Vermutung aus, daß Metaphern an und für sich schon das Fehlende, die Leere sprachlich vertreten.[33] Sobald sich der Erzähler dessen bewußt wird, daß für diejenigen, die der Gewalt ausgesetzt und für sie sensibel sind[34] und denen das Fehlen selbst schon befreiend wirkt (vgl. WU 65), wird deutlich, weshalb er viel weniger Metaphern *stricto sensu* als sich selbst widerlegende und verweigernde Metaphern einsetzt.[35] Mehr als punktuelle Versuche, die bald in Stillschweigen zu enden drohen, sind diese Eingriffe nicht. Denn die Gewalt, die in der Erzählung allgegenwärtig ist, ist nicht eine blinde, beliebige Gewalt, sondern ist ohne Ausnahme als *Gegengewalt* zu verstehen, wodurch sie eine so gut wie unaufhaltsame Selbsttätigkeit entfaltet. Der gewaltsame Ehemann wird beispielsweise von der Protagonistin fast systematisch ausgelacht (vgl. WU 49). Am dramatischsten zeigt sich die Dialektik der Gewalt im folgenden Zitat:

> Sie [die Kinder] schliefen mit klopfendem Herzen, wenn die Eltern ausgegangen waren, verkrochen sich unter die Decke, sobald gegen Morgen der Mann die Frau durch das Zimmer stieß. Sie blieb immer wieder stehen, trat einen Schritt vor, wurde kurzerhand weitergestoßen, beide in verbissener Stummheit, bis sie endlich den Mund aufmachte und ihm den Gefallen tat: 'Du Vieh! Du Vieh!', worauf er sie dann richtig schlagen konnte, worauf sie ihn nach jedem Schlag kurz auslachte. (WU 57f.)

Der Viktimisierungsprozeß kann nicht zum Stillstand gebracht werden, weil sich das Opfer immer als "etwas Stoßendes Gestoßenes" (WU 39) bewährt. Will der Erzähler *nicht* der Grausamkeit der darzustellenden Wirklichkeit ausgesetzt sein und diese im Erzählen wiederbeleben (vgl. WU 43), will er sich selber befreien und "der Schreckensseligkeit Herr [...] werden" (WU 48; vgl. WU 52: "sich selber kein Problem"), dann kann er nicht anders als die Protagonistin "entmenscht", "entpersönlicht" (WU 97), "entstellt", "verstellt" (WU 100)[36] zu diesem Zwecke zu funktionalisieren und im "Literatur-Ritual" schmerzlos verschwinden zu lassen.

Handkes *Wunschloses Unglück* macht deutlich, daß unter Umständen auch das (reflektierte) Fehlen eines ethischen literarischen Handelns als ein

---

[33] Dies ist am eindrucksvollsten der Fall bei der Differenzierung von Elend, das sich beschreiben läßt, und Armut, von der es "nur noch Sinnbilder" (WU 60) gibt und die daher nur für diejenigen ansprechbar ist, die sie hinter sich gelassen haben (vgl. WU 62).
[34] Vgl. WU 25: "eingetrichtert"; siehe auch: WU 82 und 83.
[35] Ein schönes Beispiel für die negative Metaphorik ist folgende Charakterisierung der Politik: "'Politik' war doch etwas Unsinnliches, Abstraktes, also kein Kostümfest, kein Reigen, keine Trachtenkapelle" (WU 24).
[36] Vgl. die "Typenlehre" (WU 41f.).

Ansatz hierzu verstanden werden kann. Die postmoderne 'Autobiographie' gibt zu erkennen, daß Opfer- und Täterverhalten sich gegenseitig bedingen, was die Darstellung des Viktimisierungsprozesses tiefgreifend erschwert. Doch erzielt das Buch keinen ethischen Gewinn im Bereich des literarischen Handelns, da zwar über Gewalt nachgedacht wird, die zyklische Dynamik der Gewalt aber nicht durchbrochen werden kann. Das erklärt den resignativen Ton, der das Ende der Erzählung beherrscht: "Später werde ich über das alles Genaueres schreiben" (WU 105). Der Erzähler nimmt sich hiermit vor, in der Zukunft einen neuen Versuch zu unternehmen, der darzustellenden grausamen Wirklichkeit mit literarischen Waffen entgegenzutreten.

Der oxymorische Stil (Elfriede Jelinek)

Obwohl sich vorliegende Analyse an der konkreten Erzählsituation in den jeweiligen Texten orientiert, können wir nicht ohne weiteres die Tatsache übersehen, daß die wirtschaftliche und juristische Verantwortlichkeit für diese Texte von männlichen Autoren getragen wird. Es versteht sich, daß die Textauswahl zu beschränkt ist, um – auf Produktionsniveau – irgendwelche genderspezifische Schlußfolgerungen aus der Analyse zu ziehen. Doch fällt es auf, daß in den noch zu behandelnden Texten von Wohmann und Mayröcker die Täter-Opfer-Interaktion von der engen Subjektivität eines Protagonisten her gestaltet – und nicht aus der Perspektive eines erzählenden Dritten betrachtet wird. Insofern in bezug hierauf schon eine Entwicklung zwischen *Marlenes Schwester* und *Wunschloses Unglück* festzustellen ist, nimmt der 1975 von Elfriede Jelinek veröffentlichte Roman *Die Liebhaberinnen* eine Zwischenposition ein.[37] Die ideologische Färbung dieses Werkes ist zugleich augenfällig und scharfsinnig; es ist denn auch nicht erstaunlich, daß der feministische und marxistische Hintergrund dieser Prosa schon mehrmals expliziert worden sind. Der manchmal mild ironische, oft schockierend zynische Ton des Werkes gehört mittlerweile zum charakteristischen Erscheinungsbild von Jelineks Œuvre. Hierauf brauchen wir also nicht weiter einzugehen.

Bei der Entfaltung der fiktionalen Wirklichkeit steht die "Billard"-Metapher im Mittelpunkt: quantitativ beherrscht sie zwar den Romandiskurs nicht, aber qualitativ-stilistisch hinterläßt sie wichtige Spuren. Sie wird elaboriert im Kapitel "nur die liebe läßt uns leben" (L 39) und u.a. im Kapitel "da ist es" (L 75) wieder aufgegriffen:

---

[37] Zitiert wird nach: Elfriede Jelinek: *Die Liebhaberinnen. Roman.* Reinbek bei Hamburg 1975 (Sigel: L).

> Es kommt ihr [Paula] vor, als müßte sie eine große strecke mit den andren um die wette rennen, eine strecke, auf der lauter löcher im boden sind, und alle miteinander fallen sie in die löcher hinein und sind weg, wie beim billard: [...] alle fallen sie in die löcher hinein und verschwinden von der bildfläche, auf der sich die wirklichkeit abspielt. (L 39)

Die Analogie, auf die das Zitat zurückgeht – "Die Welt ist wie die Bildfläche eines Billardtisches" – deutet in erster Linie auf die Zweidimensionalität des Lebensraums hin (was vor dem Hintergrund der beschriebenen hügelreichen Landschaft (vgl. L 7) stark verfremdend wirkt) und auf die unterschwellige existentielle Finalität des Zugrundegehens. Der Erzähler baut die fiktionale Welt aber nicht fabulierend auf; analog zu den schon behandelten Texten wird vielmehr ausdrücklich angegeben, daß die Erzählung von einer Wirklichkeit berichtet, die vorgegeben ist, in der sie selber verwurzelt ist und die es deswegen darzustellen gilt.[38] Außerdem stellt sich heraus, daß die Entwicklungen, die sich in dieser Wirklichkeit zeigen, vorbestimmt sind. Deswegen bietet sich der Erzähler nicht nur als Berichterstatter dar, sondern auch als Vermittler, der die darzustellende Wirklichkeit allegorisierend verallgemeinert: es handelt sich nicht um die (fiktionale) Person 'paula', sondern um das "beispiel" (L 28), den "gegenstand" (L 101), das "experiment" (L 60). In Übereinstimmung mit der figurativen Logik – mit der zweidimensionalen Form der darzustellenden Wirklichkeit – nimmt der Erzähler diese Wirklichkeit nicht aus einer sie transzendierenden 'Vogelperspektive' wahr, bekommt also – trotz seines Wissens um die ihr inhärenten Gesetzmäßigkeiten – keinen Überblick über die Wirklichkeit, sondern hat selber konkret an der zweidimensionalen Wirklichkeit teil[39], ohne allerdings (als Aktant) ein Gegenstand der Darstellung zu sein. Die Erzählperspektive knüpft hiermit auf eine interessante Weise an das in den Kulturwissenschaften derzeit propagierte Modell der 'partizipativen Erkenntnis' an, nach dem das Subjekt selber epistemisch unmittelbar am Objekt seines Wissens beteiligt ist.

---

[38] Vgl. in diesem Rahmen die Landschaftsbeschreibung im "vorwort:" (L 7f.); siehe auch L 15: "über dem allen nur paula nicht vergessen". Mit dieser Selbstcharakterisierung lenkt der Erzähler die Aufmerksamkeit darauf, daß gerade die apriorische Anwesenheit der Protagonistin es ihm unmöglich macht, sie in der Darstellung zu vernachlässigen. Vgl. hierzu auch L 28: "in wirklichkeit".
[39] So schildert er alternierend die Hochzeiten der beiden Protagonistinnen, auf die er simultan und zugleich als Erzähler und als Festbesucher zugegen ist: "vorläufig aber wollen wir noch unbeschwert auf der hochzeit von brigitte und heinz tanzen. vorläufig aber wollen wir noch unbeschwert auf der hochzeit von erich und paula tanzen. und den schönen tag genießen. und den schönen tag genießen" (L 107f.).

Es versteht sich, daß sich die ungewöhnliche Position des Erzählers auch in der eigentlichen Darstellung niederschlägt. Wie gesagt, tritt der Erzähler nicht im dargestellten Geschehen auf und nimmt keine identifizierbare Gestalt an. Vielmehr fühlt er sich zeitweilig in die darzustellende Figur ein, verleiht dieser durch direkte und indirekte Rede[40] das Wort und neigt systematisch dazu, deren Diskurs empathisch weiterzudenken, was nicht selten eine ironisierend-entlarvende Wirkung hat.[41] So gleitet der Erzähler zwischen den einzelnen Protagonisten hin und her, ohne sich mit einem zu identifizieren. Eine auffällige formale Konsequenz eines solchen *gleitenden Erzählens* ist die im Roman vorherrschende minimale Hypotaxe im Bereich der Satzstruktur. Auf inhaltlicher Ebene hat es zur Folge, daß die Grenze zwischen indirekter Rede, direkter Rede und Erzählkommentar oft schwer zu ziehen ist, zumal sich die einzelnen Perspektiven oft oszillierend abwechseln. Hiervon zeugt beispielsweise der Wechsel der Pronomina im folgenden Zitat: "heinz tut manchmal direkt so, als ob er und brigitte nicht ein mensch wären, was sie aber sind. sehen denn diese frauen nicht, daß wir in wirklichkeit eins sind, eins geworden sind, untrennbar, fragt brigitte verwundert" (L 42f.). Wenn auch die Protagonisten in beschränktem Maße das literarische Wort haben, läßt sie der Erzähler meist unerwartet und ohne weiteres fallen: "da wir das schicksal brigittes in der hand halten, können wir es auch an jeder beliebigen stelle wieder abreißen" (L 82). Solches Viktimisierungsverhalten erreicht gegen Ende des Romans einen Höhepunkt, wo sich der Erzähler dazu entschließt, sich nicht mehr in 'paulas' Perspektive hineinzuversetzen: "aus zeitmangel können wir paula hier nicht mehr persönlich zu wort kommen lassen" (L 118). Hierdurch verliert der Erzähler die Fähigkeit, zum Mundstück für 'paulas' unausgesprochenen Diskurs zu werden, und legt den Anschein eines allwissenden Erzählers definitiv ab.[42] In gewissem Sinne fallen daher alle Figuren der narrativen Gewalt des Erzählers zum Opfer und bietet sich der Erzähler

---

[40] Bedeutungsvoll ist in dieser Hinsicht folgende Angabe: "wörtlich sagt susi [...]" (L 97).
[41] Vgl. hierzu L 19: "ich brauche dich, und ich liebe dich, sagt brigitte. ihr haar leuchtet in der sonne wie reife polierte kastanien, die liebe ist ein gefühl, daß einer den andren braucht. ich brauche dich, sagt brigitte, damit ich nicht mehr in die fabrik gehen muß, denn die fabrik brauche ich eigentlich überhaupt nicht. was ich brauche, das bist du und deine nähe. ich liebe dich und ich brauche dich."
[42] Im Laufe des Romans zeigt die mutmaßliche Allwissenheit des Erzählers sich mehrmals (vgl. L 65: "über das altersheim hinweg wird die heinzmutta nicht recht behalten") und verleiht diesem eine explizite Allmacht über die Figuren (vgl. L 91: "keine neuen berichte mehr. schicksalsende für brigitte"). Im letzten Kapitel ('wie paula sich hinreißen läßt') schwindet sie allmählich dahin: "mag paula gesagt haben" (L 117); "wir wissen nicht" (L 118).

letztendlich als Komplize der in der darzustellenden Welt vorfindlichen Viktimisierungsstrukturen dar.[43]

Die böse Seite des Erzählers zeigt sich auch auf andere Weisen. Analog zu Handkes Erzählung, greift Jelineks Roman auf die Großschreibung einiger vollständiger Vokabeln zurück, die durch das konsequente Kleinschreiben aller anderen Wörter stark hervorgehoben wird. Obgleich sich die etwa zwanzig Vorkommnisse in einzelne Kategorien aufteilen lassen, können wir feststellen, daß alle auf Unterdrückung hindeuten: mittels Wortarten, die einen imperativen bzw. interdiktiven Charakter aufweisen (L 12: "DÜRFEN"; L 16: "MUSST"; L 30 "MUSS"; L 15, 49 und 53: "NEIN", oder etwas ausführlicher, mit Hilfe einer rhetorischen Frage: "UND WER MACHT DEINE ARBEIT?", L 32)); mittels Identitätssignalen, die eine Selbstbestimmung der Protagonisten implizieren (L 26, 52, 58: "MEIN"; L 37: "HEINZ"; L 53: "NEHMEN"; L 41: "ANDREN [...] ZEIGEN"; L 90: "HABEN [...] FESTHALTEN"; L 105: "ICH"); mittels Adjektiven, die für die individuelle Existenz aufgrund ihrer verführerisch stereotypen Inhalte bedrohend und überwältigend wirken (L 21: "DAS BESTE"; L 32: "BESSERES"; L 42: "GLÜCKLICH"; L 7 und 121: "SCHÖN"; L 73: "GROSSES") bzw. unmittelbar eine Machthierarchie angeben (L 81: "ABHÄNGIG [...] AUSGELIEFERT"); mittels Substantiven, deren übergreifender Charakter gerade das umfassende Ausmaß der Unterdrückung belegt (vgl. L 16: "LERNEN"; L 39: "LEBEN", "ALLES"; L 106: "HOCHZEIT"). Der Zeichenwert der Großschreibung ist also eindeutig: Sie dient der Betonung und steuert gezielt die Lektüre des Textes. Deswegen ist das 'NACHWORT:' keine Wiederholung des 'vorwort:' und basiert das Werk nicht auf einer zyklischen Repetitivität: Der Roman legt ausdrücklich (typographisch) die Metamorphose einer gespielt naiven Landschaftsschilderung in die Beschreibung einer überwältigenden Unterdrückungsmaschine dar, wenn auch die Formulierung selber relativ wenig verändert wurde.

Ein ähnlicher, gelegentlich auftauchender Ausdruck von Gewalt ist die Abkürzung (vgl. L 43, 44, 45, 52, 53, 80, 114): Diese weist auf die den Darstellungsstil kennzeichnende allegorisierende Reduktion hin, welche die einzelnen Figuren auf den Status eines Symbols, eines Emblems der menschlichen Existenz zurückführt. Insgesamt läßt sich festhalten, daß die formalen Merkmale des Textes die im literarischen Handeln vorfindlichen Tendenzen bestätigen.

Im Gegensatz zu den schon behandelten Texten überwuchert die Bildersprache in Jelineks *Die Liebhaberinnen* den literarischen Diskurs. Vergleiche sind in großer Zahl vorhanden und interagieren durchgängig mit den

---

[43] Siehe dazu L 81: "haha. [...] ein guter witz"; L 92: "es ist wie im zirkus, nur viel lustiger"; L 94: "wir sind heute an dieser stelle versammelt".

lokalen Darstellungsumständen. Interessanterweise ist auch auf der Ebene der Figürlichkeit ein Gleiten, ein Ausrutschen ersichtlich, das den Stil des gleitenden Erzählens simuliert. Hierzu beruft sich der Erzähler auf drei rhetorische Techniken.[44] Zunächst zeigen sich zahlreiche metonymische Verschiebungen: von einer Person, von der Liebe erhofft wird, auf das Gefühl der Liebe selbst (vgl. L 31; L 35: "paula sagt zur liebe, sie soll sich hinsetzen"), von dem kranken Stiefvater auf die Krankheit selber (vgl. L 79; L 99: "weil asthma plötzlich am asthma krepiert ist").[45] Zweitens werden die meisten Verbalmetaphern von Vergleichen begleitet, die das für die Interpretation der Verbalmetapher erforderliche Nomen vermitteln:

> das nichts paula schießt herum wie eine rackete [...] paula rast herum wie eine biene [...] nun plustert sie sich plötzlich auf wie eine wildtaube, gurrt herum, sträubt ihr gefieder, putzt sich, senkt die augendeckel und schleppt heran, was in ihrer reichweite liegt. (L 34)[46]

Hier alterniert die Bildersprache zwischen der Verbform, die den Anlaß zur Metaphorizität bildet, und dem Vergleich, der deren Auswirkung ist. Drittens nutzt der Erzähler die sylleptische Potenz einer toten Metapher aus, um zwischen dem Wörtlichen und dem Figürlichen hin und wieder zu gleiten: "brigitte kriecht der mutti von heinz in den arsch. Dort findet sie auch nichts andres als die gleiche scheiße wie in der muschel, die sie gerade schrubbt" (L 12f.). Am eindruckvollsten vermittelt allerdings das Oxymoron das alternierende Nebeneinander mehrerer Wirklichkeitssegmente (z.B. L 29: "grüßt drohend"; L 94: "süße Last"; oxymorische Wort- und Satzkombinationen: L 109: "eine kleine aber unmenschliche garçonnière"; L 117: "womit erwiesen war, daß geborgenheit durch geld nicht käuflich sein kann, nur durch geduld und ausdauer kann man sich die geborgenheit verdienen"). Das Oxymoron fügt überdies die Unmöglichkeit, die Disjunktivität des Nebeneinanders selbst hinzu, wodurch die gleitende Be-

---

[44] Zur rhetorischen 'Architektur' in *Die Liebhaberinnen:* vgl. Marlies Janz: *Elfriede Jelinek.* Stuttgart/Weimar 1995. S. 27-29.

[45] Zur 'Metonymisierung' des Stils: vgl. Alexander von Bormann: Dialektik ohne Trost. Zur Stilform im Roman *Die Liebhaberinnen.* In: *Gegen den schönen Schein. Texte zu Elfriede Jelinek.* Hg. von Christa Gürtler. Frankfurt a.M. 1990. S. 56-74, hier S. 66-68.

[46] Vgl. L 35: "der langsame erich wuchert wie eine pflanze über die sitzbank und auf der sitzbank herum"; L 78: "asthma fiept durch die nase wie eine getretene maus". Vgl. zu der rhetorisch-stilistischen Form, in der ein Vergleich eine Verbalmetapher begleitet: J.J.A. Mooij: *A Study of Metaphor. On the Nature of Metaphorical Expressions, with Special Reference to Their Reference.* Amsterdam/New York/Oxford 1976. S. 136 und Benjamin Biebuyck: *Die poietische Metapher. Ein Beitrag zur Theorie der Figürlichkeit.* Würzburg 1998. S. 267-271.

weglichkeit des Erzählers in dem zweidimensionalen fiktionalen Raum bis ins Absurde weitergeführt wird. Die im Text vorfindlichen Versuche, mittels Naturbeschreibungen (vgl. L 81: "ein schwarm vögel") eine dritte Dimension zu eröffnen, sind also im voraus schon gescheitert. Sie gehören nicht nur in einen anderen Diskurs hinein (L 81: "für Ihr geld können Sie hier nicht auch noch naturschilderungen erwarten! wir sind doch nicht im kino"[47]), sondern sie ignorieren auch, daß die Natur die Inkarnation der Gewalt selber ist: "es hat mit der gewalt einer naßschneelawine geschehen. mit der natur lebt man hier auf du und du, man kann sich nicht dagegen wehren, weil sie stärker ist" (L 120).[48]

Die Erzähltechnik, die in *Die Liebhaberinnen* eingesetzt wird, schließt wegen ihres dezentrierten Charakters einen positiven Beitrag zur Opferproblematik offensichtlich aus. Das gleitende Erzählen bietet eine Zwischenposition zwischen der objektivierenden Darstellung in *Marlenes Schwester* und *Wunschloses Unglück* und der subjektivierenden Darstellung in *Gegenangriff* und *Reise durch die Nacht*. Insofern die Subjektivierung einen ethischen Appell im literarischen Handeln nahelegt, stellt sich heraus, daß der Erzähler in *Die Liebhaberinnen* tatsächlich einen Ansatz zu einem solchen Appell unternimmt. Hierbei ist darauf hinzuweisen, daß der Erzähler mit geschlossenen Fragen den Leser (vorsichtig) in die literarische Kommunikation einzubeziehen versucht.[49] Darüber hinaus erhebt sich die Frage, ob nicht schon das "vorwort:" poetologisch und narratologisch verrät, daß der Erzähler selber zu jener Gruppe von Viktimisierten gehört, die sich nur dadurch erheben zu können glauben, daß sie selber zur Viktimisierung anderer beitragen, aber dadurch letzten Endes sich selber Schaden zufügen: "die frauen beginnen ihre töchter zu hassen und wollen sie möglichst schnell auch so sterben lassen wie sie selber einmal gestorben sind" (L 14) – Frauen, die "viel verantwortung, aber *keinen überblick und keinen weitblick*" haben (L 7; Kursivierung von mir, B.B.). Daß in Jelineks Ansatz zugleich die Viktimisierung bestätigt und – *ex negativo* – das Unrecht angeklagt wird, ist aber in der Figur des Oxymorons schon angelegt.

Allegorische Übertragung (Gabriele Wohmann)

---

[47] Siehe auch: "dies ist kein heimatroman. dies ist auch kein liebesroman, selbst wenn das so aussieht" (L 101).
[48] Siehe hierzu auch L 44: "naturkatastrophe" und "naturgewalt"; L 121f.: "niemals schweift ihr blick hinaus zu einem vogel, einer biene oder einem grashalm".
[49] Vgl. L 18: "was ist das, was da so leuchtet"; L 24: "wie? was entsteht daraus, wenn man sich etwas vorstellt, was es in der wirklichkeit der es sich vorstellenden person nicht gibt? richtig: [...]"; L 98: "habt ihr auch gebärmütter? hoffentlich!"

Es hat sich herausgestellt, daß die für *Die Liebhaberinnen* charakteristische Parataxie in entscheidendem Maße auf das Schweben, das Gleiten des Erzählers in dem zweidimensionalen Raum der Darstellung zurückgeht, wodurch diesem die Übersicht über besagten Raum versagt wird, wenn er auch mit den in ihm vorherrschenden mechanischen Gesetzmäßigkeiten vertraut ist. Auch in *Der Boxkampf*, einer 1972 von Gabriele Wohmann veröffentlichten Erzählung, wird ein fast ins Extreme geführter parataktischer Stil angewandt.[50] Dies könnte zur voreiligen Behauptung verführen, daß der Verzicht auf eine hypotaktische, d.i. sich hierarchisch strukturierende Kommunikationsform ein Exponent der 'écriture féminine' sei. Bei näherer Betrachtung wird aber ersichtlich, daß die Parataxie in Wohmanns Text nicht auf der zentrifugalen Mobilität des Erzählers basiert, sondern auf der Erzählsituation selber, in der sich verschiedene Erzählstimmen agonal gegenüberstehen.

Vor dem Erscheinen des Sammelbandes *Gegenangriff* hat sich die Autorin als zynische Kritikerin der kleinbürgerlichen Existenzform gezeigt. Anfang der siebziger Jahre bricht in ihrem Schaffen aber eine kurze Experimentierphase an, aus der literarische Artefakte resultieren, die in der Forschung als "Bewußtseinsprosa" charakterisiert werden.[51] Nach diesem Intermezzo entwickelt sich Wohmanns Schaffen in die Richtung der Neuen Subjektivität weiter. Nichtsdestoweniger ist der Blickwinkel auch in den Texten, die während der genannten Experimentierphase entstanden sind, stark von individueller Subjektivität geprägt. Die formale Experimentierfreude, welche diese Texte an den Tag legen, ist dafür verantwortlich, daß ihnen außerdem eine postmoderne Aura anhaftet. Das Geschehen – sofern von einem echten (epischen) Geschehen die Rede sein kann – wird simultan aus verschiedenen Perspektiven dargestellt; die in den Vordergrund rückenden Figuren tragen keine einheitliche Identität zur Schau; und der in den Texten geführte Diskurs zerfällt in zahlreiche (auch außerliterarische) Kodes. Als postmodern gelten ebenfalls die explizite Sprachbewußtheit, die in mehreren Erzählungen hervortritt, und das Interesse für das Partikulare, das Nicht-Generalisierbare. Doch ist darauf hinzuweisen, daß der Ton in diesen Erzählungen viel eher grausam als fröhlich-zynisch ist.

Der Inhalt des Sammelbandes *Gegenangriff* ist sehr differenziert. Drei Erzählungen lenken– schon mit ihren Titeln – die Aufmerksamkeit unmittelbar auf sich, weil sie ausdrücklich dem Dekorum des literarischen Stoffes nicht entsprechen: Sie handeln von der brutalen Gewalt körperlicher

---

[50] Gabriele Wohmann: *Gegenangriff. Prosa.* Neuwied/Berlin 1972. S. 5-18 (Sigel: B).
[51] Vgl. Mona und Gerhard Knapp: *Gabriele Wohmann.* Königstein/Ts. 1981. S. 68.

Konflikte.[52] In den drei Texten wird der Viktimisierungsvorgang mit analogen rhetorischen und narratologischen Mitteln geschildert: unterschiedliche Diskursebenen sind gleichzeitig vorhanden und prallen direkt aufeinander; diese Ebenen stammen aus verschiedenen Diskursbereichen; die Beziehungen zwischen den einzelnen Diskursebenen werden nicht in den Erzählungen expliziert. Im folgenden können wir uns also auf die Erzählung "Der Boxkampf" beschränken, die exemplarisch für den gesamten Band ist.

"Der Boxkampf" beruht auf einer ungewöhnlichen und komplizierten Erzähltechnik. Der Leser bekommt während der ersten Lektüre den Eindruck, mehrere nicht dialogisch aufeinander reagierende Stimmen zu hören; es gelingt ihm aber kaum, die Einzelbereiche dieser Stimmen voneinander zu unterscheiden. Der Effekt ist chaotisch und verschleiernd. Allmählich wird klar, daß sich drei Stimmen, drei Diskursebenen identifizieren lassen: eine 'Wenn'-Ebene, die als reflektiver Rahmen der Erzählung gilt, die Ebene des Boxkampfes, welche die narrative Superstruktur ausmacht, und eine infrastrukturelle Erzählebene, auf die der Aufbau der Erzählung zurückgeht. Diskursgrenzen werden fast ausnahmslos durch die Zeichensetzung signalisiert, wenn auch nicht jeder Punkt einen Übergang zwischen zwei Diskursebenen angibt. Im großen ganzen existieren die Aussagen, die zu den jeweiligen Diskursebenen gehören, relativ autonom nebeneinander. Typographische Differenzierung oder Experimente gibt es allerdings nicht.

Die Erzählung "Der Boxkampf", mit der der Sammelband *Gegenangriff* anfängt, ist in fünfzehn Runden ungleicher Länge segmentiert. In den ersten Runden herrscht eine Diskursebene vor, die sich durch eine immer wiederkehrende, feste Satzstruktur auszeichnet; es handelt sich um inhaltlich sehr allgemeine Konditionalsätze im Indikativ, die allerhand mittels Sprache verübte Gewalttaten thematisieren, denen aber kein Hauptsatz folgt, der die Finalität der erwähnten Bedingung umschreibt: "Wenn jemand mit der Sprache jemand flach auf den Boden legt. Wenn jemand per Sprache jemand anzündet" (B 5). Die in ihnen angesprochenen Gewaltphänomene sind von Anfang an extremen Umfangs und schließen daher eine graduelle Eskalation oder sogar eine Entwicklung der Darstellung aus. Hierdurch wird der Leser unverzüglich mit der gezielten Brutalität, die in den Konditionalsätzen als 'möglich, aber (noch) nicht wirklich' vorgestellt wird, konfrontiert, gewöhnt sich aber auch schnell an sie. So gelingt es der Erzählung, zugleich die Grausamkeit und die Alltäglichkeit der Gewalt

---

[52] Vgl. "Der Boxkampf", "Selbstverteidigung", "Gegenangriff". Zu beachten ist hierbei auch die Reihenfolge: "Der Boxkampf" öffnet den Sammelband, "Gegenangriff" schließt ihn ab.

darzulegen, wie auch die Wirklichkeit der sprachlichen Gewalt und die Diskursivität der wirklichen. Diese Gleichzeitigkeit unterschiedlicher Bedeutungsebenen, die sowohl miteinander interferieren als auch sich gegeneinander auflehnen, aktiviert den Leser auf ein Art und Weise, die eng mit der Wirkung kreativer Metaphorik verwandt ist. Allmählich verschwinden die 'Wenn'-Sätze aus dem Text und werden durch einfache Infinitivsätze ersetzt: "Jemand mit der präformierten Phrase gänzlich zerschlagen. Jemandem mit der Sprache die Knochen zusammenhauen, ihn mit den Fäusten bearbeiten" (B 12). In der elften 'Runde' verwandelt sich der Diskurs zum zweiten Male und nimmt die Gestalt einer asyndetischen Aufzählung von Substantiven an:

> Unter Mord- und Totschlag: siehe: Streit. Bombenwerfer, Totschläger, Würger, Halsabschneider, Königsmörder, Schächer, Meuchler, Mordbube. Der Schwindel wird in diesem ältesten Sport der Welt immer seltener, da er früh erkennbar ist. Mordbrenner, Kehleabschneider, Vatermörder, Droßler, Bestie, Bandit, Lustmörder, Gängster, Verbrecher, Attentäter. (B 13)

Hieraus ergibt sich, daß die erste Diskursebene dem Leser einen Erzähler vorführt, der im Repertoire seiner Sprache nach Mitteln zur sprachlichen Darstellung von Gewalt sucht,[53] nach den "Angeboten der Sprache" (B 16). Die Implikationen dieser Diskursebene im Bereich des literarischen Handelns sind allerdings zweideutig. Zum einen laden insbesondere die 'Wenn'-Sätze den Leser dazu ein, die Grausamkeit der Gewalt in der Sprache zu verurteilen. Zum anderen kann die erste Diskursebene als Plattform entlarvt werden, auf der "Übungen in verschiedenen Lexika, auch in Wörterbüchern sinnverwandter Ausdrücke" (B 15) erfolgen. Die Ausführlichkeit ('overkill') der ersten Diskursebene plädiert für jene Interpretation; für diese dagegen spricht die Tatsache, daß sie eine Brücke zwischen der ersten und der zweiten Diskursebene herstellt. Disjunktiv sind beide Möglichkeiten aber nicht.

Die zweite Diskursebene enthält eine ziemlich ausführliche Beschreibung eines sogenannten "Sprachboxkampfes", d.h. eines Boxkampfes, während dessen sich die Gegner nicht mit den Fäusten, sondern mit Sprachmitteln zu Leibe gehen, wodurch sich diese Beschreibung als eine Emanation der ersten Diskursebene interpretieren läßt. Am Kampf sind der Weltmeister und sein Herausforderer beteiligt. Obgleich beide das "Männlichkeitsidol verkörpern" (B 12), werden sie doch sehr verschieden charakterisiert. Der Weltmeister "nimmt alle rechtschaffen Denkenden für sich ein" (B 5), die "sein solides Privatleben" (B 6) schätzen; er benimmt sich

---

[53] Vgl. B 13: "Maulgefecht, Handgemenge, Mißhelligkeit, sich in die Wolle kriegen. Und was wir noch unter STREIT finden".

überlegt, beherrscht, gezielt und handelt geradlinig; er ergreift die Initiative und wirkt hierbei glaubwürdig. Dem Herausforderer hängen ebenfalls viele Sympathisanten an; er, allerdings, wird von diesen wegen seiner "Großmäuligkeit" und seiner "gesellschaftsfeindliche[n] Lebensweise" (B 6) respektiert. Während des Kampfes erweist sich alsbald, daß er dem Gegner nicht gewachsen ist: sein Auftreten ist zu unüberlegt und unsachlich, sein Kampfesstil zu passiv, zu abwartend und zu träge. Schon in der fünften Runde wird er von Erschöpfung überwältigt, mehrmals treffen ihn schwere Schläge, schließlich bricht er zusammen. Doch gelingt es ihm, das Ende des Kampfes zu erreichen. Der Weltmeister siegt nach Punkten und bekräftigt so seine Hegemonie.

Von Anfang an appelliert der Berichterstatter des Boxkampfes an gesellschaftliche und ideologische Konnotationen: beide "Sprechboxer" vertreten eine deutlich umschriebene Position in einem Machtverhältnis; ihr Kampf hat deswegen keine persönliche Bedeutung, sondern universelle Geltung. Mit dem Weltmeister identifizieren sich diejenigen, die über Macht verfügen oder ihre Existenz an der herrschenden Machtordnung orientieren, mit dem Herausforderer diejenigen, die diese Ordnung in Frage stellen und anfechten. Trotzdem scheinen alle Beteiligten schon im voraus darüber im klaren zu sein, daß der Kampf die herrschenden Machtverhältnisse nicht verändern wird – hierin kann sich daher die tiefere Begründung des Kampfes nicht verbergen.[54] Was den Kampf nichtsdestoweniger vorwärtstreibt, ist die innere Logik, die inhärente Dynamik des Kampfes selber, die in der Anteilnahme der Zuschauer exteriorisiert wird und der auch die Zufriedenheit derselben entstammt. Dies erklärt die Gleichgültigkeit, die den Kämpfenden zugeschrieben wird, nachdem der immerhin sehr heftige Kampf sein Ende genommen hat. Die kurzen Exkurse über die Geschichte, die Regeln und die Stilvorschriften des Zweikampfes geben zu erkennen, daß die Umstände, unter denen die herrschende Machtordnung offenbar problematisiert wird, gerade von dieser Ordnung selbst geschaffen werden, so daß der Kampf keinem weiteren Ziel dient als der – immunologischen – Verstärkung der Ordnung selber. So erweist sich der Kampf nicht als eine Eskalation destruktiver Gewalt, sondern als ein konstruktives Weiterbilden (mit sprachlichen Mitteln) an die existierenden Machtverhältnisse.

Zum einen ist, wie bereits angedeutet, die Boxkampfebene eine narrative Vergegenständlichung (ein narrativer Niederschlag) der ersten Diskursebene. Zum anderen bildet sie die superstrukturelle Erzählung einer dritten Diskursebene, die sich unter der zweiten verbirgt, zugleich aber deren Darstellungsfinalität ist. Sowohl quantitativ als auch qualitativ-stilistisch

---

[54] Vgl. B 17: "So, Ende der 15. Runde. Das war alles vorher schon sonnenklar".

ist die dritte Ebene am wenigsten auffällig. Im Gegensatz zur Beschreibung des Boxkampfes zeigt sie keinen linearen epischen Verlauf, sondern ist größtenteils in einzelne, exzentrische Monologfragmente zerfetzt: sie reiht rhetorische Fragen, Vorwürfe und Beschuldigungen ohne vermittelnden Kommentar aneinander, gestaltet nichtsdestoweniger die narrative Basis des ganzen Textes, die allerdings fast unter den sie überlagernden Diskursebenen verschwindet. Das Fehlen direkter Kontextualisierung wird mithin dadurch ausgeglichen, daß sich die ersten zwei Diskursebenen als *allegorische Übertragungen der infrastrukturellen dritten Ebene* aufdrängen.

Die syntaktische Gestalt, mit der sich die dritte Diskursebene öffnet – die Frage "Warum hast du denn so kleine Augen", allerdings ohne Fragezeichen –, deutet darauf hin, daß eine Auseinandersetzung zwischen zwei Gesprächspartnern stattfindet. Geschlechtsindikatoren gibt es nicht; doch kann der Leser vermuten, daß es sich um zwei Partner handelt, deren Beziehung es an Harmonie fehlt: "Warum müssen wir denn leben wie Hund und Katze" (B 9). Daß eine Gender-Identifikation unterbleibt, ist in erster Linie darauf zurückzuführen, daß die beiden Antagonisten zwar verschieden sind, als Gegner im Kampf allerdings funktional identisch. Die superstrukturelle Diskursebene des Boxkampfes gibt hierbei an, daß der Status eines Kämpfenden namentlich für den Herausforderer ein Hinter-sich-Lassen der eigenen Identität impliziert: "Millionen allerdings haben den Herausforderer ganz anders in Erinnerung" (B 5). Hieraus ließe sich folgender Sachverhalt abstrahieren: Auf der infrastrukturellen Diskursebene wird die Konfrontation zwischen zwei Partnern geschildert; einer der beiden herrscht im Machtverhältnis vor, der andere unterliegt der Machthegemonie des ersten, stellt diese nichtsdestoweniger in Frage – im vollen Wissen um das eigene Unvermögen, die Machtbeziehung zu verändern. Hier können wir erneut feststellen, daß sich das Opfer erst diskursiv sichtbar machen kann, indem es sich als Täter erhebt und selber gewaltsam wird. Daher kann die Rede des Opfers zu Recht als eine "Gegenrede" (B 5) umschrieben werden.

Auffällig ist, daß die dritte Diskursebene in hohem Maße monologischen Gepräges ist, weil der Reihe von Fragen, Vorwürfen und Beschuldigungen von seiten des 'Meisters' (die vor allem dem Aussehen und insbesondere den Augen des Angeredeten gelten) nur einmal eine Antwort des 'Herausforderers' gegenübersteht:

Meine Augen sind nun einmal klein. Man sieht meine Augen fast gar nicht mehr, meine Augen werden in naher Zukunft zwischen den Lidsäcken verschwinden, die Lidsäcke werden immer schwerer und ansehnlicher werden, es kann sich nur noch um Minuten handeln. Erklär mal. (B 7)

Nach dieser kurzen, konzessiven Reaktion ergreift der 'Meister' erneut vorwurfsvoll fragend die Initiative ("Erklär mal") und spinnt den Faden der Schuldprojektion sowie der mit dieser einhergehenden 'Beweisführung' weiter. Hierdurch wird die Selbsttätigkeit der Gewaltausübung und der Viktimisierung bis ins Extreme geführt: der 'Herausforderer' trägt nicht mehr aktiv zu der Auseinandersetzung bei; Zeugen von diesem Konflikt gibt es – im Gegensatz zum Boxkampf – nicht;[55] einen deutlichen Grund für den Konflikt vermag der 'Meister' nicht zu nennen, aber die Logik des Streits erlaubt nicht, daß der Konflikt unentschieden endet ("Ein Unentschieden würde die Anhänger auf beiden Seiten schwer kränken", B 10), daß mit anderen Worten die Verteilung der Macht ein Gleichgewicht in dem Verhältnis zwischen den Beteiligten errichten würde. Ironischerweise scheint erst im Streit von irgendeiner Gemeinschaftlichkeit ("wir") die Rede zu sein, wobei es der 'Meister' als ein Resultat seiner Gnade betrachtet, daß der 'Herausforderer' die ganze Dauer des Konflikts übersteht (B 15). Nach Ablauf der Auseinandersetzung wird die herrschende Ordnung wieder aufgerichtet und wird die blinde Gewalt – allerdings aus dem Blickwinkel des redenden 'Meisters' – als ein unterhaltsames Intermezzo umgedeutet (B 18).

Erneut erhebt sich die Frage, ob es – angesichts der Feststellung, daß das Opfer erst das Wort haben kann, wenn es über die Opferperspektive hinauswächst – in diesem Text wohl möglich erscheint, das Opfer des Viktimisierungsvorgangs *als Opfer* reden zu lassen bzw. darzustellen. Wohmanns Text beantwortet diese Frage auf eine stilistisch besonders spitzfindige und differenzierte Weise. Die monologische Rede des 'Meisters' deutet darauf hin, daß der Streit nicht nur extreme rhetorische Gewalt (z.B. Erniedrigungen: "Warum bist du denn marode und kein Mensch mehr", B 11), sondern auch körperliche Gewalt mit sich bringt: "Warte nur. Wenn wir dich später untersuchen, wenn wir die Leibesvisitation vornehmen, werden wir weitere Beweise finden. Du wirst wieder mit blauen Flecken angekommen sein" (B 6).[56] Obwohl die Körperverletzungen von dem 'Meister' als weitere Belege für die Schuld des Angeredeten gelten, zeigen sie sich auch indirekt als Valenzen einer reaktiven Körpersprache des Opfers, die stillschweigend Anklage gegen die erlittene Gewalt erhebt. Der 'Meister' nimmt wahr, daß der Körper des Angeredeten spricht, nur vermag er dessen Sprache nicht zu verstehen.

So ergibt sich, daß Wohmanns Erzählung eine postmoderne Fassung der heraklitischen Weisheit ist: der Krieg ist der Vater aller Dinge, es gibt kei-

---

[55] Siehe B 9: "Uns hört und sieht kein Mensch. Wir sind ganz allein, einbetoniert in dieser behaglichen Wohnung".
[56] Vgl. auch: "angeschwollene[..] Lidsäcke[..]" (B 10).

ne gewaltfreien Situationen, die Anwesenheit eines Anderen ist ausreichender Grund für einen Konflikt (vgl. "Du bist das Motiv", B 15), Konfrontation und Auseinandersetzung sind Synonyme. Doch ist es in Wohmanns Text nicht ausgeschlossen, daß sich das Opfer manifestiert: zeitweilig im Gegenangriff und indirekt in der Körpersprache. Wohmanns eigensinniges Formgefühl und Stil ermöglichen – trotz der extremen Gewaltschilderung auf der ersten Diskursebene – eine sehr nuancierte Darstellung der Täter-Opfer-Dialektik. Sie erläutern, daß das Opfer *nicht* notwendigerweise als Aktant am Viktimisierungsprozeß teilhaben muß. Die Mehrstimmigkeit der Diskursebenen macht zuletzt auch ersichtlich, daß der Erzähler doch die Grausamkeit der Gewalt darstellen kann und sich so stellenweise von der Gewalt des Erzählens befreit. Diese Schlußfolgerung zieht der Text auf der ersten Diskursebene auch selber: Das Herumstöbern in Lexika und Nachschlagewerken nach Formulierung zur Darstellung des Konflikts kann indirekt dazu führen, daß eine Formulierung des Leidens vorgefunden wird. Zugleich stellt sich heraus, daß dies auf Kosten der Ästhetik geschehen mag, insofern das Erkunden und Praktizieren eines 'ethischen literarischen Handelns' zugleich die Ästhetisierung des Leidens hinterfragen und die Problematisierung des Schönen schlechthin implizieren kann.

Angst vor dem Erzählen (Friederike Mayröcker)

'Der Boxkampf' ist ein interessantes Beispiel für den Stil der Mehrstimmigkeit, mit dem Gabriele Wohmann besonders am Anfang der siebziger Jahre experimentiert hat. Die Mehrstimmigkeit erlaubt dem Text, anhand dreier Diskursebenen gegensätzliche Blickwinkel darzulegen: denjenigen eines identitäts- und gefühllosen Erzählers, der Konditionalsätze formuliert und enzyklopädisches Wissen vermittelt; denjenigen eines Berichterstatters (eines Sportjournalisten?), der seine Position gegenüber dem Erzählten implizit bestimmt – ein mitgerissener Beobachter –, denjenigen eines nichtdefinierten Subjektes, das kommentarlos die Täter-Opfer-Interaktion registriert. Ganz anders vollzieht sich der Erzählprozeß in Friederike Mayröckers 1984 veröffentlichtem Roman *Reise durch die Nacht*.[57] Im Gegensatz zu der gespielten Leichtfüßigkeit der Wiener Gruppe (bes. Ernst Jandl), der Mayröcker sehr nahe steht, entfaltet sich dieser Roman aus der Perspektive einer dergestalt radikalisierten Subjektivität, daß er nur wenigen zugänglich erscheinen kann. Jeder Bestandteil des Diskurses drängt zu einer unaufhaltsamen semantischen Verwirklichung, so daß der eventuelle Sinnzusammenhang zwischen einzelnen Bestandteilen entweder zweitrangig oder zuletzt unsichtbar wird. Es versteht sich, daß die im folgenden

---

[57] Friederike Mayröcker: *Reise durch die Nacht*. Frankfurt a.M. 1984 (Sigel: RN).

formulierten Gedankengänge nicht der Mannigfaltigkeit dieses Romans gelten können, sondern sich in erster Linie an die Erzählsituation und den mit ihr einhergehenden Kommunikationsrahmen richten.

Die Einmaligkeit von Mayröckers Buch liegt darin, daß eine Ich-Figur unvermittelt und scheinbar ungehemmt das Wort ergreift, um die eigene unentrinnbare Lage als Opfer eines schonungslosen Schicksals darzulegen. Hierbei ergibt sich, daß es nicht die unterschwellige Absicht der Protagonistin ist, sich mit Hilfe des Schreibens von der Schicksalsunterwürfigkeit zu befreien, sondern gerade diese besprechbar zu machen: "so neigte ich immer dazu, eine Frage-, eine Abhängigkeitsstellung einzunehmen" (RN 11).[58] Weil sie gleichzeitig Opfer und Zeuge (denn Berichterstatter) ist, erfährt sie die Problematik der Sprache zutiefst – dergestalt, daß das Verhältnis zwischen Sprachbenutzer und Sprache in diesem Werk eine Schlüsselstelle einnimmt.

Reise durch die Nacht ist in erster Linie die Wiedergabe der Gedankenfetzen einer älteren Frau, die – begleitet von einem Mann namens Julian, der mutmaßlich ihr Lebensgefährte ist – während der Rückfahrt von einem Urlaubsort die Nacht in einem Zugabteil verbringt. Es stellt sich aber heraus, daß der Protagonistin ein baldiger Tod bevorsteht; Krankheitssymptome bilden einen permanenten Bestandteil ihrer Existenz und erinnern sie unaufhaltsam an das drohende Lebensende.[59] Im Lichte dieser Situation mag der Leser erwarten, daß der Roman einen selbstbiographischen Rückblick der Erzählerin enthält, von dem aus eine Bilanz des eigenen (im Idealfall: erfolgreichen) Lebens aufgestellt wird. Dies ist aber nicht der Fall: Anstatt einer sich linear entwickelnden Fabel bietet sich ein quasi ununterbrochener Redefluß dar, der zwar mittels Interpunktion segmentiert wird, aber sich nicht nach der strukturierenden Logik eines herkömmlichen narrativen Textes gestaltet. Vielmehr bietet das Werk die gespielt mimetische Wiedergabe einer mündlichen Rede, in der sich kontingente Gedankenfetzen, konkrete Sprechakte, kommunikative Inhalte und metakommunikative Beobachtungen abwechseln. Hierbei dient die Zeichensetzung zur Angabe von Atempausen, unter denen sowohl qualitative als auch quantitative Unterschiede zu machen sind.[60]

Auffällig ist, daß im Gegensatz zur Erzählsituation in Botho Strauß' *Marlenes Schwester* die Krankheit zwar fortwährend als Unterton vorhanden ist, doch weder als Legitimation für die Viktimisierung der Protagoni-

---

[58] Vgl. RN 31: "eine herbei-, eine herabgewünschte Verknechtung"; RN 40: "ich bin sehr abhängig von ihm [Julian] in diesen Augenblicken".
[59] Vgl. zur Krankheit RN 78: "hatte es zuerst so geschienen, als ob es nur eine vorübergehende Krankheit sei"; RN 17: "so daß ich mich blutig erbrechen muß"; RN 20: "das sanfte Toben in meiner Brust, Vogelschwärme vermutlich".
[60] Das heißt (in bezug auf die Intensität und die Dauer): "," < ":" < "–" < "." < "...".

stin noch als Begründung für den – im Vergleich zum traditionellen autobiographischen Fabulieren – mangelhaften Erzählstil. Vielmehr charakterisiert sie die allgemeinen Daseinsbedingungen eines konkreten Menschen, der einerseits an der Wirklichkeit dieser Bedingungen zweifelt,[61] andererseits sich selber die Verantwortlichkeit für diese Bedingungen zuschreibt und dadurch eine prinzipielle Opferwilligkeit zur Schau trägt.[62] Die Bedeutung der repräsentierten Krankheit für den Kommunikationsrahmen des Werkes ist also eher beschränkt. Als Motiv wirkt sie aber tiefergreifend: die Krankheit verstärkt die an und für sich schon vorherrschende Selbstempfindung der Protagonistin als defizitärer Persönlichkeit. Der Ursprung dieser Selbstempfindung liegt in der individuellen Vergangenheit der Ich-Figur: Ihre beiden Kinder sind bei einem Zugunfall ums Leben gekommen und fungieren dadurch als Ikone eines untilgbaren Mangels. Überdies wird der Mangel durch die von der tödlichen Krankheit beschränkten Zukunftserwartungen der Protagonistin bestätigt.

In diesem Kontext ist nicht sosehr die Krankheit, sondern viel eher die Zeit der eigentliche Feind der Ich-Figur: *"mir kommt das zu früh! schreie ich meinen Arzt an, ich habe noch zu viel zu tun!"* (RN 20).[63] Deswegen verlangt sie anscheinend weniger nach Genesung als nach dem Vermögen, die Zeit zum Stillstand zu bringen und sich in einer absoluten Gegenwart vor den Bedrohungen der Zeit zu behüten. Im Bereich der Darstellung selbst schlägt sich dieser Versuch an erster Stelle darin nieder, daß alle Bewegung stoppt: "sind meine Körpersäfte zum Stillstand gekommen" (RN 14).[64] Vor allem die Naturbeschreibung am Anfang des Romans (cf. RN 22ff.) bringt die beglückende Wirkung einer bewegungslosen Gegenwart zum Ausdruck: "ein Stilleben, Stillestehen, ein Atemholen, nichts regt

---

[61] Vgl. RN 79: "ich fragte den Arzt ob meine Krankheit bloß *eingebildeter Natur* sei, denken Sie, frage ich meinen Arzt, daß ich nur an einer *eingebildeten Krankheit* leide, hat es womöglich mit dem abnehmenden Mond zu tun".

[62] Vgl. RN 13: "Wenn mich die Menschen verletzen, bin ich selbst schuld, ich meine ich nehme es auf mich weil ich schuldig bin"; RN 55: "machte ich mir Vorwürfe die allerschlimmsten Vorwürfe".

[63] Siehe auch RN 79: "die Zeit zerrinnt mir zwischen den Fingern, rufe ich, ich habe gar keine Zeit mehr, ich meine ich habe noch nie so wenig Zeit gehabt wie in diesen Jahren, ich verfüge über immer weniger Zeit, früher hatte ich auch immer viel zu wenig Zeit, aber es war nicht so beklemmend wie jetzt".

[64] Vgl. RN 13: "mein Verlangen nach Stille und Ausschaltung jeglicher Störungen wird immer größer"; RN 29: "aber die meiste Zeit verbrachte ich liegend und lesend"; RN 106: "die andere Hand sieht tatenlos zu"; RN 125: "die herrlichsten Landschaften, Beglückung des Augs"; RN 130: "tatenlos, wehrlos". Aus den Belegen geht hervor, daß 'Lesen' und 'Beobachten' nicht als Handlungen erfahren werden.

sich, Augenblicke vollkommnen Glücks" (RN 24).⁶⁵ Bewegung dagegen stört die Stille, wirkt beängstigend und irritiert, als ob sie Reibung verursachte⁶⁶, nimmt hierbei sogar quasi kosmische Züge an: "wenn ein Blatt vom Baum fällt zittert die Welt" (RN 77). Sie impliziert auch eine lineare Verbindung zwischen einem 'Wovon' und einem 'Wozu', einem Ursprung und einem Ziel, einem Beweger und einem Bewegten: Solche Verbindungen signalisieren den unaufhaltsamen Wandel der Zeit. Die Protagonistin bemüht sich daher, sich von der "beklemmende[n] Kohärenz" (RN 54), von den "seltsamen Zusammenhänge[n]" (RN 38) zu befreien, um "wieder das staunende fügsame wundergläubige (alte) Kind" (RN 38) zu werden, das den Augenblick wie ein ewiges Jetzt erfährt. Die stille Ironie von Mayröckers Roman zeigt sich in der dramatischen Konturierung der Erzählung, die sich in einem rasenden Zug situiert.

Auf narrativer Ebene zieht die Sehnsucht nach Stillstand ebenfalls ihre Konsequenzen nach sich. Obgleich sich die Ich-Erzählerin als Kind (als *infans,* als Sprachlose) charakterisiert, präsentiert sich das Erzählte, wie gesagt, als ein nur durch Atempausen unterbrochener Redefluß. Weil die Protagonistin gelegentlich dazu neigt, die Literatur und das Dasein miteinander zu identifizieren ("Lesezeichen [...] wie Lebenszeichen", RN 111), versucht sie auch aus dem Erzählen die Bewegung, das Handeln zu verbannen. Der Text, der nicht auf eine Poetik der Selbstvermittlung zurückgreift – was angesichts der skizzierten Selbstempfindung der Protagonistin auch ausgeschlossen wäre –, sondern auf die Poetik eines spontan assoziierenden Bewußtseins, ist darauf angelegt, mit Hilfe des Erzählens eine absolute narrative Gegenwart zu etablieren, in der keine Zusammenhänge entstehen können, sondern allerhand Assoziationen beliebig und auf einmal in den Vordergrund rücken: "die zusammengebündelten Zeitungen, Bücher und Schriften, ein unvorstellbares Durcheinander" (RN 39). Das Sprechen der Protagonistin basiert nicht auf einer aktiven Teilnahme an der Wirklichkeit, sondern auf einem passiven Zuschauen⁶⁷; ihr Schreiben geht nicht auf vergangene Vorfassungen zurück – ihre Notizen sind von ausgelaufenen Filzstiften vernichtet worden (vgl. u.a. RN 16). Darüber hinaus

---

⁶⁵ Siehe auch folgendes 'Stilleben': "Der Engel des Glases, der die Flüssigkeiten zu halten vermag, so daß man sie zum Munde führen kann, mühelos, und sich einverleiben kann, ohne aus Flasche, Kanne und Faß schlürfen zu müssen, der Engel berührt meine Lippen: was für eine Erfindung! den flüssigen Körpern eine vorübergehende Festigkeit zuzugestehen, ach wie glücklich wir sein können." (RN 84)
⁶⁶ Vgl. zum Stichwort 'Reibung': "die starke Reibung zwischen der Seele und äußeren Welt [...] das ist dann alles sehr aufreibend gewesen" (RN 35); "*es muß ja das Leben erst ganz zerrieben sein*" (RN 39); "die Reibung zwischen unserer Seele und der äußeren Welt" (RN 52).
⁶⁷ Vgl. RN 87: "ich meine über das Schauen ist er mir in die Sprache geraten".

weigert sie sich, der Erzählung anhand einer sich auf eine Katharsis hin bewegenden Fabel eine Zeitdimension zuzuerkennen:

> die Fabel ist nicht mehr vorhanden, vielleicht ein spezifischer Zustandsbericht, etwas das sich nicht nur in einem Zeitmaß von Tagen, Wochen und Monaten abwickelt, sondern sich an bestimmten Stellen zum funkensprühenden sphärischen Ball verdichtet. (RN 101)

> Wir wollen nicht mehr eine Geschichte erzählt bekommen, wir wollen nicht mehr eine Geschichte erzählen müssen. (RN 105)

Hier stellt sich heraus, daß das Erzählen in Mayröckers *Reise durch die Nacht* nicht der Absicht dient, eine zu bewältigende Vergangenheit heraufzubeschwören, sondern der Erzählerin erlauben soll, sich gerade von einer Vergangenheit zu lösen, die sie nicht bewältigen kann. Um dies zuwege zu bringen, sieht sich die Protagonistin dazu genötigt, die subjektiven Inschriften ihrer persönlichen Geschichte auszulöschen und ein "Mensch ohne Erinnerungen" (u.a. RN 28, 44, 66, 132) zu werden.

Ein adäquates Mittel hierzu, so zeigt sich, ist die Literatur. Diese ermöglicht der Protagonistin, sich – ausgehend von der Selbstempfindung als defizitärer Person – ein neues, "literarisiertes" (RN 78) Dasein aufzubauen und hierdurch das Defizit selber auszugleichen. So entwickelt sich im Text eine Dialektik zwischen Leben, das das Defizit ununterbrochen offenlegt, und der Literatur, die es zu verbergen imstande ist: "Bisher ist mein Leben eine Enthüllungs-, eine Aufdeckungsarbeit gewesen, mein Schreiben hingegen eine Verhüllungs-, eine Entstellungsarbeit gewesen" (RN 32). Die Wirkung der Literatur, bei der die Ich-Figur sich selbst (das subjekteigene Gedächtnis) auslöscht und durch Diskurse fremden Gepräges (subjektlose, kulturalisierte Gedächnisinhalte; intertextuelle Bezüge; Exzerpte) ersetzt, erfährt die Protagonistin als eine Läuterung, als eine Reinigung:

> Ich schaffe den Unrat weg, schaffe immer von neuem den Unrat weg, in diesem meinem vollkommen heruntergekommenen HAUSUNWESEN, wie viele Reinigungen (Entfernungen) nötig sind bis wir uns keiner Essenz mehr zu schämen brauchen .. (RN 65)

In einer handlungsfreien Existenz tritt die Literatur an die Stelle des Lebens selbst, oder anders formuliert: ist die Literatur dafür verantwortlich, daß die Ich-Figur weiterleben kann.[68] Hieraus wird ersichtlich, daß der

---

[68] Siehe RN 45: "ich hatte das Gefühl, alles was ich notiert hatte, selbst geschrieben zu haben, ich lese auch gern in Glossarien eigentlich am liebsten, ich suchte

produktive und der rezeptive Aspekt der literarischen Kommunikation (das Schreiben bzw. das Lesen) zusammenfallen. Die Protagonistin schreibt, wie bereits gesagt, nicht, um sich selber in kreativer und ästhetischer Form mitzuteilen; auch liest sie nicht mit der Absicht, sich in die literarisch dargestellte Wirklichkeit hineinzuversetzen. Sie liest dagegen, um dasjenige, was sie liest, auf-, abschreiben zu können:

> Die Wahrheit ist, ich ging nie ohne Schreibpapier und Stift an die Lektüre, auch bin ich nie imstande gewesen, mich in eine Lektüre einzulassen ohne pausenlos zu exzerpieren, es ist wie eine Krankheit. Es ist auch jederzeit ein Kriterium für die Qualität dieser meiner Lektüre gewesen: dort nämlich wo es nichts mehr zu exzerpieren gab, gab es auch nichts zu lesen für mich etcetera. (RN 29f.)

Die "Papageiensprache", mit der die Protagonistin spricht (cf. RN 17, 46, 84), fungiert hierbei als Mittel, das Andere, das Fremde, auf sich zu übertragen, es von sich Besitz nehmen zu lassen, wodurch das Ich sich gänzlich vergibt und letztlich zu verschwinden neigt. Aus dem Redefluß der Ich-Erzählerin geht hervor, daß, wenngleich sie sich zum Exzerpieren gezwungen sieht, sie doch gegen die hieraus resultierende Selbstsegmentierung Widerstand leistet, weil sie ihre "eigene Unteilbarkeit" (RN 31) nicht aufgeben will:

> Aber wenn ich mich mit dir an einem anderen Ort aufhalte, möchte ich auch dieses dein vertrautes Nebenmiratmen nicht missen, obwohl es mich im Grunde zu einem im gleichen Takt Atmen auffordert, aber ich kann es nicht, bin es gar nicht imstande, obgleich ich sehr anpassungsfähig bin. (RN 31)

Doch gleicht sich die Protagonistin in hohem Maße den Anforderungen der Außenwelt an.[69] Beim Exzerpieren kommt es ihr allerdings nicht darauf an, aufgrund der Exzerpte eine neue Erzählung zusammenzusetzen: Zusammenhänge und lineare Kausalitäten verraten zeitliche Differenzierung und laufen derart dem Verlangen der Protagonistin nach einer zu einem unendlichen Augenblick zusammengeballten Gegenwart zuwider.

---

alles was mir gefiel und ich fand die Bücher die mich am Leben erhielten, eines verwies mich an ein nächstes"; vgl. auch: RN 131.

[69] Siehe RN 57: "die Kleidung zum Beispiel ich passe die Kleidung meiner Umgebung an, so daß ich auf eine gewisse Entfernung hin nicht zu erkennen bin, aber auch meine Sprechweise, ich gleiche meine Sprechweise meiner Umgebung an, oder den Briefstil"; RN 104: "wollen uns mit allen verbrüdern, verflechten, gleichmachen"; RN 134: "ich glich mich an, um nicht aufzufallen, ich habe mich angeglichen, um nicht herangezogen, um nicht in den Mittelpunkt gerückt zu werden, ich habe mich immer angeglichen, zum Beispiel die Kleider, ich paßte die Kleider meiner Umgebung an".

Interessanterweise läuft sich der Redefluß nicht in der hoffnungslosen Dialektik zwischen dem persönlichen Selbst und der drohenden Selbstentfremdung fest. Im Gegenteil: Der Diskurs der Ich-Erzählerin wird immer dringlicher, weil sie die Sprache nicht als ein Mittel, ein Instrument zu benutzen vermag, sondern die Sprache sich als ein lebendiges, selbsttätiges und gewaltsames Phänomen bewährt, das nicht als von der Protagonistin zu beherrschen gilt.[70] Formal zeigt sich die Eigenmächtigkeit der Sprache auf drei Ebenen.

Die erste Ebene gilt der Typographie. Der Text ist mit großgeschriebenen und kursivierten Wörtern und Wortgruppen durchsetzt. Manchmal dient die typographische Markierung einer Hervorhebung der Mitteilungsinhalte. Manchmal aber handelt es sich um die Namen von Personen aus der Lebenswelt der Protagonistin (z.B. "JULIAN", RN 8; "LERCH", RN 9; "VORSAGER", RN 12; "*James und Susanna*", RN 22) oder um Aussagen, Zitate, die von diesen Personen stammen. Insofern solche Aussagen (oft mit einem vorwurfsvollen, kritischen Inhalt) nicht selber kursiviert werden, werden sie von großgeschriebenen Wörtern umgeben.[71] Die typographischen Differenzierungen deuten darauf hin, daß es sich nicht um Aussagen handelt, die sich die Ich-Erzählerin anzueignen versucht, sondern daß fremde Stimmen brutal in den Redefluß der Protagonistin einbrechen und diesen zu zerstören drohen. Hierzu paßt die im folgenden Zitat beschriebene Assoziation der Protagonistin mit zerrissenem Altpapier: "*er zerriß dann draußen irgendwelche Makulation,* und ich spürte es in meinem Körper als zerrisse mir jemand Eingeweide und Herz, mir ist nicht zu helfen" (RN 27). Merkwürdigerweise stammen die fremden Stimmen nicht ausnahmslos von den Antagonisten, sondern manifestieren sich auch als die sich nach außen stülpenden Erinnerungen der Protagonistin. Offenkundig stellen diese Zeitmomente dar, die nicht von der Ich-Erzählerin heraufbeschworen werden, sondern sich als diskursfremde Zeichen manifestieren.

Die Autonomie der Sprache zeigt sich nicht nur in großgeschriebenen oder kursivierten Interjektionen. Aus der Rede geht hervor, daß die Protagonistin in solchem Maße die "*abgehalfterte*[..] Sprache" (RN 95) nicht mehr kontrolliert, daß sie ihrer verlustig geht und sich unaufhaltsam ver-

---

[70] Vgl. die verführerisch unauffällige Bemerkung auf der ersten Seite des Buches: "wir beherrschten die Sprache nicht" (RN 7); siehe als Anzeichen für die Gewaltsamkeit der Sprache: "mein Wort in der Blutrinne" (RN 15).
[71] Vgl. RN 12: "du vernachlässigst dich, du gibst zu sehr nach, ruft mein VORSAGER"; siehe z.B. auch: RN 60 und 61.

spricht.[72] Zunächst hat dies zur Folge, daß oft der Wortgebrauch der Ich-Figur ungebeten von assonanten Wörtern begleitet wird.[73] Die ungezügelte Eigenmächtigkeit der Sprache lenkt die Sprecherin ab und macht ihr Sprechen zu einer "Qual" (RN 40, 51) oder sogar zu einer Selbstverstümmelung: "ich kratze mich blutig, ich muß mich ganz vergessen können in meiner Schreibarbeit" (RN 60). Die rhetorische Technik, nach der zwei offensichtlich inkompatible Konzepte gleichzeitig in den Vordergrund gerückt werden, ähnelt stark der dualen, 'stereoskopischen' Form einer Metapher.[74] In Mayröckers Roman kann also von einer *unfreiwilligen Metaphorik* die Rede sein, deren rhetorische Kraft weder in der Expressivität der Sprechenden noch in der Eigenmächtigkeit der unerwartet übernehmenden Sprache liegt, sondern in der Spannung, die zwischen den beiden entsteht. Womöglich vermag das überraschende Nebeneinander, mit dem der Leser konfrontiert wird, eine interaktive Hermeneutik zu bewirken, aus der neue Sinngebungsstrategien hervorgehen. Lediglich der Klangeffekt nötigt den Leser dazu, inhaltliche Verbindungsmöglichkeiten zu erkunden. Bemerkenswert ist allerdings, daß die Protagonistin sich gerade von der 'unfreiwilligen Metapher', von dieser ambivalenten Kommunikationsform eine tiefere Wahrheit, eine Eigentlichkeit erhofft, die mittels herkömmlichen Sprechens nicht heraufbeschworen werden kann.[75] Das stereoskopische Sprechen ist zweifelsohne die wichtigste formale Neuerung in den hier besprochenen Texten und gibt zu erkennen, mit welchen kreativen

---

[72] Siehe RN 78: "Ich war wie gelähmt, ich konnte nicht mehr richtig artikulieren, als wäre ich der Sprache verlustig geworden, die Laute überschlugen sich in erschreckender Weise".
[73] Siehe z.B. RN 10: "die beiden Wissen (Wiesen)"; RN 14: "Hut (Hund)"; RN 27: "Wolken (Wochen)"; RN 91: "das Dämmern (der Dämon)"; RN 95: "Doch noch! (Doch noch?)"; RN 97: "Adern (Anden?)"; RN 101: "letztemal (*sterbemal*)"; RN 102: "Seen (Feen)".
[74] In der traditionellen angelsächsischen Metaphernforschung wird die Fähigkeit der Metapher, gleichzeitig zwei Konzepte heraufzubeschwören, mit dem Begriff "stereoscopic vision" umschrieben. Dieser Begriff stammt aus der 1936 in Oxford von W. Bedell Stanford veröffentlichten Studie *Greek Metaphor – Studies in Theory and Practice*. Vgl. hierzu: Biebuyck: *Die poietische Metapher*. S. 183.
[75] Siehe insbesondere RN 121: "eine Art Vorgriff, der erstaunt und beglückt, eine heraustretende Wahrheit vielleicht, ein Gleichnis". Vgl. hierzu RN 18: "eigentlich [...] ich habe es selbst gesehen"; RN 45:"aber meine Aufzeichnungen imaginieren nur alles, das ist alles nicht wahr"; RN 63: "Es gibt keine Zeugen, rufe ich, aber es ist wahr ich meine ich habe es vielleicht geträumt wie alles übrige auch". In Mayröckers Roman begegnet dieselbe Allianz zwischen (vorhandener) Wirklichkeit und (konstruierter) Erfindung wie in Handkes *Wunschloses Unglück*: "man fingert ich meine fingiert eine Geschichte, also fabriziert man sie, sage ich" (RN 10).

Impulsen Mayröcker versucht, den Machtimplikationen der überlieferten diskursiven Sprachformen auszuweichen.

Daß die Protagonistin die Sprache nicht mehr beherrscht, zieht eine zweite konkrete Konsequenz nach sich: Sie korrigiert oder nuanciert sich systematisch ("ich meine"; "oder" usw.[76]). Die Hartnäckigkeit, mit der dies geschieht, läßt vermuten, daß trotz der Unbeherrschbarkeit der Sprache die Ich-Erzählerin ihren Glauben an die Möglichkeit, sich adäquat auszudrükken, nicht verloren hat (vgl. u.a. RN 12), wenn auch die Selbstkorrekturen immer eine Zurechtweisung der eigenen Worte, des eigenen Erzählens beinhalten. Es versteht sich, daß diese Eingriffe in erster Linie die Unmittelbarkeit des Redeflusses simulieren. Nichtsdestoweniger deuten sie auch darauf hin, daß die Protagonistin von der Perspektive eines Opfers aus weder versagt (sonst würde sie sich nicht korrigieren, sondern einfach schweigen) noch dazu verführt wird, selber rhetorische bzw. stilistische Machtinstrumente anzuwenden, um so den eigenen Opferstatus auf andere abzuschieben: die Selbstkorrekturen und -nuancierungen höhlen die kommunikative Gewalt der Mitteilung in hohem Maße aus und laden stattdessen den Leser dazu ein, selbst das Gesagte rekursiv und kritisch nachzuvollziehen.[77]

Zuletzt weiß die Protagonistin darum Bescheid, daß die autonome Kraft der Sprache die Gefahr in sich birgt, daß die Sprechende sich selbst im Sprechen verliert oder sich sogar durch das Sprechen vernichtet,[78] weil die eigene Stimme unter dem Gewicht der Sprache verschwindet.[79] Der Gebrauch der Sprache geht zwangsläufig mit dem Leiden an der Sprache einher; da die Sprache in diesem Text nicht der Selbstmitteilung, der Exteriorisierung des inneren Selbst dient,[80] sondern gerade der Gestaltung dieses Selbst mit Hilfe von uneigenen Aussagen, bringt der Sprachgebrauch auch

---

[76] Vgl.: "ich meine" (u.a. RN 10, 12, 28, 34, 45, 47, 57, 63, 67, 108), "oder" (u.a. RN 32 (dreimal) und 72 (siebenmal)); "ich weiß nicht wie ich es sagen soll" (RN 27f.); "was weiß ich" (RN 82); "oder wie soll ich sagen" (RN 70, 132).

[77] Diese Einladung wird durch die zahlreichen Wiederholungen im Laufe des Buches verstärkt, die das Wiederholte mittels eines jeweils anderen Kontextes auch jedesmal in ein anderes Licht rücken und so seine Aussagekraft relativieren, anstatt zu seinem rhetorischem Vermögen beizutragen; zur Bedeutung der Wiederholung in Mayröckers Œuvre siehe Marcel Beyer: Friederike Mayröcker. In: *Kritisches Lexikon zur deutschsprachigen Gegenwartsliteratur* 52. Nlg. S. 11.

[78] Vgl. die implizite Gewalt gegen sich: "schreie ich in mich herein" (RN 27); siehe auch die seltsame Syllepsis: "schießt es mir durch den Kopf" (RN 47).

[79] Vgl. RN 130: "meine Stimme aus mir hervorzuholen, am liebsten hätte ich sie bei mir behalten"; siehe auch RN 52: "ich bin ganz in meine [Schreib-]Arbeit eingehüllt".

[80] Symptomatisch für das Unvermögen, sich zu äußern, ist folgender Satz: "das Wort blieb mir in der Kehle" (RN 89).

notwendigerweise eine Verinnerlichung des Leidens und der Ursachen des Leidens mit sich: hierin liegt einer der programmatischen Angelpunkte von Mayröckers Buch.

Reise durch die Nacht ist ein wesentlich widersprüchlicher Roman. Er beschreibt den eigensinnigen Versuch einer Protagonistin, im Schreiben etwas zu realisieren, was gerade wegen des Schreibens selbst unrealisierbar ist. Sie sehnt sich nach Stillstand, hält sich aber in einem rasenden Zug auf. Sie will im Erzählen eine von Vergangenheit und Zukunft befreite absolute Gegenwart herstellen, kann aber nicht verhehlen, daß das Erzählen selbst den Herzschlag, den Rhythmus der dahinfließenden Zeit hören läßt.[81] Unter welchen Umständen das Erzählen auch vor sich gehen kann (vgl. die reibungsarmen Verhältnisse zwischen dem Zug und den Gleisen), so löst es doch eine Friktion mit der Welt aus. Immerhin verliert die Protagonistin die Hoffnung nicht, daß ihr "nächstes Buch" ein "ganz glattes Buch werden" wird (RN 98; vgl. Handkes Plan für ein neues Buch). Woher stammt aber diese blinde Hoffnung?

Die Ich-Figur ist sich dessen bewußt, daß das Schreiben ihr keine Rettung bietet.[82] Was die dargestellte Wirklichkeit betrifft, ist Rettung überhaupt nicht möglich: sowohl der Tod der Kinder als auch ihr eigenes Lebensende sind unumkehrbare Gegebenheiten. Auch auf sprachlicher Ebene eröffnet das Erzählen keine neuen Perspektiven, denn das Leiden selbst bleibt vorhanden. Was die Protagonistin dennoch dazu bringt, zu sprechen, ist die Drohung, unbeachtet zu verschwinden. Das Erzählen wendet diese Drohung insofern ab, als ihr eigener Untergang zwar nicht vermieden, aber doch beschrieben werden kann.[83] Gerade das erhält sie am Leben: "[H]ätte ich dieses mein Schreiben nicht, diese meine pausenlose lebenserhaltende *Schreibarbeit,* ich hätte längst aufgegeben" (RN 131). Die Machthierarchie und die Abhängigkeit, die ihre Existenz beherrschen, bleiben beim Erzählen unverändert. Und auch die verschiedenen Formen der an ihr verübten Gewalt werden im Erzählen perpetuiert. Hiervon zeugt am eindruckvollsten das wiederholte und hervorgehobene Bekenntnis der Protagonistin, daß sie sich vor dem Erzählen selber fürchtet: *"ich habe solche Angst vor dem Erzählen"* (RN 19; vgl. nichtkursiviert: RN 31, 51 etc.). Die charakte-

---

[81] Vgl. RN 41: "die Gespräche kamen und gingen zwischen uns".

[82] Vgl. RN 78: "*ich meine alles wurde literarisiert,* aber es stellte sich nicht immer als Rettungssystem heraus".

[83] Ein wiederholtes und vielbedeutendes Versprechen der Protagonistin ('Wortuntergang') erinnert daran, daß mit ihrem Untergang auch die Sprache selbst zugrunde gehen muß: "Um fünf Uhr früh, sage ich, der Wortuntergang, also Monduntergang, Feuerballon, Schädelstätte der Sonne, während sie ihren purpurnen Schädel triefend aus den weißgrauen Wolkenmassen emporzog, langsam auftauchen ließ" (RN 84).

ristische Art und Weise, in der die Ich-Figur die Sprache benutzt, ermöglicht, daß sie keine Gewalt ausübt, es sei denn gegen sich selbst. Wichtig hierbei ist der Versuch, die Sprache auf ihren Klangwert, ihren Lautwert zurückzuführen; dann wirkt eine Mitteilung nicht als ein (inhaltliches, eingreifendes, reibendes, geistiges) Diktat, sondern als eine (formale, oberflächliche, sinnliche) Berührung: "DIE ZUNGENREDE IST NICHT EIN REDEN MIT MEINER VERNUNFT" (RN 107). Obgleich sich die Unzertrennlichkeit von Klang und Inhalt schon früher bewährt hatte,[84] realisiert die Protagonistin erst am Ende des Romans die Unmöglichkeit dieses Versuchs, was übrigens auch den Schluß inhaltlich begründet: "*aber es gibt keine Ausflüchte mehr, Form und Inhalt bedingen einander, etcetera*" (RN 131). Und gerade der Inhalt, der der Protagonistin oft unzugänglich ist,[85] der feste Boden der Mitteilung, ist für die Gewaltsamkeit der Mitteilung verantwortlich. Trotzdem zeigt der Text verschiedene Strategien, um die Geltungskraft des Mitteilungsinhalts zu unterminieren: der programmatische Gebrauch von literarischen Techniken, die die Aufmerksamkeit des Lesers auf die ästhetische Gestalt des Textes lenken,[86] die Taktik der Selbstkorrektur, die dem vermittelten Inhalt einen Hauch von Vorläufigkeit und Unbestimmtheit verleiht, die Faszination für Analphabeten, die zwar die Form der (geschriebenen) Sprache genießen können, denen aber die Inhalte verschlossen bleiben.[87]

Die kindliche Sehnsucht nach dem vorsymbolischen Klangwert der Sprache ist nicht das einzige Mittel, die Gewalt der Sprache zu entschärfen. Den ganzen Text hindurch bekennt sich die Erzählerin zu einer extrem leserorientierten Grundhaltung. Im Verhältnis zu dem Leser zielt die Protagonistin nicht darauf ab, den Leser zu führen; im Gegenteil: sie verhält sich wie eine Begleiterin, die sich regelmäßig nach den Wünschen und nach dem Wohlgefallen des Lesers erkundigt ("Kannst du mir folgen": u.a. RN 31, 71, 77) und sogar für eventuelle Fragen desselben Ohren hat: "Ein Erzählweise haben? Auf welche Erzählweise ist überhaupt noch Verlaß" (RN 105). Zum Schluß sei darauf hingewiesen, daß sich die Protagonistin das Geflecht von Sprachfetzen, aus denen sich der Text zusammensetzt,

---

[84] Vgl. RN 69: "ich verstand seine Worte als Liebkosung, erst im Nachhinein ergrübelte ich mir einen anderen Sinn darin"; hierbei gilt 'Liebkosung' als Gegensatzmotiv zu 'Reibung'.

[85] Vgl. RN 33: "das ist es, ich begreife das alles nicht, um die Wahrheit zu sagen, ich begreife überhaupt nichts und niemand".

[86] Siehe RN 39: "eine mit Schmuck und Brüdern verzierte *Handschrift*"; RN 59: "auch sind meine Aufzeichnungen, rufe ich, nicht Ergebnis bestimmter tiefgründiger Gedankengänge sondern literarischer Techniken"; zum Stil vgl.: RN 107f.

[87] Vgl. RN 39: "hätte ich aus irgendwelchen Gründen *Analphabet* bleiben müssen"; RN 41: "LIEBER ANALPHABET".

niemals aneignet, sondern sich ihm vielmehr preisgibt. In diesem Gestus der Selbstaufopferung besteht der ethische Mehrwert in Mayröckers Text. Der Protagonistin gelingt es, die Gegenseitigkeit der (sprachlichen, sozialen, etc.) Gewalt zu unterbrechen, indem sie sich selber den Anderen ausliefert – nicht weil sie ihre Unterwürfigkeit anerkennt, sondern weil das Selbstopfer die Tür zu einer tieferen Offenbarungs- oder Erlebniswahrheit öffnet, in der sich das Geheimnis der Liebe[88] verbirgt:

> Die letzten Jahre, rufe ich, haben uns beiden viel abverlangt, du bist weiter als du selbst annehmen konntest in das Reich der Imagination eingedrungen und nicht nur das, du hast den inneren Wahrheitsgehalt ausdrücken können, etwas Geschenktes zugegeben, aber ganz ohne Bemühen geht das nicht, man muß sich Tag und Nacht dafür offenhalten, ich meine opfern (RN 134).[89]

Hierdurch erhält das Erzählen letztlich die schon erwähnte läuternde Wirkung, die zwar die Wunden nicht heilt, sie aber immerhin kühlt: "was mir die Wunden kühlt, ich weiß es nicht, es könnte auch dieses durch alles Hindurchgehende und Helfende der Sprache sein, Herabkunft des Feuers" (RN 65). Hier zeigt sich das in eine Opferethik integrierte Erzählen als eine wirkliche "Steuer zur Wahrheit" (u.a. RN 16).

Schluß

In *Proust et les signes* stützt sich Deleuzes Lektüre von Prousts *A la recherche du temps perdu* auf das Konzept "violence du signe" (Zeichengewalt, semiotische Gewalt): Das Zeichen an und für sich und seine strategisch-kombinatorische Anwendung in Texten rauben dem Leser seine bequeme 'Gemütsruhe' und zwingen ihn dazu, aktiv dem semiotischen Gehalt des Zeichens nachzugehen: "Le signe sensible nous fait violence: il mobilise la mémoire, il met l'âme en mouvement".[90] Daher haften Deleuze zufolge der Zeichengewalt positive Assoziationen an: Denn, obgleich sie eine eigentümliche Sensibilität des Lesers voraussetzt,[91] macht sie die Begegnung mit dem Text *per definitionem* reicher, weil sie die Grenzen der individuellen psychologischen und kulturellen Beschaffenheit des Lesers durchbricht: "Ce qui nous fait violence est plus riche que tous les fruits de notre bonne volonté ou de notre travail attentif".[92]

---

[88] Siehe RN 54: "ich werde allen Menschen immer ähnlicher die ich liebe".
[89] Vgl. RN 42: "wir haben uns freigekauft".
[90] Gilles Deleuze: *Proust et les signes*. Paris ²1970. S. 194.
[91] Vgl.: "Il faut être doué pour les signes, s'ouvrir à leur rencontre, s'ouvrir à leur violence" (Deleuze: *Proust et les signes*. S. 194).
[92] Deleuze: *Proust et les signes*. S. 39.

Dem intellektualistischen und oft theoretisierenden Diskurs, der komplizierten und geschichteten Erzählstruktur und der labilen inhaltlichen Bestimmung der Protagonisten – Merkmalen, von denen angenommen wird, sie wohnen der Literatur der Postmoderne inne –, ist es zuzuschreiben, daß mancher postmoderner Text über eine überdurchschnittlich große semiotische Kapazität verfügt. Doch haben nicht wenige Leser den Eindruck, daß ihnen der (hermeneutische) Zugang zu solchen Texten versagt bleibt, so daß diese den Leser eher abschrecken, als daß sie ihn 'gewaltsam' (oder auch nicht) zum Interpretieren bringen können. Hieraus geht hervor, daß eine weitere Differenzierung des Begriffes 'Zeichengewalt' erforderlich ist – besonders im Lichte einer Analyse ethischen literarischen Handelns.

Zwar legt keiner der fünf besprochenen Texte den 'fröhlichen Skeptizismus' an den Tag, der postmoderner Literatur unterstellt wird,[93] doch sind mehrere andere Kennzeichen des Postmodernismus so prominent vorhanden, daß eine Lektüre dieser Texte als 'postmoderner Moralitäten' gerechtfertigt ist, wenn ihre Autoren auch literarhistorisch zur Spätmoderne, zur Avantgarde oder zur neuen Subjektivität gerechnet werden. In allen untersuchten Werken findet die (körperliche, soziale, kommunikative) Gewalt sowohl auf thematischer als auch auf formaler Ebene ihren Niederschlag. Bei der Lektüre von *Marlenes Schwester* stellte sich heraus, daß die dargestellte Viktimisierung auf narrativer Ebene weitergeführt wird, sofern auch erzähltechnisch die Protagonistin für ihren Opferstatus verantwortlich gemacht wird. In *Wunschloses Unglück* hält der Viktimisierungsvorgang gleichfalls auf narrativer Ebene an – trotz der Versuche des Erzählers, anhand formaler Techniken die an dem Opfer verübte Gewalt zu problematisieren. Die Syllepsis "Anschlagen" deutet allerdings auf die Unmöglichkeit hin, den Zusammenhang zwischen Erzählen und Gewaltausübung zu unterbrechen. Das gleitende Erzählen, das in *Die Liebhaberinnen* vorherrscht, greift an entscheidenden Stellen auf einen oxymorischen Stil zurück, der deutlich macht, daß die Beschreibung eines Viktimisierungsprozesses zugleich seine Fortsetzung bewirken und eine Kritik an diesem enthalten kann – denn gerade die Viktimisierung bringt das Opfer dazu, selber Täter zu werden. Die Umkehrung von erlittener in ausgeübte Gewalt tritt auch in den Vordergrund in *Der Boxkampf,* der Erzählung, in der die Gewalt am explizitsten thematisiert wird. Allerdings gelingt es diesem Text, das Opfer der Gewalt auch wirklich *als Opfer* darzustellen; hierzu beruft er sich auf die Erzähltechnik der diskursiven Übertragung. Doch ergreift erst in *Reise durch die Nacht* das Opfer systematisch das literarische Wort, nicht um

---

[93] Siehe hierzu: Henk Harbers: Gibt es eine 'postmoderne' deutsche Literatur? Überlegungen zur Nützlichkeit eines Begriffs. In: *literatur für leser* 97/1. S. 52-69, hier S. 57, 58 und 68.

sich von der erlittenen Gewalt zu befreien, sondern um den eigenen Untergang als ein notwendiges Eingreifen zu interpretieren, das der verhängnisvollen Wechselseitigkeit der Gewalt ein Ende setzen soll.

In drei der untersuchten Texte kommen Experimente mit typographischer Differenzierung (Großschreibung, Kursivierung, Parenthese) vor; jedesmal passen diese auf eine andere Weise in die Dynamik der Machtausübung. Erzähltechnisch ziehen die Texte alle Register. Stilistisch erkunden sie insbesondere den einladenden Charakter der Figürlichkeit: Handkes negative Metaphern, Jelineks Metonymien und Oxymora, Wohmanns allegorische Übertragungen, Mayröckers unfreiwillige Metaphorik. Schlußfolgernd kann also tatsächlich von einem Bemühen die Rede sein, das literarische Handeln der Texte um eine ethische Dimension, eine narrative Verantwortlichkeit den Opfern gegenüber (eine "implizite Ethik"[94]) zu ergänzen. Hierbei soll klar sein, daß die Anordnung der Texte eine Entwicklung suggeriert, die eigentlich keine ist. Überdies lassen sich aus der Analyse dieser fünf Texte nicht stellvertretend Schlußfolgerungen für die postmoderne Literatur schlechthin ziehen. Doch ergibt sich, daß in bezug auf die Darstellung von Viktimisierungsvorgängen in diesen Texten eine Dialektik von Inhalt und Form zustande kommt, durch die die Korrelation zwischen diesen beiden nicht allzu sehr strapaziert wird. Auf jeden Fall erweitern die formalen Neuerungen das Spektrum der inhaltlichen Vermittlungsmöglichkeiten in entscheidendem Maße. Bemerkenswert ist hierbei, daß sich der narrative Gehalt eines Textes umgekehrt proportional zum Maß verhält, in dem dieser formale Experimente einsetzt. Hieraus könnte man ableiten, daß der Opferperspektive erst Raum gewährt wird, wenn der Erzähler auf das nackte Erzählen verzichtet – daß mit anderen Worten das nackte Erzählen selbst ein Exponent der Machtausübung ist.

Allerdings nimmt in keinem der untersuchten Texte das Leiden ein Ende und bleibt die herrschende Machthierarchie so gut wie unverändert. Anzumerken sei hierbei, daß es weder die Aufgabe noch die Verantwortung der Literatur ist, ethische Standpunkte einzunehmen oder zu solchen Standpunkten hinzuführen. Doch widerlegt oder nuanciert die durchgeführte Analyse die stereotype Vorstellung, daß Literatur ohne weiteres über die Fähigkeit verfügt, den Unterdrückten den Freiraum für Selbstmitteilung zu bieten. Selbstmitteilung setzt ja voraus, daß die Sprechenden sich selber semantisch festlegen und sich so 'der Gewalt der Worte' aussetzen. Deswegen ist das Verhältnis der Viktimisierten der Sprache gegenüber notwendigerweise ambivalent: hoffnungsvoll und angsterfüllt. Dem Leser machen die Texte immerhin deutlich, daß auch die literarische Interaktion

---

[94] Der an Iser erinnernde Begriff 'implizite Ethik' stammt aus: Wägenbaur: Narrative Ethik. In: *Im Bann der Zeichen.* S. 229-256, hier S. 252.

keine gewaltfreien Umstände schaffen kann. Die Zeichen, aus dem sie sich zusammensetzen, sind daher nicht eindeutig fruchtbar gewaltsam, wie Deleuze hofft, sondern stellen den Leser vor eine schwer zu erledigende interpretative Aufgabe, während deren das ästhetische Genießen oft unterbleibt. Adornos Warnungen eingedenk könnte man vermuten, daß der Leser erst zu genießen vermag, wenn er die Logik der Gewaltausübung nachvollzieht. Hierauf zu verzichten, wäre ein fundamentales, wenn auch konsequentes Opfer.

Christine Kanz

Postmoderne Inszenierungen von Authentizität?
Zur geschlechtsspezifischen Körperrhetorik der Gefühle in der Gegenwartsliteratur

Feminist theory and postmodernism have developed into today's leading ways of thought. There are a number of affinities in their critique of the enlightenment and of modernity, but there are also fundamental differences. There is a common agreement in contemporary theories that categories like 'body', 'woman', 'man', 'sex' and 'gender' are discursive products. As far as German literature is concerned, a discrepancy can be noticed between literary theory and literary practice. In the nineties, many literary texts again favour the concept of body as a guarantee of authenticity. Contrarily, we can more easily find postmodern features in the literary texts of former decades, for example in literary texts of the seventies, such as those of Ingeborg Bachmann. The different ways emotions like anxiety are displayed by body-talk and are described in literary texts show the effects of conscious re-staging. The mimetic re-staging of the so-called authentic articulation of emotion by female body-talk (like other so-called natural phenomena) in literary texts show that the body is artificially constructed both as a place where different kinds of discourses meet and as a place of dissimulation. Those texts (which present the mimetic re-staging of 'authentic' articulation of feelings) show that 'femininity' and 'masculinity' are only cultural constructions and that their 'authenticity' (their so-called essence) can be shifted in a playful way. So, some literary texts in the seventies are more postmodern than most of the literary texts in the nineties. Thomas Meinecke's novel Tomboy, *which was published in 1998, can be regarded as an exception.*

Moderne – Feminismus – Postmoderne: theoretische Konvergenzpunkte

"Der Feminismus und das postmoderne Denken [haben sich] zu den beiden führenden Gedankenströmungen unserer Zeit entwickelt."[1] In ihrer Kritik an der Aufklärung und an der Moderne lassen sich zahlreiche Affinitäten aufzeigen. Jane Flax hatte in ihrer 1990 erschienenen Studie *Thinking Fragments. Psychoanalysis, Feminism, and Postmodernism in the Contemporary West* den "Tod des Subjekts", den "Tod der Geschichte" und den "Tod der Metaphysik" zur theoretischen Basis der Postmoderne er-

---

[1] Seyla Benhabib: Feminismus und Postmoderne. Ein prekäres Bündnis. In: Dies., Judith Butler, Drucilla Cornell u. Nancy Fraser: *Der Streit um Differenz. Feminismus und Postmoderne in der Gegenwart*. Frankfurt a.M. 1993. S. 9-30, hier S. 9.

klärt.² Die an der Kritischen Theorie orientierte Philosophin und Politologin Seyla Benhabib formulierte ein Jahr später dann "jeweils eine feministische Version" für die von Flax angeführten Merkmale: Dem Tod des Menschen in der postmodernen Theorie entspräche innerhalb der feministischen Theorie die "Entmystifizierung des männlichen Subjekts der Vernunft"; dem "Tod der Geschichte" die feministische Forderung nach "Einschreibung der Geschlechterdifferenz (*engendering*) in die historische Erzählung" und dem "Tod der Metaphysik" die "feministische Skepsis gegenüber den Ansprüchen der transzendentalen Vernunft."³

Benhabibs "feministische Version" postmoderner Prämissen sollte die Affinitäten zwischen Postmoderne und Feminismus belegen. Sie macht zugleich aber auch die Verbindungslinien beider 'Strömungen' zur literarischen Moderne deutlich. Mit zahlreichen Autoren der literarischen Moderne teilen Postmoderne wie Feministische Theorie⁴ das Unbehagen an gesellschaftlichen Modernisierungsprozessen, vor allem den rationalitäts- und zivilisationskritischen Impetus. Die "Entzauberung tradierter Mythen und die kritische Überprüfung metaphysischer Gewißheiten, die fortschrittsgläubige Ausweitung der rationalen Verfügungsgewalt über die äußere Natur und, im sozialpsychologischen Bereich, den von Norbert Elias beschriebenen Zwang des zivilisierten Subjekts zur Disziplinierung der eigenen Natur, des Körpers und der Affekte" gehören zum Programm der literarischen Moderne wie der Postmoderne.⁵ Sie sind aber, so ließe sich ergänzen, ebenfalls kennzeichnend für die feministische Theorie, insofern sie "den rationalistischen, 'logozentrischen' Willen zur Herrschaft über die innere und äußere Natur des Menschen als 'männlich' disqualifizierte."⁶

Bereits diese wenigen Aspekte weisen auf einige theoretische Konvergenzen zwischen Moderne, Postmoderne und Feminismus hin. Möglicherweise läßt sich jedoch eine viel größere Nähe zwischen Moderne und Feminismus als zwischen Postmoderne und Feminismus ausmachen. Denn

---

² Vgl. Jane Flax: *Thinking Fragments. Psychoanalysis, Feminism, and Postmodernism in the Contemporary West.* Oxford 1990. S. 32ff.
³ S. Benhabib: Feminismus und Postmoderne. S. 11.
⁴ Der Einfachheit halber spreche ich hier abstrakt von 'der' feministischen Theorie, im vollen Bewußtsein jedoch dafür, daß es eine Vielzahl und zum Teil sehr heterogener, feministischer (oder/und Gender-)Theorien gibt.
⁵ Thomas Anz: Gesellschaftliche Modernisierung, literarische Moderne und philosophische Postmoderne. Fünf Thesen. In: Thomas Anz u. Michael Stark (Hg.): *Die Modernität des Expressionismus.* Stuttgart u. Weimar 1994. S. 1-8, hier S. 1.
⁶ So Anz an anderer Stelle über die feministische Literatur der achtziger Jahre. (Thomas Anz: Im Zeichen der 'Postmoderne'. Über die deutschsprachige Literatur der achtziger Jahre. In: *Mitteilungen des Deutschen Germanistenverbandes* 37 (1990). S. 4-11)

die Postmoderne und die feministische Theorie weisen, neben zahlreichen Gemeinsamkeiten, auch fundamentale Divergenzen auf, so daß, je nach Perspektive, von einer Allianz oder Mesalliance zwischen den beiden Strömungen gesprochen werden kann. Den größten Konfliktstoff bietet vor allem die Frage nach der Positionierung eines feministischen Subjekts. Es wird angesichts des Übergangs vom "Standpunktfeminismus" zu poststrukturalistischen und postmodernen Tendenzen im Feminismus bereits für "verloren" erklärt.[7] Seyla Benhabib hält das Bündnis zwischen Feminismus und Postmoderne gerade hinsichtlich dieses postmodernen Subjektbegriffs, wie ihn beispielsweise auch die kalifornische Gendertheoretikerin Judith Butler propagiert, für "prekär":

> Diese starke Version der These vom 'Tod des Subjekts' ist mit den Zielsetzungen des Feminismus nicht vereinbar. Sicherlich ist keine Subjektivität denkbar, die nicht durch die Sprache, ein Erzählschema und den spezifischen Erzählcode, den die jeweilige Kultur bereitstellt, strukturiert ist. [...] Das situierte, geschlechtlich bestimmte (*gendered*) Subjekt strebt auch dann noch nach Autonomie, wenn es heteronom bestimmt ist. Tatsächlich stellt sich die Frage, wie denn das Projekt weiblicher Emanzipation ohne ein solches regulatives Prinzip der Handlungsfähigkeit, der Autonomie und der Ich-Identität überhaupt denkbar wäre.[8]

Der theoretische Entwurf für den "Tod des Subjekts" ist mit einer politischen Praxis unvereinbar, die stets die Handlungsfähigkeit des Individuums einfordert.

Ähnlich argumentiert Linda Alcoff. Für sie sind die Verbindungslinien, die sich zwischen Postmoderne und Feminismus ziehen lassen, unheilvolle. Ihrer Auffassung nach befindet sich die feministische Theorie derzeit in einer tiefen Identitätskrise und sie befürchtet, daß die postmodernen Positionen "nicht nur das Spezifische der feministischen Theorie auslöschen, sondern sogar das Emanzipationsideal der Frauenbewegung schlechthin in Frage stellen" könnten.[9]

Aus der Sicht der feministischen Philosophin Cornelia Klinger resultiert "die politische Unzuträglichkeit bestimmter postmoderner Positionen gera-

---

[7] Seyla Benhabib: "Von der 'Politik der Differenz' zum sozialen Feminismus in der US-Frauenbewegung. Ein Plädoyer für die 90er Jahre." In: Jörg Huber u. Alois Martin Müller (Hg.): *Instanzen/ Perspektiven/ Imaginationen/ Interventionen* 4. Frankfurt a.M. 1995. S. 225-248, hier S. 239.
[8] S. Benhabib: Feminismus und Postmoderne. S. 14.
[9] Linda Alcoff: Cultural Feminism versus Poststructuralism: The Identity Crisis in Feminist Theory. In: *Signs. Journal of Women in Culture and Society* 13 (1988) 3. S. 4-36. – Die deutsche Übersetzung der zitierten Passage stammt von S. Benhabib, Feminismus u. Postmoderne. S. 13.

dewegs aus ihrer theoretischen Unzulänglichkeit". Ihrer Ansicht nach enthält die "in postmodernem Geiste gerittene Attacke gegen Konzepte wie Patriarchat, Herrschaft oder Geschlecht" eine "theoretische Aporie":

> Wenn der Verzicht auf bestimmte Konzepte gefordert wird, was aber zugleich aus theoretischen Gründen eine uneinlösbare und absurde Forderung darstellt, produziert das politisch betrachtet '*bad faith*' – eine beabsichtigte oder unbeabsichtigte Irreführung, weil es eine politische Position mit Argumenten schwächt, die ihrerseits theoretisch unhaltbar sind.[10]

Zur Diskrepanz zwischen (Kultur-)Theorie und Ästhetik: ästhetische Moderne – ästhetischer Feminismus – ästhetische Moderne

Von der "zivilisatorischen Moderne" ist die "ästhetische Moderne" in Literatur, Malerei, Musik und Architektur zu unterscheiden. Auf diese notwendige Differenzierung machte Thomas Anz, Jürgen Habermas folgend, aufmerksam.[11] Weder von Flax noch von Benhabib wird sie bedacht. Kennzeichnend für all die Diskussionen um die "ästhetische Postmoderne" ist, daß man viel leichter benennen kann, was sie nicht ist als daß man kurzerhand einen Merkmalkatalog der Strömungen dieses 'vielarmigen Flusses' erstellen könnte. In der *Süddeutschen Zeitung* vom 21. September 1998 führte der Theater- und Prosaautor Tim Krohn einige Charakteristika zeitgenössischer Literatur an, die geradezu gegen die ästhetische Postmoderne gerichtet seien und die er als Reaktion auf die postmodernen Verhältnisse der Gesellschaft begreift. Ausgehend von seiner Kritik an der zeitgenössischen Literatur, läßt sich zumindest ein verkürzter Kriterienkatalog der Postmoderne ex negativo entwerfen: ganz und gar nicht postmodern etwa ist danach die Fähigkeit eines Autors oder einer Autorin, "eine heile, in sich ungebrochene Welt aufzubauen mit unverrückbarer (resp. unverrückter) Erzählperspektive, ungebrochenem Handlungsstrang" und geradlinigen, nicht allzu komplex strukturierten Figuren. Der "Versuch, die Welt als klar, überschaubar und einfachen Regeln unterworfen darzustellen", kommt geradezu einem Gegenentwurf zur Postmoderne nahe. Einheit und Harmonie sind Anathemata; die Literarisierung romantischer, literarischer Gegenwelten ist passé.

---

[10] Cornelia Klinger: Feministische Philosophie als Dekonstruktion und Kritische Theorie. Einige abstrakte und spekulative Überlegungen. In: Gudrun-Axeli Knapp: *Kurskorrekturen: Feminismus zwischen Kritischer Theorie und Postmoderne.* Frankfurt a.M. u. New York 1998. S. 242-256, hier S. 247.
[11] Vgl. Th. Anz: Gesellschaftliche Modernisierung. S. 1.

Als postmodern dagegen gilt es, die kulturellen Differenzen, in die wir eingebettet sind, wahrzunehmen, ernstzunehmen, zu thematisieren und zu problematisieren. Da jede und jeder von uns "in einem umfangreichen Sample kultureller Codes" lebt, ist Kultur, so Krohn, als "dialektisches Spiel verschiedener Welten mit einander bestenfalls überlappenden Gesetzen zu denken. Der einzige kulturelle Common sense, den es hier längerfristig geben kann, ist der, daß wir zerrissene Wesen sind. [...]. Unsere schwierigste Aufgabe ist es, mit der Tatsache umgehen zu lernen, daß wir nicht mehr authentische Lebewesen in dem Sinn sind, daß wir ein Regelsystem hätten, aus dem heraus wir unser Leben bestimmen könnten. Wir haben Dutzende davon, mit denen wir jonglieren müssen und die einander gegenseitig bestenfalls relativieren, in ihrer Konsequenz negieren." Das "Durchbrechen kultureller Grenzen", sollte, "da es nicht zu vermeiden ist, zum Spiel" gemacht werden.[12]

Kurz: postmoderne Literatur muß unserem "Leben in Kulturen im Plural" Rechnung tragen und daher in der Lage sein, mit der Vielzahl bereits existenter, überformter, soziokulturell konstruierter Strukturen zu "jonglieren". Dies würde eigentlich einiges an souveräner Überschau und intellektuellem Durchblick verlangen. Dennoch halten sämtliche Theoretiker der Postmoderne, von Lyotard über Deleuze bis Vattimo und Rorty, daran fest, das Konzept des autonomen Subjekts zu verabschieden.

Für einen Kriterienkatalog des "ästhetischen Feminismus"

Es stellt sich die Frage, wie in Zeiten des fragmentierten Subjekts noch das Konzept einer Ästhetik entworfen werden könnte, das den Zielsetzungen einer feministischen Theorie verpflichtet ist. Seyla Benhabib hat 1993 auf den allgemeinen "Rückzug von der Utopie innerhalb der feministischen Theorie in den letzten zehn Jahren" hingewiesen. Er vollzog sich in Form "einer Entmystifizierung jeglichen Versuchs, sei es eine feministische Ethik, eine feministische Politik, ein feministisches Konzept der Autonomie und sogar eine feministische Ästhetik zu formulieren".[13] Um die abgegriffene, jedoch bis heute nicht zureichend beantwortete Frage nach einer spezifisch "weiblichen Schreibweise" kommt man bei dem Versuch, "ästhetischen Feminismus" zu beschreiben, aber kaum umhin. Selbstverständlich sollte man dabei bedenken, daß der Begriff 'weibliche Ästhetik' ein kulturhistorisches Produkt der Frauenbewegung der siebziger Jahre ist

---

[12] Tim Krohn: Stil als Frage der Moral. Zum Schreiben in der Postmoderne. In: *Süddeutsche Zeitung* vom 10.12.1997.
[13] S. Benhabib: Feminismus und Postmoderne. S. 27.

und inzwischen vor allem deshalb als 'anachronistisch' gilt, weil er mit essentialistischen Geschlechterkonzepten assoziiert wird.[14]

Resultat der innerhalb der *gender studies* inzwischen zur Mode avancierten Ablehnung jeder weiteren Diskussion über eine mögliche feministische Ästhetik ist die Tatsache, daß zumindest innerhalb der deutschen Literaturwissenschaften noch immer keine Einigung darüber besteht, ob die Geschlechtszugehörigkeit und die daraus resultierende geschlechtsspezifische Sozialisation die Sichtweisen von Autorinnen und entsprechend die Gestaltung ihrer literarischen Frauenfiguren (und ihrer Männerfiguren) so zwingend bestimmen, daß daraus ein spezifisches Wahrnehmungsvermögen und eine charakteristische Ausdrucksweise erwachsen muß.

Spricht man heute von 'Weiblichkeit' muß man sich stets der internalisierten Topoi über sie bewußt sein – und damit auch der Möglichkeit, sie selbst fortzuschreiben und damit weiter zu fixieren oder aber sie zu umgehen. Kurzum: man muß sich ihre Konstruiertheit klarmachen. Es ist mittlerweile unhaltbar, wenn Feministinnen, wie noch in den siebziger Jahren, an einer Geschlechterdifferenz festhalten, die als 'natürlich' verstanden wird. Denn hier besteht weit mehr noch als bei sozialen oder kulturhistorischen Begründungen geschlechtsspezifischer Distinktionen die Gefahr, den traditionellen dichotomen Stereotypen, nur unter anderem Vorzeichen, zu folgen. Sicher aber existiert eine sozialhistorisch bedingte Geschlechterdifferenz, die die Entwicklung spezifisch 'weiblicher' oder 'männlicher' Eigenschaften begünstigt, beziehungsweise gehemmt hat.

Aus meiner Sicht ist es daher nach wie vor sinnvoll, nach Ursprüngen und Möglichkeiten der Kreativität von Frauen zu fragen und, wie etwa Suzanne Greuner, nach Beschreibungskriterien zu suchen, die der Kunstproduktion von Frauen gerecht werden können.[15] Allerdings sollte man diese nicht zugleich als frauenspezifisch festschreiben, sondern deutlich machen, daß 'weiblich' ein Attribut ist, das prinzipiell alle in bestimmter Weise sozialisierten Menschen charakterisieren kann. Und noch etwas gilt es im Zusammenhang mit einer feministischen Ästhetik zu bedenken: Während des eigenen wissenschaftlichen Schreibens über 'Weiblichkeit' wird man mit einer oft thematisierten Aporie konfrontiert, gibt es doch zumindest innerhalb der feministischen Interpretationsgemeinschaft seit längerem ein Bewußtsein dafür, daß 'Weiblichkeit' im Text niemals außerhalb des 'männlich' codierten Repräsentationssystems Schrift problematisiert werden kann. Zu der Einsicht, daß sie letztlich niemals außerhalb ihrer diskur-

---

[14] Vgl. dazu etwa Susanne Lummerding: *"Weibliche" Ästhetik? Möglichkeiten und Grenzen einer Subversion von Codes.* Wien 1994.

[15] Suzanne Greuner: *Schmerzton. Musik in der Schreibweise von Ingeborg Bachmann und Anne Duden.* Hamburg u. Berlin 1990.

siven Verfaßtheit auch nur gedacht werden kann, haben die Einsichten der Gendertheorien innerhalb der letzten zehn Jahre verholfen.[16]

Schriftstellerinnen haben dies bisher nur selten bewußt in ihren Texten reflektiert. Eine frühe Ausnahme stellt etwa Ingeborg Bachmann dar. Bereits 1971 hat sie in ihrem zum *"Todesarten"-Projekt* gehörenden Roman *Malina* die Tragik der Unmöglichkeit eines 'weiblichen' Ortes im Schreiben inszeniert und eine radikal-poetische Konsequenz daraus gezogen: sie läßt das 'männliche' Ich das 'weibliche' überleben und schließlich die Autorschaft der "Todesarten" übernehmen. Etwa zur gleichen Zeit wollten feministische Theoretikerinnen wie Hélène Cixous und Luce Irigaray mit einer radikal anderen und dekonstruktiven Schreibweise einen theoretischen Ausweg aus dem Dilemma suchen.[17] Die Ansicht, keine Schreibweise könne einer Vereinnahmung durch die 'männlich' konnotierte Repräsentationsform Schrift entkommen, scheint auch einer der maßgeblichen Initiatoren der Postmoderne-Bewegung, Jean-François Lyotard, zu teilen. Zumindest hat er 1990 theoretisch auf den Punkt gebracht, was Bachmann in *Malina* bereits 1971 auf eine sehr radikale Weise als eine Todesart des 'Weiblichen' veranschaulicht hatte. An die Adresse schreibender Feministinnen gerichtet, gibt er zu bedenken:

> Es könnte sein, daß ihr von dem Augenblick an, wo ihr zu schreiben beginnt, gezwungen seid, ein Mann zu sein. Vielleicht ist Schreiben eine männliche Tätigkeit. Selbst dann, wenn ihr über das Weibliche schreibt, selbst dann, wenn ihr 'weiblich' schreibt.[18]

Das Zitat zeigt unter anderem, daß es Lyotard selbst nicht ganz gelingt, trotz der Problematisierung eben dieser Zusammenhänge, einem biologistisch wirkenden Einsatz der Worte 'Mann' und 'Frau' gänzlich zu entrinnen. Explizit wendet er sich hier an das anatomische Geschlecht 'Frau'. Zugleich verweist es auf ein bestehendes Manko: Will man sich mit den Allianzen und den Mesalliancen zwischen Feminismus und Postmoderne

---

[16] Vgl. v.a. Judith Butler: *Das Unbehagen der Geschlechter*. Frankfurt a.M. 1991 (engl. Gender Trouble. London u. New York 1990); Dies.: Für ein sorgfältiges Lesen. In: S. Benhabib, J. Butler, D. Cornell, N. Fraser: *Der Streit um Differenz*. S. 122-132; Dies.: *Körper von Gewicht. Die diskursiven Grenzen des Geschlechts*. Berlin 1995 u. Teresa de Lauretis: *Technologies of Gender. Essays on Theory, Film, and Fiction*. Bloomington u. Indianapolis 1987.

[17] Vgl. u.a. Hélène Cixous: Schreiben, Feminität, Veränderung. In: *alternative* 19 (1976) 108/109. S. 134-147; Luce Irigaray: *Waren, Körper, Sprache. Der verrückte Diskurs der Frauen*. Berlin 1976.

[18] Jean-François Lyotard: Ein Einsatz in den Kämpfen der Frauen. In: Karlheinz Barck u.a. (Hg.): *Aisthesis. Wahrnehmung heute oder Perspektiven einer anderen Ästhetik*. Essais. Leipzig ²1991. S. 142-156, hier S. 142.

auseinandersetzen, und sich dabei insbesondere auf die literarische Ästhetik konzentrieren, merkt man bald, daß der Diskurs der *gender studies* hier an seine Grenzen stößt. Dem 'Ästhetischen Feminismus' in Architektur, Malerei und Literatur der Moderne eine theoretische Basis zu liefern, und dies möglichst noch unter Einbeziehung postmoderner Tendenzen, bildet mithin immer noch eine der zukünftigen Aufgaben der *gender studies*.

Einige Aspekte postmodernen feministischen Schreibens

Wie müßte eine feministische Ästhetik aussehen, die auch postmodernen Ansprüchen Rechnung trägt? Im folgenden möchte ich versuchen, vier Aspekte postmodernen feministischen Schreibens festzuhalten, wie sie sich mir, unter Berücksichtigung des derzeitigen Forschungsstandes der *gender studies*, auf der Basis der von mir im folgenden behandelten literarischen Texte und vor dem Hintergrund bereits verhandelter Definitionen postmodernen Schreibens[19] bisher darstellen:

1. Daß innerhalb einer 'feministischen Ästhetik' oder gar Poetologie der Zerfall des Subjekts, seine Fragmentierung als lustvolle gefeiert statt als grauenvolle beklagt werden könnte, ist eher zu bezweifeln. Der postmoderne Aufruf zur Abschaffung des ganzheitlichen Subjekts bildet aus Sicht feministischer Theoretikerinnen das brüchigste, umstrittenste und am wenigsten einlösbare Theorem. Einen Ausweg aus dem Dilemma (zwischen der feministischen Notwendigkeit, auf dem Subjekt zu beharren und dem von postmodernen Theoretikern propagierten bzw. prognostizierten 'Tod des Subjekts') hat etwa Rosi Braidotti mit ihrem Konzept des "nomadic subject" angeboten, des sich kosmopolitisch bewegenden und in sich beweglichen weiblichen Subjekts, das seine eigene Differenziertheit genauso wie die Differenziertheit jeder Frau in sich sowie aller Frauen untereinander nicht nur akzeptiert, sondern emphatisch begrüßt.[20]

2. Eine der grundlegenden (kulturtheoretischen) Entwicklungen ist die Forderung nach Abschaffung tradierter Authentizitätskonzepte. Mit ihr eng verknüpft ist vor allem die Forderung nach der Verabschiedung von essentialistischen Körperkonzepten sowie die Tendenz zur Propagierung 'körperloser Körper'.[21]

---

[19] Vgl. Th. Anz: Im Zeichen der 'Postmoderne'; Paul Michael Lützeler (Hg.): *Spätmoderne und Postmoderne. Beiträge zur deutschen Gegenwartsliteratur*. Frankfurt a.M. 1991. S. 11-22; Uwe Wittstock (Hg.): Roman oder Leben. Postmoderne in der deutschen Literatur. Leipzig 1994.
[20] Vgl. Rosi Braidotti: *Nomadic Subjects*. New York 1994.
[21] Zur Aufarbeitung zeitgenössischer Körperkonzeptionen vgl. Marie-Luise Angerer: Zwischen Ekstase und Melancholie: Der Körper in der neueren feministischen

3. Daraus resultiert auch das zunehmende Bewußtsein für die soziokulturelle Konstruiertheit der Geschlechtsidentitäten. Das Beklagen der Geschlechterdifferenz und die Forderung nach ihrer Nivellierung wie noch in den siebziger Jahren, in jenem von Friederike Hassauer als "erste Phase des bundesdeutschen Feminismus" historisierten Zeitraum, als die Frau den Platz des Mannes zu besetzen versuchte, "im gleichen Beruf mit dem gleichen Erfolg mit dem gleichen Verhalten",[22] scheint damit endgültig obsolet. Nachdem das "Regime der Heterosexualität"[23] ausgemacht und durchschaut ist, wird nun versucht, mit den Geschlechterkategorien zu spielen, sie zu travestieren, zu parodieren. Geschlechtertausch, Geschlechtsumwandlung, kurz: *gender variance*, sind gefragt.[24]

4. Schließlich wird die Interdiskursivität des Wissens selbstreflexiv zum Thema literarischer Texte und/oder gar zum Bestandteil poetologischer Konzepte erhoben. Schnittstellen diverser Diskurse werden bewußt gemacht und spielerisch in neue Sinnzusammenhänge gestellt.

Die meisten dieser angeführten Leitpunkte sind nicht neu. Thomas Anz hat gezeigt, wie sehr ein Teil der Aspekte postmoderner Ästhetik bereits im Expressionismus eine positive Bewertung erfuhr, wie emphatisch die Autoren der literarischen Moderne insbesondere die Auflösung von Einheitskonzepten begrüßten.[25]

Man kann jedoch noch viel weiter zurückgehen, wenn man aufzeigen will, wie wenig innovativ einige der postmodernen Theoreme eigentlich sind (wobei dieser Anspruch ja auch nicht besteht!): Beispielsweise ist das in der Postmoderne als zerrissen und fragmentiert oder gar als aufgelöst definierte Subjekt nicht erst exklusiv postmodern. Auch schon in zahlreichen mittelalterlichen Texten etwa, z.B. in der *Martina* des Hugo von Langenstein, ist das Subjekt zerstückelt, fragmentiert, aufgelöst.[26] Man müßte

---

Diskussion. In: *L'Homme. Zeitschrift für feministische Geschichtswissenschaft* 5 (1995) 1. S. 28-44.

[22] Friederike Hassauer: Der verrückte Diskurs der Sprachlosen. Gibt es eine weibliche Ästhetik. In: Friederike Hassauer u. Peter Roos (Hg.): *VerRückte Rede – Gibt es eine weibliche Ästhetik*. Berlin 1980. S. 48-65.

[23] J. Butler: Körper von Gewicht. U.a. S. 39.

[24] Der Begriff *"gender variance"* meint die Konstruktion von mehr als nur zwei Geschlechtern. Er verdankt sich der feministischen Ethnologie und deren Beobachtung solcher Kulturen, in denen das Phänomen des Geschlechtsrollenwechsels zum Alltag gehört (wie bei den indigen Kulturen Nordamerikas).

[25] Th. Anz: Gesellschaftliche Modernisierung. S. 6.

[26] Vgl. etwa auch die Studie über die Geschlechterverhältnisse und Körperkonzepte im Spätmittelalter von Caroline Walker Bynum: *Fragmentierung und Erlösung*. Frankfurt a.M. 1996.

das als 'postmodern' bezeichnete Subjektkonzept also insgesamt historisch differenzierter betrachten als es gemeinhin geschieht. Wie das Konzept des körperlosen Körpers bereits früher existierte,[27] sind ebenfalls auch Geschlechtertausch, Geschlechtsumwandlungen und *cross-dressing* gerade in mittelalterlichen Texten häufig zu finden.[28] Auch vor dem Hintergrund solcher wiederaufbereiteten Konzepte erweisen sich die ästhetischen Produkte der Postmoderne einmal mehr als Zitatenspiele mit Auffassungen vergangener Epochen.

Im folgenden möchte ich reflektieren, wie weit die von mir oben angeführten Kriterien einer postmodernen feministischen Ästhetik von Texten der siebziger Jahre dieses Jahrhunderts erfüllt werden, wie weit also bereits ihnen postmoderne Impulse innewohnen. Meiner Meinung nach läßt sich dieses Problemfeld sehr gut anhand der gegenwärtigen Körper-Debatte darstellen, und zwar in Verknüpfung mit Beschreibungen literarischer Inszenierungen von 'Authentizität' bzw. 'authentischen' Gefühlen.

Über die Authentizität von Gefühlen

Frauenfiguren, die ihre Ängste artikulieren, stellen ein beliebtes Motiv in der Gegenwartsliteratur seit den siebziger Jahren dar,[29] anhand dessen sich gleich mehrere, in zahlreichen literarischen Texten eingesetzte Instanzen bzw. Strategien beschreiben lassen, mit deren Hilfe eine scheinbare 'Authentizität' (de-)konstruiert wird. Problematisch dabei ist die Tatsache, daß dies alles vermittelt über die Schrift repräsentiert wird. Ihre Rolle wäre gerade hinsichtlich des Aspekts der 'Authentizität' – im Gegensatz zur Mündlichkeit – mehr als an dieser Stelle geschehen kann, zu reflektieren. Es ist eine alte Einsicht von Schriftstellern, daß Gefühle wie Angst durch Zeichensysteme wie Sprache und Schrift allein nicht adäquat vermittelt werden können. Die sprachphilosophisch an Wittgenstein geschulte

---

[27] Dies machte der Vortrag von Ingrid Kasten über "Gender und Legende" deutlich, gehalten auf der Tagung "Geschlechterdifferenz und Mediävistik. Eine Bilanzierung nach Butler und Laqueur", Bamberger mediävistisches Kolloquium 5.-7. März 1999. Kasten ging es insbesondere um das Konstrukt des 'heiligen Körpers'.
[28] Vgl. dazu Ingrid Bennewitz u. Helmut Tervooren (Hg.): *Manlîchiu wîp, wîplich man. Zur Konstruktion der Kategorien 'Körper' und 'Geschlecht' in der deutschen Literatur des Mittelalters. Internationales Kolloquium der Oswald von Wolkenstein-Gesellschaft und der Gerhard-Mercator-Universität Duisburg. Xanten 1997.* Berlin 1999. Vgl. hier z.B. Ruth Weichselbaumer: er wart gemerket unde erkant/ durch seine unvroweliche site. Männliches Cross-dressing in der mittelhochdeutschen Literatur. S. 326-341.
[29] Vgl. Christine Kanz: *Angst und Geschlechterdifferenzen. Ingeborg Bachmanns "Todesarten"-Projekt in Kontexten der Gegenwartsliteratur.* Stuttgart u. Weimar 1999 [= Ergebnisse der Frauenforschung 52].

Schriftstellerin Ingeborg Bachmann etwa begriff Schreiben stets als angestrengtes Bemühen, mit der Sprache "Realität" zu erreichen,[30] gerade auch die schwer faßbare 'Realität' von Emotionen. Aus sprachanalytischer Perspektive unterliegt die Beurteilung der scheinbaren 'Wahrheit' bzw. 'Echtheit' von Gefühlsäußerungen Kriterien, die bislang erst in vagen Ansätzen beschrieben wurden. Nach Jürgen Habermas ist die Glaubwürdigkeit von Gefühlexpressionen vor allem eine Frage ihrer "Wahrhaftigkeit" beziehungsweise "Authentizität".[31]

> Expressive Sätze, die der Äußerung von Erlebnissen dienen, können unter dem Aspekt der Wahrhaftigkeit der Selbstdarstellung eines Sprechers bejaht oder verneint werden. Allerdings ist der mit expressiven Äußerungen verbundene Anspruch auf Wahrhaftigkeit nicht von der Art, daß er wie Wahrheits- oder Richtigkeitsansprüche [in theoretischen oder moralischen Diskursen, Chr. K.] unmittelbar mit Argumenten eingelöst werden könnte.[32]

An die Stelle von Argumenten treten beispielsweise Konsistenzbeweise. Wer Gefühle äußert, kann seine 'Glaubwürdigkeit' unter anderem dadurch unter 'Beweis' stellen, daß sein Verhalten in Übereinstimmung mit seinen Gefühlsexpressionen steht. Umgekehrt kann sich "Unwahrhaftigkeit" in der "mangelnden Konsistenz zwischen einer Äußerung und den mit ihr intern verknüpften Handlungen verraten."[33]

Analog dazu gelten Gefühlsäußerungen dann als 'unecht', als nicht 'authentisch', als 'unwahrhaftig' oder 'unglaubwürdig', wenn sie künstlich und kalkuliert hervorgebracht scheinen und bestimmten strategischen Absichten dienen, wenn sie bloß vorgetäuscht, nachgeahmt, gespielt oder inszeniert wirken. In den Kontexten der Neusubjektiven Selbsterfahrungsliteratur der siebziger Jahre ging der Anspruch auf 'Authentizität' mit der Zurückweisung literarischer Fiktionalisierungen und Stilisierungen einher. Der schlagendste Konsistenzbeweis für die 'Authentizität' der in den Texten dargestellten Schmerzerfahrungen war, wie im Fall von Fritz Zorn oder Bernward Vesper, der an seinen tatsächlich erlebten Schmerzen zugrunde gehende Autor.[34]

---

[30] Ingeborg Bachmann: *Frankfurter Vorlesungen*. In: Dies.: *Werke*. 4 Bde. Hg. von Christine Koschel, Inge von Weidenbaum und Clemens Münster. München ⁴1993. Bd. IV. S. 192.
[31] Jürgen Habermas: *Theorie des kommunikativen Handelns*. 2 Bde. Frankfurt a.M. 1981. S. 69.
[32] Ebd.
[33] Ebd.
[34] Vgl. Reinhard Baumgart: Dem Leben hinterhergeschrieben. Der Künstler vor dem Spiegel – Vom Nutzen und Nachteil einer autobiographischen Literatur. In: *Die Zeit* vom 5.10.1984.

Von der Selbsterfahrungsliteratur der siebziger Jahre und deren Authentizitätsanspruch sind z.B. Ingeborg Bachmanns Texte sehr zu Recht innerhalb der Forschung abgegrenzt worden.[35] Anders aber als etwa Sigrid Weigel bin ich der Ansicht, daß die Texte Bachmanns sehr wohl von einer strategisch inszenierten 'Authentizität' zeugen. Die von Bachmann gestaltete 'Realitätsnähe' und 'Glaubwürdigkeit' ihrer Figuren ist, so meine These, Resultat eines durchdachten und auch nach außen bewußt gemachten Inszenierungsvorgangs, der insbesondere auch an ihrem Körperkonzept und an ihrer Konstruktion von Gefühlen deutlich wird. In einem Interview äußerte die österreichische Autorin:

> Es gibt ja schon lange dieses Mißverständnis, daß man zum Beispiel sagt, das, was man im Dialog schreibt, um ganz genau zu charakterisieren, das sei dann 'so naturalistisch', grob gesagt. Das ist es natürlich nicht. Sondern das so zu stilisieren, daß es wirkt, als wäre es äußerst, als wäre es ganz und gar realistisch – und das manchmal in wenigen Worten, in einer kurzen Antwort, im Satzbau zu sagen –, das ist dann etwas sehr Kunstvolles.[36]

Daß sich die Autorin über den Vorgang des künstlichen In-Szene-Setzens vorgeblicher Authentizität beim Schreiben äußerst bewußt gewesen ist, darauf verweisen nicht nur Äußerungen wie die über die 'Unübersetzbarkeit von Gefühlen', sondern auch ihre wiederholten Rekurse auf das Vokabular des Theaters ("inwendige Dramen", KA 2, 75f., "selten lebt jemand, außer auf meiner Gedankenbühne", KA 3.1, 630 etc.)[37] sowie zahlreiche Versuche, Konsistenzkonstruktionen so explizit in ihren Texten vorzufüh-

---

[35] Sigrid Weigel hebt in ihrer gemeinsam mit Regula Venske verfaßten historischen Darstellung der Frauenliteratur seit 1968 den Anspruch der Verfasserinnen sogenannter Reportage- und Protokolliteratur der siebziger Jahre auf Authentizität hervor. Sie grenzt die Texte Bachmanns explizit gegen diese Forderung ab (nicht zuletzt als Zeugnis deren literarischen Ranges). (Vgl. Sigrid Weigel u. Regula Venske: Frauenliteratur – Literatur von Frauen. In: Klaus Briegleb u. Sigrid Weigel [Hg.]: *Gegenwartsliteratur seit 1968*. München u. Wien 1992. S. 245-276, v.a. S. 256f.). Im Gegensatz etwa zur Prosa Christa Wolfs, zu deren prägnantesten Charaktermerkmalen nach allgemeinem Konsens die "subjektive Authentizität" gehört (vgl. dazu z.B. Barbara Dröscher: *Subjektive Authentizität. Zur Poetik Christa Wolfs zwischen 1964 und 1975*. Würzburg 1993).
[36] Ingeborg Bachmann: *Wir müssen wahre Sätze finden. Gespräche und Interviews*. Hg. von Christine Koschel und Inge von Weidenbaum. München ³1991. S. 123.
[37] Unter der Sigle KA wird im folgenden zitiert nach: Ingeborg Bachmann: *"Todesarten"-Projekt. Kritische Ausgabe*. Unter Leitung von Robert Pichl hg. von Monika Albrecht und Dirk Göttsche. 4 Bde. in 5 Bdn. München 1995. So wird der zweite Band bei Zitatbelegen mit KA 2 abgekürzt, der dritte mit KA 3.1 bzw. KA 3.2.

ren, daß deren Inszenierungscharakter untermauert wird. Immer wieder unterbrechen beispielsweise Perspektivwechsel den Handlungsfluß. Unterschiedliche Perspektiven legen gemeinhin mehrere Lesarten nahe. Sie suggerieren hingegen Eindeutigkeit, wenn sie in den geschilderten Wahrnehmungen explizit übereinstimmen. So heißt es im *Buch Franza* nach der Beschreibung eines Angstanfalls der Protagonistin in einem öffentlichen Lokal: "Aber in dem Moment, als der Kellner kam, gab es den Ruck, nicht nur für Franza, sondern auch für alle anderen". (KA 2, 293) Durch die Betonung, daß der von der Protagonistin angeblich bemerkte "Ruck" auch aus der Perspektive der anderen Personen wahrgenommen wird, erlangt er eine größere Objektivität und Glaubwürdigkeit, einen höheren 'Echtheitscharakter'.

Um den erwünschten Authentizitätseffekt literarischer Gefühlsartikulationen zu erzielen, müssen Schriftsteller (paradoxerweise) schreibend nach adäquaten Ausdrucksformen jenseits von Sprache und Schrift suchen beziehungsweise präziser formuliert: diese im verbalen Text als nonverbal konstruieren. Die unzureichenden Zeichensysteme der symbolischen Ordnung werden daher oft durch die Literarisierung anderer Artikulationsmedien ersetzt. Auch wenn die hier situierten Ausdrucksmöglichkeiten zwangsläufig versprachlicht, weil in Literatur umgesetzt werden, kristallisiert sich über sie doch ein Sprachbegriff heraus, der nicht mehr die logische Form der verbalen Sprache meint, sondern eine Sprache außerhalb "der symbolischen Ordnung".

Die juristische Sprache unterscheidet zwischen 'authentischen' beziehungsweise 'echten' und 'gefälschten' Dokumenten. "Ein authentisches Siegel beglaubigt die Echtheit einer Kopie" – so lautet eine der *Versionen des Authentischen*, über die der Literaturwissenschaftler Helmut Lethen einen erhellenden Aufsatz geschrieben hat. Lethen orientiert sich hier an der Wortgeschichte des Begriffs, um dessen Verwobenheit "in den Diskurs der Macht" herauszustellen.[38] Im folgenden möchte ich mehrere Strategien vorstellen, auf die z.B. Ingeborg Bachmann zurückgriff, um eine scheinbare Authentizität zu erreichen. Es wird sich herausstellen, daß ihnen Impulse innewohnen, die wir in der sogenannten Postmoderne wiederentdecken können. Die Angst, die schon immer Wahrheit indiziert; der Körper, der nicht erst in den Siebzigern den Authentizitätsgaranten schlechthin für z.B. die Vermittlung affektiver Zustände darstellte, wie sie etwa auch von der Psychoanalyse als 'real' untermauert wird; die Geschlechtsidentität 'weiblich', der innerhalb der bipolaren Denkschemata unserer Kultur noch im-

---

[38] Helmut Lethen: Versionen des Authentischen. In: Hartmut Böhme u. Klaus R. Scherpe (Hg.): *Literatur und Kulturwissenschaften. Positionen, Theorien, Modelle.* Reinbek bei Hamburg 1996. S. 205-231.

mer die mit 'Echtheit' assoziierte Natur zugeordnet wird – all diese Konzepte werden bewußt als Autorisierungsinstanzen von 'Authentizität' eingesetzt. Sie sind gewissermaßen literarisierte "Siegel" (Lethen), die die 'Echtheit' der Fiktion beglaubigen.

Angst als 'Authentizität' autorisierende Instanz

Eines der am meisten mit Glaubwürdigkeit assoziierten Gefühle ist die Angst. Angst gilt innerhalb unserer Kultur als Garant für 'Authentizität': Für Niklas Luhmann zum Beispiel ist "Angstkommunikation [...] immer authentische Kommunikation, da man sich selbst bescheinigen kann, Angst zu haben, ohne daß andere dies widerlegen können."[39] Vor allem in existenzphilosophischer Tradition (insbesondere bei Kierkegaard und auch bei Heidegger, für den sie das Existential schlechthin darstellt) gilt Angst per se als Garantin für Glaubwürdigkeit und 'Wahrheit', weil durch sie die Halt und Sicherheit verleihenden, gleichzeitig jedoch authentizitätswidrigen Kulturkonventionen aufgebrochen zu sein scheinen. Noch Jacques Lacan bezeichnete die Angst als das, "was nicht täuscht".[40] Für ihn ist sie "in diesem radikalen Sinne, als Affekt, das unfehlbare Indiz der Wahrheit des Mangels, das wahre Zeichen der Wahrheit."[41] Aus Heideggers und Lacans Reflexionen über die Angst extrahiert der Philosoph Bernhard Baas die Formel: "Die Angst ist die Affektion, die die Wahrheit signiert".[42] Oder in abgewandelter Formulierung: "Die Angst ist die Affektion, die uns der Wahrheit preisgibt."[43]

Der Körper als Wahrheits- und Authentizitätsgarant

Wie alle Affekte manifestiert sich auch die Angst in bestimmten Körperreaktionen. Sie wird "von somatischen Manifestationen begleitet", weil sie "als Affektion zu einem Teil dem Sinnlichen [zugehört, Chr. K.], dem sinnlich faßbaren Gefühl."[44] Wie die Angst unter den Gefühlen ist es unter sämtlichen Artikulationsformen zuallererst die Körpersprache, die Au-

---

[39] Niklas Luhmann: *Ökologische Kommunikation. Kann die moderne Gesellschaft sich auf ökologische Gefährdungen einstellen?* Opladen ³1990. S. 240.
[40] Jacques Lacan: Angoisse [Unveröffentlichtes Seminar, 1962], zit. n. Bernard Baas: Die Angst und die Wahrheit. In: Ders.: I. Wien 1995. S. 73-104, hier S. 95.
[41] So versteht Baas Lacan (vgl. ebd.).
[42] Ebd.
[43] Ebd. S. 103. – Allerdings meint Baas den Affekt, das Empfinden von Angst, und nicht die Ausdrucksformen der Angst, wie sie von anderen wahrgenommen werden.
[44] Ebd. S. 96.

thentizität indiziert.Vielfach gilt noch heute, was Quintilian in seiner Rhetorik festhielt:

> wenn umgekehrt Gebärde und Miene mit der Rede in Widerspruch steht, wir also Trauriges mit heiterer Miene sagen oder etwas mit Kopfschütteln bekräftigen, so dürfte gewiß den Worten nicht nur aller Nachdruck, sondern sogar die (schlichte) Glaubwürdigkeit fehlen.[45]

Mit der Sprache des Körpers wird in literarischen Texten ein von Habermas ignorierter 'Wahrhaftigkeitsbeweis' eingesetzt, der tief in der abendländischen Kultur verwurzelt ist. Denn ihr wird bis heute im Hinblick auf die Expression von Emotionen eine größere Glaubwürdigkeit und damit auch eine größere 'Authentizität' zugeschrieben als der verbalen Sprache. Literaturhistorisch betrachtet, gilt die Körpersprache wegen "der engen Verbindung von Gefühl und nonverbalem Ausdruck" als "ein seit der Antike für den Gefühlausdruck favorisierter Modus" – trotz der Tatsache, "daß hierfür verbale Möglichkeiten in der Erzähler- wie der Figurenrede sowie die direkte Innensicht der Figuren zur Verfügung stehen".[46]

Daß der Körper der Sprache "im Hinblick auf die Vermittlung affektiver Zustände" überlegen und "bei einer Diskordanz von verbaler und nonverbaler Information der nonverbalen Mitteilung im Hinblick auf Gefühle größerer Wahrheitsgehalt zuzumessen" sei, ist auch eine innerhalb der literaturwissenschaftlichen Forschung heute noch gängige Ansicht.[47] Als ein philosophisches Beispiel für diese sowohl die Literatur als auch die Kulturtheorie noch der siebziger und achtziger Jahre beherrschende Auffassung des Körpers als Authentizitätsgaranten sei an dieser Stelle nur Peter Sloterdijk erwähnt, der in seiner *Kritik der zynischen Vernunft* dafür plädiert, den "lebendigen Körper als Weltfühler" zu "entdecken" und dadurch der philosophischen Kritik "eine realistische Grundlage" zu "sichern": "Wenn die Dinge uns brennend auf den Leib rücken, muß eine Kritik entstehen, die das Brennen zum Ausdruck bringt."[48] Diese Auffassung entspricht dem Körperkonzept zahlreicher literarischer Texte dieser Zeit.[49]

---

[45] Marcus Fabius Quintilianus: *Ausbildung des Redners*. Hg. v. Helmut Rahn. Darmstadt 1975. S. 634f.
[46] So die Anglistin Barbara Korte: *Körpersprache in der Literatur. Theorie und Geschichte am Beispiel englischer Erzählprosa*. Tübingen 1993. S. 42.
[47] Ebd.
[48] Peter Sloterdijk: *Kritik der zynischen Vernunft*. 2 Bde., Frankfurt a.M. 1983, hier Bd. I. S. 19f.
[49] Ein Beispiel dafür liefert etwa Monika Marons Erzählung *Annaeva*, in der die Titelfigur die Stadt verläßt, um in der Dürre "Beweise ihrer lebendigen Existenz" zu finden. (Monika Maron: Annaeva. In: Dies.: *Das Mißverständnis. Vier Erzäh-

Aus dieser Perspektive läßt sich die Körpersprache in literarischen Texten noch heute als eine jener durch den philosophischen und den literarischen Diskurs der siebziger und achtziger Jahre erneut legitimierten Instanzen zur Autorisierung von 'Authentizität' begreifen.

Wenn Angst als ein Authentizitätsgarant par excellence gilt und sich vorwiegend über einen anderen Authentizitätsgaranten par excellence, den Körper, artikuliert, muß die körperliche Artikulation von Angst ein Höchstmaß an Wahrhaftigkeit suggerieren. Im *"Todesarten"-Projekt* Ingeborg Bachmanns scheint es, ähnlich wie in den Texten Anne Dudens, Christa Wolfs oder Monika Marons, vor allem der Körper der Frau zu sein, der die "Diskrepanz" gegenüber den in der symbolischen Ordnung "produzierten 'Wahrheiten' " registriert und in seiner (Symptom-)Sprache ausdrückt. Auf den ersten Blick trifft für das auch Bachmanns Texten zugrundeliegende Körperkonzept zu, was die Écriture-Féminine-Theoretikerin Hélène Cixous generell für das Sprechen 'der' Frau postulierte:

> ihr Fleisch redet wahr. Sie setzt sich aus. Im Fleische materialisiert sie, was sie denkt, sie bedeutet es mit ihrem Körper. In ihren Körper ist eingeschrieben, was sie sagt, denn sie verweigert dem Trieb nicht seinen unbezähmbaren und leidenschaftlichen Anteil an der Rede.[50]

Dennoch haben wir hier einen literarisierten Körper, der als Medium der Wahrnehmung (Aisthesis) der äußeren Gewaltverhältnisse wie der "inwendigen" Dramen fungiert, (KA 2, 75f.) Eindrücke und Affekte in Bewegung (Kinesis) umsetzt und in seine Symptomsprache übersetzt (Semiosis), also wie ein Schauspieler nach außen vermittelt,[51] und damit zur Inszenierung von 'Authentizität' und zum Spiel mit *gender* dient.

Diskursivität des Körpers und der Angst

---

lungen und ein Stück. Frankfurt a.M. 1982. S. 31-45, hier S. 36.) Daß es allein der Körper ist, der spürbare Beweise für die angstvolle Lebendigkeit der Protagonistin liefert, ist ein auch in den Texten Anne Dudens vorrangiges Phänomen. Die Angst der Protagonistin im *Judasschaf* manifestiert sich bereits in ihrem Gang. Anstatt aufrecht zu gehen, kann sie nur mehr jagen, wanken. Schwanken, taumeln oder sich gerade noch halten. (Vgl. Anne Duden: *Das Judasschaf*. Berlin 1985).

[50] H. Cixous: Schreiben, Feminität, Veränderung. S. 143.

[51] Aisthesis, Kinesis und Semiosis sind die drei Konstituenten des "Magischen Dreiecks", das der Theaterwissenschaftler H. Schramm als grundlegendes Kriterium von Theatralität begreift (vgl. Helmar Schramm: *Karneval des Denkens. Theatralität im Spiegel philosophischer Texte des 16. u. 17. Jahrhunderts*. Berlin 1996. S. 249ff.).

In seiner Unbeherrschbarkeit und Ungezügeltheit unterläuft der Körper aus der rationalitäts- beziehungsweise vernunftkritischen Perspektive, die sowohl literarische Moderne, postmoderne Theorien als auch feministische Theorien teilen, nicht nur den 'Disziplinardiskurs' des Zivilisationsprozesses seit der Aufklärung,[52] sondern z.B. auch den hegemonialen Diskurs über 'weibliche' Schönheit. Insbesondere der in Grimassen verzerrte, fratzenhafte, groteske, Angst artikulierende Körper entspricht nicht dem kulturell vermittelten Bild des 'weiblichen' Körpers, widersetzt sich dem herrschenden "Alltäglichkeitsdiskurs"[53] über den schönen "Frauenkörper",[54] den Anne Duden im Gespräch über ihre Texte *Das Judasschaf* und *Übergang* mit Sigrid Weigel so beschreibt:

> Er kann nicht akzeptiert, nicht erlebt werden als diese ungebrochene Form, diese schöne, glatte, unversehrte Form, als der er in unserer Gesellschaft liebend gern dargestellt wird. Vor allem der Frauenkörper. [...] Und durch den Körper muß die Person im *Judasschaf*, aber auch im *Übergang* schon, immer wieder hindurch wie durch eine Schranke. Sie kann an keiner Stelle so tun, als wäre er nicht da, sie kann keine Selbstverständlichkeit, keine Alltäglichkeit herstellen [...].[55]

Als Medium der Dekonstruktion kann er allerdings nur so lange eingesetzt werden, wie ihm die Funktion eines Ursprünglichkeits-, Echtheits- und Wahrheitsgaranten zugesprochen wird. Dies aber läuft sowohl postmodernen wie neueren gendertheoretischen Tendenzen im Umkreis Butlers zuwider.

Will man der These von der paradox anmutenden 'gespielten Nicht-Gespieltheit', also der inszenierten 'Authentizität', in literarischen Texten nachgehen, liegt die Frage nahe, in welcher Weise und auf der Basis welchen pathognomischen Wissens[56] die literarische Vermittlung der Körper-

---

[52] Vgl. Norbert Elias: *Über den Prozeß der Zivilisation.* 2 Bde. Frankfurt a.M. 1977.

[53] Anne Duden u. Sigrid Weigel: Schrei und Körper – Zum Verhältnis von Bildern und Schrift. Ein Gespräch über *Das Judasschaf.* In: Thomas Koebner (Hg.): *Laokoon und kein Ende: Der Wettstreit der Künste.* München 1989. S. 120-148, hier S. 138.

[54] Ebd. S. 136.

[55] Ebd. S. 137.

[56] Die Pathognomik, neuerdings innerhalb der Literaturwissenschaft auch als "*emotional display*" bezeichnet, hat "eine lange Tradition von der Antike über die psychologischen Schriften der Renaissance bis zur Ausdruckspsychologie seit Ende des 19. Jahrhunderts." (B. Korte: *Körpersprache in der Literatur.* S. 41.) Lichtenberg etwa, der ausführlich über die Pathognomik räsonnierte und sie der Physiognomik gegenüberstellte, definierte sie als "die ganze Semiotik der Affekten

sprache von Gefühlen zur Erzielung von Authentizitätseffekten eingesetzt wird. Zudem sollte man sich fragen, inwiefern die körperlichen Ausdrucksformen der Gefühle in literarischen Texten diskursiv vorgeprägt sein könnten. Möglicherweise wird hier auf konventionalisierte Formen körpersprachlicher Rhetorik zurückgegriffen, werden bestimmte Bewegungsformeln der Angst eingesetzt, um eine möglichst 'authentische' Wirkung der Angstdarstellung zu erzielen. In der Einführung zu seinem 1962 veranstalteten Seminar *Angoisse* verkündete Lacan, daß die Frage der Angst "den Treffpunkt" bilde, "an dem sich die Elemente seines Diskurses miteinander verbinden und ihren Platz einnehmen."[57] Angst ist ein Produkt unterschiedlicher diskursiver Prozesse,[58] und daher auch immer in ihrer "Historizität" zu betrachten. Genauso verhält es sich mit dem Körper. Es gibt vielfältige historische Körperkonzeptionen, die den Körper als lesbaren konstituieren und "zur Genüge" beweisen, "daß jeder sprechende Körper bereits ein 'besprochener' Körper ist, jede Körpersprache diskursiven Ordnungen unterliegt."[59] Eines der wirkungskräftigsten Konstrukte, sowohl hinsichtlich des Körpers als auch der Angst, hat die Psychoanalyse etabliert.[60]

Die Psychoanalyse als wissenschaftliche Autorisierungsinstanz

Es sind insbesondere die literarischen Deskriptionen körperlicher Ausdrucksformen der Gefühle (wie etwa der Angst), die auf tradierte Formen

---

oder die Kenntnis der natürlichen Zeichen der Gemütsbewegungen". (Georg Christoph Lichtenberg: Über Physiognomik; wider die Physiognomen. Zu Beförderung der Menschenliebe und Menschenkenntnis. In: Ders.: *Schriften und Briefe*. Hg. v. Wolfgang Promies. 3. Bd.: *Aufsätze, Entwürfe, Gedichte, Erklärung der Hogarthischen Kupferstiche*. München 1972. S. 256-295. S. 264.)

[57] J. Lacan: Angoisse. S. 74.

[58] Norbert Elias hat den "Zivilisationsprozeß" treffend als einen Prozeß der Modellierung von Affekten bezeichnet. (N. Elias: *Über den Prozeß der Zivilisation*. Bd. I.. S. 225).

[59] Sigrid Schade: Text- u. Körperalphabet bei Hans Bellmer. In: *Rundbrief Frauen in der Literaturwissenschaft* (1993) 40. S. 10-17. – Vgl. auch S. Weigel: "Blut ist im Schuh". Die Bedeutung der Körper in Christa Wolfs Prosa. In: Michael Vanhelleputte (Hg.): *Christa Wolf in feministischer Sicht*. Frankfurt a.M. 1992. S. 145-157 sowie Barbara Duden: *Geschichte unter der Haut. Ein Eisenacher Arzt und seine Patientinnen um 1730*. Stuttgart 1987. – Eine Diskussion der umfangreichen Forschung zur Geschichte des Körpers befindet sich im ersten Teil.

[60] Nicht umsonst hat Schmölders auf die Parallelen zwischen Rhetorik und Psychoanalyse hingewiesen, vor allem im Zusammenhang mit der "Topik" Freuds (vgl. Claudia Schmölders: *Das Vorurteil im Leibe. Eine Einführung in die Physiognomik*. Berlin 1995. S. 83).

der Körperrhetorik zurückgreifen und historisch unterschiedlichen Diskursen angehören. Sie markieren die Schnittstellen zwischen z.B. Psychoanalyse, Existentialismus, Kunst- und Theatergeschichte. Sie sind damit alles andere als 'authentisch', sondern stellen diskursive Knotenpunkte dar.

Die körpersprachlichen Artikulationsmuster der Angst literarischer Frauenfiguren laufen in zahlreichen Texten der Gegenwart auf ähnliche Weise ab (zum Beispiel als Zittern, Schlottern, Zusammenknicken der Beine, schnelles Atmen, Schwindelgefühl, Erbrechen usw.). Sie stimmen oft auf verblüffende Weise mit psychoanalytischen Beschreibungen der pathologischen Symptomatik von Hysterie und Angstneurose überein. Für Freud ist Angst ein Affektzustand, der aus einer Erregungssteigerung, aus Reaktionen zur Abfuhr dieser Erregung, aus der Wahrnehmung dieser Erregung und ihrer Abfuhr und aus einem diesen gesamten Verlauf begleitenden Unlusterlebnis besteht. Abfuhrreaktionen wären hierbei etwa Störungen im Herzschlag- und Atemrhythmus, Schweißausbrüche sowie motorische Unruhe (Zittern und Schütteln). Dieses Verlaufsmuster soll typisch für den Affektzustand der Angst sein und diesen von anderen Affekten, etwa dem der Trauer, unterscheiden.[61]

Ein literarisches Beispiel mag im folgenden genügen, die oft verblüffenden Parallelen zwischen zahlreichen Texten der Gegenwart und psychoanalytischen Konzepten anzudeuten. So werden in Ingeborg Bachmanns Romanfragment *Das Buch Franza* psychische Phänomene oftmals so dargestellt, daß sie der pathologischen Symptomatik von Hysterie und Angstneurose entsprechen.

> Da schwoll der Nil an, er wurde eine bewegte schnelle Schlange, der Nil hob und senkte sich eilig [...], Franza hielt sich an dem Tischchen fest, ihre Knie sackten ein, und sie kam auf dem Hocker zu sitzen [...], versuchte [...] fest auf den Boden zu schauen, Halt zu bekommen auf dem [...] Fußboden, sie konnte nicht aufsehen [...]. Die Stimmen versammelten sich jetzt auch auf dem Boden zu ihren Füßen, Lachen, Fragen, Sagen, sie kamen in einen Strudel zu Franzas Füßen, da wo sie hinschaute, dann tat der Kairo Tower ein Übriges, er fing zu schwanken an [...]. (KA 2, 292)

Die Übereinstimmung solcher Schilderungen mit Freuds Beschreibungen angstneurotischer Symptome sind tatsächlich frappierend:

> Eine hervorragende Stellung in der Symptomengruppe der Angstneurose nimmt der 'Schwindel' ein, der in seinen leichtesten Formen besser als 'Taumel' zu

---

[61] Vgl. Sigmund Freud, Neurasthenie und 'Angstneurose'. In: Ders.: *Studienausgabe*. 10 Bde. Hg. von Alexander Mitscherlich, Angela Richards und James Strachey. Frankfurt a.M. 1969-1975. Bd. VI. S. 31.

> bezeichnen ist, in schwerer Ausbildung als 'Schwindelanfall' mit oder ohne Angst zu den folgenschwersten Symptomen der Neurose gehört. Der Schwindel der Angstneurose [...] besteht in einem spezifischen Mißbehagen, begleitet von den Empfindungen, daß der Boden wogt, die Beine versinken, daß es unmöglich ist, sich weiter aufrecht zu halten, und dabei sind die Beine bleischwer, zittern oder knicken ein.[62]

Krankheitssymptome werden von Bachmann weder benannt noch als solche bewertet, sondern sie werden so inszeniert, daß sie den psychoanalytischen Merkmalkatalogen entsprechen. Allerdings wird die Künstlichkeit, Konstruiertheit, Fiktionalität der Körpersprache der Gefühle gerade dadurch deutlich gemacht, daß sich in den literarischen Figuren diverse psychoanalytische Diagnosen kreuzen. Innerhalb der Literaturwissenschaften wird die literarische Figur Franza dementsprechend abwechselnd als magersüchtig, hysterisch, suizidal oder neurotisch diagnostiziert. So ist ihr Charakter zwar nach bestimmten psychoanalytischen Gesetzen konstruiert, aber nicht im Sinne eines tatsächlichen Krankheitsbildes.

Einer so sprachreflektierten und kulturtheoretisch versierten Autorin wie Ingeborg Bachmann war dies alles sehr wohl bewußt. Bereits in den Vorreden zum *Buch Franza* kündigt sie an, daß sie in ihrer Protagonistin diverse "inwendige Dramen" (KA 2, 75f.) stattfinden läßt, und auch die Verwendung der Theatervokabel verstärkt den Eindruck, daß ihr nicht nur solche diskursiven Schnittstellen sehr deutlich waren und daß sie etwa die Psychoanalyse als Instanz einsetzte, um vorgebliche 'Authentizität' zu autorisieren, sondern daß sie auch gleichzeitig den Inszenierungscharakter ihrer Fiktion herausstellen wollte.

Gender und Gefühl in Postmoderne und Feminismus

Daß bei der Umprägung von Gefühls-Engrammen in literarische Körper- und Bewegungsbilder so oft der als 'weiblich' konstruierte literarische Körper zum Ausdrucksträger der Gefühle wird, kann kein Zufall sein. Nach Ansicht der Soziologin Gesa Lindemann ist es im Alltag entscheidend, welcher "Geschlechtskörper" es ist, der gerade spricht. Weil nach ihrer Auffassung der Körper "ein Ding und zugleich ein Zeichen" ist, "erhält die Zeichenhaftigkeit die gleiche Objektivität, die dem Körper als Ding zukommt".[63] Da "die kulturelle Zeichenrealität selbst zum Ding wird"

---

[62] Ebd. S. 31f.

[63] Sie meint, daß nicht nur ein nicht näher definierbarer Körper angenommen werden müsse, der konkret nur innerhalb einer kulturellen Zeichenrealität beschrieben werden kann, sondern darüber hinaus, daß die kulturelle Zeichenhaftigkeit selbst objektiviert wird (vgl. Gesa Lindemann: *Das paradoxe Geschlecht. Transsexualität im Spannungsfeld von Körper, Leib und Gefühl*. Frankfurt a.M. 1993. S. 40).

und ihrerseits einer "Objektivierung" unterliegt, spricht sie vom "objektivierte[n] Geschlecht beziehungsweise Geschlechtskörper"[64] und illustriert dies am Beispiel von Transsexuellen. "Weil ihr Körper ihr Geschlecht objektiviert, fürchten sich nicht-operierte Transsexuelle davor, nackt gesehen zu werden, ohne daß die betreffende Person ihnen gewogen ist."[65] Ein "objektiviertes Geschlecht" zu haben, bedeutet "immer schon, in ein soziales Ausdrucksverhältnis eingelassen" zu sein.

Für die Wahrnehmung des Körpers als geschlechtsspezifischen ist nach Lindemann immer ein Zuschauer notwendig, der "leiblich-affektiv in die Geschlechtswahrnehmung eingebunden ist und sich insofern auf andere im System von Gleich- und Verschiedengeschlechtlichkeit bezieht."[66] Da auch das zwangsläufig immer geschieht, kann es nach Auffassung der Soziologin keine geschlechtsneutrale Betrachtungsweise geben, und dies erst recht nicht – so könnte man ihre nicht auf literarische Texte bezogenen Thesen weiterführen – wenn der 'weibliche' beziehungsweise der 'männliche' Körper eine literarische Fiktion ist und der/die Lesende ihn nur in der Phantasie vor seinem/ihrem geistigen Auge agieren sieht.

> Einen Geschlechtskörper zu haben heißt, sein eigenes Geschlecht schon dargestellt zu haben, noch bevor man in einer Situation eine Geste gemacht hat, einen Blick geworfen oder ein Wort gesprochen hat. Es reicht, potentiell sichtbar zu sein.[67]

An Butlers konstruktivistischer Auffassung von Körper, Subjekt und Geschlecht kritisiert Lindemann vor allem, daß "zwischen dem Körper als wissenschaftlich konstruiertem Gegenstand und erlebter leiblicher Erfah-

---

[64] G. Lindemann: *Das paradoxe Geschlecht*. S. 40. – Anders als etwa ethnomethodologische Studien, die den Akzent darauf legen, zwischen Zeichenhaftigkeit des Körpers und seiner Dinghaftigkeit zu unterscheiden, kommt es ihr darauf an, "daß man einen wesentlichen Aspekt der Zeichenhaftigkeit des Körpers übergeht, wenn man nicht deren unmittelbaren Zusammenhang mit seiner Dinghaftigkeit berücksichtigt." (ebd.)
[65] Ebd. S. 36f.
[66] Ebd. S. 50.
[67] Ebd. S. 37f. – Nach Lindemann findet eine interaktive Hervorbringung des Geschlechts statt (ebd. S. 41). Das Sub-jekt ist ihr, so Lindemann, "zwangsmäßig" unterworfen: "Das sozial verfaßte objektivierte Geschlecht bewirkt in der Verschränkung mit dem Leib wie von selbst, daß eine Person sich als das Geschlecht realisiert, das der Körper bedeutet." (Ebd. S. 39) Weil es den Individuen in unserer Gesellschaft "massiv zugemutet" werde, "ihr objektiviertes Geschlecht subjektiv zu sein", sei es "erforderlich, die Rolle des Körpers in der Interaktion zu beschreiben." Die "leibliche Interaktion" verhindere ein "Ausweichen ins Imaginäre" (ebd.).

rung nicht unterschieden wird."⁶⁸ Für Judith Butler wird der "Effekt der Geschlechtsidentität" vor allem "durch die Stilisierung des Körpers erzeugt". Er muß "als der mundane Weg verstanden werden, auf dem die Körpergesten, die Bewegungen und die Stile unterschiedlicher Art die Illusion eines unvergänglichen, geschlechtlich bestimmten Selbst (*gendered self*) herstellen."⁶⁹ Die "Sedimentierung der Geschlechter-Normen" hat ihr zufolge "mit der Zeit einen Satz leiblicher Stile produziert", die "in verdinglichter Form als natürliche Konfigurierung der Körper in Geschlechter (*sexes*) erscheinen".⁷⁰ Mit jeder Geste materialisiert sich der scheinbar natürliche Geschlechtskörper aufs neue.

Ob in der Konzeption Butlers zu diesem "Satz leiblicher Stile" wohl auch die Reproduktion spezifischer Bewegungsformeln bestimmter Gefühle, etwa der Angst, gehören würde? Wie "das Drama der Geschlechtsidentität" eine "rituelle gesellschaftliche Inszenierung" ist, die "eine wiederholte Darbietung" erfordert, wäre dann die literarische Pathognomik nicht viel mehr als eine Reproduktion der Pathosformeln der Gefühle, "eine Re-Inszenierung und ein Wieder-Erleben eines bereits gesellschaftlich etablierten Bedeutungskomplexes."⁷¹ Die literarisch vermittelten Körperzeichen der Angst, die sich auf Bewegungsmuster beziehen, wie sie zum Beispiel auch bereits durch die Beschreibungen der Psychiatrie Charcots

---

⁶⁸ Gesa Lindemann: "Wider die Verdrängung des Leibes aus der Geschlechtskonstruktion". In: *Feministische Studien* (1993) 2. S. 44-55, hier S. 50.

⁶⁹ J. Butler: Unbehagen der Geschlechter. S. 207.

⁷⁰ Ebd. S. 206.

⁷¹ Ebd. – Obwohl "es die individuellen Körper" sind, "die diese Bezeichnungen in Szene setzen, indem sie zu kulturell erzeugten Formen der Geschlechtsidentität (*gendered modes*) stilisiert werden, ist diese 'Handlung' öffentlich", so Butler (ebd.). – Zum Begriff 'Pathosformeln': Die artifiziellen Affektdarstellungen der bildenden Künste und die damit einhergehende rhetorische Konventionalisierung von Körperzeichen veranlaßte den Kunsthistoriker und Kulturwissenschaftler Aby Warburg in den zwanziger Jahren von "Pathosformeln" zu sprechen. Er analysierte die "leidenschaftlich bewegten Körper im Bild" und systematisierte sie in seinem gebärdensprachlichen *Mnemosyne*-Atlas. Als "Pathosformeln" bezeichnete er Bildsymbole, die in der Antike vorgeprägt, in der Renaissance wieder aufgenommen und bis heute weiter tradiert wurden. (Vgl. dazu auch Sigrid Schade: Charcot und das Schauspiel des hysterischen Körpers. Die "Pathosformel" als ästhetische Inszenierung des psychiatrischen Diskurses – ein blinder Fleck in der Warburg-Rezeption. In: Silvia Baumgart, Gotlind Birkle u. a. [Hg.]: *Denkräume zwischen Kunst und Wissenschaft*. Berlin 1993. S. 460-484, v.a. S. 464.) – Diese gedächtnisbewahrenden "Engramme leidenschaftlicher Erfahrung" überleben im sozialen Gedächtnis beziehungsweise kulturellen Gedächtnis, stellen dessen überindividuelle Träger dar, sind dessen Bildspeicher, also immer abrufbar. (Ernst Gombrich: *Aby Warburg. An intellectual biography*. London 1970. S. 291.)

oder der Psychoanalyse Freuds etabliert worden sind, reproduzieren literarische Bilder, die rhetorischen Gesetzen gehorchen.

Der Körper der fiktiven Frau in den literarischen Texten, der 'Weiblichkeit' (mit Butler gesprochen: "zwangsmäßig") re-inszenieren muß, der Gefühle aufzeichnet und artikuliert, der also zugleich Sender und Empfänger ist, erscheint in hohem Maße als ein diskursivierter, besprochener, stilisierter. Und zwar in seiner Wahrnehmung, seiner Bewegung und seiner Sprache. Dieser Eindruck verstärkt sich noch, wenn man einmal dem Motiv des schwindelnden Körpers nachgeht. Christina von Braun hat unlängst auf die Vielschichtigkeit des Begriffs "Schwindel" hingewiesen, "dessen Geschichte sich immer wieder mit der Geschichte der 'Frauenkrankheiten' kreuzt."[72] Schwindel gilt als Begleitsymptom vor allem der 'typischen' Frauenkrankheiten (Hysterie, Eßstörungen, Syndrom der multiplen Persönlichkeit), denen schon immer der Verdacht auf Simulation anhaftete. In seiner etymologischen Herkunft "vom mittelhochdeutschen Wort 'swinden' ist 'Schwindel' mit 'abnehmen' , 'vergehen' , 'abmagern' , 'bewußtlos werden' " konnotiert,[73] also mit dem Verschwinden der Sinne, des Körpers oder des Bewußtseins. Schon ab dem 9. Jahrhundert kommt das Wort 'verswinden' auf, was soviel wie 'unsichtbar-, unwirklich werden, vergehen und sterben' bedeutet.[74] Schwindel war also mit dem Verschwinden des 'Körpers' assoziiert. Darüber hinaus ist eine zweite Konnotation für unseren Zusammenhang interessant:

'Schwindel' (im Sinne von Betrug) bürgert sich erst mit der Neuzeit, ab dem 16. Jahrhundert ein – man könnte fast sagen: mit der kopernikanischen Wende und dem Schwindelgefühl, das dem abendländischen Menschen die Neuorientierung des Sehens und der damit einhergehende Wandel der Welt- und Ich-Betrachtung verursachte. Verweist der Begriff 'Schwindel' zunächst auf Inhalte wie 'abenteuerliche Versprechungen machen' – ein Phantast, der unwahrscheinliche oder unglaubwürdige Geschichten auftischt, wird oft als 'Schwindler' bezeichnet – so entwickelt sich später daraus der Lügner, Betrüger und Hochstapler.[75]

Abgesehen davon, daß auch in Bachmanns Romanfragment *Das Buch Franza* in der bereits zitierten Textpassage ein Zusammenhang von

---

[72] Christina von Braun: Frauenkörper und medialer Leib. In: Wolfgang Müller-Funk u. Hans Ulrich Reck (Hg.): *Inszenierte Imagination: Beiträge zu einer historischen Anthropologie der Medien*. Wien u. New York 1996. S. 125-146, hier S. 125.
[73] Ebd.
[74] Ebd.
[75] Ebd.

Schwindel und Schauen thematisiert wird,[76] ist der 'schwindlige' Körper der Frau hier auch mit der "Angst, die keiner ihr glaubt,"[77] konnotiert. Der Körper als Authentizitätsgarant ist aus dieser Sicht einmal mehr 'verschwunden' – auch wenn er eine glaubwürdige, 'echt' wirkende Symptomsprache reproduziert.[78] Indem die Artikulation des Körpers einen wörtlichen Rückgriff auf den Diskurs der Psychoanalyse darstellt, verweist er auf "das Nicht-Authentische, Nicht-Individuelle, also das bloß Gespielte und möglicherweise Unaufrichtige", also auf das generell "Theatrale und Inszenierte" einer Körpersprache der Gefühle im literarischen Text.

Das Moment der Verstellung läßt sich mit der Kodierung der Körpersprache begründen. Die Sprache des Körpers kann, je nach Lesart und Kontext, verschiedenartig gedeutet werden.[79] Deshalb sind "Erröten, Erbleichen, Stocken, Verstummen", die als "Verhaltensfenster des Körpers" gelten und einen Blick in den inneren Zustand gestatten"[80] sollen, und von jeher als "natürliche Zeichen"[81] angesehen wurden, "in der Interpretation dann doch so abhängig [...] vom Kontext dieses Körpers."[82] Erröten kann ein Zeichen der Verliebtheit, aber auch der Lüge sein,[83] so wie Stottern, Zittern, Schweißausbrüche oder Schwindel als Artikulationsformen der

---

[76] Trotz ihrer Angst und ihres Schwindels wird Franza sogar zum Scherzobjekt ihres Bruders, der ihre 'Symptome' gegenüber anderen Männern als frauentypische Krankheit verspottet: "seine Schwester werde so leicht schwindlig, er machte ein paar Scherze über Frauen mit Schwindel und Schwindelgefühlen" (KA 2, 293).

[77] So eine Äußerung Wolfs in ihrem Kommentar zu Bachmanns Romanfragment *Das Buch Franza* (Christa Wolf: *Voraussetzungen einer Erzählung. Kassandra.* Frankfurt a.M. [13]1989. S. 153).

[78] Bezeichnenderweise sagt das "weibliche Ich" in *Malina*: "Ivan hält sich sorglos an die Erscheinung, meine Leibhaftigkeit ist ihm ein Anhaltspunkt, vielleicht der einzige, aber mich stört sie" (KA 3.1, 403).

[79] Vgl. Barbara Korte: *Körpersprache in der Literatur.* S. 41f.

[80] Hartwig Kalverkämper: Die Rhetorik des Körpers. Nonverbale Kommunikation in Schlaglichtern. In: Thomas Müller (Hg.): *Rhetorik. Ein internationales Jahrbuch.* Bd. 13: *Körper und Sprache.* Tübingen 1994. S. 131-169, hier S. 149.

[81] So von dem spanischen Jesuiten Hervás y Panduro, der die "passiones del alma", "das Erröten, Erbleichen, Zittern u.ä.m." zu den 'äußeren Manifestationen der Seelenregungen' zählt. Dazu kommt eine Vielzahl von 'acciones corporales', 'bedeutende' körperliche Manifestationen, Körperhaltungen und Gesten." (Manfred Tietz: Die Körpersprache als Tor zur Seele. Lorenzo Hervás y Panduros *Escuela española de sordomudos* [1795]. In: Rudolph Behrens u. Roland Galle [Hg.]: *Leib-Zeichen. Körperbilder, Rhetorik und Anthropologie im 18. Jahrhundert.* Würzburg 1993. S. 61-82, hier S. 72.)

[82] H. Kalverkämper: Rhetorik. S. 149.

[83] Manfred Schneider: *Liebe und Betrug. Die Sprachen des Verlangens.* München 1992. S. 407ff.

Angst, Zeichen des Schmerzes oder Signale der Lust interpretiert werden können.[84] Nicht nur der Körper, sondern auch der Affekt der Angst – ursprünglich beide Inbegriffe für 'Authentizität' – markieren also genauso wie die Kategorien "sex", "Mann" oder "Frau" zugleich jene Nahtsstelle, an der sich die Verstellung einnistet, die Signifikant und Signifikat nicht zur Deckung kommen läßt.

Der Körper der Frauenfigur, der die Angst 'aufführt', verweist im übrigen in der Verknüpfung mit dem Motiv der 'Verstellung' auf ein misogynes Stereotyp. Für Nietzsche etwa ist die Frau verlogen und listig, neigt zu Verstellung und Schauspielerei. Dieses Klischee wird von Derrida dekonstruiert, der es kurzerhand in einen neuen Sinnzusammenhang stellt. Er schließt sich in seiner Nietzsche-Lektüre *Sporen – Die Stile Nietzsches* bei seinem Versuch der Bestimmung des 'Weiblichen' dem Philosophen an – ohne dessen Weiblichkeitsbild historisch zu situieren oder gar zu reflektieren. Er übernimmt Nietzsches Negativbild, wertet es positiv um und macht es zum Ausgangspunkt seiner Dekonstruktion. Die Frau spielt laut Derrida mit den Effekten der Kastration – Scham, Verschleierung usw. – und er definiert sie so: " 'Frau' ist, was nicht daran glaubt und sein Spiel damit treibt".[85]

Spiel mit den Geschlechtsidentitäten

Das in der Postmoderne florierende Spiel mit Geschlechtsidentitäten ist, wie bereits erwähnt, nicht neu. Es stellte bereits ein beliebtes literarisches Sujet in den siebziger Jahren dar. Man denke z.B. an Irmtraud Morgners *Gute Botschaft der Valeska in 73 Strophen* oder Sarah Kirschs *Blitz aus heiterem Himmel*. Daß sie zugleich gegen ein Denken in binären Oppositionen anschreiben will, hat etwa auch Christa Wolf in ihrer Erzählung *Kassandra* bereits explizit herausgestrichen. Literarisch durchgespielt hat sie eine Umkehrung der Geschlechterverhältnisse in ihrer Geschlechtertauschgeschichte *Selbstversuch*.[86]

Weit subtiler noch als bei diesen Autorinnen kommt das Moment des "Spiels" allerdings bei Ingeborg Bachmann auf. Es gibt z.B. in *Das Buch Franza* Passagen, in denen sie bewußt nicht an den Kulturstereotypen von 'Weiblichkeit' und 'Männlichkeit' festhält, sondern mit ihnen durchaus zu

---

[84] Natürlich ist es immer ein Orchester von Artikulationsformen, das als Ganzes einen bestimmten Affekt oder ein bestimmtes Gefühl signalisiert. Zudem muß man stets zwischen dem Affekt selbst und der verbalisierten (literarisierten) Beschreibung des Affekts differenzieren.
[85] Jacques Derrida: Sporen – Die Stile Nietzsches. In: Werner Hamacher (Hg.): *Nietzsche aus Frankreich*. Frankfurt a.M. u. Berlin 1986. S. 129-168. S. 139.
[86] Vgl. Christa Wolf: *Kassandra*. Frankfurt a.M. [8]1986. S. 124f., S. 133, S. 138.

jonglieren weiß, und zwar gerade mit Hilfe der Beschreibung des Körpers und des Affektparameters Angst, die hier jeweils für 'Authentizität' einstehen und damit als Instanzen ihrer Autorisierung fungieren.[87]

Auch in dem 1971 erschienenen Roman *Malina* erzielt das "weibliche Ich" explizit, mit Butler gesprochen, den Effekt der Geschlechtsidentität durch die Stilisierung des Körpers". Durch die bewußte Re-produktion aller gängigen äußerlich 'frauentypischen' Merkmale inszeniert es einmal seine 'Weiblichkeit' am eigenen Leib vor dem Spiegel. (KA 3, 447ff.) Es kreiert eine "Komposition" seiner selbst: "eine Frau ist zu erschaffen für ein Hauskleid". Dies ist ein bewußter Akt, in dem das "weibliche Ich" die Autorschaft übernimmt: "Ganz im geheimen wird wieder entworfen, was eine Frau ist, es ist dann etwas von Anbeginn, mit einer Aura für niemand." Das "weibliche Ich" findet erst Gefallen an sich, nachdem es sich in einer ziemlich ironisch beschriebenen, am westlichen Schönheitsideal 'der Frau' orientierten Prozedur zur "Kopie einer Kopie einer Kopie" gemacht hat (KA 3, 58) – und die ist ein Ich-Entwurf auf den Blick des Anderen,[88] des Mannes, hin:

> Es müssen die Haare zwanzigmal gebürstet, die Füße gesalbt und die Zehennägel lackiert werden, es müssen die Haare von den Beinen und den Achseln entfernt werden, die Dusche wird an- und ausgemacht, ein Körperpuder wolkt im Badezimmer, es wird in den Spiegel gesehen, es ist immer Sonntag, es wird in den Spiegel gefragt, an der Wand. (KA 3.1, 448)

Nicht nur die Bewußtmachung alter Geschlechterdichotomien, sondern auch deren Auflösung impliziert das Bild vom "Schichtwechsel" in Bachmanns Erzählung *Ein Schritt nach Gomorrha*, die von einer lesbischen

---

[87] Die sonst stets angstbesetzte Figur Franza hat z.B. einmal angstfreie Momente und gewinnt die Herrschaft über ihren Körper zurück. Wie ein 'männlich' codiertes, autonomes Subjekt beginnt sie, "Gewalt" über sich zu bekommen und ihre Gefühle unter Kontrolle zu haben: "Sie ging nicht mehr gebückt und hielt sich immer seltener verkrampft am Tisch fest. [...] sie zitterte stundenlang nicht und wurde braun und fest." (KA 2, 264f.) Zwischen ihr und dem sonst so überlegenen Bruder scheint ein Rollentausch stattgefunden zu haben – auch im Hinblick auf die Angst. Denn er ist jetzt der Kranke und Mutlose und Franza diejenige, die den "ohnmächtig gewordenen Beschützer" pflegen muß. Er kann sich über sie nur wundern, "diese Wilde, die aufzuleben begann, wo ihm der Mut sank." (KA 2, 265).

[88] Im Sinne Lacans hätte sich das "weibliche Ich", zumindest für diesen kurzen Moment (und wäre es 'männlich'), als Subjekt konstituiert. (Vgl. Jacques Lacan: Das Spiegelstadium als Bildner der Ichfunktion, wie sie uns in der psychoanalytischen Erfahrung erscheint. In: Ders.: *Schriften I*. Hg. v. Norbert Haas. Olten 1973. S. 61-70.)

Beziehung handelt. "Schichtwechsel" heißt hier für die Protagonistin, daß jetzt sie "die Welt übernehmen" kann, "die alten Bilder ungültig machen und das erste neue entwerfen":

> denn es war ja die Welt der Bilder, die, wenn alles weggefegt war, was von den Geschlechtern abgesprochen worden war und über sie gesprochen war, noch blieb. Die Bilder blieben, wenn Gleichheit und Ungleichheit und alle Versuche einer Bestimmung ihrer Natur und ihres Rechtsverhältnisses längst leere Worte geworden waren und von neuen leeren Worten abgelöst würden. [...] Ich bin in kein Bild hineingeboren, dachte Charlotte. Darum ist mir nach Abbruch zumute. Darum wünsche ich ein Gegenbild, und ich wünsche, es selbst zu errichten. Noch keinen Namen. [...] Das Reich erhoffen. Nicht das Reich der Männer und nicht das der Weiber. Nicht dies, nicht jenes.[89]

Die Selbstinszenierung des "weiblichen Ich" vor dem Spiegel ist eine spielerisch-sarkastische Mimese an das, was gesellschaftlich als Frausein definiert wird, um es zu demaskieren, möglicherweise sogar zu unterminieren. Solche Szenen und die radikaler explizierten Gedanken Charlottes machen nicht nur Geschlechtergrenzen bewußt und stellen ihre Binarität in Frage, vor allem zeigen sie auch das Bewußtsein der Autorin für deren rhetorische Verfaßtheit ("leere Worte", die "neue leere Worte" ablösen, alte "Bilder", die durch "Gegenbilder" ersetzt werden können). Das entspricht Tendenzen, wie sie heute etwa Barbara Vinken oder Judith Butler vertreten.[90]

Impulse für eine Literatur der Postmoderne – Literarische Gegenentwürfe – Secondhandling als Spiel

Die Lektüre von Gendertheorien schärft den Blick für literarische Gegenentwürfe, bildet ihn vielleicht gar erst heraus. Was unser Thema anbelangt, so regen die Überlegungen der Soziologin Gesa Lindemann zur "leiblich-affektiven Konstruktion des Geschlechts" einerseits zu der Frage an, inwiefern die literarische Gestaltung körperlicher Gefühlsartikulation insbesondere durch Frauenfiguren in vielen Texten der Gegenwart der Dauerhaftigkeit sozialer Geschlechterkonstruktionen (etwa der von der ängstlichen Frau und dem mutigen Mann) dient. Andererseits lassen sich doch bereits in Texten der siebziger und achtziger Jahre einige Versuche der Umcodierung der Geschlechtsidentitäten bzw. des Spiels mit ihnen

---

[89] Ingeborg Bachmann: Ein Schritt nach Gomorrha. In: Dies.: *Werke. Bd. II: Erzählungen*. S. 187-213, Zitate S. 211f.
[90] Barbara Vinken (Hg.): *Dekonstruktiver Feminismus. Literaturwissenschaft in Amerika*. Frankfurt a.M. 1992.

aufzeigen, die die traditionellen Geschlechterdichotomien zumindest in Frage stellen.

Bei der mimetischen Re-Inszenierung der scheinbar 'authentischen' Angstartikulation über den als 'weiblich' konstruierten Körper im literarischen Text, erweist sich der Körper als eine der Schnittstellen unterschiedlicher Diskurse und zugleich als Ort der (bewußt gemachten) Verstellung. Als 'Schauspieler' auf der literarischen "Gedankenbühne" (KA 3.1, 630) agiert er "Inwendiges" (KA 3.1., 309) aus. Zum Inwendigen kann auch die Furcht vor den "Bestimmungen" dessen, was "Natur" sei, und den daraus resultierenden "Rechtsverhältnissen" gehören. Weil im wiederholenden 'Nachspielen' dieser Angst andere 'Wahrheiten' (als die 'eine' gültige) impliziert werden, kann die literarische Inszenierung von 'Authentizität' mittels der Körperrhetorik geschlechtsspezifischer Angst durchaus dem Ziel dienen zu vermitteln, daß 'Weiblichkeit' und 'Männlichkeit' letztlich als furchterregende Figurationen zu begreifen sind, deren angebliche 'Echtheit' sich durchaus verschieben läßt. Geschlechteridentitäten sind variabel – nicht nur mit der Darstellung dieses Punktes können sich literarische Texte sowohl der feministischen Forderung nach Auflösung sedimentierter Geschlechterdichotomien als auch der postmodernen Verabschiedung fixer Subjektkategorien annähern. Denn die Frage nach der Inszenierung mimetischer Identifikation als Basis feministischer Politik ist zugleich eine nach dem 'Subjekt' – eine Frage also, die die Debatten um Feminismus und um Postmoderne gleichermaßen bestimmt.

Als ein Ergebnis können wir folglich festhalten, daß literarischen Texte aus den siebziger Jahren wie die von Bachmann der postmodernen Literatur Impulse geben können. Möglicherweise sind sie in mancher Hinsicht postmoderner als viele zeitgenössische Texte. Denn in zahlreichen literarischen Texten der letzten Jahre scheint das Vertrauen auf die 'Wahrheit' des Körpers wieder ungebrochen. Wie 1996 in der *Neuen Zürcher Zeitung* in einem Artikel von Andrea Köhler zu lesen war,[91] avanciert der 'authentische' Körper neuerdings abermals zu einer der beliebtesten literarischen Kategorien. Beispiele dafür liefern etwa Patrick Süskinds *Parfüm*, Wilhelm Genazinos *Das Licht brennt ein Loch in den Tag*, Peter Handkes *Serbienreise*, Robert Schneiders *Schlafes Bruder*, Peter Webers *Wettermacher*, *Die Fehler des Kopisten* von Botho Strauß oder die Texte Raoul Schrotts, z.B. *Finis Terrae*. Als "echt" gilt erneut die "selbstgemachte und am eigenen Leibe beglaubigte Erfahrung, möglichst in einer vorzivilisatorischen Ge-

---

[91]Andrea Köhler: Reisender Schnee oder Realismus ohne Resignation. Die deutschsprachige Literatur und das 'Authentische'. In: *Neue Zürcher Zeitung* vom 30.11./1.12.1996.

gend" – ähnlich wie in so vielen deutschsprachigen und anglophonen Texten der siebziger und achtziger Jahre.

Daß seine Schriftstellerkollegen den postmodernen Verhältnissen von literarischer Seite her in keiner Weise Rechnung tragen, beklagt der eingangs bereits erwähnte Prosaautor Tim Krohn. 'Authentizität', "das oberste Kriterium" in den Texten der frühen Neunziger, erfülle vor allem "Literatur aus erster Hand",[92] also Berichte statt Reflexionen. Autobiographien sind "Kassenschlager", so Krohn: "intime Tagebücher berühmter Autoren verkaufen sich besser als ihre fiktiven Werke."[93]

Aus der Sicht Krohns wird der Literaturmarkt jedenfalls derzeit "dominiert vom voyeuristischen Verlangen, von der Sehnsucht nach dem 'In-eine-andere-Haut-Schlüpfen', von der Sehnsucht nach dem ungebrochenen Sein, der Reduktion des zerrissenen Menschen der Postmoderne zum berühmten 'eigenen Ton' und der Manifestierung des eigenen Ich als unverwechselbarer, origineller oder, um mit Goethe zu kommen, genialer Entität." Krohn zufolge wird "der deutschsprachige Buchmarkt [...] nach den nostalgischen Kriterien des 19. Jahrhunderts gesteuert." Er fordert seine Kollegen daher auf, in ihren Texten endlich die postmodernen Realitäten widerzuspiegeln und sich abzugrenzen von der seiner Meinung nach reaktionären zeitgenössischen Literatur. Die Autoren sollen spielen: "Die Kinder der Postmoderne setzen der Unmöglichkeit des heilen Seins das Secondhandling als Spiel entgegen." Das bedeutet "das Wiederverwerten eines Gegenstandes oder einer Idee in einem dem Gegenstand oder der Idee neuen Kontext."[94]

Zu einem "Leben in Kulturen im Plural" gehöre auch die Abschaffung homogener Nischen, wie sie etwa das Ressort Frauenliteratur schaffe: "die Nischenliteratur für ein klar homogen definiertes Publikum nimmt überhand." Frauenliteratur als Nischenliteratur, Feminismus als ghettoisierte Kategorie – solche Abgrenzungen lassen sich mit postmodernen Tendenzen schwerlich vereinbaren.

Zumindest von einem Autor wurden Krohns Forderungen jüngst erfüllt. 1998 erschien ein Text, der kein Nischenroman ist, und der, obwohl der Genderdiskurs und Feministinnen im Mittelpunkt stehen, schwerlich zur

---

[92] Tim Krohn: Stil als Frage der Moral.

[93] Ebd. – Man kann ihm wohl zustimmen, denkt man etwa an die seit Ende 1998 ausufernde Diskussion um die als authentisch inszenierten Erzählungen Binjamin Wilkomirskis. Möglicherweise ist diese Publikumsreaktion eine Folge auch des fortwährenden Geredes über Inszenierung und Theatralität. Vgl. dazu Barbara Bauer u. Waltraud Strickhausen: Autobiographie oder Fiktion? Reaktionen deutscher Leser auf den Fall 'Binjamin Wilkomirski'. In: *http://www.literaturkritik.de. Rezensionsforum für Literatur und für Kulturwissenschaft* (März 1999) 2/3.

[94] Tim Krohn: Stil als Frage der Moral.

sogenannten Frauenliteratur gerechnet werden dürfte. Er ist von einem Mann geschrieben, und nicht nur für Kennerinnen und Kenner der *gender studies*, sondern auch für Popculture- und Trashculture-Fans gleichermaßen konzipiert.

Thomas Meineckes 1998 erschienener Roman *Tomboy* erfüllt auch sonst die Ansprüche Krohns an einen zeitgemäßen Roman. In ihm kreuzen sich nicht nur diverse kulturelle Diskurse, Körperkonzepte, Geschlechterkonzepte, sondern es werden auch Schrift und Körper als zu unterscheidende Medien reflektiert. Der Gender-Musik-Roman persifliert und karikiert fast alle Theorie-Diskurse der neunziger Jahre, insbesondere deren Überlagerung durch den Diskurs der *gender studies*. Auf deren seit einigen Jahren auch in Deutschland zirkulierendes Vokabular stößt man hier in fast jeder Zeile. Darüber hinaus ist die Lust an der "spielerisch-dialektischen Auseinandersetzung mit alten Mustern"[95] und an Vielstimmigkeit bei Meinecke zu spüren. Von Natur, Schein, konstruierter Natürlichkeit und im weiteren dann von *drag queens*, Schwulen, Lesben, Transsexuellen, *female impersonators* oder *cyborgs* ist die Rede, und Thomas Meinecke schlägt mit fast all den Autorinnennamen und Titeln verschiedenster feministischer Provenienz um sich, die zur Zeit verhandelt werden. Sämtliche Women-, Men-, Gender-, Queer-, Cyber- und Cross-dressing-Strömungen laufen hier zusammen. Neben dem der Gendertheoretikerin Judith Butler tummeln sich Namen wie Marjorie Garber, Donna Haraway, Nancy Fraser, Carolyn Walker Bynum, Barbara Vinken, Barbara Duden, Silvia Bovenschen oder Luce Irigaray. Ebenso werden der von Meinecke als Philosoph titulierte französische Poststrukturalist und Psychoanalytiker Jacques Lacan, der Diskursanalytiker Michel Foucault oder Weininger in den Ring geworfen. Auch der allerorts vertretene und überall besprochene Medienguru und Lacanianer Slavoj Zizek fehlt nicht.

Letztlich ist *Tomboy* ein Text über Medien bzw. über die Medialisierung von *gender*, der vielfach nur reproduziert, was er darstellt. Vorgeführt wird, daß und wie Gendertheorien und Geschlechtsrollenwechsel derzeit in allen Medien Hochkonjunktur haben: im Radio, auf der Platte, auf CDs, auf der Kinoleinwand, im Videofilm, in Büchern, in Zeitungen, am Telefon, im Fernsehen, innerhalb fast aller Wissenschaftsdisziplinen. Alle reden, singen, schreiben in dem Text überall und immerzu über *gender*. Immer wieder läßt Meinecke relativ konkretes gendertheoretisches Wissen einfließen. Wie etwa die These, daß Männlichkeit und Weiblichkeit lediglich soziokulturelle Diskursprodukte sind, daß auch *sex*, das biologische Geschlecht, dem kulturell konstruierten *gender* nicht vorgängig sein kann, da es selbst nur mehr ein diskursives Konstrukt ist, und daß Lacan den Be-

---

[95] Ebd.

griff "Phallus" lediglich metaphorisch verwendet wissen will. Seine Kenntnisse zeigen sich auch dann noch, wenn traditionelle Geschlechterrollen ganz offensichtlich vertauscht werden oder wenn Geschlechterklischees auf die Spitze getrieben und dadurch persifliert werden sollen. Fast so wie es Judith Butler in *Unbehagen der Geschlechter* eingefordert hat. Ob Thomas Meinecke wirklich Texte von Lacan gelesen hat oder von Freud ist dabei letztlich gleichgültig. Im Text heißt es denn auch einmal lakonisch: "Wozu Freud lesen, wenn Butler ihn für uns gelesen hat?"[96]

Meinecke hat sämtlichen postmodernen Ansprüchen Genüge getan. Er hat die *gender studies* in einen neuen Kontext gestellt und, für alle, neu aufbereitet. Was hier über sie zu lesen ist, wirkt auf die Gendertheoretikerin im universitären Elfenbeinturm genauso lächerlich wie auf den Trashculture-Fan auf der Straße. Männliche wie weibliche Gendertheoriediskutanden werden entmystifiziert. Die Geschlechterdifferenz wird in den literarischen Text eingeschrieben, eine grundlegende Skepsis gegenüber den Ansprüchen feministischer Vernunft artikuliert. Damit macht Meinekke mit der Feministischen Theorie das, was die postmodernen Theoretiker mit der Moderne im Sinn hatten.

Im Gegenzug dazu hat die feministische Theorie verstärkt darauf zu achten, daß ihre ursprünglichen Ziele nicht 'wegrecycelt' werden.

---

[96] Thomas Meinecke: *Tomboy*. Frankfurt a.M. 1998. S. 139.

Manfred Mittermayer

Theater der Zersplitterung
Zu den Dramen von Marlene Streeruwitz

Although a considerable number of feminist authors share the radical perspectivism and the epistemological doubt of postmodernist thinking, most of them still acknowledge basic assumptions of modernism (Patricia Waugh). A good example for this statement is the Austrian playwright and novelist, Marlene Streeruwitz. In her dramas which are analysed in this essay, she tries to explore alternative ways of writing for the theatre that might be called "postmodern". The author uses a complex ensemble of theatrical devices in order to create a drama that should be different from male traditions of affirmative theatre, which (in her view) are concerned mainly with questions of power and warfare. By means of the principles of collage and montage, of quotations from and allusions to the classical repertoire of our culture (literature, opera, film, comics) Streeruwitz tries to represent the basic patterns of thinking that have been influental in the past but are still highly influental in our present time. She does not, however, give up "modernist" concepts of subjectivity, of the individual whose rights are to be defended even if the aesthetic means of the author follow the principles of disruption developed by the postmodernist movement.

1.

In ihrem Buch *Practising Postmodernism/Reading Postmodernism* (1992) verweist die Literaturwissenschaftlerin Patricia Waugh auf die Tatsache, daß sich zahlreiche feministische Autorinnen zwar einer Reihe von ästhetischen Ausdrucksmitteln bedienen, die man üblicherweise mit dem Begriff 'postmodern' bezeichnet, daß sie jedoch weiterhin am Konzept einer aufklärerischen Moderne festhalten, um den emanzipatorischen Impuls ihres Schreibens nicht aufgeben zu müssen. "Even if feminists have come to recognise in their own articulations some of the radical perspectivism and thoroughgoing epistemological doubt of the postmodern", schreibt Waugh, "feminism cannot sustain itself as an emancipatory movement unless it acknowledges ist foundation in the discourses of modernism."[1]

Sowohl die Postmoderne als auch den Feminismus sieht die Autorin als Repräsentanten einer kritischen Auseinandersetzung mit dem Subjektivitätsbegriff der Aufklärung, mit deren Vorstellung von Autonomie und

---

[1] Zit. nach *Postmodernism. A Reader*. Hg. von Patricia Waugh. London, New York, Melbourne, Auckland 1992. S. 190.

Selbstbestimmung: "Like feminism, Postmodernism (in theoretical and artistic modes), has been engaged in re-examination of the Enlightenment concepts of subjectivity as autonomous self-determination: the human individual as defined without reference to history, traditional values, God, nation."[2] Die Schlüsse, die aus dieser Kritik gezogen werden, fallen nach Waugh jedoch notwendigerweise unterschiedlich aus. Die Postmoderne[3] ist (nach dem hierin weitgehend übereinstimmenden Befund ihrer Exponenten) durch die Wahrnehmung einer vom Pluralismus aller Werte und Diskurse gekennzeichneten Welt geprägt.[4] Sie tendiert daher vielfach zu einer

---

[2] Ebd.

[3] Wer den Begriff verwendet, hat sich – angesichts der überaus heterogenen Diskussion – zunächst mit den vorliegenden Konzepten auseinanderzusetzen. Eine umfangreiche Darstellung dessen, was unter 'Postmoderne' gefaßt worden ist, kann hier natürlich nicht geleistet werden. Das Wort soll jedenfalls nicht als Name für eine Epoche verwendet werden, sondern eher im Sinne von Rolf Günter Renners Vorschlag als eine Art "Konstellation" von Problemen und Antwortversuchen – vgl. dazu Renner: *Die postmoderne Konstellation. Theorie, Text und Kunst im Ausgang der Moderne*. Freiburg 1988. Dazu paßt auch die Auffassung, daß die Postmoderne keine auf die Moderne folgende und von ihr deutlich abgrenzbare Bewegung darstellt, sondern daß ihre Hauptcharakteristika aus bestimmten (selbstkritischen) Tendenzen der Moderne herausgewachsen sind, als "Korrektiv *innerhalb* der modernen Tradition" – so Albrecht Wellmer: *Zur Dialektik von Moderne und Postmoderne. Vernunftkritik nach Adorno*. Frankfurt a.M. 1985 (suhrkamp taschenbuch wissenschaft 532). S. 127. Als hauptsächliches Merkmal für die Unterscheidung von der eigentlichen 'Moderne' wird auch von Literaturwissenschaftlern (im Anschluß an Jean-François Lyotard: *Das postmoderne Wissen. Ein Bericht*. Graz, Wien 1986) immer wieder die "endgültige Einsicht in die Unwiederbringbarkeit geschlossener, auf Totalitätsvorstellungen basierender Weltbilder, die alle Teile einer Kultur umgreifen und als sinnvoll zu erklären versuchen", angeführt – etwa von Paul Michael Lützeler: Von der Präsenz der Geschichte. Postmoderne Konstellationen in der Erzählliteratur der Gegenwart. In: *Neue Rundschau* 104 (1993). H. 199. S. 91-106, hier S. 95. Die Moderne sei noch von einer gewaltigen "Desillusionierung" gezeichnet: "Sinn- und Identitätsverlust" würden leidvoll erfahren, ein "verzweifelter Skeptizismus bis hin zum Nihilismus" sei die Folge, während in der Postmoderne "die skeptische Ironie gänzlich die Oberhand" gewinne – so Henk Harbers: Gibt es eine ›postmoderne‹ deutsche Literatur? Überlegungen zur Nützlichkeit eines Begriffs. In: *literatur für leser* 97 (1997). H.1. S. 52-69, hier S. 56f.

[4] Vgl. z.B. Wolfgang Welsch: *Unsere postmoderne Moderne*. Berlin ⁴1993. S. 4f.; Wellmer (Anm. 3). S. 105; Charles Jencks: *Die Postmoderne. Der neue Klassizismus in Kunst und Architektur*. Stuttgart 1987. S. 335. Eine kritische Zusammenfassung der Diskussion mit Blick auf Programmatik, Kultur und Literatur auch bei Gerda Elisabeth Moser: Postmoderne: Begriffsbestimmungen, Interrelationen und Differenzen. In: *'Moderne', 'Spätmoderne' und 'Postmoderne' in der österreichi-

Haltung, die man mit dem Schlagwort der "Indifferenz" charakterisieren könnte.[5] Feministische Kritik an der Gesellschaft, so Waugh, darf hingegen nicht auf einen archimedischen Punkt verzichten, von dem aus sie argumentiert, auch wenn sie die ästhetischen Strategien der Aufsprengung traditioneller Vorstellungen und (Denk-)Zusammenhänge durchaus als Transportmittel verwenden mag: "It seems possible to me, to draw on the aesthetics of Postmodernism as strategies for narrative disruption of traditional stories and construction of new identity scripts, without embracing its more extreme nihilistic or pragmatist implications."[6]

Diese Unterscheidung ließe sich auch auf die österreichische Autorin Marlene Streeruwitz übertragen. Der Ausdruck 'postmodern' wurde in bezug auf ihre Dramen (und um die soll es in diesem Beitrag gehen) mehrfach gebraucht: in Rezensionen nach einzelnen Aufführungen,[7] aber auch in wissenschaftlichen Arbeiten.[8] Die Autorin selbst verwendet den Begriff in ihren Tübinger Poetikvorlesungen *Sein. Und Schein. Und Erscheinen.* (1997),[9] wenn sie das "kollektive Bewußtsein der Postmoderne" als "Schmelztiegel der Kommunikation" beschreibt (SSE 40). Sie spielt damit auf eine weitere Eigenschaft an, die man der Postmoderne immer wieder bescheinigt hat, nämlich das Aufgehen des gesellschaftlichen Gefüges in einer "irreduziblen Pluralität ineinander verschachtelter Sprachspiele", wie

---

schen Literatur. Beiträge des 12. Österreichisch-Polnischen Germanistentreffens Graz 1996. Hg. von Dietmar Goltschnigg, Günther A. Höfler und Bettina Rabelhofer. Wien 1998 (ZIRKULAR. Sondernummer 51). S. 247-264.

[5] Peter V. Zima: *Moderne/Postmoderne. Gesellschaft, Philosophie, Literatur.* Tübingen und Basel 1997 (Uni-Taschenbuch 1967). S. 26. Der Autor betont dabei, daß in der "Ära der Indifferenz", der "austauschbaren Individuen, Beziehungen, Wertsetzungen und Ideologien", sehr wohl noch moralische, ästhetische oder religiöse Werte existieren; allerdings verwende sie in der Zeit der "postmodernen Marktwirtschaft" jeder letztlich im Rahmen der allgemeingültig gewordenen "Tauschwertproblematik".

[6] *Postmodernism* (Anm. 1). S. 190.

[7] Heinz Klunker: Tanz der Voyeure. Über Wirklichkeit auf der Bühne und Reality im Fernsehen. In: *Deutsches Allgemeines Sonntagsblatt* vom 11.6.1993: das Sujet des Stücks *New York. New York.* sei "der postmoderne Untergang des Abendlandes". Klaus Finke: Der Traum vom echten Leben. In: *Hessische Allgemeine Zeitung (Ausg. Kassel)* vom 22. Juli 1992: in dem Stück *Sloane Square.* gelinge es Streeruwitz, die "Beliebigkeit des gängigen postmodernen Zitatenspiels" zu sprengen. Aus kritischer Perspektive hingegen Andreas Rossmann: Luftblasenlawine. In: *Frankfurter Allgemeine Zeitung* vom 22.12.1993: das Stück *Ocean Drive.* sei eine "postmoderne Bastelarbeit".

[8] Vgl. Harbers (Anm. 3). S. 62.

[9] Marlene Streeruwitz: *Sein. Und Schein. Und Erscheinen. Tübinger Poetikvorlesungen.* Frankfurt a.M. 1997 (edition suhrkamp 2013), hinfort zitiert unter SSE.

es Albrecht Wellmer mit Bezug auf Jean-François Lyotard formuliert hat.[10] An anderer Stelle gebraucht Streeruwitz auch den Ausdruck 'Posthistoire', der bekanntlich in manchen seiner Aspekte mit dem Begriff 'Postmoderne' vergleichbar erscheint, ohne freilich damit zusammenzufallen:[11] Heutzutage brauche man sich auf der Bühne keine Biografien mehr anzusehen, wird die Autorin im Programmbuch zu ihrem Stück *Tolmezzo.* zitiert, daran glaube sie nicht mehr – "das ist überlebt im Zeitalter der Posthistoire."[12] In den Frankfurter Poetikvorlesungen *Können. Mögen. Dürfen. Sollen. Wollen. Müssen. Lassen.* (1998)[13] spricht Streeruwitz im Zusammenhang mit der Notwendigkeit, angesichts der "Ordnungsanforderungen der Gesellschaft" ein "Eigenes" zu bewahren, wiederum von der Posthistoire, in der ein derartiger Versuch "überlebensnotwendig" sei (KMD 21). Nicht zufällig wird die Autorin denn auch in einer Zeitungsserie zu maßgeblichen RepräsentantInnen der österreichischen Gegenwartsliteratur als "die exzeptionelle Dramatikerin der Posthistoire" bezeichnet.[14]

Es soll hier nicht in erster Linie der (stets etwas gezwungen ausfallende) Versuch einer Zuordnung unternommen werden – die Frage, ob und wieweit ein Autor bzw. eine Autorin nun wirklich in die Schublade der Post-

---

[10] Wellmer (Anm. 3). S. 105.
[11] Zur Unterscheidung zwischen 'Postmoderne' und 'Posthistoire' vgl. Wolfgang Welsch: 'Postmoderne'. Genealogie und Bedeutung eines umstrittenen Begriffs. In: *'Postmoderne' oder Der Kampf um die Zukunft. Die Kontroverse in Wissenschaft, Kunst und Gesellschaft.* Hg. von Peter Kemper. Frankfurt a.M. 1988 (Fischer Taschenbuch 6638). S. 9-36, hier S. 16f.: 'Posthistoire' bedeute, "daß fortan keine Innovationen mehr zu erwarten sind", daß die "geschichtlichen Möglichkeiten [...] durchgespielt" seien und nur noch "der sozioökonomische Apparat der Versorgung ständig wachsender Menschenmassen" weiterlaufe, während der Denkansatz der 'Postmoderne' nicht nur zynisch-resignativ die "Stillstellung der Unterschiede" feststelle, sondern optimistisch eine "Epoche gesteigerter Vielfalt, Interferenzen und neuer Konstellationen" proklamiere. Vgl. dazu auch die instruktive Zusammenfassung bei Arnold Gehlen: Über kulturelle Kristallisation. In: *Wege aus der Moderne. Schlüsseltexte der Postmoderne-Diskussion.* Hg. von Wolfgang Welsch. Berlin ²1994. S. 133-143.
[12] Zit. nach *Tolmezzo.* Programmbuch Schauspielhaus Wien, Spielzeit 1993/94. S. 9.
[13] Marlene Streeruwitz: *Können. Mögen. Dürfen. Sollen. Wollen. Müssen. Lassen. Frankfurter Poetikvorlesungen.* Frankfurt a.M. 1998 (edition suhrkamp 2086). Hinfort zit. unter KMD.
[14] Ronald Pohl: Rüttelproben an den Säulen des patriarchalen Theaters. Beitrag zu: Literatur-Landschaft Österreich. Folge 4: Marlene Streeruwitz. In: *Der Standard* vom 24.3.1995. Später wurde diese Serie auch als Buch publiziert: *Literatur-Landschaft Österreich. Wie sie einander sehen, wie die Kritik sie sieht: 40 prominente Autoren.* Hg. von Michael Cerha. Wien 1995.

moderne (oder der Posthistoire) hineinpaßt, ist in den meisten Fällen so eindeutig gar nicht zu beantworten. Aufschlußreicher erscheint es vielmehr, im Kontext der aktuellen Postmoderne-Diskussion der Funktion bestimmter künstlerischer Verfahrensweisen nachzugehen, die von der Autorin selbst als Reaktion auf eine konkrete historisch-gesellschaftliche Situation ausgewiesen wurden. Wir werden in diesem Zusammenhang in der Tat unablässig jenen Strategien der "disruption" begegnen, von denen Patricia Waugh oben gesprochen hat. Wir werden aber auch eine Grundhaltung der Schriftstellerin Streeruwitz erkennen, die sich noch immer den gesellschaftskritischen Intentionen der Aufklärung verpflichtet weiß – und deren emphatischer Verteidigung der Rechte des (in diesem Fall vor allem: *der*) Einzelnen.

2.

"Wir sind Gemachte, die versuchen müssen, die eigene Machart herauszufinden. Und die Konstruktionsgeheimnisse aufzudecken" (KMD 40). So charakterisiert Streeruwitz die Ausgangssituation, der sie sich als Autorin gegenübersieht. Die Menschen seien von Anfang an "geprägte Wesen": Wir mußten "lernen, bevor wir wußten. Wurden geprägt, bevor wir die Prägungen auch nur beurteilen konnten" (ebd.). Die ersten Festlegungen erfolgen noch ehe wir der Sprache mächtig sind, schreibt die Autorin an anderer Stelle. Wir werden "geprägt von unausgesprochenen Bildern der Verdammnis und des Glücks. Von tabuisierten, weil sprachlosen Aufträgen, die in uns eingepflanzt werden, bevor wir in der Lage sind, diese Aufträge zu erkennen oder überhaupt zu begreifen, daß sie uns erteilt werden" (SSE 13). Auf diese Weise entstehe "im Dunkel der Seele [...] ein Schaltbrett mit ein paar sehr einfachen Hebeln" (KMD 106).

Die technische Metaphorik weist darauf hin, daß es zu diesem "Schaltbrett" wohl auch einen 'Schaltplan' geben müßte, nach dem sich rekonstruieren ließe, wie man von Kindheit auf "programmiert" wird (SSE 23). Die entscheidenden "Aufträge der Gesellschaft" werden nach Streeruwitz nicht nur über die Eltern, sondern über die verschiedensten Medien "verankert" (ebd.). Die Autorin bezieht nicht zufällig Erscheinungsformen unserer Konsum- und Freizeitgesellschaft ein, wenn sie die beiden wesentlichsten Prägungsmechanismen benennt: "Zwischen Werbung und autogenem Training werden wir jeden Augenblick in sprachliche Gußformen gekippt", betont sie zum einen. Daneben aber würden wir vor allem "vom Bild bedrängt", denn dieses beherrsche "in Fotografie, Fernsehen, Film und Video unsere Sichtweise" (SSE 50). Auf diese Weise entstünden unterhalb dessen, was uns als "Bewegungen von Information" erscheint, die eigentlich wirkungsmächtigen "Wahrnehmungsmuster", auf deren Funktionieren sich die Aufmerksamkeit ihres Schreibens in erster Linie richtet: "Sie transportieren ungesehen die Grammatik des Patriarchats." Über eine "internalisierte innere Zensurbehörde" würden dort die entscheidenden Botschaften und Verhaltensregeln organisiert: "Über eine Zensurbehörde, die wir alle eingebaut bekamen" (KMD 23). Die Bildlichkeit macht deutlich, worum es geht: um die Zirkulation von Information, um ihre Steuerung – und damit auch um ihre Unterdrückung im Interesse der Macht.

Die Struktur der gegenwärtigen Gesellschaft ist nach Auffassung der Autorin von äußerster Komplexität. Es sei eine Kultur, in der, "vom Geld besiegt und gleichzeitig aufgesogen, alle patriarchalen Ordnungsvorstellungen, als Handlanger des Gelds ins mythisch Schematische zurückgedrängt, ihre basalen Wirkungsansprüche nicht mehr offen, oberflächlich, sondern subliminal durchsetzen" (KMD 15). In der "postindustriellen Welt" gebe es keine Väter mehr, die man auf direkte Weise bekämpfen könnte – obwohl wir "nach Strukturen des Patriarchats funktionieren müssen, weil uns das Geld dazu zwingt" (KMD 16). Wer diese Gesellschaftsordnung analysieren wolle, müsse sich also "mit dem Sieg des Gelds beschäftigen. Mit den patriarchalen Mythen. Ihrer unterschwelligen Wirkungsweise in der post-patriarchalen Welt. Ihres Transports in unseren Geist" (ebd.). Die auf diese Weise zustande gekommenen "Prägungen" hätten letztlich "unsere Seelen kolonialisiert", so daß wir umso reibungsloser den "Aufträgen" des gesellschaftlichen Apparats folgen (KMD 17).

Was die Autorin hier feststellt, läßt sich auf einen der meistzitierten Texte aus der Postmoderne-Diskussion beziehen, auf Fredric Jamesons Analyse der kulturellen Logik im Spätkapitalismus. Jameson sieht unsere Zeit von einer "historisch einmaligen Durchdringung und Kolonialisierung der Natur und des Unbewußten" gekennzeichnet, die sich "sowohl in der Vernichtung der vorkapitalistischen Landwirtschaft durch die ökologische Umwälzung als auch im Aufstieg der Medien und der Werbeindustrie" niederschlage.[15] Angesichts dieser Invasion aller Lebensbereiche durch die Logik des Spätkapitalismus sei erst die postmoderne Tendenz zur Oberfläche entstanden: die Überzeugung von der Unmöglichkeit authentischen Selbstausdrucks oder einer objektiven Repräsentation der Wirklichkeit, die Ablösung aller Tiefenmodelle durch "Praktiken, Diskurse und ein textuelles Spiel".[16] Streeruwitz folgert aus einer solchen gesellschaftlichen Situation, daß uns alle traditionellen Rückgriffe auf Naturgesetze oder auf mögliche Konzepte von Zweckhaftigkeit entzogen seien. "Voll entwickelte Kommunikationsmedien und funktionale Differenzierung haben die Ge-

---

[15] Fredric Jameson: Postmoderne – zur Logik der Kultur im Spätkapitalismus. In: *Postmoderne. Zeichen eines kulturellen Wandels*. Hg. von Andreas Huyssen und Klaus R. Scherpe. Reinbek bei Hamburg 1986 (rowohlts enzyklopädie 427). S. 45-102, hier S. 79.
[16] Ebd. S. 58.

sellschaft auf sich selbst festgelegt." Dadurch sei diese Gesellschaft im Grunde nicht mehr beschreibbar. "Was beschreibbar bleibt, ist das Leben als exemplarische Schnittstelle aller komplexen Strukturen, die uns bilden, die aber wiederum von uns mitkonstituiert werden" (SSE 60).

Ganz im Sinn ihrer Auseinandersetzung mit den Ordnungsmustern des Patriarchats stellt die Autorin zwei unterschiedliche dramatische Modelle einander gegenüber. Zum einen sieht sie eine bis heute wirksame Tradition des Theaters, in der es stets "um Augenblicke der Entscheidung" gehe. Darin dominiere, egal ob mit Helden oder heute auch mit Heldinnen besetzt, das "phallische Durchsetzungsprinzip der Männerwelt".[17] Streeruwitz sieht deshalb in ihrer polemischen Abgrenzung von der dramatischen Produktion der Vergangenheit die "Wurzel des Theaters [...] ausschließlich im machterhaltenden, affirmativen Schauspiel": als "Motivationsseminar" im Dienste der Kriegsvorbereitung (SSE 65f.). Generationen von Männern seien dadurch "über Bildung und Kultur auf diesen einen heroischen Augenblick vorbereitet" worden.[18] Gegen dieses männlich konnotierte Prinzip setzt sie eine andere Vorstellung von Leben, das "dazwischen" stattfinde, nicht nur im Moment der heroischen Entscheidung, und sie verbindet es ausdrücklich mit einer weiblichen Sichtweise: "Es ist die Dauer, es ist das Ewige, es ist das Immer, es ist das Fließende, es ist das Jedesmal-eine-Mahlzeit-machen, damit gefüttert wird, es ist auch Jedesmal-wieder-das-Bett-herrichten". Es seien Dinge, in denen "natürlich auch männliches Leben spielt", die man in der Literatur jedoch immer geleugnet habe, weil es darin im Grunde stets "um den politischen Mann in der Entscheidung" gegangen sei.[19] Ausgehend von dieser Vorstellung proklamiert die Autorin deshalb eine "Poetik des Banalen", die literarische Darstellung von Geschehensabläufen und Wirkungsmechanismen abseits aller dramatisch überhöhten Ausnahmesituationen (SSE 71).

Das formale Prinzip der Theatertexte, die Streeruwitz vor dem Hintergrund der eben skizzierten historisch-gesellschaftlichen Situation schreibt, könnte man wohl am besten mit dem Begriff 'Zersplitterung' charakterisieren. Schon in der Sprache ihrer Figuren drückt sich aus, daß "alles nur Splitterwerk" ist:[20] "Der vollständige Satz ist eine Lüge", schreibt die Au-

---

[17] Zit. nach Ulrich Fischer: Debüt einer Dramatikerin aus A in D. Die Stücke der aus Baden stammenden Marlene Streeruwitz werden in Deutschland aufgeführt. In: *Wiener Zeitung* vom 21. 8. 1992.
[18] Marlene Streeruwitz: Passion. Devoir. Kontingenz. Und keine Zeit. In: *Theater heute* 1992, Jahresheft. S. 28-31, hier S. 29.
[19] Wie Anm. 17.
[20] Marlene Streeruwitz: Eine Art Taumeln statt Leben. In: *Provinz, sozusagen. Österreichische Literaturgeschichten*. Hg. von Ernst Grohotolsky. Graz, Wien 1995. S. 243-253, hier S. 247.

torin in den Tübinger Poetikvorlesungen. "Im Entfremdeten kann nur Zerbrochenes der Versuch eines Ausdrucks sein" (SSE 76). Das auffälligste Mittel, das man geradezu als Markenzeichen der Literatur von Streeruwitz bezeichnen kann,[21] ist der immer wieder als Unterbrechungssignal des Redestroms eingesetzte Punkt: "Mit dem Punkt kann der vollständige Satz verhindert werden. Der Punkt beendet den Versuch. Sätze sollen sich nicht formen. Nur im Zitat findet sich selig Vollständiges." In ihrem Theater finde hingegen in den "Pausen zwischen den Wortgruppe [...] das Suchen" statt: "Nach sich. Nach Ausdruck." Ihre Figuren erhielten nicht die "Zuflucht, sich ein Sätzchen mit nach Hause zu nehmen und in Kreuzstichmuster aufzuhängen" (ebd.). Vollständigkeit entspreche nicht dem Zustand der Menschen, die hier dargestellt werden sollen. Es sei notwendig, in der Literatur "die Beschädigung der Sprache zu reflektieren", die sich im Bewußtsein von Männern wie von Frauen niederschlage: "Stammeln wäre in vielen Situationen der richtigere – und ehrlichere – Ausdruck."[22] Die Autorin geht davon aus, daß die Menschen "mehr durch die Sprache taumeln", eine Entmächtigung des Ausdrucks, die für die gesamte gegenwärtige Existenz symptomatisch sei. In ihren Stücken wolle sie deshalb zeigen, "daß es eine Art Taumeln ist, die statt Leben stattfindet."[23]

Die Zerstückelung der Form entspricht somit der allgemeinen Erfahrung in der heutigen Gesellschaft. Im traditionellen Theater beschränke man sich noch immer gern auf die Behauptung von "funktionierenden Zusammenhängen in historisierenden Lebensbilderbögen", kritisiert Streeruwitz. In unserer Zeit erlebe man hingegen – auf der "Folie des biologischen Ablaufs" – bestenfalls eine Abfolge von "Rollenemanationen" und einzelne "Zeiträume", aber "sicherlich keine Biographien". Natürlich sei in dieser Zerrissenheit die "Sehnsucht nach dem biographischen Bogen" nicht zu übersehen. "Wird aber ein Ganzes behauptet, wenn es nur Splitter gibt, so wird zumindest der Tatbestand Kitsch erfüllt. Und meist wohl der Lüge."[24] Wieder greift die Autorin damit eine historische Diagnose auf, die in der Postmoderne-Diskussion unter dem Schlagwort 'Fragmentarisierung' bekannt geworden ist: "Die Postmoderne beginnt dort, wo das Ganze aufhört", formuliert etwa Wolfgang Welsch,[25] und nach Jameson ist im postmodernen Bewußtsein innerhalb der spätkapitalistischen Gesellschaft eine

---

[21] Selbst die Titel der Stücke enden damit, ob sie nun *New York. New York.* [sic!] oder *Waikiki-Beach.* [sic!] heißen.
[22] Doja Hacker und Wolfgang Höbel: "Daisy Duck hat gesiegt". Marlene Streeruwitz über ihren Roman "Verführungen", die Arbeit am Theater und feministische Heldinnen. In: *Der Spiegel* (1996). Nr. 11. S. 260-263, hier S. 262.
[23] Streeruwitz (Anm. 20). S. 246.
[24] Streeruwitz (Anm. 18). S. 29.
[25] Welsch (Anm. 11). S. 29.

"Substitution des *entfremdeten* Subjekts durch das *fragmentierte* Subjekt" erfolgt.[26] Streeruwitz verwendet nicht zufällig einen der meistdiskutierten literaturtheoretischen Begriffe der letzten Jahre, wenn sie ihre künstlerischen Verfahrensweisen, die der Zerstückelung aller falschen Ganzheitsvorstellungen dienen sollen, zusammenfaßt: "Die formalen Strukturen der Dekonstruktion, Schnitt, Wechsel der Einstellung, Einschübe, Zitate, Collagierung linearer und räumlicher Natur" machen in ihren Stücken, so die Autorin in den Tübinger Vorlesungen, "jede Verführung in ein zusammenhängend Beruhigendes zunichte" (SSE 81).[27]

3.

Ulrich Fischer weist in seinem einführenden Beitrag zum Werk von Streeruwitz darauf hin, daß alle ihre Stücke "einen thematischen Kern" enthalten.[28] Trotz aller Zersplitterung haben diese Texte gewissermaßen ein konkretes inhaltliches 'Rückgrat', um das herum erst die komplexen theatralischen Mittel, die von der Autorin eingesetzt werden, angeordnet sind. Die wohl hervorstechendste Konstante besteht darin, daß wir auf der Bühne immer wieder Frauengestalten vorgeführt bekommen, deren aktuelle Situation als Resultat eines verhängnisvollen Lebensablaufs zu sehen und zu analysieren ist. Auffällig ist dabei, daß diese Analyse erst mit Hilfe der theatralischen Verweisstrukturen, die von der Autorin arrangiert wurden, geleistet werden kann; die Figur selbst sitzt üblicherweise in den Verwicklungen, deren Opfer sie ist, unentrinnbar fest, und ihre sprachliche Artikulationsform ist lediglich der Ausdruck dieses Gefangenseins in einer unübersichtlichen Lebenslage, die der Einzelnen vorkommt wie ein unerträgliches Verhängnis.

In fast jedem Dramentext von Streeruwitz findet sich ein kurzer Ausbruch der (bzw. einer) Protagonistin, in dem diese mißliche Situation verbalisiert wird – mit Worten freilich, die nur die Hilflosigkeit der Sprecherin angesichts ihrer gegenwärtigen Lage ausdrücken, keineswegs mit sprachlichen Mitteln, die zur analytischen Erfassung der abgelaufenen Entwicklung geeignet wären. Die Unfähigkeit ihrer Figuren, sich über das Medium

---

[26] Jameson (Anm. 15). S. 59.
[27] Zum Begriff 'Dekonstruktion' vgl. zusammenfassend R[olf] G[ünter] R[enner]: Dekonstruktion. Einleitung. In: *Texte zur Literaturtheorie der Gegenwart*. Hg. und kommentiert von Dorothee Kimmich, Rolf Günter Renner und Bernd Stiegler. Stuttgart 1996 (Universal-Bibliothek 9414). S. 279-286; aber auch Peter V. Zima: *Die Dekonstruktion. Einführung und Kritik*. Tübingen 1994 (Uni-Taschenbuch 1805).
[28] Ulrich Fischer: Marlene Streeruwitz. In: *Kritisches Lexikon der deutschsprachigen Gegenwartsliteratur* (Stand 1. 1. 1995). S. 1.

der Sprache mit den Strukturen ihres individuellen und gesellschaftlichen Daseins auseinanderzusetzen, gehört zu den hervorstechendsten Eigenschaften der literarischen Arbeiten dieser Autorin. So läßt sich denn auch das dramatische Schaffen Ödön von Horváths als erster literaturgeschichtlicher Bezugspunkt für ihr Schreiben benennen, das "Zeige-Theater" jenes Autors,[29] der mit Hilfe des Dramendialogs das "Denken, Fühlen, Sprechen und Handeln seiner Figuren rücksichtslos reproduziert und somit für den kritischen Zugriff freilegt".[30] Auch in seinen Theatertexten hat das Verstummen, die "Stille" als Zeichen für die vorübergehende Sprachlosigkeit zwischen den einzelnen Sätzen eine wichtige dramaturgische Funktion – das "Suchen nach Ausdruck", von dem oben die Rede war (SSE 76).

Als erstes Streeruwitz-Stück wurde 1992 der Text *Waikiki-Beach.* uraufgeführt.[31] Darin ist bereits einer jener Ausbrüche der Hilflosigkeit, wie wir sie oben charakterisiert haben, enthalten; in diesem Fall verbindet sich der verzweifelte Ausbruch mit der Angst vor dem drohenden Selbstverlust. "Alles ist eine einzige Katastrophe. Und ich weiß nicht. Ich habe keine Ahnung, wie ich das überstehen soll. Oder wozu", sagt Helene, die weibliche Hauptfigur (WAI 13). Sie spricht mit ihrem Liebhaber, dem Chefredakteur einer Zeitung, zu dem sie sich aus ihrer Ehe mit dem Bürgermeister geflüchtet hat; ihr Mann weiß zwar von der Affäre, doch die beiden halten einander jeweils mit belastenden Informationen in Schach. Wenn Helene die Beziehung mit ihrem Mann zu charakterisieren versucht, weist ihre Sprache ähnliche Kennzeichen auf: "Es ist entsetzlich. Dabei kann man es gar nicht so richtig beschreiben. Es ist nur so ein Gefühl. Ständig." In der Ehe mit dem Politiker ist sie zu einem "Anhängsel" regrediert, zu einem deformierten Wesen, das sich allein nicht mehr als existent wahrnehmen kann: "Ich meine. Ich war bisher schon nicht so wirklich sicher, daß es mich gibt. Aber jetzt. Also. Jetzt gibt es mich sicher nicht mehr. Einfach nicht mehr" (WAI 14). Am Ende des Dramas verliert sie tatsächlich ihr Leben: sie wird von einer Bande jugendlicher Schläger umgebracht. Über ihrer Leiche aber verbünden sich die beiden Männer – nach Vertuschung des (im Wahlkampf ungelegen kommenden) Verbrechens werden sie sich gegenseitig bei der weiteren Karriere unterstützen.

---

[29] Theo Buck: Ödön von Horváth. In: *Deutsche Dichter. Leben und Werk deutschsprachiger Autoren.* Hrsg. von Gunter E. Grimm und Frank Rainer Max. Bd. 7: *Vom Beginn bis zur Mitte des 20. Jahrhunderts.* Stuttgart 1989 (Universal-Bibliothek 8617). S. 545-557, hier S. 552.
[30] Ebd. S. 546.
[31] Das Stück ist zugänglich in: Marlene Streeruwitz: *Waikiki-Beach. Sloane Square. Zwei Stücke.* Frankfurt a.M. 1992 (edition suhrkamp 1786). S. 7-78; Zitate daraus unter WAI.

Im gleichen Jahr 1992 kam das Stück *Sloane Square.* heraus.[32] Erneut finden sich hier die sprachlichen Muster, denen wir in dem vorangegangenen Text begegnet sind: "Manchmal habe ich jetzt das Gefühl, daß es mich. Gar nicht gibt. Nie gegeben. Eigentlich", klagt Frau Marenzi, die zusammen mit Frau Fischer und Clarissa, der Freundin ihres Sohnes, in der Haltestelle Sloane Square auf die Wiederherstellung des U-Bahn-Verkehrs wartet. "Wenn man nur wüßte, was man falsch gemacht hat. Ich meine. Ich meine. Wir haben immer alles ..." (WAI 101). Die drei sind von den sie begleitenden Männern allein zurückgelassen worden und müssen zusehen, wie in einer Gruppe von Punks immer wieder die Gewalt ausbricht – blitzartig und mit tödlichem Ausgang. *Sloane Square.* handelt jedoch vor allem von der Situation von Frauen, die Mütter werden. Clarissa ist schwanger, die beiden anderen Frauen liefern dazu ihren Kommentar. "Ich wüßte nicht, was ich täte", sagt Frau Marenzi. "Ohne die Kinder. Ich meine. Da weiß man doch wenigstens. Wozu. Man lebt" (WAI 96). Unablässig werden die bekannten Formeln der Sinnstiftung und der Beschwichtigung vorgetragen: "Man muß zufrieden sein. Nicht wahr. Wenn alles in Ordnung ist", versichert Frau Marenzi (WAI 97) gegenüber Frau Fischer, die sie um ihre Kinder beneidet – diese hat selbst keine bekommen können. Doch dann bricht es aus Clarissa hervor: "Kannst du bitte aufhören. Es ist nichts in Ordnung. Kein Mensch freut sich auf dieses Kind" (ebd.). Die schwangere Frau, die von der Mutter ihres Freundes hören muß, wie sehr diese unter der Belastung durch ihre Familie gelitten hat, schreit zuletzt ebenfalls ihr Gefühl der Hilflosigkeit heraus: "Ich habe mich in meinem Leben noch nie so verlassen gefühlt. So allein." Auch sie beklagt die Unerträglichkeit ihrer Situation: "Aber. Das kann man doch nicht aushalten. Wie soll man das aushalten. Das" (WAI 137).

Ein weiteres Beispiel: In *Bagnacavallo.* (1995)[33] soll Melisande aus der Familie der DelNords dazu mißbraucht werden, durch eine Ehe mit Romeo aus der Familie der DelSuds den kriegerischen Konflikt zwischen den beiden Sippen zu lösen. Auch sie spricht davon, daß ihr Dasein nicht mehr länger zu ertragen ist: "Ich halte es nicht aus. Ich halte es nicht mehr aus. Ich kann es nicht mehr aushalten. Das kann man nicht aushalten. Niemand kann das." In der Regieanweisung wird ihre Rede, die "nur die Unausweichlichkeit ihrer Situation" beschreibt, ausdrücklich als "Litanei" bezeichnet: "Ich kann nicht. Ich halte es nicht. Das geht nicht. Das kann so nicht gehen. Es ist. Unerträglich. Ich kann einfach nicht mehr. Es geht nicht" (BAG 81). Die Autorin spielt mit dem Namen ihrer Bühnenfigur

---

[32] Auch aus diesem Stück (ebd. S. 79-138) wird unter WAI zitiert.
[33] Marlene Streeruwitz: *Bagnacavallo. Brahmsplatz. Zwei Stücke.* Frankfurt a.M. 1995 (edition suhrkamp 1988). S. 7-94. Hinfort zit. unter BAG.

zugleich auf jene Protagonistin aus dem Drama *Pelleas und Melisande* (1893) von Maurice Maeterlinck an, die in einem Standardwerk zu den wichtigsten Figuren der Weltliteratur als "Symbol für das Mysterium erotischer Liebe, die sich über alles Irdische erhebt", charakterisiert wird.[34] Ihr gegenüber steht in Gestalt der Genofeva [sic!] die Hauptfigur einer mehrfach (Volksbuch, 1687; Trauerspiel von Ludwig Tieck, 1800; Tragödie von Friedrich Hebbel, 1843) gestalteten Legende "von der verleumdeten und geduldig leidenden Unschuld",[35] der Inbegriff des Opfers also, wie es Hebbel selbst formuliert hat.[36] "Man hält alles aus. Irgendwie hält man alles aus", versucht sie Melisande zum Durchhalten zu motivieren (BAG 82). Schon vorher hat sie ihr, ganz mütterliche Imago ("ernst, mütterlich, feierlicher, heiliger Ernst, milde", heißt es in der Regieanweisung), Mut zugesprochen – mit dem Verweis auf beider Schicksal als Frauen: "Wir sind Frauen. Frauen sind fremd. Auf die, die fremd sind, wartete das Schrecklichste. Sei gewiß, daß dir das Schrecklichste widerfahren wird. Und gib die Angst auf. Und die Hoffnung. Hege keine Sehnsucht. Dann wirst du stark sein. Und leben" (BAG 55). Doch Melisande erschießt sich, noch ehe sie Romeo zu seiner Frau machen kann – mit dessen Hochzeitsgeschenk, einem Revolver.

Anhand der Hauptfigur des Theaterstücks *New York. New York.* (das als erstes geschrieben wurde, nämlich 1987; uraufgef. 1992)[37] läßt sich abschließend zeigen, daß die Autorin ihre Protagonistinnen durchaus nicht immer mit absoluter Sympathie begleitet. Im Mittelpunkt des Textes steht die 60 bis 80 Jahre alte Frau Horvath (die "einzige Person", die in dem Stück eine "eindeutige Identität durchhält", wie es in der einleitenden Personenbeschreibung heißt; NY 8). Sie arbeitet als Klofrau im Herren-WC der Stadtbahnhaltestelle Burggasse in Wien und wird dort Zeugin der vielfältigen (zum Teil überaus gewalttätigen) Begegnungen zwischen den Benützern der öffentlichen Bedürfnisanstalt. Hier erlebt sie etwa, wie eine Prostituierte von ihrem Zuhälter brutal verprügelt wird, und die Regieanweisung verweist sowohl auf die Regelmäßigkeit des Vorgangs wie auf die charakteristische Reaktionsweise der Zeugin: "Die Verprügelung dauert nicht lang. [...] Sowohl Täter wie Opfer verhalten sich routinemäßig. Die

---

[34] Annemarie und Wolfgang van Rinsum: *Lexikon literarischer Gestalten. Fremdsprachige Literatur*. Stuttgart 1990 (Kröners Taschenausgabe 421). S. 396.
[35] Annemarie und Wolfgang van Rinsum: *Lexikon literarischer Gestalten. Deutschsprachige Literatur*. Stuttgart ²1993 (Kröners Taschenausgabe 420). S. 158.
[36] Zit. nach Herbert Kraft: Nachwort. In: Friedrich Hebbel: *Genoveva*. Stuttgart 1968 (Universal-Bibliothek 5443). S. 145-157, hier S. 145.
[37] Marlene Streeruwitz: *New York. New York. Elysian Park. Zwei Stücke*. Frankfurt a.M. 1993 (edition suhrkamp 1800). S. 7-86. Hinfort zit. unter NY.

Horvath strickt und sieht nicht zu" (NY 14). Sie ist eine "Mitmache-Frau", beschreibt sie die Autorin, "die immerwährende Kleinbürgerin". Sie lebe "den Faschismus, den es untergründig seit je gegeben hat, in ihrem Untergrund weiter".[38] Am Ende wird sie zusammen mit einem Fremdenführer, der eine Gruppe von Japanern zu ihr in die WC-Anlage gebracht hat, den "lieben Herrn Prometheus" für gutes Geld zur Besichtigung und zum Fotografieren freigeben: es ist ein "offener, bluttriefender Pferdekadaver" (NY 86), die Inkarnation der leidenden, mißbrauchten Kreatur, an deren Anblick sich eine voyeuristische Gesellschaft weidet. Dabei ist Frau Horvath "nicht nur brutal", wie die Autorin sagt, "sondern auch sentimental", sie erfüllt ihre "heroische Mutterrolle" und "füttert den Gequälten zutode – zum Leben."[39] Und auch sie spricht, ebenfalls "wie eine Litanei" (vgl. oben den Ausschnitt aus *Bagnacavallo*.), von der Unentrinnbarkeit ihres Existenzzusammenhangs, von der Sinnlosigkeit, die sie dabei empfindet, und von ihrer Unfähigkeit, etwas zu ändern: "Nie eine Besserung. Immer das Schlimmste. Und überkommt einen die Wut. Der Zorn. Die Verzweiflung. Immer. Der lange Arm erreicht einen. Das Schicksal. Das Schicksal. [...] Kein Entkommen. Und. Keine Erlösung." (NY 41f.).

4.

Die Rede von der Unerträglichkeit einer bestimmten (weiblichen) Lebenssituation stellt nur eine erste Schicht der sprachlichen Präsentation auf der Bühne dar. Ihre spezifische Eigenart erhalten die Stücke von Streeruwitz durch ihre vielfältige Bezugnahme auf den gesamten Fundus der kulturellen Tradition – worunter keineswegs nur die sogenannte 'hohe Kunst' zu verstehen ist, sondern auch die Produkte der 'trivialen' Medien unserer Zeit. Die Autorin bemächtigt sich "der populären Industrie- und Medienkultur, um an den Schnittpunkten des Alltags und der medialen Multirealitäten zu zeigen, wie heutige Lebenswelten aussehen", schreibt ihr Schriftstellerkollege Walter Grond.[40] "Die Welthaltigkeit der Spielsituationen wird immer konstrastiert mit Mythologischem, Pathologischem – und Zitaten aus dem großen Arsenal der Medienwirklichkeiten, von der Tragödie und klassischen Sage über Oper und Operette bis hin zum Film-Show-Down", so der Theaterkritiker Michael Merschmeier.[41] Mit ihrem auffälligen Einsatz intertextueller Bezugnahmen bedient sich die Autorin nun in

---

[38] Zit. nach Michael Merschmeier: Wiener. Blut. Ein Porträt der österreichischen Dramatikerin Marlene Streeruwitz. In: *Theater heute* 1990. H. 6. S. 36f., hier S. 37.
[39] Ebd.
[40] Walter Grond: Ein Wiener Personal an austauschbaren Orten. Beitrag zu: *Literatur-Landschaft Österreich* (Anm. 14).
[41] Michael Merschmeier: Wiener. Blut. S. 37.

der Tat einer Verfahrensweise, die man schon immer zu den wichtigsten Kennzeichen postmodernen Schreibens gezählt hat.[42]

Einer der wichtigsten Sätze zum Verständnis des Streeruwitzschen Schreibens steht in einem kleinen Text, den die Dramatikerin 1992 in der Zeitschrift *Theater heute* veröffentlicht hat. Darin heißt es zunächst: "Wahrscheinlich ist es eine der unerträglicheren Lasten unserer Zeit, daß wir mit den Sehnsüchten des vorigen Jahrhunderts ausgestattet werden und dann ein ganz anderes Leben zu bestreiten haben. Immer noch."[43] Die Autorin verweist damit auf den Fortbestand von Denk- und Gefühlsstrukturen, die aus einer längst vergangenen Epoche stammen und mit Hilfe der Speichermedien aus dieser Zeit, zu denen nicht zuletzt die Literatur zu zählen ist, noch immer in unseren Köpfen weiterwirken. Spätestens "seit der Etablierung des Monotheismus", fährt Streeruwitz fort, sei es einzig die "Sehnsucht nach Erlösung", die als "Leitmotiv" herrsche: "Die Sehnsucht nach dem immerwährenden Augenblick. Dem Augenblick der Erfüllung und auf ewig."[44] Dem Begriff der "Erlösung" sind wir in der Rede der Frau Horvath aus *New York. New York.* gerade begegnet; die Konsequenzen und Gefahren einer solchen Sehnsuchtsvorstellung werden wir in der Folge in den Dramen der Autorin mehrfach gestaltet sehen.

Das Weiterwirken der 'Sehnsüchte der Vergangenheit' führt Marlene Streeruwitz in ihren Stücken vor allem mit jenen intertextuellen Mitteln vor, die wir zuvor benannt haben. Auf diese Weise gelingt es ihr, auf der Bühne die bewußten und unbewußten Folien sichtbar zu machen, die dem an der Oberfläche wahrnehmbaren Verhalten ihrer dramatischen Figuren (und damit auch dem ihres Publikums) zugrundeliegen. Indem sie den theatralischen Vorgang plötzlich in eine andere Spielebene kippen läßt, zerstört die Autorin die illusionäre Glätte, die ansonsten dem zwischenmenschlichen Geschehen seine scheinbare Naturwüchsigkeit verleiht. Die Irritation, die in den ZuschauerInnen dadurch entsteht, macht ihnen die 'Künstlichkeit' menschlichen Agierens und Reagierens bewußt, die Steuerung unseres alltäglichen Handelns durch Verhaltensmuster, die wir ir-

---

[42] Zima (Anm. 5), S. 339f.: "Intertextualität als Vielstimmigkeit ist möglicherweise – neben dem radikalen Konstruktivismus – das wichtigste Merkmal der literarischen Postmoderne." Vgl. auch Paul Michael Lützeler: Von der Präsenz der Geschichte. Postmoderne Konstellationen in der Erzählliteratur der Gegenwart. In: *Neue Rundschau* 104 (1993). H. 199. S. 91-106, hier S. 103. Zum Begriff der 'Intertextualität' vgl. u.a. Manfred Pfister: Konzepte der Intertextualität. In: Ulrich Broich und Manfred Pfister: *Intertextualität. Formen, Funktionen, anglistische Fallstudien*. Tübingen 1985 (Konzepte der Sprach- und Literaturwissenschaft 35). S. 1-30.
[43] Streeruwitz (Anm. 18). S. 28.
[44] Ebd.

gendwann (beim Lesen, im Kino, in Form von Musik) aufgenommen und in unser Repertoire der Lebensbewältigung integriert haben. Mit Mitteln des ästhetischen Bruchs zerstört Streeruwitz auf diese Weise den vorgefertigten Mechanismus, der ansonsten 'wie geschmiert' ablaufen könnte – als gesellschaftlicher Funktionszusammenhang.

Unser erstes Beispiel für diese ästhetische Vorgangsweise findet sich in *Waikiki-Beach*. Plötzlich kristallisiert das "bisher nonchalant durchgespielte Auseinanderdriften einer Beziehung" zu einem "tragischen Abschied", schreibt die Autorin, die verschiedenen Geschehensmuster in ihrer Regieanweisung deutlich voneinander abhebend. Eben haben die beiden Protagonisten über die Schwierigkeiten einer Scheidung gesprochen, jetzt wird gewissermaßen die theatralische Ebene gewechselt: von nun an nimmt die "Tragödie" erst ihren Anfang, heißt es im Text. Über Playback hört man perfektes Shakespearean English, die sprachliche Tonlage ist: "Äußerstes Pathos" (WAI 28). Dem Geschehen auf der Bühne ist ein Dialog aus Shakespeares *Anthony and Cleopatra* unterlegt, die sprachlich hochstilisierte Version einer Abschiedsszene zwischen Mann und Frau, wie es dem traditionellen Inventar des Umgangs der Geschlechter miteinander entspricht – ER zieht hinaus in die feindliche Welt des Krieges, SIE bleibt verständnisvoll wartend zu Hause zurück: "Your honor calls you hence; / Therefore be deaf to my unpitied folly, / And all the gods go with you. Upon your sword / Sit laurel victory, and smooth success / Be strewed before your feet!" (WAI 28). In einem Interview motiviert die Autorin ihren collageartigen Einsatz von Bildungsgütern aus dem Bereich der 'hohen Literatur': "Weil das die Welt ist, die uns verbildet hat. Und weil die dramaturgische Verknüpfung diese Lüge auch aufdeckt." Doch es gehe nicht nur darum, die Fortwirkung eines klassischen Autors zu denunzieren; zugleich würde auch das "Pathos normaler Leute" auf die gleiche Ebene gezogen: "Letzten Endes bewegen sich ja die Kulturvorstellungen und Phantasien der Menschen auf einem viel kitschigeren Niveau, als wir es uns je eingestehen würden."[45]

Ein Ausschnitt aus einem Shakespeare-Stück[46] erhält auch in *New York. New York.* dramaturgische Funktion. Doch hier verlangt die Regieanweisung "Filmmusik. Hollywood. Schlafzimmerstimmung." Diesmal wird das traditionelle Theater also mit dem modernen Massenmedium des Films verschränkt, wie der Einsatz des Tones signalisiert: "Rauschen, als liefe ein sehr alter Film an." Der Taubstumme und die Schwangere, zwischen denen die folgende Szene abläuft, vollführen "Playback-Mundbewegungen" zu

---

[45] Streeruwitz (Anm. 20). S. 248.
[46] Als weiteres Beispiel wäre natürlich die Anspielung auf Shakespeares Stück *Romeo und Julia* in *Bagnacavallo.* zu erwähnen.

einem vorgefertigten Dialog. Die Frauenstimme spricht amerikanisches Englisch, "als wäre es aus einer Verfilmung von Raymond Chandler". Die Männerstimme ist dagegen die des prominenten Shakespeare-Darstellers Lawrence Olivier aus der Verfilmung von "Richard III." (NY 33). Der Text, den er zu sprechen hat, stammt aus der bekannten Verführungsszene des mörderischen Königs, in der er Anne, die Witwe eines seiner Opfer, für sich zu gewinnen trachtet – mit Erfolg, wie wir wissen. Die Schwangere tritt "statuenhaft, mädchenhaft" auf (NY 35), wie die Jungfrau Maria nimmt sie eine "Gebetshaltung" ein (NY 36), am Ende ist ihr Erscheinungsbild "heilig resigniert" (NY 37). Ihre Worte passen freilich nicht zu diesem Bild; sie entsprechen dem typischen Sprechrepertoire einer melodramatischen Filmheldin: "I hate you not for this but because perfection never comes twice and with us it came too soon. / And I'll never see you again and I don't want to. It would have to be for ever or not at all" (ebd.). Sie sind überdeutlich als vorgestanzte Sätze und Wortgruppen markiert, denn vom Band kommen sie in Teilen, wiederholt und erweitert, als fertige Bausteine, die erst ganz zuletzt im Ganzen abgespielt werden. Bemerkenswert ist, wie sehr die Autorin diesmal auch innerhalb der Szene mit Mitteln des Bruchs arbeitet; was in verfremdeter Form erscheint, von seinem gewohnten Kontext isoliert und auf kontrastive Weise in einen anderen Vorgang hineingesetzt, verliert seine quasi-natürliche Selbstverständlichkeit. Es sind auf der Bühne ausgestellte Modelle von Männlichkeit bzw. von Weiblichkeit, aber auch Verhaltensmuster für spezifische Situationen zwischen Mann und Frau.

Die "Sehnsucht" nach dem einen Augenblick der "Erlösung" behindert nach Streeruwitz das Streben des Menschen nach Autonomie und "Selbstmächtigkeit" (KMD 26) auf besonders verhängnisvolle Weise: es ist in ihrer Diktion ein "wolkiges wagnerianisches Gefühl, das uns allen Formen der Ausbeutung zuführt" (SSE 22). In *Sloane Square.* steht dafür der Auftritt einer Figur, die nach dem italienischen Dichter eines dekadenten Symbolismus "D'Annunzio" heißt.[47] Der seltsame Gast auf der Bühne bietet sich den in der U-Bahn-Haltestelle wartenden Frauen als "Führer" an: "Der reif erglühten Frucht. Der prangenden Blüte. Und der rosenüberhauchten Knospe", wie er die drei Frauen mit abgegriffenen Metaphern anspricht (WAI 111). In charakteristischer Weltschmerz-Pose fordert er seine Zuhörerinnen dazu auf, "Mitleid" zu haben für "all das, was gewesen", zu "be-

---

[47] Auch die Autorin Elfriede Jelinek verwendet diese historische Figur als Ausgangspunkt für eine künstliche Demonstrationsfigur auf dem Theater: in diesem Fall geht es (in ihrem Stück *Clara S.*) um übersteigerte männliche Genievorstellungen, die in ihrer Destruktivität gegenüber weiblichen Lebensmustern an den Pranger gestellt werden.

trauern, daß es das Leben gibt" (WAI 112). Dazu paßt die sentimentale Rede von der Verletzlichkeit der Helden: "Auch wir wissen von der Hinfälligkeit. Vom Ende, das zu erleben wir. So oft" (ebd.). Und zuletzt werden sie auch sprachlich von ihm beschworen: "Der Schmerz. Die Sehnsucht" – mitten in der "brodelnden, entfesselten Männlichkeit" des Kampfes (WAI 113). Es ist der Kommentar eines Strandverkäufers, der die eitle Inszenierung einer gefühlvoll-melancholischen Poesieproduktion relativiert: "He believes to be some guy from Italy. Great lover stuff. Quite harmless. Needs a pure woman. For redemption" (WAI 114).

Kurz darauf erfolgt im gleichen Text die Bezugnahme auf jenen Autor, dessen literarischer Stil für Streeruwitz die sehnsuchtsvoll-schwermütige Überformung zwischenmenschlicher Abläufe besonders wirkungsvoll auf die Theaterbühnen der Welt gebracht hat: auf Anton Čechov. Dabei handelt es sich in Szenen wie der folgenden wohl mehr um die Auseinandersetzung mit einer bestimmten Rezeptionstradition als um die ihr zugrundeliegenden Texte, die sich wesentlich vielschichtiger darstellen als ihre oftmals übermäßig sentimentalisierende Aufführungspraxis. Doch wieder geht es um Prägungen, die über das Medium des traditionellen Theaters vollzogen wurden. Das Geschehen in *Sloane Square.* läuft plötzlich weiter, als spielte man "eine Strandszene bei Čechov". Dabei hat der Hintergrund wiederum die Gemachtheit des ganzen Vorgangs zu betonen: "Licht. Naturgeräusche, den jeweiligen Schilderungen comicartig aufgesetzt", heißt es in der Regieanweisung (WAI 117). Der Strandverkäufer evoziert ein längst vergangenes Bild von einem impressionistisch verklärten Aufenthalt am Meer, in dem das Gefühl von Losgelöstheit mit der Gewißheit des Aufgehobenseins verschmilzt: "Kein Horizont im Flimmern des Dunstes. Keine Grenze zwischen Himmel und Meer. Und ich. In der Sonne. Im Sand. Weich. Und warm" (WAI 118). Sogleich pflanzt sich die Phantasie vom erfüllten Augenblick auch bei seinen Zuhörerinnen fort. Frau Marenzi hängt einer Kindheitsvorstellung nach, als sie sich von der imaginierten Freiheit der Zigeuner faszinieren ließ – und davon träumte, mit ihnen aus der Tristesse ihres Lebens zu flüchten: "Sofort wäre ich hinter ihnen hergelaufen und wäre ihnen gefolgt, wohin immer sie gegangen wären. Und hätte nie zurückgedacht. Nie." Wie im Film, oder wie im sentimental inszenierten Konversationsstück, hört man dazu von ferne "die Musik eines Kurorchesters mit Operettenmelodien. Oder Walzern. Markusplatz" (WAI 119).

Damit verweist die Autorin auf die Funktion von Musik bei der Stiftung von Fluchtträumen jenseits des Alltags. Auch in anderen Texten greift sie diesen Gedanken auf. So strömen in *New York. New York.* aus dem Radiolautsprecher der Frau Horvath, die ansonsten "[k]eine Erlösung" mehr erwartet (NY 42, s.o.), "Kitschmelodien à la 'I did it my way' etc." (NY 28). Und später hört sie Opernmusik von Puccini, etwa die mittlerweile zum

Schallplattenhit avancierte Arie des Kalaf aus Turandot: "Eine andere Welt, aus der sie seufzend in ihre eigene zurückkehrt" (NY 45). In *Waikiki-Beach*. findet sich diese Verfahrensweise im Zusammenhang mit dem Auftritt einer Strotterin, einer jener von der Gesellschaft ausgeschlossenen Gestalten, die bei Streeruwitz immer wieder am Rande des Geschehens auftauchen, als der "stumme Chor der mit dem Leben Geschlagenen" (SSE 75). In diesem Fall hört man die Frau, "eine unglaublich versoffene und heruntergekommene Person", im Playback das Gebet der Tosca singen, "Vissi d'arte, vissi d'amore", die "Unschuldsverteidigung" (WAI 50) einer Frau, die (wie die Protagonistin Helene) zwischen zwei miteinander verfeindeten Männern steht (zwischen dem aufständischen Maler Cavaradossi und dem römischen Polizeichef Scarpia) und ihren politisch, aber auch sexuell motivierten Auseinandersetzungen zum Opfer fällt: "Ich lebte für die Kunst, für die Liebe, und tat nie einem Menschen etwas zuleide", lautet ihr Text in deutscher Übersetzung. "Offen hatte ich die Hände für die Armen, half ihnen in ihrem Unglück. In tiefem Glauben trat ich immer mit meinen Gebeten an den heiligen Altar [...]. Warum, mein Gott, warum entlohnst du es mir so in dieser Stunde des Schmerzes?"[48]

Am Ende der Arie folgt auf Puccini wiederum die dramatische Folie Čechov. Die Musik verfließt "vom symphonischen Gerausche in ein tropfendes 'An Elise', das seltsam verzögert die ganze nächste Szene untermalt." Wiederum ist der Dialog als vorgefertigter markiert – er "erklingt pathetisch aus dem Lautsprecher". Diesmal ist er auf den "Salonton" gestimmt (WAI 51). Anders als zuvor bedient sich Streeruwitz hier einer künstlerischen Verfahrensweise, die geradezu zu einem Markenzeichen der Ästhetik der Postmoderne geworden ist, des Pastiche.[49] Denn sie zitiert nicht Čechov, sondern sie imitiert ihn, sie formuliert einen Dialog, der einem Stück des russischen Autors entnommen sein könnte. Es ist eine Abschiedsszene zwischen den Protagonisten Michael und Helene, ähnlich wie zuvor der Ausschnitt aus Shakespeares *Anthony and Cleopatra*. Und in diesem Fall sind sogar ihre Namen auf das literarische Vorbild abgestimmt: In dem Stück *Onkel Wanja* (1897) z.B. müssen die Professorengattin Elena [!] Andrejewna Serebrjakowa und der Arzt Michail [!] Ljwowitsch Astrow ebenfalls zuletzt in einer elegisch-melancholischen Szene voneinander Abschied nehmen.[50] "Es hat keinen Sinn. Michajl Michajlov", sagt Helene bei Streeruwitz. "Wir müssen einander vergessen. [...] Nehmen

---

[48] Giacomo Puccini: *Tosca*. Libretto von Illica & Giacosa. Begleitbuch zur CD-Edition EMI CDS 7471758. S. 117.

[49] Jameson (Anm. 15). S. 61.

[50] Vgl. Anton Tschechow: *Drei Schwestern und andere Dramen*. Deutsch von Andrea Clemen. Frankfurt a.M. 1996 (Fischer-Taschenbuch 1295). S. 115f. (*Onkel Wanja*, 4. Akt).

wir unser Unglück und tragen es. In Dankbarkeit. Ja. In Dankbarkeit, daß wir einander gekannt" (WAI 51f.). Ein letztes Mal widerspricht ihr Michael: "Ich weiß, daß wir einander bestimmt sind. Ich weiß es" (WAI 52). Doch Helene erinnert an ihre Pflicht, zur Familie zurückzukehren, zu den Kindern, und natürlich mißt sie das Glück, das sie erlangen könnte, an jenem Bild von der Erfüllung und der Ewigkeit, von dem sich die Autorin immer wieder skeptisch distanziert: "Es wäre eine Sünde. Wir könnten nie glücklich werden. [...] Die Ewigkeit wird uns verschlossen bleiben. Und wie sonst sollten wir. Ein Glück finden. Wenn nicht in Ewigkeit" (ebd.).

Nicht nur die wiederholten Abschiedsszenen haben uns gezeigt, wie häufig die Menschen in diesen Stücken mit Hilfe der intertextuell anzitierten Verhaltensvorlagen aus der kulturellen Überlieferung versuchen, Situationen zu bewältigen, die sie ansonsten auf schmerzvolle Weise aus dem Gleichgewicht zu bringen drohen. Vorgefertigte Sprache, die uns die gesellschaftliche Bildungstradition zur Verfügung stellt, wird zum Mittel der Stabilisierung, an ihr findet das Existenzgefüge des Einzelnen seinen Halt – nur ist es nicht das von Streeruwitz eingemahnte 'Eigene', woran er dabei seine Identität befestigt. In *New York. New York.* wird z.B. der Taubstumme, nach Einschub einer nachgestellten (Psycho-)Analyse, buchstäblich in Sprache hinein befreit – was die Autorin sogleich als kurzfristiges "Abrutschen in Sprachmimikry" relativiert. Seine "Erlösung", wie sie ausdrücklich genannt wird, "bleibt ein fremder Zustand für den in der Tonlosigkeit lebenden Taubstummen" (NY 43). Der Text, den er spricht, trägt die Zeichen dieser Fremdheit schon durch den vom Zerfall geprägten Sprechduktus:

> früh hegeg lückt eihr ver wöhntend erschö pfung
> höhe nzü gemorg enröt licheg rate
> allerer schaf fungpo llend erblü hendeng otth eit
> gelenk edes li chtesgä ngetre ppenth rone
> räum eaus wese nschi ldeaus wonne tum ulte
> stürmi schentzückt engelfühlsund plötz lich ein
> zeln spiegel: die die entstr ömte eigene Schön
> heit wieder schöpfen zu rück in das eigene Ant litz (ebd.)

Es ist ein Ausschnitt aus einem kanonischen Text der literarischen Moderne: aus der zweiten 'Duineser Elegie' von Rainer Maria Rilke, und zwar jene Strophe, in der die narzißtische Geschlossenheit, die in sich vollendete Ganzheit jener Wesen gefeiert wird, die der Dichter "Engel" nennt.[51] Bei

---

[51] Im Original lautet die Strophe: "Frühe Geglückte, ihr Verwöhnten der Schöpfung, / Höhenzüge, morgenrötliche Grate / aller Erschaffung, – Pollen der blühenden Gottheit, / Gelenke des Lichtes, Gänge, Treppen, Throne, / Räume aus Wesen,

Streeruwitz spricht diese Passage ein Mensch, der demgegenüber nicht selig in sich selbst ruht, sondern leidvoll auf sich selbst zurückgeworfen ist, im Zustand der Entfremdung befangen, der in Rilkes Elegie im Dasein des Engels aufgehoben erscheint.

Auch in *Sloane Square.* integriert Streeruwitz Passagen aus einem Kerntext der klassischen deutschen Literatur: Verse der Titelfigur aus Goethes Drama *Iphigenie auf Tauris* (1786). Wiederum ist die vorangehende Regieanweisung von Bedeutung. Die in der Folge zu sprechenden "Monologfetzen" werden darin als ein Versuch Frau Marenzis charakterisiert, sich sprachlich mit ihrer Situation auseinanderzusetzen, "sich selbst alles faßbar zu machen". Goethes Worte seien aber für sie "eine Fremdsprache", der sie "schon während des Deklamierens zuhört, nachhorcht, die sich ihr durch die Wiederholungen endgültig entziehen, sinnlos werden". So konstituiere der Text "einen anderen Zustand als den ihren, den sie nicht versteht, vor dem sie aber große Angst hat": die Ausschnitte aus einem Stück, in dem viele seiner Interpreten die Gewinnung menschlicher Autonomie inszeniert sehen[52], sind ein Mittel der Angstbewältigung, Sprache aus "der Verzweiflung und der Verlorenheit der Frau in der Fremde" (WAI 122), die Frau Marenzi (in der gewaltsamen Atmosphäre der Londoner U-Bahn-Haltestelle) ebenso empfindet wie die Protagonistin des klassischen Dramas.

Wie sehr auch ihr die gewissermaßen therapeutisch eingesetzte Kunstsprache fremd bleibt, zeigt sich erneut an der Art des Vortrags: nicht flüssig gehen ihr die Verse von den Lippen, sondern sie stockt, setzt von neuem ein, gebraucht Fertigteilsprache, ein ihr äußerliches Material der Auseinandersetzung mit der Realität, die sie zu meistern hat. Damit stellt die Autorin nicht zuletzt die Funktion der klassischen Literatur, die sie hier zitiert, zur Diskussion – den Einsatz eines Ensembles von Texten als Vehikel für die Inhalte der bürgerlichen Erziehungstradition, als "Sätzchen", die man mit nach Hause nimmt, um sie dort "in Kreuzstichmuster aufzuhängen" (SSE 76, s.o.):

"Heraus in eure Schatten, rege Wipfel,

Schilde aus Wonne, Tumulte / stürmisch entzückten Gefühls und plötzlich, einzeln, / *Spiegel*: die die entströmte eigene Schönheit / wiederschöpfen zurück in das eigene Antlitz." Rainer Maria Rilke: *Sämtliche Werke*. Bd. 1: *Gedichte. Erster Teil*. Frankfurt/Main 1987 (insel taschenbuch 1101). S. 689.

[52] Vgl. etwa Dieter Borchmeyer: Johann Wolfgang von Goethe: Iphigenie auf Tauris. In: *Deutsche Dramen. Interpretationen zu Werken von der Aufklärung bis zur Gegenwart*. Bd. 1: *Von Lessing bis Grillparzer*. Hg. von Harro Müller-Michaels. Königstein/Ts. ²1985 (Athenäum Taschenbuch 2162). S. 52-86, hier bes. S. 53, 65 u.a.

Des alten, heiligen, dichtbelaubten Haines,
Wie in der Göttin stilles Heiligthum
Tret ich noch jetzt mit schauderndem Gefühl.
Tret ich noch jetzt –
Tret ich noch jetzt mit schauderndem Gefühl.
Mit. – Mit schauderndem. – Schauderndem.
Schauderndem.
Tret ich noch jetzt mit schauderndem Gefühl.
Und gegen meine Seufzer bringt die Welle
Nur dumpfe Töne mir herüber.
Und gegen meine Seufzer bringt die Welle
Nur dumpfe Töne mir herüber." (WAI 122f.)[53]

Für die ZuhörerInnen werden Begriffe wie "schaudernd", "Seufzer", aber auch "schwanken" und "zweifeln" im folgenden Schlußteil der Monologcollage zugleich als Kommentare zur momentanen Situation der Sprecherin lesbar: "O bleibe ruhig, meine Seele! / Beginnst du nun zu schwanken und zu zweifeln? / Den festen Boden deiner Einsamkeit / Ergreifen dich die Wellen schaukelnd, trüb / Und bang verkennest du die Welt und dich" (WAI 124).[54] Frau Marenzi wird jedoch durch den Vortrag der klassischen Verse in die Lage versetzt, ohne weitere Probleme bei der Beseitigung der durch die gelegentlichen Gewaltausbrüche der Punks entstandenen Leichen mitzuwirken. Zusammen mit der Strotterin, die auch in diesem Stück auftritt, zerlegt sie die Puppen, die auf der Bühne die Toten repräsentieren, und der Regiehinweis deutet darauf hin, mit welcher Beiläufigkeit die Autorin den Vorgang abgewickelt haben will: "Es könnte sich um einen Besuch handeln, bei dem die Hausfrau beim Erbsenauslösen angetroffen wurde und die Besucherin nun dabei mithilft" (WAI 125).

Der Wunsch, in der Geborgenheit von Ordnungsgefügen aufgehoben zu sein, ist die wohl größte aller Sehnsuchten, die in den Stücken von Streeruwitz thematisiert werden. "Ordnung. Das ist die Entledigung von allen Unruhefaktoren", schreibt sie einleitend in ihren Frankfurter Vorlesungen (KMD 11). "Wie verführerisch, erklärt zu bekommen, wie es richtig ist. Richtig gemacht wird. [...] Und den Unruhefaktor des Selbst ausschalten zu können. Sich anlehnen zu dürfen an einem Vorgeschriebenen" (KMD 14f.). Ordnung, das seien "die Regeln, die das Leben klar und überschaubar machen. Übersichtlich. Einsichtig." Ordnung sei jedoch auch "das Ziel aller Versuche, die Menschheit zu bändigen", in ihren Konsequenzen niedergelegt in "Religionen, totalitären Regimen und realisierten Utopien"

---

[53] Vgl. Johann Wolfgang Goethe: *Iphigenie auf Tauris*. Stuttgart 1981 (Universal-Bibliothek 83). S. 5 (I/1, V. 1-4, 14f.).
[54] Vgl. ebd. S. 44 (IV/3, V. 1526-1530).

(KDM 11). Auch das gegenwärtige "Gejammer nach Werten" handle von dieser "Sehnsucht nach Ordnung" (KDM 14).

In *New York. New York.* tritt zum ersten Mal jener Intellektuelle namens Chrobath auf, der auch in anderen Dramentexten als hilfloser Kämpfer gegen die überhand nehmenden Symptome des Zerfalls karikiert wird. Im erstgenannten Stück beklagt er gegenüber Frau Horvath den Zerfall abendländischer Ganzheitsvorstellungen: "Wir lösen uns auf. Ahnungslos. Unbemerkt lösen wir uns auf. Und auf einmal. Nicht mehr da. Nichts mehr da. Nichts geschehen. Und wir sind weg. Weggelöscht" (NY 59f.). In dem späteren Stück *Tolmezzo.* (1994)[55] kritisiert er (diesmal als "Krobath") den Niedergang der österreichischen Kultur im Geiste von Tourismus und allumfassender Vermarktung: Alles, was von diesem Land übrigbleiben werde, sei eine "Dokumentation in Fremdenverkehrsprospekten" (TOL 24). In dem Stück *Elysian Park.* (1993)[56] erscheint Chrobath [sic!] hingegen als Repräsentant der gesellschaftlichen Ordnungsmechanismen, der als "Fachmann auf dem Gebiet der psychopathologischen Textanalyse" (NY 150) den irritierend hermetischen Text einer jungen Mutter zu charakterisieren hat: "Die steinernen Platten die Gräber und fühle mich quellen und schwellen die Gifte mein Bauch sich blähend und platzt die Haut mein Fleisch die Knochen nicht mehr ein Brei von schwärenden Schwarten am Grund es gärt", hat diese ihre Vernichtungsängste bebildert (NY 126).[57] Professor Chrobath leitet daraus ab, daß die "Auflösung des Satzzusammenhangs" auf eine "tiefbegründete Schwächung des Selbstfocus" schließen lasse und zusammen mit einer "negativen Auflösungsmetaphorik" auf "kaum noch zurückzudrängende Ängste vor endgültigem Selbstverlust" hinweise. "Aufgrund dieses typisch weiblichen Erscheinungsbilds" bestehe somit die Möglichkeit, daß "in aggressiven Handlungen gegen andere die eigene Selbstauslöschung" vollzogen werde (NY 151). Die Konsequenz dieser Parodie wissenschaftlicher Zu(recht)schreibung: der Frau wird von Sozialarbeitern (!) ihr Kind weggenommen. Die Folie eines solchen Denkens findet sich in den Frankfurter Poetik-Vorlesungen der Autorin beschrieben – es ist die stereotype geschlechtsspezifische Zuschreibung der Dichotomie Ordnung vs. Chaos: "Unordnung. Das ist Trieb ohne rationale Steuerung. Grenzverlust. Chaos. Emphase. Ekstase. Und alle anderen ord-

---

[55] Marlene Streeruwitz: *Tolmezzo. Eine symphonische Dichtung.* Frankfurt a.M. 1994. Hinfort zit. unter TOL.
[56] Marlene Streeruwitz: *New York. New York. Elysian Park. Zwei Stücke.* Frankfurt a.M. 1993 (edition suhrkamp 1800). S. 87-176. Hinfort zit. unter NY.
[57] In einem Stil, der sich durchaus mit dem in ihren Frankfurter Vorlesungen abschließend zitierten frühen Text der Autorin selbst vergleichen läßt; vgl. KMD 136-140.

nungsstörenden Zustände. Und alles das wird dem Weiblichen zugeordnet" (KDM 31).

Jene Figur aus der österreichischen Literaturtradition, die schon in ihrer ursprünglichen Version angesichts einer sich auflösenden Welt für "das Notwendige, Gültige und Dauerhafte menschlicher Bindungen" eingetreten ist,[58] findet sich auch im dramatischen Werk von Streeruwitz, allerdings als für Zwecke des Fremdenverkehrs engagierter Darsteller des Yeti im Hochgebirge: Hans Karl Bühl aus Hofmannsthals Komödie *Der Schwierige*. Dort hat er noch die Ehe als Inbegriff dieser Dauer stiftenden Bindungen zwischen den Menschen beschrieben – jene Institution, die bei Streeruwitz immer wieder in ihren (vor allem für die in ihr gefangenen Frauen katastrophalen) Negativvarianten vorgeführt wird: "Es ist nicht zum Ausdenken, wie zufällig wir alle sind, und wie uns der Zufall zueinanderjagt und auseinanderjagt", sagt er zu Helene Altenwyl, die er später heiraten wird.[59] Deshalb habe der Mensch das Institut entwickelt, "das aus dem Zufälligen und Unreinen das Notwendige, das Bleibende und das Gültige macht: die Ehe".[60] In dem Stück *Ocean Drive.* (1994)[61] beklagt Hans Karl Bühl den Untergang seiner Welt, die im "Zweiten Krieg" zugrund gegangen sei. "Wir haben nur das Beste gewollt. Aber die anderen. Die anderen waren lauter. Wir haben das Beste auch noch gekonnt. Aber. Es hat halt niemand mehr wollen" (OD 48). An traditionellen Wertbegriffen wie "Treue" und "Gehorsam", gegenüber "denen, die es wissen", mißt er eine Zeit, in der "keine mehr sind, die es noch wissen" (OD 49). So mündet der Auftritt des einsamen Wiedergängers aus der aristokratischen Gesellschaft der Wiener Jahrhundertwende in die konservative Klage über den Verlust der längst verlorenen Wertordnung: "Uns hat man das noch beigebracht. Glauben. Und dann nachgehen. Ohne Fragen. Das gibt es nicht mehr. So eine Ordnung, daß jedes weiß, wo es hingehört und wie es funktionieren soll. [...] Wir sind da noch gefolgt. Haben gewußt wofür. Das hat einen Sinn gehabt" (OD 54).

Wie sehr die historische und kulturelle Überlieferung Wiens in die Gegenwart der Stücke von Streeruwitz hereinragt, läßt sich nirgendwo besser

---

[58] Wolfram Mauser: *Hugo von Hofmannsthal. Konfliktbewältigung und Werkstruktur. Eine psychosoziologische Interpretation*. München 1977. S. 150.
[59] Helene ist ein Name, der im Werk von Streeruwitz wiederholt eingesetzt wird: nicht nur die Protagonistin von *Waikiki-Beach.* heißt so, sondern auch die Hauptfigur ihres ersten Romans: vgl. Marlene Streeruwitz: *Verführungen. 3. Folge: Frauenjahre*. Frankfurt a.M. 1996.
[60] Hugo von Hofmannsthal: *Der Schwierige. Der Unbestechliche. Zwei Lustspiele*. Frankfurt a.M. 1958 (Fischer Bücherei 233). S. 64 (Akt II/Szene 10).
[61] Marlene Streeruwitz: *Ocean Drive. Ein Stück*. Frankfurt a.M. 1994. Hinfort zit. unter OD.

erkennen als in dem Stück *Tolmezzo*., das schon mit architektonischen Signalen für diese Vergangenheit beginnt: "Eine schräg den Straßenverlauf begleitende Fassade. Gründerzeit. Kariatyden. Portalwuchtende Atlanten. Säulen", heißt es in der Regieanweisung. Breite Glasschwingtüren in einem "überschwenglich historisierenden Portal" führen zu einem Kaffeehaus, das ausdrücklich einen "Anklang an das historische Café Central" vermitteln soll (TOL 7). Doch die Symbole dieser Kulturtradition präsentieren sich als heruntergekommene Relikte einer anachronistisch gewordenen und bestenfalls noch im Zeichen des Fremdenverkehrs vermarkteten Vergangenheit. Ein Beispiel dafür sind die "drei Alten Sängerknaben": Sie erscheinen als "drei Strotter in Matrosenanzügen und den dazugehörenden Matrosenmützen", die das Knabenterzett aus Mozarts *Zauberflöte* singen und hernach Geld absammeln. "Alles ist schäbig. Unvollständig. Versoffen. Zusammengestoppelt" (TOL 23). Bei Streeruwitz sind diese Auslaufmodelle einer österreichischen Populär-Emblematik jedoch mit Elementen der US-amerikanisch dominierten Massenkultur zusammengespannt, etwa mit der Comicfigur des "Spiderman", in dessen "Sing-Sang" sich Verse aus der Operette *Die Fledermaus* von Johann Strauß verirrt haben – Zeilen, die man vor allem in den Jahren der Waldheim-Affäre und der dadurch provozierten Auseinandersetzung mit einer anderen als der von Sängerknaben und Mozart-Opern repräsentierten Vergangenheit in der kritischen Öffentlichkeit des Landes gerne als symbolhafte Vorwegnahme der österreichischen Verdrängungsstrategien zitiert hat: "Glücklich ist / Wer vergißt" (TOL 13); "was doch nicht zu ändern ist", lautet die Fortsetzung im Original. Zum "Spiderman" kommen auch noch die Barbies, die weibliche Ikonen der modernen Konsumgesellschaft, und zusammen mit den Kens, ihren männlichen Gegenbildern, erscheinen sie am Ende des Stücks (schon deutlich von ihrer Rolle als künftige Mütter gezeichnet) als Teilnehmer an einem bekannten Ritual österreichischer Selbstdarstellung: "Die Barbies sind hochschwanger. Sie sind als Debütantinnen für den Opernball angezogen. Weißes großes Abendkleid. Krönchen. Sträußchen. Die Kens tragen Fracks. Paarweise schweben sie aus dem Kaffeehaus" (TOL 77).

Mit der Vermischung von Elementen der sogenannten 'Hochkultur' und Produkten der Unterhaltungsindustrie signalisiert die Autorin nicht nur kulturgeschichtliche Überlagerungen, die tatsächlich stattgefunden haben: die Verschmelzung der österreichisch-mitteleuropäischen Tradition und der weltweit prägenden Pop-Kultur unseres Jahrhunderts. Sie folgt damit wiederum einem ästhetischen Prinzip, das schon ganz zu Beginn der Postmoderne-Diskussion propagiert wurde: der Verbindung von Elitärem und Populärem, von Hochintellektuellem und Trivialem im Bereich der Literatur, wie sie Leslie A. Fiedler in seinem Text *Cross the Border – Close the Gap* (1969 bezeichnenderweise erstmals in der Zeitschrift *Playboy* abgedruckt) gefordert hat.[62] Der Einsatz Wiens als Schauplatz für ihre dramatischen Abläufe entspricht darüber hinaus – abgesehen von der biographischen Nähe der in Baden geborenen und in Wien lebenden Autorin – ihrer Entscheidung, die österreichische Hauptstadt generell als "Ort der Weltbeschreibung" zu verwenden.[63] Zwar verweisen die Ortsbezeichnungen im Titel ihrer Stücke auf weit entfernte Lokalitäten, es sind mögliche Reiseziele, manchmal also auch moderne Orte der Sehnsucht (man denke an *Waikiki-Beach.* und *New York. New York.*, aber auch an *Elysian Park.* oder *Ocean Drive.*).[64] Doch in Wahrheit vollzieht sich das Geschehen in diesen Texten in den allermeisten Fällen in Wien. Am Beispiel der alten imperialistischen Hauptstadt, "die 1917 ins Marmelade-Glas gesteckt wurde – und oben zu und nichts mehr weiter",[65] lasse sich das Weiterwirken vergangener Denk- und Verhaltensstrukturen besonders eingehend demonstrieren. Österreich, das ist für sie "eine schwarze Hoffnungskultur", ein Modell für eine "nicht aufgeklärte Welt", die sich vor allem in Wien manifestiere.[66] Vor allem aber hätten, so die Autorin, "die Schrecken dieser Welt in Wien eine besondere Konzentration erfahren; und zwar eine dieser milden Konzentrationen, die das Unheil so schön verschleiern und damit eigentlich verstärken."[67]

Aus diesen Bemerkungen ergibt sich der Übergang zu einer weiteren Funktion der intertextuellen Bezugnahmen in den Stücken dieser Autorin, zu einer der wesentlichsten vielleicht. Es geht dabei um den Themenkomplex der Gewalt, der ihre dramatische Produktion durchzieht wie kein anderer. Mitten im modernen London, in einer U-Bahn-Haltestelle, hört man in dem Stück *Sloane Square.* plötzlich "Fetzen von Barockmusik. Pathetisch." Dann spricht die Strotterin, deren Funktion bei der Beseitigung von Mordopfern wir vorhin schon angemerkt haben, Verse aus dem barocken Trauerspiel *Carolus Stuardus* (1657) von Andreas Gryphius, und ihr Auf-

---

[62] Leslie A. Fiedler: Überquert die Grenze, schließt den Graben! Über die Postmoderne. In: *Wege aus der Moderne* (Anm. 11). S. 57-74.
[63] Streeruwitz, zit. nach Michael Merschmeier: Schrecklich schön. Marlene Streeruwitz über das Theater im allgemeinen. In: *Tolmezzo.* (Anm. 12). S. 4-9, hier S. 9.
[64] Tolmezzo ist in den Augen der Autorin hingegen das Symbol des Ersten Weltkriegs, der für sie den "Beginn der nachfolgenden, noch größeren Grauenhaftigkeiten" bedeutet: "das erstaunlichste Schlimmste, das in diesem Jahrhundert passiert ist; daß sich Millionen junger Männer wie Lemminge in einen Krieg werfen oder werfen lassen und das auch richtig finden und freudig mitmachen" – Streeruwitz (Anm. 20). S. 243.
[65] Wie Anm. 63.
[66] Streeruwitz (Anm. 64). S. 244f.
[67] Ebd. S. 243.

tritt "muß dämonisch-großartig sein", wie es in der Regieanweisung heißt (WAI 103):

> Nein! wenn wir disen Sturm in Engelland erregt /
> Und die gestärckte Well' / itzt Mast und Seil bewegt;
> Muß man die wilden See / mit Fürsten Blut versöhnen /
> Und den zuspritzten Schaum mit Purpur-Flüssen krönen.
> Was ists den Britten mehr umb eines Königs Haubt?
> Es ist der Insell Art! [68]

Was in der Folge zitiert wird, ist eine lückenlose Chronik der Gewaltausübung auf höchster politischer Ebene. Könige und Königinnen werden aufgezählt, die nach der "Britten [...] Art" umgebracht worden sind; bei Gryphius trägt diesen Ablauf politisch motivierter Morde der Geist Maria Stuarts gegenüber Carolus Stuardus vor, der seinerseits bald exekutiert werden wird.[69] "Verfluchter Tag! Als wir von Königen gebohren / Die Könige gezeugt / von Königen erkohren", endet der Ausschnitt, den die Autorin in ihr Stück eingefügt hat (WAI 104). Man mag angesichts der Kritik, die Streeruwitz an traditioneller Dramenliteratur als Vorbereitungsseminar für Krieg und Totschlag geübt hat, durchaus an die Funktion des barocken Trauerspiels denken, in unsicheren Zeiten eine Art "Standhalte-Moral"[70] zu transportieren: "in dem wir grosser Leute / gantzer Stätte vnd Länder eussersten Vntergang zum offtern schawen vnd betrachten / tragen wir zwar [...] erbarmen mit jhnen", schreibt Martin Opitz, "wir lernen aber darneben auch durch stetige Besichtigung so vielen Creutzes vnd Vbels das andern begegnet ist / das vnserige / welches vns begegnen möchte / weniger fürchten vnnd besser erdulden".[71] Vor allem aber verweist die Passage auf die Rolle der Gewalt in der menschlichen Gesellschaft, die bei Streeruwitz stets den Hintergrund allen dramatischen Geschehens bildet. Nicht zufällig ist Edward Bond einer jener Dramatiker, auf deren Werk sich die Autorin explizit beruft.[72] Der Ausspruch Prinz Arthurs aus *Early Morning*:

---

[68] Ebd. Die Umlaute in diesem Zitat sind im Original mit einem kleinen e über dem Buchstaben geschrieben.
[69] Vgl. Andreas Gryphius: *Werke in drei Bänden*. Bd. 2: *Trauerspiele*. Hg. von Hermann Palm. Hildesheim 1961. S. 381f.
[70] Hans-Jürgen Schings: Gryphius, Lohenstein und das Trauerspiel des 17. Jahrhunderts. In: *Handbuch des deutschen Dramas*. Hrsg. von Walter Hinck. Düsseldorf 1980. S. 48-60, hier S. 56.
[71] Ebd. S. 55.
[72] Vgl. Streeruwitz (Anm. 20). S. 245.

"Civilization is just bigger heaps of dead",[73] könnte auch als Motto über den Stücken der österreichischen Autorin stehen; sie hat dieses Stück im übrigen sogar selbst inszeniert. "Eine Zeit, eine Welt voller Schrecken, Ungeheuerlichkeiten, verheerender Pervertierungen der Humanität" hat der Kritiker Peter Iden in den Texten Bonds festgestellt;[74] alle seine Stücke seien ausdrücklich mit Gewalt befaßt, die als generelles Symptom der menschlichen Gesellschaft erscheine, heißt es in einer neueren Darstellung des zeitgenössischen britischen Dramas.[75]

So hat der intertextuelle Verweis hier nicht mehr nur die Funktion, Denk- und Gefühlsstrukturen sichtbar zu machen, die unser Verhalten unbewußt steuern, sondern er ruft Handlungsmechanismen in Erinnerung, die unser gesellschaftliches Zusammenleben seit Jahrhunderten beherrschen. In ganz ähnlichem Sinne ist das Zitat aus Ovids *Metamorphosen* zu verstehen, das Professor Krobath in *Tolmezzo.* auf Lateinisch vorträgt – es mag eine Anspielung auf die Funktion der klassischen Bildungssprache im Kontext der traditionellen bürgerlichen Ordnung sein, vor allem aber beschreibt es eindrucksvoll jenen Gewaltzusammenhang, der bei Ovid als 'Ehernes Zeitalter' charakterisiert wird. Der Ausschnitt lautet in der deutschen Übersetzung:

> Man lebt vom Raub; kein Gastfreund ist vor dem Gastfreund sicher, kein Schwiegervater vor dem Schwiegersohn, auch zwischen Brüdern ist Eintracht selten. Der Mann trachtet der Frau nach dem Leben und sie dem Gemahl; schreckliche Stiefmütter mischen bleichmachendes Gift; der Sohn forscht vor der Zeit nach der Lebensfrist des Vaters. Besiegt liegt die fromme Scheu darnieder; und die Jungfrau Astraea hat als letzte der Himmlischen die blutgetränkte Erde verlassen.[76]

Jene Kleist-Strophen aus dem Gedicht ‚Germania an ihre Kinder‘ (1809), die am Ende des Stücks *New York. New York.* von dem "Chor der Japaner" vorgetragen werden, transportieren selbst den Gestus der Gewalt – wenn man sie gewissermaßen gegen den Strich zitiert: "Zu den Waffen, zu den Waffen! / Was die Hände blindlings raffen! / Mit der Keule, mit

---

[73] Zit. nach Leo Truchlar: Edward Bond. In: *Englische Literatur der Gegenwart in Einzeldarstellungen.* Hg. von Horst W. Drescher. Stuttgart 1970 (Kröners Taschenausgabe 399). S. 476-492, hier S. 488.
[74] Peter Iden: Zeit und Werk (Edward Bond). In: *Das englische Drama nach 1945.* Hrsg. von Klaus Peter Steiger. Darmstadt 1983 (Wege der Forschung 533). S. 269-279, hier S. 269.
[75] Vgl. Christopher Innes: *Modern British Drama 1890-1990.* Cambridge, New York, Port Chester, Melbourne, Sydney 1992. S. 163.
[76] Ovid: *Metamorphosen.* Übers. von Michael von Albrecht. München 1994 (Goldmann Klassiker 7513). S. 12f.

dem Stab, / Schlacht, in dein Gefild hinab!" (NY 82). Abschließend heißt es dann: "Eine Jagdlust, wie wenn Schützen / Auf der Spur dem Wolfe sitzen! / Schlagt ihn tot! Das Weltgericht! / Fragt nach Euren Gründen nicht!" (NY 85).[77] Es ist die sprachliche Legitimation von Gewalttat und Mord, hergestellt mit Hilfe der Bezugnahme auf die überindividuelle Instanz des "Weltgerichts". Im Stück von Streeruwitz begleiten diese Strophen die Zurschaustellung des leidenden "Herrn Prometheus" für die fotografierwütigen Touristen. In einem Essay zu ihrem Stück (mit dem Untertitel 'Über den postfaschistischen Prometheus') reflektiert die Autorin zunächst über die jeweiligen Handlanger, die nicht gern tun, was sie tun, die aber dann doch darauf verweisen, daß es eben sein muß; über die immergleichen "Rutschbahnen aus Unvermeidlichkeit, Notwendigkeit und Neigung" entstünden so die Karrieren von Folterern und Folterinnen. "Und dann nachher ist wieder einer an einen Felsen gekettet. Wird bei lebendigem Leib in ein Bündel sich windenden schreienden Fleisches verwandelt." Vor allem aber kommentiert Streeruwitz die neuartige Möglichkeit, "Prometheus im Medienzeitalter" endgültig auf Film festzuhalten, "Objekt den Peinigern und als Gepeinigter Objekt des Zuschauens". So werde die "Verwesung" zum "Medienereignis" – und zum Mittel der Machtstabilisierung: "Wie bei den Tempelfriesen. Kriegsvorbereitungen. Ununterbrochene Kriegsvorbereitung." Weil die Mächtigen an der Macht bleiben wollen, "gewöhnen sie uns jeden Abend an die Bilder des einfliegenden Adlers und wie er in der Leber wühlt. Gewöhnung. Verdrängung. Und alles kann wieder von vorne losgehen."[78]

5.

Wenn sie über die Funktionsweise ihrer Stücke spricht, betont Marlene Streeruwitz stets ihre Aversion gegen jegliche identifikatorische, naiv realistische Darstellungsform: "Jeder Anschein von Realismus wird im Keim erstickt", schreibt sie in den Tübinger Vorlesungen. "Die Theaterhaftigkeit bloßgelegt" (SSE 81). Die Mittel, die sie einsetzt, um auf die Künstlichkeit des dramatischen Geschehens hinzuweisen, gehen über den gezielten Einbau von Bruchstücken aus anderen Texten weit hinaus. So wird etwa der in mehreren Stücken stattfindende plötzliche "Ausbruch der Gewalt" (WAI 88) durch die Visualisierung auf der Bühne ins Grotesk-Irreale verfremdet.

---

[77] Vgl. Heinrich von Kleist: *Sämtliche Werke*. Hg. und eingeleitet von Arnold Zweig. Bd. 4. München 1923. S. 41f. Statt "Jagdlust" steht bei Kleist allerdings "Lustjagd".

[78] Marlene Streeruwitz: Während der Verwesung. Über den postfaschistischen Prometheus. In: *New York. New York. Programmbuch*. Münchner Kammerspiele. Spielzeit 1992/93, Heft 1 [unpag.].

Wenn in *Sloane Square.* unvermittelt ein heftiges Handgemenge zwischen Punks entsteht, das mit dem "langgezogene[n] Todesschrei" eines der Punks endet (ebd.), wird bald deutlich, daß der Tote nur eine Puppe ist, die auf der Bühne als Zeichen für ein tatsächliches (Todes-)Opfer einsteht. Einige Zeit später beginnt nämlich die Strotterin, mit einer Schere "die Puppe zu zerschneiden", sie "trennt Gliedmaßen und Kopf ab", worauf auch das Innere des theatralischen Requisits sichtbar wird: "Sägespäne oder eine anderes Füllmaterial quillt hervor und rieselt über alles" (WAI 100). In *Elysian Park.* vollzieht sich Ähnliches. Ein toter Strotter wird umgehend durch eine lebensgroße Fetzenpuppe ersetzt (NY 135), und das Baby einer der weiblichen Figuren wird ebenfalls auf irritierende Weise als beiläufig zusammengestellte Konstruktion aus Konsummüll erkennbar: "Das Baby ist ein Bündel zusammengedrehter Plastiksäcke, die in ein Tuch gehüllt sind. Beim Aufheben löst sich das Bündel plötzlich auf, und alle Säcke fallen auseinander. Alle sind erschrocken" (NY 152). Daraufhin gehen die drei anderen Frauen auf der Bühne zu Marie, der jungen Mutter, und "helfen ihr, das Baby wiederherzustellen" (NY 153). Als sich am Ende des Stücks einer der männlichen Protagonisten um Marie bemüht, fallen die Plastiksäcke von neuem auseinander; diesmal landen sie schließlich im Abfall: Der Mann "überprüft die Nähte der Plastiksäcke, legt die Säcke sorgfältig zusammen, macht einen Stoß aus ihnen. [...] Er steht auf, geht zum Papierkorb rechts, legt die Plastiksäcke hinein" (NY 176).

Das gleiche Stück enthält auch einen jener Parallelvorgänge zum eigentlichen 'dramatischen Geschehen', mit deren Hilfe die Autorin den einheitlichen Zusammenhang auf der Bühne bewußt zerstört – wiederum mit dem Ziel, keine wie auch immer geartete "Form realistischer Lüge"[79] aufkommen zu lassen. Neben der Handlung zwischen den Protagonisten des Dramas wird ein 10 Minuten langes "Endlosband mit den an- und abschwellenden Originalgeräuschen einer ständig befahrenen Autobahn" abgespielt (NY 88), dazu wird eine "3 Minuten-Sequenz der fahrenden Autos in Endlosschleife" projiziert (NY 89), und von Beginn der Aufführung an tritt "jeweils alle 7 Minuten" ein Mann auf, dem sein Papagei entflogen ist; er "stößt Lockrufe aus und kümmert sich nicht um die anderen Personen auf der Bühne" (ebd.). Ausdrücklich heißt es in der Regieanweisung: "Es besteht kein dramatischer Zusammenhang zwischen Licht, Autobahngeräuschen, fahrenden Autos und Handlung. Licht, Geräusche, Projektion und Auftritte des Papageiensuchers laufen ausschließlich an sich selbst orientiert ab" (NY 89f.). Die gleiche Funktion erfüllt in *Bagnacavallo.* das alle 12 Minuten "regelmäßig wiederkehrende ready made", das zu Beginn in seinem Ablauf genau festgelegt wird: "Hinter dem Kellerfenster sind

---

[79] Streeruwitz (Anm. 20). S. 247.

schlagartig wilde Lichteffekte in allen Farben zu sehen. Gleichzeitig sehr laute Heavy-metal-sounds. Töne und Licht enden abrupt [etc.]." Auch hier steht wieder die Bemerkung: "Ohne Zusammenhang mit dem sonstigen Geschehen" (BAG 10).

Als wesentliches Kennzeichen postmoderner Literatur gilt, daß "die dargestellte Welt sich im ironischen und metafiktionalen Spiel verflüchtigt."[80] Auch Streeruwitz verwendet diese ästhetische Verfahrensweise. In *Elysian Park.* treten z.B. sechs Personen kurz vor Ende des Stücks aus dem aktuellen Geschehen heraus und unternehmen, alle zur gleichen Zeit sprechend, eine kurze Bestandsaufnahme ihrer aktuellen Situation. Zuletzt, wenn "die vielstimmig-chorische Sprechhaltung aller etabliert ist", mischt sich der Regisseur ein, und er spricht "in genau dem sanften Reportagenton, in dem Papstfeiern und Papstmessen von Radio Vatikan übertragen werden" (NY 169), einen Kommentar zu den dramatischen Vorgängen auf der Bühne. Noch wirkungsvoller ist jene Szene in *Waikiki-Beach.*, in der das Protagonistenpaar Michael und Helene plötzlich "erstarrt" und der dramatische Ablauf für einen kurzen Moment von der Parodie einer kunstkritischen Diskussion unterbrochen wird. Die "Drei Dicken Frauen", die an dieser Stelle auftreten, sind zwar mit den Requisiten von Hausfrauen ausgestattet; sie "tragen bei ihrem Auftritt in jeder Hand Einkaufsnetze, aus denen Lebensmittel quellen: Gemüse, Obst, Milch, Brot" (WAI 21). Doch sie sprechen über die beiden Menschen vor ihnen, als wären sie ein hyperrealistisches Kunstwerk, das in einer Ausstellung zu besichtigen ist: das Produkt einer Kunstrichtung, die freilich "nicht ohne Zitate aus der [...] metaphysischen Vergangenheit der Kunst auskommt" – bei der Position der Couch liege die "Assoziationen mit einem Altar" nahe: "Opfersituation. Das Liebespaar. Menschenopfer." Die ausgestellte Frauenfigur interpretieren sie als: "Die betrunkene Oberschichtfrau nach der Party" (WAI 22). Der Männerakt hingegen – das sei: "Planer Narzißmus und vollkommene Aussagelosigkeit." Insgesamt handle es sich um einen mißlungenen "theatralische[n] Versuch" (WAI 24). "Nur ein bißchen verstaubte Trostlosigkeit" (WAI 23).

All diese illusionsdurchbrechenden Mittel sind ihrer Intention nach jedoch keinesfalls nur der Ausdruck postmodernen Spiels. Es geht dabei vor allem um die Verhinderung jeder Art von "Identifikationstheater"[81]; als einen "Ort des Vor-Führens"[82] sieht die Autorin ihre Form des Dramas, sie wolle den Zuschauer/die Zuschauerin über die distanzierte Betrachtung des Geschehens auf der Bühne "zur Selbstbefragung führen" (SSE 35). Ihr Ziel

---

[80] Harbers (Anm. 3). S. 64.
[81] Zit. nach *Tolmezzo.* (Anm. 12). S. 10.
[82] Streeruwitz (Anm. 18). S. 31.

sei letztlich (im Sinne der eingangs zitierten Kritik an der gesellschaftlichen "Prägung" aller Lebensbereiche) eine "Entkolonialisierung" (KMD 22), die "Erkenntnis von Freiheit", die von allen "dominanten Ausdrucksformen unserer Kultur" aktiv unterdrückt würde (SSE 25). Sie folgt darin einer Blickweise, die sie ausdrücklich mit der Moderne in Verbindung bringt: "Einzig die Moderne hat den Blick im konsequenten Auf-sich-selbst-gerichtet-Sein in die Vereinzelung geführt und damit Freiheit ermöglicht" (SSE 20). In der Sprache, die Streeruwitz für ihre Programmatik verwendet, greift sie auf die Bildlichkeit der Aufklärung zurück: "Ich bin für vollständige Erhellung aller Lebensbereiche". Den Gegensatz, die Verdunkelung, ordnet sie freilich, anders als etwa in dem bekanntesten Propagandawerk des aufklärerischen Operntheaters, der in *Tolmezzo.* ironisch zitierten *Zauberflöte,* der patriarchalen Macht zu, die sich auf diese Art ewig fortgeschrieben habe (KMD 39).

In auffälliger Häufung enthalten die Stücke von Streeruwitz Szenen, in denen Versuche des Erinnerns unternommen werden. In *New York. New York.* arrangiert die Autorin eine "Analysesituation" zwischen Frau Horvath und dem Taubstummen. "Können wir uns daran zurückerinnern?" lautet die Frage der 'Analytikerin'. "Und? – Was fällt Ihnen dazu ein?" In *Elysian Park.* erfolgt die Auseinandersetzung mit der Wiederkehr des Verdrängten, mit den Träumen und Vorstellungen einer der Protagonistinnen, im Rahmen einer auf der Bühne nachgestellten "Gruppentherapie" (NY 107). Ein Gespräch zwischen zwei der männlichen Figuren des Stücks handelt ebenfalls vom schwierigen Umgang mit dem Vergangenen: "Ich habe nur vage Bilder. Mehr wie Vorstellungen", sagt der eine (NY 108). Der andere: "Aber ich kann mich nicht erinnern" (NY 107). Im Fall von *Tolmezzo.* ist es sogar der ganze Theatertext, der sich unablässig um Vergessen und Erinnern dreht: In seinem Mittelpunkt steht die Emigrantin Manon, die vor den Nationalsozialisten aus Österreich ins Ausland flüchten mußte und nun zurückgekommen ist, ohne mit ihren Erzählungen von der Vergangenheit wirklich Gehör zu finden: "Die Personen rund um sie beachten sie weiter nicht", heißt es anläßlich einer der kurzen Episoden, die sie vorträgt. "Eine alte Frau erzählt ohne Zusammenhang eine der Geschichten aus ihrem Leben" (TOL 17).

Mit ihrer nachdrücklichen Verteidigung des "Subjektiven" (KMD 54), des "Eigene[n]" (KMD 132), setzt sich Marlene Streeruwitz vom postmodernen Konzept einer unhintergehbaren Fragmentierung des Subjekts[83] ab. Im Namen des Individuellen, das vor der Entmächtigung durch die autoritäre "Ordnung des Hirten" zu schützen sei, verwahrt sie sich gegen die Herrschaft der Masse, gegen das "Gefühl des Aufgelöst-Seins in einem

---

[83] Vgl. z.B. Jameson (Anm. 15). S. 59.

größeren Ganzen" (KMD 126): "Wir können uns nur als einzelne entwerfen. Die Macht der Masse ist im Auslöschen einzelner geübt" (KMD 133). Nicht zufällig steht Elias Canetti, der Verfasser von *Masse und Macht*, auf der Liste der für sie maßgeblichen Autoren.[84] Wenn Streeruwitz gegen die Verdrängung des Vergangenen eintritt, für die Freisetzung der menschlichen Erinnerungsfähigkeit, gebraucht sie ganz andere Kategorien als den postmodernen Diskurs: "Der Raub an Erinnerung. Das Verhindern von Erinnern. Das Verdrängen. Das alles sind Akte, die sich gegen die Würde der Person richten", heißt es in den Frankfurter Poetikvorlesungen. Würde beruhe "auf der Fähigkeit der Erinnerung", denn diese sei "für jeden und jede eine Wiederteilnahme an der Unmittelbarkeit von Leben" (KMD 124). In diesem Sinn definiert die Autorin den Zweck ihrer literarischen Arbeit als Beitrag zu einer "Selbstmächtigkeit" (KMD 26), die sich von den gesellschaftlichen Einflußzusammenhängen so weit wie möglich emanzipiert: "Aufgabe der Literatur wäre es, so denke ich, neue Erinnerungen zu formulieren, die als eigene Erinnerung des Textes [...] sich auf Leben bezieht, wie es ist, zu Erinnerung werden kann, die von jeder und jedem als quasi-eigene Erinnerung rezipiert werden kann, ohne daß Invasion vorliegt" (KMD 132).

---

[84] Vgl. Streeruwitz (Anm. 20). S. 245.

Bożena Chołuj

Christa Reinigs Spiel mit Leseerwartungen in ihrem Roman *Entmannung. Die Geschichte Ottos und seiner vier Frauen*

By referring to Christa Reinig's novel Entmannung, *published in 1976, I show how literary analysis can be involved in a postmodern discourse. A philosophical matrix for this article is Judith Butler's reflection on cultural construction of sex and gender, performances of gender, and a power of interpretation. Reinig resigns in her novel from the narrator's authority, but not from a narrator itself. In this way, on the one hand, she strips off a firm narrative perspective and, on the other hand, she plays with the reader's expectations by evoking them with told stories.*

Zuordnungen, Zuschreibungen und Zuweisungen sind heute weniger denn je gefragt, und es fällt uns deswegen schwer, auf die Frage: *Gibt es eine postmoderne deutsche Literatur?* oder die nach dem Verhältnis zwischen Frauenliteratur und Postmoderne eine Antwort zu finden. Begriffe wie 'deutsche Literatur', 'Frauenliteratur' und 'Postmoderne' sind Etikettierungen. Eine solche vorzunehmen, wäre möglich, wenn Innovation, einheitlicher Aufbau und eindeutige Ideen Konstituenten des literarischen Werkes wären. Wir versuchen heute eher, die Vieldeutigkeiten, Widersprüche und Risse in Texten und ihren Umgang mit ihnen herauszuarbeiten. Vielleicht könnte man in dieser Hinsicht von postmodernen Tendenzen in der Literaturwissenschaft sprechen. Unbestritten bleibt, daß es Texte gibt, die zu solch einer Betrachtung geradezu einladen. Beides, Texte über solche Texte sowie sie selber, bilden einen Diskurs über die Postmoderne, durch den und in dem sie entsteht. Es werden verständlicherweise solche Werke vorgezogen, die nicht aus einem Zentrum heraus konstruiert sind. In bezug auf sie ist es besonders schwer, Zuordnungen durchzuführen. Es besteht dafür die Möglichkeit, am postmodernen Diskurs in Form von Analysen der einzelnen Texte teilzunehmen.

Christa Reinigs Roman *Entmannung* ist ein Beispiel eines solchen Textes, der sich jeder eindeutigen Interpretation entzieht. Es ist ein Werk, das sich weder zusammenfassen noch nacherzählen läßt. Es ist fragmentarisch aufgebaut, und das scheint sein einziges durchgehendes Prinzip zu sein. In ihrem Aufsatz "Blutrünstiges und Monströses in *Entmannung*",[1] schreibt

---

[1] Veronika Schnell: Blutrünstiges und Monströses in 'Entmannung'. Einige Überlegungen zur literarischen Aufarbeitung geschlechtsspezifischer Gewaltverhältnis-

Veronika Schnell zwar, daß das einzige, woran man sich bei der Lektüre dieses Textes halten könnte, die Protagonisten wären, auf die der Untertitel des Romans hinweist: "Otto und seine vier Frauen", aber so einfach ist es nicht. Reinig macht es ihrem Lesepublikum nicht leicht. Auf die Frage nach ihrer Zielgruppe antwortet sie in einem Interview: "Sie müssen sich vorstellen, es gibt die Möglichkeit, einen derart abgestorbenen Raum zu haben, daß Sie die Zielgruppe nicht in der Gegenwart und auch nicht in der Zukunft sehen", und weiter: "Ich sitze in einer luftleer ausgepumpten Glocke und lebe darin und habe eine Zielgruppe, die überhaupt nicht existiert".[2] Die Schicksale der Figuren ergeben in der *Entmannung* keinen Zusammenhang, der auf das Ganze zurückschließen ließe. Diese Figuren sind psychologisch nicht kohärent. Sie sind eher Träger von Stereotypen. Diese scheinen Reinig viel wichtiger zu sein als irgendeine in sich stimmige Beschreibung von Personen oder die Entfaltung einer linearen Handlung. Sie jongliert mit ihnen je nach Situation und überzieht, überzeichnet sie jedesmal, wenn sie sie in Reflexionen einbindet, als wären diese Stereotypen ernst zu nehmende Tatsachen. Das sind sie auch manchmal, und dann wird der Leser verunsichert, weil er die Erzählhaltung nicht eindeutig identifizieren kann. Der Text ist so gestaltet, daß eine identifikatorische Leseweise ausgeschlossen ist. Weder die Handlung noch die Figuren und auch nicht die Erzählweise enthalten Stellen, an denen die Intention der Autorin erkennbar wäre.

So wie der Roman fragmentarisch aufgebaut ist, müßte wahrscheinlich auch seine Betrachtung sein, denn jeder Versuch, das Buch ganzheitlich zu erfassen, war bisher zum Scheitern verurteilt, was sich z. B. an einigen Absätzen in dem Aufsatz "Kritik der Männlichkeit" von Regula Venske beobachten läßt.[3] Venske leitet von dem Begriff 'Entmannung' den der 'Be-mannung' ab, und bezieht ihn auf die Frauenliteratur der 80er Jahre, in der sie die Rehabilitierung der Männlichkeit als eine Tendenz zu finden glaubt. Sie soll die Suche nach dem neuen, sanften Typus des Mannes in den 70er Jahren ersetzt haben. Diese Gegenüberstellung schafft jedoch den falschen Eindruck, daß der Roman von Christa Reinig die neue Männlich-

---

se bei Christa Reinig. In: Sylvia Wallinger und Monika Jonas (Hg.): *Der Widerspenstigen Zähmung. Studien zur bezwungenen Weiblichkeit in der Literatur vom Mittelalter bis zur Gegenwart*. Innsbruck 1986. Vgl. S. 315.

[2] "Abgestorbener Raum". Ein Interview von Jo Wünsche mit Christa Reinig. In: *Alternative* 20 (1977). S. 68-72, hier S. 70.

[3] Regula Venske: Kritik der Männlichkeit. In: Klaus Briegleb u. Sigrid Weigel (Hg.): *Gegenwartsliteratur seit 1968*. München, Wien 1992. S. 267-276, hier S. 275.

keit zum Thema hat. Auch in den Interpretationen,[4] in denen Reinigs Interviews zu Hilfe gezogen werden, kommt das Werk zu kurz, denn mit einem solchen Satz wie: "Im gewissen Sinne ist Ottos ideologische *Entmannung* mein eigener Weg, und Kyra [...] ist Christa. Ich selbst prüfe an mir, was an 'Männlichkeitswahn' ich von mir abtun kann",[5] wird die Entmannung allein auf den Schreibprozeß bezogen; die spielerische Komponente, die in dem Roman von besonderer Bedeutung ist, geht verloren. Auch die Feststellung, wir hätten es in der *Entmannung* mit einem satirischen Text zu tun, stimmt höchstens stellenweise. Satirisch ist sicher das achte Kapitel, in dem Ottos Besuch bei einem Monsignore dargestellt ist. Es besteht aus drei Unterkapiteln: 'Die Witwen', 'Sodom und Gomorrha' und 'Der Apfelmann'. In ihnen wird vor allem über Frauen gesprochen. Der Grund für die Audienz bei dem Monsignore ist Otto Kyras "Memorandum der gegenseitigen Ausrottungspläne, die die Geschlechter in den letzten Jahren einander an den Kopf geworfen haben".[6] Otto durfte den Monsignore nur deswegen besuchen, wie hier erklärt wird, weil er Protestant ist. An der Sache ändert sich aber nichts, als Kyra bekennt, daß er Buddhist sei. Darauf reagiert der katholische Monsignore: "Wir alle sind Buddhisten. Einzig Buddha war kein Buddhist. Er war Katholik" (94). In diesem Sinne wird vieles umgedreht, was bei der Lektüre dieser Stelle erwartet wird. "Er [Otto Kyra – B. Ch.], der Nichtchrist, der Fast-Atheist, ist wortfrommer Bibelgäubiger, Monsignore, der Fachmann, hingegen weit entfernt, die Bibel für das Wort Gottes zu halten" (98). Alle Gespräche, die hier geführt werden, erinnern an *small talks* auf diplomatischen Empfängen. Neben schwerwiegenden Informationen, wie die über die Ausrottung der Geschlechter, fallen kleinere Bemerkungen, die mit dem eigentlichen Thema nichts zu tun haben. Insgesamt scheint das Ritual der Audienz, das Hierarchien bestätigt, am wichtigsten zu sein. Kyra verhält sich sehr unterwürfig, der Monsignore spielt sich auf, als wäre er eine unzugängliche, gleichzeitig aber auch ausnahmsweise großzügige Majestät, und der dritte Gast, der das Recht hat, seine 'Apfeltheorien' über das Paradies in Gegenwart des großen Mannes auszubreiten, und deswegen den Spitznamen Apfelmann trägt, steht zwischen den beiden. Zum eigentlichen Thema wird nur gesagt, daß Frauen

---

[4] Zu ihnen gehört Margret Brügmann mit ihrem Aufsatz: Christa Reinig – eine Amazone mit der Feder. Subversive Aspekte in Christa Reinigs Roman *Entmannung*. In: Albrecht Schöne (Hg.): *Kontroversen alte und neue*. Göttingen 1985. Bd. 6. S. 90-96.
[5] *Mein Herz ist eine gelbe Blume*. Christa Reinig im Gespräch mit Ekkehart Rudolf. Düsseldorf 1978. S. 20.
[6] Christa Reinig: *Entmannung. Die Geschichte Ottos und seiner vier Frauen*. Frankfurt a.M. 1977. S. 95. Weiter im Text erscheinen die Seitenzahlen der zitierten Stellen in Klammern.

schon immer an der Macht waren, auch in der Antike. Obwohl sie ihre Macht an die Männer delegiert hatten, was die biblische Paradiesszene beweise, seien sie bis heute heimtückisch und listig geblieben. In diesem Zusammenhang fällt der Spruch von den drei berühmten K's: Kirche, Küche, Kinderzimmer. Sie werden sonderbarerweise nicht als Zuschreibungen von weiblichen Rollen aufgefaßt, sondern Bastionen der modernen Frauenmacht genannt. Auf Kyras Ausführungen, daß sich Männer von Frauen retten lassen müssen, was paradox klingt, weil gerade diese sie bedrohen, reagiert der Monsignore mit Erläuterungen über das Eiweiß als ein Gift, mit dem die Frauen ihre Ehemänner vergiften, indem sie für sie kochen. "So teilen sich Arzt und Frau den Leichnam des Mannes" (96), sagt er zum Schluß.

Das Besondere, die Ausrottungspläne, wird mit dem Alltäglichen, der Verpflegung, zusammengebracht. Die Rolle dieser beiden Phänomene wird nicht von ihrem Charakter bestimmt, sondern von der Art, wie sie interpretiert werden, von der Art des Diskurses. Argumentationswege dürfen, wie wir sehen, beliebig sein. Der Monsignore sagt an einer Stelle ganz direkt: "Man muß selbst in der naturwissenschaftlichen Forschung wissen, worauf man hinauswill. Wenn man den Weltenanfang haben will, dann kann man ihn haben" (99). Und im Gespräch über Frauen heißt es einmal: "Eine Menschheit, die nichts als ihre Fortpflanzung im Kopf hat, ist lebensunfähig" (97), und ein anderes Mal: "Weil sie [die Frauen – B. Ch.] gebären müssen, darum dürfen sie sterben" (103). Es gibt im Roman keine Schlußfolgerungen. Das Ganze macht den Eindruck eines Exkurses über das machtgebundene Interpretieren, das Tatsachen schafft. Er überzeugt davon, daß der Diskurs und die Teilnahme an ihm Macht bedeutet.

In der *Entmannung* wird auch die Geschlechterproblematik im Kontext von Machtkonstellationen mehrmals angesprochen und dargestellt. Das Geschlecht erscheint hier an keiner Stelle als etwas von Natur Gegebenes. In Anlehnung an Judith Butler könnte man heute sagen, daß Reinig es als Produkt diskursiver Praktiken zeigt. Butler beschreibt deren Mechanismen in dem grundlegenden Werk *Gender Trouble* von 1990. Sie weist hier nach, daß auch die Dichotomie von Geschlechtsidentität (Gender, kulturgebunden) und Sex (verstanden als biologisch, naturgebunden) die Folge des kulturellen Prozesses ist. Geschlecht und Sex bilden eine von vielen Identitäten, die sich aufgrund der Kultur konstituierten. Es bedeutet nicht, daß die Identitäten etwa beliebig aufgebaut oder verändert werden können. Butler schreibt an einer anderen Stelle: "Wir sind weder radikal frei, daß wir uns selbst erschaffen können, noch ein Effekt der Determinierung durch eine Kraft, die außerhalb von unserer Kontrolle liegt. Wir werden in gewissem Sinne dazu gezwungen, daß wir das ständig wiederholen müssen, was unser Geschlecht bedingt, und nur die Art dieser Wiederholung bleibt unbestimmt".[7] Ein Zeugnis davon, meint Butler, sei die Existenz sexueller Minderheiten. Diese verweise auf Lücken in der kulturellen Bestimmung des Geschlechts. Die Tatsache, daß es Homosexuelle und Transvestiten gibt, stellt die Heterosexualität als eine natürliche Sexualität in Frage. In ihren Geschlechterrollen rekurrieren sie darauf, was durch die Kultur marginalisiert wird: auf nichtheterosexuelle Orientierungen und Verhaltensweisen. Dieser Mangel an Übereinstimmung der sozial anerkannten Geschlechtsidentitäten mit dem, was als 'Natur' bzw. 'natürlich' bezeichnet wird, gilt als eine Abweichung von den Normen der Heterosexualität. Da Butlers Ausgangspunkt nicht die Norm, sondern die Vielfalt ist, sieht sie darin den wichtigsten Beweis dafür, daß Sex ähnlich wie Gender ein Kulturkonstrukt diskursiver Praktiken ist. Etwas, was aufgrund einer Norm abgelehnt wird – so betont sie – kann nicht gleichzeitig für ein Naturphänomen gehalten werden. "Die Sexualität meint hier eine geschichtlich spezifische Organisation von Macht, Diskurs, Körpern und Affektivität".[8] Butler sagt, daß alles, was wir für Natur/natürlich halten, gar nicht natürlich ist, oder besser gesagt, es ist nur deswegen natürlich, weil wir es nach bestimmten Normen als natürlich bezeichnen. Die Natur wird mit anderen Worten selbst genauso wie Gender und Sex zu einem Kulturkonstrukt durch Normen und durch Sprache. Sie ist jedoch gleichzeitig ein besonderer Teil der Kultur, der als Nichtkultur marginalisiert wird. Als solcher kann er in der Kultur eine besondere Rolle spielen, die der Legitimierung einer bestimmten Wertordnung. Die Natur wird demnach vom Menschen als eine Art letzter Instanz konstruiert, auf die er sich berufen kann, indem er sie im Gegensatz zur Kultur zu etwas Konstantem stilisiert.

Mit der Tatsache, daß nicht alle Verhaltensweisen des Körpers in Normen gefaßt werden können, weist Butler auf Bruchstellen in der Kultur hin. Zu ihnen gehören auch jene, an denen sich die Geschlechterbeziehungen außerhalb der verpflichtenden Normen entwickeln, wie eben die sexuellen Minderheiten. Solche Lücken im Normsystem einer Kultur zeugen davon, daß sie veränderbar ist. Da es aber keine Subjekte außerhalb des Machtsystems, das sie erschafft, gibt, muß sich der eigentliche Kampf um Veränderungen im Rahmen des Systems selber abspielen, was zur Folge hat, daß die Unterscheidung von Tätern und Opfern nicht mehr gelten kann. In diesen Rollen treten beide Geschlechter gleichzeitig auf. Und die

---

[7] Judith Butler: Ort der politischen Neuverhandlung. In: *Frankfurter Rundschau* vom 27.7.1993. Es ist die Antwort auf Barbara Vinkens Aufsatz "Geschlecht als Maskerade", der in der *Frankfurter Rundschau* vom 4.5.1993 publiziert wurde.
[8] Judith Butler: *Das Unbehagen der Geschlechter*. Frankfurt a.M. 1991. S. 139 (weitere Zitatnachweise im Text).

Veränderung der Relationen zwischen ihnen impliziert nicht mehr den Machtwechsel, sondern nur Verschiebungen, die auch Sittenveränderungen nach sich ziehen können.

Solche Verschiebungen spielen in Christa Reinigs Roman eine wichtige Rolle. Sie werden von ihr jedoch nicht direkt dargestellt. Während Butler neue Zusammenhänge und Fragestellungen aufgrund soziologischer Beobachtung der sexuellen Minderheiten thematisieren kann, konzipiert Reinig ihre Situationen und Szenen im Roman frei. Der artifizielle Charakter der dort aufgebauten Welt verpflichtet sie nicht zu einer Bindung des Dargestellten an den Kulturprozeß. Sie braucht auch nicht gegen die traditionelle Auffassung von Natur anzukämpfen. Sie reißt Stereotype, Normen und Werte aus ihren gewohnten Kontexten heraus oder überzieht ihre Bedeutung, damit sie als entfremdet wahrgenommen werden können. Auf diese Weise aktiviert sie den Leser, der mit den gewohnten Bildern und Vorstellungen neu umgehen lernt.

Gleich am Anfang stößt er auf einen unverständlichen Traum, in dem die Geschlechterproblematik nur angedeutet wird. Doris, eine der Hauptgestalten, erkennt in dem Mann, von dem sie träumt, sich selbst, jedoch nicht an der Ähnlichkeit mit ihm, sondern an dem Unterschied: die männliche Traumfigur hat nicht einen "flachen Schädel", sondern "einen hohen Hinterkopf" (5). Wir kommen nicht dahinter, warum sie meint, in dem Traum sich selbst begegnet zu sein, sondern erfahren nur, daß es ein ausreichender Grund für ihre Tränen nach dem Erwachen ist. "Es heißt, man muß sterben, wenn man sich begegnet ist" (5). Dieser Todesgedanke verfolgt sie später nicht mehr. Der Traum scheint ein blindes Motiv zu sein, es sei denn, wir bringen ihn mit dem Satz: "Sie ist mit Leidenschaft eine männliche Frau" (6), in Verbindung. Das ist jedoch nicht zwingend, denn dieser Satz wird von der Erzählerin ausgesprochen, die mit der Protagonistin Doris nicht identisch ist, und er ergibt sich nicht direkt aus dem Traum. Er wird auch durch neue Bemerkungen erweitert, die mit dem Problem der Geschlechtsidentität wenig gemein haben, obwohl auf sie mit der Bezeichnung 'Männerwelt' angespielt wird. Doris' Männlichkeit wird mit ihrer Neigung zum Alkohol gleichgesetzt. Bei der Lektüre dieser Stelle beginnt man, sich skeptisch zu fragen, ob Alkohol ohne weiteres zum Stereotyp des Männlichen gezählt werden kann. Bei dieser Überlegung dürfen wir jedoch nicht lange stehen bleiben, weil wir im Text gleich auf ein neues Klischee stoßen: "denn beim Weibe springen die weißen Mäuse aus tieferen Tiefen empor als beim Manne", und weiter: "Besoffene Weiber sind garstiger als Männer" (6). Das Spiel beginnt von vorne. Als Leser sind wir schon fast am Überlegen, ob diese Sätze wirklich stimmen. Die Beschreibung von Doris bestätigt das nicht. Sie ist nicht betrunken. Unsere Aufmerksamkeit wird erneut auf die Charakteristik ihrer Person gelenkt. Dabei wird jedoch das Thema der weißen Mäuse erneut aufgegriffen. Sie habe "das erste Mal ihr abendliches Zuhause von weißen Mäusen wimmelnd" vorgefunden (6). In diesem Zusammenhang wird jedoch nicht mehr auf ihren vom Alkohol beinflußten Zustand eingegangen, sondern darauf, daß sie Tiere gern habe. Dann folgt ein Bruch. Unvermittelt wird von einer Straße berichtet, in der vor dem Weg zur Arbeit Zeitungen gekauft werden. Doris' Liebe zu Tieren taucht bei ihrer Lektüre der Schlagzeile "Hund erschoß Millionär" (7) als Motiv wieder auf, aber nur in einer abgeschwächten Form: "Doris ist mit Hunden nicht gerade befreundet, aber auch nicht verfeindet. Beim Lesen dieser Schlagzeile verspürt sie eine kathartische Wirkung" (7). Und wir würden mit unseren Vermutungen, die kurz davor mit der Beschreibung des unglücklichen Vorfalls provoziert wurden, falsch liegen, glaubten wir, daß Doris' Mitleid mit dem erschossenen Menschen groß sei. Nein, sie sieht in der Formulierung einen Witz: "Wacht auf, Verdammte dieser Erde! Selbst Hunde gehen auf die Barrikade!" (7).

Die einzigen festen Daten, die wir diesem Kapitel entnehmen können, sind: Schlaf, Aufwachen, Aufstehen, der Weg in die Arbeit und die Arbeit selbst, d.h. Doris' alltäglicher Tagesablauf. Die Erzählerin nimmt aber Elemente und Ereignisse zum Anlaß für die Charakteristik der Person. Es scheint eine zufällige Wahl zu sein, die ein assoziatives, unvollständiges Bild von Doris entstehen läßt. In dieser Zufälligkeit treffen Beschreibungen individueller Merkmale der Protagonistin auf Stereotype, die sich mit ihrer geschlechtlichen Charakteristik verbinden. Dadurch werden sie in Frage gestellt, oder besser gesagt, ihre festschreibende Funktion kommt deutlich zum Ausdruck. Die einmal erwähnten Motive tauchen wieder auf, aber nicht mehr in dem Zusammenhang, auf den der Leser durch die vorhergehenden Sätze, in denen sie zum ersten mal erscheinen, vorbereitet war. Das läßt einen Überraschungseffekt entstehen, der Lachen hervorrufen kann, das aber wieder erstickt wird. Weder betrunkene Weiber, die weiße Mäuse sehen, noch Männer, die ihre Frauen als Monde für ihre Interessen brauchen, wirken komisch. Auch der ironische Hinweis auf die feministische Wissenschaft, die die Welt eine Männerwelt nennt, bleibt in der Luft hängen. Die wieder auftauchenden Motive bilden eine Art Schleifen, die zu einem Bündel von Klischees verknotet werden, das sowohl die dargestellte Figur als auch das Geschehen um sie entfremdet. Das Ganze wird zum Anschauungsmaterial des Lesers. Es entsteht eine Distanz, die für den Erzählgestus des ganzen Romans charakteristisch ist.

In der Passage, in der die Erzählerin Doris in ihrer Arbeit beschreibt, wird nicht mit Motiven gespielt wie im vorigen Fragment, sondern es werden ganze Zusammenhänge einander gegenübergestellt, die aus Interpretationen und Wahrnehmungen der Lebenswelt durch die Romanfiguren bestehen. Doris' Abergläubigkeit ist eine von ihnen. Sie glaubt an Magengeschwüre, die man bekomme, wenn man beim Frühstück Zeitung liest. Deswegen frühstückt sie zu Hause. Das wird der Disziplin ihrer Mitarbeiter entgegengesetzt, die sich nicht trauen, in ihrer Gegenwart zu frühstükken und Zeitung zu lesen. Sie ist die Folge der Anpassung im Rahmen der Hierarchie am Arbeitsplatz. Doris ist Chefassistentin. Wie wirksam diese Hierarchie ist, erfahren wir gleich am Anfang dieser Passage. Sie beginnt ganz unvermittelt mit einem Absatz über Doris' Rheuma, in dem das Mitleid beschrieben wird, das sie bei ihrem Hilfsarbeiter erweckt – was er mit "Sie armes Schwein!" (7) bekundet. Dieser Satz ist viel zu direkt, deswegen reagieren beide mit Lachen. Die Distanz, die hier überschritten wird, ergibt sich aus der Funktion von Doris und nicht aus ihrer Persönlichkeit. Sie selbst ist sehr unsicher, was sich an solchen Sätzen, wie: "Doris wittert Intrige" (8), oder: "Der Mensch muß auf alles gefaßt sein" (8), erkennen läßt. Ihr Gleichgewicht erreicht sie durch strafende Blicke und Bemerkungen, wie in der Szene mit der neuen Patientin. Ihre Befürchtung, daß mit dem Namen dieser Frau, Klytemnestra, hinter ihrem Rücken scherzend gespielt wird, erinnert an die Situation, die Wellershoff in seinem Aufsatz über das Blödeln beschreibt.[9] Sie hat Angst davor, daß ihre Mitarbeiter über Dinge lachen, in die sie nicht eingeweiht ist. Um dieses Unbehagen zu vermeiden, nutzt sie ihre Machtposition und rügt die Angestellten. Nach dem ernsthaft gemeinten Satz: "Kinder, ein Mensch ist ein Mensch und sein Name ist etwas, für das er nichts kann" (8), reagieren die Mitarbeiter auf die von Doris gewünschte Art und Weise: "Die Angestellten schämen sich und gehen auf die Plätze" (8). Doris' Verhalten bedeutet nicht, daß sie besonders tolerant, sondern unsicher ist. Es ist bloß eine Abwehrreaktion, die im Rahmen der gegebenen Machtstruktur eine bestimmte Form annimmt.

Doris gilt wegen ihrer beruflichen Position nur in der erzählten Welt als eine Machtinstanz, jedoch nicht für die Erzählerin. Das wird dem Leser dort bewußt, wo sich diese über alle Romanfiguren lustig macht. Sie schmunzelt über das rote Haar der neuen Patientin, ihren Sohn nennt sie Lümmel und die Angestellten tippsende Weiblichkeit. Mit diesem überraschenden Kommentar wird Doris' Ernsthaftigkeit relativiert, wenn nicht ganz zurückgenommen. Da wir der Erzählinstanz traditionellerweise besondere Rechte einräumen, werden wir durch diesen Kommentar verunsichert. Wir wissen letzten Endes nicht, welche Perspektive ernsthaft einzunehmen ist. Für keine finden wir im Text eine Legitimation. Dem Leser wird auch die Möglichkeit genommen, außerhalb des literarischen Textes eine Legitimation zu finden – was wir bei der Lektüre des Unterkapitels "Xenia will nicht" erfahren. Dort werden wir durch drei Problemkreise zu

---

[9] Vgl: Dieter Wellershoff: Infantilismus als Revolte oder das ausgeschlagene Erbe – Zur Theorie des Blödelns. In: Wolfgang Preisendanz u. Rainer Warning (Hg.): *Das Komische*. München 1976. S. 335-357, hier S. 335.

allgemeingültigen ethischen Urteilen provoziert. Alle drei: sexuelle Belästigung, Vergewaltigung und unverantwortliches Verhältnis des Krankenhauses als einer Institution zu vergewaltigten Frauen, betreffen wiederum die Geschlechterproblematik, die sich diesmal nicht als Folge der Stereotype, sondern als lebensbestimmend erweist.

Dieser Teil beginnt mit einer besonderen Vorüberlegung von Otto Kyra, die nicht direkt von ihm ausgesprochen bzw. gedacht, sondern von der Erzählerin wiedergegeben wird. In ihrem Erzählduktus überwiegt ein scherzender, ironisierender Ton. Kyra fühlt sich als geliebtes 'Objekt', das sich unter Xenias Augen 'vermännert'. Mit der Personenkonstellation knüpft Christa Reinig an das alte Thema der Liebesbeziehung zwischen einem Dienstmädchen und einem Herrn an. Xenia ist dieses Dienstmädchen, die sogenannte Tagzofe der Frau von Otto. Die Beziehungen zwischen Otto, seiner Frau und Xenia sind stark der heutigen Zeit angepaßt, gleichzeitig bilden sie eine gewisse Umkehrung des traditionellen Dreiecksverhältnisses. Xenia fühlt sich von Otto nicht abhängig. Sie verhält sich ihm gegenüber fast partnerschaftlich, als würde sie zu dem Haus, in dem sie ihre Arbeit pflichtbewußt verrichtet, familienartig gehören. Sie ist diejenige, die entscheidet, daß sie ein Auto braucht, um ins Auto-Kino zu fahren, wo sie sich den "Tanz der Vampire" (120) anschauen will. Der Herr Otto, der ihre Aktivität als ein Angebot, zueinander zu finden, interpretiert, übernimmt die Rolle des Liebesobjekts. Diese Umkehrung wird in einem Kommentar über die Ich-Konstitution ergänzt, die interessanterweise nur Kyra betrifft. Otto Kyra als Objekt ist – heißt es hier – ein "Prozeß, der von Zeit, Raum, Denkorgan seinen Ausgang nimmt", und als Subjekt ist er "die Summe aller Gedächtnispunkte, die sich um Otto, Kyra, Professor, angesammelt haben" (119).

Wenn wir bei diesen Begriffen bleiben, und sie im Sinne Reinigs einmal selbst durchspielen, müßte Ottos Unterfangen nach dem Motto verlaufen: Das Objekt, also der Prozeß, fühlt sich geliebt, daher schreitet das Subjekt, also die Summe, zur Aktion über. Wie paradox dieser Satz auch klingen mag, für den weiteren Verlauf der Handlung scheint er konstitutiv zu sein. Otto handelt gegen die Regeln, d.h. er richtet sich nicht nach der Situation, die zwischen ihm und Xenia entsteht, sondern nach seiner eigenen Vorstellung, ja Einbildung, die in einer "Überbrückungsformel mündet: Willst du mit mir schlafen?" (119). Er hört auf, die Objektrolle zu spielen, wofür er sozusagen zu sehr 'ein Ich' ist, das seine Wünsche erfüllen will. Er will sich Xenia nähern, ohne dabei erkennen zu wollen, daß seine Interpretationen ihrer Sätze und Handlungen von Anfang an falsch waren. Durch die Auslassung des Ringens um den Beischlaf in der Beschreibung – das inzwischen in Literatur und Film zum Kitsch-Thema geworden ist –, wird die Sinnlosigkeit der Bemühungen Ottos betont. Xenias *Nein* ist auf keinen Fall ein 'Vielleicht doch'. Die Darstellung ihrer Verhaltensweise ist auf einige Worte von ihr reduziert: "Ich will den Film sehn" und "Lassen sie das" (121), während Ottos Bemühungen wie ein Satz von Formeln "abgespult" (121) werden. Ottos Reaktionsspanne zwischen "bittend" und "beherrscht" (121) wird nur in Klammern angedeutet. Mit dieser Reduktion wird betont, daß Ottos Verhaltensweise stereotyp ist. Er spielt hier nur eine der männlichen Rollen. An dieser Stelle wird im Text um Sympathie für Xenia geworben, denn Ottos Handlung wirkt lächerlich. Über Otto lachen wir aber höchstens nur mit gemischten Gefühlen, denn, wenn er Xenia aus dem Auto herauswirft, ist das allenfalls bedingt komisch.

Xenia scheint hier eine eigenständige Person zu sein, die nach der alten Vorstellung ihre Ehre rettet: 'Sie will nicht, was die Männer wollen'. Gleich auf diesen Satz folgt aber eine relativierende Frage: "Warum eigentlich nicht?" (121f). Jedoch ihre neuen Überlegungen, die an die feministische Losung erinnern: die Frauen sollen selbst entscheiden, mit wem sie schlafen, entsprechen nicht mehr den alten Vorstellungen. Es wird nun die Erwartung geweckt, daß Xenia eine moderne Frau sei. Sie will sich nämlich eine neue Chance auf einen Beischlaf nicht entgehen lassen, sie will nur über ihn selbst entscheiden. Sobald sie in dem nächsten Auto sitzt, mit dem sie per Anhalter nach Hause zurückkehren will, um sich aus der Affäre herauszuretten, betrachtet sie den fremden Fahrer und überlegt überraschenderweise: "Wenn Söhnchen hier nun doch noch will?" (122). In diesem Augenblick sind wir bereit, über die traditionelle Vorstellung von der Ehre der Frau zu lächeln, die durch die vorhergehenden Sätze aufgekommen war. Das können wir aber nur begrenzt tun, denn Xenias Wahl erweist sich als sehr unglücklich. Der Fahrer fährt sie nicht nach Hause, sondern in einen Wald. Das Lachen vergeht uns, denn hier wird sie von zwanzig Männern vergewaltigt.[10] Wir sind nun bereit, alle Männer in Bausch und Bogen zu verurteilen. Das läßt Reinig jedoch nicht zu, indem sie einen anderen Autofahrer zu Xenias Helfer macht. Es ist ein Busfahrer, der zusammen mit seinen Kollegen die mißhandelte Frau ankleidet und den Unfallwagen holt. Im Krankenhaus wird sie versorgt und auf ihren eigenen Wunsch nach Hause gefahren, denn erst, wenn "es ein Unfall wäre, müßte

---

[10] Auf das Thema *Lachen* in bezug auf Reinigs Roman stoßen wir in einigen literaturgeschichtlichen Besprechungen. Dort wird u.a. festgestellt, daß hier ein "vielfach lachender Gestus der Versöhnung widersprüchlicher Wirklichkeiten" auftritt (Manfred Brauneck [Hg.]: *Weltliteratur im 20. Jahrhundert*. Reinbek bei Hamburg 1981. S. 1061), oder daß der Text ein Lachen hervorruft, das *im Halse steckenbleibt*, oder *schauderhaft ist* (Klaus Briegleb u. Sigrid Weigel [Hg.]: *Gegenwartsliteratur*. A.a.O. S. 263). Da der Roman so konstruiert ist, daß sein Realitätsbezug nur schwer oder nur als ein indirekter erkennbar ist, scheint mir, daß wir bei seiner Lektüre ein anderes als ein schauderhaftes Lachen oder ein solches, das im Halse steckenbleibt, erfahren. Es ist eher ein verhaltenes Lachen.

sie im Krankenhaus bleiben. Da es aber nur eine Vergewaltigung ist", kann sie gehen. Mit jenem *nur* wird das Krankenhaus als eine Institution kritisiert, die nach fraglichen Richtlinien und nicht nach Fällen handelt. Xenia helfen wieder Männer, es sind diesmal Fahrer vom Unfallwagen. Sobald sie zu Hause ist, begeht sie einen *vielfachen* Selbstmord, indem sie Tabletten mit Schnaps schluckt, sich die Adern aufschneidet und den Kopf in die Backröhre eines Gasofens steckt.

Diese Anhäufung von Mitteln macht uns stutzig, wir müssen an die Waldszene zurückdenken und uns wundern, daß Xenia mit dem Leben davon gekommen war: sie wurde schließlich von vielen Männern vergewaltigt und dazu noch mit einem Ast traktiert. Wir kommen zu dem Schluß: 'Das darf wohl nicht wahr sein', und sind bereit, die ganze Geschichte nicht mehr ernst zu nehmen. Die letzten Sätze berühren uns aber doch noch unangenehm. In ihnen wird von der Erzählerin Xenias Tragödie auf die kleine Unordnung in der Küche reduziert: "Mitten in der Wüstenei liegt ein Ding" (123). Diese Betroffenheit wird durch den Schrei des entsetzten Otto: "Xenia! Xeni!" (123) mit dem Geschehen in Einklang gebracht. Das ist die einzige Stelle, wo die Leseerwartung mit der Darstellung zusammentrifft.

Das ganze Unterkapitel läßt sich in gewissem Sinne als eine Art Parodie des klassischen Motivs der Liebe zwischen einem Herrn und einem Dienstmädchen lesen: das Mädchen, das den Willen des Herrn nicht erfüllt, fällt in Ungnade, wird von ihm verlassen, dem Unheil ausgesetzt, und zum Schluß begeht sie Selbstmord. Der ganzen Geschichte fehlt aber jede Leichtigkeit der Parodie. Solange Ottos Bemühungen um Xenia beschrieben werden, können wir von einem anti-emotionalen Verfahren sprechen, das für die Parodie charakteristisch ist. Nach der plötzlichen Umkehrung des Geschehens gewinnen Emotionen wieder an Bedeutung. Mit ihnen hat der Leser bis zum Ende der Lektüre dieses Teiles zu schaffen. Die besondere Verquickung des alten Beziehungsmodells mit Problemen, die heute literarisch thematisiert werden dürfen, weil sie keine Tabus mehr sind, bewirkt, daß unsere Leseerfahrung nicht mehr gattungsgebunden gesteuert werden kann.

Reinig spielt mit zwei Arten von Leseerwartungen. Die einen provoziert sie, indem sie Situationen aufbaut, die den Leser auf eine Fortsetzung vorbereiten – die aber nicht folgt. Die anderen ergeben sich aus der traditionellen Lesegewohnheit, das Gelesene auf das Bekannte, Gehörte oder früher Gelesene zu beziehen. Eine ganz besondere Erwartung ruft der Titel hervor. Man fragt sich, wer bzw. was entmannt wird. Man denkt, die ganze Welt oder wenigstens die Männer. Das, was der Titel verspricht, wird von der Autorin, trotz vieler Anspielungen auf die Angst der Männer vor der Rache der Frauen, nicht eingelöst. Kurz vor dem Ende des Romans zieht Otto Kyra zwar Kleider seiner verstorbenen Frau an. Es ist aber keineswegs die Folge seiner Entscheidung, die er früher formuliert hatte: "wir müssen uns ein neues Geschlechtsbewußtsein geistig erarbeiten. Mann und Weib und Weib und Mann" (88). Es ist auch nicht die Folge seiner Erkenntnis, sich vor den Frauen, die die Manifeste über Ausrottung der Männer verfassen, retten zu müssen. Diese Schriften entpuppen sich in entscheidenden Augenblicken als 'bloße Politik' im Sinne des traditionellen Feminismus, die in echten Freundschaften nicht zählt.

Entmannt in dem Sinne, wie es Reinig in ihren Interviews meint, müßten im Roman alle werden. Dem Männlichkeitswahn unterliegt eindeutig Doris, der in dem Kapitel "Letzte Vorstellung" die Rolle der Pallas Athene zufällt. Entmannung verdient auch Otto, der überheblich seine Männerrollen spielt. Klytemnestra scheint von einem Männlichkeitswahn auch nicht weit entfernt zu sein, da sie für eine Totschlägerin erklärt werden möchte. Vor allem kann der Text selbst als entmannt gelten, weil er nicht aus einem durchgehenden Konzept heraus aufgebaut ist. Das ist jedoch nur möglich, wenn wir annehmen, daß solch ein Konzept zu einem typisch männlichen Diskurs gehört. In der Entmannung finden wir dafür keine eindeutigen Indizien. Eins ist sicher: Christa Reinig läßt in ihrem Roman keine Utopie des Weiblichen entstehen, obwohl es bei der Lobpreisung der Weiblichkeit im Feminismus der siebziger Jahre durchaus denkbar wäre. Gegen diese Erwartung richten sich mehrere Partien des Textes, u.a. diejenigen, wo Goethes Idee vom Ewig-Weiblichen verspottet wird. "Der Gang zu den Müttern" (43) wird sogar als Zustand des betrunkenen Otto und ein anderes Mal als eine Inszenierung von Gründgens (186) parodiert.

Am Ende des Romans sind alle Protagonisten merkwürdigerweise wieder am Leben. Damit wird die Fiktionalität des Textes, ja die Künstlichkeit der dargestellten Situationen noch einmal hervorgehoben. Der Text spielt mit dem verunsicherten Leser, der meint, etwas begriffen zu haben, und erfährt, daß es nur alte Begriffe waren, die er selbst bei der Lektüre zu Rate zog. Auf diese Weise macht er selbst einen Entmannungsprozeß durch. Das, was Butler in Gender Trouble zu Gender- und Machtproblematik argumentativ ausführt, läßt sich in Christa Reinigs Roman am Beispiel einzelner Figuren verfolgen. Sehr wichtig ist dabei, daß sie auf die vermittelnde Rolle der Protagonisten, durch die man bei der Lektüre zu einer 'höheren Erkenntnis' gelangen sollte, verzichtet. Ihre fiktive Welt soll keine wirkliche vortäuschen. Außerdem baut sie keine Alternative, keine Utopie auf. Mit Brüchen in der Handlung und Übertreibungen scheint sie ihre Leser nur zu Korrekturen ihrer bisherigen Vorstellungen, zu neuen Fragestellungen auffordern zu wollen. Die Entmannung kann somit nicht nur wegen ihrer Form als ein Teil des postmodernen Diskurses über Stereotype, Zuschreibungen und Machtstrukturen betrachtet werden.

Henk Harbers

Kann es postmoderne Liebesgeschichten geben?
Die Erzählungen von Günter Ohnemus

> Ich meine, darüber kann man doch schreiben. Das muß sich doch machen lassen. Das kann doch nicht so schwer sein. Das kann doch verdammt nochmal nicht so schwer sein.
> Günter Ohnemus: *Siebenundsechzig Ansichten einer Frau*

Postmodern texts are often considered so playful and ironic that there is no real place for the representation of emotions. This would mean that the notion of a postmodern love story must be more or less a contradictio in terminis. This argument is even more convincing if one takes into consideration that the concept of (romantic) love is linked with notions such as authenticity and identity – which are fundamentally called into question in postmodern thinking. In this article it turns out that there are indeed postmodern texts where the representation of love evaporates in the metafictional play. But in particular I show equally that there are literary texts which are undoubtedly postmodern and at the same time love stories in the romantic tradition. The stories of Günter Ohnemus give evidence for this proposition.

In Liebesgeschichten geht es um Gefühle. Nun ist postmoderne Literatur nicht gerade dafür bekannt, bewegter und bewegender Ausdruck menschlicher Emotionen[1] zu sein. Wie soll sie auch, wenn "loss of subjectivity",[2] der Verlust des "Ich" und der romantischen "Tiefe"[3] zu ihren bestimmenden Merkmalen erklärt worden sind. Das Bewußtsein der sprachlichen,

---

[1] Ich werde hier nicht den manchmal vorgenommenen Unterschied zwischen einerseits 'Emotionen' und andererseits 'Gefühlen' als 'reflektierten Emotionen' machen, sondern beide Begriffe synonym benutzen.
[2] Gerhard Hoffmann, Alfred Hornung und Rüdiger Kunow: "Modern", "Postmodern" and "Contemporary" as Criteria for the Analysis of 20th-century Literature. In: *Amerikastudien* 22 (1977). S. 20. (Zitiert nach: Hans Bertens und Theo D'haen: *Het postmodernisme in de literatuur*. Amsterdam 1988. S. 137.)
[3] Ihab Hassan: Postmoderne heute. In: *Wege aus der Moderne. Schlüsseltexte der Postmoderne-Diskussion*. Hg. Von Wolfgang Welsch. Weinheim 1988. S. 47-56, hier S. 51.

textuellen Bedingtheit jeglicher Realität, ganz besonders des sogenannten 'Subjekts', und als Folge davon das selbstreflexive, metafiktionale und intertextuelle Spiel postmoderner Texte führt vielfach dazu, daß die fiktionale Darstellung von 'Wirklichkeit' sich in diesem Spiel verflüchtigt. Für eine Darstellung von Gefühlen, wie sie traditionell gerade mit Liebesgeschichten assoziiert wird, sind solche Texte, wie es scheint, denkbar schlecht geeignet.

Das Problem der Darstellung von Emotionen in postmodernen Texten wird explizit erörtert in dem kürzlich erschienenen Band *Emotion in Postmodernism*.[4] Einige Autoren stellen tatsächlich fest, daß in postmodernen Texten die ästhetische und ironische Distanz eine Darstellung von Emotionen fast unmöglich mache,[5] daß "emotion [...] is sacrificed on the altar of self-reflectivity, irony, and parody [...]".[6] Sie verbinden dies übrigens vor allem mit einer frühen Phase der postmodernen Literatur, der der sechziger und siebziger Jahre. Solche Periodisierungen beziehen sich aber auf die amerikanische Postmoderne und können deswegen, wie Ingeborg Hoesterey betont hat,[7] nicht so ohne weiteres auf die deutschsprachige Literatur angewandt werden. Vielleicht wird man irgendwann auch in der deutschsprachigen postmodernen Literatur mehrere Phasen unterscheiden können. Vorläufig aber scheint es mir fruchtbarer, die Ausgangsfrage ganz allgemein zu stellen. Wie die weiter unten analysierten Texte zeigen, ist sie auch für die neunziger Jahre durchaus relevant.

In dem ebengenannten Band *Emotion in Postmodernism* gibt es zwei interessante Beiträge, die die Frage nach der Darstellung von Emotionen in postmodernen Texten auch auf eine solche allgemeine Weise stellen. Hans Bertens wirft die Frage auf, weshalb es eine so große Kluft gibt zwischen postmoderner Literatur und der breiten Massenkultur der Medien. In letzterer fehlt es, so Bertens, gerade nicht an Emotionen. Die Oprah Winfrey Show sei nur ein Beispiel für viele. In postmoderner literarischer Kunst aber führe der anti-mimetische Impuls und die ironische Perspektive "to an intellectualism that leaves no room for such wordly matters as emotions".[8] Die Erklärung findet Bertens darin, daß die meisten postmodernen Schriftsteller in bezug auf menschliches Verhalten und menschliche Würde eher 'altmodische' Humanisten seien – und deswegen von Gefühlsentladungen

---

[4] *Emotion in Postmodernism*. Hg. Von Gerhard Hoffmann und Alfred Hornung. Heidelberg 1997.
[5] Ebd. S. 335.
[6] Ebd. S. 129.
[7] Ingeborg Hoesterey: *Verschlungene Schriftzeichen. Intertextualität von Literatur und Kunst in der Moderne/Postmoderne*. Frankfurt a.M. 1988. S. 130ff.
[8] Hans Bertens: Why Molly Doesn't: Humanism's Long, Long Shadow. In: *Emotion in Postmodernism*. S. 26-37, hier S. 34.

als Medienspektakel nichts wissen wollten. Viele postmoderne Schriftsteller seien eben doch nicht so radikal postmodern. Das ist eine Theorie, die durch Analysen von deutschsprachigen literarischen Texten bestätigt werden kann. Im Werk von Botho Strauß zum Beispiel kann die durchaus postmoderne Schreibweise nicht über die sehr starke thematische Einheit mit der literarischen und philosophischen Tradition wenigstens seit der Romantik hinwegtäuschen.[9] Und Ähnliches wird sich bei der Analyse von Ohnemus' Erzählungen herausstellen. Das jedoch bedeutet nicht, daß in postmodernen Texten keine Emotionen dargestellt würden. Im Gegenteil, unter der postmodernen, heiter-ironischen Oberfläche sind oft gerade die 'altmodischen' romantischen Sehnsüchte bestimmend.

Daß in postmodernen Texten die Darstellung von Emotionen höchstens scheinbar verschwunden ist, macht ein anderer Beitrag in demselben Band deutlich. In einem langen Artikel über *Emotion and Desire in the Postmodern American Novel*[10] vergleicht Gerhard Hoffmann das menschliche Begehren [*desire*] als Basis der Lebensenergie in seinem endlosen Prozeß von Erfüllung und neuem Begehren mit Derridas *différance*, dem endlosen und letzten Endes vergeblichen Prozeß der Bedeutungsfestlegung. Hoffmann stellt fest, daß in (amerikanischen) postmodernen Texten das vergebliche Suchen nach irgendeinem Halt paradoxerweise die Leere [*void*] zum Zentrum macht und so zu einer "mood of indifference or doubt, dissatisfaction and melancholy"[11] führt. Damit seien Verlangen und Emotionen als etwas 'Reales' eben nicht aus postmodernen Texten verschwunden, auch wenn der Begriff des 'Wirklichen' fortwährend ironisiert werde. Im Gegenteil, sie seien, gerade in so ausgeprägt postmodernen Texten wie Brautigans *In Watermelon Sugar* oder Pynchons *The Crying of Lot 49*, wo sich jeder Anspruch einer Darstellung von Wirklichkeit im Spiel mit Phantasie und Wirklichkeit aufhebe, die einzigen "wirklichen" Dinge;[12] bloß eben nie direkt und ungebrochen:

Therefore emotion and desire are relativized by overemphasis and playfulness that have the amazing power to turn the strong negative emotion of dissatisfaction and anger into "weak" ones of amusement, again, without taking away the emotional sting.[13]

---

[9] Vgl. Henk Harbers: Gibt es eine 'postmoderne' deutsche Literatur? Überlegungen zur Nützlichkeit eines Begriffs. In: *literatur für leser* 97/1 (1997). S. 52-69.
[10] Gerhard Hoffmann: Emotion and Desire in the Postmodern American Novel. In: *Emotion in Postmodernism*. S. 177-224.
[11] Ebd. S. 191.
[12] Ebd. S. 219 und 223.
[13] Ebd. S. 223.

An anderer Stelle habe ich die Hypothese verteidigt, daß das unterscheidende Merkmal des Postmodernen in der Literatur in dem Verschwinden des Tragischen zu suchen sei.[14] Der Ton der meisten postmodernen Texte ist, wie Hoffmann hier auch betont, eben alles andere als tragisch. Aber zugleich zeigt sich bei genauer Analyse der Texte, daß man mit einer allzu rigorosen Unterscheidung zwischen 'postmodern' und 'modern' sehr vorsichtig sein muß: Unter der Oberfläche sind oft doch die klassisch-modernen Themen, Fragen und Gefühle wirksam. Hoffmann spricht hier von Melancholie und Leere: Das ist in etwa das Gespenst des Nihilismus, das seit dem Wegfall der religiösen Gewißheit und des naiven Glaubens an die Vernunft im Hintergrund vieler literarischer Werke wirksam ist. Das 'Problem', aber auch gerade das Interessante bei vielen postmodernen Texten ist, daß der Ton und die Darstellungsweise diese Themen zunächst eher zu verdecken scheinen. Aber gerade dadurch können sie auch wieder neue Frische bekommen.

Etwa so hat Umberto Eco am Beispiel der Liebe die postmoderne Haltung erklärt: als die Haltung eines Mannes, der nicht einfach mehr sagen kann:'Ich liebe dich' und deswegen die Liebeserklärung als Zitat verpackt. So könne man "in einer Zeit der verlorenen Unschuld"[15] noch von Liebe sprechen. Das Bonmot von Eco trifft die Kernfrage: wie kann ich zugleich postmodern-ironisch sein und doch von Liebe sprechen? Aber so einfach, wie Ecos Formulierung suggeriert, liegen in der Literatur die Dinge nicht. Die interessanten Probleme fangen hier gerade erst an. Bei Eco wird die (romantische) Liebe noch als etwas Unschuldiges impliziert. Aber in der literarischen Moderne hat die romantische Liebe längst ihre Unschuld verloren; sie wird fast immer zugleich als Quelle des wirklichen Lebens *und* als etwas Illusionäres oder sogar Lebensbedrohliches dargestellt. Wie gehen postmoderne Texte mit diesem abgründigen Paradox um? Und ist es überhaupt möglich, in postmodernen Texten von Liebe zu sprechen, wenn damit immer der ganze romantische Bedeutungskomplex von Individualität, Authentizität und Identität verbunden ist – Vorstellungen, die mit den postmodernen Paradigmen so schwer vereinbar sind?

Bevor ich mich nun der konkreten Analyse von postmodernen Texten zuwende, möchte ich zunächst kurz einige soziologische Theorien über die Rolle der Liebe in den gegenwärtigen (westlichen) Gesellschaften referieren und ein paar Bemerkungen zu der Liebesthematik in der Tradition der literarischen Moderne machen. In letzter Zeit haben Wissenschafler wie Luhmann, Giddens und Beck/Beck-Gernsheim das Ideal der romantischen Liebe, in der in einer exklusiven Zweierbeziehung sexuelle Anziehungs-

---

[14] Siehe Anm. 9.
[15] Umberto Eco: *Nachschrift zum 'Namen der Rose'*. München 1986. S. 79.

kraft, Leidenschaft und kameradschaftliche Lebensgemeinschaft vereint sind, als den Versuch analysiert, eine Insel von Intimität, Vertrauen, Authentizität und emotionaler Geborgenheit zu finden in einer sich immer mehr individualisierenden Gesellschaft, wo festgefügte Gruppenordnungen immer mehr verschwinden.[16]

Niklas Luhmann[17] beschreibt vor allem die semantische Entwicklung des Liebesbegriffs im 18. Jahrhundert, von der *amour passion* bis hin zum Begriff der romantischen Liebe, der die Liebessemantik bis heute beherrsche. Luhmann betont immer wieder den paradoxalen Charakter des modernen Liebesbegriffes. Die Paradoxalität der Liebessemantik mache die Meisterung der Aufgabe möglich, einerseits moderne Individualität und andererseits sozialen Halt durch Bindung an einen Partner zu vereinen. In der Romantik entwickle sich das Konzept der Liebe, die zugleich Selbstbewahrung und Selbsthingabe bedeute, zugleich extatisch und ironisch sei. Diese Paradoxalität wird man, wie ich weiter unten andeuten werde, tatsächlich immer wieder als eine Art roten Faden in der modernen Literatur antreffen – und eben auch in postmodernen Texten.

Anthony Giddens[18] schließt bei der Beschreibung der romantischen Liebe in großen Zügen an das Entwicklungsmodell von Luhmann an: Die Idee der romantischen Liebe entwickle sich auf der Basis der *amour passion* und vereine diese mit der Vorstellung einer dauerhaften Lebensgemeinschaft. Das Ideal sei die Einheit von Sexualität und geistiger Kommunikation, wobei der eine ergänze, was dem anderen fehle, so daß erst in der Liebesbeziehung die wahre Selbst-Identität entstehe: "the flawed individual is made whole".[19] Giddens betont vor allem den *gender*-Aspekt, die unterschiedlichen und ungleichwertigen Rollen, die in diesem Komplex der romantischen Liebe Männern und Frauen zugedacht waren. Mit der Befeiung der Sexualität aus den Zwängen der Reproduktion ändert sich aber nach Giddens auch allmählich die klassische Rollenverteilung und kann eine radikale Demokratisierung des persönlichen Lebens entstehen, wobei

---

[16] Die Frage, ob die romantische Liebe ein universales Phänomen ist oder doch eher an bestimmte gesellschaftlich-kulturelle Konstellationen gebunden ist, bleibt vorläufig noch ein heißes Diskussionsthema. Vgl. etwa William Jankowiak (Hg.): *Romantic Passion: A Universal Experience?* New York 1955, und Charles Lindholm: Love and Structure. In: *Theory, Culture and Society* 15/3-4 (1998). S. 243-263.

[17] Niklas Luhmann: *Liebe als Passion. Zur Codierung von Intimität*. Frankfurt a.M. 1982.

[18] Anthony Giddens: *The Transformation of Intimacy. Sexuality, Love and Eroticism in Modern Societies*. Cambridge 1992.

[19] Ebd. S. 45.

das Konzept der romantischen Liebe nicht einfach verschwindet, sondern in emanzipierter Form weiterlebt.

Die Abhandlungen schließlich von Ulrich Beck und Elisabeth Beck-Gernsheim über die Liebe in der modernen Gesellschaft[20] betonen die große Rolle, die die romantische Liebe gerade in unserer Zeit spielt – als einzig übriggebliebener Zufluchtsort. Es wird von der Liebe als einer "Rest- und Neureligion",[21] einer "Nachreligion"[22] gesprochen: "Die Sucht nach Liebe ist *der* Fundamentalismus der Moderne. [...] Liebe ist die Religion nach der Religion, der Fundamentalismus nach der Überwindung desselben."[23] Liebe ist in den Worten Becks eine "postchristliche[..], innermoderne[..]"[24] Sinngebungsinstanz, die in einer sich immer weiter individualisierenden und auf Zweckmäßigkeit gerichteten Welt zugleich Subjektivität, Authentizität *und* Gemeinsamkeit verspreche. Der romantische Ursprung dieser Liebesreligion sei inzwischen zwar "demokratisiert[..] und trivialisiert[..]",[25] deswegen aber auch umso mehr kulturell dominant.[26]

Subjektivität, Authentizität, Sinngebung, Religion: Das sind alles Begriffe, die wenig oder nichts mit der grundlegenden Skepsis der Postmoderne zu tun haben, die sogar in direktem Widerspruch stehen zu zentralen Konzepten aus dem postmodernen Denken. In einem Aufsatz über Liebe in englischsprachigen Romanen hat Catherine Belsey dieses Problem ziemlich genau umschrieben. In unserer modernen Gesellschaft – die sie spätkapitalistisch nennt – sei Liebe das Kostbarste, weil es als Einziges nicht gekauft werden kann, und bekomme so metaphysischen Charakter, vertrete Präsenz, Transzendenz, Gewißheit. Das entspricht in groben Zügen den (viel ausführlicher begründeten) Thesen von Beck und Beck-Gernsheim. Das Problem ist aber, so führt Belsey weiter aus, daß der postmoderne Skeptiker an solche Dinge nicht glaubt:

> To the degree, however, that postmodernity in general [...] also represents a skeptical attitude to metaphysics, a radical questioning of presence, transcen-

---

[20] Ulrich Beck und Elisabeth Beck-Gernsheim: *Das ganz moderne Chaos der Liebe*. Frankfurt a.M. 1990.
[21] Ebd. S. 21.
[22] Ebd. S. 224.
[23] Ebd. S. 21.
[24] Ebd. S. 223.
[25] Ebd. S. 239.
[26] Zum Religionscharakter der Liebe in der kapitalistischen Gesellschaft vgl. auch: Eva Illouz: *Consuming the Romantic Utopia: Love and the Cultural Contradictions of Capitalism*. Berkeley usw. 1997. S. 28-33.

dence, certainty, and all absolutes, the postmodern condition brings with it an incredulity toward true love.[27]

Zugleich aber stellt auch Belsey fest, daß kein noch so starker Skeptizismus das grundlegende Liebesverlangen töten kann, und sie folgert: "Love thus occupies a paradoxical position in postmodern culture: it is at once infinitely and uniquely desirable on the one hand, and conspicuously naive on the other."[28] Und so sprechen in den von ihr analysierten Beispielen aus Literatur und Film die postmodernen Werke noch immer von Liebe, ironisieren diese 'Liebe' aber gleichzeitig als literarische oder filmische Fiktion.

Dieses ironische Bewußtsein dürfte gar nicht so weit entfernt sein von heutzutage gängigen, in breiten Schichten der westlichen Welt geteilten Auffassungen über Liebe. In einem interessanten Artikel berichtet Eva Illouz[29] über die Ergebnisse von Interviews mit 50 Personen aus städtischen Gebieten an der Ostküste Amerikas. Ein Teil der Gespräche bestand daraus, daß die befragten Personen gebeten wurden, auf drei Erzählungen zu reagieren. Die erste Geschichte erzählt eine klassische romantische *lovestory*: Liebe auf den ersten Blick, Heirat innerhalb einer Woche. Die anderen zwei Geschichten berichten vom Zustandekommen einer Ehe in viel distanzierterer, gleichsam 'berechnender' Weise. So gut wie alle Respondenten halten die Vorstellung von Liebe in der ersten Geschichte für romantisch-illusionär, für ein Medienkonstrukt und für wenig geeignet als erfolgversprechendes Vorbild für die Lebenspraxis. Die zwei anderen würden ein viel realistischeres und für die Praxis des Lebens brauchbareres Bild von Liebe zeichnen. Zugleich finden die Respondenten die erste Geschichte die am meisten stereotypische, "closest to novels or movies",[30] eine echte Hollywoodphantasie. Das Interessante nun ist, daß dieselben Respondenten, danach gefragt, welche Geschichte ihnen am besten gefallen hat, fast ausnahmsweise die erste nennen, und zwar gerade, weil hier eine unverfälscht romantische Liebesgeschichte erzählt wird, in der Lebensintensität, Leidenschaft und spontane Gefühle dominant sind. Die Interviewerin hat ihre Gesprächspartner daneben auch nach ihrem persönlichen Leben gefragt und dabei festgestellt, daß diejenigen Liebeserfahrungen, die als die schönsten in ihrem Leben erfahren wurden, alle Merkmale der romantischen Liebesgeschichte aufweisen. In fast allen Fällen übrigens waren das Affären von relativ kurzer Dauer, die mit Ehe und langjährigen

---

[27] Catherine Belsey: Postmodern Love. Questioning the Metapysics of Desire. In: *New Literary History* 25 (1994). S. 683-706, hier S. 683.
[28] Ebd.
[29] Eva Illouz: The Lost Innocence of Love: Romance as a Postmodern Condition. In: *Theory, Culture and Society* 15/3-4 (1998). S. 161-186.
[30] Ebd. S. 165.

Beziehungen wenig zu tun hatten. Die befragten Personen stehen also einerseits dem romantischen Ideal der 'großen Liebe' durchaus skeptisch und mit ironischer Distanz gegenüber, halten aber andererseits sowohl Erzählungen als auch eigene Erfahrungen, die nach diesem Muster strukturiert sind, für die schönsten. Illouz folgert daraus, daß es kaum noch *eine* einheitliche Auffassung (sie spricht hier auch von *narrative structure*) von Liebe mehr gibt, sondern eher zwei mehr oder wenig entgegengesetzte: eine nüchtern-rationale, auf alltägliches gutes Auskommen gerichtete Auffassung und eine romantische – die zugleich das Ideal ist und ironisch belächelt wird. Diese zwei Auffassungen können nach Illouz nebeneinander bestehen, weil in der postmodernen Konsumgesellschaft das romantische Ideal der 'großen Liebe' sich zur zeitlich beschränkten und absolut untragischen 'Affäre' verflacht habe.

Im Hinblick auf postmoderne Literatur stellen sich hier wenigstens zwei Fragen: Ist es auch hier so, daß sich das romantische Liebesideal mehr oder weniger erledigt hat, höchstens noch als untragische 'Affäre' ein Schattendasein führt? Das würde nicht schlecht zum Bild einer untragischen Postmoderne passen – und wir hätten eine schöne Theorie über postmoderne Liebesdarstellungen. (Die Analyse weiter unten von einigen postmodernen Texten wird aber zeigen, daß es so einfach nicht ist.) Die zweite Frage lautet: Ist die ironische Distanz gegenüber dem romantischen Liebesideal und auch die von Belsey als postmodern eingestufte ironische (weil metafiktionale) Darstellung der Liebe eigentlich so neu, daß man sie deswegen 'post-modern' nennen kann? Ich möchte zunächst kurz auf die zweite Frage eingehen.

In E.T.A. Hoffmanns "Märchen aus der neuen Zeit", *Der goldene Topf*, ist die naive Liebe das einzige Prinzip, das die platte, dumpfe, materialistische Kleinbürgerwelt besiegen kann. Wenn der naive, etwas lebensuntüchtige Jüngling Anselmus nur fest genug an die Liebe glaubt, wird er das Paradies, Atlantis, erreichen. Und das schafft er schließlich auch. Der Autor, der Anselmus' Geschicke aufschreibt, sieht ihn in einer letzten großen Vision in Atlantis mit seiner Serpentina lustwandeln, in der seligen "Erkenntnis des heiligen Einklangs aller Wesen".[31] Aber Hoffmanns Erzählung ironisiert selber die 'Wirklichkeit' dieses paradiesischen Zustandes. Ist diese Vision nicht vor allem durch den Punsch entstanden, die der Archivarius Lindhorst dem Autor zu trinken gegeben hat? Und ist Anselmus in Wirklichkeit vielleicht gar nicht aus der Kristallflasche befreit worden, sondern von der Elbbrücke (wo er sich 'in Wirklichkeit' befindet) ins Wasser gesprungen und ertrunken – etwas, das ihm am Anfang der Erzählung

---

[31] E.T.A. Hoffmann: *Der goldene Topf. Ein Märchen aus der neuen Zeit*. Stuttgart 1953. S. 129.

in seinem Liebesrausch schon drohte? Und ist die Geliebte Serpentina so gesehen vielleicht doch nicht die Befreierin durch Liebe, sondern eine teuflische Schlange, die überhitzte Jünglinge zum Tode verführt? Hoffmann beschließt sein Märchen ganz metafiktional, wenn er den Archivarius den verzweifelten Autor, der nun Atlantis gesehen hat, aber nicht an ihm teilnehmen kann, mit dem Gedanken tröstet, daß er doch eben – in der Phantasie – in Atlantis war: "Ist denn überhaupt des Anselmus Seligkeit etwas anderes als das *Leben in der Poesie* [...]?"[32]

Hoffmanns Märchen ist nur ein Beispiel unter vielen möglichen anderen für die These, daß postmoderne Schreibweisen und ironisches Bewußtsein meistens gar nicht so prinzipiell neu sind, sondern daß sie Teil einer viel längeren Traditionskette sind, die man als 'literarische Moderne' bezeichnen kann.[33] In dieser Sicht sind postmoderne literarische Texte als vorläufig letztes Glied in einer Kette aufzufassen, die in der zweiten Hälfte des 18. Jahrhunderts anfängt. Die Basiserfahrung dieser literarischen Moderne ist die eines Verlusts: Verloren sind die Gewißheit der Religion, die Gewißheit der wissenschaftlichen Erkenntnis und das Gefühl einer sinnvollen Einheit mit Gott, Natur, Gesellschaft. Daraus entsteht ein Verlangen nach Wiederherstellung der verloren geglaubten Einheit. Aber die moderne Skepsis läßt sich nicht mehr rückgängig machen: In der literarischen Moderne geht es um die Sehnsucht nach einem nicht-entfremdeten Leben, um Versuche, ein solches Leben (wieder-) zu finden *und* um das Bewußtsein, daß solche Versuche vergeblich, illusionär sind. Romantische Sehnsucht und skeptische Ironie bedingen sich gegenseitig. In den romantischen Anfängen der literarischen Moderne bekommt noch der Pol der Sehnsucht und des Versuchs der Wiederherstellung der Einheit das größere Gewicht; im 20. Jahrhundert dagegen wird immer mehr der Pol der Skepsis und damit der Ironie betont. So ist die Ironisierung des gesuchten Ideals in Hoffmans Erzählung viel weniger vordergründig als in den hier weiter unten genannten postmodernen Texten. Postmoderne Texte kennzeichnen sich gerade durch eine weitere Verschiebung des Gewichts auf die Seite der Skepsis und der Ironie, meistens mittels einer stark selbstreflexiven – intertextuellen und metafiktionalen – Schreibweise.

Aber am Grundmodell ändert sich in der literarischen Moderne bis hin zur Postmoderne nicht so viel: Wenn Belsey zeigt, daß in postmodernen literarischen Texten Liebe zugleich als höchstes Ziel des Verlangens dar-

---

[32] Ebd. 130. (Hervorhebung von mir, H.H.)
[33] Siehe z.B. Claudio Magris: *Der Ring der Clarisse. Großer Stil und Nihilismus in der modernen Literatur*. Frankfurt a.M. 1987, besonders S. 7-50; Silvio Vietta: *Die literarische Moderne. Eine problemgeschichtliche Darstellung der deutschsprachigen Literatur von Hölderlin bis Thomas Bernhard*. Stuttgart 1992. Vgl. auch Anm. 9.

gestellt und als unglaubwürdig naiv ironisiert wird, dann erinnert das nicht nur an Texte wie Hoffmanns *Goldenen Topf*, sondern auch an Schillers Konzept des "Sentimentalischen" und an Kleists Aufsatz *Über das Marionettentheater* – beide grundlegende Dokumente der literarischen Moderne. Schillers sentimentalischer Künstler – der eigentlich moderne Künstler – weiß um den Verlust der naiven "Einheit mit sich selbst".[34] Er versucht zwar, sie zurückzufinden, wird aber auch immer feststellen müssen, daß das Ideal unerreichbar ist – weshalb seine Kunst entweder satirisch oder elegisch sein muß. Auch Kleists Künstler versucht, ins verlorene Paradies zurückzukehren – und etwas von der modernen bis hin zur postmodernen skeptischen Ironie spürt man hier schon, wenn dieses Bestreben der Kunst beschrieben wird als eine "Reise um die Welt" mit dem Zweck, zu sehen, ob das Paradies "vielleicht von hinten irgendwo offen ist".[35]

Das heimliche Zentrum in den literarischen 'Reisen um die Welt' mit dem Ziel der Wiedergewinnung des verlorenen Paradieses ist immer wieder die Liebe. In der Liebeserfahrung wird die ersehnte Einheit mit sich und der Welt gesucht: Es geht um Identität und Authentizität, um Aufhebung der Entfremdung durch die säkularisierte, technisch-rationale Zivilisation, manchmal sogar um das Wiedergewinnen einer religiösen Dimension. In der tagtäglichen Hollywoodproduktion, die auch das Erbe der literarischen Tradition der Moderne ist, herrscht tatsächlich die von Beck postulierte Liebesreligion. Diese wird hier aber oft zum Kitsch, weil der andere Pol aus der literarischen Moderne 'vergessen' wird: die grundlegende Skepsis und Ironie. Die utopische Vorstellung ist dieselbe: Die Liebe wird als die einzige Möglichkeit zu einem wahrhaften, nicht-entfremdeten Leben gesehen, in dem Geist und Körper, Ratio und Gefühl wieder zu einer Einheit werden können. Aber zugleich ist in der Literatur die Einsicht da, daß dieses Liebesideal vielleicht nur eine Illusion ist, das Phantasieprodukt von überhitzten Jünglingen oder sonstwie im täglichen Leben nicht so richtig zurechtkommenden Personen. Und, paradoxaler noch: Gerade die Liebe, die ein wahrhaftes Leben ermöglichen soll, ist lebensbedrohend. Die Freisetzung von Emotionen und Trieben in der leidenschaftlichen Liebeserfahrung wird allzu leicht zerstörerisch und selbstzerstörerisch. Liebe ist das Lebensprinzip, ist aber zugleich unlöslich mit dem Tod verbunden. Diese komplexe, paradoxale, in unzählbaren Varianten dargestellte Geschichte von der Liebe ist eine der 'großen Erzählungen' der literarischen

---

[34] Friedrich Schiller: *Über naive und sentimentalische Dichtung*. Stuttgart 1969. S. 5.
[35] Heinrich von Kleist: *Anekdoten. Kleine Schriften*. Stuttgart ²1974 (dtv-Gesamtausgabe. Bd. 5). S. 74.

Moderne:[36] von Hoffmanns *Goldenem Topf* oder Kleists *Penthesilea* bis zu Martin Walsers Novelle *Ein fliehendes Pferd* (wo die Liebe die Hauptperson zwar aus seiner Lethargie zu befreien scheint, ihn aber auch zum versuchten Mord treibt) oder zu Christa Wolfs *Kassandra* (wo Kassandra entdecken muß, daß die Liebe zwar die einzige Alternative zu Macht und Krieg darstellt, aber zugleich Mordlust bedeuten kann).

In diesem Aufsatz nun geht es um die Frage, ob und wenn ja, wie in postmodernen literarischen Texten diese 'große Erzählung' von der Liebe noch weiterwirkt. Kann in der postmodernen Konstellation überhaupt noch die Rede sein von etwas, das in seinem Kern die Funktion hat, dem Leben wieder ein Zentrum, eine Einheit zu geben? Es kann hier nicht die Absicht sein, dieser Frage an einer repräsentativen Anzahl von Texten nachzugehen. Aber eine exemplarische Analyse kann der Diskussion vielleicht doch eine Richtung geben.

Wenn man sich ein wenig in der postmodernen Literatur umschaut, findet man tatsächlich auch Beispiele, die zu bestätigen scheinen, daß sich in postmodernen Texten die Liebesdarstellung im intellektuellen, metafiktionalen Spiel auflöst. Ich beginne mit einem berühmten Beispiel: mit Italo Calvinos Roman *Wenn ein Reisender in einer Winternacht* [*Se una notte d'inverno un vaggiatore*, 1979], der als eines der Musterbeispiele postmoderner Literatur gelten darf. In diesem Roman ist die Rahmenerzählung auch eine Geschichte der (entstehenden) Liebe zwischen der Ich-Person und Ludmilla, bzw. zwischen dem Leser und der Leserin; und in jedem der angefangenen, aber nie zu Ende erzählten Romane innerhalb der Rahmenerzählung geht es um Verhältnisse voll erotischer Spannung. In diesem Sinne ist dieser Roman über Romane selber auch ein Liebesroman. Aber das eigentliche Thema ist hier nicht die Liebe, sondern das Darstellen der Liebe und das Lesen über Liebe. Der Leser entscheidet sich am Ende des Romans, seine Ludmilla zu heiraten, weil Geschichten aus der Antike entweder mit dem Tod oder der Heirat der Geliebten enden. Der Roman handelt in seinem endlosen Verwirrspiel mit Texten, Autoren und Lesern vom Schreiben und Lesen selber, vom Entstehen von Bedeutungen, Zusammenhängen, von Sinn. Und so werden die Fragmente von Liebesgeschichten und damit die ganze Liebesthematik so sehr zu Funktionen im Schachspiel der ästhetisch-philosophischen Reflexionen, daß tatsächlich jede wirkliche Darstellung von Emotionen sich in diesem Spiel verflüchtigt.

---

[36] In einer radikalen Formulierung von Octavio Paz: "[...] we might well conclude that the history of European and American literatures is the history of the metamorphoses of love." Octavio Paz: *The Double Flame. Essays on Love and Eroticism*. London 1996. S. 94.

Ein anderes Beispiel ist Botho Strauß' Erzählung *Theorie der Drohung* (1975).[37] Die Ich-Person, ein Schriftsteller, sitzt vor seinen weißen, unbeschriebenen Blättern und kommt nicht weiter. Er sehnt sich nach einem Anruf, hebt, ohne daß es klingelt, den Hörer ab und bekommt in ebendemselben Moment einen befreundeten Leiter einer psychiatrischen Klinik zu sprechen. In der Klinik befindet sich eine junge Frau, Lea, die behauptet, von 1968 bis 1970 mit dem Erzähler zusammengelebt zu haben. Sie will nur eines: ihn sehen. Dieser weiß aber von nichts. Er war in dieser Zeit mit einer anderen Frau zusammen. Lea zieht nun doch in die Wohnung der Ich-Figur ein, und sie scheint auch alle möglichen Details über ihr damaliges Zusammenleben zu wissen. Sobald der Erzähler dann an einem neuen Buch zu schreiben beginnt, wird Lea krank, schwindet buchstäblich dahin. Als das Buch fast fertig ist, macht die Ich-Person sich auf die Reise, um seine frühere Freundin zu besuchen. Im Flugzeug entdeckt er, daß er Lea geworden ist. Vorher hatte er schon festgestellt, daß "das Gefühl, Lea zu lieben, nichts anderes war als das Gefühl, ein Buch zu beginnen".[38] Lea war nichts anderes als sein Wunsch, ein Buch zu schreiben; nun ist er am Ende selber Lea geworden. Hier hebt sich das Subjekt als Träger der Gefühle und Gedanken gewissermaßen auf: Alles ist von Anfang schon Literatur, Schrift.

Die These, daß postmoderne Literatur dazu neige, die Darstellung von Emotionen – und das bedeutet auch die Darstellung von Liebe – im metafiktionalen Spiel mehr oder weniger aufzuheben, ist also nicht einfach von der Hand zu weisen. Ich möchte hier aber zeigen, daß sie eben nicht allgemeingültig ist, daß es sehr wohl auch Texte gibt, die aus sehr guten Gründen postmodern genannt werden können und zugleich auch wirkliche Liebesdarstellungen sind. Mein Hauptzeuge dafür ist das Werk von Günter Ohnemus. Aber bevor ich mich dem zuwende, möchte ich zunächst noch zwei andere postmoderne Texte nennen, in denen etwas von der Komplexität des Themas 'postmoderne Liebesdarstellungen' deutlich wird: die Romane *Das Buch der Desaster* von Ingomar von Kieseritzky[39] und *Larries Welt* von Jochen Beyse.[40] Alle großen Lebensprobleme scheinen sich hier, ähnlich wie in den eben genannten Beispielen, in einer Art Leichtigkeit der ironischen und grotesk-komischen Darstellung zu verflüchtigen, auch und gerade die Liebe. Aber eine genauere Lektüre – gegen den postmodern-ironischen Strich – ergibt doch ein etwas anderes Bild.

---

[37] Ähnliches gilt für einige andere Texte von Strauß, z.B. für *Kongreß. Die Kette der Demütigungen*, in vielen aber ist das postmoderne Spiel nicht so allesbeherrschend.
[38] Botho Strauß: *Marlenes Schwester. Zwei Erzählungen*. München 1977. S. 97.
[39] Ingomar von Kieseritzky: *Das Buch der Desaster. Roman*. Stuttgart 1988.
[40] Jochen Beyse: *Larries Welt. Roman*. Frankfurt a.M. 1992.

Kieseritzkys Roman kann man in vielen Hinsichten als das Muster eines postmodernen Romans sehen. Die Hauptperson des Romans, ein gewisser Kelp, erzählt in der Ich-Form von einem Aufenthalt in Frankreich mit einem anscheinend tödlich an Krebs erkrankten älteren Herrn Brant, der ein gutes Geschäft gemacht hat mit einer therapeutischen Behandlung von Menschen, die an Sinndefizit leiden. Die Darstellung dieses Aufenthalts wechselt mit (fiktiven) Zitaten aus Werken von Katastrophentheoretikern und mit Erinnerungen der Hauptperson an sein bisheriges Leben ab. So wird hier ein ironisches Spiel mit den geradezu klassisch-tragischen Themen Liebe, Tod und Sinnlosigkeit gespielt. Es wird von Katastrophe zu Katastrophe gestolpert: Alles scheitert, am allermeisten die Liebe. Auch dem Versuch der Hauptperson Kelp, zu einer Ordnung und Systematisierung aller Katastrophen zu kommen, wird kein anderes Schicksal zuteil. Aber das Ganze ist kein tragisches Scheitern, es ist ein sehr postmodernes *fröhliches* Scheitern; die Hauptpersonen sind geradezu tüchtig in der alkoholischen Betäubung ihres Elends; der angeblich krebskranke Sinnstiftungsspezialist Brant hat gar keinen Krebs und stirbt an einem undramatischen Herzversagen: "Brant starb einfach so".[41] Kelp hat am Ende seine "Geschichte der Kelpschen Niederlagen" fertig und schließt: "Auf der gesunden Basis von Sinn-Defizit läßt sich gut arbeiten".[42]

Aber vielleicht sollte man der demonstrierten ironischen Heiterkeit des Ich-Erzählers doch nicht so ganz trauen. Ein simples Zählen der Häufigkeit bestimmter Szenen kann dazu Anlaß geben. Das Buch ist, wie der Titel sagt, ein Versuch, die ständigen Lebensdesaster wenigstens etwas besser in den Griff zu kriegen – ein Versuch, der dann selber zum Desaster wird. Und so wird irgendwann eine "Vorläufige Reihenfolge"[43] der Desaster im Leben der Ichperson gegeben. Es werden zwölf solcher Desaster aufgelistet. Eines davon heißt: "Ende eines Liebesverhältnisses"; in den anderen elf kommt die Liebe nicht vor. Anscheinend ist also das Abschließen einer Liebesbeziehung nur eben eines der vielen Katastrophen im Leben der Hauptperson – wie die "Versuche als Photograph", das "Hundezuchtunternehmen" oder "Mamachens Karzinom". Schaut man aber etwas genauer hin, dann stellt sich heraus, daß es eigentlich dauernd um Liebesverhältnisse geht, besonders um das Ende von Liebesverhältnissen und um die Begierde nach einer Frau oder die Abhängigkeit von ihr. In wenigstens 58 der 93 kurzen Kapitel geht es ganz oder teilweise um eben diese Dinge. Natürlich ist auch hier der Ton meistens ironisch, die Hauptperson ist offenbar allergisch gegen emotionale Brusttöne; in einem Gespräch mit seinem Partner Venn äußert er sich folgendermaßen: "Ich kann mit Literatur nichts anfangen, sagte ich, nichts als larmoyantes au-

---

[41] *Das Buch der Desaster*. S. 212
[42] Ebd. S. 214
[43] Ebd. S. 68.

tobiographisches Zeug, zum Kotzen langweilig erzählt, dagegen sei die Tamponreklame ein Thriller."[44] Aber zugleich sagt er von sich selbst – und da geht es wie an so vielen Stellen in der Erzählung um das Ende der Beziehung zu Anna M., seiner großen Liebe –, daß er "ein hoffnungsloser Sentimentalist"[45] sei, und daß er "nur eine einzige, alles deformierende Macke" habe: "ich konnte nicht allein sein, d.h. allein leben".[46] Und so kann man den ganzen Roman auch lesen als den ironisch überspielten Ausdruck von Liebesverlangen und erotischer Abhängigkeit, als heimliche Liebesgeschichte, in der die leichtlebige postmoderne Ironie durchaus andere Untertöne hat. (Die Angemessenheit der hier vorgeschlagenen Lesart könnte man übrigens noch annehmlicher machen, indem man vergleichsweise ein anderes Buch von Kieseritzky heranziehen würde, nämlich den vier Jahre vorher erschienenen Roman *Obsession. Ein Liebesfall*, in dem die Hauptperson versucht, sich in einer Art psychiatrischer Klinik von seiner übergroßen Liebe zu einer Frau (Una genannt!) heilen zu lassen.)

In Jochen Beyses Roman *Larries Welt* bekommt ein Mann namens Larrie, der offenbar für irgendeine geheime Organisation arbeitet, zu hören, daß seine Frau Carla bei einem Unfall umgekommen ist. Von da an läuft irgendwie alles schief. Auf Befehl dieser Organisation verläßt er sein Haus und verschafft sich mit Hilfe plastischer Chirurgie eine neue Identität: Larry heißt nun Lynch. Eine beginnende Beziehung zu einer jungen Frau namens Fredda endet ruhmlos in verwickelten Familienkatastrophen. Er nimmt im weiteren Verlauf dann nur noch Teil an den Wettkämpfen für ein berühmtes Fernsehquiz, das sich seine Frau immer anschaute. Dabei verliert er zunehmend den Blick für die Wirklichkeit. Er weiß kaum noch, was um ihn herum passiert, macht sich nur noch lächerlich und spinnt sich zunehmend in eine Wahnwelt ein. Die Geschichte wird immer mehr zu einem kafkaesken Alptraum, aber dann in postmoderner Darstellung: als komische Groteske über einen Menschen, der in der Welt jede Orientierung verliert.

Zugleich aber ist das ganze Geschehen, die obsessive Teilnahme an einem Quiz, das ihn früher kalt ließ, auch ein einziger Ausdruck von Larries verzweifeltem Verlangen nach seiner verstorbenen Frau. Dieses Verlangen wird zwar dadurch relativiert und ironisiert, daß aus seinen Erinnerungen auch deutlich wird, daß er seine Frau, als sie noch lebte, so ziemlich vernachlässigte, es ist aber zugleich das einzige, was Larry/Lynch und damit die ganze Erzählung noch antreibt. Erst nach dem Tod seiner Frau schaut er sich ihre Lieblingssendung an, nennt sie schon bald "meine Lieblingssendung",[47] und

---

[44] Ebd. S. 197.
[45] Ebd. S. 66.
[46] Ebd. S. 77.
[47] Ebd. S. 56.

er, dessen Identität so problematisch geworden ist, fühlt sich in dem Augenblick "mit [sich] eins",[48] als ihm die Idee der Teilnahme kommt. Und wenn dann im Laufe des Geschehens alles immer unwirklicher wird, so erfüllt sich nur, was die Hauptperson bereits eher erkannte: "Alles ist nur ein Traum, wenn man allein ist".[49] Außerhalb der Liebe gibt es für ihn keine Identität. Alles wird ihm egal, nur seinen Brustbeutel mit einem Bild von Carla behält er unter allen Umständen – bis er den am Ende auch nicht mehr findet. Die Trauer um die einzig Geliebte wird hier zunehmend zu einem Slapstick-Geschehen, und Larries Liebe zu seiner Frau war offenbar gar nicht so allesberrschend, als sie noch lebte; die 'große Liebe' ist also vielleicht nicht viel anderes als das Hirngespinst eines einsamen *losers*. Aber trotzdem ist sie der innere Kern der Handlung.

An solchen Texten wird deutlich, wie vorsichtig man sein muß mit einfachen – und vielleicht gerade deswegen so verführerischen – Thesen wie die, daß es in der Postmoderne keine 'großen Erzählungen' mehr gibt. Man kann vielleicht relativ klar postmoderne Schreibweisen von anderen unterscheiden; man sollte aber dabei ein offenes Auge behalten für die größeren thematischen Zusammenhänge, die postmoderne Texte wieder in die Tradition der literarischen Moderne stellen. Eben das zeigt auch eine genaue Lektüre von Texten, die buchstäblich *petits récits* sind: die Erzählungen von Günter Ohnemus.

In einer Rezension in der *Zeit* vom 22. März 1996 nennt Mathias Greffrath Ohnemus' Erzählband *Siebenundsechzig Ansichten einer Frau* eine "Liebeslehre für das Zeitalter der Relativitätstheorie".[50] Hier gehe es nicht mehr um die eine große, romantische, alles überwältigende erotische Liebe wie etwa noch in Monika Marons Roman *Animal triste*. Marons Roman mit dem zentralen Satz "Man kann im Leben nichts versäumen außer der Liebe" sei noch eine "Liebeslehre aus Newtons Zeitalter". Bei Maron gebe es noch feste Größen wie die große romantische Liebe. Ohnemus dagegen biete "kein romantisches Programm", in seinen Geschichten wolle keine Seele auf Eichendorffsche Weise "nach Haus". In Ohnemus' Geschichten gehe es nicht um "Gefühlspakete namens Eifersucht, Haß, Heimat, Liebe", sondern würden "die Augenblicke gemessen, in denen Liebe und Schönheit entstehen und vergehen". Greffrath benutzt nicht das Wort 'postmodern' in seiner Besprechung – und hat das auch nicht nötig. Aber wird hier trotzdem nicht in Ansätzen so etwas wie eine postmoderne Poetik der Liebesdarstellung skizziert? Nicht mehr etwas Absolutes, nicht mehr die 'gro-

---

[48] Ebd. S. 61.
[49] Ebd. S. 167.
[50] Mathias Greffrath: Der Schatten eines Tennisballs. Günter Ohnemus' Liebeslehre für das Zeitalter der Relativitätstheorie. In: *Die Zeit* vom 22..3.1996.

ße Erzählung' der romantischen Liebe, sondern nur noch kleine Bruchstücke, Flüchtiges, Momenthaftes. Kein tragisches 'Subjekt': keine Emma Bovary, keine Anna Karenina, keine Kassandra, sondern eben – durchaus untragisch erzählt – *Siebenundsechzig Ansichten einer Frau*.

Ich möchte hier etwas genauer untersuchen, wie 'postmodern' diese Erzählungen wirklich sind und ob die Darstellung der Liebe tatsächlich grundsätzlich verschieden ist von dem oben postulierten literarischen Diskurs der Moderne.

Ohnemus' Werk zeigt deutlich den Einfluß der amerikanischen postmodernen Literatur (und ihrer Vorläufer wie W.C. Williams oder E.E. Cummings). Er hat das Werk von Richard Brautigan, einem der prominenten Autoren der amerikanischen Postmoderne, ins Deutsche übersetzt und macht selber aus der Beeinflussung durch amerikanische Autoren auch gar kein Geheimnis. Seinem ersten Erzählband sind Zitate von Williams und Brautigan vorangestellt, und Ohnemus erwähnt, daß einige Leser das wahrscheinlich typisch finden werden – und stellt dann fest, daß es typisch *ist*. Es ist vor allem der lakonische Ton dieser Autoren, den Ohnemus sich zu eigen gemacht hat. Besonders der Einfluß der Erzählweise von Brautigan ist sehr stark: kurze, oft sehr kurze Geschichten, erzählt in einer denkbar einfachen, alltäglichen, klaren Sprache. Die vielen buchstäblichen Wiederholungen von Satzteilen, die den Geschichten etwas scheinbar Naives geben, die Häufigkeit von Wörtern wie 'vielleicht' und 'wahrscheinlich', die wieder scheinbar naiv die Fiktionalität des Erzählten betont: All das sind Stilelemente, die Ohnemus direkt von Brautigan übernommen hat. Dabei scheint er eher an die mehr oder weniger realistisch erzählten, alltäglichen Geschichten etwa aus *The Revenge of the Lawn* (1971) oder *The Tokyo-Montana Express* (1980) anzuschließen als an die experimentelleren, eher surrealistisch anmutenden Texte aus *Trout Fishing in America* (1967) oder *In Watermelon Sugar* (1968).

Günter Ohnemus hat bisher vier Bücher mit eigenen literarischen Texten veröffentlicht, drei Bände mit Erzählungen[51] und einen Roman.[52] Auf den Roman werde ich hier kaum eingehen. Stilistisch und thematisch ist er zwar eine Fortführung der früheren Erzählungsbände (ein Fragment des Romans erschien auch schon in *Siebenundsechzig Ansichten einer Frau*), aber die eher traditionelle Romanform (es wird eine Liebesgeschichte unter Schülern erzählt aus der Perspektive eines 17-jährigen Jungen) gibt dem

---

[51] Günter Ohnemus: *Zähneputzen in Helsinki. Geschichten*. Augsburg 1982; *Die Letzten Großen Ferien. Geschichten (Mit einem Anhang: Die Badehose / 1982)*. Augsburg 1993; *Siebenundsechzig Ansichten einer Frau*. Augsburg 1995.
[52] Günter Ohnemus: *Der Tiger auf deiner Schulter. Roman*. Frankfurt a.M. 1998.

Text einen anderen Charakter als die Erzählbände und macht ihn für eine Diskussion im Kontext der Postmoderne weniger interessant.

Der erste, 1982 erschienene Band, *Zähneputzen in Helsinki*, hat schon den Stil und den Ton aller Texte von Ohnemus: Es wird geschrieben in einer betont unkomplizierten Sprache, in den beiden ersten Erzählbänden meistens (im Roman durchgehend) in der Ich-Form. Der Leser wird dabei oft direkt angesprochen. Die eigentliche Hauptperson und der bindende Faktor der Geschichten ist damit der fortwährend kommentierende Erzähler. Und auch wenn nicht in der Ich-Form geschrieben wird, wie meistens in den *Siebenundsechzig Ansichten einer Frau*, ist ständig der Erzähler präsent. Es ist aber ein postmoderner Erzähler, dessen Nichtwissen immer wieder betont wird. Oft nimmt der Erzähler etwas wahr oder erinnert sich an etwas und phantasiert dann einfach weiter. Ein gutes Beispiel dafür ist die Titelgeschichte des ersten Bandes: *Zähneputzen in Helsinki*. Die Geschichte fängt folgendermaßen an:

> Ich hab sie seit vierzehn Jahren nicht gesehen, und das einzige, was ich weiß, ist, daß sie in einem Haus am Stadtrand von Helsinki wohnt. Sie hat zwei Töchter, die ihr wahrscheinlich sehr ähnlich sehen und die bestimmt sehr gut Finnisch sprechen. Ihr Mann arbeitet etwas, wovon man sich ein Haus und zwei Autos kaufen kann. Aber ich weiß nichts von all den Sachen, die sie den ganzen Tag macht.[53]

Eigentlich weiß der Erzähler nur eins mit Gewißheit: daß sie sich dreimal täglich die Zähne putzt – denn das tat sie immer. Und so stellt er sie sich denn auch vor: zähneputzend in Helsinki. Der Leser weiß natürlich, daß auch diese Gewißheit keine sein kann; was weiß man noch nach vierzehn Jahren. Diese Erzählweise aus der Perspektive des 'vielleicht', 'wahrscheinlich' oder 'ich stelle mir vor' ist in den ersten beiden Erzählbänden so häufig, daß sie zu einer Art metafiktionalem Prinzip wird, das fortwährend die *condition postmoderne* demonstriert: Das Ganze ist nur eine Phantasie des Erzählers, der Erzähler weiß nichts Genaues, weiß nichts mit Gewißheit.

Im postmodernen Bewußtsein, wie es vor allem Lyotard beschrieben hat, wird der Anspruch auf Einsicht in die großen Zusammenhänge aufgegeben. Genau das wird an verschiedenen Stellen in den Erzählungen fast programmatisch betont. In *Zähneputzen in Helsinki* gibt es zwei Geschichten, die länger sind als zehn Seiten: eine über *Das Vertrauen in den sechziger Jahren*, die andere, *Fritz*, über den Großvater des Erzählers. Aber gerade in diesen längeren Erzählungen, wo man einen größeren Zusammenhang erwarten könnte, wird diese Erwartung gleich am Anfang

---

[53] *Zähneputzen*. S. 73. (Zitiert wird nach der Ausgabe von 1994.)

torpediert. In der Geschichte über die sechziger Jahre wird dazu der inzwischen bekannte metafiktionale Erzähltrick mit dem verschwundenen Text[54] vorangestellt. Vor ein paar Jahren habe der Erzähler eine längere Geschichte unter demselben Titel geschrieben, die er dann an einen Freund verschickt habe. Und nun möchte er sie zurückhaben; aber der Freund hat sie natürlich nicht mehr. Der Erzähler überlegt dann: "Ein paar von den Dingen, die in der Geschichte vorkamen, weiß ich noch. Es ist schwierig, sie zu erzählen, *wenn der ganze Rest abgeht, der große Rahmen, der alles zusammenhält.*"[55] Er will die Geschichte nun erzählen "in der Form kleiner kinetischer Ansichtskarten".[56] Damit referiert er an einen Traum, den er ab und zu habe. In diesem Traum hält er eine bunte Ansichtskarte in der Hand, auf der "dreißig Sekunden lang eine kurze Handlung abläuft".[57] Und die Geschichte über die sechziger Jahre besteht dann weiter nur aus solchen kleinen Geschichtchen. Das gilt auch für die Erzählung über den Großvater. Und wiederum ist das Bruchstückhafte, das Fehlen des großen Zusammenhangs, programmatisch:

> Ich werde jetzt in die Küche gehen und mir eine Tasse Kaffee machen. Und dann werde ich mich hinsetzen und die Geschichte meines Großvaters schreiben. Es wird nicht leicht werden, weil ich nicht viel in der Hand habe. Eine Schatulle mit ein paar Sachen von ihm. [...] Es ist eine Geschichte, die hauptsächlich aus Lücken besteht, aber ich werde sie schreiben.[58]

Für die Erzählbände bleibt dies das Programm. Im dritten Band, den *Siebenundsechzig Ansichten einer Frau*, gibt es ebenfalls keine 'große Erzählung', sondern nur – oft kleinste – Bruchstücke. Hier soll, wie Ohnemus im Vorwort sagt, nach dem Beispiel von Hokusais Sammlung *Hundert Ansichten des Berges Fuji* aus vielen, oft flüchtigen Details so etwas wie ein Bild einer Frau entstehen. Und wiederum ist das Nichtwissen programmatisch. Die ersten Sätze der ersten Geschichte lauten, nur scheinbar beiläufig: " 'Also, soviel versteh ich auch nicht davon', sagte er. 'Das ist alles nicht so eindeutig. So ganz läßt sich das gar nicht fassen.' ".[59] Ohnemus reflektiert also im metafiktionalen Spiel ausdrücklich das Unvermögen oder die Abneigung, im Erzählen große Zusammenhänge herzustellen.

---

[54] Dieses Verfahren ist konstitutiv in den postmodernen Erzählungen *Weg war weg. Romanverschnitt* (1988) von Klaus Modick und *Ende des Romans. Eine Novelle* (1990) von Michael Krüger.
[55] *Zähneputzen.* S. 53. (Hervorhebung von mir, H.H.)
[56] Ebd. S. 54.
[57] Ebd. S. 53.
[58] Ebd. S. 104.
[59] *Siebenundsechzig Ansichten.* S. 13.

Konsequenterweise bieten die meistens sehr kurzen Geschichten nur Splitter einer Wirklichkeit, die weiter unbekannt bleibt. Und sogar die einzelnen Geschichten selber scheinen manchmal nur willkürlich von Handlung zu Handlung, von Gedanken zu Gedanken zu springen. Wenn Jürgen Habermas mit dem Begriff der "Neuen Unübersichtlichkeit"[60] einen einigermaßen passenden Begriff für die Postmoderne gefunden hat, so können diese Geschichten wenigstens von der äußeren Form her mit Recht postmodern genannt werden.

Es gibt für die Bezeichnung 'postmodern' noch ein weiteres Argument: der Ton, in dem diese Geschichten erzählt werden. Da wird all das tunlichst vermieden, was nach tragischer Gebärde, nach existentieller Tiefe, nach großen Gefühlen klingt. Der Ton ist heiter, ironisch, spielerisch, hat höchstens manchmal einen Anflug von Wehmut. Dieser Ton ist für Ohnemus von großer Bedeutung. Das wird zum Beispiel in einer Rezension deutlich, die er für *Die Zeit* anläßlich einer Neuausgabe der Gedichte von E.E. Cummings geschrieben hat.[61] Ohnemus lobt am Anfang seines Artikels den Prozeß der Amerikanisierung Deutschlands, "die eine Europäisierung war", und begrüßt damit ausdrücklich die Verwestlichung der deutschen Kultur, die in der Bundesrepublik stattgefunden hat.[62] In der Literatur geht es ihm dabei offenbar vor allem um den Ton. An den Gedichten von Cummings sei so aufregend, "zu sehen, wie die romantische Tradition, in der Cummings steht, über Sprach- und Schriftexperimente zu sich selber findet, einen Ton für das 20. Jahrhundert findet." Das dürfte, wie wir sehen werden, auch ein wenig eine Selbstcharakteristik sein.

So wird in der Erzählung *Der Zustand unserer Fenster*[63] von einem Freund erzählt, dessen Frau ihn verlassen hat und der jetzt allein, ohne die Frau und ohne seine Kinder in der ehemaligen Familienwohnung lebt. Der Freund hat diese Frau sehr geliebt und liebt sie wohl immer noch. Alle In-

---

[60] Jürgen Habermas: *Die Neue Unübersichtlichkeit. Kleine Politische Schriften V.* Frankfurt a.M. 1985.
[61] Günter Ohnemus: Der mit dem Weihnachtsbaum spricht. Einen Ton für das 20. Jahrhundert finden – die Gedichte von E.E. Cummings. In: *Die Zeit* vom 3.2.1995.
[62] Es ist denn auch kein Wunder, daß die leichtfüßigen Erzählungen von Ohnemus den größtmöglichen Kontrast bilden zu den (vor allem späteren) Texten von Botho Strauß, in denen ausdrücklich auf die Tradition der deutschen Zivilisationskritik zurückgegriffen wird. Es ist wohl kein Zufall, wenn in einer Geschichte von Ohnemus Adorno, einer der großen Leitsterne von Strauß, als ein "mieser, unsympathischer Klugscheißer" bezeichnet wird (*Siebenundsechzig Ansichten einer Frau*, S. 32). Ohnemus ist nicht der Mann des großen Nein, eher – und insofern durchaus postmodern – des kleinen Ja.
[63] *Die Letzten Großen Ferien.* S. 89-101.

gredienzen für eine tragische Geschichte sind vorhanden. Aber der Ton ist ganz anders:

> Und dabei sollte ich heute lachen können. Ich bin bei einem Freund zum Geburtstag eingeladen. Er wird heute dreiundvierzig, und seine Frau hat ihn vor neun Monaten verlassen. Er ist dringend auf mein Lachen angewiesen.
> Es ist seit vielen Jahren der erste Geburtstag, an dem seine Frau nicht dabei ist. Sie fand, daß sie nicht mehr mit ihm leben könne. Und er kann nicht ohne sie leben. Sie haben beide ganz verschiedene Probleme.[64]

Der traurige Tatbestand wird nicht verneint oder beschönigt, aber er bekommt eine gewisse Leichtigkeit. Das gilt für die ganze Erzählung. Das Thema ist die Trennung von Geliebten. Davon wird in kleinen Anekdoten erzählt, wobei die Geburtstagsfeier bei dem Freund zunächst nur der erzählerische Rahmen ist. Auf dem Weg zum Freund erinnert der Erzähler sich an eine Szene, die er früher einmal erlebt hat: Aus einem Mansardenfenster wurden verschiedene Sachen auf die Straße geworfen. Es handelte sich offenbar buchstäblich um einen Rausschmiß; eine Frauenstimme sagte mehrmals "Nie, nie wieder", eine Männerstimme reagierte mit "Ja-ja-ja".[65] Als der Erzähler dann bei seinem Freund ist, um gemeinsam das Essen vorzubereiten (wie er das früher immer mit der Frau seines Freundes tat), sprechen sie von den Bewohnern der Wohnung gegenüber, wo es im Lauf der Jahre immer Paare in verschiedenen Konstellationen gegeben hat. Jetzt wohnt da ein Paar mit drei kleinen Kindern. Der Erzähler und sein Freund beobachten die Kinder aus dem ehemaligen Zimmer der Tochter des Freundes. Und dann bekommt die Erzählung ihre entscheidende Wendung. Es wird ein genauso dramatisches wie komisches Zeichen für einen neuen Anfang gesetzt: Plötzlich geht der Freund in die Küche, holt den Lammsbraten aus dem Backofen und wirft ihn durch das doppelverglaste Fenster auf die Straße. In gemeinsamer Aktion lassen die beiden den Rest des vorbereiteten Essens folgen. Den bald darauf erscheinenden ersten Gästen wird das Aufheben und Hineinbringen des Heruntergeworfenen strengstens verboten. Die Gäste verstehen das nicht. Und das veranlaßt den Erzähler, das Ganze noch einmal zu reflektieren:

> Wir verstanden es auch nicht. Es war ja gerade erst passiert. Wir brauchten noch ein bißchen Zeit, um es zu verstehen. Wir wußten nur, daß irgendetwas angefangen hatte, aber wir wußten nicht, was es war. Vielleicht war es der Anfang von irgendetwas oder das Ende. […]

---

[64] Ebd. S. 90.
[65] Ebd. S. 93.

Aber das wissen wir heute noch nicht. Und morgen wahrscheinlich auch noch nicht. Ich bin sicher, daß wir es erfahren werden.[66]

Heiterer, lakonischer, leichter kann man von diesen Dingen wohl kaum sprechen.

Ein weiteres Charakteristikum von Ohnemus' Erzählungen, das sie für eine Diskussion im Rahmen der Postmoderne interessant macht, ist die durchaus positive, lebensbejahende Grundhaltung. "Wie gut, daß wir noch da sind" lautet der letzte Satz aus den *Letzten Großen Ferien*, "Ja" ist das letzte Wort aus den *Siebenundsechzig Ansichten einer Frau*. Gerade der eben zitierte Text mit dem von seiner Frau verlassenen Freund ist auch ein Beispiel für diese Grundhaltung: das Wegwerfen des Lammbratens signalisiert die Möglichkeit eines Schlußstrichs und eines Neuanfangs. Ein winziges Stückchen des verlorenen Glücks ist in der fast slapstickartigen und vor allem gemeinsamen Handlung schon wieder zurückgewonnen. Ohnemus' Geschichten sind immer, auch dann, wenn sie von Trennung oder Tod sprechen, kleine Hymnen an das Leben. *Kleine* Hymnen eben, keine Ausblicke auf das große Ganze, sondern bescheidene Momentaufnahmen – aber so gut wie immer Aufnahmen von Augenblicken, in denen etwas vom Leben im Paradies durchscheint. Um solche Augenblicke, wie winzig auch, geht es Ohnemus. Ein schönes Beispiel für diese Grundhaltung – und auch wieder für den Ton von Ohnemus Geschichten – ist die Erzählung *Der gewonnene Alptraum*.[67] Sie fängt folgendermaßen an:

> Das hier ist nur eine ganz kleine Geschichte am Rande der Ewigkeit. Sie hat nicht mit Krieg und Tod zu tun oder mit komplizierten Verwicklungen und großartigen, ganze Tage dauernden Hochzeiten, bei denen die Eltern der Braut sich für den Rest ihres Lebens verschulden und an die sich später alle Gäste noch Jahre und Jahrzehnte erinnern.
> Die Geschichte, um die es hier geht, ist federleicht. Sie wird nichts am Gewicht der Welt und am Gang der Dinge ändern, und wenn sie jetzt hier nicht erzählt würde, dann bliebe sie für immer unbemerkt wie der Schatten einer Krähe, der einen Augenblick lang einen Blinden auf einer Parkbank streift, oder wie der Augenblick, in dem ein Kind nachts im Schlaf aus dem Bett fällt [...][68]

Ein Mann und eine Frau sitzen bei schönem Wetter auf einer Hotelterrasse und trinken Wein. Sie unterhalten sich über das, was in der vergangenen Nacht passierte: Der Mann stöhnte im Schlaf, die Frau versuchte ihn wachzuschütteln, er wollte aber nicht aufwachen und sagte: "Laß mich jetzt! Ich

---

[66] Ebd. S. 101.
[67] *Die Letzten Großen Ferien*. S. 166-170.
[68] Ebd. S. 166.

habe einen Alptraum [...] Und ich bin am Gewinnen!".[69] Die Frau denkt in der Nacht an ihre eigenen und an andere Alpträume – die "nie gut ausgegangen"[70] waren. Und sie ist stolz auf ihren Mann, der vielleicht das Unmögliche schafft: einen Alptraum zu gewinnen. Das alles besprechen sie noch einmal auf der Hotelterrasse in einem schönen Augenblick, wo "das Wetter und der Wein in einem vollkommenen Gleichgewicht"[71] sind. Sie denkt: "Es wäre so schön, wenn er gewonnen hätte [...] Es wäre so schön [...] wenn einer zeigen könnte, daß es möglich ist." Sie beobachtet ihn: Er sieht "so heiter und gelöst" aus, er " hat große Augen und sitzt da wie ein Kind, das etwas sehr Wichtiges entdeckt und wieder vergessen hat. Er kann sich nicht mehr an seinen Traum erinnern [...]". Nichts ist greifbar, bezeugbar. Der Traum ist schon aus dem Gedächtnis verschwunden, und es ist durchaus unwahrscheinlich, einen Alptraum zu 'gewinnen'. Aber die Frau lächelt und sagt: "Du warst auf jeden Fall ganz dicht dran".[72]

Skepsis, Ironie *und* Lebensbejahung: das sieht dem philosophischen Programm Nietzsches nicht unähnlich. In Diskussionen über die Postmoderne wird als eine der geistesgeschichtlichen Quellen postmodernen Denkens und Schreibens immer wieder die Philosophie Nietzsches genannt – mit ihrer radikalen Erkenntniskritik, mit ihrem ironischen Spiel mit Widersprüchen und ihrer prinzipiellen Lebensbejahung. Und tatsächlich, hier läßt sich ein Urbild für viel postmodernes Schaffen finden. Am prägnantesten kommt es vielleicht zum Ausdruck in der letzten der drei Verwandlungen des Geistes aus dem Anfang von *Also sprach Zarathustra*.[73] In der ersten Verwandlung wird der Geist zum Kamel und trägt – noch ganz in der christlichen Tradition – die große Last des "Du-sollst" Danach wird der Geist zum Löwen, um sich im Kampfe mit dem Drachen des "Du-sollst" die eigene Freiheit zu erkämpfen; die neue Losung heißt "Ich will". Aber erst in der dritten Verwandlung ist das eigentliche Ziel erreicht; der Geist ist zum spielenden Kind geworden – ein Kind, das sich um eine Universalwahrheit nicht mehr bemüht, sondern sich – heute könnte man sagen: postmodern-pluralistisch – mit *seiner* Welt bescheidet:

> Unschuld ist das Kind und Vergessen, ein Neubeginnen, ein Spiel, ein aus sich rollendes Rad, eine erste Bewegung, ein heiliges Ja-sagen.

---

[69] Ebd. S. 167.
[70] Ebd. S. 168.
[71] Ebd. S. 170.
[72] Ebd.
[73] Friedrich Nietzsche: *Werke in drei Bänden*. Hg. von Karl Schlechta. Bd. 2. S. 293/94.

Ja, zum Spiele des Schaffens, meine Brüder, bedarf es eines heiligen Ja-sagens: *seinen* Willen will nun der Geist, *seine* Welt gewinnt sich der Weltverlorene.[74]

Nietzsche selber deswegen schon zum Postmodernen *avant la lettre* ernennen zu wollen, scheint mir übrigens voreilig: Dazu ist sein ganzes Denken und Schreiben noch allzusehr vom Pathos des Propheten getragen. Das Wort 'heilig' im eben zitierten Text bezeugt es schon. In Nietzsches eigenen Bildern: Er – der sich selber in *Ecce homo* den "ersten *tragischen Philosophen*"[75] nannte – ist noch mehr Löwe als Kind. Aber viele postmoderne Werke, besonders die, in denen ein so spielerischer Ton wie bei Ohnemus vorherrscht, könnten den Anspruch erheben, mehr oder weniger Nietzsches Ideal verwirklicht zu haben. Dabei ist das kindliche Vergessen natürlich – wie auch bei Nietzsche selber – schon ein Paradox: Nietzsches spielendes Kind ist erst zum Kind geworden, nachdem es den ganzen menschlichen Erkenntnisweg bis hin zum Nihilismus gegangen ist. Das Vergessen ist ein 'bewußtes Vergessen', eine Naivität, die um die eigene Naivität weiß. Genau das ist in postmodernen Texten Teil des metafiktionalen Spiels. Wenn der Erzähler am Ende der Titelgeschichte aus den *Letzten Großen Ferien* darüber phantasiert, wie er eine Frau trösten könnte, die er nur oberflächlich vom Tennisspielen her kennt, heißt es:

Ich *würde* am liebsten mit ihr und ihrer Familie mitfahren, und wenn sie traurig wird und etwas vergessen möchte, was sie kaum vergessen kann, dann *würde* ich mit ihr Tennis spielen. Ich *wäre* immer da und *würde* mit ihr spielen. Bei jedem Wetter. Den ganzen Tag. Und die ganze Nacht. Wir *wären* alleine draußen auf einem Tennisplatz in Italien und *würden* noch spielen, wenn die anderen schon ins Bett *gingen*. Wir *würden* im Finstern bis tief in die Nacht spielen, und die Fledermäuse *würden* über den Platz fliegen, und wir *würden* bald nicht mehr wissen, ob es ein Ball ist, den wir getroffen haben oder eine von den Fledermäusen. Und wir *müßten* uns so auf die Bälle in der Dunkelheit konzentrieren, daß wir selber zu Fledermäusen *würden*, und daß wir gar keine Zeit mehr *hätten*, an irgendetwas anderes zu denken. An irgendetwas, das uns bedrückt. Fledermäuse tun das *wahrscheinlich* auch nicht.[76]

Vorläufiges Fazit: Es gibt tatsächlich gute Gründe, in bezug auf Ohnemus' Geschichten den Begriff 'postmodern' ins Spiel zu bringen. Und einmal mehr stellt sich dann die Frage: wie post-modern heißt hier 'postmodern'? Wenn es stimmt, daß postmoderne Werke – jedes auf seine Weise – etwas von Nietzsches paradoxem Ideal des spielenden Kindes, das zugleich den ganzen menschlichen Erkenntnisweg zurückgelegt hat, verwirklichen, dann

---

[74] Ebd. S.294 (Hervorhebung im Original).
[75] Ebd. S. 1110 (Hervorhebung im Original).
[76] *Die Letzten Großen Ferien*. S. 23/24 (Alle Hervorhebungen von mir, H.H.).

sind solche Werke immer noch Teil der literarischen Tradition, die in Schillers Begriff des 'Sentimentalischen' oder in Kleists *Marionettentheater* schon eine frühe programmatische Formulierung fand. Auch Ohnemus' Werk versucht eine gewisse Naivität wiederzufinden. Auffällig oft wird in den ersten zwei Erzählbänden – und dann durchgehend im Roman – aus der Perspektive von Jugendlichen erzählt. Oder die erwachsenen Erzählfiguren, zu denen immer auch der Erzähler gehört, phantasieren einfach drauflos – um so zu sehen, ob das Paradies vielleicht von hinten wieder irgendwo offen ist. Das Postmoderne ist hier vor allem in der Form und im Ton zu finden: im Bruchstückhaften, in den buchstäblich 'kleinen Geschichten', in denen der große Zusammenhang fehlt, im metafiktionalen Spiel mit Phantasie und Wirklichkeit, im heiteren und lakonischen Erzählton. Die grundlegende Thematik aber unterscheidet sich nicht wesentlich von der Tradition der modernen Literatur, wie ich sie weiter oben skizziert habe. Dazu ein erstes Beispiel.

Eine der *Siebenundsechzig Ansichten* ist eine ganz kurze Geschichte mit dem Titel *Der Aufsichtsratsvorsitzende*. Die Hauptperson ist zwar noch nicht Aufsichtsratsvorsitzender aber "alles ist so eingerichtet, daß er es eines Tages sein wird. Es ist fast unvermeidlich."[77] Dieser Mann denkt manchmal an das Mädchen, mit dem er irgendwann irgendein Verhältnis gehabt hat und das er seitdem nie wieder gesehen hat. Er denkt dann immer daran, daß dieses Mädchen, als es elf oder zwölf war, "nachts immer das Fenster weit offengelassen hat, damit Peter Pan hereinkommen könnte, während sie schlief."[78] Seiner eigenen Tochter hat er, als sie zehn war, eine Ausgabe von Peter Pan geschenkt, aber sie hatte kein großes Interesse. Und über diese Dinge denkt er nun nach. Ich zitiere die zweite Hälfte der Geschichte zur Gänze:

> Vielleicht ist es so, denkt er, daß die Leute gar nicht soviel mit Peter Pan anfangen können. Vielleicht können sogar die Mädchen, die ihr Fenster für ihn offengelassen haben, später nichts mehr mit ihm anfangen. Vielleicht muß das einfach so sein.
> Wenn es sein muß, dann muß es eben so sein. Aber wenn es in seinem Leben irgendwelche Lücken gibt, dann denkt er manchmal daran. Es gibt allerdings nur sehr wenig Lücken in seinem Leben. Er ist ein vielbeschäftigter Mann auf dem Weg zum Aufsichtsratsvorsitzenden. Aber wenn er einmal stirbt, dann denkt er vielleicht daran. In dem Augenblick, wo diese letzte große Lücke beginnt, denkt er vielleicht an dieses Fenster, das er nie gesehen hat. Vielleicht ist der Tod dann etwas für ihn, bei dem er durch dieses Fenster fliegt. Oder vielleicht fliegt sein Geist durch dieses Fenster. Oder vielleicht auch nur seine Brille. Oder eine

---

[77] *Siebenundsechzig Ansichten.* S. 22.
[78] Ebd.

Krawatte. Oder ein Manschettenknopf, falls er Manschettenknöpfe benutzt. Wie auch immer, und was auch immer durch diese Fenster fliegt: es sollte uns freuen.[79]

Das ist romantische Kritik am modernen, 'entzauberten' Alltagsleben; alles paßt sogar so sehr in die romantische Tradition, daß es zum Klischee zu werden droht: Der designierte Aufsichtsratsvorsitzende ist ein Vielbeschäftigter im Sinne von A.W. Schlegels Kritik an denjenigen, die nur noch den ökonomischen Nutzen der Dinge vor Augen haben,[80] im Sinne der Kritik der Romantiker an denjenigen, die den Sinn fürs Höhere, Andere verloren haben, die keine Phantasie mehr haben. Von Schlegel bis Michael Endes *Unendliche Geschichte* ist das ein fester Topos. Daß Ohnemus' Geschichte dennoch nicht wie ein Klischee wirkt, liegt an der Entdramatisierung dieser Dinge, an der Leichtigkeit des Stils: "Wenn es so sein muß, dann muß es eben so sein." Es liegt an der metafiktionalen Ironie, deutlich in der mehrmaligen Wiederholung des "vielleicht", an der sich selbst immer weniger ernst nehmenden Aufzählung der möglicherweise aus dem Peter-Pan-Fenster fliegenden Gegenstände. Alles ist ja nur Unsinn, Hirngespinst, Gedankenspielerei; aber: Es sollte uns freuen. Romantische Kritik, postmodern.

Wie sehr Ohnemus' Geschichten bei aller Postmodernität auch Teil der literarischen Moderne sind, wird erst recht deutlich, wenn man sich etwas genauer ansieht, wie hier von Liebe erzählt wird. In seiner Rezension in *Die Zeit* hatte Greffrath die relativierende Erzählweise von Ohnemus der traditionell-romantischen Darstellung der großen Liebe – wie sie noch in Monika Marons Roman *Animal triste* vorkomme – gegenübergestellt. Diese klare Abgrenzung möchte ich hier etwas untergraben und relativieren. Dazu werde ich mich auf die Erzählbände *Die Letzten Großen Ferien* und *Siebenunsechzig Ansichten einer Frau* konzentrieren. Bei den *siebenundsechzig Ansichten einer Frau* wird schon im Titel die Einheit klar: in gewissem Sinne sind alle Geschichten Liebesgeschichten. In den *Letzten Großen Ferien* ist der Zusammenhang weniger eindeutig, aber auch hier kann man von einem Kernthema sprechen: dem Verlangen nach ein wenig Paradies – zusammen mit der fortwährenden Bedrohung alles Paradiesischen. Und natürlich ist das Zentrum die Liebe.

In der dritten Erzählung dieses Bandes wird zum ersten Mal explizit von Liebe gesprochen. Die Erzählung heißt *Sentimentaler Supermarkt* und besteht aus vier Teilen. Der erste Teil mit dem Titel *Zelda Fitzgerald* ist ein

---
[79] Ebd. S. 22/23.
[80] August Wilhelm Schlegel: Allgemeine Übersicht des gegenwärtigen Zustandes der deutschen Literatur. In: ders.: *Kritische Schriften und Briefe*. Bd.3. Stuttgart 1964. S. 22-85.

Zitat auf englisch: es ist ein Brief, den Zelda Fitzgerald (aus einer Irrenanstalt heraus) kurz vor dem Tod ihres Mannes Scott Fitzgerald an ihn geschrieben hat. Der Schluß lautet: "I love you anyway – even if there isn't any me or any love or even any life – / I love you."[81] Im zweiten Teil, *Die Warteschlange*, berichtet der Erzähler, wie er im Supermarkt in der Schlange steht und diesen Text dauernd vor sich her sagt. Dann folgt die deutsche Übersetzung des Zitats. Der dritte Teil heißt *Tomatendose* und hat anscheinend nichts mit den ersten zwei zu tun, außer der Tatsache, daß er sich wieder in einem Supermarkt, in der Schlange vor der Kasse abspielt. Draußen ist es klirrend kalt. Der Erzähler kauft unter anderem eine Dose geschälte Tomaten und stellt sich einen Augenblick vor, wie es aussehen würde, wenn draußen die Tomaten gefrieren würden und dadurch die Dose explodieren würde. Eigentlich freut er sich auf die Explosion. Dann steht eine alte Frau an der Kasse, die der Kassiererin ihr Leid klagt: Ihr Mann macht ihr nicht auf, und sie friert so. Der Erzähler bietet ihr an, sie nach Hause zu bringen, und in seiner Phantasie sieht er sich schon wie einen ritterlichen Helden die Tür eintreten. Aber die alte Frau will davon nichts wissen: sie will nicht "noch einsamer werden".[82] Der Erzähler sieht in ihrem Gesicht nur noch Kälte und Haß. "Nur noch Haß und altes Fleisch. Und einmal war das vielleicht: Du hast mich erdolcht mit der Liebe."[83] Der einzige Trost, die "einzige Erinnerung an das Leben",[84] die ihm bei all der Kälte noch bleibt, ist die Vorstellung von der explodierenden Dose Tomaten.

Der letzte Teil heißt *Der lange Adventskalender*. Wieder steht der Erzähler in einem Supermarkt vor der Kasse. Vor ihm steht eine Frau mit einem ziemlich umwerfenden Parfüm. Sie möchte – mitten im September – 100 Flaschen Champagner haben als Weihnachtsgeschenk für ihre Freunde. Der Erzähler glaubt nicht an so viele Freunde und berechnet, daß sie es mit diesen Flaschen gerade bis zu Weinachten schafft, wenn sie jeden Tag eine Flasche trinkt. Ihr Advent würde dann gleichsam jetzt, mitten im September anfangen. Der Gedanke macht ihn traurig und eigentlich möchte er die Frau jetzt ins Kino einladen. Aber sie muß mit der Filialleiterin über einen Rabatt verhandeln und hat kein Auge für den Mann hinter ihr.

> Sie hat jetzt Wichtigeres zu tun. Sie muß dafür sorgen, daß sie die Zeit bis Weihnachten durchstehen kann, daß nichts passiert und daß niemand durchdreht

---

[81] Ebd. S. 30.
[82] Ebd. S. 33.
[83] Ebd.
[84] Ebd.

und daß die Welt nicht auseinanderfällt, und deswegen muß sie jetzt hundert Tage lang jeden Tag eine Flasche Champagner trinken für alle ihre Freunde.[85]

Der Zusammenhang der Geschichten beschränkt sich natürlich nicht auf den Rahmen des Supermarktes. Hier geht es um Liebe. Und zwar um Liebe im romantischen Sinne: um Liebe, die die ganze Person umfaßt, das ganze Leben bestimmt. Im Zitat aus Zelda Fitzgeralds Brief drückt sich genau der Liebesdiskurs der literarischen Moderne aus; es ist das Verlangen nach absoluter Liebe, die gleichzeitig bezweifelt wird – und die dennoch diesen Zweifel übersteigt: "even if there isn't any me or any love or even any life." Genau dieser Text kommt dem Erzähler nicht aus dem Sinn, und er fragt sich:

Warum [...] sage [ich] mir [...] immer wieder einen Brief vor wie ein klassisches Gedicht, das mein Leben definiert und die Erfahrungen der Menschheit, die Vergangenheit und die Zukunft vor allem und den Augenblick, in dem wir begreifen, daß ein Alptraum kein Alptraum mehr ist, sondern die Wirklichkeit, das einzige, was vom Leben noch da ist?[86]

Die Zeilen 'definieren das Leben' des Erzählers. Hier findet die postmoderne Leichtigkeit ihre Grenze; der tragische Boden der Moderne ist eben doch nicht ganz herausgefallen. Die beiden Frauen in den letzten zwei Teilen der ganzen Erzählung leben tatsächlich mehr oder weniger in einem solchen Alptraum, in Haß und Einsamkeit. Es bleibt den Personen in den Geschichten wenig anderes übrig als festzuhalten an der Idee der Liebe – wenn diese Idee auch verrückt ist oder heruntergekommen ist bis zum Haß oder zum Champagnerrausch. Eine Illusion, vielleicht nicht einmal ungefährlich: eine Dose rote, explodierende Tomaten in der Winterkälte. Aber sie ist der "einzige Trost".[87]

Weitere Geschichten aus den *Letzten Großen Ferien* bestätigen, daß genau hier der Kern des ganzen Bandes liegt. Die Geschichte *Eine entfernte Freundin von Leo Tolstois Enkeltochter (oder seiner Urenkelin oder die Freundin einer Freundin von Leo Tolstois Urenkelin)* handelt von einem Dreiecksverhältnis zwischen einer siebzehnjährigen Schülerin und zwei gleichaltrigen Freunden aus derselben Schule, von denen einer auch der Erzähler ist. Dieser hat sich zunächst in das Mädchen verliebt, und zwar restlos: "Ich wußte, daß ich zu diesem Tisch gehen mußte und das Mädchen fragen mußte, ob sie mit mir tanzen wollte. Es gab gar keinen anderen

---

[85] Ebd. S. 38.
[86] Ebd. S. 31.
[87] Ebd. S. 33.

Weg mehr für mich. Mein ganzes Leben hing davon ab."[88] Es ist die große, romantische Liebeserfahrung. In dieser Tanznacht erlebt er den "Widerruf" des Gesetzes, "[d]aß wir alle, alle sterben müssen": "Wir waren für die Ewigkeit gemacht, und es gab nichts, absolut nichts, was dagegen sprach."[89] Die drei leben dann in einem idyllisch gelegenen Laden, den das Mädchen besitzt (Ohnemus spielt mit der Unwahrscheinlichkeit der Geschichte sein metafiktionales Spiel) – und erleben das Paradies. Bis der Erzähler erste Eifersuchtssymptome zeigt und das unvermeidliche Ende sich allmählich ankündigt. (Daß das Ganze lebensbedrohend werden könnte, zeigen das Motiv des Gewehrs in der Ladentheke und die Darstellung der blutigen Schlittschuhtour.) Das erste Zeichen für dieses Ende ist ein Experiment, das von dem Mädchen organisiert wird: Sie sollen einen Versuch zur Vermessung der Lichtgeschwindigkeit machen, den Galilei schon einmal – völlig vergeblich – gemacht hatte. Und die beiden Jungen wundern sich, wieso sie da "etwas machen, von dem man im vorhinein weiß, daß es zum Scheitern verurteilt ist".[90]

Dieses Motiv von dem von vornherein zum Scheitern verdammten Experiment kommt zurück in einer späteren Erzählung, *Cape Canaveral Country Song*. Die Rahmengeschichte handelt von drei etwa zehnjährigen Jungen, die Streichhölzerköpfe zerreiben und sich so eine Rakete zusammenbasteln, die sie nun in den Himmel schießen wollen. Der Erzähler geht aber – wie fast immer bei Ohnemus – nicht so gradlinig vor. So wird zwischendurch von einer Frau erzählt, die der Ich-Person oft ihr Fahrrad lieh. Die Geschichte von dieser Frau macht sogar den eigentlichen Kern der Erzählung aus. Ihr Freund war als Soldat im Krieg und hat ihr damals eine große Menge Briefe geschrieben.

> Es waren so viele Briefe, wie sie nur sehr verliebte Leute schreiben oder wie man sie schreibt, wenn Krieg ist und wenn der Tod und die Zeit und die Liebe sind wie der Geschmack von Kälte und Blut im Mund, der Geschmack von Kälte und Winter und Blut.[91]

Die Frau war und ist eine Fabrikarbeiterin, der junge Mann war Jurastudent. Ob aus der Beziehung wirklich etwas geworden wäre, ist also durchaus fraglich. Aber er ist gefallen, und die Frau hat seine stenographierten Tagebücher bekommen. Sie lernt deswegen Stenographie und schreibt dann irgendwann die Briefe auf einer Schreibmaschine in Reinschrift. Nach einer gewissen Zeit verbrennt sie die Abschriften aus Angst, jemand

---

[88] Ebd. S. 45.
[89] Ebd. S. 46.
[90] Ebd. S. 57.
[91] Ebd. S. 178/79

anderes könnte sie lesen. Und dann fängt sie aufs neue mit der Abschrift an. So hat sie das seit dem Krieg immer wieder getan, und "wenn sie nicht gestorben ist"[92], tut sie es noch heute. Der Erzähler reflektiert dann über die Frage, ob Liebe und Trauer Arbeit seien, wie so oft gesagt wird. Er weiß nicht, ob das stimmt, aber wenn es stimmt, dann sieht er dabei diese Frau vor sich: "Ich stelle mir diese Stenotypistin als einen glücklichen Menschen vor". Das ist der etwas abgewandelte letzte Satz aus Camus' Essay über das Absurde, *Der Mythos von Sisyphos*. Damit stellt Ohnemus sein Schreiben über die Liebe explizit in die Tradition der Moderne. Und zugleich wird der Zusammenhang mit der Rahmengeschichte von den drei Jungen mit ihrer Rakete deutlich. Denn natürlich mißlingt dieser Versuch mit der Rakete, der nun auch mit dem Versuch Galileis, die Lichtgeschwindigkeit zu messen, verglichen wird. Alle Geschichten in dieser Erzählung handeln von Unternehmungen, die aus einer Sehnsucht heraus unternommen werden und zum Mißlingen verurteilt sind. Am Ende der Erzählung veranstalten die Jungen statt des Abschusses der Rakete ein großes Feuerwerk, das wie ein "spätes Echo" auf alle Katastrophen der Menschheit klingt, "ein Echo auf alles, was schon von Beginn an zum Scheitern verurteilt ist".[93]

In der letzten Erzählung aus den *Letzten Großen Ferien*, die in Tagebuchform[94] geschrieben ist, kommen all diese Motive noch einmal zusammen. Die Ich-Person will irgendwann den Brief Zelda Fitzgeralds (aus der Erzählung *Sentimentaler Supermarkt*) einem siebzehnjährigen Mädchen geben, das für die Schule über Scott Fitzgerald schreiben will. Er tut das dann aber nicht, weil so etwas "nichts für Kinder oder für die Schule" sei. Die Frau, mit der er lebt,[95] lacht ihn deswegen aus und schilt ihn einen "anmaßenden Affen".[96] Er träumt dann, daß er und diese Frau eines Nachts auf zwei verschiedenen Hügeln stehen und sich mit Spiegelscherben im Mondlicht Nachrichten zuspiegeln. Das ist genau die Situation des Galilei-Experiments, das von vornherein zum Scheitern verdammt war. Aber nun, im Traum, erreichen die gespiegelten Nachrichten – wie ein Flüstern – ihre Bestimmung. Er und die Frau flüstern sich Zeilen aus dem berühmten 116.

---

[92] Ebd. S. 181.
[93] Ebd. S. 186/87.
[94] Der Erzähler spielt in der Vorbemerkung dazu ein Spiel mit dem angeblich fiktionalen Charakter dieses Tagebuches, das er an der Isar gefunden haben will – aber die Ählichkeit der Ichperson mit dem Erzähler der drei Erzählbände von Ohnemus ist so überdeutlich, daß er sich von einem Doppelgänger zu sprechen genötigt sieht.
[95] Diese Frau heißt hier Karen – genau wie das Mädchen, in die sich die Hauptperson aus Ohnemus' Roman so verliebt hat.
[96] *Die Letzten Großen Ferien.* S. 239.

Sonett von Shakespeare zu – das eine direkte innere Verwandtschaft mit den verzweifelten Zeilen von Zelda Fitzgerald hat. Das Gedicht besingt die ewige und unwandelbare Liebe und endet mit einer paradoxen Beschwörung des Zweifels: "If this be error, and upon me prov'd / I never writ, nor no man ever lov'd".[97] Das ist das "klassische[..] Gedicht", von dem der Erzähler schon in der Erzählung *Der sentimentale Supermarkt* sprach, das Gedicht, das sein "Leben definiert".[98] Und nun gibt er Betty doch den Brief Zelda Fitzgeralds, damit er der Siebzehnjährigen ein "Kompaß"[99] sei.

Wie in der Tradition der literarischen Moderne geht es hier um die große, romantische, identitätsstiftende, das Leben definierende Liebe. Und sie ist in ihrer Absolutheit genauso zum Scheitern verdammt, ja sie gefährdet sogar, wie in der romantischen Tradition, das Leben, sie ist mit Tod und Zerstörung verbunden. Das Bild der explodierenden Tomatendose, das wiederholt auftauchende Motiv vom "Blut im Mund"[100] und das Motiv der Hexe (auf das ich hier aus Platzgründen nicht weiter eingehe[101]) zeigen das in aller Deutlichkeit.

Dieser Zusammenhang von Liebe und Tod wird in den *Siebenundsechzig Ansichten einer Frau* in der ersten und letzten Geschichte des Bandes – also mehr oder weniger programmatisch – thematisiert. Da wird, gut postmodern, schon im Titel der Geschichte eine andere Erzählung herbeizitiert: *Die Geschichte des Bambusschneiders*. Eine Fee kommt auf die Erde und gewinnt das Herz des Kaisers. Vor ihrer – unvermeidlichen – Rückkehr in den Himmel gibt sie dem Kaiser ein Gefäß mit dem Elixier der Unsterblichkeit. Dieser aber, verzweifelt über den Verlust der Geliebten, läßt das Elixier in einen Vulkan schütten. Die Er-Person in dieser Erzählung spricht im Bett mit seiner Geliebten (die auch seine Frau sein kann) über diese Geschichte. Sie fragt ihn, ob er in einem solchen Fall auch so handeln würde, ob ihm beim Verlust der Liebe die Unsterblichkeit auch gleichgültig sein würde. Er sagt schnell 'Ja', und sie stellt die Frage, etwas dringlicher, noch einmal. Eine zweite Antwort wird nicht gegeben. Die letzte Erzählung des Bandes greift diese Geschichte wieder auf. Das erste Mal, in der ersten Erzählung, war es Winter, es schneite; nun ist es Sommer, und die Frau fängt noch einmal von der Geschichte an zu sprechen. Sie stellt die gleiche Frage wieder, und der Mann sagt wieder schnell 'Ja'. Sie stellt die Frage auch jetzt zum zweiten Mal. Und nun wird auch die zweite Frage

---

[97] Ebd. S. 240.
[98] Ebd. S. 31.
[99] Ebd. S. 240.
[100] Ebd. S. 62, 179.
[101] Siehe die Erzählungen *Wie ein rostiger Anker in der Wüste* und *Hexen* in *Die letzten Großen Ferien* und das Vorwort zu den *Siebenundsechzig Ansichten einer Frau*.

beantwortet: " 'Ja', sagte der Mann. 'Ja.' "[102] Das ist der letzte Satz des ganzen Bandes. Es geht um die große, um die absolute Liebe. Und am Ende wird sie ausdrücklich bejaht.

Es ist die romantische Liebe, die in der europäischen Kulturgeschichte nach vielen Theorien ihren Ursprung findet in der der Erscheinung der höfischen Minne.[103] Ohnemus weiß das auch und verarbeitet das in einer der Erzählungen in diesem Band, *Tennis auf Camelot*. Die Erzählung ist dem bekannten französischen Mediävisten Georges Duby gewidmet, "der den Essay über das höfische Modell geschrieben hat".[104] Der Text spricht aus der Perspektive des Verfassers dieses Essays über die *fine amour* – und dieser Autor bekommt so eine sehr starke Ähnlichkeit mit dem Erzähler, den wir aus den anderen Texten von Ohnemus kennen. Er steht in dieser Erzählung unter der Dusche, nachdem er Tennis gespielt hat. Er denkt nach über den Essay und über die Liebe in seinem eigenen Leben. Im Essay hat er die höfische Liebe dargestellt als eine Art Neurose der jüngeren Söhne, die keine Erbin heiraten können. Der mittelalterliche Normalfall ist die Ehe als geschäftliche Verbindung: "Ich hab eine kleine Brauerei, und du hast eine kleine Brauerei. Also tun wir uns zusammen." Die "romantische Liebe" dagegen "war etwas für die Armen, die zweiten und dritten Söhne".[105] Aber, so läßt Ohnemus den Autor denken, " diese Literatur [hat] die Welt verändert".[106] Die Verhaltenswerte, die von der höfischen Liebe herrühren, so heißt es im zitierten Essay, gehören noch immer zu denen, "durch die sich unsere Kultur am stärksten von anderen unterscheidet".[107] Zugleich wird der Autor selber, der so sehr dem Erzähler von Ohnemus' Geschichten ähnelt, als praktizierender Erbe dieser 'neurotischen' Form von Liebe dargestellt. Er spielt immer – ohne daß andere das wissen – Tennisspiele für diejenigen, die er liebt. Dieses Tennisspiel ist für ihn heimlich ein Kampf – wie die Kämpfe der höfischen Ritter. Und nur dann, so ist seine kleine Privattheorie, wenn er die Frau wirklich, das heißt absolut, ohne

---

[102] Ebd. S. 235.

[103] Vgl. etwa: Denis de Rougemont: *Die Liebe und das Abendland*. Köln, Berlin 1966; Leslie Fiedler: *Love and Death in the American Novel*. New York 1960; Octavio Paz: *The Double Flame. Essays on Love and Eroticism*. London 1996.

[104] Ebd. S. 77. Der Originaltext des hier zitierten Essays liegt mir nicht vor, aber vergleichbare Aufsätze Dubys über die höfische Liebe bestätigen die Korrektheit der Widergabe seiner Erörterungen durch Ohnemus' Erzählung; vgl. z.B. George Duby: Over de liefde die hoofs wordt genoemd. In: G.D.: *De middeleeuwse liefde en andere essays*. [Urspr. Titel: *Mâle Moyen Age. De l'amour et autres essays*] Amsterdam 1990. S. 71-78.

[105] *Siebenundsechzig Ansichten einer Frau*. S. 80.

[106] Ebd.

[107] Ebd. S. 84.

Rest liebt, wird er gewinnen. "Natürlich konnte man das alles für Hokuspokus halten, für einen Aberglauben."[108] Allerdings gibt es ein Argument für seine Theorie: Er hat noch nie verloren, wenn er so für jemanden spielt. Dabei ist dieses Für-jemanden-Spielen nicht etwas, das er beliebig einsetzen kann. Es gelingt nur, wenn es ein sehr tiefer Wunsch ist, wenn es

> gar keine andere Möglichkeit mehr gab. Sein Spiel und Denken fanden auf einmal ihren Schwerpunkt. Es war wie ein physikalischer Prozeß, der durch irgendetwas ausgelöst wurde, das er nicht kannte.[109]

Das ist der paradiesische Augenblick, wo man ganz mit sich eins ist, wo, genau wie bei der Puppe aus Kleists *Marionettentheater* jede Bewegung einen 'Schwerpunkt' hat. Nur einmal hat er in einer solchen Situation verloren: als er für eine Frau spielte, die er "liebte und nicht liebte", eine Frau, mit der er vielleicht zusammen wäre, "wenn er eine kleine Brauerei gehabt hätte, und wenn sie auch eine kleine Brauerei gehabt hätte".[110] Anders als Greffrath in seiner Rezension etwas vorschnell behauptete, geht es in Ohnemus' Geschichten doch um die große, romantische Liebe. Er nennt sie zwar zugleich ganz nüchtern einen "Tauschhandel",[111] aber es ist ein Handel, "bei dem man sich selber in die Waagschale wirft, mit einem hohen Risiko".[112] Genau wie die Liebe des linkischen Anselmus in E.T.A. Hoffmanns *Goldenem Topf* beruht sie vielleicht auf einem Aberglauben, geht sie vielleicht aus irgendeinem Mangel im realen Leben hervor, aber, so Hoffmann wie Ohnemus, das ist immer noch erstrebenswerter als eine Liebe, die nur bedeutet, daß man Hofrätin werden möchte oder daß man zwei Brauereien zusammenlegen kann.

Über eine solche Liebe will Ohnemus schreiben, ohne daß es – am Ende des zwanzigsten Jahrhunderts – falsch klingt. Und eben das ist nicht einfach. Das thematisiert auch die 34. Erzählung in den *Siebenundsechzig Ansichten*, also die Erzählung, die Ohnemus, wie er selber im Vorwort betont, genau in die Mitte gestellt hat, und die man deswegen genauso programmatisch lesen darf wie die schon erwähnte erste und letzte Geschichte vom Bambusschneider. Am Anfang dieser 34. Geschichte (mit dem Titel *Striptease*) fragt eine Frau den Erzähler, ob er weiß, was Edmund Wilson über die Großmutter bei Proust gesagt hat. Die Frau steht über ihm auf einer Leiter am Bücherregal. Er schaut bewundernd auf ihre langen Beine und erinnert sich daran, daß er ihr vor vielen Jahren versprochen hat, eine

---

[108] Ebd. S. 83.
[109] Ebd.
[110] Ebd.
[111] Ebd. S. 116; und auch in den *Letzten Großen Ferien*. S. 162.
[112] *Die Letzten Großen Ferien*. S.162.

Kurzgeschichte zu schreiben, in der sie einundzwanzig Jahre alt ist und mit einem Bücherbrett unterm Arm über die Schwanthalerstraße in München geht. Es ist ihm aber nie gelungen, diese Geschichte zu schreiben. Im vergangenen Sommer hat er dazu noch einen letzten Versuch gemacht, nun um sie als Filmszene zu schreiben. Dazu ist er in die (Striptease-)Bar gegangen, in der sich die Münchner Drehbuchautoren treffen. Der Erzähler kommt wie so oft bei Ohnemus scheinbar ganz von seinem Thema ab und berichtet nur noch von dieser Bar und den Drehbuchautoren, besonders von Leslie, einem Transvestiten. Als der Erzähler ihn zum ersten Mal sah – als Frau und ohne zu wissen, daß sie ein Mann ist – fühlte er sich sofort zu ihr/ihm angezogen. Und diese Faszination ist geblieben, auch wenn er weiß, daß sie nur ein verkleideter Mann ist. Dieser Leslie ist an diesem Abend in einer etwas melancholischen Stimmung: "Manchmal glaube ich, daß die Liebe und die Leidenschaft ausgestorben sind."[113] Und er vertritt die Theorie, daß aus diesem Grund in der Bar so viele Mordgeschichten geschrieben werden. Der heimliche Kern der Erzählung bleibt also die Liebe und die Leidenschaft, wenn auch *ex negativo*. Und dann kommt auf der letzten Seite der Erzähler wieder auf die Ausgangsgeschichte zu sprechen; nun aber spricht er die Frau auf der Leiter in der Du-Form an. Die Geschichte wird so auf Umwegen zu dem, was die versprochene Kurzgeschichte wohl hätte sein sollen: eine Lobeslied auf den erotischen Augenblick. Und dieser Augenblick zeigt ganz unpostmodern das Zentrum der Welt. Was hatte Edmund Wilson über die Großmutter bei Proust gesagt? Daß sie in seinem Werk

> dieselbe Rolle [spiele] wie die Lichtgeschwindigkeit bei Einstein; sie ist *die einzige Konstante* in dem ganzen. Ohne sie wäre das alles nicht möglich. Sie *hält alles zusammen*.[114]

Das ist die Rolle der Frau in dieser Geschichte, die zugleich auch die Frau in allen *Siebenundsechzig Ansichten* ist. Das ist die Rolle der Liebe. Sie ist die Konstante, der göttliche Kern. Die 7. Geschichte aus den *Siebenundsechzig Ansichten*, mit dem Titel *Calypso*, besteht nur aus einem Zitat. Es ist ein Gedicht von William Carlos Williams (bei Williams das erste aus einer Reihe von drei unter dem Titel *Calypsos*[115]) und es lautet: "Well God is / love / so love me // God / is love so / love me God // is / love so love / me well".[116] Es ist Williams' leichter Ton, den Ohnemus bewundert, es ist

---

[113] Ebd. S. 109.
[114] Ebd. S. 99 (Hervorhebung von mir, H.H.).
[115] William Carlos Williams: *Pictures from Brueghel and other poems. Collected Poems 1950-1962.* New York 1967. S. 56/57.
[116] *Siebenundsechzig Ansichten einer Frau.* S. 31.

ein Spiel mit den vielen durch die Enjambements bewirkten Bedeutungsmöglichkeiten; aber auch im ironischen Spiel bleibt die Idee von der göttlichen Liebe der Kern. Von diesem Kern, diesem Zentrum will auch Ohnemus sprechen, und tut das auch, wenn nötig intertextuell oder in metafiktionaler Ironie. Er steht unten an der Leiter und schaut auf die Beine dieser Frau, und er weiß, daß er "nie damit aufhören wird", zu versuchen, diese Geschichte von der einundzwanzigjährigen Frau, die über die Schwanthalerstraße geht, zu schreiben:

> Sie geht über diese gottverdammte Straße, die voller Autos und voller Menschen ist, und man spürt auf der Haut das unsichtbare Blitzen der Lichtgeschwindigkeit und hört das leise Dröhnen im Zentrum der Welt, das Vergangenheit, Gegenwart und Zukunft durchdringt wie ein Lied, von dem du weißt, daß es nie mehr aufhören darf.
> Ich meine, darüber kann man doch schreiben. Das muß sich doch machen lassen. Das kann doch nicht so schwer sein. Das kann doch verdammt nochmal nicht so schwer sein.[117]

In einem postmodern-leichten Ton über etwas schreiben, das dem postmodernen relativierenden Denken diametral entgegenläuft: So könnte man Ohnemus' Erzählungen charakterisieren. *Plato hatte recht* heißt eine der *siebenundsechzig Ansichten*. Niemand weiß, so sagt die Geschichte, ob alles genauso verlaufen ist wie in Platos (oder Aristophanes') Vorstellung von dem einstmals ungeschiedenen männlich-weiblichen Wesen, das dann getrennt wurde, wodurch die ewige Sehnsucht nach der anderen Hälfte in die Welt gekommen sei. "Aber wir wissen, daß wir eine solche Sehnsucht haben, sonst wären viele Dinge nicht zu erklären."[118] Und dann kommt Ohnemus' Beleg für Platos Theorie: die Geschichte von einer Frau, die sehr schön ist, mit Ausnahme ihrer Füße und einer Blinddarmnarbe. Diese Frau nun lebt zusammen mit einem Mann, der nur zwei schöne Stellen hat: seine Füße und seine Blinddarmnarbe. Und so leben sie, "in Schönheit zusammengekommen".[119] Der alte Mythos von der wahren Identität in der Liebe ist eine der 'großen Erzählungen' der Literatur. Ohnemus macht eine postmodern-ironische Geschichte daraus – aber verneint keineswegs die große Erzählung, sondern erzählt sie weiter.

---

[117] Ebd. S. 114.
[118] Ebd. S. 66.
[119] Ebd. S. 67.

Gerrit-Jan Berendse

Karneval in der DDR
Ansätze postmodernen Schreibens 1960-1990

In the context of the German Democratic Republic postmodernism is related to the category of authority. This article will detect the poetics of writers such as Heiner Müller, Karl Mickel, Adolf Endler, Bert Papenfuß, Christa and Gerhard Wolf who, in their texts, deployed motifs of the fool and the grotesque, and, by doing so, threatened the authoritative verdict of Socialist Realism. It will be argued that by ridiculing this sacred icon of the GDR's cultural politics, the category of realism was extended (not replaced!) by an ambivalent, i.e. a deviant, postmodern perception of GDR reality. The article also shows that the theoretical basis for promoting features of the carnivalesque in contemporary literature was bound to fail. The plea by, for example, Robert Weimann who tried to expand the dogma by introducing a postmodern way of looking at reality took off at the end of the 1980s, in a time East Germany had entered the final stage of its existence.

1. Heiner Müller und das "Kipp-Phänomen"

In einem Beitrag zum Komplex Postmoderne und DDR wird man unvermeidlich auf Heiner Müllers Witz stoßen. Er soll auch hier nicht fehlen und gleich vorangestellt werden:

> *Frage*: "Could you explain what in your opinion would constitute a Postmodern drama, a Postmodern theatre?"
> *Antwort*: "The only Postmodernist I know of was August Stramm, a modernist who worked in a post office."[1]

Auf seine unverkennbare, schnodderige Art trat Heiner Müller Ende der siebziger Jahre in die Debatte um den bereits damals in aller Welt inflationär benutzten Begriff "Postmodernismus" ein. Wie jeder Witz enthält auch dieser Kalauer eine tiefere Wahrheit: Hier wird der Finger genau auf den wunden Punkt im Streit um den neuen Terminus gelegt, denn Müller blendete die Kategorie des Modernismus nicht aus, sondern hob sie explizit als

---

[1] 19 Answers by Heiner Müller. "I Am Neither a Dope- Nor a Hope-Dealer". In: *Hamletmachine and Other Texts for the Stage*. Hg. von Carl Weber. New York 1984. S. 137. Vgl. auch Heiner Müller: Der Schrecken die erste Erscheinung des Neuen. Zu einer Diskussion über Postmodernismus in New York (1979). In: *Roman oder Leben. Postmoderne in der deutschen Literatur*. Hg. von Uwe Wittstock. Leipzig 1994. S. 89-93.

bedingenden Widerpart hervor und vermied somit eine Dichotomie. Die sinnvoll-unsinnige Antwort, die er den Veranstaltern einer New Yorker Tagung zu neuesten Tendenzen in Kultur und Politik schriftlich zukommen ließ, will nicht nur allgemein auf die möglichen Gefahren der Globalisierung kultureller Artefakten beim unbedachtsamen Gebrauch des Modewortes warnen, sondern verrät vielmehr: Müller zielte mit seiner Antwort ebenfalls auf die Auseinandersetzung mit der Postmoderne in seinem Heimatland, lenkte die Aufmerksamkeit auf die explosive Ladung, welche sie innerhalb der DDR enthielt. Auf der Seite der Sittenwächter des sozialistischen Realismus führte die Streitfrage um den Postmodernismus bereits in den sechziger Jahren zu ideologischen Polarisierungen,[2] – diesen wollte sich Müller entziehen, und wie so oft mit Hilfe eines witzigen Wortspiels. Müllers *calembourg* will weder verharmlosen, noch festlegen, sondern verhält sich dem Cluster Moderne-Postmoderne gegenüber dialogisch. Die kontrastive Vorstellung lenkt die Aufmerksamkeit auf die Tatsache, daß die literarische Moderne (nicht nur) in der DDR als unvollendetes Projekt Brachland darstellte.

Heiner Müller war einer der ersten und wenigen Schriftsteller in der DDR, die sich in die internationale Diskussion um den Postmodernismus einmischten. Gleichzeitig wollte er sich aber von dem, was seit Ende der siebziger Jahre meist einseitig im westdeutschen Feuilleton (unter dem Stichwort Prenzlauer Berg) als DDR-Postmodernismus gehandelt wurde, abgrenzen, – als Intellektueller, der darauf beharrte, sich nach wie vor mit der Dialektik der Aufklärung auseinanderzusetzen, und sei es nur, um sich einem Festschreiben in modischen, abstrakten Figuren zu verwehren. Andererseits bewunderte Müller in seinem 1979er Beitrag die subkulturelle Energie, die dem postmodernen Treiben in Teilen der amerikanischen Untergrundszene entsprang. Diese versuchten sich in der Auseinandersetzung mit der US-Moderne, jenseits der Institutionen und des Marktes einzunisten. Allerdings, so Müller weiter, war dieser zivilisationskritische Habitus dem sowohl west- als auch osteuropäischen Kontext verschlossen. Für den Westen galt, daß sich die Moderne dermaßen im sozio-politischen Umfeld verwurzelt hatte, daß ein Entkommen aus der kulturellen Hegemonie seiner Meinung nach schier unmöglich war. Was Osteuropa betraf, war Müller

---

[2] Vgl. u.a. die "Warnungen" von Karl-Heinz Schönfelder und Karl-Heinz Wirzberger vor den vermeintlich verderblichen Einflüssen der Beat-Literatur in ihrem Buch *Amerikanische Literatur im Überblick. Vom Bürgerkrieg bis zur Gegenwart*. Leipzig 1968. Ihrer Meinung nach sei die postmoderne Literatur anarchistisch, denn sie verbreite Unsicherheit und Frustration, sei demnach ein Sinnbild der amerikanischen Verfallskultur. Zur Kritik dieser Haltung, siehe Daisy Weßel: *Bild und Gegenbild. Die USA in der Belletristik der SBZ und der DDR (bis 1987)*. Opladen 1989.

rabiater und konkreter in seinem Zweifel: Die Subkultur im Ostberliner Bezirk Prenzlauer Berg war für ihn ein falsches Beispiel des Autonomiestrebens, wie laut ihre Kombattanten auch immer den "Ausstieg" besangen.[3] Müller wiederholte seine Kritik am Ostberliner "literarischen Untergrund" 1992 in seiner Autobiographie *Krieg ohne Schlacht*, wobei er der neuen, sich nach anglo-amerikanischem und europäisch-avantgardistischem Vorbild modellierenden Jugendkultur das mit postmodernistischen und poststrukturalistischen Attributen bestückte Devianzpotential nicht abkaufte: "Was mich gelangweilt hat, war der Second-Hand-Charakter, das Fremdbestimmte vieler Texte, die verspätete Kopie von Moden."[4] Sein Problem mit den Texten der Jüngeren in der DDR war, daß diese überhaupt keinen Gegenstand hatten.

Der Kritiker war allerdings einer der wenigen "älteren", gestandenen Schriftsteller, die das artistische Treiben am Prenzlauer Berg mit literarischen Beiträgen und finanziellen Mitteln unterstützten. Und wie die meisten zeitgenössischen Autoren ist auch Müller nicht vom "Fremdbestimmte[n]" in seinen Texten gefreit. Der 1998 juristisch ausgehandelte Plagiat-Fall um das Stück *Germania 3* hat dies nicht zum ersten, wohl auch nicht zum letzten Mal an den Tag gelegt. In der Tradition seines Lehrers Bertolt Brecht verstand auch Müller die Kunst, über die Grenzen des Zitierens hinauszugehen. Michael Schneider versuchte kürzlich in einer Streitschrift die Distanz zwischen dem Modernisten Brecht und seinem verlorenen, postmodernen Sohn zu skizzieren. Schneiders Polemik präsentierte ein sehr einseitiges Müller-Bild des angeblich humorlosen Anti-Aufklärers, der in seinen Texten die Geschichte "[...] gleichviel ob die deutsche oder die sowjetische, als unentrinnbaren Gewalt-, Unterdrückungs- und Terrorzusammenhang [...]" darstellt.[5] Getrieben werde Müllers Spätwerk von seinen privaten Traumata, seiner Lust an der Morbidität und – im Zuge der Dekadenz der bürgerlichen, westdeutschen Kulturschickeria und deren offensichtlichen Geschichtsnihilismus – vom ärmlichen Zeitgeist. Was bleibt, nach Schneiders Lektüre, ist eine Bildergalerie postmodernen,

---

[3] David Bathrick hat mit Hilfe Foucaultscher Theorien den Mythos der Autonomie der Ostberliner Szene überzeugend kritisiert. Vgl. das Kapitel 'Epilogue: The Stasi and the Poets'. In: David Bathrick: *The Powers of Speech. The Politics of Culture in the GDR*. Lincoln und London 1995. S. 219-242.

[4] Heiner Müller: *Krieg ohne Schlacht. Leben in zwei Diktaturen*. Köln 1992. S. 288-289.

[5] Michael Schneider: Bertolt Brecht und sein illegitimer Erbe Heiner Müller. In: *NDL* 46 (1998). H. 3. S. 124-140, hier S. 126. Vgl. auch Michael Schneider: Heiner Müllers "Endspiele". In: *Literatur Konkret* Frühling (1979). S. 189-218.

"schwarze[n] Kitsch[es]".⁶ Müller wird zum Gegenpol sowohl (positiv) der vormodernen Kulturpolitik der DDR als auch (negativ) des Klassikers der Moderne, Bertolt Brecht, stilisiert.

Schneiders binäre Oppositionen reichen keinesfalls aus, Müllers Texte verständlicher zu machen. Das Jonglieren mit den Prädikaten "hie Moderne – da Postmoderne" wird durch eine seriöse Auseinandersetzung mit den Stücken und Gedichten obsolet. Es geht im einzelnen Text viel raffinierter zu. Denn nicht die Opposition der Bilder, sondern deren Wechselseitigkeit konstituiert das Œuvre des Dialektikers, insbesondere durch die ständigen Negationen der vorgeführten Szenen und Figuren. Das macht eine Etikettierung unmöglich, was freilich wiederum als eine der postmodernen Konstellationen bezeichnet werden könnte.⁷ Die etwa aus dem Arsenal des Stalinistischen Terrors geschöpften Gegenständlichkeiten in seinen späteren, sogenannten Geschichtscollagen werden ständig mit Gegen-Entwürfen kontrastiert. Maskierung und Demaskierung, Positionen und deren Antipoden, Figuren und deren Doppelgänger wechseln sich darin ab. Als zentrale Kategorie, die das Oszillieren zwischen Entwurf und Zertrümmerung der Bilder strukturiert, ist die Komik. Müllers Komik führt allerdings nicht zur Verharmlosung, oder – wie Schneider vermutete – zum leichtsinnigen Umgang mit Terror, Gewalt und Tod, sondern befragt das Spannungsverhältnis zwischen Gegenstand und dessen Negation, leitet eine Abfolge gescheiterter Hoffnungen in heiterer Tonlage ein. Das Müllerische Erbe, so stellte Frank Hörnigk jüngst fest, besteht aus einer Collage heterogener Bilder, die ein Spiel mit dem eigenen Text vorführt und die "Sicherheit eines Denkens" befragt. Müllers Produktionsästhetik illustriert ein Pendeln zwischen Annahme und Verwerfung, was ein Erstarren auf ideologischen Positionen vorbeugt, denn

> [...] am Ende wird die Gültigkeit *aller* Bilder in Frage gestellt. Sie werden damit befreit. Freigegeben für eine Kritik aus der historischen Distanz, erscheinen sie allein so wirklich aufhebbar, neu lesbar.⁸

Das in Müllers Texten herausragende ambivalente Lachen, ausgelöst von jener plötzlichen Aufeinanderfolge inkommensurabeler Positionen, perspektiviert und konstrastiert die einzelnen Standpunkte. Was folgt, sind aneinander gereihte Slapsticks, welche die Geschichte als Groteske er-

---

⁶ Michael Schneider: Bertolt Brecht und sein illegitimer Erbe Heiner Müller. S. 134.
⁷ Vgl. Rolf Günter Renner: *Die postmoderne Konstellation. Theorie, Text und Kunst im Ausgang der Moderne*. Freiburg 1988.
⁸ Frank Hörnigk: Nachbemerkung. In: Heiner Müller: *Werke 1. Die Gedichte*. Hg. von Frank Hörnigk. Frankfurt a.M. 1998. S. 339.

scheinen lassen, wobei das Lachen immer auch zurück ins Gegenteil "kippt". Den clownesken Figuren in Stücken wie *Hamletmaschine, Germania Tod in Berlin* und *Anatomie Titus Fall of Rome* kommt eine zentrale Funktion zu, denn sie – begleitet vom Tanz und vom Spiel im Spiel – verkörpern die Rhetorik des Witzes und setzen damit die Mechanismen der Umkehrung in Gang. Im ersten Satz von *Hamletmaschine* zum Beispiel wird das Theater der Gewalt als gebrochen vorgeführt:

> Ich war Hamlet. Ich stand an der Küste und redete mit der Brandung BLABLA, im Rücken die Ruinen von Europa.[9]

Im Hintergrund des vormodernen Shakespeare-Originals geht das moderne *Wasteland*-Epos von T.S. Eliot ins postmoderne Rauschen (Roland Barthes) über. Die Textur der kurzen Diskurs-Collage ist instabil, besteht aus Brüchen, in denen die närrischen Gestalten ihr Unwesen treiben. Zweifelhafte Positionen werden konstruiert, um sie im gleichen Atemzug zu verwerfen. Der Shakespearesche Clown, die Travestiten-Szenen und die als nackte Frauen vorgeführten "Helden der Revolution" (Marx, Lenin und Mao), die schnelle Abfolge der Sprechinstanzen, der Auftritt (und Abgang) der Doubles, – all diese Symptome deuten auf die Krisenhaftigkeit des Textes.[10] Indem sich Autor und fiktives Personal wiederholt in Gegenbildern spiegeln, kreiert Müller eine karnevaleske Szenerie, in der die Geschichte, die Bezugspersonen, letztendlich der Autor selbst, dessen Bild bekanntlich im Stück zerrissen wird, zu schwinden drohen.

Die überfallartige "Gegensinnigkeit" der Bilder, wodurch jedwede Autorität (auch die des Autors) unterminiert wird, ist für den komischen Gehalt eines Textes verantwortlich, wie Wolfgang Iser argumentierte. Wenn im "Kipp-Phänomen" binäre Oppositionen von Wechselseitigkeit geprägt sind, wird die Betroffenheit, sprich: die Arbeit am Text, aktiviert:

> Die wechselseitige Negativierung der zusammenbrechenden Positionen ist von der Art, daß sie durch die kognitiven bzw. emotiven Vermögen des Rezipienten

---

[9] Heiner Müller: Hamletmaschine. In: Heiner Müller: *Stücke*. Hg. von Joachim Fiebach. Berlin 1988. S. 412.

[10] Vgl. Hans-Thies Lehmann: Raum-Zeit. Das Entgleiten der Geschichte in der Dramatik Heiner Müllers und im französischen Poststrukturalismus. In: *Heiner Müller*. Hg. von Heinz Ludwig Arnold. München 1982 (Text + Kritik 73). S. 71-81 und Jonathan Kalb: On *Hamletmachine*: Müller and the Shadow of Artaud. In: *New German Critique* Winter (1998). H. 73. S. 47-66.

nicht mehr aufgefangen und zum Stillstand kontrollierten Begreifens gebracht werden können.[11]

Auf diese Weise wird im Text auf die Paradoxien aufmerksam gemacht. Das Lachen ist dann eine "Krisenantwort des Körpers", d.h. das "Kippen" evoziert die Übertretung von der rationalen Begriffswelt in ein neues, körperbetontes Diskursfeld. Der Verlust der Sicherheit des vernünftigen Menschen (*homo sapiens*), der sich Meister über Körper und Vernunft wähnt, wird von der Last, immer Herr/Frau der Situation sein zu müssen, befreit. Das Lachen der Übertretung setzt das Unbewußte, das Verdrängte frei, was nach Bernhard Greiner ein Zeichen der totalen Autoritätsabsage ist, nämlich ein "Heraustreten aus der Geschichte, der das logozentrische Ich als sub-jectum unterlegt ist". Somit schreitet das Subjekt der Geschichte ins Geflecht der "Phantasmen eines auf schrankenlosen Genuß pochenden Größenselbst".[12]

Die Agelasten ('Lachfeinde') in der DDR fürchteten sich vor dem närrischen Lachen des Schriftstellers (*homo stultus*), dessen Irrationalität die wissenschaftlichen Grundlagen der marxistisch-leninistischen Ästhetik ins Wanken brachte. Gerade sein Lachen korrespondierte mit einer vormodernen Attitüde, deren Subversivität körperlich geprägt war, nämlich mit der Tätigkeit des Narren. Sein grelles Lachen war eine soziale Geste, die Wirkungen zeitigen sollte.[13] Die närrische Figur – so lehrt die Kulturgeschichte[14] – hält die Widersprüche aus und zwingt, hinter die Bilder zu schauen: er stellt den Schauer zur Schau. Der in die Gegenwart transponierte vormoderne Narr übt sich im postmodernen "Unternehmen der Gegensätze",[15] befragt die autoritativen Strukturen, auch die in der Präsenz. – Im konkreten Kontext der DDR sollte denn auch die Rede vom Postmodernismus mit der Autoritätsproblematik in einen Zusammenhang gerückt werden. Nicht

---

[11] Wolfgang Iser: Das Komische: ein Kipp-Phänomen. In: *Das Komische*. Hg. von Wolfgang Preisendanz und Rainer Warning. München 1976 (Poetik und Hermeneutik VII). S. 398-402, hier S. 400.

[12] Bernhard Greiner: "Jetzt will ich sitzen wo gelacht wird": Über das Lachen bei Heiner Müller. In: *Dialektik des Anfangs*. Hg. von Paul Gerhard Klussmann und Heinrich Mohr. Bonn 1986 (Jahrbuch zur Literatur in der DDR 5). S. 29-63, hier S. 59.

[13] Vgl. Karsten Witte: Das Lachen, ein lebensphilosophischer Versuch. Nachwort. In: Henri Bergson: *Das Lachen. Ein Essay über die Bedeutung des Komischen.* Frankfurt a.M. 1988. S. 132-138.

[14] Siehe u.a. Enid Welsford: *The Fool – His Social and Literary History*. London 1968 und Peter Burke: *Helden, Schurken und Narren. Europäische Volkskultur in der frühen Neuzeit*. Stuttgart 1981.

[15] Linda Hutcheon: *A Poetics of Postmodernism. History, Theory, Fiction*. New York und London 1988. S. 23.

nur Heiner Müller verstand die Kunst, die Herrschaftsstrukturen in seinem Land zu verlachen. Die ludistische Alternative findet sich in vielen Texten aus der DDR, in denen die vormoderne Rhetorik des Narren im eigenen Land ertönt, wobei diese immer aber mit der dort anwachsenden Autoritätskrise korreliert. In einem kulturpolitischen Kontext, in dem Moral und Bierernst von einer wissenschaftlichen Aura umgeben wurde, fällt die Vielfalt der Versuche auf, womit Momente der Lach- und Festkultur eingeschleust wurden. Sie demonstrieren das Bedürfnis, die von den Lachfeinden dominierte Nationalkultur zu ergänzen. Im Folgenden werden unterschiedliche Ansätze dieser "Ergänzungskultur"[16] aus der Zeit von 1960 bis 1990 skizziert. Der letzte Teil dieser Dokumentation ist für die vorsichtige Annäherung an die Kategorien Karneval und Postmodernismus in der DDR-Literaturwissenschaft reserviert.

2. Das gescheiterte Karneval-Projekt in den Sechzigern

Die Fokussierung auf die Kategorie des Karnevalesken leistete vor allem die Lyrik der sechziger Jahre, die u.a. den Hedonismus in Sujets wie Essen und Trinken, Sexualität und das Feiern von Festen ausstellte.[17] 1983 schlug Anneli Hartmann vor, die im Sog der Lyrik-Welle veröffentlichten Anthologien als Indikatoren der kulturpolitischen Wetterlage zu lesen. In ihrer Studie fällt auf, daß die Lach- und Festkultur zwar einen Platz in der Öffentlichkeit einnahm, die Texte, die darauf Bezug nahmen, konnten allerdings nur in verharmloster Form im Druck erscheinen. Die sogenannten Auftragsanthologien sollten, wie auf den beiden Bitterfelder Konferenzen (1959 und 1964) diskutiert, dem Wunsch der Bevölkerung nach "heiterer Muse" und Unterhaltungskunst entgegenkommen. Die Editionen *Musenkuß und Pferdefuß* (1964), *Das Tier lacht nicht* (1965) und *Die unmögliche Tatsache* (1967) sollten die "Marktlücke" schließen. Gesammelt wurden jedoch jene Texte, die zwar Heiterkeit und Witziges versprachen, sich jedoch vor Satire und einer Karnevalisierung der Verhältnisse hüteten.[18]

Ungeachtet der moralischen Profilierung des sozialistischen Realismus arbeiteten das Ehepaar Fritz und Sieglinde Mierau zwischen 1964 und

---

[16] Zum Begriff der "Ergänzungskultur", vgl. Paul Kaiser und Claudia Petzold: Perlen vor die Säue. Eine Boheme im Niemandsland. In: *Boheme und Diktatur in der DDR. Gruppen Konflikte Quartiere 1970-1989*. Hg. von Paul Kaiser und Claudia Petzold. Berlin 1997. S. 19.
[17] Vgl. Gerrit-Jan Berendse: *Die "Sächsische Dichterschule". Lyrik in der DDR der sechziger und siebziger Jahre*. Frankfurt a.M. 1990. S. 94-129.
[18] Anneli Hartmann: *Lyrik-Anthologien als Indikator des literarischen und gesellschaftlichen Prozesses in der DDR (1949-1971)*. Frankfurt a.M. und Bern 1983. S. 218-222.

1968 an einer Sammlung karnevalesker Poesie. Sie hatten vor, eine Lyrikanthologie, in der die staatlich abgesegneten Witzeleien mit einer subversiven Ridikülisierung der Hochkultur gemischt werden sollten, zu veröffentlichen. Das Projekt lief unter drei verschiedenen Titeln: "Lob der Torheit" (1964-66), "Garten der irdischen Lüste" (1966-68) und schließlich "Karneval" (1968). Das Resultat des Vorhabens war negativ, d.h. Verlage und einige zur Mitarbeit aufgeforderte Autoren aus der DDR lehnten es grundsätzlich ab, sich mit dem Projekt zu identifizieren. Die Manuskripte sind jedoch erhalten und diese verleihen Einblick in die Haltung derer, die sich – mit dem Karnevalesken konfrontiert – zu wahren Agelasten entpuppten.

"LOB DER TORHEIT haben wir, dem Erasmus von Rotterdam folgend, ein Buch genannt, das in Texten und Bildern aus allen Zeiten von der Weisheit der Toren berichtet. Unser Buch soll zusammen mit dem Ältesten das Neueste von allen Kontinenten geben". – So hieß es in dem Brief, in dem die Herausgeber DDR-Autoren aufriefen, sich zum lyrischen "Torheitsdiskurs" zu äußern. Das Manuskript enthält Gedichte aus verschiedenen Epochen und Ländern bzw. Kulturen in deutscher Nachdichtung. Neben meist unbekannten, teils verschollenen oder anonymen Gedichten und Sprüchen waren ebenfalls Publikationen von Texten international bekannter Lyriker, wie Pablo Neruda, Jewgeni Jewtuschenko, Wladimir Majakowski, Paul Eluard und Bertolt Brecht vorgesehen, aber auch von damals teils nur in der DDR geläufigen Namen: Sarah Kirsch, Rainer Kirsch, Volker Braun, Jens Gerlach, Johannes Bobrowski, Franz Fühmann und Karl Mickel. Die Lektüre der insgesamt neunundsechzig gesammelten Gedichte ergibt einen Querschnitt durch die internationale Lyrikgeschichte, in der nicht nur Heiterkeit vorherrscht, sondern darüber hinaus Realität abweichend interpretiert wird: Realismus ist hier nicht nach rationalem, vernünftigem, keinesfalls nach real-sozialistischem Maß geschnitten, statt dessen erscheint er als grotesk, d.h. als Spiel der karnevalesken Verkehrung der offiziellen Welt. Insbesondere thematisieren die Texte einen radikalen Subjektivismus eines Individuums, das sich in der als absurd empfundenen Welt schwer zurechtfindet. Die Absurditäten werden mit närrischer Naivität pariert: scherzhafte, heitere und sensualistische Themen, Traumprotokolle und surrealistische Sprechweisen kennzeichnen den Torheitsdiskurs, der der reglementierenden, enkratischen Sprache widersprach.

Das Experiment erstreckte sich von 1964 bis 1968. Diese Jahreszahlen sind die Eckdaten der sogenannten Lyrikwelle und markieren die Veröffentlichung zweier bedeutender Lyrikanthologien, die in der DDR-Literaturgeschichte fest eingeschrieben sind: *Sonnenpferde und Astronauten* (1964) und *Saison für Lyrik* (1968). Auf dem Höhepunkt der Lyrikwelle, im Jahre 1966, erschien jedoch die wichtigste Sammlung mit Gedichten aus der DDR: *In diesem besseren Land*.[19] Die Herausgeber Karl Mickel und Adolf Endler sammelten insbesondere jene Gedichte, die nicht den konservativen Vorstellungen der "sauberen" Pflege der nationalen Kultur entsprachen. Die Kulturfunktionäre, die schon 1965 auf dem 11. Plenum des ZK der SED ihre Sternstunde hatten, erahnten scharfen Auges einen Generationskonflikt: die Lyrikwelle und ihre "Mitbringsel" waren als Alternative des trotz Wiederbelebungsversuche gescheiterten Bitterfelder Wegs unter Beschuß geraten. Der verantwortliche "Literaturminister" Kurt Hager urteilte die Gedichte der Neuen Wilden ab, weil diese "vom Geist des Pessimismus, der unwissenden Krittelei und der Feindschaft gegenüber der Partei durchdrungen waren."[20] Hagers Befürchtung nimmt in der historischen Distanz banale Züge an, denn im Vergleich zu den älteren und gestandenen DDR-Lyrikern, wie etwa Erich Arendt und Peter Huchel, stellten sich die Jüngeren mit eher unausgereifter, spielerisch-naiver, ja harmloser Lyrik in der Anthologie vor.[21] Die Gedichte über Kosmonauten, Dinosaurier, fliegende Pferde und sonstige Phantastereien, die sich durch mangelnde Konsistenz weitgehend im Rahmen des Erlaubten bewegten, konterten jedoch mit gerade dieser mit lauten Fluchtbewegungen gespickten "zweiten Weltsicht" den Funktionärsblick, der sich auf die Dominanz der Technik und Wissenschaft fixiert hatte.

Der Torheitsdiskurs wurde in den sechziger Jahren argwöhnisch beäugelt, denn er stand in direkter Verbindung zu den (damals noch nicht so genannten) postmodernen Bemühungen im feindlichen, westlichen Lager. Postmoderne und Lachkultur wurden zum Politikum. 1965 kam es während des 11. Plenums zum Verbot des Imports der "pornographischen" Happenings innerhalb der Beat-Kultur, was einer Verurteilung dieser ersten Anzeichen des Postmodernismus gleichkam.[22] Die Texte und vor al-

---

[19] Adolf Endler und Karl Mickel (Hg.): *In diesem besseren Land. Gedichte der Deutschen Demokratischen Republik seit 1945*. Halle (Saale) 1966.
[20] Zitiert nach Gudrun Geißler: Stephan Hermlin und die junge Lyrik. In: *Kahlschlag. Das 11. Plenum der ZK der SED. Studien und Dokumente*. Hg. von Günter Agde. Berlin und Weimar 1991. S. 219.
[21] Zur Kritik an den neuen Schreibweisen in der Lyrik der sechziger Jahre, vgl. Heinz-Peter Preußer: Konstruktionen des Anfangs. Zivilisationskritik in der Literatur der DDR und ihre Ursprungssetzung in der Aura des Mangels. In: *"Es genügt nicht die einfache Wahrheit". DDR-Literatur der sechziger Jahre in der Diskussion*. Hg. von der Friedrich-Ebert-Stiftung. Leipzig 1995. S. 16-33 und Gregor Laschen: *Lyrik in der DDR. Anmerkungen zur Sprachverfassung des modernen Gedichts*. Frankfurt a.M. 1971.
[22] Vgl. Utz Riese: Das Tiri-delirieren der Postmoderne? Ein Vorwort. In: *Falsche Dokumente. Postmoderne Texte aus den USA*. Hg. von Utz Riese. Leipzig 1993. S. 9-22 und Michael Rauhut: *Beat in der Grauzone. DDR-Rock 1964 bis 1972 – Politik und Alltag*. Berlin 1993.

lem die Rezeptionsversuche von u.a. Allen Ginsberg, Ken Kesey, Bob Dylan und Jack Kerouac wurden als Produkte des Kulturimperialismus bezeichnet, die nicht nur den Generationskonflikt heraufbeschworen, sondern mit ihrem Gauklertum ideologische Diversion verbreiteten.[23] In den Brennpunkt der heißen Debatten um die Anthologie *In diesem besseren Land* geraten, hatte das Experiment der Mieraus wenig Überlebenschancen: Kategorien wie "Komik", "Satire" und "Torheit" wurden damals neu definiert. Werner Neubert zum Beispiel gelang es Mitte der sechziger Jahre, die Kulturpolitik davon zu überzeugen, daß u.a. die von Heinrich Heine vermittelte aristophanische Satire dem Harmoniebedürfnis zuliebe hinfällig geworden sei. In seiner 1966 veröffentlichten Dissertation *Die Wandel des Juvenal. Satire zwischen gestern und morgen* introduzierte er statt dessen die Kategorie der NEUEN SATIRE, wobei sich hinter den Majuskeln die Dämpfung verbarg:[24] Satire sei bloß noch als witzige Kritik an dem Westen und als heiteres Abschiednehmen von behebbaren Hindernissen und Fehlern im Aufbau des Sozialismus zu genehmigen. Damit kastrierte die Germanistik nicht nur Heine, sondern darüber hinaus eine Generation von jungen Schriftstellern, die ihr Inventar der volkstümlich-plebejischen Karneval-Literatur – Ausgelassenheit, Körperlichkeit, Umkehrungen – mit dem Trias Verständlichkeit, Parteilichkeit und Volksverbundenheit konfrontiert sah.

Die Reaktion von Arnold Zweig auf Mieraus Bitte, dieser möge einen Beitrag zu der geplanten Anthologie "Lob der Torheit" schicken, ist ein wichtiges Indiz für die kulturpolitische Wetterlage in diesen Tagen. In einem Brief vom 9. Dezember 1964 schrieb Zweig an Fritz Mierau:

> Hoffentlich ist Ihnen inzwischen eingefallen, daß wir in unserer Sprache das 'Lob der Torheit' nicht singen können, ohne das Dritte Reich zu gedenken, das seine tausend Jahre in zwölfen durchgaloppierte. Der Leichenhaufen, den es hinterließ und die Witwen und Waisen, die dazu gehörten, machen es mir unmöglich, selbst bei so freundlichem Sonnenschein wie dem heutigen mehr zu sagen als diese Worte der Mißbilligung.[25]

---

[23] Zum Thema DDR-Kulturpolitik, Subkultur und anglo-amerikanische Literatur erschienen jüngst u.a. die Studien Ekkehard Mann: *Untergrund, autonome Literatur und das Ende der DDR: Eine systemtheoretische Analyse*. Frankfurt a.M. 1996; Peter Böthig: *Grammatik einer Landschaft. Literatur aus der DDR in den 80er Jahren*. Berlin 1997 und Gerrit-Jan Berendse: *Grenz-Fallstudien. Zum Topos Prenzlauer Berg in der DDR-Literatur*. Berlin 1999.
[24] Werner Neubert: *Die Wandel des Juvenal. Satire zwischen gestern und morgen*. Berlin 1966.
[25] Kopie des Briefes im Besitz des Verfassers.

Die Gleichsetzung Torheit mit Terror des deutschen Faschismus des nicht nur in der DDR hoch geschätzten, antifaschistischen Schriftstellers, entspricht die damalige Stimmung im orthodoxen Gefilde. Torheit ist gleich Irrationalismus, ein Abschied vom humanistisch-klassischen Ideal, wonach sich die im letzten Aufbaustadium befindliche DDR-Nationalliteratur richten sollte. – Es war in diesem eisigen Klima völlig undenkbar, eine Anthologie wie "Lob der Torheit" zu veröffentlichen. Das Projekt wurde 1968 eingestellt und zu den Akten gelegt. Die Sammlung wurde dazu verurteilt, die erste Samisdatproduktion der DDR-Literatur zu werden. In etwa fünffacher Ausführung wurde sie im Freundeskreis verteilt.[26]

3. Der Eulenspiegel-Komplex in der DDR-Literatur

Gescheitert waren keineswegs die literarischen Aspirationen einzelner Schriftsteller, sich dem Torheitsdiskurs zu stellen und mit ihren Provokationen der kulturellen Hegemonie gegenüber auf den auch von den Mieraus erkannten internationalen Wellen zu reiten. Den Lachsalven wurde u.a. der anachronistische, durchaus vormoderne und von den Kulturfunktionären idealisierten Typus "Vernunftmensch" freigegeben. Im Gedicht 'Homo sapiens' von Richard Leising zum Beispiel stülpt der Dichter die Narrenkappe über und kontrastiert Reizwörter der sozialistischen Ideologie mit Banalem:

[...]
Der Mensch braucht seine Freunde schier
Da schuf der Mensch Bier.

Käse muß auch sein
Der Mensch lebt nicht vom Brot allein.

Er braucht zum Leben Ideale.
Aale.

Zu einem richtigen Arbeiterstaat
Gehört ein richtiger Kartoffelsalat.

Der Mensch lebt nicht vom Brot allein
Es müßte ganz schnell Kommunismus sein.[27]

---

[26] Kopie des vollständigen Manuskripts "Lob der Torheit" im Besitz des Verfassers. An dieser Stelle möchte ich mich herzlichst bei Sieglinde und Fritz Mierau bedanken.
[27] Richard Leising: *Poesiealbum 97*. Hg. von Bernd Jentzsch. Berlin 1975. S. 3. Später in Richard Leising: *Gebrochen deutsch. Gedichte*. Ebenhausen 1990. S. 12.

Hier ergänzt der *homo stultus* den *homo sapiens*, wenn durch seine Schalksaugen Ideale zu Aalen werden, und er den Arbeiterstaat zum Kartoffelsalat verarbeitet. Leising übt sich in Widersprüchen, zermahlt Schlagwörter des Sozialismus, die in den sechziger Jahren zum eisernen Gesetz geworden sind. Die Verfremdung entsteht in der Inkompatibilität der Reimpaare und in der Mixtur positiver und negativer Aspekte des Realismuskonzepts, die die Erwartungsmuster "kippen" lassen.

Die Eß- und Trinkmetaphern sind nicht zufällig. Auch im wohl am meisten diskutierten Gedicht der sechziger Jahre, Karl Mickels 'Der See', wird das Verschlingen vorgegebener Objekte in hedonistischer Manier demonstriert. Mickel verlacht den Idealtypus des wissenschaftlich fundierten Kraftmenschen, indem er die Attribute des kalten analytischen Blicks mit dem der körperbezogenen, dionysischen Narrheit vermischt, – wie es zum Beispiel die beiden letzten Strophen illustrieren:

[...]
So fass ich die Bäume (hoffentlich halten die Wurzeln!)
Und reiße die Mulde empor, schräg in die Wolkenwand
Zerr ich den See, ich saufe, die Lippen zerspringen
Ich saufe, ich saufe, ich sauf – wohin mit den Abwässern!
See, schartige Schüssel, gefüllt mit Fischleibern:

Durch mich durch jetzt Fluß inmitten eurer Behausungen!
Ich liege und verdaue den Fisch[28]

Die (Natur-) Gesetze werden im Akt der Hyperfagie außer Kraft gesetzt, d.h. Autoritätsstrukturen negiert. Der Forscher, samt seiner konventionellen Methoden und Arbeitsweisen, verkörpert Autorität, welche der Lyriker im Lauf des Gedichts unterläuft. Mickel, der u.a. der futuristischen Utopie der "Eßbarkeit der Welt" von Welimir Clebnikow folgt, verknüpft die Kopfarbeit des Forschers mit dem Kraftakt der dionysischen Weltaneignung, verläßt dabei das binäre Schema Kopf vs. Bauch. Er spielt die Gegensätze nicht gegeneinander aus, sondern hebt sie in der "karnevalesken Logik" auf, wodurch das Paradoxon der Erkenntnis-Lust in Erscheinung tritt.[29] Das Gedicht offenbart jene bereits bei Heiner Müller erkannte Ver-

---

[28] Karl Mickel: *Vita nova mea. Mein neues Leben*. Berlin und Weimar 1966. S. 14-15. Später in Karl Mickel: *Schriften I. Gedichte 1957-1974*. Halle und Leipzig 1990. S. 74.
[29] Ursula Heukenkamp: Zwischen Heimatsinn und kaltem Blick. Lyrik der DDR in den 60er Jahren. In: *Der Deutschunterricht* 46 (1996). H. 2. S. 8. Zu Mickels "Freßsucht", siehe auch Gerrit-Jan Berendse: Gefundenes Fressen. Karl Mickels Kannibalismus. In: *Sinn und Form* 43 (1991). H. 6. S. 1145-1151. Zum Begriff der

doppelung, die zur Groteske ausartet, nämlich dann, wenn Lachen und Grauen sich abwechseln. Der Text wird zum Ort, "an dem sich das 'Körper-Drama' abspielt, das Drama von Geburt, Koitus, Tod, Wachsen, Essen, Trinken und Entleerung."[30] Eine weitere groteske Qualität erscheint in der Gestalt des Mischkörpers.

Mickels 'Der See' und Leisings 'Homo sapiens' stehen in direktem intertexuellem Verhältnis zu Brechts *Baal*, dem Stück, das wiederum für Volker Brauns *Der Kipper* und Kurt Bartsch *Der Bauch* Pate stand. Auch diese Texte thematisieren das Schreiben in Zusammenhang mit Freß- und Sauforgien. Das Fressen und Verschlingen sind, nach dem Vorbild von François Rabelais' Projekt *Gargantua und Pantagruel* (1532), Metaphern der Dialogizität, mit anderen Worten: der produktiven Verarbeitung tradierter Sprechweisen. Laut Michail Bachtin hat sich die "autorité privée" von Rabelais, d.h. seine volkstümliche Art, autoritative Strukturen außer Kraft zu setzen, zur eigenständigen Gattung entwickelt, die sich auch im 20. Jahrhundert großer Beliebtheit erfreut.[31] Der Rekurs auf die plebejische Tradition der dialogisch fundierten, karnevalesken Schreibweise demonstriert nicht nur den Gegenentwurf zur Monosemie des Herrschaftsdiskurses, sondern entwickelt sich ebenfalls als Widerpart des gedämpften intellektuellen Torheitsdiskurses des Humanisten Erasmus von Rotterdam, dem die Mieraus folgen wollten. Bachtin, der in seiner Dissertation *Rabelais und seine Welt* die subversive, volksverbundene Seite des Narrentums präsentierte, sprach von einer "permanenten Alternative",[32] wie diese etwa auch von Sebastian Brants *Narrenschiff*, Thomas Murners *Narrenbeschwörung*, Johannes Fischarts *Geschichtsklitterung*, weiter von Casper Scheidts *Grobianus* und dem Volksbuch *Ein kurtzweilig lesen von Dyl Ulenspiegel* überliefert wurde. Wo Erasmus seine bildungswilligen Leser in seiner Schrift *Von der Höflichkeit im Umgang* noch ermahnte, in feiner, humanistisch geschulter Gesellschaft Winde "durch Husten zu übertönen", hielten sich die Schreiber der Trivialliteratur der Renaissance nicht vor fäkalischen und sonstigen Geschmacklosigkeiten zurück. Die Narren des Volkes, zu-

---

"karnevalesken Logik", siehe Werner Röcke: Das verkehrte Fest. Soziale Normen und Karneval in der Literatur des Spätmittelalters. In: *Neohelicon* 17 (1990). H. 1. S. 203-231, hier S. 226.

[30] Renate Lachmann: *Gedächtnis und Literatur. Intertextualität in der russischen Moderne.* Frankfurt a.M. 1990. S. 228. Vgl. auch die Kommentare zur Groteske in Mickels Lyrik in Ursula und Rudolf Heukenkamp: *Schriftsteller der Gegenwart: Karl Mickel.* Berlin 1985. S. 47-73.

[31] Renate Lachmann: Vorwort. In: Michail Bachtin: *Rabelais und seine Welt. Volkskultur als Gegenkultur.* Hg. von Renate Lachmann. Frankfurt a.M. 1995. S. 29.

[32] Renate Lachmann: *Gedächtnis und Literatur.* S. 229.

rückgehend auf germanische Frühlings- und Fruchtbarkeitsmythen, waren die wahren "Vertreter volksverbundener Anschauung". Hier war der Tor "ein aktiver Spötter, Vagant und Tunichtgut, der die Welt der Herrschenden aus der niedrigen Perspektive beobachtet"[33] und mit seinem Körpereinsatz, Befreiungsakte einleitete, um den asketischen, moralistisch kodifizierten Apparat zu demaskieren. Die im 16. Jahrhundert aufkommende Gegenkultur, in der diese Spötter in unterschiedlichster Gestalt auftraten, waren nicht nur *für* das Volk bestimmt, sondern wurden *aus* dem Volk geschaffen, – eine Dokumentation des Volksvermögens, um mit Peter Rühmkorf zu sprechen.

Till Eulenspiegel ist wohl die bekannteste anarchische Gestalt geworden, die in die Weltliteratur einging. Nicht der Kopf, sondern sein Leib war die entscheidende Waffe seines Angriff auf die Autorität: "Die rauhen und groben Sitten, das Fressen, Saufen und Huren, Fluchen und Zotenreißen werden hier, säuberlich detailliert, scheinbar zur Nachahmung empfohlen."[34] Der historische Till Eulenspiegel aus dem 14. Jahrhundert, der als literarische Figur in der europäischen Renaissancekultur auftauchte, wurde in der ostdeutschen Kulturgeschichte in erster Instanz zum Agitator der deutschen Bauernkriege hochstilisiert. Sein grelles Gelächter wurde dem Schöpfer des Hochdeutschen, Martin Luther, gegenübergestellt. In der DDR-Literaturgeschichte zum Beispiel wurde Eulenspiegel als Sinnbild der frühbürgerlichen Revolution festgeschrieben.

> Mit seinem unerschöpflichen Lebenswillen und seiner charakteristischen Festigkeit wird er zu einer geschichtlichen Symbolfigur, verkörpert er die unbesiegbare Volkskraft.[35]

Diese ihm zugeordneten Eigenschaften widerstreben jedoch genau jenen Charakterzügen des Schalksnarren, der das Transitorische frönt und keiner Festlegung traut. Die literarische Praxis präsentierte einen anderen Eulenspiegel. Dieser sollte, dem bekannten Marx-Zitat folgend, die "[...] versteinerten Verhältnisse dadurch zum Tanzen zwingen, daß [er; gjb] ihnen ihre eigne Melodie vorsingt!", denn, so lautete die Handlungsanweisung ja weiter: "Man muß das Volk vor sich *erschrecken* lehren, um ihm *Courage*

---

[33] Günter Jäckel: Nachwort. In: *Ein kurzweilig Lesen von Till Eulenspiegel*. Hg. von Günter Jäckel. Leipzig 1966. S. 186.
[34] Günter Jäckel: Nachwort. S. 192.
[35] *Geschichte der deutschen Literatur von den Anfängen bis zur Gegenwart*. Bd. 11: *Literatur der Deutschen Demokratischen Republik*. Hg. von Hans-Günter Thalheim. Berlin 1976. S. 135.

zu machen."³⁶ Der Narr wurde zum König der "verkehrten Welt", der die "Volkskraft" nicht nur bestätigte, sondern auch aus der Balance brachte, wodurch er die Gegensätze verkörperte.

Fünf Beispiele der Rezeption des Till Eulenspiegel in verschiedenster Ausstattung sollen hier kurz Revue passieren:

Carlfriedrich Claus: 'Eulenspiegel-Reflex' (1964-65) – Die Zeichnung des Maler-Dichters illustriert den intensiven Umgang mit dem Eulenspiegel-Thema in der Aura der Einseitigkeit und kulturellen Restauration Mitte der sechziger Jahre. Für Claus stellte Eulenspiegel nicht bloß den Klarspiegel der revolutionären Kämpfe in Europa, sondern eben auch den Zerrspiegel jedweder Autorität, die von sowohl der Hochkultur als auch von der "Dummheit" des einzelnen Menschen ausging, dar. Nach den Auskünften seines Freundes Gerhard Wolf zu urteilen, fühlte sich Claus der tibetanischen Malerei sehr verwandt, weil er darin die Korrespondenz zwischen bildlichen und kalligraphischen Elementen entdeckt hatte. Auch dort werden durch den Gebrauch des Mediums Transparenzpapier Schrift und Bild miteinander vermischt. Auf diese Weise ist das "Sprachblatt" 'Eulenspiegel-Reflex' konstituiert, nämlich indem Vorder- und Rückseite sich durch das Durchschlagpapier spiegeln. Die Kombination von Schrift und Bild weist auf die Spielart des Narren hin, der die schriftlich kodierten Vorschriften in der Feudalgesellschaft wörtlich nahm, um sie dann zu verlachen. Erst dann verlieh er ihnen Geltung, nämlich im Narrenspiegel.³⁷

Uwe Greßmann: Schilda Komplex (1960-69) – Uwe Greßmann erkundete seit den fünfziger Jahren mit seinem poetischen "Vogel Frühling" jene Absurditäten des Alltags im Ostberliner Areal. Als Gegenkonzept offenbarte er in fast religiöser Manier seine utopischen Alternativen, in denen die Systematik des Denkens mit einer Tier- bzw. Naturwelt regierenden Logik ergänzt wurde. Seine lyrischen Kosmogonien hatten dem ersten Anschein nach nichts mit dem Diesseits zu tun. Parallel zu diesen Fluchtversuchen startete Greßmann ein lyrisches Projekt, in dem er die DDR als Schildbürgerstaat porträtierte. Mit diesen Gedichten, die erst 1998 in dem Nachlaßband *Schilda Komplex* veröffentlicht wurden, setzte der Lyriker seinem Heimatland ein skurriles Narrendenkmal. Herausragend in den teils noch unausgereiften Texten ist das Bedürfnis, den utopischen Ursprungsmythen der DDR auf den Zahn zu fühlen, – alsbald spürt der poetische Schalk "Volksmund" die Enge des funktionalistischen Blickfeldes im

---

[36] Karl Marx: Zur Kritik der Hegelschen Rechtsphilosophie. Einleitung. In: Karl Marx und Friedrich Engels: *Werke*. Bd. 1. Hg. vom Institut für Marxismus-Leninismus beim ZK der SED. Berlin 1974. S. 381.

[37] Abgedruckt in Gerhard Wolf: In eigener Sprache sprechen. In: Gerhard Wolf: *Sprachblätter Wortwechsel. Im Dialog mit Dichtern*. Leipzig 1992. S. 244.

"Dorf unter den Linden". Er ergänzt die Spießbürgerlichkeit possenhaft mit Versen, in denen die angespannte kulturpolitische Lage direkt angesprochen wird. So etwa im Gedicht 'Schildas Bierulk':

> Im Dorfkrug zu Schilda da wars
> Da sangen wir vom Becher
> Eine Hymne der Henkel war ein Er.
> Und einer dem das nicht so schmeckte
> Der kippte einfach um
> Und lief auf dem Tisch jenes Landes
> > Mann so ein Bier Mann
> > so ein Bier Mann
> > so ein Bier war das
>
> [...]³⁸

Christa und Gerhard Wolf: Till Eulenspiegel (1972) – Viele Eulenspiegel-Bearbeitungen in Film und Theater sind bekannt, sie reichen über Brechts nie verwirklichtes Stück (1948), das dann für einen – ebenfalls unrealisierten – DEFA-Film umgeschrieben wurde, über die Verfilmung der Erzählung *Till Eulenspiegel* von Christa und Gerhard Wolf unter Regie von Rainer Simon im Jahre 1975 bis zum weniger erfolgreichen, gleichnamigen Theaterstück der beiden Wolfs Anfang der achtziger Jahre.³⁹ Eingebunden in den historischen Kontext, genauer: plaziert in den Jahren vor den deutschen Bauernkriegen, werden in der "Erzählung für den Film" die Anekdoten des Bauernjungen geschildert.⁴⁰ Während seiner Irrungen und Wirrungen bekommt er Einblicke in die Verhältnisse von Menschen aus verschiedenen Ständen, mit denen er ins Gericht geht. Durch seine Narrenrolle wird es ihm ermöglicht, den Heiligenschein der bestehenden Verhältnisse anzutasten und somit abzustreifen. "Er demaskiert, verhöhnt, verspottet Philister und Scholastiker, er ergreift mit Witz und Schlagfertigkeit Partei für die Unterdrückten und die Schwachen. Dabei bleibt er ein Einzelgänger",⁴¹ der sich nicht auf eine Position festnageln läßt, denn seine Lebensdevise lautet: "Traut keinem Herr! Traut keinem Schelm!"⁴² Die verkörperten Widersprüche machen den Weg für Zeitkritik frei. Es werden

---

[38] Uwe Greßmann: *Schilda Komplex*. Hg. von Andreas Koziol. Berlin 1998. S. 111.
[39] Vgl. Klaus M. Schmidt: Till Eulenspiegel in Theater und Film der DDR. In: *Eulenspiegel-Jahrbuch 1992*. Hg. von Werner Wunderlich. Konstanz 1993. S. 122-124.
[40] Christa und Gerhard Wolf: *Till Eulenspiegel. Erzählung für den Film*. Berlin und Weimar 1972.
[41] Therese Hörnigk: *Christa Wolf*. Göttingen 1989. S. 144.
[42] Christa und Gerhard Wolf: *Till Eulenspiegel*. S. 49.

die Absurditäten des spätmittelalterlichen Alltags unter die Lupe genommen und verlacht, die aber, indem etwa die begehrlichen Blicke auf die Luxusartikel aus dem "Westen" thematisiert werden, denen des DDR-Alltags ähneln. Der optisch bunt ausgemalte Historizismus vermag nicht zu verschleiern, daß das grelle Gelächter über die historischen Grenzen reicht. So wird der Wolfsche Till Eulenspiegel eine Art Aufklärungsschrift, in der die von Ernst Bloch vorformulierten utopischen Hoffnungen auf bessere sozialistische Zeiten eingeschrieben werden. Der Schelm lebt von der Ordnung, kann sich nur innerhalb ihrer Grenzen bewegen, mit wieviel Witz und Bravour er sie auch antasten mag.

Bert Papenfuß: till (1975) – Papenfuß' Sprachführung zeitigt nicht nur Lust am einzelnen Wort, sondern seine Verdrehungen und Vermischungen demonstrieren auch das anarchistische Potential seiner Lyrik. Die vor allem als Sprechtexte zu bezeichnenden Gedichte entwerfen eine mehrfache Codierung, eine Sprachlandschaft, in der die Till-Gestalt erst richtig zum "Ulen" kommt.

Wher Mher Sein Will Ist Weniger
Sagt Der Fiel Getragen Der Maks
Wher Mher Wiegen Will Isst Weniger
In Dieser Ferkehrten Wellt Sagt Till[43]

Till, in Begleitung seines anarchischen Spielmanns "arkdichter", schreitet vergnügt durch die deutsche Sprache, probiert extreme linguistische Verrenkungen aus und hinterläßt eine ruinierte Sprachlandschaft. Bilder, Redewendungen und Bloß-Dahin-Gesagtes wird verschlungen und auf verfremdete Weise neuformuliert: "einen augenblikk beim wein/ebensaechlich habe ich geschlukkt/das bild fer & den wein ge".[44] Die Kreation einer anarchischen Gegensprache war eine der Utopien der Lyrik der jungen Generation in der Prenzlauer-Berg-Szene in den siebziger und achtziger Jahren. Das "Kwehrdeutsch" sollte als Waffe der Befreiung aus den Strukturen reglementierten Sprechens dienen. Diese clowneske Sprache hat zwar keine dauerhafte "permanente Revolution" hervorgebracht, entwickelte jedoch jenen utopischen Erneuerungspathos, der von dem Einsatz des närrischen Sprechens ausgegangen war, weiter.

Adolf Endler: Schichtenflotz (1987) – Ebenfalls radikal geht es in den in den siebziger und achtziger Jahren geschriebenen Prosafragmenten von

---

[43] Aus dem teilweise veröffentlichten Manuskript "till". Kopie in Besitz des Verfassers. Siehe auch Gerhard Wolf: In eigener Sprache sprechen. S. 37.
[44] Bert Papenfuß: *Gesammelte Texte 2: till. Gedichte 1973 bis 1976*. Berlin 1993. S. 64.

Adolf Endler zu, in denen Till Eulenspiegel in den Gestalten der Helden Bobbi "Bumke" Bergermann, Bubi Blazezak und Adolf Endler auftritt. Die Abenteuer und Historien dieser, selbstredend fiktiven, asozialen und vagabundierenden Schriftsteller entspringen dem Konvolut "Nebbich", einem "noch in Entstehung begriffenen *großen* Schelmenroman unserer Zeit".[45] Die Schelmen überschreiten Grenzen des Raums und der Zeit. In *Schichtenflotz* zum Beispiel pendelt der Herausgeber der Werke von Bobbi "Bumke" Bergermann zwischen dem amerikanischen Exil in Devils Lake, North Dakota und den Bezirken Mitte und Prenzlauer Berg, wo die Besuche an die Berliner Mauer im 21. Jahrhundert stattfinden.[46] Immer werden die Kapriolen in einem Dialog mit den zeitgenössischen (kultur-) politischen Zuständen im eigenen Land gesetzt und immer werden DDR-Heiligtümer und deren Gralshüter angekratzt. Der Eulenspiegelsche Movens ergibt sich daraus, wenn das einsprachige Subjekt in den "mehrsprachigen Leib" (Nietzsche) bzw. doppelleibigen Körper (Bachtin) übergeht.[47] Vorgeführt wird diese Multiplikation nicht nur durch den Auftritt der vielen Alibifiguren in Endlers Prosa, sondern zum Beispiel auch im lustigen Herr-und Knecht-Spiel, in dem die Rollen des Nobelpreisträgers Gunnar Alltsch und seines Regenschirmträgers Bobbi "Bumke" Bergermann vertauscht werden: in der Vielzahl der chaotischen Verrenkungen werden beide, der Vertreter der Macht und der des Volkes, zu einer janusköpfigen Gestalt verschmolzen. Die Trennung zwischen "hoher" und "niedriger" Kultur wird ad absurdum geführt.

Karneval und Tristesse wechseln sich während der Lektüre von sowohl der Endleresken Stadtliteratur als auch beim Lesen der so unterschiedlichen Texte von Claus, Greßmann, der Wolfs und von Papenfuß ab. Wolfgang Hilbig hat diese Bewegung, sprich: diesen "Kipp-Effekt", völlig richtig erkannt. Sein Lob auf Endler läßt sich durchaus verallgemeinern: "Jedesmal, wenn man etwas von Dir liest, glaubt man, man müsse sich augenblicklich totlachen. Doch dann merkt man plötzlich, daß man schon tot war und daß man sich wieder lebendig gelacht hat."[48] Im heiteren Spiel mit den Gegensätzen zwingen die Eulenspiegel-Epigonen die erstarrten

---

[45] Adolf Endler: Vorbemerkung. In: Adolf Endler: *Die Exzesse Bubi Blazezaks im Fokus des Kalten Krieges. Satirische Collagen und Capriccios 1976-1994*. Leipzig 1995. S. 12.

[46] Adolf Endler: *Schichtenflotz. Papiere aus dem Seesack eines Hundertjährigen*. Berlin 1987.

[47] Gert Mattenklott: *Der übersinnliche Leib. Beiträge zur Metaphysik des Körpers*. Frankfurt a.M. 1982. S. 30-32.

[48] Wolfgang Hilbig: Der Wille zur Macht ist Feigheit. In: *KRAWARNEWALL. Über Adolf Endler*. Hg. von Gerrit-Jan Berendse. Leipzig 1997. S. 18-24, hier S. 24.

ostdeutschen Verhältnisse zum Tanzen, spielen sie ihnen ihre eigene Melodie vor und kreieren somit ein alternatives kulturelles Panorama der DDR, indem Realität als grotesk dargestellt wird.

4. Die Postmodernismus-Diskussion im Zeichen der Autoritätskrise

Als Wolfgang Emmerich in seinem 1988 veröffentlichten Essay über die Gleichzeitigkeit vormoderner, moderner und postmoderner Formen in der DDR-Literatur schrieb, befand sich die ostdeutsche Geisteswissenschaft gerade im Umbruch. Während die literarische Moderne samt ihrer Avantgarde-Bewegungen im Begriff waren, rehabilitiert zu werden, erschienen Plädoyers, die Postmoderne ins marxistisch-leninistische Realismuskonzept zu integrieren.[49] Seit Mitte der Achtziger wurde das Kernstück der Theorie bzw. Methode des sozialistischen Realismus von verschiedenen Theoretikern aus unterschiedlichen geisteswissenschaftlichen Richtungen öffentlich befragt, so zum Beispiel von Brigitte Burmeister, Peter Geist, Peter Wicke, vor allem auch von Eva Manske, Robert Weimann und Utz Riese. Sie versuchten auf offiziellem Weg den Postmoderne-Diskurs publik zu machen. Ihre Integrationsversuche folgten den Ideen des Bamberger Philosophen Wolfgang Welsch, der – im Gegensatz zu sowohl der kritischen Distanz von u.a. Fredric Jameson, Jürgen Habermas und Terry Eagleton als auch zu den dekonstruktivistischen Thesen von etwa Ihab Hassan, Leslie Fiedler und Jacques Derrida – die Postmoderne als Radikalisierung der Moderne propagierte. Es ging ihnen wie Welsch um die Ergänzung der institutionalisierten Ästhetik und deren Realismuskonzept.[50] Die Beiträge der DDR-Literaturwissenschaft zeugen jedoch keinesfalls von einem kritiklosen Nachholbedarf, wo doch die alten Modelle der Parteilichkeit, Verständlichkeit und Volksverbundenheit von den Theoretikern einem harten Test unterworfen wurden. Illustrativ für diese kritische Auseinandersetzung ist der kurze Beitrag 'Zwischen Realismus und Postmodernismus' von Utz Riese.[51] Darin beschäftigte er sich mit den postmoder-

---

[49] Vgl. Wolfgang Emmerich: Gleichzeitigkeit. Vormoderne, Moderne und Postmoderne in der Literatur der DDR. In: *Bestandsaufnahme Gegenwartsliteratur: Bundesrepublik Deutschland, Deutsche Demokratische Republik, Österreich, Schweiz.* Hg. von Heinz Ludwig Arnold. München 1988. S. 193-211 und Günter Erbe: *Die verfemte Moderne. Die Auseinandersetzung mit dem "Modernismus" in Kulturpolitik, Literaturwissenschaft und Literatur der DDR.* Opladen 1993. S. 137-142.
[50] Wolfgang Welsch (Hg.): *Wege aus der Moderne. Schlüsseltexte der Postmoderne-Diskussion.* Weinheim 1988 und Welsch: "Postmoderne" – Genealogie und Bedeutung eines umstrittenen Begriffs. In: *Postmoderne oder Der Kampf um die Zukunft.* Hg. von Dieter Kemper. Frankfurt a.M. 1988. S. 7-36.
[51] Utz Riese: Zwischen Realismus und Postmodernismus. In: *Weimarer Beiträge* 30 (1985). H. 3. S. 517-523.

nen Tendenzen in der nordamerikanischen Literatur, die er als positiv und nachahmungswürdig einschätzte, gleichzeitig jedoch warnte er mit erhobenem Zeigefinger vor dem Neokonservatismus à la Daniel Bell. Riese hielt – wie andere in seiner Zunft – daran fest, daß der Postmodernismus den realsozialistischen Realismus nicht ersetzen konnte, sondern nur neu verarbeitete.

Als Anfang der achtziger Jahre die postmodernen Texte von u.a. Kerouac, Ginsberg, Donald Barthelme, Richard Brautigan und Thomas Pynchon in der DDR verlegt wurden,[52] rückte zur gleichen Zeit die Prenzlauer-Berg-Szene in den Brennpunkt der öffentlichen Aufmerksamkeit: Der Aufbau-Verlag introduzierte dann in der zweiten Hälfte dieses Jahrzehnts die von Gerhard Wolf herausgegebene Edition "ausser der reihe", in der u.a. Texte von Bert Papenfuß, Rainer Schedlinski, Gabriele Stötzer-Kachold, Jan Faktor, Dieter Kraft und Andreas Koziol erscheinen konnten. Auch die Szenisten selbst bereicherten die Postmoderne-Diskussion mit Beiträgen zum Poststrukturalismus und artistischen Innovationen in ihren eigenen Kleinzeitschriften. Allerdings kam es in den Essays von u.a. Klaus Michael (Michael Thulin), Rainer Schedlinski und Peter Böthig zur gängigen Verwechselung zwischen poststrukturalistischer Theorie und postmoderner Literaturpraxis.[53] Eine eingehende Auseinandersetzung in der akademischen Welt mit der Postmoderne stand noch aus.

Die Postmoderne-Diskussion in der DDR war eine Erweiterung der leidigen Realismusfrage, – sie stand in der ersten Hälfte der achtziger Jahre im Zeichen der vorsichtigen Annäherung. Ende der Achtziger erhielt sie provokativere Proportionen, nämlich als (in der Manier des sogenannten postmodernen Historizismus) innovative Konzepte des Realismus des ausgehenden 20. Jahrhunderts in die Kultur der Anfänge der Neuzeit gespiegelt wurden. Auf diese Weise zwang die Wissenschaft die Kulturfunktionäre, mit der Autoritätsproblematik ins Gericht zu gehen. Der Anglist Robert Weimann, der schon in den sechziger Jahren als Fürsprecher der von der Kulturpolitik verfemten "Ost-Beatniks" aufgetreten war,[54] illustriert den Übergang, somit auch die Sprengkraft, die Ende der Achtziger von der

---

[52] Vgl. Frans Ruiter: Postmodernism in the German- and Dutch-Speaking Countries. In: *International Postmodernism. Theory and Literary Practice*. Hg. von Hans Bertens und Douwe Fokkema. Amsterdam und Philadelphia, PA. 1997. S. 359-373, hier S. 365.

[53] Anja Saupe: Zur Definition von 'Postmoderne'. In: *Literatur und erzählerische Praxis. Deutschsprachige Erzähler der Gegenwart*. Hg. von Herbert Herzmann. Tübingen 1995. S. 61-75, hier S. 64.

[54] Vgl. Robert Weimann: Allen Ginsberg oder Das geschlagene Glück Amerikas. Beat-Lyrik zwischen Anarchie und Engagement. In: *Sinn und Form* 17 (1965). H. 5. S. 718-732.

Geisteswissenschaft ausging. In seinem 1984 erschienenen Aufsatz 'Realität und Realismus' nahm Weimann den ersten Anlauf, den Kulturfunktionären auf den kulturellen Paradigmawechsel aufmerksam zu machen:

> An die Stelle der Präferenz einer bestimmten Form realistischer Weltaneignung tritt das Studium der konkreten Bedingung künstlerischer Produktion, Vermittlung, Aufnahme und Wirkung in bezug auf die unterschiedlichsten Lebensinteressen und Bedürfnisse in der sozialistischen Gesellschaft heute.[55]

Der Autor plädiert für den offenen, differenzierten, ja postmodernen Blick auf die Pluralisierungstendenzen in modernen Industriegesellschaften, welcher die Produktionsästhetik und die Rezeption von Kunst modifiziert hatte: "[...] der realistische Verkehr mit dem heutigen Weltzustand verlangt Unruhe mehr als Harmonie, Reibung mehr als Bestätigung."[56] Um sein Plädoyer für den Postmodernismus zu verstärken, muß Weimann tief in die Trickkiste greifen: Er appelliert an den Internationalismus-Gedanken. Die SED habe doch immer schon in Hinblick auf die Entwicklungen in den sozialistischen Bruderstaaten Weltoffenheit und Solidarität gezeigt, und angesichts der offensichtlichen Anspannungen der Lage in zum Beispiel Nicaragua und Vietnam sei es an der Zeit, auch die Darstellung der sich rapide ändernden Realitäten neu zu definieren. Neue Konzepte des Realismus in der Kunst und Literatur – die postmoderne Perspektive – würden eine adäquatere Abbildung der Ambivalenzen ermöglichen. Auch die DDR sollte den Schritt ins 20. Jahrhundert wagen. Dabei bleibt Weimann selbst in seinem Essay durchweg den dogmatisch geprägten Begriffen aus dem Arsenal des sozialistischen Realismus, etwa den Kategorien der Arbeit, der Klasse und vor allem der tätigen Aneignung der Welt, treu. Er plädiert für ein wenig mehr Offenheit im politischen Kurs, will aber auf keinen Fall das Risiko eingehen, sich den Zorn der Oberen durch echte Kritik zuzuziehen. Sein eigenes Realismuskonzept bleibt an ein vom Aufklärungsdenken geprägten, teleologisches Geschichtskonzept gebunden.[57]

In Weimanns zweitem Beitrag aus dem Jahre 1988 geht es radikaler zu, denn er greift darin unumwunden, wenn auch konkrete Beispiele aus der DDR gemieden werden, Strukturen autoritativen Denkens an.[58] Wiederholt werden die schon vier Jahre vorher formulierten Thesen, die jetzt aber po-

---

[55] Robert Weimann: Realität und Realismus. In: *Sinn und Form* 36 (1984) H. 5. S. 937.
[56] Robert Weimann: Realität und Realismus. S. 931.
[57] Vgl. Günter Erbe: *Die verfemte Moderne*. S. 140.
[58] Robert Weimann: Literaturgeschichte im 'Zeichen' der Postmoderne. Autoritätskrise und Bedeutungsproblem im Diskurs der Neuzeit. In: *Sinn und Form* 40 (1988). H. 2. S. 293.

lemische Züge annehmen. Mit Hilfe der Analogie illustriert Weimann, daß es der Gattung der karnevalesken Literatur gelingt, die Kongruenz zwischen Zeichengebung und Sinnstiftung außer Kraft zu setzen. Die europäische Kulturgeschichte hat demonstriert, welche Explosionswirkung die Lachkultur aus der Renaissance hatte, die auch im postmodernen Modell Wellen schlägt: Die von oben aufgezwungene Zuordnung von Signifikat und Signifikant wurde bzw. wird verlacht, verdreht und gewendet und somit kulturelle Hegemonie unterminiert. Die im 16. Jahrhundert erprobte Kategorie der "Dummheit" wird von dem Anglisten als nachstrebenswürdige, postmoderne Lebenshaltung für die ausgehende Lebensphase des ostdeutschen Staates gepriesen. Der Widerspruch ist nicht Zeichen der Diversion, sondern eben die der wirklichen Wirklichkeit, die in der historischen Eß-, Trink-, Genuß- und Lachkultur demonstriert wurde. In seiner Analyse des *Gargantua*-Romans argumentiert Weimann mit Hilfe semiotisch-strukturalistischer Methoden, wie es zur Erstürmung der von der Obrigkeit besetzten Symbolwelt kam. Rabelais' Wahl der Farben zur Charakterisierung seines Romanhelden ist eine bewußte Übertretung jener emblemisch-allegorischen Zuordnung, die für das Feudalsystem Macht repräsentierte:

> Verschiedene Weisen der Zuordnung von Zeichen und Bedeutungen werden als unzulänglich, ja zum Ort jener zeitgenössischen Autoritätskrise erklärt, die nun hier zum Ausgangspunkt der humorigen Suche nach einer neuen Weise der Signifikation genommen wird.[59]

Ausführlicher erörtert Weimann die Thesen des "verkehrten Festes" und der damit einhergehenden Autoritätskrise in seiner im gleichen Jahr erschienenen Shakespeare-Studie. Das "unkontrollierte Tun und Lassen" des zum König des Volkes gekrönten Narren wurde in karnevalesker Art "dem Zwang zur ständischen Repräsentanz" und "dem Kodex der herrschenden Hierarchien und gängigen Autoritäten" entgegengesetzt und, so Weimann weiter, begegnete "der Repräsentation der Macht mit einer neuen Macht der Repräsentation".[60]

Bemerkenswert ist jedoch, daß, obwohl Weimann auf die karnevaleske Literatur in den europäischen Schwänken, vor allem auf die des Meisters der Groteske, des François Rabelais, zu sprechen kommt, der Name des sowjetischen Philologen und "Entdeckers" des französischen Renaissancedichters, Michail Bachtin, sowohl in Weimanns Essay als auch in seinem

---

[59] Robert Weimann: *Shakespeare und die Macht der Mimesis. Autorität und Repräsentation im elisabethanischen Theater*. Berlin 1988. S. 40.
[60] Robert Weimann: *Shakespeare*. S. 31 und 35.

Buch nicht namentlich genannt wird.[61] Die westliche Bachtin-Forschung hat mögliche Gründe für diese Zurückhaltung herausgearbeitet: Bachtin hat sein Buch zwar der Lachkultur aus der Zeit der Renaissance gewidmet, seine in den zwanziger Jahren formulierten Thesen zur Dialogizität, Ambivalenz und permanenten Revolution des Karnevals eigneten sich jedoch gleichzeitig zur Kritik am Stalinismus und überhaupt an diktatorial gelenkten Gesellschaftsordnungen, in denen die Monosemie dominiert. Bachtin traf

> nicht nur die römisch-katholische Kirche und das heilige römische Reich in der Renaissance, sondern den Stalinismus, das neue "Erhabene" des entrückten Herrschers.

– So die Bachtin-Spezialistin Renate Lachmann.[62] Das Karnevalslachen störte die Trennung von oben und unten, konkreter von sakraler Person (Stalin), sakralem Ort (Kreml), sakraler Zeit (die Zwanziger) und dem Profanen des sowjetischen Alltags. Bachtin war zur zentralen Instanz geworden, in der das Denken über Postmoderne und die Idee vom Karneval in einen Zusammenhang gebracht werden konnte. Die Einführung von Begriffen wie Karneval und Dialogizität wurden insbesondere in der westeuropäischen und nordamerikanischen Forschung fruchtbar gemacht: hier wurden Theorien der Postmoderne zu literaturwissenschaftlichem Handwerkszeug umgeschmiedet. Namentlich Julia Kristeva legte – von Bachtin inspiriert – einen methodischen Apparat vor, womit literarische Texte neu, d.h. einer dogmatischen Literaturauffassung diametral entgegengesetzt, gelesen wurden. Der letzte Satz in Bachtins Rabelais-Buch verriet bereits die zukünftige subversive Wirkung, die vom karnevalesken Fest ausging:

> Der Dirigent des Volkschores der Renaissance präsentierte die schwierige Sprache des lachenden Volkes so klar und umfassend, daß ihr Werk, der Roman, auch als Schlüssel zur volkstümlichen Lachkultur anderer Zeiten dient.[63]

---

[61] Die Bachtin-Thesen wurden erst in den achtziger Jahren in der DDR rezipiert. Siehe dazu Edward Kowalski: Michail Bachtins Begriff der Dialogizität. Genese und Tradition einer künstlerischen Denkform. In: Michail M. Bachtin: *Untersuchungen zur Poetik und Theorie des Romans*. Hg. von Edward Kowalski und Michael Wegner. Berlin und Weimar 1986. S. 509-540, hier S. 511.
[62] Renate Lachmann: Vorwort. S. 9. Vgl. auch M. Keith Booker und Dubravka Juraga: *Bakhtin, Stalin, and Modern Russian Fiction. Carneval, Dialogism, and History*. Westport, CT und London 1995.
[63] Michail Bachtin: *Rabelais und seine Welt. Volkskultur als Gegenkultur*. Hg. von Renate Lachmann. Frankfurt a.M. 1995. S. 520.

Den avantgardistischen Habitus der Gleichsetzung von Leben und Kunst demonstrierend, formulierte Bernd Wagner 1983 seine Theorie vom Gemeinschaft stiftenden Fest: "Wenn es [...] wieder echte Volkskunst gibt, könnte auch das Mißtrauen vor Kunst als individuelle Leistung verschwinden. Wie das Mißtrauen vor dem Rausch, vor dem Leben; das Leben könnte selbst wieder magische, was nichts anderes bedeuten soll als lebendige Dimension erhalten und nicht in Angst vor den selbstproduzierten Dämonen einer nicht mehr beherrschten Welt erstarren."[64] Insbesondere in der sich im Zeichen der Postmoderne manifestierenden Boheme der achtziger Jahre waren Künstlerfeste Versuche, die verlorene Festkultur zu reanimieren. Wagners Essay über den Schamanismus in den DDR-Metropolen sollte über die engen Grenzen der Subkultur hinaustreten und zum Menetekel werden: im Herbst 1989 ertönte der Volkschor in aller Welt. Mit den Parolen "Wir sind das Volk" entbrannte zum ersten und letzten Mal der Karneval in der DDR, der zum Gegenfest wurde, bald aber affirmativere Züge tragen sollte, oder positiver und mit Marx formuliert: Das Volk lehrte das Erschrecken und fand alsbald den Mut, die Grenzen zu überschreiten. Während der vielen Karnevalszüge gelang es der Masse sogar, das wohl versteinertste Heiligtum der SED-Autorität in Schutt und Asche zu legen.

---

[64] Bernd Wagner: Schamanismus und Großstadt. In: *Mikado* (1983). H. 2. S. 12-16, hier S. 16.

Alison Lewis

Die neue Unübersichtlichkeit
Die Lyrik des Prenzlauer Bergs:
Zwischen Avantgarde, Ästhetizismus und Postmoderne

This essay presents a case for re-examining the poetry of the Prenzlauer Berg poets, particularly their works written in the GDR, as an expression of a specifically East German variant of postmodernism. Their poetry, it is argued, testifies to a "neue Unübersichtlichkeit" (Habermas), not as a by-product of global capitalism but as an effect of the simultaneous existence of pre-modernist, modernist and postmodernist impulses within GDR society itself. This paper examines the usefulness of the term "postmodern" for the poets living in the Prenzlauer Berg in the nineteen-eighties, pursuing the question what constitutes the "condition postmoderne" (Lyotard) under post-stalinist power structures. By problematizing socialist utopias and fundamental tenets of the discourses of the party and state, their poetry articulates a culture of refusal in both content and form. Their aesthetic practice goes beyond modernist traditions such as dada, avantgarde, aestheticism, surrealism. Many of the poets (especially Papenfuß-Gorek, Stefan Döring and Andreas Koziol) can be seen as developing their own power-critical postmodern poetics.

In allen ihren bekannten theoretischen und philosophischen Varianten wird das Phänomen der Postmoderne generell der spätkapitalistischen Gesellschaft zugerechnet; sei es als kulturgeschichtliche Strömung, ästhetische Ausrichtung oder als historische Epoche, stets bleibt der Westen der Bezugspunkt jeglicher Überlegungen zum Postmodernen in der Kunst wie auch der Literatur. Weitaus seltener wird die Frage aufgeworfen, wie zu Zeiten des real existierenden Sozialismus in der Deutschen Demokratischen Republik eine postmoderne Literatur beschaffen sein mag, und ob sich eine solche Kategorisierung auf eine derart unterschiedliche Gesellschaftsformation wie den Sozialismus überhaupt übertragen läßt. In der bisherigen Forschung zur DDR-Literatur herrscht noch Unsicherheit, wie die literarischen Strömungen vor allem der Literatur der achtziger Jahre literarhistorisch einzuordnen sind. Besonders in bezug auf die Literatur der jüngeren Generation herrscht augenblicklich ein nahezu unüberschaubarer Begriffspluralismus: meistens wird sie der Moderne oder der Avantgarde zugerechnet, gelegentlich des Ästhetizismus und weitaus seltener der Postmoderne.

Dort wo die Herausbildung einer postmodernen Strömung in der Literatur der DDR konstatiert wird, wird sie indes vorwiegend als Parallelentwicklung zur westlichen Postmoderne gesehen.¹ Selbst solche richtungweisenden Hinweise wie die Wolfgang Emmerichs auf die Gleichzeitigkeit vormoderner, moderner und postmoderner Kunstformen in der Literatur der DDR umgehen die Frage nach der Genese einer spezifischen ostdeutschen postmodernen Kunst. Was kennzeichnet beispielsweise die postmoderne 'Verfassung' (Lyotard) bei den post-totalitären oder post-stalinistischen Machtverhältnissen der DDR,² was hat sie mit ihrem Gegenstück im Westen gemeinsam, und wodurch setzt sie sich vom ihm ab? Kann es denn sinnvoll sein, den Begriff der Postmoderne auf einen Staat anzuwenden, dessen Gesellschafts- und Wirtschaftsform höchstens modern und dessen Herrschaftssystem allenfalls vormodern, feudal oder absolutistisch war?³ Im folgenden wird der Frage nachgegangen, wie sich eine postmoderne literarische Praxis im Realsozialismus gebärdet, ob sie als Reflex auf nationalübergreifende Erscheinungen und Ereignisse zu betrachten ist, oder ob sie vielmehr ein hybrides Gebilde darbietet, das sowohl Ausdruck eines internationalen Symptoms als auch einheimisches Erzeugnis ist. Am Beispiel der Lyrik aus der 'Literaturszene' um den Ostberliner Bezirk des Prenzlauer Bergs wird hier der Versuch einer Standortbestimmung der Literatur von Nachwuchsdichtern in den achtziger Jahren unternommen. Dabei gilt es aufzuzeigen, wodurch sich bei allen Überlappungen und Gemeinsamkeiten eine postmoderne ostdeutsche Lyrik von einer noch der Moderne, der Avantgarde oder gar dem Ästhetizismus verpflichteten poetischen Praxis auszeichnet. Welche Axiome des Projekts der Moderne werden von dem Prenzlauer Berg aufgegriffen und fortgesetzt, und welche werden verworfen oder radikalisiert? Kann eine der Moderne entlehnten Begrifflichkeit dem spezifischen Umgang dieser Lyriker mit dem Alten gerecht werden, oder bedarf es letztendlich des Stichwortes der Postmo-

---

¹ Wolfgang Emmerich: Gleichzeitigkeit: Vormoderne, Moderne und Postmoderne in der Literatur der DDR. In: *Bestandsaufnahme Gegenwartsliteratur: Bundesrepublik Deutschland. DDR. Österreich.* Hg. von Heinz Ludwig Arnold. München 1988 (Text & Kritik). S. 193-211.
² Für eine Analyse der Frage, inwieweit die DDR eine moderne Diktatur war siehe Annette Weinike: Eine moderne Diktatur? Jahrestag des Zentrums für Zeithistorische Forschung. In: *Deutschland Archiv* (1998). H. 3. S. 461-2.
³ Für eine überzeugende Untersuchung der Literatur des Prenzlauer Bergs aus der Perspektive Luhmannscher Systemtheorie siehe: Ekkehard Mann: Autonomie oder Gegenkultur? Überlegungen zur Literaturszene um den Prenzlauer Berg. In: *'im widerstand / im mißverstand': Zur Kunst und Literatur des Prenzlauer Bergs.* Hg. von Christine Cosentino und Wolfgang Müller. New York 1995. S. 23-49, insbesondere S. 33-36.

derne, um der "neuen Unübersichtlichkeit" in der DDR-Literatur der achtziger Jahre inhaltlich sowie formal-ästhetisch Rechnung zu tragen?[4]

Die Literatur, die gewöhnlich unter der Rubrik des Prenzlauer Bergs subsumiert wird und die nach der Biermann-Ausbürgerung bis zur Wende entstanden ist, bietet ein viel heterogeneres Feld literarischen Experimentierens dar, als oft konzediert wird.[5] Die verschiedenen literaturwissenschaftlichen Versuche zur Ahnenforschung der Prenzlauer Berg-Dichter umfassen eine Spannweite, die vom Barock und Manierismus und den historischen Avantgardebewegungen des Expressionismus, Surrealismus und Dadaismus über die Konkrete Poesie bis hin zum Ästhetizismus reichen. So auffallend die Spuren aller dieser Traditionen im einzelnen sind, so wenig vermögen sie den spezifischen historischen Standort der Lyrik der jüngeren Generation von Dichtern in den achtziger Jahren adäquat zu bestimmen. Komparatistische Studien zu dem Prenzlauer Berg und der historischen Avantgarde laufen Gefahr, bei der Verwendung des Terminus Avantgarde wichtige Unterschiede in der Grundhaltung der Poeten wie auch in der Poetologie zu verwischen.[6] Vergleiche mit der künstlerischen Moderne sind aber nur begrenzt von Nutzen, da sich die Koordinaten des Spannungsverhältnisses zwischen Leben und Kunst, zwischen der Avantgarde einerseits und 'l'art pour l'art' andererseits nicht problemlos auf die Verhältnisse in der DDR übertragen lassen. Ein Plädoyer für die Autonomie des Kunstwerks um die Jahrhundertwende bedeutet zum Beispiel etwas anderes als in den achtziger Jahren zur Zeit der SED-Diktatur. Ebenso jeglicher Versuch, eine weitgehend unpolitische Lyrik zu schreiben, die sich dem Zugriff der Politik entzieht. Wird die Lyrik indes auf ihre Affini-

---

[4] Der von Habermas geprägte Begriff der 'neuen Unübersichtlichkeit' wird von Wolfgang Emmerich auf die Heterogeneität innerhalb der DDR-Literatur hauptsächlich in den achtziger Jahren bezogen. Hier wird die etwas andere These vertreten, daß die Lyrik der jüngeren Generation von Dichtern von dieser Unübersichtlichkeit zeugt. Wolfgang Emmerich: Gleichzeitigkeit: Vormoderne, Moderne und Postmoderne in der Literatur der DDR. S. 195.

[5] Gerrit-Jan Berendse weist auf die Heterogeneität innerhalb des Prenzlauer Bergs hin, indem er einen der Tradition der amerikanischen Beatniks verpflichteten Strang der Lyrik herausarbeitet. In: Beat am Prenzlauer Berg: Das Treffen zweier Subkulturen. In: *Prenzlauer Berg: Bohemia in East Berlin?* Hg. von Philip Brady und Ian Wallace. Amsterdam, Atlanta 1995. S. 45-65.

[6] Beispielhaft für diesen Ansatz ist die aufschlußreiche Studie Anneli Hartmanns, die einräumt, daß man durchaus in diesem Zusammenhang "das derzeit aktuelle Stichwort 'Postmoderne' [einführen]" könne, ohne näher auf ihren Vorschlag einzugehen. Anneli Hartmann: Schreiben in der Tradition der Avantgarde: Neue Lyrik in der DDR. In: *DDR-Lyrik im Kontext*. Hg. von Christine Cosentino, Wolfgang Ertl und Gerd Labroisse. Amsterdam 1988. (Amsterdamer Beiträge zur neueren Germanistik. Bd. 26). S. 4-5.

tät zur Postmoderne hin untersucht, die nach Wolfgang Welsch[7] und Jean-François Lyotard[8] nicht die völlige Negation der Moderne, sondern deren Radikalisierung und Verschärfung bedeutet, so lösen sich so manche Schwierigkeiten bei der eindeutigen Zuordnung zu der einen oder anderen Traditionslinie. Die postmoderne Lyrik dieser Generation ist überdies in entschiedener Abgrenzung zu jener dichterischen Tradition der 'Realsozialisten' entstanden, die mit solchen Namen wie Volker Braun, Karl Mickel, Heinz Czechowski und Rainer Kirsch vertreten wird. Diese Gruppe von Lyrikern, im Unterschied zu den sozialistischen Realisten, bediente sich vorwiegend moderner literarischer Traditionen und künstlerischer Techniken. Um diesen Unterschied der Generationen sowohl in politischen als auch in ästhetischen Fragen Rechnung zu tragen, bedarf es deshalb einer literaturgeschichtlichen Einordnung, die jene Momente hervorhebt, bei denen die Positionen der Moderne auch in ihren sozialistischen Varianten problematisiert und radikalisiert werden.[9]

Sind die ästhetische Moderne und die Avantgarde als Reflex auf die fortschreitende Modernisierung und Rationalisierung der Lebenswelt zu konzipieren, so kann die Postmoderne ebenfalls in Zusammenhang mit einer postmodernen Befindlichkeit oder eines postmodernen 'Gemüts- oder Geisteszustands' gesetzt werden, für den Lyotard den Begriff der 'condition postmoderne' oder das postmoderne Wissen geprägt hat. Dieser Zustand wird durch ein radikales Mißtrauen gegenüber allen übergreifenden Leitideen der Aufklärung, des Idealismus und Historismus charakterisiert, die bislang zu den Eckpfeilern des aufgeklärten, modernen Denkens gehörten. Die großen 'Meta-Erzählungen' der Neuzeit, so Lyotard, haben sich entweder in ihrem Grundgestus als totalitär und in ihren Erlösungsversprechen als illusionär erwiesen. Infolgedessen haben sie jegliche Legitimationskraft eingebüßt. Abgelöst sind sie von der Vielfalt und Heterogeneität der Interessen, die nicht mehr unter Rückbezug auf einen alles legitimierenden Überbegriff nunmehr nebeneinander ko-existieren.

Die Skepsis gegenüber klassischen Begriffen von Wahrheit, Vernunft, Emanzipation der Menschheit und Fortschritt findet ihren Ausdruck in dem Glauben an den relativen Charakter aller Wissensformen und Wahrheiten und der Zelebrierung der Pluralität und irreduziblen Multiplizität von In-

---

[7] Wolfgang Welsch: *Unsere Postmoderne Moderne*. Berlin ⁴1993. S. 106-8.

[8] Jean-François Lyotard: *Das postmoderne Wissen*. Graz, Wien 1986.

[9] Es kann aus diesem Grund der These Judith Ryans nicht zugestimmt werden, für die die Lyrik des Prenzlauer Bergs höchstens "moderner modernist" ist, die aber erst nach der Wende Anzeichen einer postmoderner Ästhetik aufweist. Judith Ryan: 'Deckname Lyrik': Poetry after 1945 and 1989. In: *Wendezeiten – Zeitenwende: Positionsbestimmungen zur deutschsprachigen Literatur 1945-1995*. Hg. von Robert Weninger und Brigitte Rossbacher. Tübingen 1997. S. 50-2.

teressen, Werten und Wahrheiten. Die Auflösung von Ganzheitsvorstellungen ist nach Habermas, für den das Projekt der Moderne noch rettungswürdig erscheint, das Ergebnis "einer neuen Unübersichtlichkeit" der 'postindustriellen' Lebenswelt, die auf strukturelle Veränderungen in der Wirtschaft, Verwaltung und den Kommunikationsmedien und "katastrophennah operierende Großtechnologien" zurückzuführen ist. Sie entsteht als Folge der durchrationalisierten modernen Lebenswelt, der Erschöpfung utopischer Energien und "der weltweiten Gefährdung allgemeiner Lebensinteressen."[10]

Die lyrischen Versuche des Prenzlauer Bergs legen von einer ähnlichen neuen Unübersichtlichkeit Zeugnis ab, die sich nicht aus dem Strukturwandel spätkapitalistischer Organisationsformen und Systeme speist, so die These dieses Aufsatzes, sondern aus den real erlebten historischen und politischen Verhältnissen des post-totalitären Machtsystems im real existierenden Sozialismus selbst. Bei den Künstlern des Prenzlauer Bergs handelt es sich um eine breit angelegte Verweigerungshaltung gegenüber Ganzheitsvorstellungen und Einheitszwängen aller Schattierungen. Aber die postmoderne Verfassung dieser Dichter ist weder reiner Westimport noch eine Reaktion auf ausschließlich westliche Phänomene. Sie hat vielmehr ihre Ursprünge in der Verabschiedung der vorherrschenden Leitideen des staatlichen Sozialismus, insbesondere in der Absage an die Emanzipation der Menschheit durch die Diktatur des Proletariats und die Realisierbarkeit der sozialistischen Utopie.

Anzeichen eines postmodernen Gestus lassen sich in erster Linie in der Kultivierung einer postmodernen Lebensform und Alternativkultur festmachen, die sich allen Homogenisierungs- und Integrierungsversuchen seitens des Staats widersetzt. Im Gegensatz zur vorherigen Generation der politisch engagierten Lyriker Volker Braun, Karl Mickel und selbst Heiner Müller stehen sie allen Meta-Erzählungen der 'sozialistischen Moderne' ablehnend gegenüber. Sie erteilen den offiziellen Diskursen und öffentlichen Sprachen von Staat und Partei eine deutliche Absage, wobei sie – sehr zum Ärgernis der engagierten Realsozialisten wie Volker Braun[11] – dem verstaatlichten Kulturbetrieb keine politischen Alternativen und alternative Politik entgegensetzen. Verzichtet diese Lyrik nunmehr auf klare politische Inhalte, so lassen sich dennoch viele Gedichte als Ideologiekritik auffassen, die darauf ausgerichtet ist, erstarrte Dogmen der sozialistischen Moderne wie Nation, Volk, Anspruch, Ankunft und Fortschritt in ihrer

---

[10] Jürgen Habermas: *Die neue Unübersichtlichkeit*. Frankfurt a.M. 1985. S. 143.
[11] Siehe den Essay Volker Brauns, in dem er versucht, sich mit der Einstellung der Prenzlauer Berg-Dichter auseinanderzusetzen. V. Braun: 'Rimbaud. Ein Psalm der Aktualität'. In: *Sinn und Form* 37 (1985). H. 5. S. 978-998.

Lügenhaftigkeit zu entlarven. Es gilt zum Beispiel, die Macht der realsozialistischen Fiktionen bloßzulegen, und die herkömmlichen Fiktionen der Macht als Herrschaftsinstrument kenntlich zu machen. Herrschaft und Macht wird von dieser Generation der 'Hineingeborenen' zunehmend als Illusion und Rhetorik durchschaut, wo die Grenzen zwischen Lügen und Wahrheit längst zur Unkenntlichkeit verwischt sind. Wo Herrschaft durch Sprache ausgeübt wird, wird der Angriff auf die Form der Sprache, ihre Bilder, Metaphern und sogar ihrer Grammatik zum Akt der Enteignung der vorherrschenden Diskurse. So verstanden wird Sprachkritik als implizite Machtkritik praktiziert, wobei die Aneignung der 'gestohlenen' Wirklichkeit durch Sprachexperimente unterschiedlichster Prägung vollzogen wird.

Die ostentative Aussteigerhaltung, die die lose Gruppierung von Dichtern, Künstlern und Musikern im Prenzlauer Berg und auch andernorts an den Tag legte, rührte in erster Linie von ihrer Außenseiterposition innerhalb der sozialistischen Gemeinschaft her. Ausgeschlossen aus staatlichen Institutionen der Kultur und daher weitgehend zum Schweigen verurteilt, schafften sie aus der Notlage ihrer sozialen Randexistenz eigene Freiräume für ihre künstlerischen Versuche. Sie retteten sich weder in eine politische Protestliteratur noch in eine Literatur der inneren Emigration, sondern in die alternative Gemeinschaft der Subkultur, die zur Grundlage einer Gegenkultur und -öffentlichkeit wurde.[12] Es schien ihnen, als hätte das groß angelegte Projekt der sozialistischen Moderne weder Nachsicht für die Nachgeborenen der Aufbau- und Ankunftsgeneration noch gültige Richtlinien, die es ihnen mit auf den Weg hätte geben können. Ihr Leben verdankten sie eher einer 'Sturzgeburt', wie es in einem Gedicht von Durs Grünbein heißt, als einer geduldig abgelegten Reise durch die 'Mühen der Ebenen' in Richtung der mythischen 'Spitzen der Berge': "Geröntgt, geimpft, dem deutschen Doppel-Klon, / Gebrochnen Auges, das nach Weitblick giert, / böse verfallen sind wir, pränatal dressiert. / >Deutschland?<... O Heimat, zynischer Euphon."[13] Für die 'Hineingeborenen', sprich 'Totgeborenen' war 'Ankunft im Alltag' des Realsozialismus nicht nur nicht möglich, sondern nicht gewünscht. Alle Wege in die sozialistische Zukunft waren ihnen versperrt, alles Leben war in Wirklichkeit 'Verwesung'[14] oder 'Fäulnis',[15] alle Bewegung im Grunde nur Stagnation, Umweg oder gar Irrweg. Zwischen den Alternativen Sozialismus oder Barbarei, Politik oder

---

[12] Siehe E. Mann: Autonomie oder Gegenkultur? S. 40.
[13] Durs Grünbein: O Heimat, zynischer Euphon. In: *Schädelbasislektion*. Frankfurt a.M. 1991. S. 111.
[14] Siehe das Gedicht von Papenfuß-Gorek 'der verwesung, die hoffnung' in: *dreizehntanz*. Berlin und Weimar 1988. S. 152.
[15] Siehe Uwe Kolbe: Wir leben mit Rissen. In: *Hineingeboren: Gedichte 1975-79*. Berlin 1980. S. 52.

Gegen-Politik, suchten sie ein Drittes, das es aber nach offiziellen Verlautbarungen nicht gab. Der Ausweglosigkeit ihrer Generation gab Uwe Kolbe (Jahrgang 1957) in einem Essay nach der Wende prägnanten Ausdruck:

> Wenn es kein Drittes gab, wenn demnach die alltäglichen Kollisionen des Gewissens mit den realen Entscheidungs- und Handlungszwängen innerhalb der bestehenden Strukturen lösbar sein mußten – weil sonst der Rückfall unausweichlich drohte in die, ja, imperialistische, in die, ja, potentiell faschistische Barbarei -, wenn keine Alternative gelten konnte als die des Fortschritts im Gewand des zähen Vorwärtskriechens innerhalb dieses einen schäbigen, dafür realen Sozialismus, was sollten wir da tun?[16]

Mutiert das Alltagsleben zum 'Alltagssterben', so wird die 'Anwesenheit' im System zur real erlebten 'Abwesenheit' und die Gnade der späten Geburt als 'Fluch' oder gar 'Verdammungsspruch' erfahrbar.[17] Statt der Sicherheit eines linearen Wegs in die Zukunft, bevorzugten sie als Orientierungspunkt und Metapher den Faden der Ariadne und das Labyrinth. Anstelle der Teleologie sozialistischer Lebensmodelle akzeptierten sie als Richtung lediglich das Untertauchen "um luft zu holen" und als Bewegungsform das Umrunden des Kerkers, wie es in dem Gedicht 'atem' von Stefan Döring heißt: "kommen wir um zu entfliehen / zogen einzukehren wir aus / umrunden unseren kerker // nicht zu retten eh wir ertrinken / tauchen wir luft zu holen unter / gehen ein bei allem atem // dem gehören wir was uns fesselt / reissen wir uns los gezwungen / wenden wir uns ab, kehren um, kommen".[18]

Der Fortschrittsgläubigkeit der Kommunisten wie einiger der Realsozialisten begegnen sie mit Skepsis und Zynismus wie auch jedem Vertrauen in die Dialektik. Das Evolutionsdenken führt in die Irre oder kehrt sich in sein Gegenteil, oder wie Uwe Kolbe in seinem Gedicht 'evolution' diagnostiziert, in einen 'ent-wick-lungs-prozeß', wobei es längst nicht mehr eine Frage ist, ob die Evolution vorwärts oder rückwärts verläuft, sondern ob Bewegung im Kreislauf Bewegung sein kann und ob Stillstand eine Richtung hat: "Angenommen, der Satz, / jegliche Entwicklung erfolge vom Niederen zum / Höheren / spiralförmig, stimme, / fragt sich, an welcher / Holz- Stahl-, Beton,- usw. Wandung / dieser sich drehenden Welt / besagte Spirale zu finden ist / und ob (rein optisch) / sich der ent-wick-lungsprozeß / nun vom Inneren derselben / zum Äußeren oder / umgekehrt, also

---

[16] Uwe Kolbe: Meinem Lehrer Franz Fühmann. In: *Renegatentermine*. Frankfurt a.M. 1998. S. 78-79.
[17] Ebd. S. 79.
[18] Stefan Döring: *Heutmorgestern*. Berlin 1989. S. 45.

nach innen / vollzieht!"[19] 'Am Ende der Zeit', so heißt es in einem anderen Gedicht Kolbes, wartet weder die revolutionäre Erlösung noch die Apokalypse, sondern lediglich die unaufhörliche Langeweile und ein alkoholisierter Rausch: "Kein Blut. Am Ende der Zeit / ein lächelndes Jahr, ein Zögern / des Grüns. Am Ende der Zeit / wartet ein trunkner Soldat. / Leider ist er besoffen. / Auf einem der Gänge, / in einem der Züge, besoffen. / Am Ende der Zeit schlafen / alle Reisenden. Die Heimat / wartet, das Ende der Zeit."[20]

Bei Kolbe läßt sich die Absage an utopische Erlösungsversprechen und an das Blochsche 'Prinzip Hoffnung', an denen die Generation der klassischen sozialistischen Lyriker, Volker Braun, Karl Mickel und Heinz Czechowski und anderer noch hingen, allenthalben spüren.[21] Am deutlichsten kommt die Desillusionierung mit dem Utopischen in dem Gedicht 'Zyniker' zur Sprache, in dem er den Schöpfungsmythos parodiert und Gott, den Urheber aller Heilsvorstellungen, anklagt:

… Du schufst den Garten Eden
zur Marter unseres Bewußtseins
mit trügerischem Wunsch zurück
in eine sogenannte helle Zukunft,
und warst gewiß von Anfang an,
daß es als Motor taugt,
für ein paar Tausend Jahre Krieg,
für ein paar Tausend Jahre Unruh,
die du betrachtend, in Vollendung
des Zynismus, nun genießt.[22]

---

[19] U. Kolbe: *Hineingeboren*. S. 127.
[20] Uwe Kolbe: *Bornholm II*. Frankfurt a.M. 1987. S. 94.
[21] In einem vielzitierten Interview im Jahre 1979 bringt Kolbe die für seine Generation stellvertretende Distanz zu der älteren Generation der Realsozialisten Volker Braun und Christa Wolf deutlich zum Ausdruck: U. Kolbe: Kein früher Braun heute. In: Ursula Heukenkamp im Gespräch mit Gerd Adloff, Gabriele Eckhart, Uwe Kolbe und Bernd Wagner. In: *Weimarer Beiträge* XXV (1979). H. 7. S. 41-52. Dieses verdammende Urteil wird auch einige Jahre später im Zusammenhang mit der Debatte um Volker Brauns Rimbaud-Essay 1985 von Fritz Hendrik Melle wiederholt, der anläßlich einer Umfrage zum Thema Hoffnung äußerte: " Volker Braun? Da kann ich nur sagen, der Junge quält sich. Dazu habe ich keine Beziehung mehr. Ich bin in einer frustrierten Gesellschaft schon aufgewachsen." Fritz Hendrik Melle. In: *Berührung ist nur eine Randerscheinung: Neue Literatur aus der DDR*. Hg. von Elke Erb und Sascha Anderson. Köln 1985. S. 151.
[22] U. Kolbe: *Hineingeboren*. S. 116.

In einem programmatischen Gedicht Kolbes 'Gespräch ohne Ende' führt ein Schreiber ein fiktives Gespräch mit einem Leser, der in der Lyrik der Dichter vergeblich Trost sucht. Der Schreiber erklärt seinen Unwillen, Glauben "durch weiteren Glauben" zu ersetzen und fordert ihn stattdessen dazu auf: "lobe die Wunder, die Orte ohne Namen, die Zeichen / ohne Sinn, lobe den Keim, das Heben / erfundener Schätze / -diese Wut.[...]" [23] In einem weiteren Gedicht 'Gebet der Moderne' läßt Kolbe über den Abschied von allen Zukunftshoffnungen der Moderne keine Zweifel aufkommen. Mit dem Bild von Dantes Hölle beschwört er die illusionslose Vision einer Zukunft herauf, in der der Wunschtraum des Sozialismus zum Alptraum und die Utopie zur Dystopie wird. Gerade diese Umschlagserfahrung von Fortschritt in Rückschritt und Rückschritt in Fortschritt ist laut Welsch eines der Erkennungszeichen der Postmoderne.[24]

Der Morgen und der Abend,
Zwei Punkte in der Welt, dazwischen
Du Nichts bist, nichts weißt.
Grindig, verantwortungslos, stumm.
Der Hund mit dem konkreten Lebens-
erwerb und dem mystischen umnebelten
Herrchen. Verweise und Akten,
Beileid und Dankesbezeugung.
Der Haufen Dreck einer Stadt,
die leichte Brise im Dorf,
Aber kein Gegeneinander, das
erschütterte. Wohin mein Freund?
Aus der Welt, über sie hin?
Feuchter Flug durch trocknes Blut.
Ein Tropfen der Hölle aus einem
der äußeren Kreise. Hach
wie gelehrt wir sind mit Dante
in unserer Mitte. Schwarze Spiegel
teilen die Zeit. Zweimal Unendlich
wölbt sich und gratis: Das Dritte
(das nichts). Verfluchter, der du
eine Pumpe bist, ein Blasebalg,
eine Schaufel von Ewigkeit
zu Ewigkeit. Gott bewahre.[25]

---

[23] U. Kolbe: *Bornholm II*. S. 24.
[24] W. Welsch: *Unsere Postmoderne Moderne*. S. 179.
[25] U. Kolbe: *Bornholm II*. S. 17.

In der Ausweglosigkeit der hier formulierten Endzeitgefühle tritt die Position Kolbes in die Nähe jener Verfechter der 'Posthistoire', deren Vision laut Welsch "passiv, bitter oder zynisch und allemal grau" ist.[26] Es sei das Verdienst der Postmoderne, so Welsch, daß sie die Diagnose der Ermattung der Geschichte im Bewußtsein der Posthistoire durch eine freudige Proklamation neuer Möglichkeit zu überwinden vermöchte.[27] Vermißt man bei Kolbe den heiter-ironischen Ton, der als typisches Merkmal der Postmoderne hier gepriesen wird, so ist es angesichts der realen Zwänge, denen die Dichter im Prenzlauer Berg ausgesetzt waren, kaum verwunderlich. Bis zum Ende der achtziger Jahre hatten alle Berufsverbot und waren Objekt unzähliger 'Operativer Vorgänge' des Ministeriums für Staatssicherheit, bei denen es sich nicht nur um Verbot und Zensur, sondern auch um viel heimtückischere Methoden der geheimpolizeilichen Oppression handelte.[28]

Kolbes frühe Gedichte sind von dem Willen gekennzeichnet, über das Leben im realsozialistischen Mief aufzuklären. Konkrete Mißstände des fremdgesteuerten, verordneten Lebens werden schonungslos aufgedeckt, die Verrohung des einzelnen in dem Gedicht 'Male', das Leben in der Illegalität in 'Wir leben mit Rissen' und das Ausharren in der Endzeit in 'Die Art auszuharren'. Der Ausweglosigkeit des Lebens "vier Treppen hoch unter dem Dach" in der Gesellschaft von Tauben, Asseln und "[der] schwarze[n] Spinne unterm Becken" werden trotz allen Lebensekels durchaus positive Momente abgewonnen: "und lache noch im Hagelrauschen, / [...] lache noch im Tränenfluß / [...] Im Staub der Körperdünstung

---

[26] W. Welsch: *Unsere Postmoderne Moderne.* S. 18.

[27] Ebd.

[28] Nach seinem frühen Erfolg mit seinen ersten Veröffentlichungen in *Sinn und Form* 1976, als er von Franz Fühmann als "ecco peta'" stürmisch gefeiert wurde, kam es ab zwischen 1981 und 1987 zu keinen Publikationen von ihm innerhalb der DDR. Dies leitet Kolbe aus dem Umstand heraus, daß er 1981 einem in einer Debütantenanthologie erschienen Gedicht 'Kern meines Romans' einen geheimen verschlüsselten Subtext gegeben hatte, der als wüste Beschimpfung von Staat und Partei gedeutet wurde. Siehe Anthonya Visser: *Blumen ins Eis.* Amsterdam 1994. S. 284-285. Auch: Annette van Erp und [An]Thony[a] Visser: Gespräch mit Uwe Kolbe. In: *DDR-Schriftsteller sprechen in der Zeit. Eine Dokumentation.* Hg. von Gerd Labroisse und Ian Wallace. Amsterdam/Atlanta 1991 (German Monitor Nr. 27). S. 211-225. 1981 wurde zum Beispiel gegen Kolbe eine 'Operative Personenkontrolle' mit dem Decknamen 'Poet' eingeleitet, die 1983 in den schwerwiegenderen Vorgang eines OV umgewandelt wurde, der bis zur Wende geführt wurde. Siehe Joachim Walther: *Sicherungsbereich Literatur: Schriftsteller und Staatssicherheit in der Deutschen Demokratischen Republik* Berlin 1996. S. 355f. Nicht alle waren natürlich Opfer der Staatssicherheit im herkömmlichen Sinne. Rainer Schedlinski und Sascha Anderson waren langjährige Informanten ("Inoffizielle Mitarbeiter") der Stasi.

lach ich, / genießend unter Kraftaufwand / die uns gebotne Sicherheit."[29] Bei allem Ernst, der in Kolbes Gedichten nicht zu überhören ist,[30] schwingt aber immer viel Selbstironie mit, die jedem Pathos entgegenwirkt. Dort wo Sehnsucht und Trauer als Thematik angekündigt werden, wird der Gestus oft ironisiert oder parodiert, wie zum Beispiel in dem Gedicht 'Sehnsucht'.[31] Besteht einer der wesentlichen Unterschiede der Postmoderne zur Moderne in dem Abschied von Trauer und Sehnsucht nach der verlorenen Utopie,[32] so legen Kolbes Texte sehr wohl von einer postmodernen Verfassung Zeugnis ab. Abgesehen von einigen Gemeinsamkeiten zu Volker Braun, etwa in der existentiellen Erfahrung des Schmerzes, die in vielen Gedichten nachklingt, kann die Lyrik Kolbes als konsequente Weiterführung der seinem Gestus nach modernen Lyrik Brauns gesehen und somit als postmodern eingestuft werden.[33] Diese Schlußfolgerung würde auch dem Selbstverständnis des Dichters selber entsprechen, der 1993 in einer Rede zur Postmoderne verkündete, er zähle sich zur dritten Generation der DDR-Dichter, die "geistig und formal im Scherbenhaufen herum [stocherte]. Sie tat es lustvoll, ob nun postmodern einerseits oder prenzlbergisch andererseits oder beides in einem."[34]

Bei allem Bruch mit der Tradition des sozialistischen Realismus und der sozialistischen Moderne weisen viele Texte Kolbes Ähnlichkeiten zu einer post-Brechtschen Traditionslinie auf, die man etwa in der engagierten Lyrik von Hans Magnus Enzensberger antrifft. Die Erfahrung des Endes aller Heilsversprechen mündet in eine ironische, lakonische aber letztendlich zumindest ihrer Form nach traditionell moderne Sprechweise, die mit dem üblichen Verständnis des Begriffs der Postmoderne nicht völlig vereinbar ist. Die große Vielfalt und Heterogeneität der poetischen Vorgänger Kolbes und der intertextuellen Bezüge, die von Klopstock, Goethe, über Pound und Eliot bis zu Benn reichen, sowie sein respektloser Umgang mit ihrem

---

[29] U. Kolbe: *Hineingeboren*. S. 12.
[30] Als Einschränkung muß man allerdings das Gedicht 'Ein Gruß' von Kolbe erwähnen, in dem das Ich als Palliativ gegen den Todernst der verordneten Welt ein schadenfreudiges Lachen propagiert: "Kommt, laßt uns lästern die Prediger des Wassers. Wir lachen sie kaputt": U. Kolbe: *Bornholm II*. S. 77.
[31] U. Kolbe: *Bornholm II*. S. 84.
[32] Henk Harbers: Gibt es eine 'postmoderne' deutsche Literatur? Überlegungen zur Nützlichkeit eines Begriffs. In: *literatur für leser* (1997). H. 1. S. 52-69.
[33] Siehe Vissers Urteil, daß Kolbes Lyrik trotz aller Unterschiede zu Brauns Gedichten einige Kontinuitäten zu Braun in der "Erweiterung des 'Schmerz'-Pols" aufweist. A. Visser: *Blumen ins Eis*. S. 301.
[34] Uwe Kolbe: Mit Begeisterung Stückchen gerader rücken. Notizen ohne, aber mit Zukunft. In: *Renegatentermine*. S. 104.

Bilderkabinett,[35] sind zwar Beweise eines postmodernen Eklektizismus im Umgang mit der Tradition, aber es bleibt fragwürdig, ob sie ausreichender Grund sind, ihn eindeutig in den Reihen postmoderner deutscher Dichter aufzunehmen.[36]

Die postmoderne Verfassung kann am überzeugendsten an den Texten einer Gruppe von Dichtern ausgemacht werden, die sich einer sprachkritischen und -skeptischen Sprechweise bedienen, und die somit die radikale Unsicherheit und Zerrissenheit des Zeitgeists durch postmoderne Erkenntnisse und formal-ästhetische Sprachspiele wiedergeben. Ist die Postmoderne als Nachhut der historischen Avantgardebewegungen zu verstehen, wie Lyotard und Welsch uns glaubhaft machen wollen, so läßt sie sich am plastischsten dort festmachen, wo die postmoderne Verfassung nicht nur thematisiert wird, sondern auch poetologisch umgesetzt wird. Die Postmoderne kann am besten an dem ästhetischen, sprachspielerischen Strang der Prenzlauer-Berg-Dichter veranschaulicht werden, etwa in der 'Arkdichtung' Papenfuß-Goreks und seiner Freunde oder in der subjektkritischen Lyrik Sascha Andersons und Rainer Schedlinskis, in der eine moderne Sprachskepsis durch die Rezeption postmoderner Philosophien und Erkenntnisse in zugespitzter Form zum Ausdruck kommt.

In dem Dichter Bert Papenfuß-Gorek (Jahrgang 1956) vereinen sich postmoderne Haltung und Gefühlslage mit lyrischen und linguistischen Innovationen, die einem Vergleich mit einer gemeinhin als postmodern geltenden Ästhetik standhalten. Bei der Lyrik Papenfuß-Goreks kommt ein entscheidender Aspekt der lyrischen Produktion zur Geltung, die aber für alle selbstverlegte, nicht-offizielle Literatur der DDR gilt. Dies betrifft die ausgesprochene Abwehrhaltung gegenüber der gesellschaftlichen Institution Kultur, die in dem Manifest 'zoro in skorne' als 'Schrunst' oder als 'literattortur' abgetan wird. In ihrer Kritik der herrschenden Produktions- und Rezeptionsmuster innerhalb der DDR knüpft die Kunst der Prenzlauer an das Programm der historischen Avantgarde an, bei der es sich nach Peter Bürger um einen Angriff auf die Institutionalisierung der Kunst in der bürgerlichen Gesellschaft und eine "Rückführung der Kunst in die Lebenspraxis" handelte.[37] Für alle Prenzlauer war Kunst nichts weiter als eine insti-

---

[35] Laut A. Visser haben die Vorbilder bei Kolbe höchstens 'Nennfunktion' und nicht wie bei Braun 'Gebrauchsfunktion', siehe A. Visser: *Blumen ins Eis*. S. 297-8.

[36] Dieser Umstand allerdings genügte allein zu DDR-Zeiten in den Augen eines Kritikers, Kolbe eines 'irritierenden' 'auf die Spitze getriebenen' Relativismus zu bezichtigen. Siehe Peter Geist, Christel Hartingers, Klaus Werner: Unerhörte Nachrichten. In: *DDR-Literatur '87 im Gespräch*. Hg. von Siegfried Rönisch. Berlin und Weimar 1988. S. 128-157.

[37] Peter Bürger: *Die Theorie der Avantgarde*. Frankfurt a.M. 1974. S. 28-29.

tutionalisierte und instrumentalisierte "Kategorie des Überbaus",[38] die es zu dekonstruieren galt. Kunst habe sich von der landläufigen Funktionsbestimmung als systemaffirmativ und produktiv zu befreien, demzufolge sie für den gesellschaftlichen Verwandlungsprozeß lediglich 'Gebrauchswert' habe.[39] Die Dichter lassen sich nicht mehr als Agitatoren in den Dienst eines anachronistischen Aktionismus stellen; sie sollten stattdessen den Mut zur 'UN-KONTROL-/lierbarkeit' haben.[40] Nur so könnten sie sich für die Vereinnahmung durch die herrschenden Kulturinstanzen unverwertbar machen und damit ihre Autonomie zur Geltung bringen. Der Autonomieanspruch bei der jüngeren Generation, so sehr er Ähnlichkeiten zum Programm des Ästhetizismus aufweist, dient bei den Dichtern des Prenzlauer Bergs einem entgegengesetzten Zweck. Im Kontext eines alles regulierenden und steuernden Kultursystems nimmt sich das Plädoyer für die Unabhängigkeit der Kunst als Akt der Selbstbestätigung und -befreiung aus, der dem Bestreben entspringt, sich der Allmacht der staatstragenden Institutionen der Kultur zu entziehen und sich möglichst jenseits der verordneten Kulturindustrie und -instanzen zu plazieren. Im Gegensatz zum Ästhetizismus strebten die Dichter keine Trennung von Kunst und Leben per se an, sondern wie die historische Avantgarde eine Synthese von Lebenshaltung und Kunst in relativer Unabhängigkeit von gesellschaftlichen Ansprüchen und Erwartungen.[41] Im Unterschied zur Avantgarde jedoch versuchten sie die Synthese nicht so sehr in dem Bruch mit allen bisherigen Traditionen und der Erneuerung der Kunst, sondern in dem parodistischen und spielerischen Umgang mit dem Alten und dem Abschied vom Prinzip der Innovation.[42] Aber selbst in ihrem Anspruch einer Rückführung der Kunst

---

[38] Egmont Hesse (Hg.): *Sprache und Antwort*. Frankfurt a.M. 1988. S. 221.

[39] Siehe die von Volker Braun angezettelte Debatte um das mangelnde Engagement der Prenzlauer-Berg-Dichter, in der Braun 'unsere vermeintlichen Neutöne, Hausbesetzer in den romantischen Quartieren' an ihre Pflicht mahnt, 'Provokateure' zu bleiben und nicht in die 'siegreiche Monomanie' zu verfallen. V. Braun: 'Rimbaud. Ein Psalm der Aktualität'. In: *Sinn und Form* 37 (1985). H. 5. S. 978-998.

[40] Bert Papenfuß-Gorek, Jan Faktor, Stefan Döring: Zoro in Skorne. In: *Vogel oder Käfig sein. Kunst und Literatur aus unabhängigen Zeitschriften in der DDR 1979-1989*. Hg. von Klaus Michael und Thomas Wohlfahrt. Berlin 1991. S. 14.

[41] Siehe Thulins Bemerkung, daß der Prenzlauer Berg keine Autonomie an sich anstrebe, weil "die texte sind, wie ihre sprache, teil einer lebenshaltung" In: Michael Thulin: Die Imagination der poetischen Sprache: Dichtung und arkdichtung von Papenfuß-Gorek. In: *Die andere Sprache. Neue DDR-Literatur der 80er Jahre*. Hg. von Heinz Ludwig Arnold in Zusammenarbeit mit Gerhard Wolf. München 1990 (edition text + kritik). S. 114-119, hier S. 117.

[42] A. Hartmann: Schreiben in der Tradition der Avantgarde: Neue Lyrik in der DDR. S. 10-11.

ins Leben, wie bei Sascha Anderson und Schedlinski zu zeigen sein wird, kann man von einer Überwindung der Moderne und einer Problematisierung moderner Denkweisen sprechen, vor allem in der Ambivalenz zum eigenen Wort.

Als 'Anarchist' will Papenfuß-Gorek seine Dichtung als Anti-Kunst verstanden wissen. Seine 'Arkdichtung' ist eine explosive Mischung aus Anarchie und Anti-Kunst, wobei der Terminus mannigfaltige Assoziationen von Arkadien und arkanem Wissen bis hin zu 'Dichtern ohne Arg' und 'Arglistern' hervorruft. Somit entwirft Papenfuß-Gorek ein alternatives Modell der Kunst als eine "tumultane Zügellosigkeit" oder "kampfkrampf-tanz", in denen gesellschaftliche Zwänge "im Tanz um's Dasein zertanzt" und aufgeweicht werden.[43] Hier wird ganz im Sinne der Avantgardisten eine möglichste enge Nähe von Leben und Dichtung angestrebt, was sich in Interviews mit Papenfuß-Gorek bestätigen läßt: "…das ist, glaube ich, das was ich tue, das ist mein Experiment, das ist mein Leben, mit dem ich experimentiere, ich sehe mich nicht als Experimentator an der Sprache, sondern das ist mein Leben."[44]

Ihr Verstoß gegen die erstarrten Konventionen der Kunst war zugleich eine Attacke auf die verlogene Moral der Politik und die Politisierung der Moral. Ihre anarchische und oft verschlüsselte Dichtung soll zunächst ein Affront gegen die herrschende Auffassung der Kunst als volkspädagogisches und erzieherisches Moment im gesellschaftlichen Ganzen sein. Wie ihre Vorgänger in der Avantgarde erhoben die Künstler dieser Generation den Anspruch, ein irritierendes Element im Ganzen zu sein und kehrten betont die Rolle des Bürgerschrecks heraus. Zum Spielerischen kommt jedoch ein weiterer Aspekt hinzu; ihre künstlerischen Versuche wollten Dichter wie Papenfuß-Gorek, Stefan Döring, Andreas Koziol, Jan Faktor und Leonard Lorek ursprünglich als lebensnotwendige Antworten auf existentielle Nöte verstanden wissen, die sich aus dem Leben am Rande der sozialistischen Moral ergaben. Insofern, als die DDR eine übermäßig politisierte Gesellschaft war, in der Fragen des Lebensstils ungeheuerliche politische Dimensionen annahmen, war abweichendes moralisches oder individuelles Verhalten zwangsläufig der Beweis für eine staatsfeindliche oder subversive Haltung.

Dem feierlichen Ernst allen öffentlichen Lebens wird bei Papenfuß-Gorek mit einer 'ferspottung' vieler Formen der Hochkultur entgegengetreten. Ähnlich wie bei der amerikanischen Postmoderne und den Beat-

---

[43] Bert Papenfuß-Gorek, Jan Faktor, Stefan Döring: Zoro in Skorne. In: *Vogel oder Käfig sein.* S. 16.
[44] Bert Papenfuß-Gorek: Wortlaut. Gespräch mit Egmont Hesse. In: *Sprache und Antwort.* S. 220.

niks,⁴⁵ die eine Reaktion auf die "Achtbarkeit, Vornehmheit und den Akademismus" der Kunst der Moderne waren, zielten die Dichter und Künstler um den Prenzlauer Berg auf eine Überbrückung des von Leslie A. Fiedler proklamierten Grabens zwischen Pop- und Hochkultur ab. Folgende Erklärung Fiedlers könnte genauso für die amerikanische Postmoderne wie für den Prenzlauer Berg zutreffen: "[sie wollen] möglichst weit weg von Kunst und Avantgarde, weit entfernt von Innerlichkeit, Analyse und Anspruch, daher immun sein sowohl gegen Lyrizismus als auch platten sozialen Kommentar."⁴⁶ Obwohl dezidierter Fan der Popmusik und auch praktizierender Rockmusiker,⁴⁷ gebraucht Papenfuß-Gorek in seiner Lyrik viel weniger Material aus der Popmusik und -kultur als aus völlig überraschenden, alles andere als zeitgemäßen Quellen wie Walther von der Vogelweide und dem mystischen Dichter des 17. Jahrhunderts Quirinus Kuhlmann.⁴⁸ Gegensätzliches Kulturgut wird nebeneinander gestellt; Skatalogisches und Mystisches, Alltagssprache und linguistische Archaismen werden ungeachtet jeglichen Stilbruchs unvermittelt gegenüber gestellt. Dadurch sollen erstarrte Sprachformen und verhärtete Konventionen aufgelockert und in Bewegung gebracht werden. Da sich die Macht der Repräsentationskultur auch in der poetischen Sprache niedergeschlagen hat, muß deren Herrschaft bis in die poetischen Strukturen hinein verfolgt und bekämpft werden. In einer "Begriffsgesellschaft", so Michael Thulin, der wichtigste Theoretiker des Prenzlauer Bergs, wird Macht als "Diktatur von einer Minderheit der Begriffe über die Worte" ausgeübt.⁴⁹ Das Resultat bei Papenfuß-Gorek ist laut Thulin eine "Aufkündigung der Ordnungssysteme der Sprache".⁵⁰

Da die vorhandenen Wörter als 'besetzt' und ideologisch überfrachtet betrachtet wurden, liefen die Sprachexperimente auf die Erneuerung und Befreiung der Ausdruckskraft der Sprache hinaus, wie in dem Gedicht 'wortflug' von Papenfuß-Gorek zu hören ist:

meiner umwelt gebrichts

---

[45] Für eine Analyse der Ostbeatniks siehe Gerrit-Jan Berendse: Beat am Prenzlauer Berg: Das Treffen zweier Subkulturen. In: *Prenzlauer Berg: Bohemia in East Berlin?* Hg. von Philip Brady und Ian Wallace. Amsterdam, Atlanta 1995. S. 45-65.
[46] Leslie A. Fiedler: Überschreitet die Grenzen. Schließt den Graben. In: *Roman oder Leben: Postmoderne in der deutschen Literatur*. Hg. von Uwe Wittstock. Leipzig 1994. S. 21.
[47] Siehe Papenfuß-Goreks Bekenntnis zu Pop in: *Sprache und Antwort*. S. 224.
[48] Helmut Heißenbüttel: Hinweis auf einen Dichter? Über Papenfuß-Gorek. In: *Die andere Sprache*. S. 130.
[49] Michael Thulin: Panorama der Begriffe. In: *Vogel oder Käfig sein*. S. 156.
[50] M. Thulin: Die Imagination der poetischen Sprache. S. 114-119.

> an geschlechtlichkeit
> & noch solchen wortschaetzen
> so ich schaetze alle leute
> noch solche wortschaetze
> gegen ferfestigungen
> ferfestigter zungen
> & bekwehmlichkeiten
> trott zu beschreiten ...[51]

Zwischen Bezeichnetem und Bezeichnung, Signifikat und Signifant klafft eine Kluft, auf die Dichter wie Papenfuß-Gorek, Döring und Koziol sowie Anderson und Schedlinski in erster Linie aufmerksam machen wollen. Gegen den 'falschen Schein' der Worte in der Alltagsrhetorik wird bei Papenfuß-Gorek aber auch bei anderen eine Poetik entwickelt, die sich als bewußte und trotzige "Kultivierung des Fehlers" ausgibt. Bei Rüdiger Rosenthal wird zum Beispiel die Sprache des Legasthenikers nachgemacht, und bei Papenfuß-Gorek wird etwa nach dem Zufallsprinzip 'unfersehens' aus Sinn Unsinn und aus Unsinnigem Sinniges erzeugt. Indem dem stimmlosen 'f' gegenüber dem stimmhaften 'v' den Vorzug gegeben wird, und damit den Stimmlosen und Stummen das Wort gegeben wird, lassen sich seine Experimente zugleich als Anschreiben gegen die Sprachlosigkeit begreifen. Dem Vorwurf, daß sie sich 'falsch' aussprechen, entgegnen sie mit einer Kunst des 'Ver-Sprechens.' Als paradigmatisch für die Suche nach einem adäquaten Sprechen der Generation soll das Gedicht von Stefan Döring 'mit den worten sterben die bilder' stehen:

> spruch:
> natürlich fühle ich mich sprachlos
> selbstverständlich überrede ich mich
> es zu sagen wie ich mich fühle
> ohne zweifel drücke ich mich falsch aus[52]

Auf den 'Spruch' folgt der 'Anspruch' eines Ich, sich unter Gleichgesinnten zu verständigen und sich einer Sprache zu bedienen, die auch Emotionalität Ausdruck verleiht. Am Schluß steht der Beschluß, ein ästhetisches Programm der Wörtlichkeit – "alle bilder werden wörtlich genommen" – zu verfolgen und sich auf eigene, wenn noch so eigensinnige Weise auszusprechen.

---

[51] Bert Papenfuß-Gorek: *SoJa*. Berlin 1990. S. 8.
[52] Stefan Döring: mit den worten sterben die bilder. In: *Sprache und Antwort*. S. 89.

Die Besonderheit des Papenfußschen Sprechens besteht vornehmlich in der Kultivierung des Sprechfehlers, d.h. in den "Verse(he)n",[53] die sich vorwiegend in der Entwicklung einer eigenen und auch eigen-sinnigen Orthographie und Grammatik und der Bildung von Neologismen bemerkbar macht. Die Sinngebung wird demnach orthographisch übermittelt durch die Vertauschung der Buchstaben 'v' und 'f' und durch das Ersetzen von 'ck' durch 'kk' und 'z' durch 'ts'. Die Aufmerksamkeit soll dadurch von der durch das Wort vermittelten Wirklichkeit auf das Wort als Zeichen gelenkt werden und dadurch der vermittelte Charakter der Realität hervorgehoben werden. Viele formale Innovationen legen eine direkte Einflußnahme durch die Wiener Schule der Konkreten Poesie und ihre Ahnherren des Dadaismus und Surrealismus nahe, vor allem kann man dabei an Ernst Jandl denken. Aber den Anstoß zur Verwechslung von Buchstaben hat viel wahrscheinlicher die russische Avantgarde, vor allem die meta-literarische Dichtung Welimir Chlebnikovs gegeben.[54]

Es war justament der Rückgriff auf bewährte Techniken der Avantgarde, der Heiner Müller einmal dazu veranlaßte, den Second-Hand-Charakter der Lyrik dieser Generation zu monieren.[55] Wie Peter Bürger anhand der historischen Avantgardebewegungen demonstriert hat, büßen künstlerische Innovationen entweder durch die Wiederholung oder durch die Vereinnahmung durch Institutionen sehr schnell ihre ursprüngliche Stoßkraft ein. Das Provokative an vielen der Erneuerungen von Papenfuß-Gorek ist sicherlich von dem ursprünglichen Kontext der Rezeption innerhalb der DDR abhängig, aber der Schockeffekt ist deshalb nicht beliebig wiederholbar und fortsetzbar. In der Tat, was gewiß ursprünglich als Verfremdungseffekt gedacht war, wirkt auf die Dauer unvermeidlich etwas formelhaft und starr.[56] Es hieße jedoch die künstlerische Praxis eines Papenfuß-Gorek weitgehend verkennen, würde man den dichterischen Impetus auf die Innovation reduzieren und ihn daher des Epigonentums bezichtigen wollen. Was die Grenze zwischen Neoavantgarde und Postmoderne auszeichnet, ist der unverschämte Epigonalismus der Postmoderne.[57] Im Gegensatz zur historischen

---

[53] Gerhard Wolf: Wortlaut Wortbruch Wortlust: Zu einem Aspekt neuer Lyrik in der DDR. In: *Bestandsaufnahme Gegenwartsliteratur*. S. 250.
[54] Siehe A. Hartmann: Schreiben in der Tradition der Avantgarde. S. 27.
[55] Heiner Müller: *Krieg ohne Schlacht: Leben zwischen zwei Diktaturen*. Köln 1992. S. 288f.
[56] H. Heißenbüttel: Hinweis auf einen Dichter? Über Papenfuß-Gorek. S. 130.
[57] Gemeinsamkeiten zwischen der Avantgarde und der Postmoderne sieht Henk Harbers vor allem in dem "Spiel mit Wissen, Sprache, Ideen *und* d[em] Verschwinden des romantischen Gegenpols, des tragischen Verlangens nach irgendeinem Anderen, Großen, Einen." Unterschiede stellt er vor allem in dem aufklärerischen Impuls vieler Versuche der 'Konkreten Poesie' und im "Anspruch auf sub-

Avantgarde, für die die Aspekte des Traditionsbruchs und -zerstörung entscheidend waren, hat die Postmoderne ein weitaus spielerischeres Verhältnis zur Tradition.[58] Da herrscht vielmehr ein respektloses Anleihen heterogenster Stilrichtungen und Traditionen vor, bei dem historische Epochen und deren ästhetische Erscheinungsformen als Stile beliebig verfügbar geworden sind. Falls der Anspruch der Innovation noch erhoben wird, dann in der Kunst der Kombination und irritierender Gegenüberstellung der Stilelemente, die, von ihrer ursprünglichen historischen Verankerung befreit, frei verfügbar geworden sind und endlos recycled werden können.

Obwohl es sich bei den orthographischen Innovationen des Schriftbilds um einen impliziten Angriff auf die Strukturen der Sprache handelt, die als politische und soziale Normen erfahren werden, geht es darüber hinaus um Sprachbewegung und den semiotischen Prozeß, der damit in Gang gesetzt werden sollte. Wie Derrida, der seine Theorie der 'différance' in dem Unterschied demonstriert, der lediglich in der Schrift und nicht in der gesprochenen Sprache ausgemacht werden kann, versuchen Papenfuß-Gorek wie auch Koziol eine "Poesie des Unterschieds"[59] zu entwerfen und auch zu praktizieren. Die poetische Sprache ist also der gesprochenen Sprache entlehnt, aber der wahre Charakter der Sprache als arbiträres Zeichen wird erst durch die Schriftsprache kenntlich, das heißt durch die Differenz zwischen phonetischem Laut und der Schrift.

Die semantische Sprachkritik bei Papenfuß-Gorek, Döring, Lorek, Anderson und Koziol inszeniert aus den kleinsten Sinneinheiten "ein Coming-out der Bedeutungen", wobei "die einzelnen Bedeutungsbruchstücke zu semantischen Kernen [werden], um die sich Aussageketten gruppieren."[60] Die Zerstückelung der Wörter in semantische Bruchstücke ist libidinös besetzt und läuft auf eine Emanzipation der Sinne und verdrängter Energien des Individuums hinaus. Bei Papenfuß-Gorek ist das zerstörerische

---

jektive Wahrheit der Texte" von beispielsweise Friedericke Mayröcker fest. H. Harbers: Gibt es eine 'postmoderne' deutsche Literatur? S. 61.

[58] Hinsichtlich des Haupteinwands der Kritiker, daß die Sprachspiele Papenfuß-Goreks jeglichen Bezug zur Wirklichkeit verloren haben, muß allerdings konstatiert werden, daß die Kritik der Sprachkonventionen sich keineswegs in einem bloßem Sprachspiel oder in der virtuosen Schöpferkraft eines lyrischen Ich erschöpft. Bei allem geradezu libidinösen Exzeß bleibt nach dem 'Aufstand' der sprachlichen Zeichen immer ein Überrest eines noch so widersprüchlichen Sinns, wie später anhand des Beispiels des Gedichts 'hartes zartes hertsn' demonstriert wird.

[59] Dem Terminus der "Poesie des Unterschieds" verdanke ich Peter Böthig, der sie anhand der Lyrik Andreas Koziols erläutert hat. Siehe P. Böthig: *Grammatik einer Landschaft: Literatur aus der DDR in den achtziger Jahren*. Berlin 1997. S. 60-62.

[60] Michael Thulin: Sprache und Sprachkritik. In: *Die andere Sprache*. S. 240.

Moment am deutlichsten erkennbar, wobei zuweilen der Eindruck entsteht, als handele es sich darum, durch die Zerstörung der Totalität des einzelnen Worts den Totalisierungsanspruch des alltäglichen Sprachgebrauchs deutlich vor Augen zu führen.

Die Suche nach einer 'allseitig reduzierten' Sprache, die aber eine Eigendynamik aus den losgelösten Einzelteilen entwickelt, läßt sich anhand solcher Gedichte wie 'hartes, zartes hertsn' gut illustrieren. Durch Verschiebungen und ständiges Vertauschen von Lauten und Semen kommt es in diesem Gedicht, wie Thulin vermerkt, zu Kurzschlüssen wie auch phonetischen Stauungen, in denen semantische und phonetische Splitter im Aufeinanderprallen nahezu explodieren, während der libidinöse Exzeß der Texte ein Ventil sucht. Bei der dadurch entstehenden Kollision der Laute erscheint es zuweilen, als ob die Splitter einem Wiederholungszwang unterworfen sind, was sich als Echo besonders in der Anhäufung harter Konsonanten und den vielen Binnenreimen und Assonanzen spürbar macht: "sperma-erna flitst wegwegg" oder "fluksmannfrau rauft maksmananmeier: / im lichtblitsblikk:des folterkammalltags / o laksgesoeff:o latsgeplats:" oder "wenn es nur so waere dass/ ich nur kaempfe kampf nicht allein weitertsugehen / :so kaempf ich kampf etwas krampf:"[61] Ein besseres Beispiel für das Diktum Derridas, daß Sinn niemals gänzlich präsent ist, sondern immer verschoben wird, könnte es nicht geben. Hier wird ganz in der dekonstruktivistischen Manier Derridas Sinn in verschiedenen Bahnen verstreut, was laut Welsch keine Bewegung des Entzugs des Sinns, sondern die Weise seiner Konstitution ist.[62]

Ähnlich mutet der Versuch Papenfuß-Goreks, Sinn durch "Bahnen, der Verstreuung und Kreuzung" zu stiften an. Der poetische Text erweist sich demnach als ein unaufhaltsamer Prozeß der Semiose oder, wie Thulin mutmaßt, als ein "mehrschichtiges, untergründig wucherndes bedeutungsgeflecht, eine art sprachliches rhizom mit einer reihe von subtexten als wurzeln."[63] Der Hinweis auf Deleuze, als einen der wichtigsten Philosophen der Postmoderne, ist hier aufschlußreich, denn seine Metapher des Rhizoms, des Wurzelstengelwerks, das in seinem Entwicklungsmodus 'nomadisch' anstatt 'monadisch' ist, das heißt, nicht hierarchisch, sondern mannigfaltig ist, kommt dem Kompositionsprinzip von Papenfuß-Gorek sehr nahe. Differenz wird nicht dialektisch, sondern durch die Verknüpfung von unerwarteten, unsystematischen, ‚mannigfaltigen' und daher oft

---

[61] Bert Papenfuß-Gorek: harte zarte hertsn. In: *Die andere Sprache*. S. 26.
[62] W. Welsch: *Unsere postmoderne Moderne*. S. 144.
[63] M. Thulin: Die Imagination der poetischen Sprache. S. 116.

wild wuchernden Verbindungen durch unvorhersehbare Fluchtlinien erzeugt.[64]

Weitere Beispiele für eine rhizomatische Verfahrensweise findet man bei Andreas Koziol und Stefan Döring, bei denen es nicht die Seme und Phoneme sind, die unter Beschuß geraten, sondern die rhetorischen Versatzstücke und das Requisit eines metaphorischen Sprechens. Durch die Vertauschung von Elementen von Sprich- und Schlagwörtern und die Kombination von Lexemen aus unterschiedlichen Wortfeldern kommt auf andere Art Bewegung in die verfestigten Strukturen der Sprache. Unerwartete Assoziationsketten werden dadurch ausgelöst, bestehende konventionelle Bindungen aufgelöst und neue eingegangen. Eigentliches und uneigentliches Sprechen, Abstraktes und Konkretes werden auf höchst wirksame und prägnante Weise ineinander verzahnt und übereinander gelagert. Im Gegensatz zu Papenfuß-Gorek wird jedoch bei den Gedichten Koziols und Dörings nur gelegentlich und zu großem Effekt Buchstaben ausgetauscht. Beispielhaft für dieses Verfahren steht das Gedicht 'was uns dummkommt macht uns arg' von Döring:

> Ich habe mich in die wirtlichkeit nicht gestehlt
> mich plazieren zu lassen
>   Und weis daraufhin
> dass ihre widrigkeit nicht aufhebens wert ist
> wenn man kein kapital daraus schlagen will –
> die würdigkeit, wie dieses jene durchfährt
> macht uns dumm.
> ...
>   garstfreundlichkeiten des wirtlichen alltags
> mögen keine mitesser an der objektiven rarität
> ihres angebots, am kassenhaften aufgebot, am gebot
> gut dazustehen, fett wegzukommen, geruhsam aufzufliegen
> "was uns umkommt, weg damit"
> ...[65]

Koziol experimentiert häufig mit syntaktischen Verschiebungen und Verrückungen, wobei die Sinngebung nicht nur durch Enjambement, sondern auch durch neue syntaktische Verbindungen entsteht. Assoziationen werden über mehrere Zeilen hinweg oder wortwörtlich zwischen den Zeilen sowie zwischen den unterschiedlichen semantischen Ebenen, d.h. durch

---

[64] Gilles Deleuze und Feliz Guattari: *Rhizom*. Berlin 1977 und dazu auch W. Welsch: *Unsere postmoderne Moderne*. S. 141-2.

[65] Stefan Döring: Was uns dumm kommt macht uns arg. In: *Sprache und Antwort*. S. 86.

den 'unterschied,' verknüpft. Im folgenden Gedicht verbindet Koziol Reflexionen zur existentiellen Lage des Dichters am Rande der 'Literaturgesellschaft' mit einem Nachdenken über die Möglichkeiten einer "Poetik des Unterschieds":

> wenn ein versprechen das papier
> mit soviel mordsgeduld begabt
> daß ich mich an den grund verlier
> der uns den schriftverkehr versagt
>
> und es nicht weiter unterscheide
> vom überfluß der requisiten
> aus dem keller unsrer bleibe
> im keller ihrer selbstkritiken
>
> entkommt die frage na was dann
> mit einem scherz dem nichtverstehn
> erledigt sich mein übergang
> als toter aus dem sinnproblem
>
> zur tagesordnung die sich reimt
> auf alles was man doppelt sieht
> die floskel aus der spaltung keimt
> zu wuchern mit dem unterschied[66]

In einem viel besprochenen Liebesgedicht 'SOndern' von Papenfuß-Gorek wird ein ähnlicher Versuch unternommen, durch das poetische Prinzip des 'Sonderns' und Differenzierens auf Probleme der Einheit und Vielfalt des Ich hinzuweisen. Dualismen sowohl im Ich als auch zwischen dem Ich und Du werden aufgehoben, und die Dichotomie zwischen Macht und Ohnmacht, Liebe und Gewalt wird in Bewegung gesetzt, wobei allerdings strittig bleibt, ob das Gedicht die Gespaltenheit des Ich letztlich doch nicht in einer höheren Einheit eines größeren Ganzen zu überwinden trachtet:[67]

> fielfalt anstatt einfalt
> & du eintseller der fielfalt
> bist nicht einfalt sondern
> baustein & bein der fielfalt
> [...][68]

---

[66] A. Koziol: In: *Sprache und Antwort*. S. 15.
[67] Siehe A. Visser: *Blumen ins Eis*. S. 269-272.
[68] B. Papenfuß-Gorek: *SoJa*. S. 67.

Das Spiel mit der Differenz entpuppt sich als Organisationsprinzip, das alle thematischen Stränge der Liebe, Macht, und Poesie vereint. Der Aufruf in den Zeilen desselben Gedichts: "schrei gegen die wand / schreib es an die wand / schreite durch die wand" weist auf die Überschreitung von Grenzen als möglichen Ausweg aus der im Gedicht umrissenen Liebes- und Lebensproblematik hin. Elke Erb sah sich vermutlich aufgrund dieser Zeilen dazu veranlaßt, in der Lyrik der jüngeren Generation die Aufforderung verkündet zu sehen, die "Wand des falschen Bewußtseins, der Lüge, Leugnung, Unterdrückung, der dualistischen Spaltung, der Infantilisierung und zynischen Paralyse, die Kerkerwand des Hochmuts, der erstarrten Potenz, die zu lösen ist, die Glaswand der Unwirklichkeit und isolierende Wahnwand der Verzweiflung" zu durchschreiten.[69] Identifiziert hier Erb mit Recht die zentrale Erfahrung der Grenzüberschreitung als allgegenwärtiges Thema der Dichtung und des Lebens nicht nur in diesem Gedicht, so bietet für diese Generation von Dichtern die Überwindung der Grenze aus mehreren Gründen keinen einfachen Ausweg aus dem Ariadneschen Labyrinth. Der emanzipatorische Gestus, der dem Schrei 'schreite durch die Wand' innewohnt, wird im Laufe des Gedichts durch die Einschreibung einer neuen Zweisamkeit und die Errichtung einer neuen Trennlinie zwischen den Liebhabern rückgängig gemacht: "denn ich bin andererseits / andererseits bin ich denn / nach morgen sehnsuechtig ...".[70] Dies ergibt sich zum Teil aus dem Umstand, daß die faktische Überschreitung der geopolitischen Grenzen der DDR in diesem Fall in die Trennung der Liebhaber mündet.

Die Erfahrung der Entgrenzung birgt auch weitere Ambivalenzen in sich, denn für viele dieser Dichter war die Ausreise in den Westen nicht immer erstrebenswert, da der Westen längst keine tragfähige Alternative mehr bot. Der Bodenlosigkeit, die den Dichter im Überschreiten der Staatsgrenze erwartet, ist vielerorts die Geborgenheit des Vertrauten innerhalb der Subkultur doch noch vorzuziehen. Die Ausweglosigkeit der realen Existenzlage schlägt sich als sisyphusartige Kreislaufbewegung nieder, das Leben als Ausharren in der Oszillation zwischen zwei sich ausschließenden Polen: "zwischen den Himmeln" wie in Barbara Köhlers Gedicht 'Rondeau Allemand' zu lesen ist,[71] als Stehlen "gegen die Strömung" zwi-

---

[69] Elke Erb und Sascha Anderson (Hg.): *Berührung ist nur eine Randerscheinung.* S. 17.
[70] A. Visser: *Blumen ins Eis.* S. 264.
[71] Siehe das Gedicht von Barbara Köhler "Rondeau Allemagne" und deren Besprechung in: Karen Leeder: The Metaphors of Boundary. In: *Prenzlauer Berg: Bohemia in East Berlin?* S. 25-6.

schen den Ufern "der lyrischen Lähmung",[72] oder als freiwillige Einkerkerung und ungeborgene Geborgenheit.

Eine weitere Variante der Entgrenzung bietet die Dichterin Barbara Köhler in einem Gedicht 'Papierboot', das dem Dilemma des Schreibens zu Zeiten der Stagnation gewidmet ist. Wenn die Flüsse nicht "ins Meer wollen", bleiben nur das Ergründen der Tiefe, "d[er] giftige[n] Schlammschicht am Grund der Flüsse" und das Wühlen im "blutigen Boden deutscher Geschichte". Das Überleben oberhalb der abgründigen Tiefe sichert allein das Schreiben, das 'Papierboot' des lyrischen Ich, das zwar "voller Irrfahrten" ist aber dennoch einen oberflächlichen Halt zu versichern vermag: "Papier auf dem wir zu uns kommen, auf dem wir untergehen, unsere Barke unser gebrechlicher Grund".[73] Birgt "das Gewebe des Grundes" bei Köhler so manche Gefahr, denn "wer sich fallen läßt, geht zugrunde", so fühlt sich das Ich in Dörings Gedicht hingegen als Nichtsnutzpflanze und 'moderer' beim Erkunden der existentiellen Abgründe noch relativ wohl: "lässige des mooses grünem auge / unbewegt wegen aus dem weg zu gehen / ruhn auf geflechten dieses flusses / haben sie verwirkt in neuen mustern / was über sie verhängt wurde [...]."[74] Aber selbst der Ausweg des Ausharrens, gleich ob auf der Oberfläche oder auf dem Grund des Flusses, erweist sich im Rückblick auf die DDR ebenfalls als Irrweg, wie es in einem erst nach der Wende erschienenen Gedicht von Döring heißt:

> das wegwollen ist zwar keine bewegung
> fürwahr eine fortbewegung mithin
> ist auch dumm rumsitzen kein kultus
> obwohls als bewegung so schiene
> wird das langweilende nicht besser
> wenns ordentlich durchgehalten wird
> ...
> das rauswollen ist zwar eine regung
> als bewegung letzlich stehts dummrum
> und jener der sich in die szene setzte
> er beisst sich fest im spott der spots
> und jener der querfeldeinsam streunt
> der wolfshimmel bleckt die sterne über ihm.[75]

---

[72] Andreas Koziol: *mehr über rauten und türme: gedichte*. Berlin und Weimar 1991. S. 75.
[73] Barbara Köhler: Papierboot. In: *Vogel oder Käfig sein*. S. 178.
[74] In: *Vogel oder Käfig sein*. S. 179.
[75] Stefan Döring: wer über ist bleibt. In: *Die andere Sprache*. S. 172.

Die existentielle Problematik, die in vielen Gedichten angesprochen wird, erfährt in den durch die Lektüre von de Saussure, Wittgenstein, Derrida, Foucault und Baudrillard inspirierten, eher theoretisch fundierten Texten von Rainer Schedlinski und Sascha Anderson eine Zuspitzung und Weiterführung.[76] Zum Teil stehen die Gedichte der beiden in der Tradition der Erlebnis- und Bekenntnislyrik, zum Teil aber bilden sie poetologische Versuche über die Möglichkeit des lyrischen Sprechens, die sich oftmals moderner Verfahrensweisen bedienen, die aber weit über traditionell moderne Erkenntnisse und Denkweisen hinausgehen.[77] In vielen Gedichten wird unter Rekurs auf die Traditionen des Surrealismus und Manierismus die Welt der Macht als Scheinwelt und Zerrbild wiedergegeben, in dem die Dingwelt sowie das sprechende Subjekt nur Konstrukte oder gebrochene Spiegelungen sind.[78] Die Wirklichkeit habe sich vor der Übermacht der offiziellen Zeichen kapituliert, die Realität nicht mehr abzubilden vermögen, sondern nur Simulationen und Kopien reproduzieren können. Wie es in einem Gedicht von Schedlinski heißt, hätten offizielle Schablonen längst ihre Abbildfunktion verloren, stattdessen werden in "diesem namenlosen patent- / amt des endgültigen impressionismus" Wiederholungen desselben oder Simulakra fabriziert.[79] Hauptschuldige in der Perpetuierung von Abbildern von Abbildern sind vor allem die gleichgeschalteten Medien, allen voran die offizielle Tageszeitung und das Organ der SED *Neues Deutschland*, das Sascha Anderson zum Thema eines Gedichtzyklus 'eNDe' machte. In den auf zwei Bände verstreuten neun Versuchen zum Thema verbinden sich Endzeitgefühle mit einer Parodie des offiziellen Partei- und Zeitungsjargons und deren Legitimationsrhetorik, die Verweisfunktion und Realitätsbezug eingebüßt haben. Seine Kritik macht aber nicht vor den herrschenden Macht- und Ideologiemaschinen des Realsozialismus Halt; viele Gedichte laufen auf eine systemübergreifende Analyse der politischen Verhältnisse im Kalten Krieg wie in dem Gedicht 'östwestlicher die wahn' hinaus. Das Zyklus 'eNDe' enthält mehrfache Verweise an "richtung deutschland", gefolgt von der Verbenreihenfolge "geben, hören, sa-

---

[76] Für eine Analyse des Einflusses von Wittgenstein und de Saussure siehe A. Hartmann: Schreiben in der Tradition der Avantgarde. S. 32.
[77] Christine Cosentino: "ich habe ausser meiner sprache keine / mittel meine sprache zu verlassen. Überlegungen zur Lyrik Sascha Andersons. In: *DDR-Lyrik im Kontext*. Hg. von Christina Cosentino, Wolfgang Ertl und Gerd Labroisse. Amsterdam 1988. S. 205.
[78] Siehe C. Cosentino: "ich habe ausser meiner sprache keine / mittel meine sprache zu verlassen." S. 206-209.
[79] Rainer Schedlinski: *Die Männer der Frauen*. Berlin 1991. S. 60.

gen" in denen Sprache, Schweigen und Deutschland in einen Zusammenhang gebracht werden.[80]

Sowohl bei Anderson als auch bei Schedlinski wird das Nationale, meistens im Zusammenhang mit Endzeitvisionen, Macht und Gewalt thematisiert. Immer wird die Gewalt zur Sprache und deren eigener Macht in Beziehung gesetzt. Schedlinski spricht in einem Gedicht von einer Implosion der Macht im Sinne eines Flugzugabsturzes, wodurch die Herrschenden zu Fall kommen und die "black box des stammhirns" einstürzt. Hier wird das 'menetekel'[81] 'deutschland' im Kontext des Leerlaufs der Dialektik und der Statik des Lebens angeschnitten: "stürzten die tage ein datum / fände ich blind denn ich lebe / in deutschland perpetuum / mobile wie ein wort dass / das folgende nachsichzieht".[82]

Wenn die Welt der Zeichen immer mehr zur Scheinwelt gerät und die Realität immer mehr hinter der Inflation der Zeichen schwindet, so hilft nur, die sprachlosen Bilder von ihrem ideologischen Ballast freizulegen und die stummen Zeichen zur Sprache zu bringen. Da aber in der 'Szene' immer mehr die postmoderne Einsicht sich durchsetzt, daß man nur über etwas aus seinem Gegenteil sprechen kann, ist das Sprechen immer ein höchst widersprüchliches Unterfangen. Es entsteht unweigerlich das Gefühl, daß das Leben in der Simulation im Schreiben nicht aufgehoben, sondern nur fortgesetzt wird. Wie Koziol lamentiert, ist es "ein mordversuch, sich selbst auf ein / gedicht zu reduzieren / der zwar am leben scheitert – doch / was kommt heraus: / ein übernichts aus worten strebt auf / allen vieren / zum einen ohr hinein und stirbt zum / andern aus …".[83] Oder bei Schedlinski klingen Zweifel an, ob der Dingwelt durch seine poetische Ausgrabungsarbeit überhaupt beizukommen ist: "im hof war der hof / weiter nichts, aber immer / flohen die dörfer vor mir."[84]

Die konsequente Kehrseite des Verstummens der Dingwelt ist das Verschwinden des lyrischen Subjekts, das bei Anderson und Schedlinski seinen radikalsten Ausdruck findet. Dies ergibt sich zum Teil aus der Erkenntnis, daß das Subjekt vor der Übermacht der Zeichen verstummen müßte, wenn es sich nicht mitschuldig machen will, aber auch zum Teil aus der philosophischen Einsicht, daß es kein einheitliches Subjekt mehr gibt, das sinnstiftend wirken könnte. Bei Schedlinski zum Beispiel findet man den Versuch, eine Dingwelt ohne die Vermittlung eines lyrischen Subjekts in Szene zu setzen. Die zuweilen an Benn erinnernde Technik

---

[80] A. Visser: *Blumen ins Eis*. S. 324.
[81] R. Schedlinski: *Die Männer der Frauen*. S. 60.
[82] E. Hesse (Hg.): *Sprache und Antwort*. S. 153.
[83] A. Koziol: Gedichte. In: *Die andere Sprache*. S. 137.
[84] Rainer Schedlinski: *die rationen des ja und des nein*. Frankfurt a.M. 1990. S. 13.

führt zu einer Verflachung der Bilderwelt, die an Tiefe und Perspektive eingebüßt hat, was im häufig wiederkehrenden Motiv des Films und der Leinwand ("der aufwand der vorwand der / blasse heimatfilm," das "riesig überbelichtete mittagsloch,"[85] "durch eine schmalere welt älter / mit dem mäander des films,"[86] "…abends / ins *1900* neue deutsche küche danach / in die *Möwe* ins *Café Nord* zum Schluss / schmalfilm aber das bisschen / realität wird immer weniger"[87]) anschaulich gemacht wird.[88] Das Bild des Films dient somit, wie Thulin vorschlägt, als "gleichnis für die krisenhafte situation des sprechenden in den von bedeutungen und zeichen überschwemmten normalität des alltags".[89] Das Ich, das dennoch präsent ist, erfährt nur über die Außenwelt seine Existenzberechtigung; nur in der Wahrnehmung und Beschreibung der Dinge weiß es von seiner Existenz, wie es in dem Gedicht 'das fenster ist geöffnet' heißt: "ich denke die kunst existiert / weil noch immer sich die sonne / um die erde dreht […]".[90]

Die Rezeption und poetische Umsetzung der Theorien von Baudrillard, Derrida, Foucault und Deleuze in der Lyrik der um Schedlinski und Anderson gruppierten Dichter mag zwar zur Spaltung und Zersplitterung der verschiedenen Gruppierungen in der Szene unmittelbar geführt haben, wie Jan Faktor bezeugt.[91] Die Lektüre postmoderner Philosophen, die in der spätgegründeten Untergrundzeitschrift *Ariadnefabrik* dokumentiert ist, kann man aber deswegen nicht für die Unterwanderung der Szene durch die Staatssicherheit schuldig machen, die zwar beide Dichter betrieben, die aber weit weniger mit ihren ästhetischen Ursprüngen als mit den perfiden Machenschaften eines post-totalitären Herrschaftssystems zu tun hat. Die zunehmende Ästhetisierung der Dichter und deren theoretische Wende war keine Absage an die Politik, sondern ein Versuch, sich mit anderen poetischen und anderen erkenntnistheoretischen Mitteln mit der gesamten sozialen, politischen und existentiellen Lage im Spätkommunismus abzufinden. Anderson prägte dafür den Begriff der "ästhetischen Politisierung," der die These einer *art pour l'art* fragwürdig erscheinen lassen müßte.[92] Die Position der ästhetischen und theoretischen Ausrichtung der Gruppe war keine Kapitulation vor der Politik und hat paradoxerweise trotz der

---

[85] Ebd. S. 12.
[86] Ebd. S. 19.
[87] Ebd. S. 21.
[88] M. Thulin: die dinge beginnen zu sprechen. In: *Abriß der Ariadnefabrik*. Hg. von Andreas Koziol und Rainer Schedlinski. Berlin 1990. S. 84.
[89] Ebd.
[90] Siehe M. Thulin: die dinge beginnen zu sprechen. S. 88.
[91] Jan Faktor: In: *MachtSpiele: Literatur und Staatssicherheit*. Hg. von Peter Böthig und Klaus Michael. Leipzig 1993. S. 98-102.
[92] Zitiert nach G. Erbe: *Die verfemte Moderne*. S. 206.

Zuträgerschaft einiger Dichter für die Stasi auch wenig mit Kollaboration mit der staatstragenden Ideologie der DDR zu tun. Statt dessen soll sie als Versuch eines Weiterdenkens des engagierten-politischen Ansatzes der Biermann-Generation verstanden werden im Sinne einer längst fälligen Nachholung von postmodernen und poststrukturalistischen Erkenntnissen und einer Rehabilitierung bislang tabuisierter ästhetischer Bereiche.[93]

Nur im engsten Sinne verdient die Lyrik die Bezeichnung apolitisch, denn selbst bei dem ästhetischen, theoretischen Strang der Poesie finden sich macht- und ideologiekritische Formulierungen und Anspielungen auf die Machtverhältnisse und den erstarrten Alltag – den "aberwitz der totbeter und gardinenprediger".[94] Selbst die Liebesgedichte Schedlinskis sind nicht ohne wiederholten Bezug auf die bestimmenden Rahmenbedingungen ihres Schaffens. In Schedlinskis 'im anfang fiel das fleisch vom fleisch' zum Beispiel werden die vorherrschenden ideologischen Schablonen des Staats und dessen unkritischer Umgang mit dem Nationalen angeprangert.[95] Die Floskel von der 'allseitig entwickelten sozialistischen Persönlichkeit', der deutsche Nationalheld neuen Typs, mutiert in diesem Gedicht zu einer "leiche mit allseitig geprägten persönlichkeit". Das Volk und der wahre Held der Revolution entpuppen sich erneut in der Geschichte als Opfer einer kriegerischen und größenwahnsinnigen nationalistischen Macht: "das volk hat wieder fahnen am hals [...]". Eingelullt und abgestumpft durch den nationalen Pathos, den "durchmarsch der farben," wie beim Skat das oberste Ziel des Kartenspiels heißt, ist das Volk trotz allen Überdrusses ("fahnen am hals" = es hat sie satt) mit dem Nationalen auf dem "weg des verschwindens".

Trotz aller Hermetik vieler Gedichte lassen die Autoren selbst in der Schilderung des Intimbereichs den gesellschaftlichen und ideologischen Rahmen, in dem ihr Schreiben gefangen ist, nie aus dem Blickwinkel. Daß vordergründige politische Inhalte im Sinne einer Gegenpolitik oder Polemik nicht mehr auszumachen sind, wie bei ihren Vorgängern Braun, Mikkel, Biermann und Rainer Kirsch, bedeutet aber nicht, wie Günter Erbe auch konstatiert, daß ihre Poesie als "Flucht in die Ästhetik" zu deuten ist.[96] Als Flucht war die Lösung der poetischen Verschlüsselung allenfalls eine Befreiung von der Macht der verordneten Rhetorik und der allgegenwärtigen Rhetorik der Macht. Aus diesem Grund scheint mir die Bezeichnung des Ästhetizismus wenig aufschlußreich zu sein. Eine viel größere Verwandtschaft weisen die Dichter des Prenzlauer Bergs mit der Position

---

[93] A. Hartmann: Schreiben in der Tradition der Avantgarde. S. 11.
[94] R. Schedlinski: *die rationen des ja und des nein*. S. 33.
[95] R. Schedlinski: *Die Männer der Frauen*. S. 60.
[96] Günter Erbe: *Die verfemte Moderne*. Opladen 1993. S. 207.

der Avantgarde auf, vor allem in ihrem Versuch, Kunst in die eigene subkulturelle Lebenspraxis zu überführen, einem Versuch allerdings, der aber vielen als höchst ambivalent erschien. War die historische Avantgarde bestrebt, gegen die Autonomie der bürgerlichen Kunst anzukämpfen, so wird dagegen bei den Prenzlauer-Berg-Dichtern der Autonomieanspruch als zentraler Eckpfeiler ihres Programms beibehalten. Wie Günter Erbe schlußfolgert, geht der avantgardistische Impetus ihres Schreibens mit einem Gewinn an institutioneller Autonomie einher: "Der Rückgriff auf avantgardistische Verfahrensweisen diente somit der Rückgewinnung von Kunstautonomie in einer Gesellschaft, die das avantgardistische Versprechen, Kunst und Leben bzw. Politik miteinander zu verbinden, durch Entmündigung des Künstlers diskreditiert hatte".[97] Die Wiederherstellung der künstlerischen Autonomie ist vielmehr der Versuch, eine zweite authentischere Kultur abseits des offiziellen Kulturbetriebs zu gründen, und muß folglich im Zusammenhang mit der angestrebten Demokratisierung der literarischen Produktionsverhältnisse betrachtet werden. Die zunehmende Verschlüsselung der Botschaft, die sich oftmals gegen die Dechiffrierung sperrt, mag zum einen ihren Grund in der geheimpolizeilichen Ahndung jeder direkten politischen Aussage haben, zum anderen in der Suche nach immer adäquateren poetischen und theoretischen Lösungen zur Existenzlage. Der Elitarismus, der insbesondere Anderson und Schedlinski vorgehalten wird, mag außerdem noch mit ihrer Tätigkeit als Inoffizielle Mitarbeiter für die Stasi zu tun haben, denn sie gab ihnen letztendlich eine Art Narrenfreiheit sowohl in der künstlerischen Praxis als auch im poetischen Konzept, was anderen nicht gewährt wurde.

Vermögen die Traditionen des Ästhetizismus und der Avantgarde nur sehr allgemein die Tätigkeit der Prenzlauer Berg-Dichter zu charakterisieren, so scheint der Begriff der Postmoderne selbst bei allen Einschränkungen eher dazu geeignet, obige Schwierigkeiten bei der Standortbestimmung zu lösen. Nimmt man die Formulierung einer als postmodern geltenden Grundbefindlichkeit als wichtigstes Kriterium für die Zugehörigkeit zur Postmoderne, so wären demnach alle Richtungen der Lyrik der Künstler um den Prenzlauer Berg als postmodern einzustufen. Erhebt man hingegen die Postmoderne zum übergreifenden Stilmerkmal und Kompositionsprinzip, das heterogene Stilelemente und Anleihen aus der Hochkultur wie auch Pop- und Massenkultur unabhängig vom Zwang zur Synthetisierung von Disparatem kombiniert, so kann die Lyrik Kolbes wie auch Papenfuß-Goreks, Koziols, Dörings, Andersons und Schedlinskis zur Postmoderne gezählt werden, wobei bei letzteren Exponenten eines formal-

---

[97] Ebd. S. 205.

ästhetischen Sprachspiels auch Ansätze einer postmodernen Poetologie auszumachen sind.

Die Lyrik steht vor allem eher in der Tradition einer kritischen Postmoderne oder eines "Postmodernismus des Widerstands", wie sie Hal Foster einmal formuliert hat.[98] Die Dichter sind aber nicht, wie sie seit den Stasi-Enthüllungen in dem Ruf stehen, Exponenten einer wertrelativistischen "Postmoderne der Reaktion". Zwischen persönlicher und ästhetischer Praxis muß letztendlich vor allem bei den Inoffiziellen Mitarbeitern doch unterschieden werden, obwohl Zusammenhänge zwischen beiden sicherlich bestehen mögen, die noch näher beleuchtet werden müssen. Die ästhetische Position eines Schedlinski oder Anderson ist nicht aufgrund ihrer Kollaboration mit der Stasi weniger gültig, allenfalls die persönliche Politik.

Die Lyrik der Generation der in den achtziger Jahren staatlich nicht erfaßten Dichter innerhalb der DDR legt von einer neuen Unübersichtlichkeit Zeugnis ab, die aber nicht ihre Wurzeln in den globalen Auswirkungen des multinationalen Kapitalismus, wie ursprünglich von Habermas vermutet,[99] sondern in der Gleichzeitigkeit prä-moderner, moderner und postmoderner Impulse innerhalb des Realsozialismus selbst. Denn abgesehen von der obersten Funktionselite waren es diejenigen Künstler, die die Blochsche "Gleichzeitigkeit des Ungleichzeitigen" am hautnahesten erfuhren und künstlerisch umzusetzen vermochten. Als Grenzgänger hausten sie in mehreren Zeitzonen und Zeiträumen gleichzeitig, ohne in dem einen oder anderen beheimatet zu sein. Durch ihre Offenheit gegenüber allerlei westlichen Einflüssen, insbesondere den Ideen der Postmoderne, die sie sich selbständig aneigneten, nahmen sie einerseits, allerdings am Rande, an dem postmodernen Zustand der neuen Unübersichtlichkeit im Westen teil. Sie hatten durch die informellen Informationsstrukturen und -netze, die sie zum Westen und zu anderen Oppositionellen in der DDR verknüpfen konnten, Zugang zu verschiedenen Ordnungssystemen und Herrschaftsstrukturen. Als 'Zaungäste' des Westens waren sie Zeugen der Krisen des Kapitals und der Industriegesellschaft und konnten die Aporie der großen Erzählungen der Moderne und Aufklärung in ihren westlichen Erscheinungsformen nachvollziehen. Andererseits aber erfuhren sie am eigenen Leib die Aporien der großen Leitideen des demokratischen Sozialismus und waren Opfer seiner utopischen Experimente. Sie litten unter den real existenten Zwängen des spätkommunistischen Machtsystems, dessen prä-moderne, feudale oder absolutistische Herrschaftsformen sie stets an ganz andere Zeiten und

---

[98] Hal Foster: Postmodernism: A Preface. In: *Postmodern Culture*. Hg. von Hal Foster. Sydney, London 1985, ix-xvi.
[99] J. Habermas: *Die neue Unübersichtlichkeit*. S. 141-44.

Herrschaftspraktiken erinnerten. Durch das staatlich verhängte Veröffentlichungsverbot waren sie der Enge des realsozialistischen Lebensraums ausgesetzt, die sie zum Teil durch eigene Lebensentwürfe und das Erschaffen eigener kreativer Schauplätze und Räume zu umgehen vermochten. Somit unterlag ihr Schaffen zwangsläufig sozialistischen Produktionsbedingungen, auch wenn sie für sich künstlerische Freiräume erkämpfen konnten. Das dichte Nebeneinander von Ost und West und die Simultaneität von verschiedenen Zeitzonen, die die spezielle Erfahrung dieser Gruppe von Künstlern ausmachten, konstituieren eine Form der Unübersichtlichkeit, welches in Ermangelung eines besseren Namens auch als postmodern zu klassifizieren wäre. Daß sie ihre ästhetische Autonomie im Angesicht des massiven institutionellen Widerstands behaupten konnten, ist das bleibende Verdienst dieser Generation. Damit wurde unter anderem die Atrophie der Staatsmacht, die sich 1989 endgültig vollzog, einen Schritt vorangetrieben.[100]

---

[100] G. Erbe: *Die verfemte Moderne*. S. 207.

Marc Aeschbacher

Postmoderne Schweizer Literatur oder Vom Gegenstand der Theoriedebatte zum prägenden Element des Alltags

> Cucchi:
> "Das Komische am Begriff 'postmodern' ist, dass die ganze Geschichte darunter leidet. Wenn in diese Falle nur das Zeitgenössische, das den Begriff erfunden hat, geraten würde, dann wäre es kein Problem. Aber in Wahrheit – und das hat auch Lyotard demonstriert – gelingt es den 'Postmodernen' auch, eine riesige historische Falle zu sein, die alles und alle einschliesst. Und das ist eine furchtbare Sache."
>
> Kounellis:
> "Jetzt bedeutet der Begriff nichts mehr. Aber vor drei Jahren war es ein Alptraum."
>
> Ammann:
> "Wir müssen nicht weiter über diesen Begriff sprechen, das führt zu nichts."[1]

After a phase of fierce philosophical debate, discussions of the postmodern era have abated. The now beginning declarations of its end deny however that the phenomenon has turned from an object of discourse to the formative shape of social life. This process can also be gauged from the evolution of Swiss literature during the past fifteen years. While postmodern types of style and thought patterns were deliberately introduced into the novels in the early eighties, i.e. the philosophical debate transferred to literature, this profoundly intellectual approach to the postmodern era changed to a rash but so much the more widened one in the meantime.

Den Epocheverabschiedungen der letzten Jahre eignete viel Häme. Schadenfrohe Totengräber schickten sich so eilfertig wie selbstberufen an, ihre Arbeit zu verrichten, die verserbelte Moderne aus der Gegenwart ins Reich

---

[1] Jacqueline Burckhardt (Hg.): *Ein Gespräch – una discussione: Joseph Beuys, Jannis Kounellis, Anselm Kiefer, Enzo Cucchi.* Zürich 1986. S. 79.

der Geschichte zu expedieren, oder, und das ist nun die nicht minder emotional gefärbte Gegenvariante dazu, die Postmoderne als belangloses Intermezzo bzw. als historisches Scheinphänomen abzutun.[2] Die Debatte um Moderne und Postmoderne war von allem Anfang an von einem Ton giftiger Polemik gekennzeichnet, der bis heute nicht recht aus ihr verschwinden will. Schwer zu erklären, zumal wohl selten zuvor in einem intellektuellen Diskurs, in dem es nicht gelingen will, einen Konsens zu stiften, was die definitorische Abgrenzung der verhandelten Gegenstände voneinander betrifft, mit soviel Ingrimm und Verve Position bezogen wurde. Wo Übereinkunft ausbleibt, blühen willkürliche Zuweisungen, selbst bei denen, die ihr Leben dem Wort und damit der begrifflichen Exaktheit verschrieben haben.

In den letzten Monaten erschienen einige Publikationen, die das Phänomen 'Postmoderne' bilanzieren,[3] der Leserschaft also ein Abgeschlossenes zur Nachbetrachtung vor Augen führen. Über ein Vergangenes oder ein als vergangen Deklariertes zu schreiben, dessen Gegenwärtigkeit mir gleichwohl ungebrochen scheint, bringt mich in eine Zwickmühle. Im Gegensatz zu Hans-Peter Müllers Fragen zur Postmoderne: "War sie also nur eine Denk-, aber keine Lebensform? War sie nur Diskurs, aber niemals Realität?"[4] postuliere ich auf den folgenden Seiten die These, dass die Postmoderne vom kurzzeitig üppig wuchernden, aber mittlerweile verwelkenden

---

[2] "Unsere Analysen haben keinerlei Anhaltspunkte dafür gegeben, dass irgendwann in diesem Jahrhundert, vermutlich in dessen zweiter Hälfte, eine Epochenzäsur zu beobachten wäre, die das Gesellschaftssystem selbst betrifft und es rechtfertigen könnte, einen Übergang von der modernen zu einer postmodernen Gesellschaft zu behaupten. Bemerkenswerte strukturelle Veränderungen innerhalb der einzelnen Funktionssysteme gibt es zuhauf, vor allem als Folge von Globalisierungstendenzen und wechselseitiger Belastungen der einzelnen Funktionssysteme. [...]. Selbst im Kunstsystem (Architektur vielleicht ausgenommen) gibt es keine scharfen Epochengrenzen zwischen moderner und postmoderner Kunst. Von 'Postmoderne' kann man also allenfalls mit Bezug auf die Selbstbeschreibung des Gesellschaftssystems sprechen." Niklas Luhmann: *Die Gesellschaft der Gesellschaft*. Bd. 2. Frankfurt a.M. 1998. S. 1143. Als interessante Variante der Toterklärung ist auch die Überbietung anzusehen: Susanne Weingarten in einer Filmkritik des *Spiegels*: "Vielleicht läuten Tarantion und Almodóvar ja gerade eine neue Leinwandepoche ein: die Post-Postmoderne. Es wäre an der Zeit." Susanne Weingarten: Küsse und Schüsse. In: *Der Spiegel* vom 4. Mai 1998.

[3] Interessanteste Publikation zweifelsohne das Sonderheft "Postmoderne – Eine Bilanz" des *Merkur. Deutsche Zeitschrift für europäisches Denken* (1998). Heft 9/10.

[4] Hans-Peter Müller: Das stille Ende der Postmoderne, Ein Nachruf. In: *Merkur. Deutsche Zeitschrift für europäisches Denken* (1998). Heft 9/10. S. 975-981, hier S. 975.

philosophischen und jeweils fachspezifischen Diskussionsgegenstand zur prägenden, aber kaum mehr spürbaren, kaum mehr wahrgenommenen Form gesellschaftlichen Seins sedimentierte.

Meine Ausführungen versuchen dies anhand der Schweizer Literatur der beiden letzten Dekaden zu zeigen: Im Unscheinbaren, im Geschehnis am Rande – gleich einer Art Miniatur von Jorge Luis Borges "Aleph" – lässt sich zuweilen alles fassen, was eine Geschichte ausmacht, hier soll es die Begebenheit sein, die in die Geschichte der jüngsten (postmodernen) Schweizer Literatur hineinführt: Am 22. Juni 1995 erklärte Peter Bichsel seinen Austritt aus der sozialdemokratischen Partei. Erbost und entsetzt über den SP-Wahlkampfslogan "kussecht und vogelfrei" teilte er der Partei mit:

> Ich erkläre den Austritt aus der Sozialdemokratischen Partei. Der Grund liegt darin, dass ich mich selbst entsolidarisiert habe. Es ist mir nicht möglich, mich gegenüber diesem unsäglichen und erbärmlichen Slogan 'kussecht und vogelfrei' auch nur stillschweigend zu verhalten. Ich bin gewohnt, Sprache ernst zu nehmen, und ich bin überzeugt, dass die sogenannte 'Postmoderne' mehr ist, als nur eine ein bisschen neue Ästhetik – die Postmoderne ist durchaus eine politische – oder wenn Ihr wollt eine apolitische – Bewegung. Sie hat mit einer Vormoderne mehr zu tun, als viele wahrhaben wollen. Die Beliebigkeit aller Werte dient jedenfalls dem nicht, was die Sozialdemokratie immer wieder meinte und wollte. In der Postmoderne, davon bin ich überzeugt, hat die Sozialdemokratie keinen Platz mehr, die Beliebigkeit ist nicht ihre Sache. Mein Austritt hat nichts mit ästhetischen Gründen zu tun, sondern mit meiner sozialdemokratischen Überzeugung.[5]

Exkurs und ein Angebot, wie die (Literatur-)Geschichte weitergehen könnte:

Peter Bichsels markiges Statement und seine konsequente Handlungsweise schliesst eine Epoche der Schweizer Literatur ab, sein Austritt aus der Partei, die ihm solange politische Heimat gewesen war, stellt eine unwiderrufliche Zäsur von geradezu symbolhafter Bedeutung dar. Mit der von ihm vollzogenen "Entsolidarisierung" löst sich eine in den letzten Jahren immer schwächer gewordenen Klammer endgültig auf: Das Überzeugungsbündnis nämlich, welches die Schriftstellergeneration, die kurz vor und in den sechziger Jahren zu schreiben begonnen hat (Bichsel, Otto F. Walter, Adolf Muschg, Hugo Loetscher, Walter Matthias Diggelmann, Urs Jaeggi, Kurt Marti, Jörg Steiner, Heinrich Wiesner, Walter Vogt,...), mit den ökonomisch Benachteiligten, Randständigen, den von der bürgerlichen Gesell-

---

[5] "Ich kann nicht schweigen", Auszüge aus Bichsels Brief an die SP. In: *Tages-Anzeiger* vom 5. Juli 1995.

schaftsschicht Ausgeschlossenen und ihrer institutionalisierten Interessensvertretung, der SP, mehr oder weniger deutlich vereinte im Kampf gegen die sozial indifferente, affirmativ bürgerlich-konservative Gesinnung eines Teils der Generation, die den Krieg als Erwachsene miterlebt hatte, die sogenannte Aktivdienstgeneration. Diese geistige Koalition ist nun keineswegs am Umstand zerbrochen, dass diese junge Generation der sechziger Jahre selber konservativ geworden wäre; zutreffend ist, dass der Generationenkonflikt der sechziger Jahre historisch geworden ist und deswegen als abgeschlossen erachtet werden kann, was zur Folge hat, dass die feinen Diskrepanzen und Differenzen nicht mehr unter den Teppich gekehrt werden, sondern dass auch der nunmehr letzte *partei*politisch engagierte Autor dieser Generation seine Differenzpunkte herausstreicht und über die langjährige Treue und Anhänglichkeit zu stellen gewillt ist.

Damit ergibt sich eine wundervoll klare Chronologie der Schweizer Literaturgeschichte seit Kriegsende, die in einem Generationenmodell bruchlos aufgeht:

Aktivdienstgeneration: partiell vormodern, affirmativ
Sechziger-Jahre-Generation: modern, kritisch
Neunziger-Jahre-Generation: postmodern, politisch indifferent

Fortsetzung der (Literatur-)Geschichte, wie sie in der Realität weitergeht:

Kehren wir nochmals zu Peter Bichsels Parteiaustritt zurück. Mag die Gleichung (Überzeugung versus Beliebigkeit, politische Prinzipientreue versus apolitische Werteindifferenz) zur Erklärung seines Handelns auch allzu plakativ ausgefallen sein, mag die hier allzu klar gezogene Frontlinie zwischen Moderne und Postmoderne auch den Unwillen von Kritikern hervorgerufen haben,[6] Bichsels Distanzierung von erodierenden Bedeutungswerten und verschwimmenden begrifflichen Tabus wurde ihm (von anderer Seite) nicht allein als Kampf für und um das Wort hoch angerechnet, sondern auch als konsequente Geisteshaltung eines unbestechlich kritischen Autors.

Die mit einer Kritik an der Postmoderne unterlegte Handlung fand allerdings eine Fortsetzung, die wieder zu meiner oben angeführten These überleitet: Einige wenige Wochen nach dem beherzten Schlussstrichziehen äusserte sich Peter Bichsel in einem Fernsehinterview mit Frank A. Meyer, zum merklichen Missfallen des Journalisten Andreas Blocher, folgendermassen: " 'Ich besuche weiterhin die Parteiversammlungen in Bellach und zahle weiterhin die Mitgliedsbeiträge.' – Meyer erstaunt: 'Ja sind Sie denn

---

[6] Toni Lienhard warf Bichsel eine "sehr quere Interpretation der Postmoderne" vor. Toni Lienhard: Bichsels verfehlte Wut auf die Postmoderne. In: *Tages-Anzeiger* vom 20. Juli 1995.

nicht ausgetreten?' – und jetzt kommt's. Bichsel, mit einer fahrigen Wegwerfbewegung seines Arms: 'Ach, das war nur so zur Demonstration!' "[7] Nun könnte man mit einer wiederum zu kurz greifenden Deutung des Vorfalls von Inkonsequenz und Wankelmut sprechen und es dabei bewenden lassen. Womöglich ist die ganze Sache ein wenig facettenreicher und vielschichtiger, lässt dafür aber auch einer tiefergehende Analyse zu.

Die Handlung spielt sich auf zwei Ebenen ab: Der Austritt und die Kritik waren mimetisch an die Zeit vor der Postmoderne angelehnt, ein Versprechen, eine angekündigte Handlung erfordern Vollzug, einerseits um der Allgemeingültigkeit der Regeln des Systems Genüge zu tun, andererseits um die eigene Glaubwürdigkeit vor den andern nicht anzukratzen, d.h. der einzelne verhält sich systemkonform, weil der reibungslose Ablauf des gesamten Systemgeschehens auch in seinem Interesse ist und weil er um seine Position im System besorgt ist.

Der Austritt "nur so zur Demonstration", eine simulierte Handlung, die sich mit dem Setzen des Zeichens begnügte, ist postmodern, weil die Geste die Tat erübrigt, die der Handlung zugehörige Realreferenz nicht aktiviert wird, sondern die ausgesendeten Zeichen als Spieljetons in dieser "endlosen Signifikantenkette"[8] ohne Unterlass hin- und herbewegt werden können, ohne dass der Einsatz eingefordert würde. Der vormals als Systemverstoss eingestufte Nicht-Vollzug der Handlung hat an negativer Bedeutung massiv verloren in "einer postmodernen Lebenswelt, für die eine Reihe 'neuer', bis vor kurzem ausschliesslich negativ beurteilter Qualitäten wie Unverbindlichkeit und Oberflächlichkeit, Heiterkeit und Infantilismus, synkretistischer Vielfalt an Formen und Stilen konstitutiv geworden sind."[9]

Peter Bichsel hat – und das glaube ich ihm unterstellen zu dürfen – nicht realisiert, dass er in seiner mit einer Kritik an der Postmoderne motivierten Handlungsweise in einem ein Beispiel für die Überlagerung moderner und postmoderner Aktionsformen abgegeben hat. Nun könnte man einwenden, dass Bichsel nie ein theorieorientierter Autor war; es müsste also spannend sein, die vorgebrachte These am Beispiel eines Autors zu stützen, der sich intensiv mit der aktuellen philosophischen Debatte auseinandersetzt. Und zu diesem Punkt möchte ich das Beispiel Jürg Laederachs anführen. Laederach ist ein – wie sein ganzes literarisches und essayistisches Werk belegt – überaus bewusst die philosophischen und naturwissenschaftlichen

---

[7] Andreas Blocher: Welch Schauspiel! Aber ach! Ein Schauspiel nur! In: *Weltwoche* vom 30. November 1995.
[8] Peter Bürger: Vorbemerkung. In: *Postmoderne: Alltag, Allegorie und Avantgarde* Hg. Von Peter Bürger und Christa Bürger. Frankfurt a.M. 1987. S. 7-12, hier S. 7.
[9] Felix Philipp Ingold: Text ohne Autor, Postmodernes Sprachdesign. In: *Der Autor am Werk. Versuche über literarische Kreativität*. München 1992. S. 291-342, hier S. 299.

Entwicklungen und Tendenzen beobachtender und einbeziehender Schriftsteller. Seine Auseinandersetzung mit den Themen Postmoderne und Chaostheorie prägt sein Schreiben seit vielen Jahren. Man könnte also vermuten, dass Laederach mit den von ihm immer wieder beschriebenen und analysierten Phänomenen profund vertraut ist. Gleichwohl wird der Leser und die Leserin überrascht, dass gerade Laederach, der intellektuell sehr dezidiert postmoderne, dekonstruktivistische Positionen einnimmt, sich von der von ihnen herbeigeführten Entwicklung in der realen Umsetzung überrollt fühlt. Jürg Laederach drückt seinen Unmut über die kulturelle Entwicklung der Gesellschaft in apodiktischen Formulierungen aus: "Kann Thomas Gottschalk Adorno erklären? Problem wäre es keins. Tatsächlich erklären Dutzende metaphorischer Medien-Gottschalks uns die lebensnotwendigen Adornos und tragen so zum allgemeinen Glück bei. Übersetzer, Nach-unten-Übersetzer müsste man sein; ein Beruf mit Zukunft."[10] Dass sich die E- und U-Kategorien verwischen und vermischen, war nicht zuletzt ein Anliegen der jungen Autorengeneration der sechziger Jahre, die gezielt darauf hingearbeitet hat, dass die elitäre Kunstauffassung des Bürgertums unterwandert wurde und einem weiter gefassten Kunst- und Literaturverständnis Platz machen musste. Vielleicht war es nicht abzusehen und sicherlich auch nicht primärer Zweck dieser Anstrengungen, dass man im Supermarkt einen easy-listening Beethoven hört und Mondrianbilder als Duschvorhänge kaufen kann, aber einen Einspruch gegen diese Entwicklung könnte man mit den damals vorgebrachten Argumentationen für eine Kunst, die allen gehören sollte und die für alle sein sollte, nur schwerlichst zurechtzimmern. Das "Nach-unten-Übersetzen" hat ebenso gewiss nicht ganz die gewünschte Form angenommen, gleichwohl ist der Schluss, den Laederach daraus für die Entwicklung der Literatur zieht, sehr heikel:

> Das Publikum ist nie etwas verkapptes und irregeleitetes Besseres; es ist schamlos es selber. Unter striktem Erwähnungsverbot bildet sich eine neue Unterklasse, in deren behaupteter Tabufreiheit allenfalls noch die Bezeichnung "Unterklasse" rächenden Anstoss erregt. Längst gibt es, in diesem Rahmen, die neue analytische "Low-Tongue", ein keineswegs regelloses Literatur-"Pidgin" für die breite Öffentlichkeit, welches sich selber, als Vertreter oder Anwalt des Massenverständnisses, aggressiv als "verständlich" setzt, wobei es allem anderen die Verständlichkeit abspricht.
> Die Text-Urteilspole "verständlich" und "unverständlich" sind der neue, zunächst friedfertiger wirkende Ersatz für die alten Pole "gut" und "schlecht", deren Konjunktur zu Ende ist.[11]

---

[10] Jürg Laederach: Literatur, Kritik, ein Ende mit Fortsetzungen. In: NZZ vom 10. September 1994.
[11] Ebd.

Was Jürg Laederach so enerviert, ist eine Entwicklung in der Schweizer Literatur oder besser: in der Vermarktung der Schweizer Literatur der letzten Jahre, die dazu geführt hat, dass reisserische Aufmacher und sich überschlagende Superlative gewählt werden, um die neuesten Bestseller als Höhepunkte literarischen Schaffens anzupreisen: "Milena Moser, erfolgreichste Schweizer Schriftstellerin. Einsame Spitze mit einfachen Geschichten. Milena Moser steht seit einigen Monaten auf dem Höhepunkt ihrer bisherigen Karriere. Die Zürcher Schriftstellerin steht mit ihrem Buch «Mein Vater und andere Betrüger» oben auf der Bestsellerliste, und die Verfilmung ihres Grosserfolges «Die Putzfraueninsel» unterhält das Publikum."[12]

Laederach klagt die Differenz ein, um deren Tilgung er sich bemüht hat. Dass er sich dabei nolens volens im argumentativen Fahrwasser der Aktivdienstgeneration wiederfindet, zeigt deutlich, dass selbst ein so bewusst an der Debatte beteiligter Autor von der realen postmodernen Entwicklung überrollt worden ist. Beim Wechsel vom Kothurn der intellektuellen Auseinandersetzung auf den Soccus der Alltagserscheinung hat die Postmoderne zwar an philosophischer Beachtung eingebüsst, dafür prägt sie aber den Alltag der Menschen in den letzten Jahren des ausgehenden zwanzigsten Jahrhunderts umso vehementer und nachhaltiger. Die Raschheit dieses Herunterpurzelns von der Metastufe der Theorie in die individuelle Lebenswelt und die gesamtgesellschaftliche Praxis wird alleine noch vom unmerklich sublimen Charakter des Vorgangs übertroffen.

Ironischerweise wurde die Postmoderne zum Zeitpunkt der Intellektuellendebatte (Mitte der 70er bis hauptsächlich Anfang der 90er Jahre) als Analyse gesellschaftlicher und kultureller Erscheinungsformen erachtet, als diese Phänomene ephemer waren, kaum mehr als Marginalien im Zeitgeschehen; nachdem die Debatte aber Breitenwirkung erlangt hatte, kein Provinzblattfeuilleton ohne Essay über postmoderne Architektur oder Betrachtungen zur Frage nach der Unbestimmbarkeit von Subjektivität glaubte auskommen zu können und kein Haushalt ohne Designzitronenpresse, als die analysierten und interpretierten Phänomene nun also erst realiter in den gesellschaftlichen Alltag Eingang fanden, verabschiedete sich die philosophische Debatte bereits wieder von ihrem Gegenstand. Karl Heinz Bohrers saloppe Feststellung: "Man wird also nach der Postmoderne hierzulande trotz einiger fideler Vögel des Wissenschaftsbetriebs auf einem Niveau unterhalb der Theorie suchen müssen: Da findet man sie in

---

[12] http://www.anzeiger-online.ch/anzeiger/news/archiv/4696moser.html, 16. April 1998.

Fülle bei Ausstellungsmachern, Malern, Regisseuren, Schriftstellern."[13] greift zu kurz. Er verkennt, dass – um in seiner Terminologie zu bleiben – noch unter der Stufe künstlerischer Befassung, im realen Alltag der Menschen nämlich, postmoderne Verkehrsformen und Existenzweisen längst den Lauf der Dinge bestimmen.

Diese Entwicklung hin zur postmodernen Gesellschaft findet ihre Spiegelung im Entwicklungsverlauf des Subsystems Literatur. Auch in der Schweizer Literatur lassen sich diese Phasen deutlich erkennen: Von Gerold Späths "Commedia" (1980) an, die allgemein als erstes Werk der Postmoderne in der Schweizer Literatur eingestuft wird, lassen sich gängige Merkmale postmoderner Texte in zahllosen Prosawerken nachweisen; das Oszillieren zwischen Selbstauslöschung und Selbstvervielfältigung, Selbstspiegelung des Ich, von dem beispielsweise Ihab Hassan spricht,[14] findet sich in frappierender Häufigkeit in den Schweizer Romanen der mittleren 80er Jahre. Zahlreiche Belegstellen zeigen, wie das Individuum in zwei Personen aufgespalten wurde,[15] wie die Identitäten einzelner Figuren sich aufzulösen begannen, zerflossen, in anderen aufgingen: "Ich wurde mehr und mehr ein anderer, ein Inka vielleicht; [...]"[16] Der Übergang in ein anderes Ich, in das Inkasein bei Urs Widmer beispielsweise, erfolgte ohne Vorbehalte, ohne ängstliche Abwehr und Furcht vor dem Sichverlieren, ja er wurde zum Teil freudig begrüsst als langersehnte Möglichkeit, sich einer Bürde, die man widerwillig mit sich herumgetragen hatte, entledigen zu können oder zumindest als Akt der philosophisch-psychologischen Aufrichtigkeit, dessen Durchbruch als fälliger Sieg über den "planetarischen Ich-Schwindel"[17] zu feiern war. Als ob Max Frischs Thema der von den Umgebenden erzwungenen, der oktroyierten Identität des Ichs mit sich selbst eine Neuauflage erlebt hätte, begannen nun die Prosatexte von gespaltenen Ichs nur so zu strotzen. Interessanterweise war diese von Autorinnen und Autoren als ein Produkt des früheren Zwangs zur Identität

---

[13] Karl Heinz Bohrer: Hat die Postmoderne den ironischen Ironieverlust der Moderne aufgeholt? In: *Merkur. Deutsche Zeitschrift für europäisches Denken* (1998). Heft 9/10. S. 794-807, hier S. 805.

[14] Ihab Hassan: Postmoderne heute. In: *Wege aus der Moderne. Schlüsseltexte der Postmoderne-Diskussion.* Hg. Von Wolfgang Welsch. Weinheim 1988. S. 47-56, hier S. 49.

[15] "– Dieser Stefan –
Es sind eigentlich zwei. Der in Griechenland, damals. Und der hier, der davon erzählt."
Margrit Baur: *Geschichtenflucht*. Frankfurt a.M. 1988. S. 55.

[16] Urs Widmer: *Die gestohlene Schöpfung. Ein Märchen*. Zürich 1984. S. 149f.

[17] Markus Werner: *Zündels Abgang. Roman*. Salzburg ²1984. S. 28.

aufgefasste Aufspaltung[18] zugleich Befreiung des Ichs aus gesellschaftlichen Zwängen und aus für unzumutbar und untragbar erachteten Verantwortungen[19] als auch gleichzeitig eine neuerliche Quelle der Verunsicherung. Die Aufspaltung Wolframs Schöllkopfs in die siamesischen Zwillinge Armando ed Armando (in Hermann Burgers Roman *Die künstliche Mutter* 1982) z. B. ist keine wirkliche Lösung: Aufrichtigkeit mag befreiend wirken, Garant für Glück ist sie keineswegs; Burger selbst sprach von dem "dubiosen Zustand einer Doppelexistenz". [20]

In den schweizerischen Prosatexten der mittleren 80er Jahre divergieren und differieren die Spaltungsprozesse der Personen in dreierlei Weise: Erstens könnte man von einer statischen Spaltung sprechen, dem Bewusstsein, zu zweit zusammenzugehören, eigentlich nur zwei Teile einer Person zu sein, wie das etwa bei Gianluca und Amelio, dem ungleichen Brüderpaar in Dante Andrea Franzettis *Cosimo und Hamlet* (Zürich, 1987), der Fall ist. Als zweite Weise könnte man von einem dynamischen Spaltungsprozess sprechen: Das wäre eine Angleichung der eigenen Person an eine andere, wie das etwa dem Ich in Gertrud Leuteneggers Roman *Kontinent*

---

[18] "Im Grunde ist es absoluter Schwachsinn, von autonomen Identitäten oder sogar Individuen auszugehen, schon unsere menschlichen Vermögen sind absolut nicht synchronisiert miteinander, wir sind ja in diesem Jahrhundert in immer stärkeren Dissoziationsprozessen begriffen. Identitäten finde ich heute nur noch als Zwang, als Zwang einer Gesellschaft, die den alten Zopf sich nicht abschneiden lassen will." Ein Gespräch mit Martin R. Dean über seinen Roman *Der Mann ohne Licht* – und über die Schwierigkeit, heute zu schreiben. In: *Basler Zeitung* vom 14. März 1988.

[19] "[…]: überall Unverantwortlichkeit; was immer auch kommt, das Individuum nimmt die bürokratischen Strukturen als Vorwand und akzeptiert es nicht mehr, von jemandem, auch nicht von der ganzen Gesellschaft, verurteilt zu werden. Selbst das Problem kollektiver Verantwortlichkeit ist ein falsches Problem: die Verantwortlichkeit ist ganz einfach verschwunden." Jean Baudrillard: *Der symbolische Tausch und der Tod*. München 1982. S. 270f. Auch Martin R. Dean schildert dieses Glück der Entledigung subjektiver Verantwortlichkeit. In der unio mystica, dem Aufgehen in und mit der Masse kommt Befreiung von der Individualität zustande. Die rationalitätsuntangierte Empfindung ist der Schlüssel zur Rückkehr in eine mystische Heimat: "Ein wunderbares Gefühl, das mir die Massen von Menschen allmählich zuwachsen lassen. Ein Gefühl grösster Verantwortungslosigkeit: Ich höre auf, ein Bestimmter zu sein und mich um irgend jemanden zu kümmern. Die Jacke liegt mir nun leichter auf den Schultern – und je weniger ich mich fühle, ja, eigentlich bin, desto schöner sickert die Stadt in mich ein, füllt mich langsam, berauscht mich still. Habe das Empfinden, für lange Momente heimgeholt worden zu sein." Martin R. Dean: *Ausser mir. Ein Journal*. München 1990. S. 35.

[20] Interview mit Hermann Burger: Zur Kur im 'Zauber'-Berg. In: *Basler Zeitung* vom 16. Oktober 1982.

widerfährt, wo die eigene Individualität sich auflöst und das Ich sich in einer andern Person wiederum neu zu verkörpern beginnt. Hierunter müsste z. B. auch F. (in Dürrenmatts *Auftrag oder Vom Beobachten des Beobachters der Beobachter*, Zürich, 1986) begriffen werden, die über die Requisiten eines roten Pelzmantels und eines Jeans-Anzugs sowohl zu Jytte Sörensen als auch zu der gesuchten Tina Lambert wird. Die dritte Spaltung wäre dann das freie Flottieren, die beliebige Aneignung anderer Ichs, deren ebenfalls verschwommene Grenzen keinen Halt und keinen Widerstand gegenüber dem Benutztwerden durch andere, ebenso ihre Ichheit verlassende 'Ichs' bieten; die Fluktuation entspricht dem Eingehen eines Geistes in einen Körper, den er vorübergehend aufsucht, um sich seiner zu bedienen, eine Durchgangsstation, die man verlässt ohne Reue und ohne Ranküne: "Wenn ich Ich schreibe, meine ich keine Einzahl. Ich ist einmal dieser, dann jener, also viele. Nicht das Ich, sondern die Erfahrung ist einzige *Evidenz*."[21] Diese Kategorien sollen nicht fix und undurchbrechbar aufgefasst werden; wie das Phänomen als solches nur noch durch die Permeabilität charakterisiert ist, so gehen auch die einzelnen hier behelfsmässig unterschiedenen Weisen der Spaltung durchaus ineinander über. Das im Fluss befindliche Ich erfuhr sich in derselben Weise, weil es als Erkenntnisinstanz eine Welt 'erfasste', die selbst kontingent, ja zerfallen war und in irrealer Vermitteltheit eine Unfassbarkeit erlangt hatte, die den nötigen Halt zu gewährleisten nicht angetan war.[22] Der Zwang zur Ich-

---

[21] Ilma Rakusa: *Die Insel. Erzählung*. Frankfurt a.M. ²1982. S. 38.

[22] Eingetreten war damit, was Lukács bereits 1920 lakonisch festgestellt hatte: "Kontingente Welt und problematisches Individuum sind einander wechselseitig bedingende Wirklichkeiten." Georg Lukács: *Die Theorie des Romans. Ein geschichtsphilosophischer Versuch über die Formen der grossen Epik*. Darmstadt ³1965. S. 76. Vergleiche hierzu Jean Baudrillard: "Wir sind in einer Welt, die, weil sie sich als Simulation vollzieht, keine Perspektive, keinen reflexiven Standpunkt mehr möglich macht." Hg. von Heidrun Hesse: *Der Tod der Moderne. Eine Diskussion*. Tübingen 1983. Wortbeitrag Jean Baudrillards. S. 76. Die erfasste und erfahrene Welt war den Menschen der 80er Jahre zuhanden, wie sie es wohl kaum einer Zeit je gewesen war. Und sie entzog sich ihnen zugleich wie kaum je zuvor: Die Welt war zum "globalen Dorf" (Marshall McLuhan) geschrumpft, wo jedem und jeder alles bekannt war und einem nichts verborgen blieb; die Medien ermöglichten eine bis anhin ungekannte Teilhabe an weitestentfernten Vorgängen. Möglicherweise war aber auch nie zuvor von soviel 'Eingeweihten' das Gefühl des Ausgeschlossenseins und der Ohnmacht geteilt worden. So exorbitant der Grad allgemeiner Informiertheit zu veranschlagen war, übertroffen wurde er noch durch das daraus entstehende Gefühl, am Zustandekommen all dieser Sachverhalte nichts wirklich beitragen oder verändern zu können. Das wiederum war die Ursache für das Unbehagen und die weitverbreitete Frustration: Das Bewusstsein um die Geringfügigkeit des individuellen aktiven Anteils an den Veränderungsprozessen war

Identität wurde stark den Umgebenden, nicht einmal so sehr der Gesellschaft, sondern einem aus politischen Strukturen und Ordnungen befreiten Kollektiv der Nebenmenschen (um diesen vornehmlich im 18. Jh. gebräuchlichen Begriff hier heranzuziehen, der helfen soll, das unpassende 'Mitmenschen' zu vermeiden) angelastet. Sie waren es, die das einzelne Subjekt zur Identität mit sich zwangen, eine Identität, die zu bewerkstelligen ihm bzw. ihr nicht länger möglich war: "Nehmen Sie mich so, wie ich auch sein könnte!"[23] lautete die Bitte, die an die Nebenmenschen gerichtet wurde, von denen allzu viel zu erwarten die Protagonistinnen und Protagonisten der Prosatexte sich hüteten, waren doch Anfeindungen zu fürchten.[24] Die Be- oder Verhinderungen der Lebensmöglichkeiten[25] bestanden im Zwang, der oder die zu sein, zu dem oder zu der einen die andern machten. Diesem Zwang zur Identifizierung zu entgehen, strengten sich die Protagonisten und Protagonistinnen auf unterschiedliche Art an: Der Ich-Erzähler in Urs Faes' Roman *Bis ans Ende der Erinnerung* sieht sich als Kind, das sich seiner Identität entledigen kann: "Hier in dieser türkischen Zollstation hatte ich meinen Endpunkt, meinen Anfangspunkt erreicht: das Kind, das durch die leeren Räume geht und schreit. Das seinen Pass ins Meer warf, um sich endlich zu entkommen. Aus sich herauszuschlüpfen und zu werden."[26]

Es war dieses von Zwängen[27] befreite Dasein, dieses Werden-können, wozu man Lust hat, ein spielerisches Verhältnis zum Leben, das in diesem

---

zum Allgemeingut geworden. Im Gegensatz aber zu anderen Zeiten, wo das Bewusstsein um die eigene Nichtigkeit gefördert wurde – ich erinnere an den Vanitas-Gedanken der Barockzeit – fehlte der Antrieb zur sittlichen Erneuerung und Besinnung, so weit ich sehe, vollständig.
[23] Maya Bianchi: *Die doppelt geliebte Frau. Drei Ansätze.* Bern 1988. S. 326.
[24] So beginnt etwa Marcel Konrads "Erzählzeit" mit einer diesbezüglich bedrückenden Aussage: "Aber ich habe Ihnen ja von meinem Weg berichten wollen und vorab von den Anfeindungen. Schon kaum dass ich unter die Menschen getreten bin, eigentlich müsste es heissen: getreten worden bin, [...]" Marcel Konrad: *Erzählzeit. Ein Zustand.* Zürich 1984. S. 14.
[25] "Ausserdem wollte ich endlich eine andere werden, auch wenn ich dafür ein neues Leben anfangen musste." Hanna Johansen: *Ein Mann vor der Tür. Roman.* München 1988. S. 10.
[26] Urs Faes: *Bis ans Ende der Erinnerung. Roman.* Basel 1986. S. 259f.
[27] Manfred Frank sieht in den überhand nehmenden normativen Momenten einen Grund für die Kritik am subjektphilosophischen Paradigma: "Die Sinn- und Individualitätsschelte, die den Charakter der zeitgenössischen philosophischen und literarischen Strömungen so nachhaltig bestimmt, scheint wohl zu erkennen, dass der lebendige Sinn weltoffener Einzelsubjekte gleichermassen in den modernen Gesellschaften wie in den Theorien, die deren Selbstverständnis ausdrücken, überfremdet ist vom Gitter allgegenwärtiger Regelzwänge." Manfred Frank: *Die Un-*

Wunsch, das *eine* Ich abzulegen, zum Ausdruck kam, oder wie Vattimo meint, das Bedürfnis "zu einer wirklichen Erfahrung von Individualität als Vielfalt".[28] Eine Auffassung vom Ich, die Friedrich Dürrenmatt im Gespräch zwischen der Journalistin F. und dem Logiker D. entwickelt, kommt der Individualität als Vielfalt sehr nahe; die Spaltung ist hier als Abfolge begriffen:

> [...], aber sie interessiere, was er über den Menschen gesagt habe, dem er jede Identität mit sich selber abgesprochen habe, da er immer ein anderer sei, hineingeworfen in die Zeit, wenn sie D. recht verstanden habe, was aber bedeuten würde, dass es kein Ich gebe, besser, nur eine zahllose Kette von aus der Zukunft auftauchenden, in der Gegenwart aufblitzenden und in der Vergangenheit versinkenden Ichs, so dass denn etwas, was man sein Ich nenne, nur ein Sammelname für sämtliche in der Vergangenheit angesammelten Ichs sei, ständig anwachsend und zugedeckt von den aus der Zukunft durch die Gegenwart herabfallenden Ichs, eine Ansammlung von Erlebnis- und Erinnerungsfetzen, vergleichbar mit einem Laubhaufen, bei dem die untersten Blätter längst zu Humus geworden und der durch das frisch fallende und heranwehende Laub immer höher steige, ein Vorgang, der zu einer Fiktion eines Ichs führe, indem jeder sein Ich zusammenfingiere, sich in eine Rolle dichten würde, die er mehr oder weniger gut zu spielen versuche [...][29]

Die Aufspaltungen des Ichs und seine Erfahrung als Vielfalt waren mithin nicht allein Ausdruck der psychischen Befindlichkeit im jeweiligen Moment, sondern griffen auch auf die Vergangenheit zurück, "die Biografie fächert sich auf",[30] Gefühle des Fremdseins begannen von den Menschen Besitz zu ergreifen angesichts der Distanz zu den Handlungen und Seinsweisen, die unleugbar mit dem eigenen Namen und Leben durch die Erinnerung verknüpft werden konnten, in den schlechteren Fällen mussten. Das Bedürfnis, ohne belangbare Identität eine unbeschränkte Vielzahl von Personen sein zu können, sein zu dürfen, wurde auch immer wieder aufs neue in Frage gestellt und in seiner Erfüllung zunichte gemacht durch die Umgebenden, die als Bezugspersonen teilhatten an einer Biographie, welche wiederum zu der eingeschränkten Handlungs- und Bewegungsfreiheit geführt hatte, in der sich das freiheitsbedürftige Individuum nun befand.

---

hintergehbarkeit von Individualität. Reflexionen über Subjekt, Person und Individuum aus Anlass ihrer 'postmodernen' Toterklärung. Frankfurt a.M. 1986. S. 19.

[28] Gianni Vattimo: *Jenseits vom Subjekt. Nietzsche, Heidegger und die Hermeneutik.* Graz 1986. S. 63.

[29] Friedrich Dürrenmatt: *Der Auftrag, oder Vom Beobachten des Beobachters der Beobachter. Novelle in 24 Sätzen.* Zürich 1986. S. 28.

[30] Hansjörg Schertenleib: *Die Ferienlandschaft. Roman.* Frankfurt a.M. 1986 (orig. 1983). S. 61.

Auch der literarische Entstehungsprozess war durch diese Behaftungen auf der Indentität des Schriftsteller-*individuums* aufs schwerste tangiert; Felix Philipp Ingold hat eben diesen Fragen nach den (stipulierten) Zusammenhängen von Autorschaft und Werk zahlreiche Essays gewidmet, und Jürg Laederach beschrieb den Auseinandersetzungsprozess mit dem abgeschlossenen Werk als "Neun Phasen der Entfremdung, inklusive Heilung":

> Phase I: Ich erkenne mich in meinem fertigen Produkt nicht mehr.
> Phase II: Ich erkenne mich im Produktionsprozess nicht mehr, der zum Produkt führt.
> Phase III: Ich erkenne mich in der Grundidee nicht mehr, auf der der Produktionsprozess aufbaut.
> Phase IV: Ich erkenne mich im Erfinder nicht mehr, der die Grundidee konzipiert.
> Phase V: Ich erkenne mich im Bewusstsein nicht mehr, das denkt, ich (oder es) sei der Erfinder.
> Phase VI: Ich will diesen Menschen liquidieren, von dem dauernd die Rede ist in mir, denn es handelt sich nicht um mich, sondern um einen gefährlichen Konkurrenten.
> Phase VII: Sobald ich weiss, ich bin nicht ich, sondern mein Konkurrent tut alles unter meinem Namen, wird alles wieder verständlich.
> Phase VIII: Die Heilung tritt ein. Was mir entfremdet schien, ist mir wieder nah. Bloss ist es von einem anderen. Das ist noch immer nicht der Idealzustand. Aber längst nicht mehr so schlimm.Ich ärgere mich ein bisschen. Das ist alles.
> Phase IX: Entfremdung gibt es nicht. Es gibt nur ein wenig Ärger über die anderen.[31]

Mochte also das Fazit am Übergang zum neuen Jahrzehnt die allgemeine Einsicht in die "Aufspaltung, ja Zersplitterung des Subjekts"[32] sein, mochte seine Nichtigkeit einwandfrei feststehen: "Wir sind nicht einmal so etwas wie ein Ich, aber da wir das Gegenteil davon glauben, ist es so, als wären wir ein Ich: Die Gewissheit dieses Ich zu haben und zu sein, ist so unerschüttert, das der Gedanke, dieses Ich sei nur angenommen, kaum je gedacht wird."[33] Die Entwicklung der frühen 90er Jahre schien, so sehr einem Teil der sich mittlerweile von der neueren französischen Philosophie abzuwenden beginnenden Autoren und Autorinnen auch noch ein "Flucht-

---

[31] Jürg Laederach: Abend in Wilmersdorf. In: *Drehpunkt. Die Schweizer Literaturzeitschrift* (1985). Nr. 63, S. 41-43, hier S. 42.
[32] Beatrice von Matt: Literarische Postmoderne? In: NZZ vom 26./27. September 1987.
[33] Jürg Laederach: *Der zweite Sinn, oder Unsentimentale Reise durch ein Feld Literatur.* Frankfurt a.M. 1988. S. 16.

und Verschwindenswille"[34] anhaften mag, darauf hinzudeuten, "dass die Mitternacht der Abwesenheit überschritten ist."[35] Das heisst nun allerdings keineswegs, dass Subjektvorstellungen in einer dem Bürgertum liebsamen Richtung und Weise revidiert worden wären, noch nicht einmal, dass die vorherige Situation der Moderne damit widerhergestellt worden wäre, was ja, wie erinnerlich, auch nicht gerade eine unproblematisches Verhältnis zu diesem Themenkreis implizierte. Vielmehr stellte sich die Lage in den 90er Jahren so dar, dass unterschiedliche Auffassungen nebeneinander bestehen konnten.

Die Unvertrautheit mit dem eigenen Ich[36] und das Wissen um die Unmöglichkeit, zu einem Ich zu kommen, das mehr sein konnte als eine zurechtgelegte Annahme, blieb während den ganzen 90er Jahren kennzeich-

---

[34] Jürg Laederach: Literatur, Kritik, ein Ende mit Fortsetzungen. In: NZZ vom 10./11. September 1994.

[35] Elisabeth Binder: Lebendig begraben?, Felix Philipp Ingolds Essay-Band: *Der Autor am Werk*. In: NZZ vom 29. Januar 1993. Binder zitiert hier aus Botho Strauss' Nachwort zu George Steiners Essay *Von realer Gegenwart* (München, 1990).

[36] Dieser Befund trifft sowohl für konventionelle Stile wie auch für experimentelle Schreibweisen zu, wie das Beispiel aus Rolf Geissbühlers "Opera" von 1994 zeigt:
"(CAVATINA)
Die Zeiten
würden sich jetzt neuerdings fast stündlich ändern.
(würde Sie nicht verändern gesagt und gemeint haben?)
---
beim Morgenessen schon würde Man nicht mehr genau wissen, wer Man eigentlich sei, wenn Man sich an die verschiedenen Identitäten seiner Träume erinnern würde, wenn Man sich (überhaupt) erinnern würde.
die nächste Identitätskrise würde beim Anziehen der Kleider und der Schuhe auf die neue Menschheit in diesen neuen Zeiten zukommen, ob Man wollen würde oder nicht.
als Übernächstes würde Man auf der Strasse bald einmal nicht mehr wissen, ob Man nun als Fussgänger oder als Velofahrer oder als Benützer der öffentlichen Verkehrsmittel eine Rolle in dieser zeitveränderten Zeit zu spielen haben würde.
bei Arbeitsantritt würde Man wieder seine Rolle in dieser bereits wieder veränderten zeit zu suchen haben.
beim Znüni würde es wieder nicht möglich sein, zu sein, was Man gewohnt sein würde, zu sein gewesen zu sein.
bei der Wiederaufnahme der Arbeit würde Man wieder versuchen, nach Möglichkeit zu scheinen, was Man vorher schon würde gewesen zu sein haben.
die Möglichkeit, sich in dieser veränderten und sich dauernd verändernden Welt zurechtzufinden, würde immer
würde"
Rolf Geissbühler: *Opera. Prosa*. Bern 1994. S. 224.

nend für die Schweizer Literatur. In dieser anhaltenden Unbestimmbarkeit bot Literatur allerdings als Entschädigung den selbst kreierten, wandlungsfähigen Prüfstand für potentielle Ichformen. Das eigene Leben, in seinen Entwicklungen und Erscheinungsweisen als kontingent erfahren, wurde in der Literatur und im Erschaffen von Literatur zugleich aufgewertet und hinterfragt, wie Adolf Muschg feststellte: "Literatur ist für mich eine Recherche über die Tragfähigkeit der eigenen Lebensfiktionen. Sie ersetzt sie nicht durch neue – im Gegenteil, sie zeigt die Vieldeutigkeit und Gebrochenheit der Verhältnisse, von denen ich im Leben lieber annähme, ich brauchte nicht damit zu rechnen."[37] Die Offenheit dieser Situation kommt den jüngst zu publizieren beginnenden Autorinnen und Autoren entgegen; ihr Schreiben kann ohne Zwänge des Auslotens vonstatten gehen.

Im selben Masse wie das Subjekt in den letzten beiden Jahrzehnten vom Selbstverwirklichungsziel der siebziger Jahre zum diffusen Schemen mutierte, verselbständigte sich auch das Werk. Dabei handelte es sich um einen Vorgang, bei dem die Autoren die Urheberschaft als kognitiven, willentlichen Prozess des Erarbeitens eines Werkes leugneten. Als virtuell muss der Gegensatz zu der damals ebenfalls wieder erwachten Tendenz der Hervorhebung der Künstlerexistenz aufgefasst werden, da es gerade nicht ausschliesslich Autoren experimenteller Prosa waren, die das Gestaltannehmen ihrer Texte als autogenen und autonomen Prozess sui generis deklarierten, sondern eben auch interessanterweise Autoren wie E. Y. Meyer und Paul Nizon, die zur selben Zeit, zum Teil in den gleichen Texten beide Positionen vertraten: Paul Nizon überschreibt die III. Vorlesung seiner Frankfurter Poetikvorlesungen mit dem bezeichnenden Titel: "Ein Buch inkubieren. Über das Gestaltannehmen, am Beispiel des Romans «Das Jahr der Liebe», mit einem Blick auf die Frage 'was schreibt'."[38] Ein weiteres Detail, das überraschen mag: Von der Verselbständigung des Werks berichteten in den mittleren achtziger Jahren nicht etwa junge Autorinnen und Autoren, sondern fast ausschliesslich Autoren, die auf einen umfassenden Publikationskatalog zurückblicken konnten; gleichsam als ob eine kollektive Distanznahme von den eigenen formalen Ansprüchen vergangener Zeiten, den rationalen Konstrukten und Bauplänen für das literarische Arbeiten vonnöten gewesen bzw. für nötig erachtet worden wäre, liessen diese Schriftsteller nun die Texte frei und ungebändigt fliessen: "Nicht ich trieb die Sätze, wohin ich wollte, die Sätze trieben mich, wohin sie woll-

---

[37] Adolf Muschg und Meinhard Schmidt-Degenhard: *Liebe, Literatur & Leidenschaft*. Zürich 1995. S. 60.
[38] Paul Nizon: *Am Schreiben gehen. Frankfurter Vorlesungen*. Frankfurt a.M. 1985. S. 81.

ten."³⁹ Dieses Sich-mittreiben-Lassen, die Hingabe an den Fluss des Schreibens wurde begriffen als die Wiedereinsetzung des Rechts, das dem Werk, bzw. dem Text zukam, dem man glaubte, allzu lange Gewalt angetan zu haben; hier setzte sich, auf einer sehr intellektuellen Stufe, die Abkehr vom Rationalitätsparadigma fort und fand in Autoren und Autorinnen Fürsprecher und Richter in einer Person. Ich möchte beim folgenden Zitat Ingolds das Augenmerk auf die Sprache lenken, die diesen Emanzipationsakt von Werk und Rezipientenschaft als Befreiung aus einem Gewaltverhältnis darstellt:

> Das Verschwinden des Autors, so könnte man vielleicht sagen, vollzieht sich als Es-Werdung des auktorialen Ich im Text. Der Autor verliert damit seine individuelle Souveränität über die Bedeutungsebene des Werks; dieses wird autonom gesetzt, mithin 'befreit' von der Autorität des Verfassers, was nicht zuletzt auch das Abrücken des Lesers vom Autor zur Folge hat, seine Emanzipation von der Autorität dessen, der das Sagen, folglich auch die Wahrheit und kraft dieser Wahrheit die Macht der Einflussnahme, der Geschmacksbildung, der Gesetzgebung, der Diskursbegründung hat. Der Rezipient wird nicht mehr dazu angehalten, einen Bedeutungszusammenhang aus dem Text herauszulesen, welcher zuvor, als ein zu deutendes, in den Text hineingelegt worden wäre; vielmehr gewinnt nun der Leser selbst die Autorität, über den Text zu verfügen und dessen Sinnkonstitution, vielleicht sogar im Widerspruch zu den Intentionen des Autors, eigenmächtig ins Werk zu setzen. [...] In solchem Verständnis kann der Text nicht mehr in Funktion zum Autor beziehungsweise in Abhängigkeit von diesem gesehen werden, die Relation verkehrt sich in ihr Gegenteil, der Autor wird, als Autorität entmächtigt, zu einer Funktion des Texts, und folglich vermag auch nur der Text – dieser *selbst* – die Autorschaft zu begründen. Statt souverän der Sprache sich zu bedienen und solcherart sie zu instrumentalisieren, überantwortet sich der Autor seinerseits der Sprache, er lässt sich von ihrer rhythmischen, ihrer prosodischen Dynamik leiten, er versucht, ihr *gerecht* zu werden, das heisst auf ihre Eigengesetzlichkeit zu achten und dieser Eigengesetzlichkeit entsprechend dem Sagen der Sprache zum Durchbruch zu verhelfen entgegen der Insistenz des Besagens wie auch des Gesagten.⁴⁰

---

³⁹ Friedrich Dürrenmatt: *Der Auftrag, oder Vom Beobachten des Beobachters der Beobachter. Novelle in vierundzwanzig Sätzen.* Zürich 1986. Klappentextzitat Friedrich Dürrenmatt. Ebenso Otto F. Walter über seinen Roman *Das Staunen der Schlafwandler am Ende der Nacht*: "Ich habe beim neuen Roman vorne angefangen, habe Kapitel für Kapitel durchgeschrieben, ohne Plan, praktisch ohne Notizen. Die Geschichte hatte ich nicht im Kopf, sie entwickelte sich beim Schreiben." Interview mit dem Schriftsteller Otto F. Walter: "Suche nach einer Logik dessen, was uns zerstört". In: *Luzerner Neuste Nachrichten* vom 25. November 1983.
⁴⁰ Felix Philipp Ingold: Nach dem Autor fragen. In: *NZZ* vom 21./22. September 1991.

Die Befreiung des Werks aus der Vormundschaft seines virtuellen Autors, seiner virtuellen Autorin war nur ein – wenn auch nicht der unwichtigste – postmoderne Entwicklungsschritt[41] der Schweizer Literatur der 80er Jahre, das klare Funktionsgefüge, zu dem das Verhältnis Autor – Werk – Rezipient in den Augen der Schriftstellerinnen und Schriftsteller verkommen war, strukturell zu durchbrechen. Das normierende bisherige System, bei dessen klarer Rollenverteilung gesellschaftliche Herrschafts- und Machtformen imitiert wurden, sollte einer offenen Struktur gleichberechtigter 'Partner' weichen, die in kommunikativer Beteiligung den jeweils individuellen hermeneutischen Prozess vollführten, sich auf eine Auseinandersetzung, die alles offenliess, einlassen sollten.

Die damit einhergehende "Erfahrung von Beliebigkeit"[42] liess ein vollständig freies Schreiben zu, mit vielleicht einer Ausnahme, die in Zusammenhang steht mit den oben genannten Entfremdungs- und Zersetzungserscheinungen: eine auktoriale Erzählweise mit allwissendem Erzähler, der gottgleich Schicksale verknüpft und Gedanken und Gefühle aller kennt, war nach wie vor undenkbar[43]. Ansonsten allerdings war das Auseinander-

---

[41] Ingold plädiert beispielsweise für eine Lektüre literarischer Werke, die sich die Freiheit nimmt, auch wider die Intention des Autors, der Autorin vorzugehen: "Fast hat man den Eindruck, dass literarische Diskurse überhaupt nur noch in Funktion zu einem Autor – die *Notizen* nur noch in Funktion zu [Ludwig] Hohl – rezipiert werden können. Künstlerische Anonymität ist der Kritik (den 'Meyers') wie auch dem Publikum (den 'Schweizers') unerträglich geworden, da man sich daran gewöhnt hat, beim Lesen 'in die Tiefe' zu gehen, das heisst – hier – nach Bedeutungen zu suchen, die auf Hohl zurückverweisen; statt dass man im Umgang mit seinen Texten sich auf eine kreative Lektüre einlässt, die – horizontal verlaufend – an der Sprachoberfläche (an der Wort-, nicht der Darstellungsebene) orientiert bleibt und ihrerseits Bedeutungen hervorbringt, die über Hohls Intentionen hinausgehen oder diesen gar zuwiderlaufen." Felix Philipp Ingold: *Haupts Werk. Das Leben*. München 1984. S. 314. Vergleiche hierzu Michel Foucaults Rede "Was ist ein Autor?": "Und wenn infolge eines Missgeschicks oder des ausdrücklichen Autorwillens uns der Text anonym erreicht, spielt man sofort das Spiel der Autorsuche. Literarische Anonymität ist uns unerträglich; wir akzeptieren sie nur als Rätsel." Michel Foucault: *Schriften zur Literatur*. München 1974, darin: Was ist ein Autor? S. 7-31, hier S. 19. Ebenso Jürg Laederach: "Von eigentlichem 'Verstehen' kann, gemäss dem, was ich erläuterte, nur unter bewusstem Einbezug einer Unschärferelation gesprochen werden, bloss ist das längst kein Grund zur Beunruhigung. Nebst der Analyse werden die Konjektur, die Impression Hilfskräfte des Verstehens, ja, lösen es ab. Verstanden hat, wem sich eine unendlich deutliche Impression vermittelt." Jürg Laederach: *Der zweite Sinn, oder Unsentimentale Reise im Feld Literatur*. Frankfurt a.M. 1988. S. 90.
[42] Hugo Loetscher: *Vom Erzählen erzählen*. Zürich 1988. S. 93.
[43] Hermann Burger verwahrt sich im "Brenner" sowohl gegen das allwissende Erzählen als auch gegen die fiktionalitätsvergegenwärtigenden Einsprengsel: "Dich-

streben und Disparatwerden der einzelnen schriftstellerischen Befassungs- und Erzählweisen durch nichts eingeschränkt; die Disponibilität fand nicht nur in unterschiedlichen semantischen Alimentierungsfeldern ihren Ausdruck, in der Verwendung aller möglichen Sprachen, Soziolekte und vergangenen Sprachformen, in einer adaptiven Lexik, die keineswegs danach trachtete, die Verschiedenheit der verwendeten Sprachen einzuebnen oder zu kaschieren, sondern auch im Zerfall der früher angestrebten Geschlossenheit und harmonischen Abgerundetheit als Ganzes eines Werks: Matthias Zschokkes "Prinz Hans" (1984) besteht aus dem Romanteil selbst, einem übergangslos anschliessenden und damit im Ganzen des Romans aufgehenden Theaterteil, der bereits früher unter dem Titel "Elefanten können nicht in die Luft springen, weil sie zu dick sind – oder wollen sie nicht?" erschienen ist und einem surrealistischen Schlussteil. Ebensolches geschieht in Adolf Muschgs "Erziehungsroman eines Vampirs": "Das Licht und der Schlüssel" (1984). Hier gibt es einen vom Text des Romans deutlich abgesetzten Anhangteil, dreizehn essayistische Briefe zum Thema "Stilleben", der ebenfalls gesondert nochmals herausgegeben wurde (1986). Die Tendenz der einzelnen Teile, "sich zu verselbständigen, das Romanganze zu sprengen"[44] muss im Zusammenhang mit dem bereits

---

ter, wenn sie Romane schreiben, pflegen so zu tun, als sässen sie an den Schalthebeln der Macht, als wüssten sie über das Innen- und Aussenleben ihrer Figuren mehr als die Götter, denen sie opfern wie die Maya-Priester mit ihren Cohiba-Rollen, über sie, die Erzähler. Und auch die in Mode gekommene Unart, das Geschilderte durch Variations- und Verunsicherungsformeln zu relativieren, dem Leser illusionistisch vorzugaukeln, es hätte auch ganz anders sein können, der kokette Einsatz mit "Nehmen wir mal an", "Stellen wir uns vor", "Gesetzt den Fall" ist nur eine ungezogene Abart der auktorialen Diktatur, Sozialismus der Einbildungskraft, der nirgendwo auf der Welt funktioniert." Hermann Burger: *Brenner. Erster Band:Brunsleben.* Frankfurt a.M. 1989. S. 324.

[44] Hermann Burger: Davonkommen im beispielhaften Detail. Hugo Loetschers Roman *Die Papiere des Immunen.* In: *Aargauer Tagblatt* vom 15. November 1986. Im gleichen Sinne Ingold: "Da das Werk, strukturell wie auch thematisch, nicht mehr durch ein zentrales, individuell fassbares schöpferisches Bewusstsein determiniert ist, verliert es seinerseits – ob als Text oder als Bild – jene zentrale künstlerische Perspektivierung, welche seit der Renaissance durch die auktoriale Positionierung des Erzählers, des Lyrikers (wie auch durch den auktorialen Gesichtspunkt des Malers) vorgegeben war. Das Interesse verschiebt sich vom Werkganzen und von der Werkmitte auf das Stück-Werk sowie auf dessen innere und äussere Grenzen." Felix Philipp Ingold: Nach dem Autor fragen. In: NZZ vom 21./22. September 1991. Das Neue an der Auflösung des Werkzusammenhanges, die ja ihre bekannten Vorläufer in Lawrence Sterne, E.T.A. Hoffmann, den Dada- und Surrealisten gehabt hat, besteht mithin also nicht im spätestens seit Friedrich Schlegels Diktum von der Lächerlichkeit der strengen Reinheit klassischer Dichtarten geläu-

oben angetönten literarischen Entwicklungsphänomen der Schweizer Literatur dieser Zeit begriffen werden, der Verselbständigung des Schreibaktes. Das Werk als zufällige Zusammensetzung einzelner Teile (welche gerade so gut durch beliebig andere hätten ersetzt werden können[45]) darf als Repräsentant einer Zeit gesehen werden, die sich vom metaphysischen Halt eines allumfassenden Sinn- und Bedeutungszusammenhangs weit entfernt fühlte. Die Zersetzung von Anspruch und Geltung war allseitig. So wie sich der Anspruch des Autors, der Autorin, über eine dem Werk adäquate, bzw. die adäquateste Auslegung zu verfügen, in nichts aufgelöst hatte, so floss nun das Vorrecht des Kunstwerks, mit aesthetischen Kategorien erfasst zu werden, gleichsam aus. Es kam zu einer Aesthetisierung des Alltags: "Entlassen aus dem Zwang zur Form überschreitet das Aesthetische die Grenzen der Institution Kunst und dringt in alle Bereiche des gesellschaftlichen Lebens ein."[46] Nichts blieb von dieser Durchdringung ausgenommen, das Aesthetische begann alle Belange und Sphären des Alltags gleichmässig zu überwölben. Design hiess das Zauberwort, wo es galt, die Objekte durch ein gestyltes Äusseres aufzuwerten: Der ganze Alltag und alle ihm beigegebenen Objekte, mit denen man in irgend einer Weise in Berührung kommen konnte, wurden nun quasi aesthetisch aufgeladen.

figen Durchbrechen der eindimensionalen Sinneinheit, sondern in der Aufgabe einer dahinter sich verbergenden Metastufe des Sinns, die erst durch die in Wirklichkeit produktive Destruktion erfasst werden kann. Die einzelnen Teile bleiben disparat und bilden die mimetische Darstellung eines zusammenhanglosen, durch keinen fingierbaren Sinn mehr erfassbaren Zeit.

[45] "So weit, so recht – bedeutet dies aber nicht, dass angesichts all der Möglichkeiten, die unerschöpflich sind, das Erzählen zu einem Endlosband wird? So dass ein Buch gar nie einen Bücherdeckel als Abschluss haben darf und haben kann?" Hugo Loetscher: *Vom Erzählen erzählen*. Zürich 1988. S. 93. Ebenso Foucault: "Künftig wird die Sprache ohne Anfang, ohne Endpunkt und ohne Verheissung wachsen. Die Bahn dieses nichtigen und fundamentalen Raumes zeichnet von Tag zu Tag den Text der Literatur." Michel Foucault: *Die Ordnung der Dinge. Eine Archäologie der Humanwissenschaften*. Frankfurt 1984. S. 77. Siehe auch Christoph Neidhart über Reto Hänny: "Er weigerte sich lange, einer Taschenbuchausgabe seines Erstlings "Ruch" zuzustimmen – erst wollte er das Buch umarbeiten. Für ihn ist der gedruckte Text eine (in einem beinahe willkürlichen Moment) eingefrorene Fassung eines 'work in progress'. Würde man Reto Hänny einen Textverarbeitungscomputer ins Haus stellen, man könnte bei ihm täglich neue Fassungen seiner Bücher abrufen." Christoph Neidhart: Die Heimat taugt nicht, Porträt des Schriftstellers Reto Hänny. In: *Du, die Zeitschrift für Kunst und Kultur* (1986) Nr. 6. S. 4-13, hier S. 8.

[46] Christa Bürger: Das Verschwinden der Kunst, Die Postmoderne-Debatte in den USA. In: *Postmoderne: Alltag, Allegorie und Avantgarde*. Hg. von Peter Bürger und Christa Bürger. Frankfurt 1987. S. 34-55, hier S. 42.

Diese Aesthetisierung des Alltags, die nun wirklich nichts, aber auch gar nichts mit dem biedermännischen "Schmücke-dein-Heim" vergangener Tage zu tun hatte, verwirrte die der Avantgarde und ihrem Postulat von der Aufhebung der Diskrepanz von Kunst und Leben zugetanen Kunstkritiker und -kritikerinnen und Kulturphilosophen und -philosophinnen über alle Massen. Sie, die meistenteils ihrem Verständnis gemäss Neomarxisten waren und daher a priori einer progressiven Anschauung verpflichtet, fanden sich nun in einem Lager mit konservativen Denkerinnen und Denkern, vereint in der Ablehnung einer Entwicklung, die von neostrukturalistischer Seite seit langem vorhergesagt und zum Teil als Befreiung aus der Repression ethischer Verpflichtungen und Zwänge gefeiert worden war. Währenddem also Christa Bürger apodiktisch feststellte: "Wo alles 'gestylt' ist, hat Kunst keine Chance mehr"[47] und Odo Marquard seine Skepsis angesichts dieser Entwicklung zum Ausdruck brachte:

> Dubios – ich wiederhole es – ist nicht die Aesthetisierung der Kunst, sondern diese Aesthetisierung der Wirklichkeit, die – als die zum einen einzigen Menschenwerk gemachte Selbsterlösung des Menschen – die Revolutionierung der Wirklichkeit fortsetzt: als letzte Stufe dieser Stufenfolge der Ermächtigung der Illusion, bei der das Aesthetische – gefährlich nicht, weil es zu unwirklich, sondern weil es zu wirklich wird – statt zur "aesthetischen Erfahrung" (Hans Robert Jauss) zum anaesthetischen Abschied von der Erfahrung führt: zur Anaesthetisierung des Menschen. Und das – meine ich – ist nicht gut.[48]

Währenddem also auf der einen Seite Zweifel vorherrschten, wurde auf der anderen Seite diese umfassende Aesthetisierung euphorisch begrüsst, auch wenn das heissen sollte, dass die Kategorien dabei einem Auflösungsprozess[49] unterlagen: "Kunst ist daher überall, denn das Künstliche steht im

---

[47] Christa Bürger: Das Verschwinden der Kunst, Die Postmoderne-Debatte in den USA. In: *Postmoderne: Alltag, Allegorie und Avantgarde.* Hg. von Peter Bürger und Christa Bürger. Frankfurt a.M. 1987. S. 34-55, hier S. 45.
[48] Odo Marquard: Nach der Postmoderne, Bemerkungen über die Futurisierung des Antimodernismus und die Usance Modernität. In: *Moderne oder Postmoderne? Zur Signatur des gegenwärtigen Zeitalters.* Hg. von Peter Koslowski; Robert Spaemann und Reinhard Löw. Weinheim 1986. S. 45-55, hier S. 51.
[49] Wolfgang Welsch sah im Gegensatz zu Christa Bürger in der Omnipräsenz der Stile und der Auflösung der Kategorien eine Hypostasierung der Anliegen der aesthetischen Moderne, wie er denn in der Postmoderne eine ins Extrem fortgetriebene Weiterführung der Moderne glaubt erkennen zu können: "Das Fortsetzungverhältnis postmoderner gegenüber moderner Kunst ist offensichtlich und wichtig. Bedeutsamer noch als die künstlerische Fortsetzung ist freilich die lebensweltliche Übersetzung. Aus den avantgarde-aesthetischen Paukenschlägen sind Rhythmen

Zentrum der Realität. Die Kunst ist daher tot, nicht nur, weil ihre kritische Transzendenz tot ist, sondern weil die Realität selbst – vollständig von einer Aesthetik geprägt, die von ihrer eigenen Strukturalität abhängt – mit ihrem eigenen Bild verschmolzen ist."[50] Jean Baudrillard These, dass wir einer Auflösung nicht alleine der Kunst, sondern tiefgreifender, auch der Wirklichkeit beiwohnen, führte zu der Situation, die ich an den Anfang meiner Ausführungen gestellt habe: Allem eignet der Touch der Simulation, Handlungen werden gestisch, zum Imitat. Die Realität als Simulationsebene verunwirklicht und verunwahrheitet sich selbst und die sie stiftenden Geschehnisse zur vorzu stattfindenden Fiktion. Diese Situation hat zur Folge, dass die Autoren, welche in den neunziger Jahren zu schreiben begonnen haben, unbeschwerter mit dem Spielcharakter des 'Real'-geschehens umzugehen wissen; es gelten – dessen sind sich die jungen Autorinnen und Autoren vollauf bewusst – für alle Produkte, die auf den Markt kommen die gleichen Spielregeln, so auch für literarische Erzeugnisse; die idealistische Wertschätzung des Bildungsgutes und Kunstwerks Literatur hat marketingorientierten Strategien Platz machen müssen, womit sich beileibe nicht etwa nur Jürg Laederach schwer tut.

Fast ungläubig nehmen einige Literaturkritikerinnen und Literaturkritiker die Vielzahl der Neuerscheinungen und Jungautorinnen und -autoren, die die Schweizer Literatur in den letzten fünf Jahren hervorgebracht hat, zur Kenntnis, einige fühlten sich von dieser Entwicklung nahezu überrumpelt und fragten sich, ob es "tatsächlich die 'neue' Schweizer Literatur"[51] gebe: "Plötzlich dämmerte an den diesjährigen Literaturtagen, beim Auftritt des Autorennachwuchses, so etwas wie eine Ahnung, dass sich die Topographie der Schweizer Literatur tatsächlich fast unmerklich, aber konstant wandeln könnte."[52] Pia Reinachers Ahnung trügt nicht: eine neue Generation beginnt sich in den 90er Jahren zu etablieren, eine Generation von Autorinnen und Autoren, die zwar von den Absetzungskämpfen ihrer Vorgängerinnen und Vorgänger nutzniessend profitiert, mit der Auseinandersetzung aber nichts mehr zu tun hat – wie wollte sie auch, da ihre Ge-

---

des Alltags geworden." Wolfgang Welsch: *Unsere postmoderne Moderne*. Weinheim [2]1988. S. 194.

[50] Jean Baudrillard: *Der symbolische Tausch und der Tod*. München 1982. S. 119.

[51] Pia Reinacher: Gerücht oder Hoffnung: 'Neue' CH-Literatur. In: *Tages-Anzeiger* vom 22. Juni 1994.

[52] Pia Reinacher: Gerücht oder Hoffnung: 'Neue' CH-Literatur. In: *Tages-Anzeiger* vom 22. Juni 1994.
Christian Seiler teilt diese Einschätzung: "Eine neue junge Generation von Schweizer Schriftstellern löst also eine Generation ab, die nun gut zehn Jahre lang als jung gegolten hat" Christian Seiler: Eine neue Generation, der es nicht gelingt, jung zu sein. In: *Weltwoche* vom 23. Juni 1994.

burtsjahre diesseits des mittlerweile mit seltsamer Patina beschlagenen Einschnitts '68' liegen.[53] Der Eindruck, dass hier etwas Neues anbricht, hängt aber, wie angetönt, nicht alleine mit rein aesthetischen Betrachtungskategorien zusammen, sondern auch mit der Verwunderung über die cleveren Vermarktungsstrategien, die diese junge Literatur – insbesondere auch von seiten der Autorinnen und Autoren[54] – ebenfalls auszeichnen. Literatur ist 'in', sie tritt im neuen Gewand der Medienwelt auf; will man dem Magazin *Facts* Glauben schenken, so verfügt die Schweizer Literatur seit 1997 in der Person von Zoë Jenny sogar über einen "Popstar".[55] Ein grosser Teil der ganz jungen Autorinnen und Autoren bewegt sich sehr gewandt in den Gesetzmässigkeiten, die ein postmoderner Literaturmarkt ihnen abverlangt. Für sie ist es logisch, dass ein nach den Regeln des Marketings funktionierendes Netzwerk die Interessen der Schreibenden wahren soll. Sie haben sich also zusammengeschlossen zu der Vereinigung NETZ mit der Vision, "einmal ein literarisches Verkehrsnetz Schweiz aufzubauen, in dem ständig Lesende unterwegs sind".[56] Peter Weber, treibende

---

[53] "What do these writers born in the latter half of the Sixties have in common? The utopias of the 1968 generation are alien to them, as is the aggressive desperation of the youth movement of the Eighties. They have a relaxed attitude towards the media, an unblinkeredly realistic view of day-to-day life and as an artistic and survivalist synthesis of the two, the decided will to invent their own profiles and put them centre stage." Rudolf Käser: A variety of forms: From the Seventies to the Nineties. In: *The four Literatures od Switzerland*. Hg. von Iso Camartin; Roger Francillon und Doris Jakubec-Vodoz. Zürich 1996. S. 67-88, hier S. 87.

[54] "Sicher ist, dass sich das Marketing, der 'Selbstverkauf' der jungen Autorinnen und Autoren verändert hat. Seit der Gründung der lockeren Autorenvereinigung NETZ treten viele nicht mehr so sehr als Einzelkämpfer auf; sie haben entdeckt, dass sie sich im kollektiven Verband besser durchsetzen können, und lobbyieren in der Literaturszene so schlau wie alte Politikerfüchse." Pia Reinacher: Gerücht oder Hoffnung: 'Neue' CH-Literatur. In: *Tages-Anzeiger* vom 22. Juni 1994.

[55] http://www.smd.ch/cgi-bin/facts/smd_dok.cgi?RA199711070047.html, 11. Juli 1998.

[56] *Tages-Anzeiger* vom 18. Februar 1994. Darin: Der Glaube an die "Steuerbarkeit der Realität" ist verlorengegangen. Aussage von Peter Weber. Die sarkastische Einschätzung Christian Seilers soll hier nicht nur als Gegenperspektive stehen, sondern auch die Schwierigkeiten im Umgang mit diesen neuen Phänomenen der Selbstvermarktung von Schreibenden aufzeigen: "NETZ ist das Aussenministerium literarischer Nachwuchsarbeit dieses Landes. Jungen Menschen, die sich erste Verdienste erworben haben, speichern NETZ-Prominenz ein, damit diese potenziert und neu verteilt wird. Als Shooting-Star Peter Weber an der vorjährigen Frankfurter Buchmesse von einem Fernsehteam auf Schritt und Tritt verfolgt wurde, lotste er die Reporter direkt zum Stand seines NETZ-Kollegen Urs Richle, um dort mit sicherem Griff "das beste Buch dieser Messe" aus dem Regal zu zupfen, Richles Roman *Mall*, geadelt von Gnaden des *Wettermachers*, aufgezeichnet von

Kraft von NETZ, zu dem unter anderen Urs Richle, Ruth Schweikert, Michel Mettler, Adrian Riklin, Franco Supino, Urs Suter und Perikles Monioudis gehören, gab sich in seinen "Fussnoten zum Diskurs über den Literaturbetrieb" illusionslos: "Literarischer Erfolg ist immer auch Verwaltungserfolg".[57] Der Eindruck, dass sich hier eine neue junge Generation von ihren Vorgängerinnen und Vorgängern qua medialer und markttechnischer Kompetenz abzusetzen weiss, wäre falsch; generell lässt sich festhalten, dass die Fronten, die in den sechziger Jahren das Leben der Schweizer Schriftstellerinnen und Schriftsteller prägten, aufgeweicht sind und dass mittlerweile auch die junge Generation der sechziger Jahre sich in ehedem unvorstellbaren Konstellationen wiederfindet. Selbst die Kritik am neoliberalen Geschäftsgebaren ist für die Autoren heute kein Hinderungsgrund mehr, für Firmen Texte zu verfassen: So schenkte die Zürich-Versicherung "aus Anlass ihres 125jährigen Jubiläums der breiten Öffentlichkeit" ein Literaturprojekt. "Donna Leon, Yvette Z'Graggen, Ingrid Noll, Andrzej Szczypiorski, Jakob Arjouni, Peter Bichsel, Urs Widmer, Leon de Winter, Viktorija Tokarjewa, Hugo Loetscher, Sibylle Mulot und Matthias Matussek schreiben zwölf Kapitel einer Debatte über die politischen, wirtschaftlichen und gesellschaftlichen Zustände unserer Zeit. Die verbindende Gestalt ist Candide, die mit offenem Herzen auf die Welt zugehende Kunstfigur von Voltaire. Der "neue Candide" wurde von den Autorinnen und Autoren in die Gegenwart versetzt, so der Begleittext zu den in verschiedenen Tageszeitungen 1998 veröffentlichten Geschichten.

Die neue Versöhnlichkeit, ja die Auflösung der Fronten schlechthin ist meines Erachtens Teil dieser postmodernen Lebensrealität, in der wir uns befinden. Mit der Erschöpfung utopischer Energien haben Verbindlichkeiten und kollektive Ziele ihre Bedeutung verloren. Die postteleologischen Gesellschaften des ausgehenden Jahrhunderts sind reichlich anämisch geworden, der Verlust an Systemorientierung geht einher mit einer lebensweltlichen Desillusionierung der Subjekte.

Im Rahmen dieser Entwicklung ist es den Autorinnen und Autoren auferlegt, ihr Verhältnis zum Schreiben und zur Literatur generell neu zu definieren. Die prägnant postmodernen Schreibweisen, die stark theoriegeprägten Texte der achtziger Jahre sind heute die Ausnahme, die Gefechte um Legitimation und Position sind längst abgeschlossen und Vergangenheit. Sie haben einer vom postmodernen Alltag definierten Literatur Platz

---

öffentlich-rechtlichen Kameras, bestimmt zur allgemeinen Verbreitung. NETZ ist also eine Art Rotary Club für intellektuelles Marketing." Christian Seiler: Eine neue Generation, der es nicht gelingt, jung zu sein. In: *Weltwoche* vom 23. Juni 1994.

[57] Peter Weber: Fussnoten zum Diskurs über den Literaturbetrieb. In: NZZ vom 10./11. September 1994.

gemacht. In diesem unterschwellig postmodernen Schreiben finden sich allerdings auch immer noch herausragende Experimente wie das dunkle, apodiktische, den Horror aufzeigende «Bilderbuch: Hell – Dunkel» von Reto Hänny (1994). In diesem ungemein tiefen, schwarzen Werk tritt die Apokalypse als Sprachkosmos auf. Wortbilder zeigen das Wort im Übergang zum apokalyptischen Bild und vice versa:

> Finsternis. Klicken; gleissende Helle. Klicken; gleissende Helle. Klicken; gleissende Helle. Finsternis. Alles im Kasten. Wem gehört dieser Körper, dieses Fleisch? Was, wenn man, wie alles rundum, selber nichts als das von einem Spiegel wiedergegebene Bild wäre? Dann Schritte, die auf dem Fussboden des Gang hallen. Und, man erinnert sich, Schritte, die auf dem Asphalt hallten, auf der von Frost erstarrten Strasse. Dazu der fallende Schnee; der niederprasselnde Regen; παντα ρει. Und alle Wasser laufen ins Meer, noch wird das Meer nicht völler. An den Ort, da sie her fliessen, fliessen sie wider hin. Und der Regen, der regnet jeglichen Tag, und der Wind, der kann nicht lesen.[58]

Hier ist die Sprache an die Grenze des Sagbaren gelangt und stellt es noch immer wuchtig und beklemmend, in seiner ganze Schwärze und Ausweglosigkeit dar. Dies könnte eines Tages als Bruchlinie der Postmoderne begriffen werden, an der sich ein Neues der Literatur ankündigt.

---

[58] Reto Hänny: *Hell – Dunkel. Ein Bilderbuch*. Frankfurt a.M. 1994. S. 102.

Andrea Kunne

Heimat und Holocaust
Aspekte österreichischer Identität aus postmoderner Sicht
Christoph Ransmayrs Roman *Morbus Kitahara*[1]

In my postmodern reading of Christoph Ransmayr's novel Morbus Kitahara I focus on the re-writing of the history of the Second World War and the first decades after the war. Instead of the developments that really took place (the recovery of Western Europe under the 'Marshall plan'), Ransmayr describes the way history could have happened in case the 'Morgenthau plan' had been realized.

> Auf dem Weg ins Innere seiner Geschichte, schon bei der Beschreibung eines Abendspaziergangs, beispielsweise durch eine nördliche Küstenstadt, kann ein Erzähler auf lange Reihen bemerkenswerter Fragen stoßen, Fragen etwa der Wetterkunde, der Geschichtsforschung, Anthropologie und Zoologie und so weiter, bei der bloßen Beschreibung der nächtlichen Steilküste und der schlafenden Schwärme von Papageientauchern, auf Fragen der Vogel- und Gesteinskunde, der Botanik und Astronomie und so weiter... Und vielleicht wird der Erzähler dann, auf dem Weg ins Innere seiner Geschichte, die Archive, die Bibliotheken und Wissenschaften befragen, um sich Klarheit über die geschichtlichen und naturgeschichtlichen Umstände des Daseins einzelner Menschen, *seiner* Gestalten, Tiere und Dinge zu verschaffen. [...] Wovon immer er spricht — in seiner Geschichte, in seiner Sprache muß der Erzähler *alle* Welt noch einmal erfinden, noch einmal und immer wieder erschaffen [...].[2]

Das obige Zitat entstammt der Rede anläßlich der Verleihung des Franz-Kafka-Preises an Christoph Ransmayr und versteht sich als eine Beschreibung von Arbeitsweise und Poetologie des Autors. Übertragen auf den Roman *Morbus Kitahara*,[3] hat der Autor in den Fachgebieten Geschichte, Geographie und Psychologie recherchiert, um dann jedoch nicht zu einer Wieder-

---

[1] Dieser Beitrag ist Teil des Forschungsprojekts "Kulturelle Identität und postmodernes Schreiben" ("Culturele identiteit en postmodern schrijven"), das die Niederländische Organisation für Wissenschaftliche Forschung (NWO) subventioniert. Das Teilprojekt "Die postmoderne Unterminierung von Österreichs Image" ("De postmoderne ondermijning van het image van Oostenrijk") hat die Projektnummer 301-79-174a.
[2] Christoph Ransmayr: Die Erfindung der Welt. Rede zur Verleihung des Franz-Kafka-Preises. In: *Die Erfindung der Welt. Zum Werk von Christoph Ransmayr*. Hg. von Uwe Wittstock. Frankfurt a.M. 1997. S. 198-202, hier S. 199 und S. 200.
[3] Frankfurt a.M. 1995. Zitiert wird nach der 1997 erschienenen Taschenbuchausgabe.

gabe von Fakten, Landschaften und Statistiken der menschlichen Verhaltensweisen zu gelangen, sondern das erlangte Wissen neu zu gestalten, neu zu erfinden, "noch einmal und immer wieder [zu] erschaffen".

'Neu-Erfinden' bzw. '-Erschaffen' von teils geschehener, teils ungeschehener Wirklichkeit bildet einen der Kernbereiche postmoderner Poetologie und literarischer Praxis. Dieser ist seinerseits auf eine der Grundauffassungen postmoderner Philosophie zurückzuführen, nach der es die eine, 'objektive' Wirklichkeit nicht geben kann. Selbstverständlich bleibt eine solche Auffassung nicht ohne Folgen für andere Wissensgebiete, wie etwa die Historiographie. Denn wo 'Wirklichkeit' an sich schon in Frage gestellt wird, läßt sich dies ebenso auf die Darstellung der historischen 'Wirklichkeit' in der Geschichtsforschung übertragen.

Derlei Überlegungen sind bestimmend für die gewandelte Geschichtsauffassung in der postmodernen Zeit, in der die objektive Erkennbarkeit historischer Zusammenhänge obsolet geworden ist. An ihre Stelle tritt eine Auffassung, die dem subjektiven und provisorischen Moment, wie dies in der Perspektive des Historikers enthalten ist, den Vorzug einräumt.[4] Dies hat insofern Folgen für die traditionelle Aufgabentrennung zwischen Geschichte und Literatur, als es konsequenterweise zu einer weitgehenden Annäherung dieser beiden Bereiche führt.[5] In einem nächsten Schritt kommt es dann etwa zu der radikalen Auffassung von Hayden White[6] und Michel Foucault, die den traditionellen Kausalzusammenhang umdrehen und statt dessen den Standpunkt vertreten, daß die *erzählte* Geschichte die Fakten macht und nicht, wie ehedem angenommen, die Fakten die Geschichte erzählen. Ein solcher Standpunkt ist auch Jacques Derrida nicht fremd, der ja alle Erfahrungswirklichkeit zu Texten erklärt ("il n'y a pas de hors texte"[7]).

Eine Variante dieser theoretischen Überlegungen zur postmodernen Wirklichkeits- und Geschichtsauffassung findet sich im Werk des österreichischen Schriftstellers Gert Jonke. Ich denke hier in erster Linie an Textfragmente, die Jonke vom südamerikanischen Schriftsteller Jorge Luis Borges übernommen hat. Das Borges-Zitat betrifft den Text 'Von der Strenge der Wissenschaft'.

---

[4] Linda Hutcheon spricht in diesem Zusammenhang von "the provisional, indeterminate nature of historical knowledge". Linda Hutcheon: *A Poetics of Postmodernism. History, Theory, Fiction.* New York und London 1988. S. 88.

[5] Hutcheon betrachtet Geschichte und Fiktion als "human constructs" bzw. als "discourses, that both constitute systems of signification by which we make sense of the past [...]. In other words, the meaning and shape are not *in the events*, but *in the systems* which make those past 'events' into present historical 'facts'." [Hervorhebung im Original] Linda Hutcheon: *A Poetics of Postmodernism.* S. 5 und S. 88.

[6] Hayden White: *Metahistory: the Historical Imagination in Nineteenth-Century Europe.* Baltimore 1973.

[7] Jacques Derrida: *De la grammatologie.* Paris 1967. S. 227.

Darin erreicht die "Kunst der Kartographie" eine "derartige Vollkommenheit", daß eine Karte erstellt werden kann, "die genau die Größe des Reiches hatte und sich mit ihm in jedem Punkt deckte". Dieser Text hat Jonke zu vergleichbaren kartographischen Überlegungen angeregt (etwa im Roman *Erwachen zum großen Schlafkrieg*[8]), die in einem weiteren Schritt auf das Verhältnis zwischen Geschichte und Geschichtsschreibung übertragen werden. Hier versucht dann die vertextete Wirklichkeit der außersprachlichen 'Wirklichkeit' gleichzukommen und sie sogar zu übertreffen. Dieser Gedanke hatte schon 1974 zum Ausgangspunkt zweier Gedichte gedient (im Sammelband *Im Inland und im Ausland auch*[9]) und wurde 1996 noch einmal aufgegriffen – nun im Band *Stoffgewitter*.[10] So heißt es im ersten der beiden Gedichte aus *Im Inland und im Ausland auch*: "Zeit meines Lebens/ verfügte ich über/ ein *universales Geschichtswerk* dessen/ Genauigkeit dahingehend erschreckte als/ es *mit der Geschichte selbst/ gleichgesetzt* werden konnte" (S. 111). Und im zweiten Gedicht folgt dann:

> Weil [...] die Geschichten/ die geschrieben/ so gut in jedem Falle/ viel besser/ als die Geschichten/ die man macht/ wurde befohlen/ *keine Geschichten mehr zu machen*/ sondern nur mehr Geschichten zu schreiben. [...] *Weil keine Geschichten mehr gemacht werden*/ jeder nur mehr Geschichten schreibt/ *damit niemand mehr Geschichten macht*/ wurde die Zeit und ihr Ablaufen/ allmählich zur Geschichtsschreibung/ und auch die Geschichte selbst ist/ nichts anderes als lediglich eine/ Geschichte der Geschichtsschreibung. (S. 112f.)

Neben der Vorrangstellung von Sprache und Text in der Postmoderne-Diskussion könnte hier auch Nietzsches Umkehrung von Ursache und Wirkung aus *Der Wille zur Macht* als Bezugsrahmen dienen: "In dem Phänomenalismus der 'inneren Welt' kehren wir die Chronologie von Ursache und Wirkung um. Die Grundtatsache der 'inneren Erfahrung' ist, daß die Ursache imaginiert wird, nachdem die Wirkung erfolgt ist".[11]

Um noch einmal zu den neuerlichen Aufgaben von Geschichte und Literatur zurückzukehren: Die Geschichtsschreibung konzentriert sich in der Gegenwart nicht mehr allein auf die archivalisch beglaubigte Präsenz derer, die aufgrund ihres als allgemeingültig angenommenen historischen und politischen Gewichts Aufnahme in die Geschichtsbücher gefunden und damit quasi

---

[8] Gert Jonke: *Erwachen zum großen Schlafkrieg*. Erzählung. Salzburg, Wien 1982. S. 19, 48.
[9] Gert Jonke: *Im Inland und im Ausland auch*. Prosa. Gedichte. Hörspiel. Theaterstück. Frankfurt a.M. 1974.
[10] Gert Jonke: *Stoffgewitter*. Salzburg, Wien 1996. S. 35f.
[11] Friedrich Nietzsche: *Werke in drei Bänden*. Herausgegeben von Karl Schlechta. München ²1960. Bd. III. S. 804.

Ewigkeitswert erhalten haben, sondern berücksichtigt auch die Anwesenheit von weniger offiziellen Gestalten (etwa in Teilbereichen wie Sozialgeschichte oder Frauengeschichte, wo es nicht vorrangig um die Machthaber, sondern vielmehr um die sogenannten 'kleinen Leute' geht).[12] Darüber hinaus versucht sie, Überlegungen anzustellen über potentielle, aber nicht realisierte Geschichtsverläufe (Alexander Demandt[13]). Diese Möglichkeit hatte der Schriftsteller immer schon, aber er bewegte sich damit auf dem unverbindlichen Gebiet der Fiktionalität. Bei der Annäherung beider Bereiche innerhalb des postmodernen Bezugsrahmens gewinnt die literarische Darstellung an Gewicht. Ihre Vorgehensweise wird prinzipiell nicht anders als die des Historikers gewertet.

Für unsere Interpretation von *Morbus Kitahara* sind diese Überlegungen insofern von Bedeutung, als die gewandelte Geschichtsauffassung der Postmoderne dem Schriftsteller bislang unbekannte Möglichkeiten bietet. Er kann 'ungeschehene Geschichte' schreiben, nicht realisierte Alternativen in Erwägung ziehen, geschehene Geschichte verfremden oder diese dadurch, daß er ungewohnte Perspektivierungen an die Stelle der vertrauten setzt, neu (bzw. um-) schreiben. Anders als Jonke, der die postmoderne, theoretische Geschichtsauffassung ohne deutlichen Bezug auf konkrete Beispiele literarisiert, bezieht Ransmayr sich auf bekannte historische Anlässe wie unter anderem den Zweiten Weltkrieg, den Holocaust und den Kalten Krieg.

Die historiographisch belegten Fakten aus dem Umfeld dieser 'Höhepunkte' in der Geschichte des zwanzigsten Jahrhunderts sind bekannt und bedürfen, zumindest was die Stellung Deutschlands im internationalen Staatengefüge betrifft, an dieser Stelle keiner näheren Erläuterung. Etwas anders steht es um die Rolle Österreichs. Hier nämlich haben wir es mit einem Land zu tun, das lange Jahre als eines der ersten Opfer von Hitlers Aggressionspolitik gegolten hat. Diese Opfer-Rolle wurde der Nation sogar von offizieller Seite anerkannt. Sie war das Fazit der Außenministerkonferenz, die im Herbst 1943 in Moskau abgehalten worden war ('Moskauer Deklaration'). Die Außenminister betrachteten die Besetzung Österreichs durch Deutschland als

---

[12] "Der Fokus verschiebt sich [...] von der relativ klar strukturierten Geschichte der Sieger, wie sie Gegenstand von Lehrbüchern ist und wie sie zur grobgerasterten Orientierung in der historischen Zeit durch Epochenqualifizierung herangezogen wird, hin zu einer Geschichte der Ausschnitte, der Dinge, der Verweise und der Bezüge. [...] In den Marginalien und an der Peripherie vermag die Postmoderne die Geschichte aufzusuchen und so deren hintergründiges Muster als Geschichtetes, als Gewobenes zu demonstrieren". Dieter Wrobel: *Postmodernes Chaos – chaotische Postmoderne. Eine Studie zu Analogien zwischen Chaostheorie und deutschsprachiger Prosa der Postmoderne.* Bielefeld 1997. S. 296.

[13] Alexander Demandt: *Ungeschehene Geschichte. Ein Traktat über die Frage: Was wäre geschehen, wenn...?* Göttingen ²1986.

illegitim und wollten ein freies, unabhängiges Österreich wiederhergestellt sehen. Zugleich aber appellierten sie an Österreichs Mitverantwortung für die Teilnahme am Krieg und forderten einen eigenen Beitrag zu seiner Befreiung.[14] Diese im Grunde eindeutige Faktenlage wurde in der Praxis gerne mißverstanden, und zwar in dem Sinne, daß man das Wort 'Opfer' betonte, den Rest aber, die Mitverantwortung für das Geschehene und die eigenen Anstrengungen in der Zukunft, nur allzu oft verdrängte. In dem Geschichtsverständnis der Österreicher prägte sich denn auch namentlich die Opfer-Rolle ein. Es sollte die Aufgabe der Wissenschaftler und der Schriftsteller werden, dieser identitätsprägenden Auffassung Jahrzehnte nach dem Zweiten Weltkrieg ein Ende zu bereiten.

Wie stand es nun konkret um Österreichs Mitverantwortung für den Krieg? Um diese Frage beantworten und gleichzeitig einen Einblick in das kulturelle Selbstverständnis einer ganzen Nation gewinnen zu können, ohne den gewisse Aspekte aus Ransmayrs Roman nur schwer verständlich sind, folgt hier ein Exkurs in die österreichische Geschichte des zwanzigsten Jahrhunderts. Wichtige Stationen dabei sind die Jahre 1914-1918, die zwanziger Jahre, 1934-1938 und schließlich die Nachkriegszeit.

Gegen Ende des ersten Weltkriegs sympathisierte eine Mehrheit der deutschsprachigen Bevölkerung in Österreich mit einem 'Anschluß' an Deutschland, ein ideologisches Erbe aus der Zeit der Habsburger Monarchie. Zwar wurde Österreich bei der Unterzeichnung des Staatsvertrags von St. Germain im Jahre 1919 gezwungen, den Namen der ein Jahr früher proklamierten 'Republik Deutschösterreich' in 'Republik Österreich' zu ändern, dies konnte jedoch das Weiterleben deutschnationaler Gedanken (namentlich in konservativen Kreisen) nicht verhindern. Zum Teil verursacht durch die wirtschaftlichen Krisen der zwanziger Jahre, entstand eine deutliche Verschiebung nach rechts: seit 1921 begannen die Nationalsozialisten zunehmenden Einfluß auf die bestehenden politischen Verhältnisse auszuüben. Diese Tendenz setzte sich bis in die dreißiger Jahre fort, wobei die innenpolitischen Spannungen zwischen Sozialdemokraten und rechtsgerichteten antidemokratischen bis faschistischen Gruppierungen sich verschärften (1927) bis hin zur Konsolidierung der radikalen Rechtskräfte im Jahr 1930 ('Korneuburger Eid'). Allmählich entwickelte sich als eine Folge der ständigen innenpolitischen Unruhen eine antidemokratische, autoritäre Staatsform, die in der Ausschaltung des Parlaments im März 1933 gipfelte. Als eine Reaktion auf nationalsozialistische Terrorakte wurde die NSDAP im Juni 1933 zur verbotenen Partei erklärt – von dem Moment an setzte sie ihre Aktivitäten in der

---

[14] Erich Scheithauer, Herbert Schmeiszer, Grete Woratschek, Werner Tscherne, Walter Göhring: *Geschichte Österreichs in Stichworten. Teil VI: Vom Ständestaat zum Staatsvertrag. Von 1934 bis 1955.* Wien 1984. S. 95.

Illegalität fort. Nach der gewalttätigen Entmachtung der sozialdemokratischen Partei folgt im März 1934 die Ankündigung der neuen 'ständischen' Verfassung, die am 24. April in Kraft treten sollte ('Ständestaat'). Diese auch 'Austrofaschismus' genannte Regierungsform dauert bis 1938 und stellt einen kontroversiellen Abschnitt der österreichischen Geschichte dar, der ähnlich wie die nachfolgenden Jahre unter nationalsozialistischer Herrschaft lange Zeit unreflektiert geblieben ist. Zwischen 1934 und 1938 nimmt der Einfluß der offiziell noch immer illegalen Nationalsozialisten weiter zu. 1937 gibt es immer mehr Signale für eine abnehmende Selbständigkeit Österreichs gegenüber Deutschland. Im Grunde wird dann schon der 'Anschluß' vorbereitet, der mit dem Einmarsch der deutschen Truppen am 12. März 1938 zur vollendeten Tatsache wird. Von dem Augenblick an ist die Geschichte von Österreich identisch mit der Geschichte von Hitler-Deutschland, mit der Anwesenheit von Österreichern auf wichtigen Posten in besetzten Ländern und in Einrichtungen zur Vernichtung der Juden.

Diese Vorgeschichte ist von großer Bedeutung für das kulturelle und politische Leben nach 1945. Denn gerade das historische Faktum des 'Anschlusses' läßt mehrere Interpretationen zu. Da gibt es zum einen die offizielle Opfer-These, die – trotz des Zusatzes über die Mitverantwortung – die Österreicher noch lange Jahre an ihre Unschuld glauben ließ.[15] Sie wurden dabei unterstützt durch die internationale Reaktion. So konnte es geschehen, daß in den ersten Dezennien nach dem Zweiten Weltkrieg Österreicher in den Niederlanden sehr viel freundlicher empfangen wurden als Deutsche: während man diesen nahezu ausnahmslos als Feind begegnete, sah man in jenen die Verbündeten, die ebenso wie man selbst Opfer der nationalsozialistischen Gewaltherrschaft gewesen waren. Andererseits hatte es genügend Anhänger von Hitlers NS-Politik gegeben, um eine völlig entgegengesetzte Interpretation derselben historischen Fakten plausibel zu machen: "Tatsächlich hatte die österreichische Bevölkerung – mit Ausnahme der Opfer und Widerstandskämpfer – den Nationalsozialismus nicht als fremde Terrorherrschaft empfunden".[16] Aus dieser Diskrepanz entstand eine zwiespältige Haltung, die noch lange nachwirken sollte. Als die erste von Hitler besetzte Nation glaubte man, nicht über Schuld oder Mitschuld diskutieren zu brauchen – das Problem wurde einfach übergangen. Zur gleichen Zeit hatten jedoch ehemalige Nazis wichtige Positionen im politischen und kulturellen Leben inne, ohne daß dies durch die Entnazifizierung der ersten Nachkriegsjahre hatte verhin-

---

[15] Josef Haslinger nennt dies in seinem Essay 'Kleine Geschichte der politischen Nachkriegsmoral' "die offizielle Mystifizierung der eigenen Geschichte". Josef Haslinger: *Politik der Gefühle. Ein Essay über Österreich.* Darmstadt, Neuwied 1987. S. 50.
[16] Josef Haslinger: *Politik der Gefühle.* S. 52f.

dert werden können. Im Gegensatz zu Deutschland, das vornehmlich von den Besatzungsmächten entnazifiziert worden war, hatten die Österreicher sich, "unter Kontrolle und auf Drängen der Alliierten, [...] selbst entnazifiziert[..]".[17] Dies war aber eher ein bedeutungsloses Unterfangen. Ein Gesinnungswandel war denn auch nicht zu erwarten: "eine gründliche Durchführung der Entnazifizierung [war] nie Ziel der beiden Großparteien gewesen".[18] Dementsprechend wurden im universitären Bereich sowohl der Literaturwissenschaftler Josef Nadler als auch der Theaterwissenschaftler Heinz Kindermann rehabilitiert – beide prominente Nationalsozialisten. In der Literatur ist der Fall Waggerl nur eines von vielen Beispielen.[19]

Schematisierend kann man sagen, daß diese Sachlage sich erst in der zweiten Hälfte der achtziger Jahre grundlegend änderte. Die Wahl von Kurt Waldheim zum Bundespräsidenten im Jahr 1986 hatte die internationale Diskussion über Österreichs Kriegsvergangenheit in Gang gesetzt, und die Gedenkfeiern zum fünfzigsten Jahrestag des 'Anschlusses' im Jahr 1988 bedeuteten einen vorsichtigen Anfang der Selbstreflektion über dieselben historischen Ereignisse.

In dieser Situation waren es die Schriftsteller, die – zum Teil recht früh, schon in den sechziger und siebziger Jahren – auf die Ungleichartigkeit von offizieller Historiographie und Alltagswirklichkeit aufmerksam machten und ein Nachdenken über die eigene Vergangenheit zu provozieren versuchten.[20] Unabhängig von der jeweils bevorzugten literarischen Form (dokumentarische Literatur, Gedicht, Drama, Roman), war es das Hauptanliegen dieser Schriftsteller, bislang unbekannte oder verdrängte Wirklichkeit zutage zu fördern.

Dieses Anliegen wird auch in ganz besonderer Weise von denjenigen Schriftstellern konkretisiert, die die Diskrepanz zwischen Historiographie und gelebter Wirklichkeit absichtlich dazu nutzen, ein postmodernes, die 'Wirklichkeit' (hier gemeint als historische Faktualität) in Frage stellendes Ge-

---

[17] Ebd. S. 52.
[18] Ebd. S. 53.
[19] Karl Müller: *Karl Heinrich Waggerl. Eine Biographie mit Bildern, Texten und Dokumenten*. Salzburg 1997. In diesem Zusammenhang ist vor allem Kapitel 8 von Bedeutung: 'Die zweite Nachkriegszeit (1945-1973)' (S. 257-323). Dort heißt es gleich zu Anfang über die Entnazifizierung Waggerls: "Nach einer ca. vierjährigen Durststrecke sollte Waggerl schließlich kontinuierlich zu einem der bekanntesten und gefragtesten Schriftsteller Österreichs der 50er und 60er Jahre werden, ja zum Inbegriff heimatverbundenen Dichter- und Österreichertums" (S. 257).
[20] Vgl. zur Aufarbeitung der österreichischen Kriegsvergangenheit in der Literatur Andrea Kunne: "Als sich die Vergangenheit ... wieder in ihre Gegenwart drängte". Der Holocaust in der österreichischen Literatur. In: *Österreich in Geschichte und Literatur* 40 (1996). Heft 2. S. 79-110.

schichtsbild zu entwerfen. In diese Kategorie gehört, wie gesagt, Christoph Ransmayr mit seinem Roman *Morbus Kitahara*. Sich stützend auf geschehene und – so darf man voraussetzen – dem Leser bekannte Geschichte, spielt Ransmayr mit den Fakten, so wie diese in die Geschichtsbücher Eingang gefunden haben: Ungeschehene Geschichte wird plötzlich zur 'Realität', die damit neue Dimensionen erhält; Schauplätze werden verändert und tragen dadurch zur Verfremdung einst vertrauter Fakten bei; das Individuum wird gezwungen, seine eigene Rolle in diesem neu entstandenen Gefüge zu überdenken.

Ganz konkret lassen sich in *Morbus Kitahara* die folgenden Aspekte unterscheiden:

(a) Neu-Schreibung der Geschichte:
* Bestimmtheit und Unbestimmtheit im Holocaust-Diskurs
* Morgenthauplan statt Marshallplan
    * Morgenthauplan übertragen auf Österreich statt bezogen auf Deutschland
    * Damit wird Österreich zum Haupttäter der NS-Verbrechen stigmatisiert
* Das bedeutet in doppelter Hinsicht ein Neu-Denken der österreichischen Identität:
    * Abgrenzung von Deutschland durch die Geschichte hindurch
    * Schuldfrage versus Opferrolle

(b) Psychologie
* Täter- versus Opfer-Identität
* Kinder von Tätern und Opfern
* Wie geht ein Volk mit seiner Geschichte um? Erinnerungsarbeit versus Verdrängung.

(c) Geographie:
* Bestimmtheit und Unbestimmtheit der Landschaft
* Das vom Morgenthauplan betroffene Gebiet reduziert sich auf Moor
* *Morbus Kitahara* als eine neue Transformation des Heimatromans?

Zum Teil sind diese Punkte stark miteinander verknüpft, weshalb sie sich in meinem Interpretationsversuch nicht immer konsequent trennen lassen.

Das Hauptthema von *Morbus Kitahara* ist das Leben nach dem Genozid. Dies gilt nicht nur für die drei Protagonisten Bering, Ambras und Lily, die alle drei Spuren der Geschichte tragen, sondern für das gesamte Leben in und um Moor, einem fiktiven Ort in einem nicht namentlich genannten Land. Dort haben die alliierten Sieger nach der Niederlage des einstigen Aggressors die Herrschaft übernommen. Gleich hier setzt die Neu-Schreibung der Geschichte ein, die Ransmayr in diesem Roman vornimmt. Auf der sprachlich-semantischen Ebene fallen allererst die vielen (Un)Bestimmtheiten auf, mit denen zugleich doch so überaus klar auf die Geschichte der nationalsozialistischen Gewaltherrschaft verwiesen wird. Deutlich erkennbar deshalb, weil neben vielem, was *nicht* ausgesprochen wird (der 'Zweite Weltkrieg' als solcher wird nicht erwähnt, stattdessen ist schlichtweg vom 'Krieg' die Rede), jedoch ganz eindeutig auf uns bekanntes Faktenmaterial und dementsprechend auf den uns vertrauten ('Holocaust'-)Diskurs Bezug genommen wird. Dazu gehören etwa Begriffsfelder wie Lager, Zwangsarbeit, Judenverfolgung und -vernichtung, Täter, Opfer und Überlebende, die gerade in ihrer Kombination den Zweiten Weltkrieg und seine Folgen konnotieren.[21]

Lager und Zwangsarbeit nehmen in den Erinnerungen des Protagonisten Ambras eine zentrale Stellung ein. Nach dem Sieg der Alliierten gehört er, der Häftling Nr. 4273, zu den wenigen Überlebenden des Lagers am Schotterwerk (S. 73f.). Aber wirklich 'befreit' ist er nicht, denn noch immer ist das Lagerleben Teil seiner Gegenwart. Das zeigt sich etwa, als er seinen Leibwächter Bering, den er eines Tages beim Herumschnüffeln erwischt, zur Rede stellt:

> Weißt du, was im Lager mit einem geschah, der dabei gefaßt wurde, wie er unter dem Strohsack eines anderen nach Beute suchte [...], bloß *suchte*, verstehst du — [...] Dem wurde eine Decke über den Kopf geworfen [...]. Und dann durfte jeder Häftling so lange auf das Bündel einschlagen, bis seine Wut oder seine Kraft erschöpft war oder bis ihm der Stubenälteste aufzuhören befahl. In meiner Baracke konnte das die Wut von mehr als hundert Männern sein. [...] Aber ob es hundert oder nur vierzig oder dreißig waren, die prügelten — keiner hat in solchen Fällen nach der Wache gerufen, verstehst du? Die Wache kam nur, wenn ein Brotdieb so zerschlagen war, daß er zum Zählappell nicht mehr auf die Beine kam. Erst dann kam die Wache. Ich habe gesehen, wie die Wache einen Geprügelten an den Füßen auf den Appellplatz schleifte. [...] Wir standen dort in einer langen Reihe stramm im Schnee, und der Brotdieb mußte an unserer Reihe entlang zum Krematorium kriechen [...]. (S. 206f.)

---

[21] Konrad Paul Liessmann geht in seinem Aufsatz 'Der Anfang ist das Ende' auf dieses Spannungsverhältnis von "Unbestimmtheit", "Deutlichkeit" und "Überdeutlichkeit" der "historischen Bezüge" ein und beurteilt den Roman folglich als "eine[..] nicht unriskante[..] Auseinandersetzung mit der nationalsozialistischen Vergangenheit, mit den Verbrechen des NS-Regimes". Konrad Paul Liessmann: Der Anfang ist das Ende. Morbus Kitahara und die Vergangenheit, die nicht vergehen will. In: *Die Erfindung der Welt*, siehe Anm. 2, S. 148-157, hier S. 150. Amir Eshel verwendet ebenfalls das in der Postmoderne-Forschung geläufige Konzept der "Mehrdeutigkeit". Amir Eshel: Der Wortlaut der Erinnerung. Christoph Ransmayrs Morbus Kitahara. In: *In der Sprache der Täter. Neue Lektüren deutschsprachiger Nachkriegs- und Gegenwartsliteratur*. Hg. von Stephan Braese. Opladen, Wiesbaden 1998. S. 227-255, hier S. 230. Vgl. in diesem Zusammenhang auch Wolfgang Welsch, der in Anlehnung an Leslie Fiedler die "Mehrsprachigkeit" als "Königsweg [der] postmodernen Literatur" bezeichnet. Wolfgang Welsch: *Unsere postmoderne Moderne*. Weinheim ²1988. S. 16.

Gegen Ende des Romans, kurz vor dem tödlichen Sturz in der brasilianischen Wildnis, kreisen Ambras' Gedanken noch einmal um das Lager:

> Er riecht die Öfen. Die Toten. Dieses kaum zu durchdringende Dickicht hier, das muß der Appellplatz gewesen sein. Auf der Lagerstraße, zwischen den steinernen Wachtürmen, in den Baracken – überall ist das Feuer gegenwärtig und doch lautlos und unsichtbar. Wer beim Morgenappell seine Zahl nicht laut genug schreit, kann am Abend schon brennen – und verraucht und verfliegt in der Nacht und rieselt in der nächsten Morgenkälte doch wieder ins Lager zurück, sinkt als Ruß, scharzer Staub, auf die zum Steinbruch wandernden Arbeitskolonnen herab, dringt ihnen als Gestank in die Nase, kriecht in ihre Lungen, in ihre Augen, Ohren, Träume. (S. 430f.)

Grund für die Inhaftierung war seine Beziehung zu einer jüdischen Frau:

> Warum? Weil ich mit einer Frau an einem Tisch gegessen und mit ihr in einem Bett geschlafen habe. Weil ich jede Nacht mit dieser Frau verbracht habe und weiterleben wollte mit ihr. Und weil ich ihr mit meinen bloßen Fingern das Haar gekämmt habe. [...] Nichts ist mir jemals wieder so durch die Hände geflossen wie dieses Haar. Ich habe solche Haare nach ihr erst wieder im Lager gesehen, in einer Halle, in der abgeschnittene Zöpfe, Locken und Büschel lagen, zu einem Haufen zusammengeworfen, in Leinensäcke gestopft, Rohmaterial für Matten, Perücken, Matratzen, was weiß ich..." (S. 213f.) [...] *"Herr Ambras liegt neben einer Judenhure* [...], *du Arschloch fickst mit einer Judensau.* (S. 215)

In diesem Zusammenhang werden ebenfalls Nazi-Parolen wie "*Blutschande*", "*mischblütig*", "*reinblütig*", "*Blutopfer*" genannt (S. 216).

Vergleichbar ist auch das Schicksal des (jüdischen) Hoteliers Goldfarb, des ehemaligen Besitzers der Villa Flora, der von Beamten der "geheimen Staatspolizei" an einen unbekannten Ort verschleppt worden war: "In Moor hieß es damals: in ein Lager nach Polen, aber auch: ach was Lager, ach was Polen, in den nächstbesten Wald" (S. 70). Nur einmal wird ein Lager überhaupt mit Namen genannt, und zwar zu Beginn des Romans, im Gebet der Polin Celina, die Berings Mutter bei der Geburt geholfen hatte. In ihrer Bitte um Rache wird "Treblinka" erwähnt (S. 12).

In Moor selbst gab es, wie schon angedeutet, ein Lager, das zum Steinbruch gehörte. Dorthin kamen in "geschlossenen Viehwaggons" "Zwangsarbeiter[..] und gefangene[..] *Feinde*[..]" (S. 23; vgl. ebenfalls S. 31). Der Steinbruch war berüchtigt, ebenso wie die Stiege:

> Diese *Stiege*, die den Krieg, die Befreiung und Zerstörung des Lagers und auch die ersten Jahre des Friedens unbeschadet überstanden hatte, war so steil und unregelmäßig, daß sie auch ohne Last nur mit Mühe zu überwinden war. [...] die meisten der Toten [...] [waren] auf dieser Treppe gestorben [...]: erschlagen von der eigenen Last, gestorben an Erschöpfung, an den Schlägen, Tritten und unter

den Schüssen der Aufseher. Wehe, wer auf dieser Treppe gestürzt und auch nur einen Herzschlag lang liegengeblieben war. (S. 46f.)

An dieser Stelle die "Todesstiege" des Steinbruchs im Konzentrationslager Mauthausen zu assoziieren, liegt auf der Hand,[22] zumal Ransmayr selbst in einem Interview mit Sigrid Löffler auf die Bedeutung seines geographischen Hinterlandes für den Roman hingewiesen hat.[23]

Wird der bekannte 'Holocaust'-Diskurs zum einen dazu eingesetzt, die Einbettung der Romanhandlung in 'Geschichte' (und zwar ganz konkret in die für alle erkennbare Geschichte des Dritten Reiches[24]) zu fixieren, so gibt

---

[22] Diese Stiege hatte 186 Stufen. Vgl. zu ihrer Bedeutung für die Zwangsarbeiter ebenfalls den Vortrag von David W. Pike: The SS of KL-Mauthausen and the Allied Special Agents (September 1944), gehalten beim Symposium "60 jaar Mauthausen", Amsterdam, 21.10.1998.

[23] Auf die Frage Sigrid Löfflers nach den Hintergründen der Thematisierung von historischer Vergeßlichkeit und Verdrängung im Roman Morbus Kitahara antwortet Christoph Ransmayr: "Ich bin an einem Ende des Traunsees zur Schule gegangen, und am anderen Ende war Ebensee, ein ehemaliges Außenlager von Mauthausen. [...] Das Thema war also seit frühesten erzählerischen Zeiten für mich da und hat mich bedroht, beschäftigt, angegriffen. [...] Ich habe mit all dem gelebt – mit dem Steinbruch, mit allen Dingen, die dort geschehen sind. Das ist mir alles erzählt worden. [...] Ich dachte, ein einziges Mal und vielleicht nie wieder nehme ich das Material meines Romans und all die endlos langen, verknoteten und verworrenen Assoziationen nur aus meinem eigenen Leben. Alles beginnt mit meinem Leben. Beschäftigt hat mich auch diese empörende Ungerechtigkeit, daß die einen vom Schlußstrichziehen, vom Vergessen und Vergeben reden, während immer noch Leute leben, die gar nicht die freie Wahl haben, zu vergessen und die Gräben zuzuschütten, weil sie als Opfer immer noch an den Folgen laborieren und zugrunde gehen an dem, was ihnen angetan wurde. [...] Es ist eben nicht wahr, daß 1945 die Lagertore alle aufgesprungen sind und für die Überlebenden die Geschichten alle gut ausgegangen sind – das ist nicht die ganze Wahrheit. Es gibt Leute, für die ist die Vergangenheit nicht vergangen, für die gibt es nur die Unzeit, in der alle Zeiten – Vergangenheit, Gegenwart und Zukunft – zusammenschießen. Leute, die dazu verurteilt sind, in dieser Unzeit zu leben, immer wieder dort zu leben, wo man einmal befreit wurde. Und die Schmerzen in den Gelenken werden immer schlimmer, je mehr Zeit vergeht. [...] Als erzählerisches Prinzip hat es, bewußt oder unbewußt, Eingang gefunden in den Roman. [...] Es ist mir unmöglich, im Salzkammergut, in Ebensee, in Mauthausen an den Kulissen meiner eigenen Geschichte vorüberzugehen, und auf Gedenktafeln wird zwar an die Kaiserzeit, an die Kaiservilla und die Kaisersommerfrische erinnert, nicht aber an die Ermordeten". Aus: Das Thema hat mich bedroht. Gespräch mit Sigrid Löffler. In: Falter (1995). H. 38. S. 16. Eine überarbeitete Fassung findet sich in Die Erfindung der Welt, siehe Anm. 2, S. 213-219.

[24] Vgl. in diesem Zusammenhang auch den Gebrauch des Nazi-Wortes "Endsieg", S. 333.

es zum anderen deutliche Abweichungen von den Ereignissen, die in die Geschichtsbücher eingegangen sind. Auf zeitlicher Ebene wäre da etwa der Sieg der Amerikaner in Japan zu erwähnen, der erst gegen Ende des Romans (und damit um etliche Dezennien versetzt) erfolgt (Kapitel 26, 'Das Licht von Nagoya').[25] Wichtiger jedoch sind die den Roman auf inhaltlicher Ebene prägenden Konsequenzen des Krieges für die Schuldigen. Aufgabe der alliierten Sieger ist es, dafür zu sorgen, daß der Krieg für die Bewohner von Moor stets lebendige Gegenwart bleibt. Deshalb werden sie immer wieder gezwungen, sich an das Leiden derjenigen zu erinnern, die in ihrer unmittelbaren Nähe im Lager gefoltert und zum Tode verurteilt wurden. Konkretisiert wird dieser Teil der 'Erinnerungsarbeit' im Nachspielen des Lebens der Gefangenen. Darüber hinaus zwingt die tägliche Konfrontation mit einem überlebensgroßen Denkmal, das die Zahl der 11973 Todesopfer des Moorer Steinbruchs enthält, ebenfalls zur Erinnerung:

HIER LIEGEN
ELFTAUSENDNEUNHUNDERTDREIUNDSIEBZIG TOTE
ERSCHLAGEN
VON DEN EINGEBORENEN DIESES LANDES
WILLKOMMEN IN MOOR. (S. 33)

Fast schlimmer noch als die auferlegte 'Erinnerungsarbeit' ist jedoch, daß die ganze Umgebung von Moor von der Außenwelt abgeschnitten wird[26] und die Bevölkerung so, isoliert und aller technologischer Errungenschaften beraubt, zum Rückfall in die totale (kulturelle, soziale und agrarische) Barbarei verurteilt wird: "Zurück in die Steinzeit!", so lautet die Devise (S. 41).

Unter Anführung von Major Elliot, Kommandant der amerikanischen Besatzungstruppen, beginnt das strenge, auf "Demontage" und "Verwüstung" (S. 39) ausgerichtete Regime. Unter Berufung auf die Doktrin des Richters und Gelehrten Lyndon Porter Stellamour müssen die Bewohner von Moor sich verschiedener Vergeltungsmaßnahmen unterziehen. Die Stilllegung der Eisenbahnlinie und die Demontage der Geleise (die physische Abtrennung Moors vom Rest der Welt) bilden nur den Anfang einer Entwicklung, die letzten Endes in Entmilitarisierung und Entindustrialisierung resultiert:

---

[25] Carl Niekerk spricht in bezug auf die "zeitlichen Verschiebung[en]", die nicht nur dieses eine Kapitel, sondern den Roman insgesamt prägen, von einer "in die Länge gezogene[n], mehr oder weniger permanent gewordene[n] Trümmerzeit". Carl Niekerk: Vom Kreislauf der Geschichte. Moderne – Postmoderne – Prämoderne: Ransmayrs *Morbus Kitahara*. In: *Die Erfindung der Welt*, siehe Anm. 2, S. 158-180, hier S. 163.
[26] "Moor abgeschnitten von der Welt" (S. 35).

Gesindel!...Feldarbeit...Heuschober statt Bunker... [...] keine Fabriken mehr, keine Turbinen und Eisenbahnen, keine Stahlwerke...Armeen von Hirten und Bauern...Erziehung und Verwandlungen: aus Kriegstreiber Sautreiber und Spargelstecher! Und Jaucheträger aus den Generälen...zurück auf die Felder!...und Hafer und Gerste zwischen den Ruinen der Industrie...Krautköpfe, Misthaufen...und auf den Trassen eurer Autobahn dampfen die Kuhfladen und wachsen im nächsten Frühjahr Kartoffeln...! (S. 42)

so lautet einer der Paragraphen des neuen Friedensplans. Selbstverständlich ist auch der private Besitz von Feuerwaffen verboten ("Doktrin Stellamour, Paragraph drei", S. 103), aber gegen dieses Verbot wird zumindest von seiten der drei Protagonisten verstoßen (vgl. S. 92, 99, 103f.).

Zu den ganz besonderen Strafmaßnahmen gehören die viermal im Jahr stattfindenden "Rituale der Erinnerung", die unter dem Namen "*Stellamour's Party*" zu Unrecht Festfreude vortäuschen. Für diese Partys erfindet Major Elliot immer wieder neue Szenen, die er der "Geschichte des Barackenlagers am Schotterwerk" entnimmt (S. 44ff.). So dient ihm eine Mappe mit Fotografien als

Vorlage[..] für gespenstische Massenszenen, die er im Verlauf einer *Party* von den Bewohnern des Seeufers nachstellen – und von einem Regimentsfotografen festhalten ließ. Die Bilder mußten sich gleichen. Gemäß den Häftlingsklassen, die Elliot in den geretteten Akten fand, bestand er dabei auch auf einer wirklichkeitsgetreuen Kostümierung und befahl den Statisten aus Moor, sich als *Juden*, als *Kriegsgefangene, Zigeuner, Kommunisten* oder *Rassenschänder* zu verkleiden. Kostümiert als die Opfer jener geschlagenen Herrschaft, für die Moors Männer in den Untergang gezogen waren, mußten die Uferbewohner schon zur nächsten Party in gestreiften Drillichanzügen mit aufgenähten Nationalitätsabzeichen, Erkennungswinkeln und Davidsternen vor imaginären Entlausungsstationen Schlange stehen, mußten als *polnische Fremdarbeiter* oder *ungarische Juden* vor einem ungeheuren Granitblock mit Hämmern, Keilen und Brechstangen posieren – und mußten vor den Grundmauern der zerstörten Baracken zu ebensolchen Zählappellen antreten, wie Elliot sie in seinem Album abgebildet sah. (S. 45f.)

Diese Szene ist einerseits aufzufassen als eine politisierte Form der Wiederholungsszenen aus Gert Jonkes Erzählung 'die gegenwart der erinnerung'[27] (auch dort dienen Fotografien als Vorlage). Andererseits erinnert sie – als *tableau vivant* – an den Epilog 'Verzweifelte' aus Robert Schindels Roman *Gebürtig*,[28] der die Fahrt einer Gruppe von Wiener Juden nach Osijek beschreibt, wo diese als Statisten in einem KZ-Film mitwirken. Allerdings un-

---

[27] Gert Jonke: *Schule der Geläufigkeit. Erzählung*. Frankfurt a.M. 1977.
[28] Frankfurt a.M. 1992.

terscheiden sich die beiden Szenen in der Anwendung von Ironie, die bei Schindel ungleich schärfer ist als bei Ransmayr. Schließlich mimen Juden dort ihr eigenes Schicksal, während in Ransmayrs Roman gegen ehemalige Täter so verfahren wird, wie diese einst ihre Opfer behandelt haben (Subjekt-Objekt-Vertauschung).

Eine anderes Bild zeigt die gekrümmten Rücken der Häftlinge, die, "auf jedem Rücken eine hölzerne Trage, auf jeder Trage ein großer, zum Quader gehauener Stein", ihre Last "eine breite, in den Fels geschlagene Treppe hinauf[schleppten]" (S. 46). Auch diese Szene läßt Elliot nachspielen. Aber weil er "nicht grausam" ist (S. 47), verlangt der Major

> nur den äußeren Schein und zwang keinen seiner Statisten, einen der *echten*, zentnerschweren Steinquader, die wie Denkmäler ausgestandener Todesqualen immer noch am Fuß der Treppe verstreut lagen, auf sein Traggestell zu wuchten. [Er] wollte nur, daß sich die Bilder glichen und bestand nicht auf dem unerträglichen Gewicht der Wirklichkeit. (S. 47)

Diese Szene ist deshalb von Bedeutung, weil sie gegen Ende des Romans in transformierter Weise wiederaufgenommen wird. In dem Moment nämlich, als Moor zum Truppenübungsgelände für die Alliierten umfunktioniert werden soll, müssen die Bewohner richtige Zwangsarbeit leisten, ehe sie ein neues Leben im "Tiefland" (der "anderen" Welt, sprich: der Gegenwelt zu Moor, Inbegriff der blühenden austro-touristischen Konsumgesellschaft) anfangen können. In dem Zusammenhang heißt es dann unter deutlichem Hinweis auf das oben zitierte Fragment:

> Das Zeitalter der Partys war vorüber. Was in den Tagen und Wochen nach dem Einmarsch der Armee in Stellamours Namen und auf Befehl des hellhaarigen Captain in Moor und am Blinden Ufer geschah, das waren keine Sühnerituale mehr und keine bloßen Nachstellungen der Zwangsarbeit wie zu Major Elliots Zeiten, sondern das war die Arbeit selbst, die Wirklichkeit [...]. Jetzt wog jede Last, was sie wog, und war keine bloße Attrappe wie die Granitquader einer Stellamour-Party zu Elliots Zeiten, und am Rande jeder Mühsal stand auch kein Regimentsfotograf, der gekrümmte Rücken und graue, staubige Gesichter für ein Album der Grausamkeit festhielt...Nichts war *Vergangenheit*, nichts mehr bloßes Gedenken, jetzt war alles Gegenwart. (S. 377)

Der den Tätern auferlegte und in vielen Facetten dargestellte Sühnekatalog bringt uns auf den bedeutendsten Aspekt von fiktionalisierter Geschichte in *Morbus Kitahara*. Er ist Teil eines von Ransmayr vorgenommenen Geschichtsentwurfs, der den niemals verwirklichten 'Morgenthauplan' Wirklichkeit werden läßt. Dieser Plan ist die Bezeichnung der auf der 2. Konferenz von Quebec (September 1944) vom amerikanischen Finanzminister Henry Morgenthau jr. vorgelegten Denkschrift, die sich als eine rigorose Strafaktion gegenüber dem Angreiferland Deutschland verstand. In diesen Rahmen gehörten u.a. die Entmilitarisierung, Verkleinerung und Aufteilung Deutschlands, die Demontierung und Internationalisierung des Ruhrgebiets und die Reduzierung Deutschlands auf den Status eines Agrarlandes. In erster Linie hatten Präsident Roosevelt und Churchill den Vorschlag unterzeichnet. Beide rückten jedoch nach kurzer Zeit auf Anraten von Außenminister Hull und Kriegsminister Stimson von diesem Plan ab, der daher niemals durchgeführt wurde und als ungeschehener Teil der amerikanischen Deutschlandpolitik in die Geschichtsbücher eingegangen ist. Dennoch hatten die im Morgenthauplan formulierten Gedanken die amerikanische Deutschlandpolitik zunächst beeinflußt: erst der Hoover-Bericht über die europäische Lage (1946/47) und die Konflikte zwischen den Vereinigten Staaten und der Sowjetunion haben ihn definitiv unwirksam gemacht. Ransmayrs Eingriff in die historische Faktenlage bedeutet zum einen eine radikale Abwendung von der historischen Wirklichkeit, die in den ersten Nachkriegsdezennien auch den Verlierern (sprich: den Tätern) den Wiederaufbau und später sogar die Wiederbewaffnung ermöglichte (Stichwort: Marshallplan). Zum anderen bedeutet er eine ebenso radikale Zuwendung zum (postmodernen) Phänomen der 'ungeschehenen Geschichte', die nun, als *fiktionaler Text*, in Entindustrialisierung, Agrarisierung und Isolierung des einstigen Tätervolkes die angemessene Strafe gefunden zu haben meint.[29]

Obwohl Literaturkritik und -forschung den offensichtlichen Bezug zum 'Morgenthauplan' von Anfang an signalisiert haben, wird die Funktion dieser Neu-Schreibung der Geschichte im größeren Zusammenhang einerseits der Postmoderne-Diskussion und andererseits der Identitätsproblematik von Österreich (seine Rolle als Opfer oder als Täter) kaum berücksichtigt.[30] Das

---

[29] Vgl. zur Geschichte des Morgenthauplans u.a. die Studie von Kurt Keppler: *Tod über Deutschland. Der Morgenthauplan. Vorgeschichte – Geschichte – Wesen – Hintergründe*. Tübingen 1971. In Ransmayrs Roman steht Lyndon Porter Stellamour für Henry Morgenthau jr., "Stellamours Friedensplan" (S. 39) bzw. "Doktrin Stellamour" (S. 103) für den Morgenthauplan.

[30] Hubert Orłowski unternimmt einen Versuch in diese Richtung, indem er die seiner Ansicht nach "mißlungene[..] Umsetzung eines zeithistorisch stark belasteten politischen Konzepts in den Entwurf eines politischen Romans" in Verbindung bringt mit der "Topographie des engeren Handlungsraumes, die über mehr oder weniger verdeckte Verflechtungen von Literaturtradition sinnbildend wirkt". Hubert Orłowski: Regressives Kastalien. Zu Christoph Ransmayrs Roman 'Morbus Kitahara'. In: *"Moderne", "Spätmoderne" und "Postmoderne" in der österreichischen Literatur. Beiträge des 12. Österreichisch-Polnischen Germanistentreffens Graz 1996*. Hg. von Dietmar Goltschnigg, Günther A. Höfler, Bettina Rabelhofer. Wien 1998. S. 233-245. Das Zitat steht auf S. 237. Thomas Neumanns Beitrag ("Mythenspur des Nationalsozialismus". Der Morgenthauplan und die deutsche Literaturkritik. In: *Die Erfindung der Welt*, siehe Anm. 2, S. 188-193) gibt einen Überblick über die wichtigsten Aussagen zum Thema 'Morgenthauplan' in den ersten Besprechungen des Romans

geographische Setting des Roman-Dorfs "Moor" konnotiert nämlich, wie bereits erwähnt, in mehrerlei Hinsicht die Umgebung des Lagers Ebensee in Oberösterreich, eines der Nebenlager von Mauthausen. Demnach erfüllt es eine bedeutende Funktion im Rahmen einer kritischen Stellungnahme zur Identität Österreichs, wo es die Teilnahme des Landes am Nationalsozialismus betrifft. Dadurch, das er geographische Elemente seines eigenen Herkunftsbereichs in den Roman einarbeitet, erweitert Ransmayr die neu geschriebene Geschichte noch um eine weitere Dimension: Er überträgt den Morgenthauplan auf sein Heimatland Österreich, das er damit zum Haupttäter der NS-Verbrechen deklariert. In doppelter Hinsicht bedeutet das ein Neu-Denken der österreichischen Identität. Denn die implizite Thematisierung der Bereitwilligkeit Österreichs, sich dem Nationalsozialismus anzuschließen, stellt die Dichotomie von Täter (so wie Österreich den 'großen Bruder' Deutschland zu sehen pflegte) und Opfer (als welches man sich selbst betrachtete) in ein völlig anderes Licht. Plötzlich läßt sich einer der Hauptaspekte der Abgrenzungsproblematik, die, wie bereits erwähnt, das Verhältnis zwischen beiden Ländern jahrzehntelang bestimmt hatte, nicht länger aufrechterhalten. Denn nun muß auch Österreich sich der Schuldfrage stellen, die die Position der nicht mehr vertretbaren 'Opferthese' eingenommen hat.

Gehört die Bevölkerung von Moor auf den ersten Blick geschlossen zu den Schuldigen, so erfordert die nähere Betrachtung der drei Protagonisten in zweiter Instanz einige Differenzierungen. Ambras zum Beispiel, der "Hundekönig", steht als Überlebender des Lagers auf der Seite der Opfer. In seiner Funktion als Verwalter des Steinbruchs von Moor jedoch, die ihm neun Jahre nach seiner Befreiung von seiten der Alliierten zuerkannt worden war (S. 73f.), übt er eine wahre Schreckensherrschaft über die Bevölkerung aus. So versucht er sich nachträglich zu rächen für all dasjenige, das ihm angetan wurde. Dazu gehört in erster Linie die Trennung von seiner jüdischen Geliebten. Von vier Uniformierten, die in der Morgendämmerung in die Wiener Wohnung eingedrungen waren, war sie, die "Judenhure", weggeführt und anschließend deportiert worden. Ambras selbst, der "Blutschande" schuldig, fand sich kurz darauf in einer Zelle wieder (S. 215f.). Zu der psychischen Qual, welche die Trennung von der Geliebten verursachte, kommen noch die Spuren der Folter (des Schaukelns, S. 173ff.) hinzu, die ihm anhaltende Schmerzen bereiten.[31] Einzig Bering und Lily, die beiden Vertreter der jünge-

---

Morbus Kitahara im Herbst 1995 und verbindet diese mit den Erkenntnissen eines der jüngsten Forschungsbeiträge zum 'Morgenthauplan': Bernd Greiner: *Die Morgenthau-Legende. Zur Geschichte eines umstrittenen Plans*. Hamburg 1995.

[31] In *Die Ermittlung* von Peter Weiss (1965) findet sich eine ähnlich detaillierte Beschreibung dieser am meisten befürchteten Strafmaßnahme: 'Gesang 3': 'Gesang von der Schaukel'. Peter Weiss: *Die Ermittlung. Oratorium in 11 Gesängen*. Frankfurt a.M. 1991. S. 56-72.

ren Generation, wissen um seine Verwundbarkeit, die hinter der oberflächlichen Härte steckt.

Lily ist die Tochter eines Täters. Auf der Flucht aus dem zerstörten Wien nach Brasilien kommen Täter und Opfer in einem Auffanglager in Moor zusammen. Dort wird Lilys Vater, als er sich liebevoll um seine fünfjährige, an Scharlach erkrankte Tochter kümmert, von einem Weißwarenhändler aus Bessarabien als derjenige identifiziert, der den Tod seiner Frau auf dem Gewissen hat. Seine Bitte um Wasser für die Sterbende hatte Lilys Vater mit einem Schuß auf die Hand beantwortet, die ihm aus dem Viehwaggon einen leeren Blechnapf entgegengestreckt hatte (S. 117). Ehemalige Häftlinge stürzen sich auf Lilys Vater, froh, sich zumindest an einem der Kriegsverbrecher, "*eine[m] von denen*" (S. 116) rächen zu können. Sie schlagen ihn, schleifen ihn durch den nassen Schnee, werfen ihn "vom Steg hinab in die Finsternis" (S. 117). Halbtot wird der Vater abtransportiert. Vergebens warten Lily und ihre Mutter, eine Malerin, auf seine Wiederkehr.[32]

Bering ist der jüngste von den dreien. Er wurde geboren "in der einzigen *Bombennacht* von Moor [...] kurz vor der Unterzeichnung jenes Waffenstillstandes, der in den Schulstunden der Nachkriegszeit nur noch *Der Friede von Oranienburg* hieß" (S. 9). Er war "ein Kind des Kriegs und kannte nur den Frieden" (ebd.), so heißt es gleich zu Beginn des Kapitels. Sein Vater, zur Zeit seiner Geburt Soldat in der afrikanischen Wüste (S. 10), gehört zu denjenigen, die, wenn auch kämpfend im Dienste der Nazis und also schuldig, sich

---

[32] Ähnlich wie in der Erzählung "Die vergorene Heimat" wird das Motiv des Malens zur Umfunktionierung von Elementen der Geschichte eingesetzt und wird das (österreichische) Phänomen des 'Unter-den-Teppich-Kehrens' der eigenen Schuld als 'Überpinseln' der Wahrheit dargestellt. Hier heißt es über die Mutter: "An Sonntagnachmittagen [...] saß sie oft an einem lebensgroßen Brustbild ihres Mannes, das sie nie vollendete. Sie malte dieses Bild nach einer Fotografie, die sie bis zu ihrem Tod stets bei sich trug und die den Vater lachend vor der Oper in Wien zeigte. Er trug seine schwarze Uniform mit allen Orden und eine Schirmmütze, die seine Augen im tiefen Schatten beließ. Die Mutter saß und malte und ersetzte die schwarze Uniform Pinselstrich für Pinselstrich durch einen Lodenanzug mit Hirschhornknöpfen und die Schirmmütze durch einen Filzhut, dem sie ein Sträußchen Heidekraut aufsteckte" (S. 122). In der 'vergorenen Heimat' rächt sich das Bild selbst am Versuch, die Wahrheit zu vertuschen. Dort wird erzählt von einem Gemälde, das die Stadt Waidhofen an der Ybbs im nationalsozialistischen Fahnenschmuck zeigte, so "wie der Führer seine Städte gerne sah". Auch heute noch hängt das Werk "groß und prächtig" im Waidhofener Rathaus, nun allerdings mit rot-weiß-rot übermalten Hakenkreuzen. Diese mußten jedoch, so will es die Ironie, "seither von einem Restaurator mehrmals abgedeckt werden, weil sie im Lauf der Zeit trotz des kräftigen Auftrags der Nationalfarben wieder und wieder durchschlugen". Christoph Ransmayr: Die vergorene Heimat. Ein Stück Österreich. In: Christoph Ransmayr: *Der Weg nach Surabaya. Reportagen und kleine Prosa.* Frankfurt a.M. 1997. S. 41-62, hier S. 60.

selbst als Opfer der Geschichte empfinden. Bering selbst hat ebenfalls ein problematisches Verhältnis zur Vergangenheit. Als (fast) Nachgeborener will er weder teilhaben an der Schuld der Vergangenheit noch an der auferzwungenen Erinnerung: "[...] Moors Kinder langweilten die Erinnerungen an eine Zeit vor ihrer Zeit. [...] für Bering und seinesgleichen waren die Rituale der Erinnerung, ob sie nun von der Armee befohlen oder von den Sühnegesellschaften gepflegt wurden, nur ein düsteres Theater" (S. 176f.). Erst im Umgang mit Ambras begreift Bering, daß die Vergangenheit sich nicht auf Erinnerungsrituale beschränkt, sondern daß sie über diese hinaus Teil der Gegenwart ist:

> Es hatte lange gedauert, bis Bering und seinesgleichen begriffen, daß nicht alle Unglücklichen aus dem Barackenlager in der Erde oder in den großen Backsteinöfen am Schotterwerk verschwunden waren, sondern daß sich einige bis in die Gegenwart gerettet hatten und nun in der gleichen Welt lebten wie sie selbst. [...] die *Vergangenheit* [war] noch lange nicht vergangen. (S. 176)

Die Bewohner von Moor waren gezwungen, sich zu erinnern, aber diese aufgezwungene Erinnerung scheint sich am Ende in ihr Gegenteil verkehrt zu haben. Denn im Grunde hat sie nur zu Abstumpfung und neuerlicher Gewalt (als Gegenreaktion auf das verbotene Vergessen) geführt,[33] wie etwa die Entwicklung Berings zu einem dreifachen Mörder zeigt. Die alternative (fiktionalisierte) Geschichte bildet demnach kaum einen besseren Nährboden für das historische Gedächtnis als die reale Geschichte des Wiederaufbaus.[34]

Neben der postmodernen Neu-Schreibung der (Nachkriegs-)Geschichte Österreichs enthält *Morbus Kitahara* in der Thematisierung des Dorflebens

---

[33] Vgl. in diesem Zusammenhang Gerhard Roths Interpretation der österreichischen Haltung zum Nationalsozialismus, zu der er sich 1987 in einem Interview geäußert hat: "Hermann Broch hat im Briefwechsel und auch in den späteren Schriften geschrieben, daß Österreich und Deutschland die moralischsten Länder in der Geschichte werden könnten, wenn die Erschütterung der Bevölkerung über die Verbrechen des Nationalsozialismus nur groß genug ist. Das ist aber nicht eingetreten. Wir sind statt zum moralischsten zum vergeßlichsten geworden. Wir sind nicht schlechter als andere Länder, aber wir haben versucht, uns mit Taschenspielertricks aus unserer Vergangenheit herauszumogeln, wir haben sie sozusagen im Ärmel verschwinden lassen wollen". Aus: "Man hat die Vergangenheit im Ärmel verschwinden lassen wollen". Gespräch mit Georg Pichler. In: *Gerhard Roth: Das doppelköpfige Österreich. Essays, Polemiken, Interviews*. Hg. von Kristina Pfoser-Schewig. Frankfurt a.M. 1995. S. 184-192, hier S. 185.

[34] Vgl. dazu ebenfalls den Aufsatz von Elrud Ibsch: Post-apocalyps en postmoderniteit: Het verhaal van dood en schuld in Christoph Ransmayrs *Die letzte Welt* en *Morbus Kitahara*. In: *De Literaire Dood*. Hg. von Elrud Ibsch, Andrea Kunne und Cristina Pumplun. Assen 1998. S. 204-214. Der betreffende Abschnitt befindet sich auf S. 212.

noch zusätzlich Elemente, die eine Lektüre des Romans als Beispiel von transformierter Heimatliteratur plausibel machen. Damit fügt sich der Roman in eine bereits zur Tradition gewordenen Entwicklung ein, die in den sechziger Jahren ihren Anfang genommen hat. Es handelt sich dabei um eine Wiederaufnahme der traditionellen Gattung unter neuen Vorzeichen. Experimentelle und/oder gesellschaftskritische Transformationen haben die positiven Konnotationen des alten, der Tradition des Realismus verpflichteten Genres ersetzt, wodurch eine zeitgenössische und kritische Darstellungsweise an die Stelle des verklärenden Tons des alten Genres getreten ist. Damit wurde zugleich der ideologischen Diskreditierung durch den Nationalsozialismus ein Ende bereitet, wenn auch nicht immer in einer Art und Weise, die den Wünschen des Leserpublikums entsprochen hätte, für das der Begriff der "Kontinuität" in den ersten Dezennien nach dem Zweiten Weltkrieg am wichtigsten war.[35]

Auffallend an einigen Beispielen aus den sechziger und siebziger Jahren ist, daß die Opfer-These, mit der Österreich die eigene Haltung während der Zeit der nationalsozialistischen Gewaltherrschaft bis weit in die achtziger Jahre zu erklären versuchte, dort schon angeprangert wird. So kritisieren Autoren wie Hans Lebert (*Die Wolfshaut*, 1960; *Der Feuerkreis*, 1971) und Thomas Bernhard (*Frost*, 1963; *Verstörung*, 1967) das Fortleben der alten faschistischen und nationalsozialistischen Strukturen in der "Provinz". Durch die Einbettung von Heimat-Elementen in die Holocaust-Diskussion schließt Ransmayrs Roman gerade an diese Entwicklung in der neueren Heimatliteratur an. Schon 1960 hatte Hans Lebert den Österreichern einen Spiegel in bezug auf ihr historisches Selbstbewußtsein vorgehalten. Damit war er einer der ersten, die das weitbekannte Genre des Heimatromans zur Verkündung einer politischen Botschaft eingesetzt haben. Sein Beispiel wurde und wird noch immer von anderen gefolgt. Das hat zur Konsequenz, daß die traditionelle Gattung inzwischen zu einem Ausgangspunkt geworden ist für gesellschaftskritische und/oder postmoderne Um-Schreibungen, in die politische Diskurse eingegangen sind.[36]

---

[35] Vgl. in diesem Zusammenhang (Buch)Titel wie die von Joseph McVeigh: *Kontinuität und Vergangenheitsbewältigung in der österreichischen Literatur nach 1945*. Wien 1988; Karl Müller: *Zäsuren ohne Folgen. Das lange Leben der literarischen Antimoderne Österreichs seit den 30er Jahren*. Salzburg 1990; Uwe Baur: Kontinuität – Diskontinuität. Die Zäsuren 1933 – 1938 – 1945 im österreichischen literarischen Leben. Zum Problem des Begriffs 'literarische Epoche'. In: *Literaturgeschichte: Österreich. Prolegomena und Fallstudien*. Hg. von Wendelin Schmidt-Dengler, Johann Sonnleitner und Klaus Zeyringer. Berlin 1995.
[36] Im bereits genannten Gespräch mit Sigrid Löffler erwähnt Ransmayr, daß er den Roman *Die Wolfshaut* von Hans Lebert gelesen hat. Siehe Anm. 23. Vgl. zum transformierten Heimatroman Andrea Kunne: *Heimat im Roman: Last oder Lust?*

Morbus Kitahara ist ein aktuelles Beispiel einer solchen postmodernen Neu-Schreibung. In dieser Kombination aus transformiertem Heimatroman und postmodernem historischem Roman erfahren das Dorf Moor und dessen Bewohner eine radikale Bedeutungsänderung. Das vom traditionellen Heimatroman her bekannte Ingroup-Outgroup-Schema wurde dahingehend geändert, daß die Bewohner von Moor durch unzugängliche landschaftliche Formationen getrennt sind von der "anderen" Welt, von "Tiefland", Inbegriff der blühenden austro-touristischen Konsumgesellschaft. Moor und seine Bewohner sind von der Lagervergangenheit gezeichnet, und Gewalttaten sind an der Tagesordnung – dies an Stelle der sogenannten 'heilen Welt' des Heimatromans. Die ursprüngliche Rolle des "Patriarchen" hat der "Hundekönig" Ambras übernommen, ein Überlebender, der sich an seinen ehemaligen Peinigern rächt.

Anklänge an den Heimatroman finden sich beispielsweise in der Geschlossenheit der dörflichen Gemeinschaft. So wird Lily lange Zeit als eine "Zugereiste", eine "aus der Fremde" betrachtet (S. 110), die somit nur schwerlich assimilieren kann. Obwohl hier das bekannte Ingroup-Outgroup-Schema des traditionellen Heimatromans angesprochen zu werden scheint, ist die Ausgangslage doch eine grundsätzlich andere. Denn in Abweichung von der traditionellen Gattung beruht die Geschlossenheit auf keinerlei 'organischem' Gefüge, sondern ist sie eine künstliche, konstruierte, ja: von den alliierten Siegern aufgezwungene. Ähnliches gilt für Moor als ein weitgehend autarkes Bauerndorf. Auch hier fehlt der logische innere Zusammenhalt, der die Bauerngemeinschaften traditioneller Heimatromane prägt. Einst eine Region, die laut des Friedensplans von Stellamour von großer Bedeutung für die Kriegsindustrie war (S. 42),[37] sind das Dorf und seine direkte Umgebung aus Vergeltung in eine vorindustrielle und somit agrarische Wirtschaftsform zurückversetzt. Dergestalt umfunktioniert, verliert das Bauerntum jegliche positive Konnotation und wird zum Inbegriff der alliierten Strafaktion. In diesem Zusammenhang ist es denn auch nicht verwunderlich, daß die Bewertung der Außenwelt (im traditionellen Genre verkörperlicht durch die Stadt, in *Morbus Kitahara* durch "Tiefland") in diesem Falle zugunsten der Fremde ausfällt.

Transformationen eines Genres in der österreichischen Nachkriegsliteratur. Amsterdam, Atlanta 1991.

[37] Daß mit Moor Mauthausen gemeint ist, läßt sich schließen aus zwei Funktionen, die dieses KL hatte und die in den historischen Quellen auch vermerkt werden. Die Granitsteinbrüche in der Umgebung von Mauthausen waren wichtig zur Gewinnung von Material für den Bau von NS-Prunkbauten in Linz und anderen "Führer-Städten". Die Häftlinge waren wichtig zur Detachierung in der Rüstungsindustrie der Außenlager (z.B. Gusen). Vgl. den Vortrag von Bertrand Perz: Die ökonomische Dimension des Konzentrationslagers Mauthausen, gehalten beim Symposium "60 jaar Mauthausen", Amsterdam, 21.10.1998.

Von Moor getrennt durch das "Steinerne Meer", scheint dieser Ort völlig unberührt von den Strafmaßnahmen der Alliierten zu sein: "Von Brand rollten Züge in die Welt" (S. 322); "Brand war nicht Moor" (S. 323); "Autos, Schienen, Flugpisten! Hochspannungsleitungen, Kaufhäuser! Die Abfalleimer voll Delikatessen, ganze Kessel voll Punsch – und so viel Fleisch, daß selbst die Straßenköter davon fett wurden" (S. 333). Fazit:

> Schöne Gerechtigkeit: Das Tiefland blinkte und leuchtete wie ein einziger Vergnügungspark, während oben, am Moorer Dampfersteg und unter den Felswänden des Blinden Ufers, zu den Jahrestagen immer noch schwarze Fahnen gehißt und Transparente gespannt wurden. *Niemals vergessen. Du sollst nicht töten.* [...] In Moor standen Ruinen. In Brand Kaufhäuser. (S. 335)

Lily ist die "Grenzgängerin" in der Region, die regelmäßigen Kontakt zum "Tiefland" hat. Sie versorgt die Bewohner auf beiden Seiten des Passes mit Waren und hält somit den Schwarzmarkt intakt:

> Lily [...] ging [...] ihrer Wege und beschaffte dabei jedem das Seine: den Moorern Südfrüchte, Werkzeuge oder grüne Kaffeebohnen aus den Armeedepots und den Versorgungsoffizieren und Soldaten, die diese Depots verwalteten, jene höllischen Souvenirs, die sie auf ihren Streifzügen durch das Steinerne Meer in Kavernen, Höhlen oder bloß im modernden Laub fand: verrottete Stich- und Feuerwaffen aus den letzten Schlachten und Scharmützeln des Kriegs, durchschossene Stahlhelme, Bajonette, Eiserne Kreuze und allen Schrott, den die Armee der Moorer auf ihrem Weg in den Untergang verloren oder weggeworfen hatte. Denn für die Sieger von damals war der Krieg mit seinen Triumphen längst eine ebenso ferne, unfaßbare Erinnerung wie der Untergang für die Besiegten, und so kam dem Plunder ein ständig steigender Sammlerwert zu, der durch Lilys Tauschgeschäfte immer neu bestimmt wurde. Die Sieger zahlten mit Mangelware für die versunkenen Insignien ihrer Feinde. Und so tauschte Lily in den Kasernen Stahlhelme gegen Honigmelonen, Dolche mit Totenkopfemblemen gegen Lakritze und Bananen, Orden gegen Nylonstrümpfe und Kakao. (S. 109)

Für Bering bewirkt die Reise ins "Tiefland", die er gemeinsam mit Lily unternimmt, um dort einen Augenarzt zu konsultieren, eine Art Umkehr. Damit erfüllt die Konfrontation mit der Fremde (der Stadt) hier ebenso wie im traditionellen Heimatroman eine 'handlungsauslösende' Funktion. Nach seiner Rückkehr wird Moor auf Anweisung des Militärs geräumt und ihm wird dabei die Rolle eines Aufsehers zuerteilt. Voller Wut und Haß widmet er sich seiner neuen Aufgabe. In dieser Situation erreicht ihn die große Neuigkeit: das Oberkommando im "Tiefland" hat beschlossen, die "gesamten Förderanlagen und Maschinen aus dem Moorer Granitbruch [...] nach Brasilien zu verschiffen" (S. 387). Ambras, Lily und Bering werden als Begleiter mitgeschickt. Dort finden Bering und Ambras den Tod. Mit ihrem Gespür für gewinnbringende Umstände weiß Lily dem brasilianischen Äquivalent von Moor (Pantano) bzw. der Villa Flora ("Hundsinsel", Ilha do Cão) zu entkommen. Damit ist sie von den drei Protagonisten die einzige Überlebende.

Kommen wir zum Schluß. In der Art der Behandlung der Themenbereiche 'Heimat' und 'Holocaust' stellt Ransmayrs Roman in doppelter Hinsicht die österreichische Identität zur Debatte. Denn an die Stelle der 'heimatlichen' 'heilen Welt' tritt die "Morgenthausche präzivilisatorische Wüste", der "Ruinenort mit den KZs Mauthausen oder Ebensee":[38] "Die österreichischen Landschaften und Provinzen erscheinen [...] nicht als Natur, sondern als historisches Palimpsest".[39] Die Strafe, die den vermeintlichen 'Opfern' auferlegt wird, ist die Vergeltung für wissentlich begangene Kriegsverbrechen. In beiden Fällen wird durchkreuzt, was Robert Menasse als eines der Charakteristika des österreichischen Nationalbewußtseins bezeichnet: "Wir definieren uns über unsere Kultur und unsere Geschichte, und unsere Kultur besteht aus selektivem Umgang mit Geschichte, und Geschichte ist für uns die herzeigbare geerbte Kultur".[40]

Mit seinem Roman leistet Ransmayr einen deutlichen Beitrag zur neuerdings entfachten Ethik-Diskussion innerhalb der postmodernen Literatur, die in den Vereinigten Staaten ihren Anfang genommen hat und mittlerweile als eine weltweite Entwicklung angesehen werden kann.[41] Damit bewegt sich die Literatur der Postmoderne weg von der ihr anfangs von seiten ihrer Kritiker vorgeworfenen unpolitischen Beliebigkeit und hin zu einer Kunst, die die Auseinandersetzung mit heiklen Themen nicht länger scheut. Ihrerseits ist Ethik auf Kunst angewiesen, denn: "Ethics needs art in order to prevent us from becoming imprisoned in rigid and stereotypical concepts of reality and

---

[38] Sieglinde Klettenhammer: "Das Nichts, das die Natur auch ist". Zur Destruktion des Mythos 'Natur' in Elfriede Jelineks *Die Kinder der Toten*. In: *Literatur und Ökologie*. Hg. von Axel Goodbody. Amsterdam, Atlanta 1998 (Amsterdamer Beiträge zur neueren Germanistik 43). S. 317-339, hier S. 322.

[39] Karl Wagner: Wie gegenwärtig ist die österreichische Gegenwartsliteratur? Ein Vortrag vor niederländischen Germanisten. In: *Deutsche Bücher* (XXVII, 1997). H. 4. S.249-262, hier S. 259.

[40] Robert Menasse: Weil wir alle Österreicher sind! Kurze Geschichte der Nationswerdung Österreichs. In: *Nicht (aus, in, über, von) Österreich. Zur österreichischen Literatur, zu Celan, Bachmann, Bernhard und anderen. Beiträge des Debrecener Germanistischen Symposions zur Österreichischen Literatur nach 1945 im Oktober 1993*. Hg. von Tamás Lichtmann, unter Mitwirkung von Walter Fanta. Frankfurt a.M. etc. ²1996 (Debrecener Studien zur Literatur 1). S. 11-16, hier S. 14.

[41] Vgl. dazu etwa den Band *Ethics and Aesthetics. The Moral Turn of Postmodernism*. Hg. von Gerhard Hoffmann und Alfred Hornung. Heidelberg 1996 (Anglistische Forschungen 233).

from becoming insensitive to the claims of the other".[42] Was die österreichische Literatur betrifft, entspricht dies der Entwicklung von einer auf epistemologischer Grundlage geschriebenen, (sprach)spielerischen Literatur eines Gert Jonke zu den politischen Stellungnahmen eines Christoph Ransmayr (und von der älteren Generation eines Thomas Bernhard). In beiden Fällen – und das gehört nach wie vor zu den Merkmalen postmoderner Literatur – wird die Ambivalenz als strukturbildendes Prinzip beibehalten. Ohne sie wäre die Kunst eine moralische Lektion und als solche wahrscheinlich wirkungslos, ebenso wie ein "Zuviel an Geschichte", als Mittel gegen den "Geschichtsverlust" eingesetzt,[43] letzten Endes nicht zu einer besseren Welt führt.

---

[42] Lothar Bredella: Aesthetics and Ethics: Incommensurable, Identical or Conflicting? In: *Ethics and Aesthetics*, siehe Anm. 41, S. 29-51, hier S. 51. Carl Niekerk betont diese "Wende zum Politischen" in bezug auf Ransmayrs Roman und verbindet sie mit dem "Neuinteresse an Politik, das sich seit den späten achtziger Jahren im Rahmen der Postmoderne immer deutlicher abzeichnet". Carl Niekerk: Vom Kreislauf der Geschichte, S. 178 (vgl. Anm. 25).
[43] Carl Niekerk: Vom Kreislauf der Geschichte, S. 168 und 169.

Margret Brügmann

Jeder Text hat weiße Ränder
Interkulturalität als literarische Herausforderung

This article deals with a certain form of esthetics that has been developed in the context of postmodernism; its central paradigm is the notion of the palimpsest. Writers who are positioned in the cultural margin play with notions from the 'grand novels' as well as with cultural evidences. These comments have a large deterritorializing effect, because they introduce a friction within common perceptions, which leads to ways of deconstruction. The analysis will focus on the texts of Emine Sevgi Özdamar, Renan Demirkan and Yoko Tawada.

Badenixen und Schnurrbärte

Wer kennt sie nicht, die Bücher die einem in die Hände fallen und deren Texte und Bilder sich auf wundersame Weise durch Hinzufügungen modifiziert haben. Als besonders spannend habe ich die Schulbücher aus der Gymnasiumzeit in Erinnerung. Sie wurden von Klasse zu Klasse weitergereicht. Wenn man Glück hatte, bekam man ein besonders altes gebrauchtes Exemplar, in dem die Ergüsse und pikturalen Kommentare vieler anonymer kreativer Geister durcheinandergewürfelt waren. Atlanten bargen in den blauen Weltmeeren Zuflucht für spärlich gekleidete Badenixen und zeigten Porträts schiffbrüchiger ungeliebter Lehrer. In Texten von Tacitus fand man zur Erleichterung oftmals an den Rändern der Texte und auch zwischen den Zeilen hilfreiche Vokabeln. Auch die Auswahl deutscher Dichtung entkam dem Kommentar nicht. Manch edler Dichter bekam eine barocke Perücke auf, einen Schnurrbart angeklebt oder trug auf einmal ein fesches Jägerhütchen. All diese 'Verbesserungen' forderten natürlich zu weiterem Kommentar auf, und so ergab sich eine vielschichtige Textur, der manchmal sogar unter dicken Klecksen der 'ursprüngliche' Text abhandengekommen war.

Ohne es zu wissen war das meine erste Konfrontation mit einem Phänomen, das in der Postmoderne einen hohen Stellenwert hat: Es ist im weitesten Sinne eine Form des Palimpsests, einer Schrift, die über eine andere drübergeschrieben wird.[1]

---

[1] Ihab Hassan: De kwestie van het Postmoderne. In: *Van het Postmodernisme.* Hg. von Jeroen Boomgaard und Sebastian Lopez. Amsterdam 1985. S. 12-22, hier S. 15.

Dies führt mich zu der Frage, inwiefern Postmoderne überhaupt definiert werden kann und sollte, ohne seine Elastizität zu verlieren. Nach Ihab Hassan trägt die Postmoderne selbst ihr eigenes Paradox in sich, indem sie den Terminus der Moderne inkorporiert: Man könnte also die Postmoderne als ein Weiterschreiben der Moderne sehen oder aber als eine Störung, eine Dekonstruktion derselben.

Die Radikalisierung der Brüche, die verbunden sind mit einem gesteigerten Bewußtsein des Stellenwerts der 'kleinen Texte' geht eine Allianz mit dem kulturellen Bewußtsein einer permanenten Brüchigkeit einer homogenen kulturellen Identität ein.

Globales Nomadentum

Noch nie haben sich so viele Menschen über den Globus bewegt. Die Motive sind recht unterschiedlich, so suchen die einen den Kick des Abenteuers in fernen Ländern, andere treibt Krieg, Hunger, ökologische und politische Zwänge aus ihrer gewohnten Umgebung. Man könnte heute in Analogie zu Andy Warhols Slogan 'Jeder kann heute fünf Minuten berühmt sein', sagen: 'Jeder kann heute für einen kurzen Augenblick sich (selbst) als Fremder, als Anderer, gefühlt haben.'

Der amerikanische Kulturwissenschaftler Craig Owens zitiert Paul Ricoeur, der meint, diese Entdeckung der Pluralität der Kulturen sei niemals ein harmlose Erfahrung. Owens führt diesen Gedankengang fort:

> Plötzlich wird es möglich, daß es einfach Andere gibt, daß wir selbst ein 'Anderes' unter anderen sind. Wenn dadurch jegliche Bedeutung und jegliches Ziel verschwunden sind, dann wird möglich, durch Zivilisationen wie durch eine Sammlung von Resten und Ruinen zu wandern. Die ganze Menschheit wird zu einem imaginären Museum: wohin sollen wir dieses Wochenende fahren?[2]

Abgesehen davon, daß die letzte Frage wohl eher die eines westlichen Touristen als die eines hungernden Flüchtlings ist, ergeben sich aus der Entdeckung, ein Anderer unter Anderen zu sein, eine Reihe von Auswirkungen.

Der Begriff des 'Anderen' weist auf eine Dezentralisierung von Herrschaftsdiskursen. Dies kann zum einen in der Anerkennung von Unterschieden bestehen, zum anderen aber auch in Indifferenz oder in völliger Reduktion von Differenzen enden. Wir sehen beide Extreme heutzutage: Auf der einen Seite pochen ethnische und politische Gruppen viel deutli-

---

[2] Craig Owens: Der Diskurs der Anderen. Feminismus und Postmoderne. In: *Kunst mit Eigen-Sinn*. Hg. von Silvia Eiblmayer, Valerie Export und Monika Prischl-Maier. Wien, München 1985. S. 75-89, hier S. 75.

cher auf ihre Eigenständigkeit und kulturelle Ausdrucksform. Zum anderen verwischen sich durch fortschreitende Internationalisierung und ökonomischen 'Monotheismus' kulturelle Unterschiede.

Kleine Literatur

Deleuze und Guattari haben in ihrer Studie über Kafka den Begriff der 'kleinen' Literatur als eine Verzahnung von ethnischen, politischen und ästhetischen Aspekten afgezeigt:

> Eine kleine oder mindere Literatur ist nicht die Literatur einer kleinen Sprache, sondern einer Minderheit, die sich einer großen Sprache bedient. Ihr erstes Merkmal is daher ein starker Deterritorialisierungskoeffizient, der ihre Sprache erfaßt. In diesem Sinne hat Kafka die Sackgasse definiert, die den Prager Juden den Zugang zum Schreiben versperrte und ihre Literatur "von allen Seiten unmöglich" machte: Sie lebten zwischen "der Unmöglichkeit, nicht zu schreiben, der Unmöglichkeit, deutsch zu schreiben, und der Unmöglichkeit, anders zu schreiben."[3]

Deleuze und Guattari beschreiben am Beispiel der Prager Juden das Dilemma, in dem sich eine Gruppe befindet, die zum Teil – durch die Sprache – der deutschen Kultur zugerechnet, als Juden jedoch von der christlichen, herrschenden Oberschicht ausgeschlossen wird. Als Deutschsprachige werden die Juden auch von der tschechischen Gemeinschaft ausgeschlossen. Diese gesellschaftliche Konstellation hat Auswirkungen im Bereich der ästhetischen Produktion. Die Juden stehen von der Wahl, entweder zu schweigen oder in einer Herrschaftssprache zu schreiben, die in ihrer Ausdrucksmöglichkeit der unterdrückenden und verschleiernden Repräsentation verpflichtet ist. Hinzu kommt, daß die deutschen Juden, hier auf Kafka zugespitzt, in keiner anderen Sprache schreiben konnten als in Deutsch. Sie konnten nach Deleuze/Guattari nicht auf eine Sprache ausweichen, die nicht wie das Deutsche mit Konnotationen der Macht besetzt war und eben deshalb adäquat Aussagen über Wahrnehmungen dieser kulturellen Minderheit ermöglicht hätte.

Kondition des Fremdseins

Im Rahmen einer Überlegung über Herausforderungen, die Interkulturalität als individuelles und gesellschaftliches Phänomen entstehen lässt, hat Julia Kristeva in ihrem Buch *Fremde sind wir uns selbst*[4] aufschlussreiche Be-

---

[3] Gilles Deleuze/Felix Guattari: *Kafka. Für eine kleine Literatur*. Frankfurt a.M. 1976. S. 24.
[4] Julia Kristeva: *Fremde sind wir uns selbst*. Frankfurt a.M. 1990.

obachtungen gemacht. Der Titel ist richtungweisend für die Analyse des Umgangs mit dem Fremden, dem wir – wie schon eingangs gesagt – selbst auch angehören.

Kristeva, selbst Bulgarin in Frankreich, spürt in ihren Betrachtungen zur Auswirkung des Fremden zwischen Gesellschaft, Individuum, Bewußtsein und Unterbewußtsein eine Wechselwirkung, die höchst aktuell und hautnah ist. In ihrem radikalen, die Abkürzung bis zur Banalität nicht scheuenden Stil, spricht Kristeva – für uns selbst – ungeliebte, befremdliche Gedanken aus, die dieser Befremdung wegen desto ernster genommen werden sollten.

Kristeva trifft gleich mitten ins Herz mit der Bemerkung: "Ist es möglich, daß der 'Fremde', der in den frühen Gesellschaften der 'Feind' war, in den modernen Gesellschaften verschwindet?"[5] Der Fremde, von altersher eine Figur des Hasses, der als Eindringling empfundene Mensch, wird zwar nicht mehr ohne weiteres getötet, ist aber allzu schnell wieder verantwortlich für alle Unvollkommenheiten des Allgemeinwesens.

Mit dem Außenblick der Mehrheit versetzt sich Kristeva in das Dilemma des Alteingesessenen: Zum einen ist dieser eifersüchtig auf die erkennbare Differenz zwischen dem Fremden und ihm, die ihm nicht zugestanden scheint. Zum anderen wird dem modernen, sich selbst als einheitliches Individuum glorifizierenden Wesen, angesichts der 'Fremdheit' der anderen bewußt, wie die eigene Ganzheitlichkeit auf Verdrängung, auf Disziplinierung, kurzum auf Absprachen individueller und gesellschaftlicher Natur besteht, die ihre Mobilität zurückerhalten würde, begäbe man sich in eine Annäherung zu den Fremden, ohne die Fremdheit des Fremden zu fixieren, zu verdinglichen.

Im Folgenden möchte ich einige Aspekte des Fremdseins herausheben, die auch in unterschiedlicher Form in literarischen Texten thematisiert werden.

Einer der Schlüsselbegriffe ist die Enttäuschung. Der Fremde macht die Erfahrung, regelmässig abgewiesen zu werden. Dies führt zu Verhärtungen, zu scheinbarer Indifferenz. Der Fremde verschließt sich wie "eine geschlossene Auster unter den Gezeiten".[6] Er fühlt sich keinem Ort zugehörig, keiner Zeit, keiner Liebe und hat den Ursprung verloren. Dies erzeugt eine Gleichgültigkeit neben einer melancholischen Liebe zu einem verlorenen Raum. Das sogenannte verlorene Paradies wird zu einem Trugbild der Vergangenheit. Hiermit geht eine Form von Selbstbeschuldigung einher: Wie konnte ich das aufgeben? Damit habe ich mich selbst aufgege-

---

[5] Ebd. S. 11.
[6] Ebd.

ben! Wie Freud in *Trauer und Melancholie*[7] beschreibt, führt diese emotionale Konstitution zu Ich-Verarmung und Melancholie, die nur schwer rückgängig zu machen ist.

Erschwerend in dieser Hinsicht wirkt der schleichende Verlust der Muttersprache. Oberflächlich gesehen mögen die Sprachschnitzer charmant klingen, für den Fremden ergibt sich jedoch ein tiefer liegendes Problem: "Unter dem Zwang, alles auf sei es banale, sei es nur ungefähre Art zu sagen, läßt sich nichts mehr sagen".[8] Zudem ist der Fremde von der Lebendigkeit der Muttersprache entfernt und entfernt sich mit jedem Moment mehr von der körperlichen Praxis in der muttersprachlichen Gemeinschaft.

Die tiefe Nichtübereinstimmung kann gegenüber dem tauben Verwurzelten zu einer scheinbaren Koexistenz führen, indem der Fremde seiner Differenz als verstummter Heimatloser eine Form gibt. Sie kann sich aber auch in der Position der Verwunderung zu erkennen geben: Der Fremde sieht sich als Etnologe seiner Umgebung. Die fehlende Selbstverständlichkeit der Bodenständigkeit wird durch ein Gefühl des Kosmopolitseins gekontert. Die Fremdheit gibt Gelegenheit zur Improvisation, zum Träumen, zur eigenen Bestimmung einer kalaidoskopischen Identität.

Die Entfremdung zu sich selbst, der Tradition und dem kulturellen Umfeld verschafft die Möglichkeit, 'kleine' neue kulturelle Konfigurationen am Rande repräsentativer Texte hervorzubringen. Für meine weiteren Analysen literarischer Texte konzentriert sich mein Interesse auf Formen des Palimpsests. Meine Frage lautet: Wie und bei welcher Thematik 'überschreiben' die Autoren Texte der 'großen' Literatur? Werden diese Texte als richtungweisend gesehen und radikalisiert, oder werden sie kritisch und ironisch kommentiert in der Form einer Dekonstruktionsarbeit?

Gedrehte Muttersprache

Emine Sevgi Özdamar schreibt 1990 mit ihrem Erzählband *Mutterzunge*[9] vier Impressionen über die Verwirrungen interkultureller Ausdrucksformen und -möglichkeiten. Das Buch ist ihrer Mutter Fatima Hanin gewidmet. Die erste Erzählung hat dem Buch seinen Namen gegeben. Alle Erzählungen beschäftigen sich mit Sprachdifferenzen, kulturellen Assoziationsfeldern, in denen durch die Dauer des Aufenthalts im fremden Land Begriffe und Wörter Einzug fanden, die emotional wichtig sind, aber im alten Kul-

---

[7] Sigmund Freud: Trauer und Melancholie. In: -: *Studienausgabe. Bd. III. Psychologie des Unbewußten*. Frankfurt a.M. 1978. S. 193-213.
[8] Julia Kristeva: *Fremde sind wir uns selbst*. S. 25.
[9] Emine Sevgi Özdamar: *Mutterzunge. Erzählungen*. Berlin 1990. Alle weiteren Zitate aus diesem Text werden mit (Ö + Seitenzahl) gekennzeichnet.

turumfeld kein Äquivalent hatten. Özdamar beginnt ihre Erzählung 'Mutterzunge' mit den folgenden Sätzen:

> In meiner Sprache heißt Zunge: Sprache.
>
> Zunge hat keine Knochen, wohin man sich dreht, dreht sie sich dorthin.
> Ich saß mit meiner gedrehten Zunge in dieser Stadt Berlin. (Ö, S. 7)

Özdamar gibt in den Eröffnungssätzen schon wichtige Hinweise auf ihre Auffassung von sprachlicher Interkulturalität. Die Äquivalenz von Zunge und Sprache im Türkischen akzentuiert die Körperlichkeit von Sprache, und zugleich wird die Zunge zur Metapher. Dieses knochenlose Organ ist äusserst beweglich und ist in der Lage, sprachliche Laute zu produzieren, die 'gedreht' sind. Hier könnte der Akzent gemeint sein, den mancheiner in einer zweiten Sprache beibehält, obwohl er in der Lage ist, syntaktisch, grammatisch und lexikalisch eine nicht muttersprachlich erlernte Sprache zu sprechen. Özdamar radikalisiert jedoch diesen Aspekt hin zum teilweisen Sprachverlust der Muttersprache. Sie zitiert ihre Mutter, mit der sie in Istanbul Türkisch spricht.

> "Weißt du, du sprichst so, du denkst, daß du alles erzählst, aber plötzlich springst du über nichtgesagte Wörter, dann erzählst du wieder ruhig, ich springe mit dir mit, dann atme ich ruhig." Sie sagte dann: "Du hast die Hälfte deiner Haare in Alamania gelassen." (Ö, S. 7)

Özdamar gibt hier an, dass ihr der volle nuancierte Wortschatz des Türkischen abhanden gekommen ist. Dies ergibt eine Unruhe, ein Unbehagen, das sich erst legt, wenn der Sprachfluss wieder ungehemmt weitergeht. Die Mutter spürt diese Verlegenheit seismografisch und versucht körperlich mit ihrem Atem diese Momente auszugleichen.

Özdamar kann in wenigen Sätzen eine Impression geben, die die mütterliche Quelle der Sprache und zugleich die Schmerzlichkeit des Sprachverlusts der Muttersprache in einer Klammer zusammenfaßt. Das Gefühl der Heimat-/Sprachlosigkeit faßt sie zusammen, indem sie ihre Muttersprache als eine "gut gelernte Fremdsprache" (Ö, S. 7) bezeichnet. Auch die Schriftsprache ist davon nicht ausgeschlossen. An einem Kiosk schaut sie sich Zeitungen an und betrachtet die türkischen Buchstaben als eine "gut gelernte Fremdschrift" (Ö, S. 9). Auch die Inhalte der Zeitungen, die über blutige Arbeiterstreiks berichten, erscheinen flach und wirken nicht als Identifikator mit der türkische Kultur oder den politischen aktuellen Konflikten. Ab und zu bricht ein Gefühl für die Muttersprache durch. Einzelne Worte verbinden sich wieder mit Erfahrungen oder besser, mit Erinnerungen. Im Traum erlebt sie Situationen aus der Jugend in Istanbul und der Migration nach Deutschland. Hier sind im Unterbewußtsein Wörter gespeichert, die der Muttersprache ein Exil gewähren.

Die große Frage, die diese Erzählung beherrscht, ist: "Wenn ich nur wüßte, wann ich meine Muttersprache verloren habe" (Ö, S. 7). Die Antwort könnte man in seiner traumtänzerischen Banalität durchaus sowohl als postmodern spottend als auch als Anfang einer Auftrennung einer kulturellen Selbstverständlichkeit sehen:

> Wenn der Zug in Köln ankam, ich machte immer Augen zu, einmal aber machte ich ein Auge auf, in dem Moment sah ich ihn, der Dom schaute auf mich, da kam eine Rasierklinge in meinen Körper rein und lief auch drinnen, dann war kein Schmerz mehr da, ich machte mein zweites Auge auch auf. Vielleicht habe ich dort meine Mutterzunge verloren. (Ö, S. 10/11)

Die bis dato 'geschlossenen Augen', die den Übergang vom Heimatland zum fremden Land ermöglichten, sind auf Dauer nicht mehr möglich. Das Wahrnehmen (mit einem Auge) löst den schmerzlichen Realitätstest aus. Die Konkretheit des anderen Landes kann nicht deutlicher symbolisiert werden als durch das Bild des monumentalen katholischen Doms, einem kolossalen düsteren Gegenstück zu den bezaubernden Moscheen Istanbuls. Die Wahrnehmung des Anderen gelingt nur um den Preis der eigenen Gespaltenheit. In der vierten und letzten Erzählung kulminiert dies in einer beängstigenden kulturellen Klitterung aus Texten von Shakespaere, Büchner, Schlagern, Volksliedern und täglichen Allgemeinweiskeiten.

Es klingt wie eine apokalyptische Version der ersten Erzählung, die wenig Trost lässt:

> Ich habe es euch doch gesagt, ich habe soviel Blödsinn wie alle Toten. [...] Das war es. (Ö, S. 118)

In Shakespeares *Hamlet* heißt es: 'Der Rest ist Schweigen.' Özdamar gibt in dieser Hypostasierung der kulturellen Vielfalt den Preis an, den die Verwirrung anrichten kann. Wie in *Hamlet* beschreibt sie eine Sprachverwirrung, die nicht auf der Ebene der linguistischen Verständlichkeit ausgetragen und problematisiert wird. Ausgangspunkt ist – wie bei Hamlet – der Vertrauensschwund in Bezug auf die Wahrheitsfähigkeit einer Aussage. Sätze haben keinen ethischen Ankerpunkt und können beliebig mit scheinbar sinngebenden Mitteilungen verbunden werden.

Der Mond kommt aus der Türkei

Renan Demirkan schreibt 1991 ihr erstes Buch *Schwarzer Tee mit drei Stück Zucker*,[10] das ein voller Lesererfolg wurde, obwohl die Kritiker eher zurückhaltend reagierten.

Demirkan schließt an die alte und berühmte Erzähltradition der islamitischen Kultur an und mischt diese mit Techniken des inneren Monologs. Geschickt erstellt sie eine emotionale Nähe zur Protagonistin, indem diese ihre Überlegungen und Erinnerungen als Zeitvertreib in Erwartung eines bevorstehenden Kaiserschnitts einkleidet. Die Erzählzeit erstreckt sich über zwei Stunden, die erzählte Zeit umfaßt Szenen aus dem ganzen Leben der Protagonistin. Das Erinnern und Erzählen hat einen sehr liebevollen Grundton, der sich aus der Motivation ableiten läßt, dass die Gebärende ihr zukünftiges Baby auf sanfte Weise in diese Welt 'hineinerzählen' will und sich selbst zugleich beruhigen möchte.

Die Protagonistin is dreissig Jahre alt und von Beruf Schauspielerin. Autobiografische Paralellen zu der Autorin drängen sich auf, und so erlaube ich mir, die erzählende Protagonistin 'Demirkan' zu nennen, obwohl sie sich im Text selbst keinen Namen gibt.

Demirkan erzählt, unterbrochen von Impressionen der Aktivitäten auf der Entbindungsstation, ihre Familiengeschichte, Eindrücke und ihre eigenen Entscheidungen in ihrem Lebenslauf in Deutschland. Auffällig abwesend ist eine Diskussion über sprachliche Interferenzen. Die Frage der Interkulturalität wird in diesem Text eher auf der Ebene kultureller Leit- und Vorbilder diskutiert. Auffallend ist auch, dass Demirkan mit großer Liebe, Respekt und Einfühlungsvermögen über ihre Eltern erzählt, ohne die Risse und Brüche, die die junge Generation in tradierten Lebensmustern verursacht, zu beschönigen. Demirkan nimmt den Standpunkt des Kosmopoliten ein, den sie vehement verteidigt. Ihr ist Brecht genauso vertraut wie die traditionellen türkischen Schattenspiele mit den Geschichten von Hacivat und Karagöz.

Demirkans Erinnerung ist nicht von Einsamkeit oder Bitterkeit getrübt. Sie erinnert sich genau an die türkische Heimat, die Großfamilie, die Härte des Überlebens und die wundersamen Geschichten, die die Kindheit eines kleinen Mädchens begleiten. Obwohl der Vater ein Ingenieur im Staatsbetrieb ist, reicht das Auskommen in der Türkei nicht. Die Migration nach Deutschland wird von beiden Eltern unterschiedlich aufgenommen. Die Mutter kann nicht recht Fuß fassen und bereut den Umzug nach Deutschland, sie ist aber auch nicht mehr ganz in der Türkei zuhause. Zu ihren Töchtern sagt sie:

---

[10] Renan Demirkan: *Schwarzer Tee mit drei Stück Zucker*. Köln 1991. Alle folgenden Zitate aus diesem Text werden angedeutet mit (D + Seitenzahl).

"Die Zeit verliert sich in uns hinein und läst uns mit den Erinnerungen allein. Mit jedem Schritt bin ich blinder geworden." Die Mädchen beobachteten, daß sie zunemend stiller von den jährlichen Urlaubsreisen in die Türkei zurückkehrte, die sie alleine unternahm. Je tiefer sich die steile Falte zwischen ihre Augen grub, je mehr "der Blick zurück sie betäubte, desto heftiger klammerte sie sich an "unsere Tugenden". "Wir sind Fremde hier", beschwor sie die Kinder, "anständig" zu bleiben. Sie durften weder an Schulausflügen noch an den Feiern der Mitschüler teilnehmen. "Mit der Zeit werdet ihr verstehen. Ein Mensch soll nie seine Wurzeln verlassen. Hier werden wir Fremde bleiben." (D, S. 40/41)

Für die Mutter wird die Erinnerung an ihre Tradition stets wichtiger. Sie ist davon überzeugt, dass sie eine Fremde bleibt und versucht ihre zwei Töchter so zu beeinflussen, dass sie diese Optik übernehmen. Metaphorisch nennt sie ihre zunehmende innere Emigration 'Blindheit'. Özdamar sprach auch über geschlossene Augen und die Folgen, die entstehen, wenn man die Augen öffnet. Die Mutter Demirkans lebt zwischen zwei Welten und drückt mit der zunehmenden Blindheit meiner Meinung nach auch aus, dass sie sich dem sie umringenden Tagesgeschehen nicht mehr stellen kann. In verzweifelter Konsequenz versucht sie, die angestammten kulturellen Gebräuche aufrechtzuerhalten: das Lesen im Koran, festliches Backen zu den islamitischen Feiertagen und die traditionelle Erziehung der jungen Mädchen.

In schrillem Kontrast zur Reaktion der Mutter auf das Fremdsein steht der Lebensstil des Vaters und seine Einstellung Deutschland gegenüber. Der Vater ist ein erklärter Humanist und Rationalist. Auch dies hat seine Wurzeln. Er wurde als elfjähriger Waise aufgrund großer intellektueller Kapazitäten in einem staatlichen Internat aufgenommen und genoß eine strenge Erziehung. Da der Staat Ingenieure brauchte, wurde er zu diesem Beruf ausgebildet. Seine Liebe jedoch gehörte der Literatur, der Philosophie und der klassischen westlichen Musik.

Im Gegensatz zu seiner Frau, die in einer klassischen Großfamilie aufgewachsen war, konnte er scheinbar ohne Widersprüche in eine andere Kultur eintauchen. "Heimat kann auch der Ort sein, den man erst finden muß", sagte er. (D, S. 49)

Der Vater weigert sich, die Kinder mit traditioneller türkischer Kultur zu erziehen. Die Heimat, die der Vater selbst (er)findet, hat zwei Gesichter: Auf der einen Seite fusst sie in der ungeheuren Disziplin der frühkindlichen Internatserziehung. Auf diese Weise ist der Pünktlichkeitsfanatismus zu erklären. Überall in der Wohnung sind Uhren aufgestellt und der Tagesablauf ist wie in einer preussischen Kaserne geregelt. Auf der anderen Seite umarmt der Vater den Humanismus Immanuel Kants. Im Arbeitszimmer hängt in silbernem Rahmen der kategorische Imperativ, der Disziplin mit Verantwortung zusammendenkt. Die selbstgewählte Heimat des Vaters ist die deutsche Aufklärung und Klassik. Diese väterliche Einstellung richtet sich nicht nur gegen eigene türkische Wurzeln, sondern auch gegen westliche Gebräuche. Sowohl die Rituale des Osterfestes mit Hase und Eiern, als auch das Weihnachtsfest mit Christbaum, Kerzen und Geschenken fallen beinahe dem aufklärerischen Eifer zum Opfer. Der Vater hasst Kerzen als Relikt einer nicht elektrifizierten Vergangenheit, und die Bräuche werden als heidnische Überbleibsel auch nicht für gut befunden. Erst die aus Enttäuschung weinenden Töchter können den Vater erweichen, da er einsieht, dass die Kinder in der Schule sonst isoliert wären.

Vater wie Töchter definieren sich über Formen des Kosmopolitseins. Doch kann man feine Unterschiede sehen. Während der Vater für sich, nicht zwingend auch für seine Frau, eine westeuropäische intellektuelle Ausrichtung und Formen der Disziplin und Modernität als emotionales selbstbestimmtes Eichmass sieht, verbindet die Tochter viel unverkrampfter Teile westlicher und östlicher Kultur. An letztere wurde sie von einem befreundeten Nachbarn, der ein großes Interesse an türkischer Musik hatte, herangeführt. Hinzu kommen die keineswegs verdrängten vielen Erinnerungen an die frühkindlichen Erlebnisse in der Türkei. Es scheint, als schriebe der Vater wie in einem Palimpsest eine zweite Geschichte über die erste, während die Tochter verschiedene Aspekte mehrerer kultureller Anregungen miteinander verkettet und zu einer gegenseitigen Bereicherung benutzt.

In diesem Zusammenhang sind zwei Textpassagen illustrativ, in denen die Schwangere ihr Baby und sich selbst Trost spendet und Mut macht. Beide Passagen haben den Charakter einer Utopie. Die erste bezieht sich auf den Schutz überirdischer Mächte:

"Ich hab' für uns mehrere Götter ausgewählt." Sie streichelt den Bauch. "Ich glaube nicht, daß nur einer allein die Menschen zur Vernunft bringen kann. Ich bin überzeugt, daß die vielen sich irgendwann zusammensetzen und die Friedenspfeife rauchen werden. Dann wird jeder von ihnen den alleinigen Anspruch auf die einzige Wahrheit aufgeben, und man wird aus jeder Religion das Schönste für uns aussuchen. Sicher werden sie bei der Suche sehr viel Tabak brauchen und viele Pfeifen heiß rauchen. Aber du wirst sehen, sie werden sich einigen, und das Ergebnis wird ein wunderbarer, würdiger Götterbund sein, eine neue Religion mit mehr Rechten und weniger Pflichten als die vorherigen. Dann werden wir mit dem christlichen Tatendrang aufwachen, in liebevoller, moslemisch gelassener Art die klugen jüdischen Weisheiten leben und abends mit der Hoffnung auf Wiedergeburt in Buddhas Schoß einschlafen. Was meinst du, mein Engel, was das für schöne Träume gibt." (D, S. 46)

Wo der Vater Kants kategorischen Imperativ als Leitdoktrin auserkoren hat, ist unschwer zu erkennen, dass die Tochter Anleihen bei Lessings

'Ringparabel' macht und diese sogar noch mit dem Buddhismus anreichert. Das ganze Szenario erhält ein östliches Flair durch das Bild der Wasserpfeife rauchenden Götter. Vielleicht spielt Demirkan hier mit Lessing und malt ihm auch einen östlichen Schnurrbart?

Noch überschwenglicher wird eine zweite Utopie ausgestattet. Diese gilt Festen, die die Schwangere für ihr Kind geben möchte:

> Hör zu: Wir holen das Berglein aus dem Dorf meiner Großeltern und stellen es an den Rhein, so daß die Seite mit der Mulde zum Dom liegt. Dann basteln wir einen maisgelben Baldachin mit Sternen und machen deinen Platz daraus. Mit bunten Kelims aus der Türkei, weichen Federkissen aus Österreich und kuscheligen Plüschtieren aus Deutschland bauen wir das schönste Himmelbett auf Erden. Den Maulbeerbaum, unter dem meine Mutter und ihre Schwestern so gerne gesessen haben, pflanzen wir in die Mitte des Bergleins. An die Längsseiten kommt ein Dutzend Haselnußsträucher. Aus dem Hochsitz meines lustigen Onkels machen wir unser Wohnzimmer. Es wird zwar ein bißchen eng, aber nicht kalt, denn wir holen die heiße Mittagssonne von den staubigen Straßen Anatoliens weg und hängen die über die Kölner Altstadt. Was meinst du, wie die dann glänzt. Übrigens, der Rhein muß saubergemacht werden, damit wir Fische grillen können, mit einer Prise Salz und zwei bis drei Tropfen Zitrone wird das ein wunderbares Mittagessen. Zum Nachtisch gibt er weiße Maulbeeren. Abends holen wir Speckpfannkuchen und schlürfen heißen, schwarzen Tee dazu. An den Wochenenden laden wir die ganze Verwandtschaft ein, die knackende und träumende Tante, den starken und den schwachen Onkel, Oma, Opa, Vater, Mutter und Schwester. Mein kurdischer Freund wird Saz spielen und der Freund vom Schwarzen Meer wird singen: 'Weh mir, ich weine.' Wenn wir alle zusammen singen, ist es kein trauriges Lied. Anschließend paddeln wir alle gemeinsam zum Museum hinüber und sehen uns die Andy-Warhol-Ausstellung an. Wenn dir das nicht gefällt, drehen wir alles um: tragen den Rhein, den Dom, die Altstadt, das Museum und die Speckpfannkuchen ins Dorf meiner Großeltern und lesen dort auf dem Berglein an den Wochenenden Gedichte von Goethe und Heine. Wir laden den Plattenfan mit seiner rosa Frau, die Eier-Tatta und die Tante aus dem ersten Stock mit den PVC-Schneidebrettchen ein. Aber wo auch immer, nachts muß es ganz dunkel sein, damit du den schwarzen Himmel meiner Großeltern sehen kannst, die bleiche Schönheit des Mondes mit seinem Hofstaat aus Millionen weißer Sterne. (D, S. 120/121)

Hier wird eine Zusammenfügung der schönsten Aspekte beider Kulturen phantasiert. Es ist ein Appell an die Wichtigkeit der Erinnerung, sowohl geografisch als auch menschlich und sinnlich. Zugleich werden die aktuellen Gegebenheiten nicht negiert. Es ist also keine nostalgische Phantasie des verlorenen Paradieses der Kindheit, sondern eine Komposition von kulturellen Erfahrungen, die von den türkischen Familienmitgliedern über ausländische Freunde bis hin zu befreundeten deutschen Nachbarn reicht. Auch die geografischen Besonderheiten und Schönheiten werden zusammengedacht. Essen, Musik und Poesie komplettieren die Festlichkeiten.

Eines nur kommt ganz exklusiv und unhinterfragbar aus der Türkei: Die Schönheit des nächtlichen Sternenhimmels und des Mondenscheins ist unwiederbringlich mit der Türkei verbunden. Die Lichter der westlichen Großstadt können diese Sensation nicht ermöglichen. Es könnte aber auch sein, dass hier ein ganz besonderes, emotionales, exklusives Kindheitserlebnis, das nun einmal nicht überall einholbar ist, angesprochen wird.

Floh im Ohr

Als ich zum ersten Mal Yoko Tawadas Text *Ein Gast*[11] las, erschütterte und erstaunte mich, dass ich erst im zweiten Kapitel eine vage Vermutung hatte, dass die Protagonistin in diesem Text vielleicht eine Fremde im deutschen kulturellen Raum sei. Der Titel hätte schon ein Hinweis sein können, aber Tawada inszeniert ein Verwirrspiel: Wer oder was ist Gast bei wem? Aber dies ist vielleicht schon vorgegriffen. Im Kolofon steht eine Bemerkung: "Die Originalsprache des Textes ist deutsch." (T, S. 0) Wenn man den in zwölf Kapitel eingeteilten Text durchblättert, fällt auf, dass der Text von Reproduktionen von Details klassischer Frauenporträts begleitet wird. Gemeinsam haben diese pikturalen Kommentare, dass sie das Ohr als Thema hervorheben.

Die Biografie der Autorin, Kristevas Ausführungen über den/das Fremde(n) und die psychischen Implikationen von Fremdsein haben meine erste Leseweise nachhaltig beeinflusst. Spuren der Disjunktion mit einer fremden Kultur waren mein erstes Suchprojekt. Natürlich gibt auch dieser Text Hinweise, ihn als eine Geschichte der Entfremdung zu lesen: Es gibt eine Protagonistin, der es schwer fällt, sich mit ihrer sozialen Umgebung anzufreunden, und die zunehmend unter Sprachverlust leidet und letztlich ihre Körperlichkeit in eine meditative – oder noch radikaler – versteinerte Gefühllosigkeit hineinverliert.

Dies ist jedoch nur eine oberflächliche Analyse des Textes, da hier verschiedene Diskursebenen ineinandergreifen. Man könnte diese mit denen eines Rhizoms[12] vergleichen. Deleuze und Guattari bezeichnen hiermit eine Textstruktur, die der eines Pilzgewebes entspricht:

> In einem Rhizom gibt es keine Punkte oder Positionen wie etwa in einer Struktur, einem Baum oder einer Wurzel. Es gibt nichts als Linien. [...] Jedes Rhizom enthält Segmentierungslinien, nach denen es geschichtet ist, territoriali-

---

[11] Yoko Tawada: *Ein Gast*. Tübingen 1993. Alle weiteren Zitate aus diesem Text werden angedeutet mit (T + Seitenzahl).
[12] Gilles Deleuze/Felix Guattari: *Rhizom*. Berlin 1977.

siert, organisiert, bezeichnet, zugeordnet etc.; aber auch Deterritorialisierungslinien, auf denen es unaufhaltsam flieht.[13]

Dieses scheinbare Paradox von Stase und fließender Bewegung finden wir in hohem Masse in Tawadas Text. Schon der Titel spaltet sich: *Ein Gast* kann auf zwei Arten gelesen werden. Wenn man den Akzent auf 'Gast' legt, wird das Substantiv zu einem Bestimmungselement, es handelt sich um einen beliebigen Gast. Legt man den Akzent auf das Pronomen 'ein', so wird suggeriert, dass es sich um einen besonderen Gast handelt. Mit beiden Elementen spielt Tawada, wobei Ernst und Scherz miteinander verwoben werden.

Der Text beginnt mit einem metonymischen Spiel mit dem Wort Floh. Die Erzählinstanz, die erst im Verlauf des Textes als weibliche angeredet wird, erklärt, dass sie eine Mittelohrentzündung hat und sich auf dem Weg zum Ohrenarzt befindet. Auf dem Weg dahin kreuzt sie einen Flohmarkt. Dies erinnert sie an einen nächtlichen Traum über einen Markt und einen Floh. Die Ohrenschmerzen werden mit dem Gefühl beschrieben, als sässe ein Floh im Ohr. Dies wiederum regt die Erinnerung an eine Geschichte an, in der eine Frau über Ohrenschmerzen klagt. Mit Wasser wird das Ohr ausgespült und ein nasser Floh springt heraus, der genüsslich von dem Retter aufgegessen wird.

Beim Arzt angekommen, fragt dieser nach ihren Beschwerden:

Ich erzählte, daß ich Ohrenschmerzen hatte. Als wäre ein Floh im Ohr, wollte ich hinzufügen, aber ich sagte stattdessen:
Es lebt ein Floh in meinem Ohr.
Wie bitte?
Fragte Herr Mettinger und machte dabei ein erschrockenes Gesicht. [...]
Worüber war er erschrocken? Vielleicht hatte ich das 'L' in dem Wort 'Floh' nicht richtig ausgesprochen, so dass Herr Mettinger ein 'R' gehört hatte. [...]
Der Zweifel, ob ich ein 'L' ausgesprochen hatte, verschwand wieder, als der Arzt mich fragte, wie ich auf die Idee käme, daß ein Floh in meinem Ohr leben könne. Ich antwortete ihm, ich wüßte aus einer Erzählung, daß es so etwas gibt.
(T, S. 13/14)

Kennzeichnend für Tawadas Text sind die Verschiebungen der Realitätsniveaus zu einer einheitlichen Fläche. Die Aussenwelt wird mit der Innenwelt gleichgestellt, wodurch die Suche nach Kausalitäten in der Reaktion des Arztes wunderlich, aber konsequent erscheinen. Die Zweifel des Arztes werden auf linguistische Verständigungsschwierigkeiten zurückgeführt. Als der Arzt nach der Untersuchung auf die vermeintliche scherzhafte

---

[13] Ebd. S. 14, 16.

Ebene der Ich-Erzählerin eingeht und ihr die Diagnose stellt, sie sei schwanger, geht sie ganz ernsthaft darauf ein. Sie schämt sich, nicht zum Gynokologen gegangen zu sein, rechnet sich die Möglichkeit einer Schwangerschaft aus und fragt den Arzt, ob er nicht den Floh im Ohr für einen Embryo gehalten hat.

Der Arzt schaut noch einmal ins Ohr und berichtet, eine Theaterbühne zu sehen. Mit gleicher Ernsthaftigkeit geht die Patientin auch auf diesen Bericht ein und bittet um Details. Der Arzt beschreibt die Schlußszene einer Oper, die in Japan spielt, und die Patientin ist höchst iritiert:

> Ich stöhnte und schub seine Hand einfach weg.
> Herr Mettinger, das ist Madame Butterfly, das ist nicht originell, was sie da beschreiben. (T, S. 17)

Beleidigt verlässt sie den Arzt. Der Arzt hat deutlich das Spiel mit der Metapher 'Floh im Ohr' nicht begriffen. 'Jemandem einen Floh ins Ohr setzen' bedeutet als Redensart, jemandem etwas weismachen, was nicht wahr ist. Während die Protagonistin die Metapher auflöst und zur Illustration einer körperlichen Befindlichkeit benutzt, begreift der Arzt dies nicht und fühlt sich unseriös behandelt und reagiert mit den entsprechenden Witzen.

Das Ohr ist eine zentrale Erzähllinie in Tawadas Text. Hervorgehoben wird dies durch eine Hörfunkkassette, die die Protagonistin vermeintlich als Roman erwirbt. Sie gerät völlig in den Bann einer Frauenstimme, die einen Roman vorträgt. Dieser Stimme ohne Körper und Identität gegenüber ist die Protagonistin wehrlos. Sie fühlt sich von ihr nicht nur akustisch, sondern auch körperlich beeinträchtigt. Dies geht soweit, dass sie den Platz ihrer Körperteile nicht mehr bestimmen kann und wörtlich zu einen 'corps morcelé' wird:

> Aber dieses konnte kein Traum sein. Im Traum kommt mir normalerweise nichts seltsam vor und mir fehlt auch nichts. Jetzt aber fehlte mir vieles. Zuerst tastete ich mit einem krummen Zeigefinger nach meinem rechten Ohr und fand es nicht. Wo war mein rechtes Ohr? War es vom Schreibtisch heruntergefallen? Hatte es überhaupt dort gelegen?
> Wohin gehört ein rechtes Ohr?
> In den Unterleib natürlich, in den Unterleib gehört das rechte Ohr, sagte mir eine Stimme. Ich suchte nach dem linken Ohr. Es war auch nicht dort, wo ich es vermutet hatte. Die Luft war wie eine Masse aus gekneteten Weizenmehl. Nein, die Luft war nicht schwer, sondern die Stimme einer Frau hatte meine Ohren verstopft, und das Trommelfell konnte nicht mehr vibrieren. (T, S. 33)

Die (innere) Stimme zerstört zunehmend die Erfahrung von Körpergrenzen und die Protagonistin äußert den Wunsch, ein Stein werden zu wollen. Aus europäischer Perspektive klingt dies wie eine Absage an das Leben, wie eine Todessehnsucht. Betrachtet man die Steinmetapher aus japanischer Sicht, so erhält sie einen Aspekt der Ruhe, Schönheit, Meditation und Weisheit.

Der Text lässt beide Lesearten zu. Die Protagonistin, die angibt, für eine japanische Zeitschrift kleine amateurethnologische Studien verfasst zu haben, gerät zunehmend in eine Schreibkrise, in der sie nur noch isolierte Worte und Buchstaben tippen kann. Die Buchstaben werden, wie die akustischen Sensationen, zu pikturalen Sprachkörpern, die resistent oder verwundbar sind. Das Klimpern der Schreibmaschine erhält Bedeutung und Buchstaben ohne abgeschlossene Rundungen verbrennen im Traum. Auch Zahlen haben ihre Eigendynamik: Runde Kreise der Uhr, Monatsblöcke auf dem Kalender werden in ihrer Anordnung akribisch wahrgenommen. Der ungeheuere Wahrnehmungsdruck legt es nahe, das 'Stein sein' wollen als eine Befriedung der Zerrissenheit zu interpretieren. Der Text lässt sich darauf nicht ein. Er verabschiedet die Protagonistin, die nur noch 'gebrochene' Worte schreiben kann, mit der Bemerkung:

[...] das ist die einzige Tätigkeit, die mich beruhigt. (T, S. 78)

Bei diesen 'gebrochenen' Worten ist auffallend, dass ein 'Z' in ihnen vorkommt, das durch Zwischenräume isoliert wird. So lautet das letzte Wort 'Z erplatzen', was auf Mittelohrentzündung, aber auch auf die psychische Verfassung der Protagonistin deuten könnte.

Kommen wir noch einmal auf die zweite Bedeutung der Steinmetapher zurück. Tawada gelingt eine meisterhafte Kritik an westlichen esoterischen, kommerzialisierten Vereinnahmungen fernöstlicher (Lebens-)Philosophie. In dem Etagenhaus, in der die Protagonistin lebt, wohnt auch ein arbeitsloser Unternehmer. Durch eine zufällige Begegnung lernt er die Protagonistin kennen und kommt durch ihr asiatisches Aussehen auf eine gewinnbringende Idee. Er erkennt, dass es einen Markt für therapeutische Hilfe mit fernöstlichem Touch gibt. Er stellt sich eine Art von Gestalttherapie vor, die mit einem Medium, das meditative Kräfte darstellen soll, angereichert wird. Zu diesem Zweck überredet der Mann, der sich mysteriös 'Z' nennt (eine Mischung aus Psycho und Zorro?), die Protagonistin, eine Rolle in seinen Therapiestunden zu erfüllen. Sie muss grau geschminkt wie eine versteinerte Ikone schweigend im Raum liegen. Der ominöse 'Z' fragt sie, ob sie viel meditiere. Entgegen der gängigen Erwartung beschreibt sie eine ganz andere Auffassung von Meditation, die den romantischen Exotismen unserer Vorstellungen völlig widersprechen:

Ja, nein, ich meine, wenn ich ja sage, ist es schon nein.

Damals sprach ich niemals das Wort 'Meditation' aus, denn eine Meditation, die als solche bezeichnet, begriffen und vorgeführt wird, war keine Meditation.

> Ich meditierte nur in einer überfüllten U-Bahn oder in einem Kaufhaus vor einem Grabbeltisch mit Sonderangeboten. Ich meditierte im Stehen und mit offenen Augen. Ich meditierte oft. Der Gedanke, durch Meditation zur Ruhe oder zu sich selbst kommen zu wollen, war mir fremd. Ich geriet vielmehr in den Zustand der Meditation, wenn ich von Menschenmassen oder Bergen von Industrieprodukten fasziniert war. Sie faszinierten mich, weil ich bei ihrem Anblick sicher war, daß ich jederzeit auf sie verzichten konnte. (T, S. 55)

Meditation, eine Form des Steinwerdens, wird hier aus dem japanischen Butterfly Imago in die moderne Massengesellschaft transponiert und keineswegs zur teuer bezahlten Exklusivtechnik erhoben.

Doch nutzt der Therapeut die esoterische Vorstellung für seine Sitzungen aus. Die Protagonistin registriert eine eigenartige Einflussnahme von 'Z' auf seine Patientinnen. Als sich das 'Medium' letztendlich nicht mehr beherrschen kann und aus seinem 'Steinsein' lautstark einer Patientin empfiehlt, mit ihrer Mutter zu schlafen anstatt sie zu töten, ist der Mythos keineswegs gebrochen. Ganz banal bekommt sie einfach mehr Geld pro Stunde. Trotz aller Beobachtung begreift die Protagonistin nicht den Mechanismus der Therapie. Sie macht sich selbst einen Reim draus, indem sie vermutet, dass den Patientinnen ein wichtiger, kleiner Knochen gebrochen wird, da sie ja zufrieden von dannen ziehen. Dieser Gedanke des gebrochenen Knochens, wo auch immer im Körper, läßt die Vermutung zu, dass hier auch der Mittelohrknochen gemeint sein könnte, wenn man der Linie der Ohrmetapher folgt.

Tawada schreibt mit *Ein Gast* einen kleinen Text, eine Form, die die Protagonistin ebenfalls bevorzugt:

> Die meisten Leser lesen nicht gerne kleine Texte, weil sie wenig Zeit haben. Sie gehen lieber in einem großen Roman spazieren, ohne sich zu verändern. Die kleinen Texte hingegen gehen in ihren Körpern spazieren, und das finden sie eher anstrengend. (T, S. 68)

Der Text *Ein Gast* zeigt eine innere Logik äußerer Phänomene, vergleichbar der Erzählperspektive in *Die Verwandlung* von Franz Kafka. Als der arme Gregor Samsa als Käfer erwacht, fühlt er sich keineswegs wohl in seiner Käfergestalt; er weiß auch, dass dies kein Traum ist, aber Samsa taucht sofort in die Logik seines täglichen Lebens ein, indem er sich Sorgen macht, wie seine Umwelt auf sein Fehlverhalten reagieren wird. Zugleich stellt er sich auf seine exotische Lage erstaunlich schnell ein und argumentiert aus der (körperlichen) Lage seiner Käfergestalt. Das Unverständnis seines Fremdseins führt jedoch zu immer heftigeren Angriffen seiner Familie und endet letztlich dahingehend, dass Gregor an melancholischer Schwäche stirbt.

Tawada schreibt in *Der Gast* einen Palimpsest, indem sie die Metamorphose der Käfergestalt gegen die Position der Exotin vertauscht. Dieser Palimpsest wird radikalisiert, indem die Protagonistin keinerlei Auflehnung zeigt, sondern die ultimative Meditation als Stein ambiiert. Die Stimme der Erzählinstanz erweist sich nicht als innerer Monolog, sondern ähnelt eher dem Flechtwerk eines unhierarchisch organisierten Rhizoms mit minimalen Gesten und fluktuierenden Assoziationen.

Der humanistische Aspekt, den Kristeva dem Fremdsein als Drama und Herausforderung zuerkennt, bleibt in der Schwebe und läßt sich nicht deutlich herausdestillieren. Es scheint eher, dass Tawada mit ihren spielerischen Sprachverschiebungen und ethnokritischen Passagen eine gewisse Dekonstruktionsarbeit an der vielgepriesenen westlich orientierten Individualitätsidentität vornimmt.

Schiffchenfahren

Wenn man mit dem Phänomen dezentralisierter kultureller Identitäten eine diskursive Spielart der Postmoderne lokalisieren will, dient sich der Begriff des Deterritorialisierungseffekts der Minderheiten an. Das Paradox des Schreibens trotz aller und zugleich mit allen Unwegsamkeiten, Verboten, Sprachbarrieren und ethnologischen Perspektivbrüchen erzeugt einen Kommentar zur unbefragten Repräsentanz der Metatexte. Diese Randbemerkungen von Spracheindringlingen registrieren zugleich einen Aussenblick der Mehrheit und einen Außenblick auf diese von Seiten der Minderheit.

Wie die Analysen der drei literarischen Texte zeigen, werden die Akzente in der kulturellen Auseinandersetzung unterschiedlich gelegt. Jede Autorin bettet ihren Kommentar in einen spezifischen 'kleinen' Kontext ein. Özdamars Sprachverwirrungen zeigen die Bedrohung der Identität als Konflikt mit der Muttersprache. Ihre Metapher der Zunge ohne Knochen erhält ein Pendant in den Individuen Tawadas, deren kleine Knochen gebrochen sind. Zunge und Ohr, elementare Organe der Sinneswahrnehmung, sind wichtige Sensoren, die anzeigen, dass Fremdsein nicht nur intellektuell ein Problem darstellt, sondern im Körper anfängt, den Körper prägt und angreift. Identität wird hier auf die Ganzheitlichkeit von Körper und Geist bezogen.

Demirkan scheint sich dieser radikalen Sicht entziehen zu können. Ihre interkulturelle Perspektivik wird von verschiedenen intellektuellen Positionen beleuchtet. Sprachprobleme und Artikulationsschwierigkeiten sind kein Thema. Doch gibt auch sie an, dass Chancen kultureller Annäherung vorläufig noch als Utopie gedacht werden (müssen).

Alle drei Autorinnen haben ein Papierschiffchen, voll kleiner Kommentare beschrieben, gefaltet und auf dem großen Strom der vielen anderen Texte ausgesetzt. Ich füge mein Schiffchen hinzu.

Gisela Brude-Firnau

Die Theorie als Muse
Levinas, Derrida und das Konzept "Spur"
in den Romanen von Klaas Huizing

Klaas Huizing, philosopher, theologian and author of several novels, transforms key concepts of poststructuralist philosophy into elements of fiction in order to probe their empirical validity. The essay analyses Huizing's theoretical discussion and fictional transfiguration of the concept "trace", which is essential in the thinking of Emmanuel Levinas and Jacques Derrida. The protagonist in Huizing's novel Oberreit *experiences the divine and ethical dimension of the Other, which corresponds to Levina's concept of the "trace". However, he squanders it when attempting to utilize it for academic publications. In* Der Buchtrinker, *the protagonist is the paragon reader, incorporating a parodistic anti-Grammatology: while following the trace of the script he experiences the existential effects of books. Through an array of postmodern narrative forms the ironic narrator replies to Derrida's challenge.*

Gegen Ende des 20. Jahrhunderts erfährt der Gelehrtenroman eine fröhliche Wiederbelebung. Sein Autor, so gelehrt wie gewitzt, arbeitet mit doppelter Optik und verwischt die Grenze zwischen anspruchsvoller und populärer Literatur: bei einer "Romanillustrierten", einem "Romanverschnitt" oder den aufpolierten Mustern des Liebes- und Kriminalromans nebst Bilderrätsel und fingierter Leserumfrage kommt auch der Unterhaltung suchende Leser auf seine Kosten. Neue Möglichkeiten werden spielerisch genutzt, traditionelle als Parodie aufbereitet. Der Gattung werden andere Lichter aufgesetzt, ohne daß die Leser sie unbedingt zur Kenntnis nehmen müssen. Betrachtet man diese Romane dagegen mit der Optik des professionellen Lesers, so scheinen sie von Philologen für Philologen geschrieben: bibliographische Angaben im Anhang sowie auch gelegentliche Danksagungen für wissenschaftliche Aufsätze erinnern an Dissertationen. Das metafiktionale Spiel des Erzählers, die distanzierend kritischen Anmerkungen zur Handlung richten sich an Kenner.[1] Vor allem aber wissen

---

[1] Zu dieser Gruppe gehören u. a. Marcel Bayer: *Das Menschenfleisch*. Frankfurt a.M. 1991. (Dem 158seitigen Roman folgt ein Anhang mit 54 Titeln.) Klaus Modick: *Das Grau der Karolinen*. Reinbek bei Hamburg 1986. (Im Anhang wird Robert Mandelkow für einen Aufsatz zur Rezeptionstheorie gedankt). Ders.: *Weg war weg. Romanverschnitt*. Reinbek bei Hamburg 1988. (Etwa ein Dutzend gegenwärtige Literaturtheoretiker werden im Text aufgezählt). Jens Sparschuh: *KopfSprung*.

die Autoren unter den gängigen literaturwissenschaftlichen Theorien Bescheid und setzen diese in Fiktion um: Die Theorie wird zur Muse. Selbst die Reflexion dieser Erscheinung ist in den Text eingegangen: "der moderne Roman hat längst Wissenschaft und Theorie in sich aufgesogen."[2] Auch dies ist nicht neu, doch erneuert.

Die folgende Untersuchung gilt zwei Anfang der neunziger Jahre erschienenen Romanen Klaas Huizings, *Oberreit oder: Der Gesichtsleser* sowie *Der Buchtrinker* und der darin geführten Auseinandersetzung mit dem Konzept der Spur, einem wesentlichen Begriff im Denken Emmanuel Levinas' und Jacques Derridas.[3] Dabei zeigt sich, wie weit zwei fiktionale Texte, die bedingt als postmodern zu bezeichnen sind, philosophische Aussagen treffen können.[4] Beide Texte entsprechen der doppelten Optik: Sie verweisen auf einen mit narratologischen Techniken sowie literaturtheoretischen Gedanken vertrauten Autor, zielen auf Unterhaltsamkeit wie auch begrifflich philosophische Reflexivität. Indem sie sich jedoch innerhalb der Fiktion mit dem Begriff Spur auseinandersetzen, unterlaufen sie im parodistisch postmodernen Habitus ein wesentliches Merkmal der Postmoderne: Jenseits des Spiels der Formen, Inhalte und Wahrheiten zeigen sie didaktische Intentionen, konfrontieren den Leser mit Einsichten und fordern zur Stellungnahme auf. Und obwohl sich wesentliche Themen der Romane bereits in Huizings akademischen Publikationen finden, sind *Oberreit* und *Der Buchtrinker* keineswegs nur fiktionale Fortsetzung eines wissenschaftlichen Diskurses. Vielmehr wird der 1958 geborenen Autor, der Philosophie sowie protestantische Theologie lehrt und als Akademiker durch respektable Veröffentlichungen ausgewiesen ist, der fiktionalen Gattung

---

Aus den Memoiren des letzten deutschen Gedankenlesers. Berlin 1989. Ders.: *Der große Coup. Aus den geheimen Tage- und Nachtbüchern des Johann Peter Eckermann* (1987). Köln 1996 (In beiden Romanen geht es um die Bedeutung von Wissenschaft und Schriftlichkeit).

[2] Modick: *Ins Blaue*. Siegen 1985. S. 172.

[3] Klaas Huizing: *Oberreit oder: Der Gesichtsleser. Ein physiognomischer Roman*. Stuttgart 1992. *Der Buchtrinker. Zwei Romane und neun Teppiche*. München 1994. Zitate werden im Text mit Ot. bzw. Bt. vermerkt. Zwei spätere Publikationen Huizings haben für diese Arbeit weniger Bedeutung und bleiben unerwähnt: *Paradise: Die Roman-Illustrierte*. München 1996. *Lukas malt Christus: Ein literarisches Porträt*. Düsseldorf 1996.

[4] Zum Begriff der Postmoderne: Henk Harbers: Gibt es eine 'postmoderne' deutsche Literatur? Überlegungen zur Nützlichkeit eines Begriffs. In: *literatur für leser* 1 (1997). S. 52-69. Wolfgang Welsch: *Unsere postmoderne Moderne*. Weinheim ²1988. Anja Saupe: Zur Definition von 'Postmoderne'. In: *Literaturkritik und erzählerische Praxis. Deutschsprachige Erzähler der Gegenwart*. Hg. von Herbert Herzmann. Tübingen 1995. S. 61-75.

durchaus gerecht. Die literarhistorisch immer wieder bestätigte Nähe von Literatur und Philosophie nutzt er ebenso wie die potentiell didaktische Wirkung der Literatur, die den Leser "stärker ins Philosophieren hineinziehen [kann] als jeder argumentierende philosophische Text."[5] Denn im Vergleich zum philosophischen Diskurs erlaubt fiktionale Literatur die nüancenreichere Schattierung sowie die Überschreitung von Begriffen. Indem Huizing diskursiv gewonnene Erkenntnisse aus der Abstraktion in die fiktionale Wirklichkeit versetzt, erprobt und relativiert er sie an der unberechenbaren Lebenspraxis. Nicht zuletzt scheint seine Entscheidung für die fiktionale Schreibart auch durch eine langjährige Auseinandersetzung mit dem französischen Philosophen Emmanuel Levinas (1906 – 1995) beeinflußt zu sein, der in seinen Abhandlungen literarische Sprachformen nutzt, um die Grenzen der Diskursivität zu erweitern.[6]

Huizings Stellungnahme zu Emmanuel Levinas und Jacques Derrida ist untrennbar mit dem Konzept der Spur verbunden. Diese oft erörterte Denkfigur wurde vor allem durch Derrida bekannt, jedoch schon früher in den Schriften Emmanuel Levinas' reflektiert.[7] Beide Philosophen verstehen Spur nicht als Konkretum oder Zeichen, da sie jedes Bedeuten und Verweisen negiere, also nichts repräsentiere. Vielmehr gilt sie ihnen als Funktion, die auf etwas absolut Abwesendes, nie Gewesenes verweist. Levinas wie auch Derrida wendet sich damit gegen die Vorrangstellung des Seien-

---

[5] [Gottfried Gabriel und Christiane Schildknecht]: Einleitendes Vorwort. In: *Literarische Formen der Philosophie*. Hg. von Gottfried Gabriel und Christiane Schildknecht. Stuttgart 1990. [S. 2]

[6] Thomas Wiemer: Das Unsagbare sagen. Zur Vergleichbarkeit von philosophischem Diskurs und literarischem Schreiben. Nach Emmanuel Lévinas. In: *Lévinas. Zur Möglichkeit einer prophetischen Philosophie*. Hg. von M.Henschel und J. Maier. Gießen 1990. S.18-29. Übernommen wird die Schreibung Levinas, die sich in deutschen und englischen Arbeiten durchgesetzt hat; ausgenommen sind Zitate. Huizing läßt den *accent aigu* nach 1992 fort. In seiner Dissertation vermerkt Huizing kritisch Levinas' "Wortkaskaden", die wiederholt problematische Begriffsdefinitionen überfluten. Auf der anderen Seite beobachtet er, daß die Levinas'schen Thesen zur Ethik sich zwar gegen strenge Definitionen sperrten, ohne jedoch "ins Unverbindliche des rein Poetischen abzugleiten." In: *Das Sein und der Andere. Lévinas' Auseinandersetzung mit Heidegger*. Frankfurt a.M. 1988. S.201.

[7] Toby Foshay: Resentment and apophasis: the trace of the other in Levinas, Derrida and Gans. In: *Shadow of Spirit: Postmodernism and Religion*. Hg. von Philippa Berry und Andrew Wernick. London and New York: 1992. S. 84. Dazu auch: Michael J. MacDonald: (7 (7 cont'd) 'Jewgreek and Greekjew': The Concept of the Trace in Derrida and Levinas. In: *Philosophy Today* 35.3 (Fall 1991). S. 215-227. Critchley, Simon: *The Ethics of Deconstruction: Derrida and Levinas*. Oxford (UK) und Cambridge (Mass.) 1992.

den im abendländischen Philosophieren. Doch von der ontologischen Negation geht Levinas zur Ethik, Derrida dagegen zur Grammatologie über.

In Levinas' Denken ereignet sich die Spur, indem sie in einer menschlichen Begegnung erfahren wird, während der das Antlitz des Anderen sich öffnet: "Das Jenseits, von dem das Antlitz kommt, bedeutet als Spur. Das Antlitz ist in der Spur des absolut Verflossenen, absolut vergangenen Abwesenden, zurückgezogen in etwas, [...] das keinerlei Introspektion im Sich zu entdecken vermöchte."[8] Die sinnlich nicht wahrnehmbare, vom Ich dennoch rezipierte Spur verleiht einer derartigen Begegnung etwas Außergewöhnliches, begrifflich nicht Faßbares. Denn in der Spur liegt "die ganze Unendlichkeit des absolut Anderen, die der Ontologie entgeht."[9] Die Rezeption der Spur gründet auf der Bejahung des Anderen als Anderer, ohne jeden Identifikationsversuch. Dabei ist der Andere nicht als biblisches Abbild Gottes zu verstehen; vielmehr betont Levinas: "nach dem Bilde Gottes sein heißt nicht, Ikone Gottes sein, sondern sich in seiner Spur befinden."[10] Diese paradox physiognomische wie auch metaphysische Auffassung der Spur, die ein nicht seiendes Göttliches im Antlitz des anderen Menschen wahrnimmt, ist zugleich Aufforderung an das Ich, für den Anderen Verantwortung zu übernehmen.

Von den sich teils überschneidenden Bedeutungen des Begriffs Spur in den Schriften Jacques Derridas ist hier nur auf die für Huizings Roman relevante zu verweisen. Wie erwähnt konzipiert auch Derrida Spur als Funktion, die etwas absolut Abwesendes meint; für ihn bedeutet sie die Abwesenheit von Sinn. Dem sprachlichen Zeichen, dem einzelnen Wort gesteht Derrida bekanntlich keinerlei Bedeutung zu, denn hinter einem solchen Zeichen stehe kein ergänzender Sinn; ein solcher wäre logozentrisch, damit transzendent, also unwirklich. Bedeutung erhält das sprachli-

---

[8] Emmanuel Levinas: *Die Spur des Anderen: Untersuchungen zur Phänomenologie und Sozialphilosophie*. Üs. und hg. von Wolfgang Nikolaus Krewani. Freiburg-München 1983. S. 228.

[9] Ebd. S. 230.

[10] Ebd. S. 235. Derrida betont, diese Aussage sei "nahe daran, in einen Atheismus umzuschlagen." Gewalt und Metaphysik. Essay über das Denken Emmanuel Lévinas. In: *Die Schrift und die Differenz*. Üs. von Rodolphe Gasché. Frankfurt a.M. 1994. S. 165. Huizing sieht in Levinas' Aussage eine "ikonoklastische Auslegung der imago-dei-Vorstellung." Physisognomisierte Urschrift: Lévinas Postscriptum der Moderne. In: *Lévinas. Zur Möglichkeit einer prophetischen Philosophie*. Hg. von M. Henschel und J. Maier. (10 cont'd) Gießen 1990. S.36. In seiner Dissertation weist Huizing nach, daß im Frühwerk Levinas die "Überführung der platonischen Idee des Guten in einen Begriff des Anderen" mißlinge und hermeneutisch nicht immer ganz aufrichtig verfahren werde. In: *Das Sein und der Andere. Lévinas' Auseinandersetzung mit Heidegger*. Frankfurt a.M. 1988. S. 201. [Vorsatzblatt]; S.141; ähnlich S. 143, 203.

che Zeichen allein durch seinen Unterschied zu anderen Zeichen, durch die fortschreitende Bewegung des Bewußtseins von Zeichen zu Zeichen. Spur bezeichnet dieses System von Unterschieden, mit dessen Hilfe die fortschreitende Produktion von Bedeutung in der Sprache verstanden wird. Lesen bedeutet demnach, den Differenzen der Zeichen und dem nie gänzlich präsenten Sinn nachspüren.

Seine Opposition zu Jacques Derrida artikuliert Huizing in der 1992 veröffentlichten Habilitationsschrift *Das erlesene Gesicht*. Als Philosoph und Theologe geht er dabei von einer ganzheitlich physiognomischen, auf Anschauung beruhenden und in der abendländischen Welt begründeten Lesekultur aus. Buch und Schrift versteht er als auch sinnlich rezipiert, als erlebbare Signifkanten und erkennt damit in der *Grammatologie,* die "die Arbitrarität der Zeichen" vertritt,[11] die existentielle Herausforderung. Sucht Derrida die Denktradition des Logozentrismus als Illusion über die Anwesenheit von Sinn zu entlarven und damit der Philosophie ihre Funktion als Wissenschaft apriorischer Grundsätze und Werte zu nehmen, so ergibt dies für Huizing die Negierung vom Wert und Sinn des Lesens: denn für Derrida "kommt die Spurensuche auch nie an ein glückliches Ende, sondern verschiebt sich (différer) immer weiter."[12] Indem er den Begriff der Spur variiert und erweitert, setzt sich Huizing mit Derridas These auseinander, daß jede mögliche Sinnproduktion allein auf den Verweisungen und Unterschieden von Schriftzeichen beruhe. Diese Auseinandersetzung führt Huizing in den beiden genannten Romanen fort. Der Chiasmus, mit dem er das zentrale Anliegen seiner philosophisch theologischen Physiognomie zusammenfaßt, bezeichnet ebenso die thematischen Gemeinsamkeiten und Unterschiede der zwei Romane: Es gehe ihm, formuliert Huizing, um das "Gesicht des Wortes und Wort des Gesichts" (E.G.105). In fiktionaler Übertragung bedeutet dies, daß es in *Oberreit* um das "Wort des Gesichts" geht, im *Buchtrinker* dagegen um das "Gesicht des Wortes". Die Protagonisten beider Romane sind Leser, die eine Spur verfolgen und zu deuten suchen: Oberreit erfährt und verkennt die Spur, das "Wort des Gesichts"; mit ihm scheitert Levinas' Ethik. Falk Reinhold, der moderne Buchtrinker, erschaut das "Gesicht des Wortes" und erfährt seinen Sinn, worüber er am Ende "Herrn Derrida" per Postkarte belehrt.

Oberreit oder der Gesichtsleser. Ein physiognomischer Roman ist die Geschichte eines ambitionierten Privatdozenten für Physiognomik, dem die alltagsgemäße Begegnung mit einer Kollegin aus der Musiksoziologie zur

---

[11] Jacques Derrida: *Grammatologie.* (1967). Üs. von Hans-Jörg Rheinberger und Hans Zischler. Frankfurt a.M. 1994. S. 88.
[12] Klaas Huizing: *Das erlesene Gesicht. Vorschule einer physiognomischen Theologie*. Gütersloh 1992. S. 157. Zitate werden im Text mit E.G. vermerkt.

Erleuchtung und Bestätigung aller Physiognomie wird. Er beschließt jedoch, das existentielle Erlebnis wissenschaftlich auszuwerten und erleidet damit als Akademiker wie als Mensch Schiffbruch. Der kleine Roman kann ohne jedes philosophische Kategoriensystem als Wissenschaftssatire wie auch als Selbstparodie des Autors gelesen werden. Mit einigen Begriffen Emmanuel Levinas' betrachtet, entwickelt er sich dagegen, wie zu zeigen ist, zum gedanklichen Drama.

Die erwähnte Begegnung erlebt der Protagonist als unerhörtes Ereignis und meint, die Vereinigung von Erscheinung und Idee, Diesseits und Jenseits zu schauen. Ihm wird zuteil, was Levinas mit Spur bezeichnet, Huizing aber zur Auffassung vom Menschen als "Offenbarungsgestalt" erweitert (E.G.14). Die Fiktionalisierung dieses kategorialer Bestimmung entzogenen Konzepts nutzt unterschiedliche Vorstellungs- und Verständnisbereiche, umschreibt es mit philosophiegeschichtlicher und theologischer Terminologie, um das Abstraktum Spur der abendländischen Ideen- und Seelengeschichte anzunähern: So hält Oberreit den Schattenriß der jungen Frau für "weltjenseitig" (Ot.16), steht angesichts ihres gleichfalls von ihm verfertigten Porträts wie "vor der Ideenwelt Platons! Und vor Goethes Urphänomen! Und vor Lavaters idealem Frauengesicht!" (Ot.32) Später, im Gespräch, erleben beide Akteure eine quasi mystische Aufhebung von Zeit und Ort als "stehenden Augenblick" und glauben sich "[i]n einer ortlosen Mitte versammelt."(Ot. 25-26) Lichtmetaphern mit überlieferter Jenseits-Ausrichtung vermitteln das ebenso Außergewöhnliche wie Wahrscheinliche: "Dem Himmel entwendetes Licht!" sieht Oberreit – den Prometheusmythos assoziierend – im Gesicht seines Gegenüber (Ot.11), auf dem im Anklang an Goethes bekanntes Xenion ein "sonnenhaftes Lächeln" erscheint (Ot.23). Um das Erlebnis weiter nachvollziehbar zu machen, werden literarhistorisch legitimierte Vorstellungen mit der Handlung kombiniert: in Schillerschen Begriffen wirkt die weibliche Erscheinung als "vollkommene Darstellung des Schönen und Erhabenen" (Ot. 22) und bewegt sich "mit einer anmutigen Gebärde" (Ot.24). Diese etwas antiquierten, stellenweise hyperbolisch gehäuften Zitate und Paraphrasen spiegeln nicht nur Bewußtseingehalte des kauzigen Philosophen, sie dienen – wie auch die relativierenden Einwürfe des Narrators – der ironischen Brechung: das außergewöhnliche Erlebnis schillert zwischen Komik und Glaubwürdigkeit. Aber nur anfangs bleibt ungewiß, ob es als Autosuggestion oder bewußtseinserweiternde Erfahrung zu verstehen ist.

Wie erwähnt, verbindet sich das philosophische Konzept Spur in der Fiktion mit der individuellen, inkalkulablen Existenz und wird dadurch gleichsam prismatisch gebrochen, also mehrdeutig. Entsprechend ist Oberreits Begegnung ebenso transzendenter wie erotischer Natur, was der Erzähler als "[k]lischeekonform" belächelt (Ot. 26). Doch die Komplexität von Oberreits Reaktionen und ihre sprachliche Realisierung wahren die

Doppelkodierung, sodaß die geahnte Spur nicht zur Banalität verflacht. Beispielsweise weichen Oberreits intellektuelle Zweifel von stereotyper Verliebtheit ab, wenn er den Universitätsbetrieb als "lächerliche[s] Schattenspiel" erkennt, akademisches Wissen als "trügerische[n] Abglanz der wahren Helligkeit, Glühbirnenseligkeit" verurteilt. In Fortsetzung von Platons Gleichnis glaubt er, jetzt aus der "Höhle seiner Wissenschaft" hinausgelangt zu sein. Oberreit ist fast entschlossen, zur Bestätigung der neuen Erkenntnis seine Bücher und Prüfungsurkunden zu vernichten, die Stellung zu kündigen (Ot. 37-38). Der Verliebte ist vor allem der Erleuchtete: "Platons Schriftzüge hatten sich in ihre Gesichtszüge übersetzt. Auferstehung des Textes im Körper. Inkarniertes Schriftzitat. Erfüllung der Schrift." (Ot.12) Dies ist keineswegs die eindeutige Semiotik der Liebe, wie etwa bei Italo Calvino.[13] Denn hier wird ebenso ein transzendent physiognomischer Sinn angesprochen, der im visionären Initialerlebnis ins Bewußtsein getreten ist und zum lebensverändernden Existenzial werden will. Wie ernst es Huizing damit ist, zeigt das diskursive Äquivalent dieser Aussage in einem Aufsatz über Levinas: "Im Antlitz des Anderen physiognomisiert sich die überlieferte Ur-Schrift, das schwarz auf weiß Niedergeschriebene, die verbriefte Zusage."[14] Die in beiden inhaltlich übereinstimmenden Zitaten genannte "Ur-Schrift" und "Schrift", die im Gesicht des Anderen wahrgenommen wird, gehört für Huizing zu den Texten Platos, Plotins sowie Teilen der Bibel, die auf Vision, nicht auf Spekulation zurückgehen, die erschaut, nicht erdacht wurden und ins Leben des Lesers eingreifen (E.G. 113-16).[15] Die Erwähnung "des Niedergeschriebene[n]" verweist auf die Verknüpfung von lesend gewonnener Erkenntnis und spontanem Erleben: ohne Kenntnis der Schriften Platons würde sich Oberreit seines Erlebens nicht bewußt; doch ohne das Erlebnis bliebe die Aussage Platons leere Spekulation.

Dementsprechend bewirkt das einsichtstiftende Erlebnis in Oberreit ein anderes Bewußtsein: Er erkennt, daß die Eigengesetzlichkeit seines bisherigen Lebens wertlos ist. Mit Rilkes Imperativ weiß er: " Du mußt dein Le-

---

[13] "Leserin, nun wirst du gelesen." Italo Calvino: *Wenn ein Reisender in einer Winternacht*. Üs. von Burkhart Kroeber. München ⁷1993. S. 184. Huizing bezieht sich im *Buchtrinker* wiederholt auf Calvinos Roman.

[14] Physiognomisierte Urschrift. S. 31. In fast wörtlicher Wiederholung im Roman: "Vollkommen übersetzte sie die Schriftzüge Platons in die Schriftzüge ihrer eigenen Gestalt." Bt. 81.

[15] Von "Urschriften" können Offenbarungen und umstürzende Erlebnisse ausgehen; sie sprechen vom absolut Anderen, das sich ähnlich wie Raum und Zeit der Definition entzieht. Huizing zählt Texte Platons, Plotins sowie das 33. Kapitel des Exodus zu den "Urschriften". E.G. 104-22. Bei Derrida wird der Begriff Urschrift von Freud bestimmt.

ben ändern." (Ot. 17) Außerhalb der Fiktion definiert Huizing entsprechend Levinas' Spur als "ethische[r] Imperativ des Gesichts".[16] Oberreit ist im Begriff, sich in die philosophische Tradition zu stellen, deren Wahrheitsfindung von Offenbarung und Inkarnation, also vom umstürzenden und bewußtseinserweiternden Erleben ausgeht. Doch an Oberreit zeigt sich gleichfalls, daß Erkenntnis zwar als Ziel und Ende des philosophischen Diskurses gilt, ihr Gewicht in der fiktionalen – wie auch realen – Welt dagegen jeweils neu zu tarieren ist. Mag ihn das Erlebnis der Spur anfangs völlig gebannt haben, so fühlt er sich doch schon bald durch die eigene Erkenntnis gestört. Der Philosoph sträubt sich gegen den Appell postmoderner Ethik:[17] Er erweist sich als unfähig und unwillig, den Anderen – die idolisierte Frau – als den unverfügbar Anderen zu akzeptieren.[18] Während er sie als geduldige Ratgeberin und Zuhörerin beansprucht, haben ihre Arbeit und ihr Musizieren für ihn wenig Bedeutung. Den ebenso hingerissenen wie gehemmten Platoniker interessiert sie, die er kein einziges Mal beim Namen nennt, primär als verklärte physiognomische Erscheinung. Nicht das eigene Ich will er infrage, sondern die Frau in den Dienst seiner Wissenschaft stellen: Er plant, die Deutung ihrer Erscheinung zu einem auch für die Karriere wichtigen physiognomischen "Standardwerk" auszuarbeiten. Denn: "Sie sollte Muse und Inbild seiner Physiognomik werden [...] Bis er sie eingefangen hätte. In Lettern übersetzt. In den Text zurückübersetzt" (Ot.53-54). Mit dieser intellektuellen Vernutzung, mit der Auslieferung der visionären Einsicht an die Schrift, der Anschauung an die Begrifflichkeit hat der junge Philosoph den anderen Wendepunkt erreicht: er kehrt zurück in die logofizierende Denktradition, die jede Erscheinung, selbst eine Erleuchtung, auf Begriffe, also auf das eigene Bewußtsein zurückführt. Diese Reduktion des absolut Anderen auf tradierte Kategorien bezeichnet Levinas als "unüberwindbare Allergie" der abendländischen Philosophie.[19] Indem Huizing seinen Protagonisten wissenschaftlich wie auch menschlich scheitern läßt, verdeutlicht er, daß eine solche Übersetzung von erleuchteter physiognomischer Anschauung in Begrifflichkeit unmöglich ist: Oberreits Versuch, die Erscheinung der Frau und deren transzendente Bedeutung in eine kommunizierbare Mitteilung zu zwingen, verflacht das nicht verbalisierbare Erlebnis zur Bedeutungslosigkeit. Die

---

[16] Physiognomisierte Urschrift. S. 36.
[17] Vergl. Mark C. Taylor: Reframing postmodernism. In: *Shadow of Spirit: Postmodernism and Religion*. Hg. von Philippa Berry und Andrew Wernick. London, New York 1992. S. 11-29. Ebenso die Aufsätze unter Part II: Ethics and Politics.
[18] "Jede authentische Liebe, der *Darstellung des Unsichtbaren im Endlichen* gewidmet, setzt die radikale Erfahrung der Andersheit voraus." Huizing: Physiognomisierte Urschrift. S. 36.
[19] Levinas: *Die Spur des Anderen*. S. 211.

Publikation wird ein Mißerfolg, und die bei Abfassung des Manuskripts noch hilfreiche Kollegin entzieht sich schließlich der Verzweckung. Ihren Abschiedsbrief schreibt sich der im Scheitern erkennende Oberreit selbst und resümiert: "So wie Sie mich beschrieben haben, hat es mich nie gegeben. [...] Ich bin mehr als die Summe meiner Körperteile. Und dieses Surplus hat sich Ihnen auf immer entzogen." (Ot.118)[20] Die Erkenntnis mildert ein wenig – zumindest für die Leser – das über den Protagonisten gefällte ethische und wissenschaftliche Verdikt.

Spätestens am Ende wird auch der grundsätzliche Antagonismus des Romans deutlich: die Unterwanderung des postmodern ironischen Spiels durch eine engagierte Aussage. Das einleuchtendste Beispiel dafür ist die in *Oberreit* inhaltlich und formal manifeste Selbstparodie, die zu den charakteristischen postmodernen Stilmitteln zählt. Dabei nimmt der Autor weniger andere als sich selbst aufs Korn. Denn "Schreiben hat sich in einen Akt permanenter Infragestellung, Dekonstruktion und Neuentwürfe verwandelt. Die Parodie ist der Selbstparodie gewichen".[21]

Bei Huizing häufen sich die parodistischen Eigenzitate: so trägt das gescheiterte "Hauptwerk" des Protagonisten denselben Titel wie die gleichfalls 1992 erschienene Habilitationsschrift des Autors, *Das erlesene Gesicht* (Ot. 82). Doch die fiktionale Publikation steht der realen antithetisch gegenüber: sucht Oberreit die Totalerfassung des Anderen, indem er die menschliche Erscheinung in feste Begrifflichkeit zu übersetzen und in einem "Hauptbrevier für die Alltagsklugheit" auszubuchstabieren sucht (Ot. 100), so arbeitet Huizing die "Vorschule einer physiognomischen Theologie" aus. Sucht Oberreit den Anderen durch Kenntnis von dessen Erscheinung zu beherrschen und zu instrumentalisieren, so betont Huizing das Gesicht des Anderen als "idealtypische[n] Ort religiöser Erfahrung".[22] Walzt Oberreit die Physiognomie zur allgemeinen Anwendung aus, so will Huizing Wege zu einer ethisch-ästhetischen Sehschulung aufzeigen, eine "geistesgegenwärtige Anschauungskultur" entwickeln (E.G.15). Oberreit mißversteht und mißachtet die erschaute Spur, während sie für seinen Autor zum Ausgangspunkt philosophischer Reflexion wird. Die Figur zeigt

---

[20] Als Surplus bezeichnet Huizing den "funktionstranszendenten Präsentationswert". E.G. S. 64.

[21] Gabrielle Bersier: *Goethes Rätselparodie der Romantik. Eine neue Lesart der "Wahlverwandtschaften."* Tübingen 1997. S. 22. Vgl. auch Linda Badley: The Aesthetics of Postmodern Parody. An Extended Definition. In: *The Comparatist* 7 (1983). S. 36-47.

[22] Klaas Huizing: Die Gesichter der Religionen und die Religion des Gesichts. Feste Züge einer Morphologie der Religionsgeschichte. In: *Alltag und Transzendenz: Studien zur religiösen Erfahrung in der gegenwärtigen Gesellschaft.* Hg. von Bernd Caspar und Walter Sparn. Freiburg, München 1992. S. 379-80.

sich damit als parodistische Antithese ihres Autors. Sie verweist auf die möglichen Irr- und Holzwege physiognomischen Denkens sowie auf die ethische Leistung, die dem Einzelnen durch Levinas Konzept der Spur abverlangt wird. Ihr Scheitern bedeutet ihre Verurteilung vor dem ethischen Horizont, der den Roman übergreift.

Selbstparodie intendiert auch das dem Roman vorangestellte Goethe-Motto: "Gewisse Bücher scheinen geschrieben zu sein, nicht damit man was daraus lerne, sondern damit man wisse, daß der Verfasser etwas gewußt hat." (Ot. 5) Tatsächlich macht es die im Roman, in Mottos und Text untergebrachte Zitatenfülle unmöglich, die weite Belesenheit des Autors zu übersehen. Und daß einige Zitate sowohl in der Habilitationsschrift wie im Roman auftreten, scheint Finder- und Wissensstolz zu unterstreichen. Eine kontrastierende Intention zeigt dagegen die dreiteilige Struktur der 37 kapitelartigen Abschnitte, die sämtlich aus Titel, Motto und einem meist episodisch verknappten Ereignis aus Oberreits Leben bestehen. Diese triadische Form verweist auf die seit der Antike als Stoffsammlungen für öffentliche Reden und Predigten, später auch für Erzählwerke verwendeten Exempel-Sammlungen, die einer didaktisch-moralischen Beweisführung dienten. Und diese Funktion hat die konsequent durchgehaltene Form auch in *Oberreit:* satirisch-kritisch verweist sie auf den heutigen Intellektuellen, dem sein Fach zum wesentlichsten Lebensinhalt wird, der aus Mangel an Selbstkritik in Ich-Zentrierung erstarrt, jeden ethisch-sozialen Appell – die Spur – ignoriert und schließlich den eigenen, zur "Wissenschaft" ausgearbeiteten Vorurteilen zum Opfer fällt. Lernen – so die implizite Antwort auf das Goethe-Motto – sollen Leser und Leserin durchaus, im besten Fall durch Selbsterkenntnis. Entschiedener als in seinen wissenschaftlichen Publikationen distanziert sich Huizing in diesem Roman von sämtlichen Praktiken, die Physiognomie zur Charakter- und Persönlichkeitsdeutung zurechtzubiegen, zur Illustriertenunterhaltung, die sich anmaßt, verborgene Eigenschaften des Anderen aufzudecken. Stattdessen soll physiognomisches Sehen zu einer neuen Anschauung führen und der abstrakten Erkennntnistheorie Kants ein sinnlich vermitteltes Erkennen gegenüberstellen.

Didaktische Intention mag auch der durchgehend ironisch doppelbödigen Beziehung zwischen Erzähler und Figur zugrunde liegen: Darstellung und Kritik laufen parallel, indem der fiktionale Aufbau Oberreits metafiktional hinterfragt wird, überwiegend durch parenthetische narratorische Einwürfe. Beispielsweise heißt es von dem durch die Fertigstellung seines Manuskripts absorbierten Philosophen, daß er die Zeichen von Abschied und Abreise im Gesicht der jungen Frau mißversteht und mit geschlechtsspezifischen Vorurteilen deutet: "Oberreit sah, aber er verstand es nicht. (O Oberreit du Tor.)". (Ot.116) Verweist die erste Aussage auf den Erzähler als Beobachter, so der parenthetische Ausruf auf die moralische Urteilsinstanz. Wiederholt distanziert sich der Erzähler von Oberreits pseudowissenschaftlichen Bemühungen, indem er den physiognomischen Deutungen kommentarlos Zeichnungen und Fotoreproduktionen gegenüberstellt, die das Auseinanderklaffen von Einbildung und Realität verdeutlichen. Damit wird der Leser auf metafiktionaler Ebene befähigt, den Illusionisten selbst zu entlarven. Der "physiognomische Roman" verschärft sich zur Wissenschaftssatire.

Ausgehend von Levinas Konzept der Spur, das Huizing auf die Physiognomie erweitert, bezieht bereits der Roman *Oberreit* Stellung gegen das antimetaphysische Denken Derridas: Die Betonung des intuitiven Erkennens sowie des im Zeichen des Gesichts manifesten Sinns widerspricht Derridas Kritik am logozentrischen System.[23] Entschiedener konfrontiert werden die Denkansätze von Levinas und Derrida jedoch in Huizings 1994 veröffentlichtem Roman *Der Buchtrinker. Zwei Romane und neun Teppiche*. Hier gilt der Begriff des Anderen für jede sinnerschließende Lektüre, vor allem aber für Bücher, in denen der Leser einer ihn gänzlich beanspruchenden Einsicht begegnet. Seine durch eine solche Lektüre bewirkte Verwandlung begründet Huizings Replik an Derrida.

Erwartungsgemäß führen auch die Figuren des *Buchtrinkers* eine buch- und schriftbezogene Existenz: der in einzelne Abschnitte aufgeteilte Lebenslauf des historischen, 1764 geborenen Pfarrers Johann Georg Tinius ist verflochten mit Episoden aus dem Leben des Münchner Germanistikstudenten Falk Reinhold. Die Bibliomanie, die den Pfarrer zum Raubmord treibt, verkörpert sich erneut in dem Studenten, der sich die Schriften des Tinius durch Betrug und Überfall verschafft. Falk selbst produziert neun Zitatcollagen, genannt Teppiche, die als dritter Strang neben den beiden Handlungsfolgen den Roman strukturieren. Die Lebensläufe und andererseits die zitatgewebten Teppiche ergänzen einander wie Empirie und Reflexion: sind die Episoden Beispiele für die existenzerweiternde und -zerstörende Wirkung von Lektüre, so wird in den Teppichen der ideengeschichtliche Horizont westlicher Lese- und Buchkultur abgeschritten. Verglichen mit *Oberreit* besticht der *Buchtrinker* durch formale und gedankliche Reichhaltigkeit sowie ein weites Sprachregister. Unterschiedliche Optik gilt auch hier, indem beide Handlungsfolgen neben der Buch- und Lesethematik Kennzeichen des Kriminalromans aufweisen, unter dieser Handlungsebene aber eine gedanklich differenzierte Auseinandersetzung über Buch und Leser führen.

---

[23] Jacques Derrida: Das Ende des Buches und der Anfang der Schrift. In: *Grammatologie*. 1967. Üs. von Hans-Jörg Rheinberger und Hans Zischler. Frankfurt a.M. 1994. S. 16-48.

Derrida-Bezüge finden sich in allen drei Strängen als markierte Zitate, Analogien, sprachliche und graphische Anspielungen; vor allem richtet sich das Motiv Buch als Lebensinhalt gegen den Verneiner des Buches. Bedeutet Grammatologie bei Derrida Wissenschaft von der Sinn-Losigkeit der Zeichen, so läßt sich der *Buchtrinker* als ironisch fiktionale Anti-Grammatologie lesen. Konzipierte Huizing doch bereits seine umfassende Habilitationsschrift, die "Vorschule einer physiognomischen Theologie" als Replik auf das "Zeitalter gesichtsloser Grammatologie" (E.G.194).[24] Dabei unternimmt Huizing jedoch keine direkte diskursive Widerlegung der Begriffe und Denkfiguren Derridas. Vielmehr gründet er seine Gegenposition zur *Grammatologie* auf Erleben, Anschaulichkeit und Empirie. Er stellt den Definitionen Derridas Anschauungen gegenüber, die aus gegensätzlicher Denktradition stammen. Drehpunkt all dieser Bezüge ist das Konzept Spur und der Lesevorgang. Für Derrida wie für Huizing ist es der Leser, der "die Spuren der Schrift verfolgt." (Bt.174) Doch Huizing betont die Anschaulichkeit der Schrift gegenüber Derridas ungreifbarer Spur: dem Spiel differierender Zeichen stellt er die Physiognomie der Schrift entgegen, das bereits erwähnte "Gesicht des Wortes". Denn Schrift versteht er als ein Doppeltes, als Träger von Bedeutung und als figürliches, "physiognomisches Ausdruckspotential" (E.G.104), das die Aussage einer Epoche aufscheinen läßt, wie mittelalterliche Illuminationen beispielhaft zeigen. Ebenso das Buch, dessen Idee ein physiognomisch bewußter Leser "als ausdruckshafter, anmutiger Leib, als lebendige Polarität von Körper und Seele" erfaßt. Für den derart schauend Lesenden gewinnt das Buch als Einheit aus Sinngehalt, materieller Form und anschaubarer Schrift "personale Präsenz". Sein Inhalt zeigt sich als "autonome Schöpfung, die etwas, im Extremfall alles, zu sagen hat." (E.G.135-36) Für Huizing ereignet sich auch im Buch die Begegnung mit dem Anderen. Unüberhörbar ist dies eine Erwiderung an Derrida, den Verneiner des Buches, es ist die Antithese auf seine Behauptung: "Die Idee des Buches, die immer auf eine natürliche Totalität verweist, ist dem Sinn der Schrift zutiefst fremd. Sie schirmt die Theologie und den Logozentrismus enzyklopädisch gegen den sprengenden Einbruch der Schrift ab".[25]

Vor diesem konzeptuellen Raster spielen im *Buchtrinker* die Abenteuer von Leser und Leseerfahrung. Die Geschichte des Germanistikstudenten Falk Reinhold ist die Geschichte einer exemplarischen Lektüre: Falk ist Leser im eigentlichen Sinne, von kriminell bibliomaner Besessenheit bis

---

[24] Nur einige Male geht Huizing auf Derrida direkt ein; er betont jedoch, daß die Theologie von Derridas genereller Verneinung des Logozentrismus "existentiell betroffen" sei. E.G. S.157.

[25] Grammatologie. S. 35.

zur sublimen Einsicht. Verglichen mit der Typologie des Lesers in Huizings Habilitationsschrift ist er geradezu die Allegorie des Lesers. Dort wird der Typ des Bibliomanen, der "die Rekapitulation der unendlich vielen Schriftspuren" (EG. 131) in besitzergreifender Absicht versucht, die Begegnung mit dem Anderen scheut und deshalb kein ihn selbst infragestellendes Buch liest, kontrastiert mit dem Typ des Bibliophilen, der als gelassener Flaneur dem Buch und darin dem Anderen ehrfürchtig und mit fortschreitender Einsicht begegnet. Die derart auseinanderdividierten Typen kehren bis zur wörtlichen Wiederholung in Falk Reinhold wieder, verbinden sich in ihm zu wirklichkeitsnaher Widersprüchlichkeit und Entwicklungsmöglichkeit. Falk fungiert dabei jedoch nicht als Dressman für bevorzugte Konzepte seines Autors; vielmehr führt er in fiktionaler Ungebundenheit gerade auch deren Kehrseite vor, die in Huizings Abhandlung keine Beachtung findet. Selbstparodie tritt wiederholt in Erscheinung, wenn sich der Erzähler über Eigenschaften Falks mokiert, denen in den wissenschaftlichen Publikationen seines Autors ein positiver Stellenwert zukommt. Doppelte oder multiple Perspektivik auch sonst: je mehr die Bücher für Falk mitmenschliche Funktion erfüllen, desto mehr isoliert er sich, empfindet Familie und Freunde als Störfaktoren, schließlich auch die Freundin, deren Zeichen und "Spuren" er nicht länger lesen mag (Bt.116). Allein in seiner Bude, verschanzt hinter Büchermauern, der manischen Lektüre von Tinius' Schriften verfallen, geht Leser Falk nur bisweilen auf Streifzüge in ein Antiquariat, später auf Exkursionen zum Bücherdiebstahl und -raub und entpuppt sich als recht erbärmlicher Zeitgenosse. Doch die fortschreitende Intensivierung seiner Lektüre und die dadurch bewirkten Metamorphosen machen ihn zur Königsfigur im literarischen Schachspiel gegen Derrida.

Um die unterschiedlichen Auffassungen und Fiktionalisierungen des Konzepts Spur im *Buchtrinker* zu verdeutlichen, soll Falks Lese-, Erlebens- und Erkenntnisprozeß in seine rational bewußten sowie emotional seelischen Komponenten zerlegt werden: Die intellektuelle Auseinandersetzung mit dem Text beginnt, indem Falk "in der merkwürdigen Biographie des Magister Tinius wie der Jäger nach einer Spur" sucht (Bt. 92). Spur gilt zunächst noch konventionell als Hinweis und Zeichen für etwas Vergangenes oder Verborgenes. Wie Derrida anhand der *Confessions* dem Rousseau, so kommt Falk gleichfalls bei der Lektüre einer autobiographischen Schrift "dem Tinius auf die Spur" (Bt.92) und glaubt zu "entdekken", daß der Schlüsselbegriff in dessen Leben Führung und Vorsehung ist. Objektiv kaum eine Entdeckung, da Tinius sich wiederholt mit dem Begriff rechtfertigt, der auch als zentrales Orientierungsprinzip zur Gattung Autobiographie gehört. Wichtig wird der "Fund" jedoch in seiner Relevanz für Falk, der der literarisch anspruchslosen Vita einen ordnenden Sinn geradezu verleihen muß. Denn das von Derrida negierte zentrale Signifikat bleibt Huizings Leser Bedürfnis, und die Spur der Schrift erfüllt im Roman die Funktion, ihn zur Sinnfindung zu führen. Die Bedeutung des Textes entrollt sich also nicht wie bei Derrida vor dem Leser als "endloser Teppich, dessen Ende nie sichtbar wird," sondern wird als abgeschlossener Sinn erfahren.[26]

Im weiteren Verfolg solcher Spuren ist Falk sogar bereit, den Text zu "verletzen" und den "Erzählfluß [zu] manipulieren" (Bt.94), um derart das ungesagt Abwesende, "das Sagen im Ungesagten" zu finden (Bt.166). Diese Dekonstruktion vollzieht der Germanist auf abwegige Weise: er schreibt ein vermeintlich entscheidendes Textsegment dreimal um, indem er zuerst alle Wörter mit dem Buchstaben N eliminiert, dann zusätzlich alle mit O, schließlich läßt er auch noch alle Wörter mit E aus. In dieser dritten verhunzten Version des Textes erkennt Falk die "reale Gegenwart des Schicksals" (Bt. 96). In ironischer Brechung demonstriert die Episode nochmals, daß Texte nicht als Verweisungssysteme rezipiert werden, sondern als unabhängige Schöpfungen, in denen sich der von Derrida bestrittene Sinn zwar nicht essentialistisch befindet, sich jedoch – ähnlich der schrittweisen Sinnfindung im Gespräch – bei der Lektüre finden läßt. Heißt es: "Diese Spur mußte Reinhold weiter verfolgen" (Bt.96), so geht es um das vertiefte Erfassen des dialogisch sich offenbarenden Sinns. Dieser strahlt danach auf den Leser Falk zurück und stellt ihm ein neues Rollenkonzept: Falk glaubt sich "von der Vorsehung auserkoren, hinter das Geheimnis von Tinius zu kommen" (Bt.97). Der Text verändert dann Falks Lebenspraxis, wenn dieser beginnt, die Vita des Tinius nachzuleben. Bald folgt der Student auch den kriminellen Spuren des Pfarrers, der diese mit seiner Autobiographie gerade zu verbergen suchte. Falk kommt dem Gottesmann wörtlich auf die Spur, d.h. auf die Technik, begehrte Bücher kostenlos zu erlangen: durch Betrug und Überfall bemächtigt er sich der noch fehlenden fünf Veröffentlichungen des Tinius. Diese Texte, dem Computer eingespeichert und akribisch analysiert, bewirken weitere Metamorphosen und Anverwandlungen Falks, bis er absurderweise glaubt, die eigenen visonären Einsichten gingen auf Tinius' ungeschriebene Ideen zurück.

Mit dieser teils parodistisch überzeichneten Darstellung von Textrezeption zielt Huizing auf die nicht verbalisierte Hälfte des Lesevorgangs, auf die Mitwirkung des Lesers am Zustandekommen von Bedeutung und seine Veränderung durch den Text. Dabei führt Huizing die fiktionale Textrezeption über den Deutungshorizont aller Rezeptionstheorien hinaus und erklärt mit Johann Georg Hamann die eigentliche Aussage seiner Geschichte: "Schriftsteller und Leser sind zwei Hälften, deren Bedürfnisse

---

[26] Jeremy Hawthorn: "Dekonstruktion". In: *Grundbegriffe moderner Literaturtheorie*. Tübingen, Basel 1992 (Uni- Taschenbücher 1756). S. 49.

sich aufeinander beziehen, und ein gemeinschaftliches Ziel ihrer Vereinigung haben." (Bt.158).[27] Dem Text kommt also dialogische Brückenfunktion zu: über die Jahrhunderte verbindet er die Wünsche und Erwartungen der "zwo Hälften".

Diese Auffassung wird auch durch die Struktur von Huizings Roman bestätigt, die Episoden aus dem Leben des Autors Tinius – Leser und Textproduktion im 18.Jahrhundert – mit Episoden aus dem Leben Falk Reinholds – Leser und Textrezeption im 20. Jahrhundert – verschränkt. Obwohl die literarischen Qualitäten von Tinius' Schriften ähnlich fragwürdig sind wie die moralischen ihres Autors und Lesers, üben sie jenseits von Ästhetik und Moral existenzverändernde Wirkungen aus, wodurch sich der Roman wiederum von der Postmoderne entfernt. Mit seinem ebenso reichhaltigen wie witzigen Formenkatalog dagen scheint er sie paradigmatisch zu vertreten: da wird der Leser zur physiognomischen Deutung einer abgebildeten Porträtskizze des Johann Georg Tinius aufgefordert, während der Erzähler die vermuteten Antworten nach Bedarf zurechtbiegt, überhaupt den fingierten Dialog mit dem Leser immer wieder anstößt, sei es durch Fragen, Rätsel oder das Angebot, Geheimbotschaften des inhaftierten Tinius aus dem Morsealphabet zu entschlüsseln. Abbildungen aus der Lesefibel, ein Werbezettel, die Reproduktion eines handschriftlich verfaßten Briefes dienen der Ergänzung, nicht der Illustration des Textes. Ähnlich wird das Druckbild variiert: so faßt der Erzähler seine Anmerkungen in Fußnoten zusammen, aufeinander bezogene Textpassagen erscheinen im Zweispaltendruck, in der Zeile eines Briefes bleibt eine Lücke, damit die Empfängerin ihren eigenen Text dazu schreiben kann.[28] Erzählende, dramatische und kommentierende Passagen wechseln ebenso wie direkte Zitate, Paraphrasen und intertextuelle Verweise. Die ernsthafte Auseinandersetzung um Buch und Leser erscheint in scherzhafter Verpackung.

Die abschließende Phase von Falks Textrezeption steigert das Argument gegen Derridas Auffassung der Schrift und bricht es im ironisch vieldeutigen Prisma. Denn in einem theologischen Aufsatz des Pfarrers Tinius stößt Falk auf "eine heiße Spur" (Bt. 168) und entdeckt im Vers eines Kirchenliedes ein "chiffriertes Akrostichon", das er als neunzehnhunderteinundneunzig deutet (Bt.196). Diese Jahreszahl ist die reale und zugleich fiktionale Beziehung zwischen dem Text des Tinius, seinem Leser Falk sowie dem gemeinsamen Autor Huizing und dessen Antogonisten Derrida:

---

[27] Johann Georg Hamann: *Sämtliche Werke. Historisch-kritische Ausgabe.* Hg. von Josef Nadler. Wien 1950. Bd. II. S. 347.

[28] Die Idee, in Briefen Zeilenraum für Reaktionen der Adressatin frei zu lassen (Bt. 118), scheint von Derrida übernommen zu sein, der häufig davon Gebrauch macht in: *La carte postale: De Socrate à Freud et au-delà.* Paris 1980. Zwei-Spalten-Druck findet sich in Derridas *Glas.* Paris 1974.

Denn die Jahreszahl findet sich in Tinius' 1836 erschienener Schrift *Der jüngste Tag, ob, wie und wann er kommen wird?* Unter den Beispielen früherer Prophezeiungen liest man die Aussage eines Michael Friedrich Semler, es beginne "das Tausendjährige Reich mit dem J. 1991 und das Ende der Welt 2991."[29] Huizing versetzte die Jahreszahl 1991 in das erwähnte Akrostichon und vollzog damit einen universalen Brückenschlag: die prohezeite Jahreszahl verbindet Tinius und das beginnende 19. Jahrhundert mit Falk, wenn dieser nach Abhören der in seinen Ohren apokalyptisch klingenden Radionachrichten überzeugt ist, daß – wie die Schrift verheißt – die "zivilisierte Welt" bereits jetzt, im September 1991 untergegangen war (Bt.171). 1991 verweist ebenso auf die Entstehung des *Buchtrinkers*, der im folgenden Jahr erscheint. Die zitierte Jahreszahl verbindet andererseits den Autor und Derrida, mit dessen Philosophie Huizing sich Anfang der neunziger Jahre auseinandersetzt: In der Schrift *D'un ton apocalyptique adopté naguère en philosophie* (1983), auf die Huizing ironisch verweist (Bt.187), reflektiert Derrida über die etymologische Doppeldeutigkeit des Wortes Apokalypse, das einerseits "aufdecken" oder "jemandem die Augen öffnen" heißt, andererseits aber "fort-, in die Verbannung gehen".[30] Und diesen doppelten Sinn läßt Huizing seinem lesenden Protagonisten zum Schicksal werden, indem er ihn am Ende eine höchste Texterkenntnis finden und sich entfernen läßt. Realität und Irrealität, Fakt und Fiktion, These und Gegenthese kristallisieren sich in der prophezeiten sowie inzwischen historisch gewordenen Jahreszahl 1991. Entsprechend treffen Bedeutungen und Widersprüche in der Figur Falks aufeinander: führt er anfangs die absurde, dann die sinnstiftende Lektüre vor, so beginnt er wortwörtlich auch das postmoderne Spiel mit dem Text und empfindet Roland Barthes' "Lust am Text", gesteigert durch die erotisch konnotierte "jouissance" Lacans.[31] Dabei tauchen beide, Leser und Text "ein in das liebkosende Spiel und alberten herum wie dumme Gänse" (Bt.167). Derart spielend wird Falk vom sich bereichernden zum selbstvergessenen Leser, seine Textrezeption wird zum irrationalen Texterlebnis. Auf dieser Stufe geht es nicht mehr um Sinn, sondern um Sinnlichkeit und Lust am Text,

---

[29] J.[ohann] G.[eorg] Tinius: *Der jüngste Tag. ob, wie und wann er kommen wird? in physischer, politischer und theologischer Hinsicht aus der Natur und Bibel erklärt*. Zeitz 1836. S. 88. Wesentlich für den *Buchtrinker* ist gleichfalls die autobiographische Darstellung: *Merkwürdiges und lehrreiches Leben des M. Johann Georg Tinius, Pfarrers zu Poserna in der Inspektion Weißenfels. Von ihm selbst entworfen.* (Halle 1813), Berlin [o.J.].
[30] Jacques Derrida: *Apokalypse*. Üs. von Michael Wetzel. Graz, Wien 1985. S. 9.
[31] Roland Barthes: *Die Lust am Text*. Üs.von Traugott König. Frankfurt a.M. 1986. Auch aufgeführt im Literaturverzeichnis von E.G. S. 195.

eine "Erfahrung, die in keinen Begriff eingeht."[32] Denn Falk *liest* den Text nicht mehr, er nimmt ihn physiognomisch als "personale Präsenz" wahr, er "erspürte" den Text (Bt. 167). Das auf "Spur" zurückgehende Verb "erspüren" ist die ebenso rationale wie sinnliche Widerlegung von Derridas Spur.

Diese lustvollen Begegnungen mit dem Text lassen Falk kreativ werden: er "zeugt" jene neun, Teppiche genannten Zitat-Collagen zur Lesekultur.[33] Dabei begegnet er dem Anderen: "Der neue Text, das war Falk Reinhold, und das war er nicht. Anders und er selbst."(Bt.167) Diese äußerste, mystische Invokation und Erweiterung von Levinas Konzept der Spur bedeutet das Erlebnis des Anderen als Buch und neuer Text. Daß ein solches Lese-Erlebnis den Leser von jeder Alltagsordnung löst, zeigt seine Apotheose, in der Abstraktion und Sinnlichkeit, Pathos und Scherz verschmelzen: er "folgte trunken den Spuren der Texte. Wie ein postmoderner fliegender Robert ließ er auf dem zehnten Teppich die Welt unter sich zurück." (Bt.171) Falk ist zur Idee des Lesers geworden, der durch Begeisterung und Einsicht die Schwerkraft überwindet und von einem Sprachwerk, dem Teppich des Textes, über die Welt erhoben und entrückt wird.

Verweisen die "Spuren der Texte" wiederum auf die dem Roman zugrundeliegende Kontroverse, so aktualisiert der von Huizing sonst selten gebrauchte Begriff "postmodern" das hier angesprochene Erlebnis. Falks "ekstasis" gehört, wie Welsch mit Leslie Fiedler feststellt, wieder zu den postmodernen "zu den wahre[n] Zielen der Literatur."[34]

Der mit Heinrich Hoffmanns Kinderbuchfigur parodierte, auffliegende Leser veranschaulicht ein im 8. Teppich verwebtes Zitat Johann Georg Hamanns, das die Idee des Lesers als "Muse und Gehülfin des Autors" bezeichnet, die der Autor verkläre und in Sicherheit bringe und zwar "in solcher unermeßlichen Ferne, daß von der Idee des Lesers nichts als ein Zeichen in Wolken übrigbleibt." (Bt.158/59)[35] Die Erhebung des Lesers wird damit für den Autor und die Produktion des Textes ebenso wichtig wie die Hingabe des Lesers für dessen Rezeption. Hier bedeutet der Leser Anfang und Ende der Schrift, er steht da, wo Derrida die ungreifbare Spur hypostasiert. Deshalb hat der Leser, der selbstgewiß auf sich und das "eine Buch" verweist, in Huizings Roman auch das letzte Wort: Auf einer Postkarte an "Herrn Derrida", womit parodistisch auf einen seiner Titel verwiesen wird, berichtet Falk vom "Rätsel des Lesens", dem er "auf der Spur" sei. Spöttisch erklärt er, er werde "die Kunst zu lesen veröffentlichen", doch mit

---

[32] Emmanuel Levinas, als Motto Bt. S. 166.
[33] Die Idee der Zitatcollagen geht auf Levinas zurück.
[34] Wolfgang Welsch: *Unsere postmoderne Moderne.* S. 16.
[35] Johann Georg Hamann: *Sämtliche Werke.* Hg. von Joseph Nadler. Bd. II. Wien 1950. S. 348.

Rücksicht auf den Ruf des Adressaten dessen Emeritierung abwarten (Bt.187).

Das ist eine selbstreferentielle Eulenspiegelei, denn Huizings Roman *ist* diese Kunst des Lesens. Er zeigt die existenzbestimmende Wirkung von Büchern, des Lesers Sturz in intellektuelle und emotionale Selbsttäuschung ebenso wie seine Erleuchtung, Verwandlung, Verzückung und Erhebung. Das Buch ist der Ort der Begegnung mit dem Anderen. In ironischer Opposition zu Derrida wird die Wirkung der Schrift gezeigt: Sie ist kein Ort der "Abwesenheiten" und Differenzen, sondern ein Ort von Parusie, sinnlich-seelischer Beglückung und Elevation. Die Frage nach der Zukunft des Buches wird letztlich nicht durch die Philosophie, sondern mit Hilfe des Lesers beantwortet.

Alexander Honold

Das Weite suchen
Abenteuerliche Reisen im postmodernen Roman

> Je mehr die Kultur der Länder zunimmt, desto enger wird die Wüste; desto seltner ihre wilden Bewohner. (Herder, *Ideen zur Philosophie der Geschichte der Menschheit*)

While travelling seems to be the "original sin" of modernity (according to Defoe's Robinson Crusoe), German writers of travelogues and travel fictions under postmodern conditions have learned the lessons of globalization. In a world wide web of textualized travel experiences, attempts of 'authentic' experience are frequent but paradoxical. In Christoph Ransmayr's, Sten Nadolny's and Klaus Modick's prose fictions, adventurous travelling is countered by postmodernity's intertextual and metafictional playfulness. Re-writing the classical topoi of voyage and discovery, their novels question the epistemological framework of the conquest of space as well as the expansive steps of Western Civilization.

Nie war es leichter, weg zu sein, überall. "Was ist bloß aus unseren Abenteuern geworden, die uns über vereiste Pässe, über Dünen und so oft die Highways entlang geführt haben?" (SEF 9)[1] Christoph Ransmayrs Frage ist der Seufzer einer Generation von Reisenden, die schon fast alles gesehen und unendlich vielerlei erlebt hat, die ihre Ziele und Schauplätze in nie dagewesener Häufung und Geschwindigkeit wechseln kann. Bei seiner Aufzählung mehr oder minder touristischer Situationen ist es nur eines, was überrascht: der Begriff des Abenteuers. Hat nicht die technisch vernetzte Weltgesellschaft inzwischen auch den letzten Winkel erreicht, und ist nicht die jederzeitige Erreichbarkeit und vollständige Verfügbarkeit selbst der entlegensten Regionen das unwiderrufliche Ende geographischer Abenteuer? Sicher ist, daß, auch wenn es sie längst nicht mehr gibt, aus den gefährlichen Reisen und den erlebten Abenteuern weiterhin Texte werden, wie eh und je. "Wir haben uns nicht damit begnügt, unsere Abenteuer einfach zu bestehen, sondern haben sie zumindest auf Ansichtskarten und in Briefen, vor allem aber in wüst illustrierten Reportagen und Be-

---

[1] SEF: Christoph Ransmayr: *Die Schrecken des Eises und der Finsternis.* (1984) Frankfurt a.M. 1987.

richten der Öffentlichkeit vorgelegt und so insgeheim die Illusion gefördert, daß selbst das Entlegenste und Entfernteste zugänglich sei wie ein Vergnügungsgelände" (ebd.). Es war nicht allein der technische Fortschritt, der die Restbestände des Abenteuerlichen merklich abschmelzen ließ, sondern auch seine umgreifende textuelle Vor- und Nachbereitung: Immer, *always,* 'aller Wege' sind die Beschreibungen und Beschriftungen schon da, wenn wir ankommen.

Das Leben muß unterwegs sein. Genau genommen aber war der aufregenden und stolzen *aventiûre* in ihrer langen alteuropäischen Tradition noch nie so recht zu trauen: Nicht das gelebte, sondern das mündlich überlieferte, später dann das beschriebene und das gelesene Abenteuer stachelten die je mit dem Begriff verbundenen Erwartungen an. An der Hand eines Erzählers, im Sog einer Geschichte geht es hinaus. Was draußen sich wirklich ereignen mag, sind die Abenteuer der aus ihren Büchern gefallenen Leser. Seit *Don Quijote* und von ihm ausgehend hat der moderne Roman – gemeint ist der im Sinne von 'neuzeitlich' moderne Roman – immer wieder die strukturelle Vergleichbarkeit von Weg und Schrift, die Isomorphie von Reiseverlauf und Erzählfaden in Szene gesetzt. In Robert Musils *Mann ohne Eigenschaften* wird diese Form erzählender Sinnstiftung selbstreflexiv durch die romanpoetologischen Gedankengänge des Protagonisten eingeholt. "Wohl dem, der sagen kann 'als', 'ehe' und 'nachdem'", räsoniert der "Mann ohne Eigenschaften", bezeichnenderweise auf seinem Nachhauseweg. "Das ist es, was sich der Roman künstlich zunutze gemacht hat: der Wanderer mag bei strömendem Regen die Landstraße reiten oder bei zwanzig Grad Kälte mit den Füßen im Schnee knirschen, dem Leser wird behaglich zumute".[2] In dieser kausalen Verknüpfungsleistung sieht Musil (respektive sein alter ego) eine perspektivische Zurichtung von Geschehnissen durch ihre lineare Erzählform wirksam werden; zugleich glossiert der Autor damit eine philisterhafte Entschärfung des "Abenteuers", die Domestizierung des Reisens und seiner Emphase des 'großen Aufbruchs' zum wohligen Frösteln im Ohrensessel.

Gerade die Moderne konnte keinesfalls ganz auf dunkle Stellen, sei es der Landkarte, des Lebenslaufs oder des Röntgenbildes, verzichten; auch sie kennt jene leise rumorende Unruhe, die das Räderwerk geschäftiger Betriebsamkeit allererst in Gang hält. Bis weit in das zwanzigste Jahrhundert hinein ist des Menschen "Freiheit, aufzubrechen, wohin er will" (Hölderlin), eine paradoxe Verbindung von subjektiver Rebellion gegen die Bourgeois-Gesellschaft und unfreiwilliger Bestätigung derselben. Weite und Beweglichkeit, ausgerechnet zwei quasi-anarchische Leitwerte sind es,

---

[2] Robert Musil: *Der Mann ohne Eigenschaften.* Hg. von Adolf Frisé. Reinbek 1978. S. 650.

mit denen die expansive Dynamik aus dem Wirtschaftsleben ins kollektive Imaginäre übergreifen konnte. Der kühne Seefahrer, der unbehauste Wanderer, der einsame Spaziergänger – in dieser Typologie der Rastlosigkeit hat die Moderne ihre Grundtendenz personifiziert, die eigenen Grenzen immer weiter hinauszuschieben. Reisen, im emphatischen Sinne eines Aufbruchs ins Unbekannte, ist als Bewegungsform die metonymische Praxis der modernen Mobilität selbst. Der australische Anthropologe Nicholas Thomas beschreibt diesen Modernitäts-Aspekt des Reisens folgendermaßen: "Travel [...] may be [...] conceived as a peculiarly modern activity, in so far as it entails expansive steps away from 'traditional' ties, and [...] an attitude of extension and displacement towards those traditions."[3]

Zum Selbstverständnis der Moderne gehört ihr anti-traditionaler Impuls, dessen eindeutige Stoßrichtung sie von postmodernen Bedingungen deutlich unterscheidet, die weit weniger vektoriell als vielmehr situativ sind. Die Moderne ist auf Veränderung aus, auf die permanente Revision ihrer eigenen Grundlagen und Spielregeln. Und an diesem spezifischen Punkt scheint es mir erlaubt, die moderne kulturelle Formation tatsächlich bereits (und wie in angelsächsischen Ländern oft generalisiert) mit dem Beginn der Frühen Neuzeit anzusetzen. Das Reisen in die Ferne ist, wenn man so will, eine Technik der Infragestellung, bei der weder eigene noch fremde Konventionen unangetastet bleiben. Seine operative Funktion besteht darin, Front zu machen (statt 'Rücksicht' zu nehmen), bis an die Grenzen zu gehen, und möglichst noch weiter. Das Reisen fungiert als kulturelles Pendant dessen, was im Wirtschaftsleben Risiko heißt, es ist ein bewußt eingegangener, wiewohl unkalkulierbarer Faktor der Unsicherheit. Reisen heißt, spätestens nach Kolumbus, die Wette auf eine bereits veränderte Weltkarte einzugehen und, paradox genug, das Neue schon vorauszusetzen.

Die abenteuerliche Fahrt nimmt nicht erst als Reisebericht ästhetische Gestalt an; sie ist ästhetische Gestaltung schon in ihrem Verlauf, ja bereits durch die bloße Tatsache, daß sie überhaupt unternommen wird. Der Philosoph John Locke sah den grundlegenden Antrieb menschlicher Willenskraft in einem unbestimmten "Unbehagen" (*uneasiness*), einer allgemeinen Unzufriedenheit im Bestehenden und Vorhandenen.[4] Bei Reisesüchtigen

---

[3] Nicholas Thomas: *Colonialism's Culture. Anthropology, Travel and Government.* Princeton 1994. S. 5.
[4] John Locke: *An essay concerning human understanding* (1690). II. Buch, Kap. XXI, Abschnitt 31. Locke beantwortet die Frage, "was es eigentlich ist, das den Willen hinsichtlich unserer Handlungen bestimmt", mit der Annahme, "daß es nicht, wie man gewöhnlich annimmt, das in Aussicht stehende, größere Gut ist, sondern irgendein (und zwar meist das drückendste) *Unbehagen,* das man gegenwärtig empfindet. [...] das Begehren ist ein Unbehagen des Geistes, das durch den

erreichte diese Unruhe oft die eigensinnige Kraft einer idée fixe, einer ästhetisch-geographischen Imagination: Es galt, hypothetischen geographischen Positionen oder Linienführungen nachzujagen, dem legendären Südkontinent, der Nordwestpassage oder den Nilquellen. Was beim Planen der Reise noch plan und übersichtlich erscheinen konnte, erwies sich vor Ort nicht selten als uneben und unaufgeräumt. Unterwegs ist man ausgesetzt, ausgeliefert; das reale Reisen ist in seinen Schwierigkeiten von unironischer, mitunter lebensbedrohlicher Banalität. Unerwartete Hindernisse treten auf: Wo man auf der Karte mit leichter Hand Schneisen, Stützpunkte und Verbindungslinien entstehen lassen konnte, da leben in Wirklichkeit Menschen. Den Abenteurern wie auch den Forschungsreisenden galten soziale Kontakte zunächst eher als Nebensache oder gar Störfaktor. Sie stellten ein Risiko dar, weit unberechenbarer als die Gefahren der Sandstürme oder des Packeises.

Doch die als 'Abfallprodukte' hochgesteckter Exkursionsprogramme entwickelten Kontakte zu fremden Ethnien, die mühsamen Kommunikationsversuche und die eingegangenen Tauschbeziehungen umreißen bald einen ganz neuen Schauplatz der Bewährung für den reisenden Abenteurer: die ethnographische Situation der Fremdbegegnung. Daß Exkursionen ihre hochgesteckten Ziele nicht erreichen, Forschungsprojekte irgendwann als gescheitert anzusehen sind, kommt vor, trifft sogar auf die meisten Erkundungsreisen zu, wenn man sie als Einzelprojekte bilanziert. Aus der Totale gesehen hat jede dieser Bewegungen ihren Anteil daran, den Globus immer intensiver, häufiger und engmaschiger durchzukämmen – eine unumkehrbare Tendenz, mit der, vereinfacht gesprochen, Begegnungen immer wahrscheinlicher werden. Als Reisen können die Unternehmungen eigentlich gar nicht fehlschlagen, selbst wenn es ihre Protagonisten das Leben kosten sollte. Jeder, der aufbricht, weiß: Nirgends steht geschrieben, daß man zurückkehren wird. Und schon gar nicht als derselbe, der einmal ausgezogen war.

Die Erfahrungsqualität des Reisens – die auch Lese-Erfahrungen einbegreift – liegt nicht zuletzt darin, daß die anfangs gestellten Fragen am Ende wahrscheinlich nicht beantwortet, wohl aber verändert sind. Kontingenz, der Eintritt des Anderen in die eigene Geschichte, ist keine Frage äußerlichen Distanzen, hängt nicht von den dunkel oder weiß gebliebenen Flekken auf der Landkarte ab. Darin liegt auch der Trost, den Christoph Ransmayr für den Globetrotter postmoderner Zeitrechnung bereithält: "Unsere Fluglinien haben uns schließlich nur die Reisezeiten in einem geradezu

Mangel eines abwesenden Gutes verursacht wird." (*Versuch über den menschlichen Verstand,* übers. von C. Winckler. Hamburg 1981. S. 300.)

absurden Ausmaß verkürzt, nicht aber die Entfernungen, die nach wie vor ungeheuerlich sind." (SEF 9)

Zwar ist unbestreitbar der Düsenjet das Zeitmaß aller Dinge geworden, aber ein Maß, das eigentümliche Löcher reißt im Seelenhaushalt seiner Benutzer. Gerade die scheinbare Leichtigkeit, über Räume und Zeiten zu disponieren, belegt: Die Neugier geht zu Fuß, sie ist die paradoxe Verwirklichung einer bodenständigen Form der Transzendenz. "Vergessen wir nicht, daß eine Luftlinie eben nur eine Linie und kein Weg ist und: daß wir, physiognomisch gesehen, Fußgänger und Läufer sind." (SEF 9) Was in allen Reiseformen sich gleichbleibt, ist wahrscheinlich 'nur' der Impuls, zu wissen, was nach der nächsten Wegbiegung kommt oder sich hinter der nächsten Ecke verbirgt. So wirft das Unterwegssein immer wieder die Frage auf, was eine Grenze sei – erst recht im Zeitalter der sogenannten Globalisierung, die unser Bewußtsein für kulturelle Differenzen nicht nivelliert, sondern geschärft hat. Ihrer touristischen Herstellbarkeit unbeschadet, ist die hedonistische Seite des Reisens nicht verkümmert, sondern aufgeblüht, hat sich nicht nur reproduzieren lassen, sondern dabei tatsächlich auch 'vervielfältigt'.

Die Spaltung in Hoch- und Massenkultur, in esoterische und exoterische Progressivität, die sich über weite Strecken des 20. Jahrhunderts in den Künsten beobachten ließ, hat ein seltsames Pendant in den touristischen Erwartungs-Szenarien gefunden (zu denen natürlich auch die literarisch vermittelte Exotik gerechnet werden muß). Warum seltsam? Weil die Gewichtungen hier fast umgekehrt verlaufen. Anders als im Falle von *Kunst und Kultur* zählt in der Touristik ein gewisser Konformitätsabstand zu den durchschnittlichen, ja selbstverständlichen Ansprüchen der Konsumenten. Alle wollen "anders Reisen", so daß man sich auf den exotischen Distinktionsgewinn schon wieder pauschal verständigen kann. So tief die Kluft zwischen Trivialität und Avantgarde in der Moderne gewesen sein mochte, die Differenz zwischen Romanen und Reise-Agenturen fällt unter postmodernen Vorzeichen manchmal verschwindend gering aus, wie beispielsweise die im Gefolge von *Fräulein Smillas Gespür für Schnee* gebuchten Grönlandreisen belegen. Gemeinsamer Nenner beider Geschäftsbereiche und ihrer sich abzeichnenden kommerziellen Synergieeffekte scheint die vielstimmig ausgerufene "Erlebnisgesellschaft" zu sein.

Aus literarischer Sicht jedenfalls kann geradezu von einer postmodernen Wiederkehr der abenteuerlichen Reise gesprochen werden, als Lebensexperiment und als Lesestoff. Die folgenden Seiten werfen den Blick auf drei Spielarten des Reiseromans, deren gemeinsames Merkmal vielleicht in nichts anderem besteht als in ihrer Ambivalenz gegenüber den "postmodernen" Aspekten ihrer Resonanz; in der Unentschiedenheit zwischen intertextueller Vertracktheit und unbefangenem Drauflosgehen, zwischen hedonistischer Neugier und kritischer Reflexion. Autoren wie Christoph

Ransmayr, Klaus Modick und Sten Nadolny führen die bekannten Helden der Grenzüberschreitung noch einmal hinaus, in die geographischen Extremzonen der Südsee und des Nordmeers, als Pfadfinder, die durch Texte und Zeiten hindurch *das Weite suchen*. Der postmoderne Roman gibt den modernen Abenteurern gleichsam die zweite Chance. Sie handeln nun nicht mehr im Bewußtsein, Vorläufer oder Entdecker zu sein, denn ihre Autoren haben durch einen epistemologischen Paradigmenwechsel 'gelernt' zurückzuschauen: Auf die Parole "Avantgarde" folgte, seit Mitte der siebziger Jahre, die Konjunktur des Foucaultschen Stichworts der "Archäologie".

Als "Nachfahre" (SEF 30) bezeichnet sich Ransmayrs polarbegeisterter Wanderer Josef Mazzini, der nach den Spuren einer österreichischen Arktisexpedition fahndet, und genau dies ist er: Nachfahre und *Nachfahrer*, lesender Held und nachreisender Abkömmling. War der Pionier die imaginative Leitgestalt der Moderne, so treten nun die Nachgänger und Spurensucher auf den Plan. Sie sind verstrickt im doppelten Diskurs der eigenen und der vorausgesetzten Geschichte, und fangen doch unbeeindruckt nochmal von vorne an. Längst vertraut ist ihnen die zeitgenössische Version des Beobachter-Paradoxons, daß es das Authentische stets nur da gibt, wo sie nicht sind. All dies schafft ebensoviele Optionen wie Schwierigkeiten, die – wie beim Fahradfahren – nur dann einigermaßen in Balance zu halten sind, wenn es endlich losgeht.

Süden oder Die Einschreibung des Fremden

"Natürlich, eine alte Handschrift." Mit dieser ironisch abgeklärten, gleichsam augenzwinkernden Eröffnungsformel ließ der Semiotiker Umberto Eco 1980 seinen Roman *Der Name der Rose* beginnen, ein Werk, das durch seine raffiniert getarnte Konstruiertheit, seinen überwältigenden Erfolg und nicht zuletzt durch Ecos nachdrückliche Selbstkommentierung und Selbstkanonisierung zum paradigmatischen Roman der Postmoderne avancierte.[5] 'Natürlich' ist die Selbstverständlichkeit dieser Eröffnung eine nur scheinbare: denn das In-Gang-Kommen eines Romans ist, wie das Anfangen überhaupt, ein Problem, dessen Lösung sich nicht von selbst ergibt. Wer so anfängt, ist originell im vollen Bewußtsein der Unmöglichkeit, originell zu sein; er weiß die Kniffe des verrätselten Beginns und die Spannungselemente der Abenteuergeschichte zu schätzen, ohne ihnen restlos ergeben zu sein. Die auf mysteriöse Weise gefundene, unvollständige oder unlesbare Handschrift gehört zu jenen erzählerischen Tricks, die von den Lesern sogleich durchschaut werden, die aber in der Form des ironisch

---

[5] Umberto Eco: *Der Name der Rose*. Aus dem Italienischen von Burkhart Kroeber. München 1982. Ders.: *Nachschrift zum 'Namen der Rose'*. München 1984.

gebrochenen Zitats weiterhin ihre Wirkung tun. Nur allzu bereitwillig folgt man den Verrätselungen und auch den anderen stilistischen Anleihen des Romans auf die Reise durch ein längstvergangenes Genre, das es in dieser Form gleichwohl noch nie zuvor gegeben hatte.

Natürlich, ein geheimnisvolles Bild. In Klaus Modicks *Das Grau der Karolinen*,[6] der fast mustergültig die Motive und Techniken postmodernen Erzählens auftrumpfen läßt, bei seinem Erscheinen im Jahre 1986 jedoch keinen durchschlagenden Erfolg hatte, ist es ebenfalls ein sonderbares Fundstück, von dem die Handlung ihren Ausgang nimmt. Der Hamburger Grafiker Michael Jessen, nach hoffnungsvollen Jahren an der Kunstakademie nun hochbezahlt und erfolgreich unter dem angenehmen Kommerz-Joch des freischaffenden Werbedesigners stehend, erlebt am eigenen Leibe, unfreiwillig und überraschend, die verstörende Wirkung der Kunst. Ein Gemälde, das er zufällig im Schaufenster eines Trödlers sieht, beginnt, auf seinen Leben einen unerklärlichen, immer unheimlicheren Einfluß auszuüben. Am Ende gar wird das rätselhafte Bild, das selbst nicht unbedingt zu den leuchtenden Meisterwerken zählt, den Gebrauchsgrafiker zum 'reinen', idealistischen Künstlerdasein bekehrt haben. Das auf den ersten Blick eher unscheinbare Werk trägt als Unterschrift jenen kryptischen Titel, der dem Roman voransteht, und der schon durch seine grammatische Struktur als Analogiebildung zum nominalistischen Programm von Ecos Rosenroman erscheint: *Das Grau der Karolinen*. Um das in diesem Titel verborgene Rätsel dreht sich die ganze Geschichte. Was ist, woher kommt, wovon handelt dieses Grau der Karolinen?

Bemerkenswert an dem Gemälde, das Jessen kurzentschlossen erwirbt und in seinem Studio wie eine erbeutete Trophäe aufstellt, ist nicht eigentlich sein 'Inhalt', sondern eher, daß es einen solchen gar nicht zu haben scheint. Nichts besonderes jedenfalls. Zwei rote Flugzeuge, Doppeldecker aus der Zeit des Ersten Weltkriegs, auf einem "nahezu farblosen, gleichwohl unruhig wirkenden Hintergrund." (GK 24) Da paßt etwas nicht recht zusammen. Während die Flugzeuge augenscheinlich ziemlich amateurhaft aufgetragen sind, läßt der graue Himmelsgrund eine für seine nebensächliche Bedeutung erstaunliche Sorgfalt in der Ausführung erkennen. Fast monochrom und weitgehend strukturlos hat ihn der unbekannte Maler angelegt, aber bei näherer Betrachtung scheint es, "als ob der mit Rastern gearbeitet hätte", denkt Jessen (GK 82). Unruhe ergreift Besitz von ihm, das Grau des Bildes wird immer tiefer und unauslotbarer, gewinnt eine eigentümliche Sogkraft. Bald schon haben sich die Verhältnisse im Hause des Werbegrafikers umgekehrt, nun ist es das Bild, welches von ihm, seinem

---

[6] GK: Klaus Modick: *Das Grau der Karolinen* (1986). München 1998.

Gelegenheitskäufer, Besitz ergreift. Und auch auf dem Gemälde selbst scheinen sich die Hierarchien dramatisch umzukehren:

> Blickte er länger darauf, traten die Flugzeuge in den Hintergrund, ihre Farbe schien abgesaugt zu werden von dem leblosen Kolorit, auf dem sie standen. Die Lebendigkeit des Bildes nährte sich aus seinen wenigen, starken Farbeffekten, aus der unbeholfenen Besonderheit, ja Absonderlichkeit, mit der der unbekannte Maler die Bewegung der Flugzeuge darzustellen und in der Bewegung zugleich stillzustellen versucht hatte. Doch diese Lebendigkeit verströmte etwas Abgelebtes, zog vom Betrachter fort in Richtung des Weißen und Schwarzen, aus dem der Fond gemischt und komponiert war. (GK 36).

Die Ungereimtheiten sind alles andere als zufällig, doch erst durch eine mühselige Spurensuche gelingt es Jessen mit der Hilfe einer Kunsthistorikerin, zu der ihn am Ende eine heftige Liebe erfaßt, den irritierenden Mißverhältnissen des Tableaus auf den Grund zu kommen. Nach und nach läßt sich die Geschichte des Bildes buchstäblich in ihren einzelnen Schichten abtragen. Wie sich herausstellt, handelt es sich um zwei verschiedene Maler, die auf dem Gemälde ihre Spuren hinterließen. Vergleichbar den Rivalitäten berühmter Entdeckungsreisender, gibt es auch auf dem Terrain dieser Leinwand einen Vorläufer und einen Nachahmer, und schließlich den nachforschenden Betrachter eines bildkünstlerischen Palimpsests. Zudem ist die Rezeptionsgeschichte, eine komplizierte Stafette von durch die Wechselfälle deutscher Geschichte diktierten Besitzerwechseln, in der Bedeutung des Bildes, ja schon in seinem Entstehungsprozeß auf eigentümliche Weise aufgehoben und vorweggenommen. Sogar seine späte Dechiffrierung durch den Werbegrafiker Jessen scheint im Bildprogramm bereits enthalten oder zumindest vorgesehen zu sein. Eine verwirrende Spiegelung zeigt dem Betrachter im Dargestellten zugleich die Zeit der Darstellung und die seiner postumen Wirkungsentfaltung.

Die Geschichte des Bildes ist die Geschichte des Bildes. Bei den markant ins Auge stechenden roten Doppeldeckern, das findet Jessen relativ rasch heraus, handelt es sich um eine nachträgliche Hinzufügung. Sie sind, wie sich nach etwas längeren Recherchen dann zeigt, das Werk eines Fliegeroffiziers und Kriegsneurotikers, der nach dem Ersten Weltkrieg in einer oberbayerischen Nervenheilanstalt behandelt worden war. 'Vor Ort' wird Jessen, nun schon in Begleitung der Kunsthistorikerin unterwegs, nicht fündig, doch gelingt es ihm bald darauf, mit dem inzwischen hochbetagten Arzt des obsessiven Fliegers Kontakt aufzunehmen. Unter psychiatrischer Kuratel stehend, hatte der Offizier anfangs der zwanziger Jahre zu therapeutischen Zwecken mit dem Malen begonnen. Mit den beiden flammendroten Flugzeugen hatte er eine für sein Leben entscheidende, schreckliche Kampfszene preisgegeben, freilich ohne sie im Akt des Malens wirklich loswerden zu können. Ein zweiter Komplex nämlich wird, vom

Kriegstrauma nur überlagert, durch die bildkünstlerische Betätigung unweigerlich aufgerufen, sein abgrundtiefer Vaterhaß, denn dieser Vater war selbst Maler – und zu seiner Zeit ein ausgesprochen erfolgreicher, ja berühmter obendrein.

Der malende Kriegsneurotiker benutzt nun ein ihm vermachtes, scheinbar unvollendet gebliebenes Werk seines Vaters, das ihm als Staffage und grauer Hintergrund gerade noch brauchbar erscheint, um Kriegsgewalt und väterliche Gewalt, familiäres und historisches Trauma gleichsam gegeneinander antreten zu lassen. Flammendes Rot überdeckt ein suggestiv lauerndes Grau. So dilettantisch sie letztlich geraten sind, scheinen die Flugzeuge gleichwohl noch die Schreckensdimension späterer Erfahrungen von Luftkrieg und Bombardierung vorwegzunehmen. Jessen, vor dem Bild in eine kontemplative Starre versunken, hört die Sirenen eines Übungsalarms, und es ist, als habe der Hamburger Feuersturm vom 28. Juli 1943 nach einem alliierten Bombenangriff noch einmal die Stadt ergriffen. Dem Hitzebrand und seinen Verwüstungen waren damals mehr Menschen zum Opfer gefallen als den unmittelbaren Bombenschäden. Jessen weiß von alledem nichts, doch das Bild scheint die Erinnerung an diese Hitzeexplosion in gewisser Weise zu enthalten. Die Art, wie die grauen Himmelswogen in Aufruhr sind: Das kann man sich nicht ausmalen, wenn man es nicht – irgendwo, zu irgendeiner Zeit – selbst beobachtet hat. Erster Weltkrieg, Zweiter Weltkrieg; es liegt in der Logik dieser Sequenz, noch ein drittes Datum verdachtsweise hinzuzunehmen: die atomaren Vernichtungswaffen, mit denen die Supermächte in den Jahrzehnten des Kalten Krieges experimentierten. Doch erst zurück zur Bild- und Kunstgeschichte.

Der militante Vordergrund wird, als späteste Bildschicht, vorsichtig von der Leinwand abgewaschen, wodurch das 'eigentliche', nun also völlig vordergrundlose Bild zur Gänze wiederhergestellt ist. Nichts als ein leeres Grau. Sein Urheber, der Vater des Flugzeugmalers, ist leicht zu ermitteln: Es handelt sich um den als Historienmaler des Wilhelminismus vorgestellten Peter Friedrich Carlsen, ob seiner bevorzugten Themen seinerzeit spöttisch als "Schlachten-Carlsen" apostrophiert. Eine Besichtigung der eingelagerten Bestände des örtlichen Museums fällt allerdings ernüchternd aus. Von den kaisertreuen, oberflächlichen Historienschinken, für die Carlsen berühmt war, ist das unruhige Grau dieses Gemäldes weit entfernt. Tausende von Kilometern sogar. Es stammt aus der Spätphase des Malers, der bei einem Rekonvaleszenzurlaub auf einer Insel der Karolinen (die Ende des 19. Jahrhunderts unter deutscher Kolonialherrschaft standen) zum Aussteiger und Zivilisationsflüchtling wurde, sich in der Südsee dauerhaft niederließ und bis zu seinem Tod unter jenen Eingeborenen lebte, für die seine deutschen Landsleute nur Verachtung übrig hatten.

Nun erst wird den Spurensuchern klar, warum dieses Grau trotz seiner Intensität so ungreifbar scheint und sich "nicht fixieren" läßt, wie man sonst einen dargestellten Gegenstand oder eine Farbfläche fixieren kann. Das Grau bedeutet nicht Darstellung von etwas, sondern Anweisung auf etwas; es wirkt "wie ein Magnet" (GK 37), wie ein lockender, beharrlicher Sog in die Ferne, der die Betrachter bis ans Ende der Welt führt. Auf die Zeitreise ins Archiv der Kriegsjahre und den kurzen Abstecher in ein fiktives Kapitel der Kunstgeschichte folgt endlich die richtige Reise, der Aufbruch zu dem Grau der Karolinen und zur letzten Wirkungsstätte eines Kunstmalers aus der Zeit des deutschen Kaiserreichs.

Keine Auflösung kann halten, was die Schürzung des Knotens versprach. Natürlich, eine verlassene Insel in der Südsee. Was sie dort finden, der Werbegrafiker und die Kunsthistorikerin, ist letztlich weniger wichtig als die Frage, wie sie dorthin gefunden haben. Am Ende gleitet die Handlung ab ins Kolportagehafte, streift hochbrisante Verschwörungen von Politik, Militär und Wissenschaft, wie man sie aus Spionage-Thrillern kennt. Das Gemälde, so will es der reißerische showdown, enttarnt einen unglaublichen Vorgang, der sich sonst unter Ausschluß der Öffentlichkeit auf einem mutmaßlich unbewohnten Südseeatoll ereignet hätte. In einem Anfall visionär-apokalyptischen Mitleidens – der am selben Bild vollzogenen Katharsis des eigenen Sohnes nicht unähnlich – bannte Carlsen auf dieser Leinwand ein Ereignis, das erst ein knappes Jahrhundert später an exakt diesem Schauplatz Wirklichkeit wird: die Zündung der schrecklichsten aller Bomben, die Carlsens ganze Insel im Nu eines Augenblicks entmaterialisiert, zum Verschwinden bringt. *Das Grau der Karolinen,* Carlsens geheimnisvollstes Werk, steht für den sympathischen, gleichwohl etwas zu didaktisch konstruierten Gedanken, daß sich die Geschichte menschlicher Untaten, und selbst die des kommenden Frevels wider die Natur, am Himmel ablesen läßt.

Das Grau der Karolinen, Klaus Modicks postmoderner Roman, ist trotz seines Plädoyers für ein unentfremdetes Leben kein naives, pazifisch-pazifistisches Traumbuch. Sein plot setzt den intertextuell ausgebildeten Leser voraus und nimmt es mit nichts geringerem als der Romanpoetik der Moderne auf. Am Anfang des Romans lassen nicht ohne Grund die Isobaren und Isothermen aus Robert Musils *Der Mann ohne Eigenschaften* grüßen. Auch bei Modick herrscht Hochsommer, ihm gilt das strahlende Hochdruckwetter als ein "unscheinbarer Sachverhalt", der, wie der Erzähler nüchtern vermerkt, "bereits anderweitig genutzt wurde, um den Blick aufs Besondere einer zu erzählenden Begebenheit gleichsam aus dem Allgemeinen der Witterung auftauchen zu lassen." (GK 9) Warum dann nochmal wie Musil beginnen? Vielleicht, weil sich mit dem Faible für das Wetter zugleich ein Gespür dafür verbindet, wie sehr das Sagbare und das Erzählenswerte durch die Unmenge des längst Gesagten und Gelesenen geprägt und bedrückt wird. Modicks Eröffnung zwinkert nicht, will kein ironisches Echo sein, sie ächzt unter der Last ihres Vorbildes. Aber drohte nicht schon Musils Romananfang an Informationen zu ersticken? Während die klassischen Erzähler bloß allwissend taten, waren ihre modernen Nachfolger, wie Walter Benjamin im Falle Musils süffisant bemängelte, klüger als sie's nötig hatten.

Zuviel Bescheidwissen verdirbt die Stimmung. Modick schickt seinen Protagonisten zur Erfrischung an einen der bei dieser sommerlichen Hitzewelle naturgemäß hoffnungslos überfüllten Ostseestrände. Postmodernes Freizeitverhalten braucht erstens nicht originell zu sein und kennt zweitens keine Berührungsängste. Den Blick himmelwärts gerichtet, sieht Jessen, der sich auf dem Wasser treiben läßt, ein bewegtes Bild ablaufen, die Präfiguration jener Geschichte, die ihm selbst bevorsteht. "Hoch im Himmel, genau im Zentrum seines Blickfeldes, standen silbrig-weiß zwei winzige Punkte. [...] Und plötzlich zeichneten sie ihre parallele Bahn in den Himmel, Kondensstreifen, die fadengleich den schimmernden, rasenden Punkten entflossen. [...] Dann verschluckte das Blau das Grau. Alles war wieder hoch und öde." (GK 15f.)

Zwei Flugzeuge vor leerem Himmelshintergrund; das ist doch – das Bildsujet jenes Gemäldes, das Jessen wenig später vom Trödler erwirbt. Punkte, deren Bewegung Linien erzeugt auf flächigem Untergrund, dem Werbegrafiker durchaus nicht unbekannt: die Bewegungsform des Zeichnens und Schreibens. Am Himmel 'zeichnet' sich die Handlung ab, die in das Gemälde Eingang fand; oder jene, die von ihm ausgelöst wird? Die Protagonisten auf ihrer Spurensuche sind umgeben, ja überwölbt von einem Textgrund an Vorbedeutungen und Vorausdeutungen, an dem ihr Schicksal ablesbar ist wie das tägliche Wetter.

Aus der Perspektive von Modicks *Grau der Karolinen* zielt die Frage (die bei Musil noch niemand zu stellen wagte), "warum die Menschen so ein enormes Bedürfnis nach meteorologischen Informationen haben" (GK 191), mitten in die Poetik und Geschichtsphilosophie des modernen Romans. Dessen Grundlagen hatte, noch im Geist der Hegelschen Ästhetik, Georg Lukács in seiner *Theorie des Romans* formuliert, in den Jahren des Ersten Weltkriegs. Zu eigener literarischer Berühmtheit gelangten bald Lukács' bedeutungsschwere Eröffnungssätze, die mit elegischer Geste das Bild einer in kosmischen Sinnbezügen lebenden Antike als Kontrast zur entgötterten Moderne heraufbeschwören. "Selig sind die Zeiten, für die der Sternenhimmel die Landkarte der gangbaren und zu gehenden Wege ist und deren Wege das Licht der Sterne erhellt."[7] Und genau hier springt Modicks Wetterfühligkeit in die Lücke, denn sie rührt von einem "tiefverwurzelten Wissensdrang nach dem [...], was man den Kosmos nennen könnte."

---

[7] Georg Lukács: *Die Theorie des Romans. Ein geschichtsphilosophischer Versuch über die Formen der großen Epik* (1916). Darmstadt, Neuwied 1971. S. 5.

Modicks Figuren haben, nicht nur, wenn sie den Sportfliegern zuschauen, ein Faible für die Kommunikation mit der kosmischen Dimension der menschlichen Existenz. Dem Verlust "jener urbildlichen Landkarte" (Lukács) als der für die Moderne typischen Diagnose transzendentaler Obdachlosigkeit antwortet, ungefähr gleich weit vom Ende des Jahrhunderts entfernt wie Lukács' *Theorie des Romans* von dessen Anfang, Modicks Motiv einer 'kosmisch grundierten' Wetterfühligkeit. Ist nun, statt universeller Obdachlosigkeit, wieder überall Heimat?

Zumindest umgibt das Firmament die handelnden Figuren mit einem unkündbaren Fundus an Ahnungen und Vorwissen, der ihnen an der Elbe wie in der Südsee nicht nur sicheres Geleit garantiert, sondern fast magische Korrespondenzen eröffnet zwischen allem, was sie wahrnehmen und herausfinden. Auch darin zeigen sie sich weniger naiv als vielmehr belesen. Denn die Lesbarkeit des Himmels, die bei Lukács nur als eine verlorene aufscheint, wurde wenig später in den literaturkritischen Arbeiten Walter Benjamins unter modernen Bedingungen wiederhergestellt. "Astrologie" ist für Benjamin ein mißverständliches Wort für das zu unrecht abgewertete Vermögen, in den Naturerscheinungen und ihrer Anordnung Gestalten zu erkennen, Physiognomien und Zusammengehörigkeiten, wie sie vor allem die aus der Antike überlieferten Sternbilder ausdrücken. In der Abhandlung über den *Ursprung des deutschen Trauerspiels* findet sich folgender Vergleich: "Die Ideen verhalten sich zu den Dingen wie die Sternbilder zu den Sternen."[8] Die Wahrnehmung von Stern-'Bildern' folgt allein der standortgebundenen Perspektive irdischer Betrachter und hat am Himmel kein objektives Korrelat; wohl aber die einzelnen Bestandteile, aus denen sich das Bild zusammensetzt. Benjamin geht es darum, die produktive Dimension dieser Art von Gestaltwahrnehmung zu betonen, mit der wir die uns umgebende Welt 'anähneln'. Man müsse sich klar machen, schreibt er in seiner Verteidigung der Astrologie, "daß diese Ähnlichkeiten nicht nur durch zufällige Vergleiche unsererseits in die Dinge hineingetragen werden sondern daß sie alle – wie die Ähnlichkeit zwischen Eltern und Kindern – Auswirkungen einer eigens in ihnen wirkenden, einer mimetischen Kraft sind."[9]

Damit ist die konstitutive Funktion des Betrachters – und das heißt: des Lesers – in den Vordergrund gerückt, seine Leistung besteht in der Konfiguration, im Zusammensetzen der Teile des Bildes, oder der Teile zum

---

[8] Walter Benjamin: *Ursprung des deutschen Trauerspiels* (1925). Gesammelte Schriften. Hg. von Rolf Tiedemann und Hermann Schweppenhäuser. Bd. I. Frankfurt a.M. 1974. S. 214.

[9] Benjamin: *Zur Astrologie*. Gesammelte Schriften. Bd. VI. S. 192-194, hier S. 192.

Bild. Also eine Theorie des schöpferischen, des magischen Bilderlesens. Künstlerisches Gestalten ist nichts anderes als das Nachzeichnen dieses magischen Lesens. "Wir bilden immer nach", sagt Jessens Künstlerfreund, der hochtalentierte, nur nicht ganz so erfolgreiche Benjamin (!) Waldhoff, der sich im Gegensatz zu Jessen eben nicht an den Kommerz "verkauft" hat, sondern den Idealen ihrer gemeinsamen Zeit an der Kunstakademie treu geblieben ist. "Wir bilden immer nach. In der Tradition sowieso. Wenn man malt, malt die ganze Kunstgeschichte mit, ob man's weiß oder nicht. Sonst würde man ja den Nordpol dauernd zum zweitenmal entdecken." (GK 50; auf dieses Beispiel werden wir zurückkommen.) Die Nachahmung der Natur hat letztlich einen 'Grund' im ikonographischen Sinne des Wortes – Modicks Benjamin referiert hier ziemlich genau das, was Walter Benjamin in seinem *Trauerspielbuch* entwickelte: "das erste und letzte Vorbild aller Nach- und Abbilder ist der Sternenhimmel mit seinen Konstellationen. Das sind die Vorbilder jeder Gestalt. Es sind Ideen. Heutzutage verschwindet der Sternenhimmel, besonders in Großstädten, sogar in klaren Nächten, immer mehr aus dem Blick. [...] Unsere Blicke verlieren die Sterne. [...] Der blaue Himmel trübt sich grau, die Sterne dringen nicht mehr durch." (GK 51)

Kein Anflug von Larmoyanz soll uns aufhalten, am Ende *dieser* Geschichte die konkrete Exemplifizierung des magischen Bilderlesens in den Blick zu nehmen. Auf dem von Jessen erworbenen Gemälde sind, wie ein sachverständiger Gutachter sogleich bemerkt, gewisse gravurartige Linien und Muster auszumachen, über deren Bedeutung allerdings niemand Aufschluß zu geben vermag. "Eingeritzt, wahrscheinlich mit dem Pinselstiel [...]. Vielleicht nur Zufall, jedenfalls hochentwickeltes grafisches Proportionsgefühl." (GK 314) Sie scheinen, nicht ganz von dieser Welt, sich der Einordnung als Ästhetik *oder* Information zu entziehen. Und doch steckt eine Absicht, ein System gar, dahinter, denn bei genauerer Betrachtung zeigen sich diese Linien gleich mehrfach über das Bild verteilt. "Eine bestimmte grafische Struktur, eine Art Raster oder dergleichen, taucht auf dem Bild insgesamt dreimal in fast identischer Weise auf." (GK 313) Es gibt Linien, die weder Bild noch Schrift, sondern irgendetwas dazwischen sind; so fremdartig, daß die mitteleuropäischen Sehgewohnheiten und Kunstcodes etwa das Wort "arabesk" für sie bereithalten.

Auch der Postmoderne sagt man bekanntlich eine Vorliebe für verspielte, scheinbar bedeutungslose Linienführungen nach, worin sich hauptsächlich die Definitionsmacht ihres stets übermächtigen Vorläufers und Gegenspielers zu erkennen gibt. Seit nämlich Adolf Loos zu Beginn des 20. Jahrhunderts auf spektakuläre Weise einen Zusammenhang von Ornament und Verbrechen statuierte, galt als 'modern' die Austreibung überflüssigen Zierats und funktionsloser Ornamentik. Es ging um die blumigen Schnörkel der Jugendstilkunst; zugleich aber griff Loos ein Stereotyp auf, das Ende des

19. Jahrhunderts der italienische Kriminalanthropologe Cesare Lombroso populär gemacht hatte: die prognostische Erkennbarkeit von "geborenen" Verbrechern an besonderen physiognomischen Merkmalen beispielsweise der Schädelform, aber auch an erworbenen äußerlichen Kennzeichen wie Tätowierungen. Für Lombroso ergab sich eine geschlossene Beweisführung, die das Atavistische und Degenerierte des Verbrechers dadurch belegte, daß viele (disponierte oder manifeste) Verbrecher Tätowierungen aufwiesen, wie eben auch 'die Wilden', besonders manche Gruppen von Südsee-Insulanern. "Das *Tätowiren* ist eine der auffälligsten Erscheinungen beim Menschen im rohen, im Urzustande, bei den sog. Wilden, vor allem in Bezug auf die Bereitwilligkeit, mit der er dieser schmerzhaften Operation sich unterwirft. Bezeichnend ist schon, dass der Name dafür einer oceanischen Sprache entlehnt ist."[10] Auch in Europa sind die Tätowierten ein stigmatisiertes Einfallstor des Fremden und Gefährlichen, man denke nur an die in zwielichtigen Hafenkneipen herumlungernden Matrosen! Pflegt aber der Wilde oder der Verbrecher sich durch seine Tätowierung zu erkennen zu geben, so ist im Umkehrschluß damit zu rechnen, daß die Tätowierung ihrerseits auf ein Verbrechen hindeutet[11] bzw., so wird Adolf Loos dann die Indizienkette kurzschließen, selbst ein Verbrechen ist. Jedenfalls wenn er es, als moderner Mitteleuropäer, besser wissen müßte.

> Der papua tätowiert seine haut, sein boot, sein ruder, kurz alles, was ihm erreichbar ist. Er ist kein verbrecher. Der moderne mensch, der sich tätowiert, ist ein verbrecher oder ein degenerierter. Es gibt gefängnisse, in denen achtzig prozent der häftlinge tätowierungen aufweisen. Die tätowierten, die nicht in haft sind, sind latente verbrecher oder degenerierte aristokraten. Wenn ein tätowierter in freiheit stirbt, so ist er eben einige jahre, bevor er einen mord verübt hat, gestorben.[12]

Wie nicht anders zu erwarten, gibt auch die eingravierte ornamentale Linienführung auf dem *Grau der Karolinen* den Hinweis auf ein Verbrechen, die zum Zeitpunkt der Entstehung des Bildes freilich noch in ferner Zukunft liegende Zerstörung jenes Inselparadieses, auf das sich der Maler Carlson in einsamen Stunden zurückgezogen hatte. Selbst seine neugegründete Familie und seine einheimischen Freunde wußten nicht einmal,

---

[10] Cesare Lombroso: *Der Verbrecher (Homo delinquens) in anthropologischer, ärztlicher und juristischer Beziehung.* Hamburg 1887. Bd. I. S. 254.
[11] "Die Tätowirung z. B. verräth sowohl durch ihre Obscoenität, als auch durch ihren Sitz in gewissen Fällen das begangene Verbrechen weit nachdrücklicher als manch anatomische Läsion" (Lombroso: *Der Verbrecher*. Bd. 1. S. XXVII).
[12] Adolf Loos: *Ornament und Verbechen* (1908). In: Ders. *Schriften*. Hg. von Franz Glück. Wien, München 1962. Bd. I. S. 276-288, hier S. 276.

wohin er eigentlich aufbrach, wenn er sich zum Malen zurückzog. Die Suche nach dem Ort, an dem *Das Grau der Karolinen* gesehen und gemalt wurde, kann nur mit Hilfe des Bildes selbst gelingen. Am Ende (des Textes und ihrer Reise) erfahren Jessen und seine Freundin, daß sie den Schlüssel zu diesem Ort, die Anweisung auf seine Entdeckung, längst in Händen haben. "Diese Zeichnungen", so erklärt ihnen ein Sohn des Malers und einer Südsee-Insulanerin, "sind nicht irgend etwas, sondern sie symbolisieren Stabkarten. Und in ihrer Anordnung weisen sie genau auf einen Punkt im Zentrum des Bildes." (GK 364) Dort also, dort muß es sein, das Grau der Karolinen.

Die Debatten über Kunst und Nachahmung, die Figur der Flugzeuglinien über Himmelsgrund, das Lesen von Sternbildern und schließlich noch die ästhetische 'Wahrheit' des Ornaments – all dies schießt zusammen im Motiv der geheimnisvollen Linien, die sich als eingravierte Wegbeschreibungen, als Navigationsprogramm dechiffrieren lassen. Diese Stabkarten dienen den Seefahrern der Region als Richtungsangaben.[13] "Sie orientieren sich aber nicht an Punkten auf dem Kompaß, sondern an Positionen und Konstellationen der Sterne und an Mustern, die Wellen auf das Wasser werfen. [...] für unsere Vorfahren waren diese Muster und Raster der See sichtbar von ihren Canoes aus." (GK 365) Die Lesbarkeit der Natur, der Strömungen und Gestirne, hat ihr Gegenstück an der Geschichte des Gemäldes, die nicht anders zum Sprechen zu bringen war als durch den langen Reiseweg seiner Betrachter. Erst einem Blick, der nicht zwischen Ästhetik und Information trennt, sondern auf die Realisierung von Ähnlichkeit aus ist, zeigt sich: In dem Bild vom Grau der Karolinen verbirgt sich eine höchst individuell eingeritzte Wegbeschreibung aus längstvergangener Zeit: natürlich, eine alte Handschrift.

Norden oder Die Entleerung der Zeit

Man muß diesen Titel so langsam wie möglich lesen. Langsamkeit. Und: Entdeckung. Die beiden tragenden Konzepte in Sten Nadolnys 1983 erschienenem Roman[14] wären je für sich allein genommen bereits überaus aufschlußreich. Schlüsselbegriffe des abenteuerlichen, gefährlichen Reisens sind sie allemal. Ihren Erfolgsweg aber haben sie als innig verbundenes Syntagma gemacht, als Losung, deren eingängige Formulierung durch die Rezeption zu einem enormen Echo verstärkt wurde. *Die Entdeckung*

---

[13] Zur exotistischen Bedeutung dieser Stabkarten für die europäische Kunst vgl. William Rubin: *Der Primitivismus in der Moderne. Eine Einführung.* In: Ders. (Hg.): *Primitivismus in der Kunst des zwanzigsten Jahrhunderts.* München 1984. S. 8-91, S. 79f.

[14] EL: Sten Nadolny: *Die Entdeckung der Langsamkeit* (1983). München 1987.

der Langsamkeit. Mit Nadolnys Roman tritt, wenngleich in anderer Form als bei Modick, wiederum ein postmodernes Programmbuch auf den Plan. Einer fast märchenhaft berührten Öffentlichkeit wird zu verstehen gegeben, daß Entdeckungen möglich, und daß Lebensentwürfe, die das allgemeine Diktat der Geschwindigkeitssteigerung mißachten, nötig sind.

Die Konzentration auf Phänomene der Langsamkeit ist zweifellos nicht vormodern, denn sie setzt die Maximen der Effizienz und des Zeitgewinns als weitgehend anerkannt und durchgesetzt voraus. Antimodern wäre Stagnation, die unbewegliche Fortifikation des status quo, nachmodern ist die Lockerung, die Öffnung für ein moderateres Zeitmaß des Fortschreitens. Protest? Ja, nun aber gegen jene Rasanz und hektische Veränderungssucht, die frühere Protestgenerationen noch als einziges Merkmal vom technisch-industriellen Betrieb des Establishments übernommen hatten. Von der Großen Verweigerung bleibt die beharrliche Verlangsamung. Langsamer leben. Nadolny liefert das Begleit- und Gegenbuch zu Paul Virilios Analysen der dromologschen, geschwindigkeitstechnischen Hochrüstung.

Soweit und so einfach ließe sich in diesem Falle die Einordnung einer Neuerscheinung bewerkstelligen; sie käme (und sie kam) weitgehend ohne den Text aus. Während Modicks postmodernes Credo allein durch die écriture (und durch den medienästhetischen Gewährsmann Benjamin) fokussiert wird, hat Nadolny eine extravertiertere Plattform für sein Programm gewählt. Dieser Roman wurde zu einem geflügelten Wort, das dank seiner nahezu universellen Applizierbarkeit – denn was kann nicht alles als neuentdeckte Langsamkeit glossiert werden, von den Fahrplänen der Deutschen Bahn bis hin zum Service eines Restaurants! – bald in aller Munde war. Im Schlepptau der Publizität seines Titels wurde der Roman populär und zitabel, auf Kosten allerdings seiner Handlung und seiner historischen Details, vor allem aber auf Kosten der ethnographischen Dimension seiner erzählten Reisen.

Sortieren wir die Angelegenheit also weniger vorschnell. Nadolny hat einen Entdeckungsroman geschrieben, einen Reiseroman. Die geographische Kompetenz des Autors und sein Faible für die Dramaturgie von Ortswechseln hatte bereits der Romanerstling *Netzkarte* (1981) unter Beweis gestellt. Dort entspann sich, auf besagtem Streckennetz der deutschen Eisenbahn, ein zielloses Hin- und Her-Fahren, die aufgerüstete Version des Taugenichts-Experiments, die zudem ohne den romantischen Fluchtpunkt Italien auskam. Fahren, einfach fahren, ohne dem Zeitdiktat oder dem kleinlichen Kalkül der günstigsten (preiswertesten? schnellsten?) Streckenführung unterworfen zu sein. Auch der plot der *Netzkarte* (im Grunde ist schon dieser besondere Bahn-Tarif selbst ein plot, den Nadolny nur noch zu entdecken und auszubuchstabieren brauchte) lebt von der Faszination eines die Fesseln der Ökonomie sprengenden Daseins, eines Daseins, das man als "Leben" im vollen Sinne bezeichnen könnte, als – der Kalauer kann nicht ausbleiben – Leben in vollen Zügen.

Und nun: der Roman über den unglücklichen, sympathischen, hochgeschätzten englischen Forschungsreisenden und Abenteurer John Franklin, der in der ersten Hälfte des 19. Jahrhunderts mehrere vergebliche Anläufe unternommen hatte, auf der ominösen Nordwest-Passage durch das Polareis in den Pazifischen Ozean zu gelangen. Nur noch Spezialisten geläufig? Sein Name steht für eine in der Geschichte der Entdeckungsreisen wohl einmalige kollektive Anteilnahme, die ihn als Mythos noch bis ins 20. Jahrhundert überleben sollte. Seine letzte Reise gilt als mit Abstand teuerste, aufwendigste Polarexpedition aller Zeiten, der nach seinem Verschwinden eine Rettungs- und Suchkampagne ohnegleichen folgte. Der Polarforscher Roald Amundsen fand in der Geschichte Franklins seine Motivation und Bestätigung,[15] und noch heute reißen die Spekulationen über das Ende seiner letzten Expedition und deren womoglich vermeidbare Fehler nicht ab.[16]

Dem zeitgenössischen Publikum war Franklin, auch durch seine eigenen Reiseberichte,[17] bekannt als 'der Mann, der seine Stiefel aß'. Als Leiter dreier Polarexpeditionen hatte er nicht nur Tapferkeit und Ausdauer bewiesen, sondern auch, durch seine umsichtige und bedächtige Führung, die ihm anvertrauten Mannschaften mehrfach vor einem Fiasko bewahrt. So gibt ihn Nadolnys Schilderung: eigenwillig bis zur Kauzigkeit, durchaus kein umgänglicher, geselliger Mensch; einer, der höchst selten das Erwartete tut, aber meistens das Richtige. Am besten aufgehoben ist so einer draußen, in Meer und Eis, wo er nichts als den unverstellten Horizont zum Gegenüber hat. "Vor ihm lag das Meer, die gute Haut, die wahre Oberfläche des ganzen Sterns." (EL 42)

Warum ausgerechnet Franklin? Die Fakten allein sind zwar nicht gerade dürr, aber immerhin anreicherungsfähig. Dieser Mann hat eine Schrulle, eine Absonderlichkeit, wie sie wohl nur ein Seefahrer haben sollte, der schon von Berufs wegen zur Ausdauer und zum Abwarten-Können gezwungen ist, oder, als Personifikation der longue durée schlechthin, eben der Polarforscher. Die Länge seiner Tage bemißt sich nach Jahreshälften.

---

[15] Owen Beattie, John Geiger: *Der eisige Schlaf. Das Schicksal der Franklin-Expedition.* München, Zürich 1992. S. 49.

[16] Vgl. Beattie, Geiger: *Der eisige Schlaf.* S. 157ff.

[17] John Franklin: *Narrative of a Journey to the Shores of the Polar Sea, in the years 1819, 20, 21 and 22. With an appendix on various subjects relating to science and natural history.* London 1823; *Narrative of Franklin's Second Expedition to the Shores of the Polar Sea, in the years 1825, 1826 and 1827. Including an account of the progress of a detachment to the eastward by John Richardson.* London 1828.

Dem Franklin Nadolnys kommt dieses Zeitmaß entgegen, es ist wie geschaffen für ihn, denn er ist langsam. Im ersten Satz seiner Geschichte kommen die Wörter "schon" und "noch" vor: "John Franklin war schon zehn Jahre alt und noch immer so langsam, daß er keinen Ball fangen konnte." (EL 9) Sie können die Existenz des Langsamen piesacken, diese monierenden Zeitadverbien, indem sie ihn drängeln und hetzen; gerecht werden können sie dem anderen Uhrwerk seines Phlegmas nicht. Wenn es nach Nadolny geht, so werden die Bewährungsproben auf hoher See und im Eismeer den als zu langsam Gehänselten rehabilitieren, indem sie die Schnelleren dem raschen Heldentod oder dem qualvollen Schiffbruch überantworten. Wer zu schnell ist, *den* bestraft das Leben.

> Über den Zufall hätte er [...] gern mehr gewußt, vor allem über den zufälligen Tod. Vor seinem Auge lag wieder Denis Lacy, von der Großbram gefallen aus über fünfzig Fuß Höhe mitten auf das Deck. Warum war der Behendeste abgestürzt und nicht der Langsamste? Warum zu einem Zeitpunkt, als alles überstanden war [...]? (EL 106).

Mit der Zeit zu geizen, macht anfällig für Fehler. Franklin erkennt: Was die Menschen durchschaubar macht und sie unnötig einengt, ist ihr gedrängtes, übereiltes Handeln, aus der Angst heraus, die Zugkraft ihrer Entschlüsse könnte einer länger andauernden Belastung nicht standhalten. Freiheit, das bedeutet für ihn, "wenn man den anderen nicht vorher sagen mußte, was man plante. [...] Halbe Freiheit: wenn man es eine gute Weile vorher ankündigen mußte. Sklaverei, wenn die andern einem voraussagten, was man tun würde." (EL 43) Daher die unheimliche Treffsicherheit seiner einsamen Entscheidungen. Sie reifen heran bis zu jenem Zeitpunkt, da niemand mehr sie erwartet. Die Reibung zwischen seiner Langsamkeit und der Eilfertigkeit seiner Umgebung bringt es an den Tag, wenn etwas schiefläuft. Das Nicht-Verstehen ihres Tempos, ihrer flüchtigen Absichten und der Übereilung, mit der sie dann ausgeführt oder fallengelassen werden, schärfen seine Beobachtungsgabe. Eine der ersten Überseefahrten führte Franklin zu den "Australischen", den Ureinwohnern des großen, noch unerschlossenen Landgebiets auf der Südhalbkugel. Die Begegnung mit diesen Menschen wird zu einem Lehrstück der Beobachtung und Interpretation fremden Verhaltens – aber es ist nicht zuletzt die Fremdheit seiner Landsleute, die Franklin dabei zu beobachten lernt:

> Untereinander sprachen die Australischen erst wenig, dann immer mehr, und schließlich begannen einige zu lachen. [...] Matthew meinte, sie hätten nun doch Vertrauen gefaßt. Mr. Thistle vermutete, das jetzige sei ihr normales Verhalten, es sei durch das Erscheinen der Weißen nur kurz dem ängstlichen Staunen gewichen. Sherard sagte: 'Sie lachen, weil wir Kleider anhaben.' John sah am längsten hin, bevor er etwas sagte. Seine Antwort kam, als alle die Frage für

erledigt hielten, und wie gewöhnlich so schleppend, daß nur noch Matthew und Sherard zuhörten. 'Sie wissen jetzt, daß wir ihre Sprache nicht verstehen. Darum reden sie absichtlich Unsinn und lachen darüber.' (EL 92)

Wie die altgriechischen Skeptiker verzögert Franklin die Schlüsse, die er aus seinen Wahrnehmungen zieht; genau das macht ihn zum einfühlsamen Ethnographen seiner menschlichen Umgebung und zum geduldigen Leser seiner natürlichen Umwelt.

Fabulierlustig macht Nadolny sich die Lizenz zunutze, in der Charakterzeichnung seines Helden mit kräftigen Strichen und runden Anekdoten auszufüllen, was die Historie nur als mageres Gerippe überlieferte. Das Ende John Franklins indes erlegt dem Erzähler seiner Lebensgeschichte gewisse Beschränkungen auf, denn er kann weder auf genaue Quellen zurückgreifen, noch frei darüber verfügen. Die vierte und letzte von Franklins Polarexpeditionen, nach zwanzigjährigem Abstand zu den drei früheren Reisen in den Jahren 1845-47 unternommen, fand die für einen postumen Biographen unglücklichste aller Wendungen. Franklin und die Seinen kehrten nicht zurück, und alle nachgesandten Hilfstrupps blieben vergebens. So zählte er, was noch nichts Außergewöhnliches ist unter Polarforschern, zu den Verschollenen, doch er blieb es nicht. 1859 fand ein gewisser Captain McClintock Überreste des Lagers und verstümmelte Tote. Zwar blieb ungewiß, wie, aber nicht, daß sich eine Tragödie der Selbstzerfleischung unter den letzten Überlebenden abgespielt haben mußte. Nadolny läßt die spektakulären Elemente dieses Endes mit knappen Andeutungen bewenden. Franklin selbst starb 'rechtzeitig', im Juni 1847, und wurde in ordnungsgemäß feierlicher Prozedur beigesetzt und verabschiedet, im Packeis begraben.

> Der Eismeister sprengte eine Graböffnung ins Packeis. Die Mannschaft versammelte sich und zog die Hüte. [...] Eine Gewehrsalve krachte in den klaren Frosthimmel, dann ließ man den Sarg, beschwert mit einem Bootsanker, langsam hinunter. Die Gruft wurde mit Wasser aufgefüllt, es fror binne weniger Stunden zu einer Grabplatte wie aus dunklem Glas. 'Gute Reise', sagte Fitzjames in das Schweigen hinein. Das war kein leeres Wort. Denn mit den driftenden Eismassen war der alte Kommandant ganz gewiß noch einige Zeit unterwegs. (EL 351)

Die letzte Reise gerinnt zum Denkbild. Eingeschlossen ins wandernde Eis, setzen die sterblichen Überreste des Kommandanten ihre Passage fort. Erreicht ist: die langsamstmögliche Bewegungsform, die Kristallisation. Meditationen über die Langsamkeit. "Vielleicht war es eine Art Kälte. Menschen und Tiere wurden starr, wenn sie froren." (EL 17)

Zum völligen Durchstich der so verzweifelt gesuchten Nordwest-Passage fehlten am Ende bloße 90 Kilometer. Später, auf der Suche nach den Vermißten, wurde dieses fehlende Stück von den Suchtrupps wie nebenbei durchsegelt, doch war dieses nachgetragene Resultat nun belanglos geworden. Die Nordwest-Passage war längst als ökonomisch und politisch nutzlos erkannt, sie hatte selbst als geographisches Abenteuer aufgehört, die Gemüter zu beschäftigen. Was zählt, ist, wie es John Locke einst erkannt hatte, *uneasiness*. Der Mangel macht die Reise, nicht das erlangte Ziel. "Wir haben 83°24'3'' und damit eine höhere Breite erreicht, als sterbliche Menschen je vor uns", gab ein anderer Polarforscher des 19. Jahrhunderts zu Protokoll.[18] Was ist damit erreicht, daß etwas erreicht ist? In der Eiswüste bestehen die Belohnungen in nichts anderem als in abstrakten Markierungen, dem Vordringen etwa zu einem bislang noch unerreicht hohen geographischen Breitengrad. Doch haben solche Rekorde keinen Bestand, fordern zu Überbietungen heraus, bis der äußerste Grad einen unüberbietbaren Punkt setzt.

Es ist etwas anderes, was den Helden des Eises wie John Franklin die Patina heroischer Sachlichkeit verleiht. An ihnen exekutiert sich die Unerbittlichkeit der Wildnis selbst, die nur im menschenlosen Raum klar und rein waltende Kraft des Gesetzes.[19] Die Ökonomie dieses leeren Raumes bestraft, korrigiert jedes Zuviel und Zuwenig, an Ausrüstung, an menschlicher Substanz, an Ambitionen vor allem. Der Kältepol ist der Gesetzespol, der in Wirklichkeit nicht seinem ant-arktischen Gegenstück opponiert, sondern den Phantasmen tropischer Verschlingungen. Die vegetativ wuchernde Exotik blühender Sumpflandschaften und schwärender Krankheitsherde ist eine Allegorie des Lebens selbst, verglichen mit der Welt des Eises. "Wildnis ist, was *nicht* wild wächst oder wuchert: sie duldet kein Supplement. Man kann der Wildnis nichts wegnehmen und nichts hinzufügen, ohne ihr Gleichgewicht zu stören. Es gibt in ihr weder Ersatz noch Ergänzung, keine Halbheiten, keinen Betrug."[20]

Haben deshalb Puritaner unser Bild des Arktischen bestimmt? Temperamente, die nicht gerade zur Kompromißbildung neigen, zum bequemen Gewährenlassen, wenn Mißverständnisse oder Illusionen vorliegen, sondern stur bis zum Äußersten gehen? In gemäßigten Breiten kann man ausweichen, Umwege gehen, nebeneinander her existieren. Je näher der Pol rückt, desto alternativloser werden die Wege und die Begegnungen. Unerbittlich exekutiert wird das Gesetz des 'Es-kann-nur-einen-geben' beim Wettlauf und Streit um die Rolle des Ersten am Pol, nord- wie südwärts.

---

[18] David Legge Brainard, zit. n. EF 182.
[19] Vgl. dazu Jochen K. Schütze: *Alaska oder Der Aufschub des Fremden*. In: Alexander Honold, Manuel Köppen (Hg.): *Die andere Stimme. Das Fremde in der Kultur der Moderne*. Köln, Weimar, Wien 1999 (im Erscheinen).
[20] Schütze: *Alaska*.

Despoten, die einem geographisch-isometrischen Absolutismus huldigen; sie streben zu jenem Punkt, auf den alles zuläuft.

Die Polarforscher sind in gewisser Weise Nachfahren Karls V., in dessen Reich bekanntlich "die Sonne niemals unterging". Überall Süden, wo der Nordpol ist: die Instrumente geographischen Richtungssinns werden ad absurdum geführt. Je näher zum Pol, desto stärker werden Koordinatenkreuz oder Windrose auf einen Hauptgegensatz eingeengt, auf eine Polarität, eben auf *die* Polarität. Da, wo die Drehachse einhängt, ist die Bewegung stillgestellt. 'Äquatorianer' hingegen führen ein Schleuderleben, sie laufen gewissermaßen auf der Außenbahn. Die Entdeckung der Langsamkeit ist die Eroberung jenes Drehpunktes, der die anderen laufen läßt.

Was bedeuten schon Tag oder Nacht, wenn sie nicht Tage, sondern Monate dauern? Die Begriffe laufen ins Leere, die Fasern des Zeitgefühls haben keinen Halt mehr, an dem sie sich festkrallen könnten. Eine anthropologische Probe auf die Konstruktion des Menschen: Man nimmt ihm sein inneres Uhrwerk, um zu erkennen, wie er eigentlich tickt. Der Entzug, gewiß, hat viele Namen und auch handfeste äußere Begleitumstände. Was verlorengeht, ist das Wechselspiel von Dunkel und Licht als erlebbare Periodizität von An- und Abwesenheit. Ob Skorbut, Bleivergiftung durch Konservennahrung oder eine andere Krankheitsursache der letzten Mannschaft Franklins den Tod brachte, ist ein eher peripheres Detail. Ausschlaggebend ist letztlich, daß die Menschen einander im Wege sind, dort, wo die umgebende Leere sie am meisten auf einander angewiesen sein läßt. Die Hölle, das sind die anderen, hatte Sartre formuliert; die größere Hölle aber ist, sie nicht entbehren zu können.

Den Terror des Polargebiets hat Nadolny mit diskreten Andeutungen umschifft, ebenso den moralischen Bankrott und die physische Selbstzerfleischung einer im Eis eingeschlossenen Schicksalsgemeinschaft. In Christoph Ransmayrs Darstellung einer österreichischen Polarexpedition aus der zweiten Hälfte des 19. Jahrhunderts ist dieser Terror als Drohung, ja als Zustandsbeschreibung permanent anwesend, auch ohne das etwas passiert. Langsamkeit mag apart sein, wo sie kontrastiert, aber für sich allein genommen, das letzte Wort habend, bedeutet sie den Kältetod. *Die Schrecken des Eises und der Finsternis* sind ein düsteres Buch, und ein ungesungener Hymnus auf all das, was fehlt in dieser Geschichte, auf Wärme, Licht, den Versuch der Nähe zwischen Menschen. Unangenehmer als das, was Nadolny zu erzählen hatte.

Wie im Rückblick vielleicht deutlicher erkennbar ist, wurde auch dieser im Jahr 1984 erschienene Roman, *Die Schrecken des Eises und der Finsternis,* schon von der Welle wiederauflebender Entdecker- und Reiseprosa getragen. In Ransmayrs eigenem literarischen Erdkreis, den er in der Folge mit dem Ovid-Roman *Die letzte Welt* (1988) und dann mit der aus Salzkammergut und Brasilien zusammengesetzten Geschichts-Archäologie *Morbus Kitahara* (1995) weiter ausgeschritten hat, läßt der Arktisroman ein Grundmotiv anklingen; er spielt es relativ ungebrochen aus, dem Faszinationswert der Szenerie vertrauend, während künstlerische Verfremdungen nur zurückhaltend eingesetzt werden. Ransmayrs vielleicht wichtigste Protagonisten sind die Schauplätze selbst, Landschaften der Kälte, Dunkelheit und Einsamkeit.

Läßt sich eine literarische Textur in Landschaft übersetzen, in der Landschaft wiederfinden? In Ransmayrs erstem Roman, der Geschichte zweier Polarfahrten, die der Abstand eines ganzen Jahrhunderts trennt, ist es der Hilfsarbeiter und Geschichtenerzähler Josef Mazzini, ein unentwegter Erforscher vergangener Abenteuerfahrten, der in dieser Frage seinen Auftrag erkennt. Mazzini ist, als in Triest geborener Halbitaliener, selbst eine Art Grenzfall. "Er hatte den [...] aussichtslosen Streit, der in seiner Familie um seine Zukunft geführt wurde, mit seinem Abschied von Triest hinter sich gelassen" (SEF 19), und lebt in Wien als ein ortlos Gewordener. Seine Phantasie flüchtet in die Erfindung eigener Reiseabenteuer, die er immer häufiger "in unbewohnte, kahle Landschaften und nördliche Einöden" verlegt (SEF 22). Da geschieht es, daß ihm die Beschreibung einer Eismeerfahrt in die Hände kommt, unwahrscheinlicher als seine verwegensten Phantasien. "Es war der Bericht Julius Ritter von Payers über die k.u.k. österreichisch-ungarische Nordpolexpedition, erschienen in Wien 1876 beim Hof- und Universitätsbuchhändler Alfred Hölder." (SEF 22) Von nun an folgt Mazzini dem Impuls, diesem Expeditionsbericht nachzuleben. Er bricht selbst zu einer Nordlandreise auf, um den österreichisch-ungarischen Polarforschern nachzuspüren, vielleicht gar auf einzelne Überbleibsel zu stoßen; im Grunde aber, so glaubt er selbst, geht es für diesen 'Nachfahrer' um nicht weniger als um "die Erfindung der Wirklichkeit" (SEF 21).

Den Bericht allerdings, der seinem phantastischen Projekt zugrunde liegt, hat es tatsächlich gegeben, ebenso wie die Expedition und das von ihr "entdeckte" und reklamierte Gebiet, dem der Name "Franz-Joseph-Land" noch auf den heutigen Polarkarten geblieben ist. Ein Stückchen Österreich in der Arktis; zu Kaisers Geburtstag, am 18. August, kredenzt man Champagner an Bord, *Rennthierbraten mit Erdäpfelbiree* und *Mehlschmaren mit Pflaumen-Compot*. Die Payer-Weyprecht-Expedition, wie das Unternehmen nach seinen beiden verantwortlichen Leitern hieß, hat die an Skurrilitäten nicht arme Geschichte der Nordlandfahrten um eines ihrer bizarrsten Kapitel bereichert. Wie um die Authentizität des Unglaublichen zu unterstreichen, gibt Ransmayrs Roman ausführliche Textdokumente aus den getrennt erschienenen Berichten der beiden Kommandanten wieder und läßt auch die Tagebücher einiger Expeditionsmitglieder zu Wort kommen.

Quellenarbeit, für einen Historiker Pflichtübung, ist auch für einen Romancier mit historischem Gegenstand nichts Ungewöhnliches. Nützlich auch, daß sie mitgeteilt und ausgestellt wird, dem Leser nachvollziehbar dargeboten. Vielleicht aber täuscht der Eindruck nicht, das Erscheinen von 'Romanen mit Apparat', mit Quellenreferenz und weiterführenden Literaturhinweisen habe in den zwei letzten Jahrzehnten deutlich zugenommen. Dann wäre dies ein Indiz für die Öffnung, das Ineinanderfließen der Gattungen: Archivroman, Dokufiction, Reportageerzählung. Eine solche 'Hybridisierung' der Genres ereignet sich bei Ransmayr, durch die Einführung der Mazzini-Figur, in der erzählten Geschichte selbst. Die Kreuzung von Dokument und Erfindung schafft textintern eine Verdopplung der Fiktions-Außengrenze,[21] die somit selbst zum ästhetischen Ereignis, realiter aber durchlässig wird.

Wenn Ransmayr, für die Leser erkennbar, aus den Rechenschaftsberichten der Expeditionsleiter zitiert, hat dies aber noch einen weiteren Effekt. Verschollene pflegen solche Abschlußberichte nicht anzufertigen. Kein offenes Ende also, kein Informationen zurückstauender Spannungsaufbau. Ransmayrs Geschichte geht gut aus, dafür kann er nichts, daraus macht er sich nichts. Was bedeutet der glückliche Ausgang auch schon: eine jener kaum zu erwähnenden Unwägbarkeiten, wie sie meistens über Leben und Tod entscheiden, weiter nichts. Die "gänzliche Änderung der Umstände", auf die zu hoffen geradezu töricht gewesen wäre, tritt ein, und dies nur, "weil der arktische Sommer 1874 mild ist, wie er Jahre nicht mehr war und Jahre nicht mehr sein wird" (SEF 244). Der Griff des Eises beginnt sich zu lockern, die Erstarrung weicht einem sanften Strom. "Langsam und stetig [...] treiben die Packeisruinen auseinander, öffnen sich Barrieren, Schleusentore. Wo Bewegungslosigkeit und Erstarrung war, ist jetzt Strömung, Schmelzung, Fortgang." (SEF 244). *Mit drei Hurrahs stießen wir vom Eise ab, und die Fahrt über das freie Meer begann.* So berichtet Julius Payer, der Schiffskapitän, vom Tag der glücklichen Befreiung.

Dabei hatte wohl noch keine Expedition von Beginn an unter einem solchen Unstern gestanden, war derart desaströsen Rückschlägen ausgeliefert. Kaum hatte die *Admiral Tegetthoff* ihr Operationsgebiet nordöstlich von Spitzbergen halbwegs erreicht, so war ihre Fahrt auch schon beendet. Am vierzigsten Tag nach dem Auslaufen aus dem Hafen von Tromsö wird das Schiff von den Eismassen eingekeilt, dann immer dichter umschlossen. "Die Eisfalle wird sich nicht mehr öffnen. [...] Sie fahren auf nichts mehr zu. Alles drängt sich heran, kommt ihnen entgegen: zwei Jahre, in denen

---

[21] "Mazzini zelebrierte die Chronik der *Payer-Weyprecht-Expedition* vor den Kulissen der Wirklichkeit" (SEF 23).

mehr als acht Monate die Sonne nicht aufgeht" (SEF 84). Eine kurze Geschichte der polaren Zeit: Tag-Nacht-Tag-Nacht-Tag. Lange, flächige Jahre unterwegs, die aber nur von wenigen Eistagen gemustert sind; man hält sich, unkontrollierbar driftend, aber selbst zur Bewegungslosigkeit und Untätigkeit verurteilt. Das Schiff führt ein lächerliches Kulissendasein mit seinen Segeln, seinem Steuerrad und seiner Dampfmaschine, "Zuflucht" und "Gefängnis" zugleich (ebd.). Die Extreme berühren sich, weil alles, was Menschen einander sein können, vor dem Hintergrund der Leere zusammenrückt. Vorstellbar und anschaulich wird hier die *tabula rasa*, die *carte blanche*, oder wie immer man das Verschwinden, ja Niemalsvorhanden-gewesen-Sein menschlicher Spuren nennen will, diese fruchtbarste und furchtbarste aller ethnographischen Arbeitsfiktionen.

Mit der Leidenschaft eines Wiederholungstäters bannt Ransmayr Geschichte ins Kristall. Die Payer-Weyprecht-Expedition gleicht zwei Jahre lang einer im Bernstein eingeschlossenen Fliege; eine Figuration, die in den späteren Büchern des Autors ihr Echo findet. Ein solches Ransmayr-Motiv ist etwa die "Versteinerung des Alexander Klotz" (SEF 188), eines Südtiroler Jägers, der irgendwann einfach losmarschierte über das Eis, um wieder nachhause zu gehen, und der im Zustand der Kältestarre, mit Schneekristallen wie mit "Glasstaub" überzogen, wieder aufgefunden wird. Nicht tot, nicht lebendig, sondern "in sich versunken" (ebd.). Aber was machen die anderen, denen kein solcher 'Kälte-Koller' das Bewußtsein dämpft? Nach den Leistungen, der Erfolgsbilanz des Unternehmens zu fragen, scheint einigermaßen sinnlos. In der Eisfalle treibend, gibt die *Admiral Tegetthoff* ein Schauspiel der Anti-Effizienz, das dem Stereotyp österreichischen Gemüts, vorsichtig ausgedrückt, nicht ganz fern zu liegen scheint. Weg durch Zeit gleich Geschwindigkeit; für die Passagiere der *Tegetthoff* hat sich diese Größe mitsamt ihrer Berechnungsgrundlage in die Weite des Raumes verflüchtigt. Blank, inhaltsleer, dekonturiert wird der 'Alltag', wo ihm Bewegung, wo ihm das Korsett eines Tagesablaufs fehlt.

Was hatte die Erkundungsfahrt eigentlich bezwecken sollen? Wieder einmal war man bereit, beachtliche Summen an Zeit und Geld in die Suche nach einer Abkürzung zu investieren; diesmal sollte es um die Nord*ost*-Passage gehen, die bereits das Forschungsinteresse Berings auf sich gezogen hatte. Doch in den Jahren 1872-74, als die österreichisch-ungarische Expeditionsreise stattfand, vermochte die bloße Aussicht auf den kürzesten Weg nach Hinterasien die Freigiebigkeit der kaiserlichen Kassen wohl kaum zu reizen. Es war vielmehr das Nächstliegendste, was man in der Ferne zu bemeistern hoffte. Politisch fungierte das Projekt als eine Parallelaktion zu den Polarfahrten, die das im Gründerfieber neuerstarkte Deutsche Reich um 1870 hatte durchführen lassen.²² Es ging um die nach Königgrätz allfällige Stärkung des nationalen Selbstwertgefühls, um die Inszenierung eines kollektiven *'et-in-arcadia'-Egos* im arktischen Raum. Die Puritaner sollten nicht unter sich bleiben. Auf Österreich folgte später der Italiener Nobile mit seiner berühmt-berüchtigten Havarie im Eis. Die Kunde von der unrühmlichen Selbstrettung des Italieners auf Kosten seiner Mannschaft kann dem ehrenden Gedenken nichts anhaben, das diesem Helden des 'modernen Italien' in Ransmayrs Roman Mazzinis Mutter lebenslang bewahrt. Wie ein Pfahl im Fleische sitzt dieser angeberische Usurpator vom Schlage D'Annunzios oder Mussolinis in der Kindheitsgeschichte Mazzinis.

Sie alle haben also ihre Gründe, sich im Eis etwas zu 'beweisen'. "Weyprecht empfindet Genugtuung darüber, gegen die Vorhaltungen und Zweifel aus den Reihen der k.u.k. Marine recht behalten zu haben. Nur keine Südländer!, hatte man ihm gesagt, Norweger, Dänen oder Russen habe er für eine arktische Expedition anzuheuern." (SEF 85) Hält die *Serenitá*, die südländische "Heiterkeit", der depressiv machenden Polarnacht stand? Die Frage, auf die es keine Antwort geben wird, ist gleichsam ein spiegelverkehrter Reflex der Akklimatisationsdebatten deutscher Kolonialmediziner, in denen es um die Anpassungsfähigkeit des nordischen Typs an tropische Lebensräume ging.

Das Gesetz einer zu Feindseligkeit sich steigernden Polarität ist in die Geschicke dieser Exkursion schon als ein Geburtsfehler eingelassen. Ihre beiden Leiter, ein ungleiches Paar, werden am Polarkreis zu Antagonisten. Schiffslieutenant Weyprecht ist als Expeditionskommandant zu Wasser für die Fahrt der *Tegetthoff* zuständig, Oberlieutenant Payer für die Kartographie und die Exkursionen zu Lande. Wer aber verantwortet die Lage eines im Packeis eingeschlossenen Schiffes? Das Eis schafft den Krisenfall eines Kompetenzkonflikts, denn es legt sich über Land und Meer. Das Spiel der Elemente findet seinen Austrag in jenem der Temperamente. Carl Weyprecht ist, typologisch gesehen, eine Art "Settembrini" der Exkursion; er träumt davon, daß *seine* Italiener und Dalmatier "in der Dunkelheit der Winternacht [...] auf das Eis hinaussteigen werden und dort im Schein der Fackeln Bocce spielen" (SEF 85). Sein Kollege Julius Payer dagegen berauscht sich daran, die am Horizont auftauchenden Truggebilde von Bergen und Inseln mit patriotisch durchdrungenen Namen zu belegen. Nachdem eine Eisdrift das Schiff in die Erreichbarkeit einer unbekannten Landmasse geschoben hat, ist Payer in seinem Element; er stellt Exkur-

---

²² Vgl. die deutschen Nordpolarfahrten unter Führung des Kapitäns Karl Koldewey in den Jahren 1868 und 1869/70; bei letzterer ermöglichten Schlittenreisen die Kartographierung eines bedeutenden Stücks der Ostküste Grönlands.

sionstrupps zusammen und treibt, ohne Rücksicht auf Verluste, die ausgezehrte Mannschaft wochenlang übers Eis. Am Ende wird er die Reise doch noch mit einer Erfolgsmeldung abschließen können: der Überschreitung des 82. Breitengrades auf dem *Franz-Joseph-Land*. Wer immer dereinst dort an Land zu gehen beabsichtigt, kann, auf den Spuren Payers, in einem wüsten Felsenturm das *Cap Grillparzer* erkennen oder in einem kleinen Eiland die *Insel Klagenfurt*. Ein Beitrag zur Verdoppelung Österreichs am Rande der bekannten, bewohnbaren Welt.

Reisen, ihre Erfahrungen und Beschreibungen überziehen die Fläche mit Linien und Markierungen. Wo nichts war, das eigentümliche Nichts eines auf dramatische Weise leeren, spurlosen Raumes, soll Text werden, Landkarte und Schrift. Gegen den ins Groteske überdrehten Vollständigkeitsdrang des kaiserlichen Kartographen setzt der Nachgänger Josef Mazzini die Tilgung dieser Schrift. Sein Verschwinden ist, ohne daß ein besonders abenteuerlicher Grund dafür vorliegen müßte, spurlos. Läßt sich eine Reise ausmalen und beschreiben, bei der die Weite des leeren Raums gefunden wird? Mazzinis fehlendes Ende stellt Ransmayr unter die Überschrift: "Die Zeit der leeren Seiten." (SEF 193, 227) Aufhören. Frei lassen. Nichts leichter als das. Zeit und Raum *sind* nur, indem sie verdrängt werden. Weiter nichts.

LITERATURE AND HOMOSEXUALITY

Ed. by Michael J. Meyer

Amsterdam/Atlanta, GA 2000. VII,274 pp.
(Rodopi Perspectives on Modern Literature 21)
ISBN: 90-420-0529-7   Bound Hfl. 140,-/US-$ 80.50
ISBN: 90-420-0519-X   Paper Hfl. 45,-/US-$ 25.50

Table of Contents: Introduction. 1. Tara PRINCE-HUGHES: Worlds In and Out of Balance: Alternative Genders and Gayness in the *Almanac of the Dead* and *The Beet Queen*. 2. Kemp WILLIAMS: The Metaphorical Construction of Sexuality in *Giovanni's Room*. 3. Angela FRATTAROLA: Frustration and Silence in Gore Vidal's *The City and the Pillar*. 4. Roger BOWEN: "Squalid With Joy": Scobie, Sex, And Race In Lawrence Durrell's *Alexandria Quartet*. 5. Kathy PHILLIPS: Between the Third Sex and the Third Reich: Brecht's Early Works. 6. Thomas MARCH: A Viable Alternative: Homosexuality as Fantastic Narrative in E.M. Forster's "Little Imber". 7. Ana Maria FRAILE-MARCOS: 'As Purple to Lavender': Alice Walker's Womanist Representation of Lesbianism. 8. Dean SHACKELFORD: Is There a Gay Man in This Text?: Subverting the Closet in *A Streetcar Named Desire*. 9. Ernest SMITH: Spending out the Self: Homosexuality and the Poetry of Hart Crane. 10. Consuelo ARIAS: Writing the Female Body in the Texts of Cristina Peri Rossi: Excess, Monumentality and Fluidity. 11. Thomas PEELE: Queering *Mrs. Dalloway*. 12. David COAD: Lesbian Overtones In Katherine Mansfield's Short Stories. 13. Timothy LIBRETTI: History and Queer Consciousness: The Dialectics of Gay Identity in U.S. Literature.

Editions Rodopi B.V.
USA/Canada: 6075 Roswell Rd., Ste. 219, Atlanta, GA 30328, Tel. (404) 843-4314, *Call toll-free* (U.S.only) 1-800-225-3998, Fax (404) 843-4315

All Other Countries: Tijnmuiden 7, 1046 AK Amsterdam, The Netherlands. Tel. ++ 31 (0)20 6114821, Fax ++ 31 (0)20 4472979
orders-queries@rodopi.nl ---- http://www.rodopi.nl

TRAVEL WRITING AND CULTURAL MEMORY
ÉCRITURE DU VOYAGE ET MÉMOIRE CULTURELLE

Ed. by/sous la direction de Maria Alziro Seixo

Volume 9 of the Proceedings of the XVth Congress of the International Comparative Literature Association "*Literature as Cultural Memory*", Leiden 16-22 August 1997. Amsterdam/Atlanta, GA 2000. 293 pp. (Textxet 33)
ISBN: 90-420-0470-3   Hfl. 120,-/US-$ 66,50

The present volume looks at the relation between travel writing and cultural memory from a variety of perspectives, ranging from theoretical concerns with genres and conventions to detailed analyses of single texts. As befits the topic, the contributions roam far and wide, both geographically and historically. Some detail early Portuguese voyages of discovery, particularly to the East. Others depict encounters between Early, and not so early, Modern Western travelers and their "Other" interlocutors. Still others focus on travel writings *as* literature. Voyages and voyaging *in* literature form the subject of the last category of essays gathered here.

Amongst the authors discussed are Fernão Mendes Pinto, Jean de Sponde, Furtado de Mendonça, Sor Juana Inéz de la Cruz, Elsa Morante, Ingeborg Bachmann, Sophia Andresen, Paul Claudel, Graham Greene, Valéry Larbaud, David Mourão-Ferreira, J.M.G. le Clézio, José Saramago, Michel Leiris, and Claude Lévi-Strauss.

The volume concludes with an essay by the French-Lebanese author Salah Stétié.

--------------------------------   *Editions Rodopi B.V.*

USA/Canada: 6075 Roswell Rd., Ste. 219, Atlanta, GA 30328, Tel. (404) 843-4314, *Call toll-free* (U.S.only) 1-800-225-3998, Fax (404) 843-4315

All Other Countries: Tijnmuiden 7, 1046 AK Amsterdam, The Netherlands. Tel. ++ 31 (0)20 6114821, Fax ++ 31 (0)20 4472979
orders-queries@rodopi.nl — http://www.rodopi.nl

SCREEN-BASED ART

Annette W. Balkema and Henk Slager (eds.)

Amsterdam/Atlanta, GA 2000. 185 pp.
(Lier en Boog Series 15)
ISBN: 90-420-0801-6   Paper Hfl. 37,-/US-$ 20.50
ISBN: 90-420-0811-3   Bound Hfl. 100,-/US-$ 55.50

In the 21st century, the screen - the Internet screen, the television screen, the video screen and all sorts of combinations thereof - will be booming in our visual and infotechno culture. Screen-based art, already a prominent and topical part of visual culture in the 1990s, will expand even more. In this volume, digital art - the new media - as well as its connectedness to cinema will be the subject of investigation. The starting point is a two-day symposium organized by the Netherlands Media Art Institute Montevideo/TBA, in collaboration with the *L&B (Lier en Boog)* series and the Amsterdam School of Cultural Analysis (ASCA).
Issues which emerged during the course of investigation deal with questions such as: How could screen-based art be distinguished from other art forms? Could screen-based art theoretically be understood in one definite model or should one search for various possibilities and/or models? Could screen-based art be canonized? What are the physical and theoretical forms of representation for screen-based art? What are the idiosyncratic concepts geared towards screen-based art? This volume includes various arguments, positions, and statements by artists, curators, philosophers, and theorists. The participants are Marie-Luise Angerer, Annette W. Balkema, René Beekman, Raymond Bellour, Peter Bogers, Joost Bolten, Noël Carroll, Sean Cubitt, Călin Dan, Chris Dercon, Honoré d'O, Anne-Marie Duquet, Ken Feingold, Ursula Frohne, hARTware curators, Heiner Holtappels, Aernout Mik, Patricia Pisters, Nicolaus Schafhausen, Jeffrey Shaw, Peter Sloterdijk, Ed S. Tan, Barbara Visser and Siegfried Zielinski.

--------------------------------   *Editions Rodopi B.V.*

USA/Canada: 6075 Roswell Rd., Ste. 219, Atlanta, GA 30328, Tel. (404) 843-4314, *Call toll-free* (U.S.only) 1-800-225-3998, Fax (404) 843-4315

All Other Countries: Tijnmuiden 7, 1046 AK Amsterdam, The Netherlands. Tel. ++ 31 (0)20 6114821, Fax ++ 31 (0)20 4472979
orders-queries@rodopi.nl —— http://www.rodopi.nl

SIGLIND BRUHN

Musical Ekphrasis in Rilke's *Marien-Leben*

Amsterdam/Atlanta, GA 2000. 235 pp.
(Internationale Forschungen zur Allgemeinen und Vergleichenden Literaturwissenschaft 47)
ISBN: 90-420-0800-8   Hfl. 100,-/US-$ 55.50

Contents: Introduction. The "Life of Mary". Rilke and Christian Devotion. Ekphrasis in Rilke's Work: Poems on Depictions of Mary and Jesus. Hindemith: From Expressionism to the Ethos of Art. Outline of the Poetic and Musical Cycles on the "Life of Mary". Geburt Mariä (no. 1). Die Darstellung Mariä im Tempel (no. 2). Mariä Verkündigung (no. 3). Mariä Heimsuchung (no. 4). Geburt Christi (no. 7). Vor der Passion (no. 10). Pietà (no. 11). Stillung Mariä mit dem Auferstandenen (no. 12). Vom Tode Mariä I (no. 13). Vom Tode Mariä II (no. 14). The Five "Picturesque" Songs. Conclusion: Hindemith's Ekphrastic Response to Rilke's Marien-Leben. Bibliography. List of Illustrations. Indes of Names. Index of Literary and Musical Works Cited. About the Author.

---------------------------------   *Editions Rodopi B.V.*
USA/Canada: 6075 Roswell Rd., Ste. 219, Atlanta, GA 30328, Tel. (404) 843-4314, *Call toll-free* (U.S.only) 1-800-225-3998, Fax (404) 843-4315

All Other Countries: Tijnmuiden 7, 1046 AK Amsterdam, The Netherlands. Tel. ++ 31 (0)20 6114821, Fax ++ 31 (0)20 4472979
orders-queries@rodopi.nl ---- http://www.rodopi.nl

OHIO UNIVERSITY LIBRARY